DROIT CIVIL

FRANÇAIS.

DE L'IMPRIMERIE DE COUSIN-DANELLE, A RENNES.

LE DROIT CIVIL

FRANÇAIS,

SUIVANT L'ORDRE DU CODE,

OUVRAGE DANS LEQUEL ON A TACHÉ DE RÉUNIR LA THÉORIE
A LA PRATIQUE.

PAR Mr. C. B. M. TOULLIER,

BATONNIER DE L'ORDRE DES AVOCATS DE RENNES.

QUATRIÈME ÉDITION, REVUE ET CORRIGÉE.

On y a joint DEUX TABLES : l'*une*, générale et alpha-
bétique des matières contenues dans les onze
volumes; l'*autre*, des articles des cinq Codes qui
y sont traités ou cités.

TOME SEPTIÈME.

A PARIS,

CHEZ { WARÉE, ONCLE, LIBRAIRE DE LA COUR ROYALE ,
COUR DE LA SAINTE-CHAPELLE , N.° 13.
WARÉE, FILS AÎNÉ, LIBRAIRE, AU PALAIS DE JUSTICE.

M. DCCC. XXIV.

LE DROIT CIVIL

FRANÇAIS,

SUIVANT L'ORDRE DU CODE CIVIL.

SUITE DU LIVRE TROISIÈME.

Des différentes Manières dont on acquiert la propriété.

TITRE III.

Des Contrats et Obligations convention-nelles.

CHAPITRE V.

De l'Extinction des obligations.

SOMMAIRE.

1. *Transition.*
2. *Les manières d'éteindre les obligations peuvent se réduire à onze.*
3. *Renvoi de plusieurs de ces manières à des titres particuliers.*
4. *Ordre que suivra l'auteur en expliquant les manières d'éteindre les obligations.*

1. Après avoir expliqué comment se forment les obligations conventionnelles, ce qui est nécessaire

Tom. *VII.*

pour qu'elles soient valides, quelles choses peuvent
en être l'objet, quels sont leurs effets, leurs différentes espèces et leurs modifications, il est naturel
de passer à la manière dont elles s'éteignent ou s'a-
néantissent. On pouvait peut-être renvoyer cette
matière après le titre des engagemens qui se forment sans convention, auxquels sont communes
plusieurs manières d'éteindre les obligations ; mais
d'autres étant particulières à l'extinction des obligations conventionnelles, il a paru plus convenable d'en traiter dans ce chapitre, et même avant
celui qui traite de la preuve, parce que les moyens
de prouver l'existence des obligations et leur extinction sont les mêmes.

2. Les manières d'éteindre ou d'anéantir les engagemens en tout ou partie, sont en assez grand
nombre. On peut les réduire aux suivantes :

1°. Le consentement mutuel des parties, sous
lequel on peut comprendre la remise de la dette,
les transactions, et même les novations et les délégations, qui ne peuvent s'opérer que par le consentement mutuel ;

2°. Quelquefois, la volonté d'une seule des parties ; lorsque, par exemple, la convention porte
qu'il sera libre à l'une d'elles ou à toutes les deux
de rompre le contrat à volonté, ou lorsque cela résulte de la nature du contrat, comme la société, le
mandat, et tous les contrats qui participent de sa
nature ; la cession volontaire ou l'abandonnement,
et, en certains cas, le cautionnement ;

3°. L'accomplissement ou l'exécution de l'obligation qu'on appelle *paiement*, sous lequel on peut comprendre la cession de biens, l'abandon par hypothèque, le déguerpissement et la compensation ;

4°. La substitution d'un second engagement au premier ; en sorte que le second seul subsiste, et que le premier soit anéanti, comme dans le cas de la novation, de la délégation, qui, quoiqu'elles s'opèrent par le consentement mutuel, ont des règles qui leur sont particulières ;

5°. La confusion, qui se fait par la réunion, dans la même personne, des qualités de créancier et de débiteur ;

6°. La perte de la chose due, ou sa détérioration, sans la faute du débiteur ;

7°. Le jugement ou la décision arbitrale qui déclare l'engagement nul, ou qui le rescinde en tout ou en partie. Le Code en traite dans la section 7, de l'Action en nullité ou en rescision des conventions (1) ;

8°. La prestation du serment déféré au débiteur ;

9°. Le tems fixé par la convention ou par la loi (2032, n°. 5), et l'événement de la condition résolutoire ;

10°. La mort du créancier ou du débiteur ;

(1) L'art. 1234 porte que les obligations s'éteignent...... *par la nullité ou la rescision.....* C'est une faute de rédaction. La nullité d'un contrat fait qu'il n'existe point d'obligation ; il n'y en a que l'apparence, et cette apparence s'éteint par le jugement qui déclare le contrat nul. Le projet du Code présenté par la commission portait *par la demande* en nullité. Ce n'est point *la demande*, c'est le jugement qui anéantit l'apparence de l'obligation, en prononçant la nullité ou la rescision.

11°. Enfin, la loi, qui peut, en certains cas, anéantir les obligations même conventionnelles, les modifier ou en suspendre l'exécution.

3. Le Code civil ne traite point en ce chapitre toutes les manières d'éteindre ou d'anéantir les obligations. Il y en a qu'il renvoie à des titres particuliers, telles que les transactions et la prescription, qui ont le double effet de faire acquérir ou perdre la propriété, de confirmer, ou d'éteindre et d'anéantir les engagemens ; d'autres qu'il ne fait qu'indiquer ailleurs, comme le consentement mutuel, dans l'art. 1134 ; d'autres enfin qu'il passe sous silence.

4. Nous suivrons, en expliquant les manières d'éteindre ou d'anéantir les obligations, l'ordre des sections du Code, en ajoutant à chacune d'elles les autres manières analogues, ou qui dérivent du même principe que celui qu'elles ont pour objet. Par exemple, dans la sect. 7, qui traite de la remise de la dette, nous parlerons du consentement mutuel considéré comme manière d'éteindre les obligations, et nous expliquerons, dans les sections additionnelles, les manières qui n'ont point d'analogie avec celles dont parle le Code, ou qui dérivent d'autres principes.

SECTION PREMIÈRE.

Du Paiement.

SOMMAIRE.

5. *Définition, nature et effet du paiement.*

6. *Si le paiement est une aliénation. Examen de la doctrine de Pothier sur ce point.*

7. *Validité du paiement fait par le mineur ou par la femme non autorisée, d'une dette légitime.*

8. *Ce qui a été payé par erreur est sujet à répétition.*

9. *Le paiement peut être fait même par un tiers non intéressé, agissant dans le nom du débiteur.*

10. *Même à l'insu et contre le gré du débiteur.*

11. *Le créancier ne peut, sans motifs, refuser le paiement offert par un tiers, pourvu qu'il en résulte un avantage pour le débiteur.*

12. *Quand le tiers qui paie à l'insu du débiteur peut répéter ce qu'il a payé.*

13. *Quand l'obligation de faire peut être acquittée par un tiers.*

14. *A qui le paiement doit être fait.*

15. *Du paiement fait à un homme mort civilement.*

16. *Du paiement fait à un accusé avant le jugement.*

17. *Du paiement fait à l'un des héritiers du créancier.*

18. *Du paiement fait au mandataire du créancier, et quand cesse le pouvoir du mandataire.*

19. *Du paiement fait sur un faux mandat.*

20. *Il n'est pas nécessaire que le mandat soit spécial; il peut même être tacite; par exemple, l'huissier chargé de saisir.*

21. *Le procureur ad lites n'a pas droit de recevoir.*

22. *Ni la personne chez qui le créancier a élu domicile.*

23. *Le pouvoir de vendre renferme-t-il celui de recevoir le prix?*

24. *De la personne indiquée* solutionis causâ. *Plusieurs questions.*

46. *On peut donner en paiement une chose au lieu d'une autre, d'un consentement mutuel.*

47. *Hors ce cas, on ne peut être contraint de donner ou de recevoir que la chose due.*

48. *Ce principe s'applique même aux obligations de faire.*

49. *Le débiteur ne peut donner une chose pour une autre, en alléguant qu'il n'a pas la chose due.*

50. *Ni en alléguant qu'elle a été estimée dans le contrat, à moins que l'estimation n'ait pour objet de laisser une option au débiteur, et quand cela arrive.*

51. *Quand le fermier qui ne recueille pas les denrées promises, est obligé d'en acheter.*

52. *Le débiteur d'une quantité de certaine espèce n'est pas tenu de donner de la meilleure, mais il ne peut offrir de la plus mauvaise.*

53. *Comment doit payer le débiteur d'une somme d'argent.*

54. *Combien il peut donner en billon et petites pièces.*

55. *Ce qu'il peut retenir quand il fournit les sacs.*

56. *Le débiteur, réduit par son fait à l'impuissance de donner la chose due, doit en payer la valeur. A quel tems faut-il s'arrêter pour fixer cette valeur ?*

57. *Dans ce cas, le créancier a deux actions, l'une principale, pour réclamer la valeur de la chose, l'autre secondaire, pour obtenir des dommages et intérêts.*

58. *La valeur varie suivant les lieux et les tems. Les dommages et intérêts suivent les pertes éprouvées et les profits dont a été privé le créancier.*

59. *Si l'obligation est pure et simple, c'est à l'époque de la demande qu'il faut s'arrêter pour fixer la valeur de la chose due.*

60. *Si elle est à terme, c'est à l'époque de l'échéance.*

61. *Quand même la valeur aurait augmenté depuis la demande ou depuis l'échéance du terme, on ne doit point ajouter la plus value, ou le* **quanti plurimi,** *quand même le débiteur serait de mauvaise foi.*

62. *Dispositions des lois françaises sur ce point, relativement à*

la restitution des fruits suivant le prix commun des mercuriales. La dernière année est seule payable en nature.

63. Elle est payable suivant le prix commun des mercuriales, si le débiteur est dans l'impossibilité de la payer en nature; mais s'il était possible de se procurer des fruits moyennant un prix, le créancier doit être autorisé à en acheter pour le compte du débiteur.

64. Comme il doit être autorisé à faire exécuter le fait promis aux dépens du débiteur, suivant l'art. 1144, applicable aux obligations de donner des choses fongibles, ou déterminées seulement quant à leur espèce.

65. Comment on fixe le prix commun de l'année.

66. Le débiteur qui n'a ni argent, ni meubles à vendre, ne peut, comme autrefois, contraindre le créancier à recevoir des immeubles, ou à trouver un acquéreur.

67. Le débiteur ne peut forcer le créancier de recevoir en parties le paiement d'une dette même divisible.

68. Il doit même payer les intérêts avec le capital.

69. Quand il y a plusieurs dettes exigibles, le débiteur peut les payer séparément. Par exemple, plusieurs années de loyer, de rentes, etc.

70. Mais le créancier n'est pas tenu de recevoir les dernières années avant les précédentes.

71. Les juges peuvent quelquefois ordonner que les paiemens seront divisés.

72. La loi permet au cofidéjusseur poursuivi par le créancier de demander la division de la dette, pour ne payer que sa portion.

73. Mais lorsqu'il n'est pas poursuivi, il ne peut contraindre le créancier à recevoir sa portion divisément.

74. Le legs d'une partie des biens doit être payé en nature; l'héritier ne peut en donner l'estimation.

75. Le débiteur ne répond point des détériorations qui ne proviennent point de son fait.

76. Quand, où, et aux dépens de qui doit être fait le paiement.

77. Quand doit être acquittée l'obligation conditionnelle. Du paiement fait avant l'événement de la condition.

78. *Le paiement des obligations pures et simples peut être exigé de suite.*

79. *Dans les obligations à terme, lorsque le dernier jour du terme est écoulé.*

80. *Le débiteur peut payer d'avance, à moins que le terme ne soit stipulé en faveur du créancier. Du paiement à faire aux hospices, fabriques, etc., à la note.*

81. *Quand les paiemens anticipés sont nuls à l'égard des créanciers du créancier. Des paiemens anticipés faits par le sous-locataire, au préjudice des priviléges du propriétaire. Explication de l'art. 1753.*

82. *Ce qu'on entend par paiemens anticipés.*

83. *Quid, si la totalité de la maison était sous-affermée?*

84. *Les paiemens faits par le sous-locataire se prouvent-ils par serment et par des quittances sous seing privé?*

85. *Le paiement doit être fait dans le lieu désigné par la convention.*

86. *Quid, si le créancier n'a point de domicile dans le lieu convenu?*

87. *La simple indication d'un lieu convenu pour les paiemens n'emporte pas élection de domicile, ni prorogation de jurisdiction.*

88. *Quid en matière de commerce?*

89. *Quid, si la convention portait que le paiement sera fait en deux lieux différens?*

90. *S'il n'y a point de lieu désigné, le paiement d'un corps certain et déterminé doit être fait dans le lieu où il était au tems de l'obligation.*

91. *Quid, si le débiteur l'a fait depuis transporter ailleurs?*

92. *Le paiement de prix d'une vente doit être fait au lieu et dans le tems où doit se faire la délivrance, si ce prix est exigible et exigé dans ce moment. Imperfection de la rédaction des art. 1247 et 1651; ils ne s'appliquent ni au prix des ventes à terme, ni au prix des immeubles.*

93. *S'il n'y a point de lieu convenu pour le paiement, il doit être fait au lieu du domicile du débiteur; mais il peut ré-*

*sulter de la nature de l'obligation et de ses accessoires, que
le paiement doit être fait ailleurs.*

94. *Les frais de paiement, le timbre de la quittance, etc., sont
aux frais du débiteur.*

95. *Quid, si le créancier ne peut, par ignorance, donner quittance sous seing privé?*

96. *Qui doit payer les droits dus pour les boissons vendues?*

5. L<small>A</small> manière la plus naturelle d'éteindre l'obligation que l'on a contractée, est sans contredit de
remplir sa promesse en donnant la chose due, si
l'obligation consiste à donner; en accomplissant
le fait promis, si l'obligation consiste à faire.

C'est ce que, dans le sens propre du mot, les
jurisconsultes appellent *payer*, et ce que les latins
appelaient plus énergiquement *solvere*, se *délier*,
délier le nœud ou le lien de l'obligation : *Solvere
dicimus eum qui fecit quod facere promisit. Loi* 176,
ff *de V. O.*, 50. 16.

Mais dans l'acception générale du mot, on
comprend toutes les manières d'éteindre les obligations par lesquelles le créancier est satisfait ou
doit l'être, et le débiteur libéré. En ce sens, le
paiement est synonyme de libération : *Liberationis
verbum eamdem vim habet quàm solutionis..........
Solutionis verbo satisfactionem quoque omnem acci-
piendum placet. Lois* 47 *et* 176, ff *de V. O.*

Ainsi, l'on dit que la consignation, la compensation, la novation, la confusion, etc., sont des
espèces de paiemens, ou en tiennent lieu.

L'effet propre du paiement est d'anéantir la
dette. Il dégage non seulement la personne du débiteur des liens de son obligation; mais il dégage

encore ses cautions ou fidéjusseurs, et les biens
engagés ou hypothéqués pour sûreté de la dette ;
car les obligations accessoires ne peuvent plus subsister, quand les principales sont éteintes ou acquittées.

Mais si la dette n'est acquittée qu'en partie,
l'obligation accessoire subsiste pour le surplus,
et sur la totalité des biens engagés ou hypothéqués, car l'hypothèque étant indivisible, le droit
du créancier ne se divise point.

Il subsiste tout entier sur tous les immeubles
hypothéqués, sur chacun et sur chaque portion
de ces immeubles : *Hypotheca tota est in toto, et
tota in quâlibet parte.* (*Voy.* tom. VI, n°. 762).

6. Pothier, n°°. 458 et suivans, considère comme
le principal effet du paiement, dans l'obligation
de donner, la translation de propriété de la chose
due et livrée au créancier ; il en conclut que, pour
la validité du paiement, il faut que la personne
qui paie soit capable d'aliéner et de transférer la
propriété de la chose payée ; que le paiement n'est
pas valable, s'il n'est pas fait par le *propriétaire* de
la chose donnée en paiement, *ou de son consentement ;* s'il est fait par un mineur, sans l'autorité
de son tuteur ; par une femme, sans l'autorisation
de son mari.

Suivant cette doctrine, empruntée du droit romain, le paiement était une aliénation que ne
pouvaient faire ceux qui étaient sous la puissance
d'autrui.

Pothier excepte le cas où la dette consiste dans
la restitution d'une chose dont le débiteur n'avait

que la nue détention, comme une chose prêtée, louée, déposée. Il est en effet bien évident que le paiement, ou la restitution de cette chose, n'est point une aliénation.

Mais appliquée au cas même où le débiteur s'était obligé de donner une chose dont il avait la propriété, la doctrine que le paiement est une aliénation était une pure subtilité, une conséquence ou une application trop subtile du principe que la propriété n'est point transférée par les conventions, mais par la seule tradition de la chose promise.

Les pupilles n'étant point capables d'aliéner, ne pouvaient payer, disait-on, parce qu'ils ne transféraient pas la propriété de ce qu'ils payaient, *quia id quod solvunt non fit accipientis.* § 3, *Inst. quibus alien. licet vel non*, 2. 8. La chose qu'ils avaient livrée en paiement continuait de leur appartenir, et Doneau (1), *sur la loi* 19, § 1, *ff de reb. cred.*, 12. 1, en tire l'absurde, mais naturelle conséquence que, si cette chose périssait par cas fortuit entre les mains du créancier, elle périssait pour le compte du pupille qui n'était pas libéré, *res perit domino.* Il n'était libéré que dans le cas où le créancier avait consommé la chose payée.

L'absurdité d'une conséquence démontre l'absurdité de principe.

_____

(1) *Voy.* Vinnius, sur le § 3, *Instit. quib. alien. licet; loi* 28, et *la loi* 58, § 3, *ff de solut.*, 46. 3, qui favorise l'opinion de Doneau. *Voy.* Pothier, nº. 404; Delvincourt, tom. II, édition en deux volumes in-4º., pag. 348.

N'est-il pas d'une absurdité frappante, par exemple, qu'un mineur qui, pour se libérer, m'aura livré un cheval que son père avait promis de me donner, en vertu d'un échange, soit néanmoins, si le cheval périt par cas fortuit, tenu d'en payer la valeur, uniquement par la raison que le paiement étant une *aliénation*, la propriété du cheval a continué de résider sur sa tête?

Le sage Domat n'avait point rappelé dans ses Lois civiles (1) cette doctrine du droit romain, sans doute parce qu'il ne jugeait pas qu'elle convînt à nos usages ni aux maximes plus simples du droit français.

En effet, si le pupille a payé une chose légitimement due et exigible, quelle action le tuteur pourrait-il avoir pour répéter cette chose et la retirer des mains du créancier, puisque c'est au contraire ce créancier qui aurait une action pour se faire livrer cette chose, si elle ne lui avait pas encore été remise? Il nous semble évident (2) que cette doctrine du droit romain est absolument contraire aux principes du Code, qui porte (article 711), que la propriété des biens s'acquiert et

_____

(1) Liv. 4, tit. 1, sect. 5, *qui peut faire un paiement.* Cette doctrine n'a point aussi été rappelée dans le Code prussien. Au contraire, on trouve à la section du paiement, n°. 40, que «l'inhabilité à recevoir valablement un paiement n'entraîne pas celle d'effectuer soi-même des paiemens d'une manière valable.» N°. 41 : «Bien plus, tout paiement fait par une personne inhabile est valable à son avantage, en tant qu'elle s'est libérée par là d'une obligation.»

(2) *Il nous semble,* car aucun des commentateurs du Code n'ayant remarqué cette contradiction, pas même M. Maleville, qui a concouru à la rédaction, je dois me défier de moi-même.

se *transmet par l'effet des obligations;* et (art. 1138),
que l'obligation de livrer la chose est parfaite par
le seul consentement des parties contractantes ;
qu'elle rend le créancier *propriétaire* et met la chose
à ses risques....., encore que la *tradition* n'en ait
point été faite.

On ne peut donc plus dire, sous l'empire du
Code, que le paiement est une aliénation; que
c'est le paiement ou la *tradition* qui tranfère au
créancier la propriété de la chose due, puisqu'il
en était *propriétaire* avant la tradition, et dès le
moment où l'obligation conventionnelle a été parfaite, puisque, dès ce moment, le débiteur a été
dépouillé de la propriété. C'est donc avec une extrême surprise qu'après avoir lu, dans l'art. 1138,
que le créancier *est propriétaire avant la tradition,*
et dès le moment où l'obligation est parfaite par
le seul consentement des deux parties, on trouve,
dans l'art. 1238, qu'il faut être *propriétaire* pour
payer valablement.

Nous pensons que c'est à la précipitation avec
laquelle le projet de Code fut rédigé, qu'il faut
attribuer cette disposition, qui nous parait dans
une contradiction frappante avec l'esprit du Code
et avec ses autres dispositions.

Dans l'impossibilité d'accorder la doctrine subtile du droit romain avec l'esprit des dispositions
du Code, de concilier l'art. 1238 avec les art. 711,
1138, 938, 1583, suivant lesquels la propriété de
la chose promise est transférée par le seul effet du
consentement et avant la tradition, nous pensons
qu'il faut dire, et tenir pour maxime dans les

principes du Code, que le paiement n'est point
une aliénation ; qu'il n'est pas nécessaire à la validité du paiement que le débiteur soit propriétaire
de la chose, sauf au créancier, en cas qu'il soit
évincé par un précédent propriétaire, le recours
qu'il peut exercer contre le débiteur, dont la libération s'est évanouie, ou même, s'il vient à dé-
couvrir que la chose qu'il a reçue en paiement
n'appartenait pas au débiteur qui s'était obligé de
la donner, à offrir de la rendre en demandant un
autre paiement. Loi 94, *ff de solut.*, 46. 3. (Pothier,
n°. 462).

7. Nous pensons encore que, nonobstant l'article 1238, il résulte des autres dispositions citées
et de l'esprit du Code, qu'il n'est pas nécessaire
d'être capable d'aliéner pour payer valablement
une dette légitime et exigible.

Par exemple, si une femme non autorisée payait
une somme légitimement due par son mari, ou
livrait une chose par lui vendue, le paiement et
la tradition seraient valide, pourvu qu'ils ne fussent pas faits avant le terme convenu.

Le mari ne serait pas admis à répéter la somme
ou la chose contre le créancier, quand même
celui-ci ne l'aurait pas encore consommée; car si
le mari demandait la répétition de la chose comme
indûment payée, le créancier se défendrait par exception ou par convention, en demandant à la
retenir comme légitimement due.

Il faut en dire autant d'une dette légitime et exigible payée par un mineur sans l'autorité de son
tuteur.

S'il s'agissait d'une dette légitime de la succession de son père, nécessairement acceptée sous bénéfice d'inventaire (461), il faudrait distinguer.

S'il n'y avait point de créanciers opposans, le paiement serait valide. (*Voy.* tom. IV, n°. 383, pag. 387 et suivantes).

S'il y avait des créanciers opposans, le paiement ne serait pas valide, dans le cas où il nuirait à quelques-uns des créanciers. C'est une règle commune à tous les débiteurs.

8. Tout paiement suppose une dette; ce qui a été payé sans être dû, est donc sujet à répétition (1) (1235). C'est ce qu'on appelle, en droit romain, *condictio indebiti.* Celui qui reçoit par erreur ou sciemment ce qui ne lui est pas dû, s'oblige à le restituer (1376).

Cette obligation forme ce qu'on appelle un quasi-contrat, dont nous parlerons au titre des engagemens qui se forment sans convention, chapitre des quasi-contrats; c'est le siége de la matière.

9. Ce n'est pas seulement par le débiteur qu'une obligation peut être acquittée; elle peut l'être par toute personne qui y est intéressée, telle qu'un coobligé ou une caution.

Il y a plus : l'obligation peut même être acquittée par un tiers qui n'y est nullement intéressé, pourvu que ce tiers agisse au nom et en l'acquit du débiteur, *ou que, s'il agit dans son nom propre,*

_____

(1) Soit que le paiement ait eu lieu par erreur de fait ou par erreur de droit. *Voy.* notre tom. VI, n°. 75.

il ne soit pas subrogé aux droits du créancier (1)
(1236); car, en ce dernier cas, l'obligation ne serait point acquittée, elle resterait entière : le droit
serait seulement transporté à un nouveau créancier substitué à l'ancien. Ce ne serait pas un paiement, mais un transport de l'obligation. Sur quoi
voyez les art. 1689 et suivans.

10. Le paiement peut être fait même à l'insu et
contre le gré du débiteur. Le jurisconsulte Caïus
en donne la raison dans la loi 53, *ff de solut.*, 46. 3.

C'est qu'on peut à son insu, et même contre son
gré, rendre meilleure la condition d'une personne:
*Solvere pro invito et ignorante cuique licet, cùm sit
jure civili constitutum licere, etiam ignorantis et in-
viti meliorem conditionem facere.* (*Vid.* Vinnius, *in
pr., Instit. quib. mod. tollitur oblig.,* n°. 9).

11. Le créancier ne peut même refuser, sans motifs légitimes, le paiement qui lui est offert par un
tiers au nom du débiteur; car il ne lui importe pas
par qui la chose due lui soit payée, pourvu qu'elle
le soit effectivement.

Ce tiers pourrait donc lui faire des offres avec
sommation de recevoir, et sur son refus, procéder
à la consignation. (*Vid.* Vinnius, *ubi suprà*).

La loi 72, § 2, *ff de solut.*, 46. 3, décide que les
offres faites par un tiers, à l'insu et dans le nom du
débiteur, constituent le créancier en demeure; et
l'ordonnance de 1673, tit. 5, art. 3, dont la dispo-

(1) *Voy.* Delvincourt, tom. II, pag. 359, not. 3.

sition est répétée dans le Code de commerce, au titre du paiement par intervention, art. 158 et suiv., veut qu'en cas de protêt, les lettres de change puissent être acquittées par quelque personne que ce soit.

De ces textes, Pothier, n°. 464, tire cette règle, conforme à la raison; que les offres faites par quelque personne que ce soit, au nom du débiteur, sont valables et constituent le créancier en demeure, lorsqu'il en résulte un avantage pour le débiteur, comme lorsqu'il s'agit d'arrêter des poursuites ou le cours des intérêts, d'éteindre une hypothèque, de prévenir une commise, le rachat forcé d'une rente constituée, etc.

Mais si le paiement offert ne procurait aucun avantage au débiteur, s'il n'avait d'autre effet que de lui faire changer de créancier, les offres pourraient être refusées; car, de leur acceptation, il ne résulterait qu'un transport de créance, et le créancier ne peut être forcé à vendre la sienne. (Dumoulin, *Tract. de usuris, quest.* 45).

12. Si le tiers qui fait les offres déclarait que c'est pour avantager le débiteur, et sans répétition vers lui, le créancier ne pourrait refuser. Mais, sans cette déclaration, celui qui paie la dette à l'insu du débiteur, a contre lui l'action *negotiorum gestorum,* pourvu que la dette soit légitime, exigible et non contestée (1375). Loi 45, *ff de negot. gest.*, 3. 5.

Au contraire, le tiers qui aurait payé malgré le débiteur et contre sa défense, n'aurait aucune ac-

tion pour répéter ce qu'il aurait payé (1) ; parce
que l'obligation qui résulte du quasi-contrat est
fondée sur le consentement tacite ou présumé du
débiteur. D'ailleurs, celui qui paie contre le gré
et la défense du débiteur, est censé vouloir le gratifier.

13. Ce n'est pas seulement l'obligation de donner qui peut être acquittée par un tiers ; l'obligation de faire peut également l'être, et même contre
le gré du créancier, lorsqu'il n'a pas intérêt qu'elle
soit remplie par le débiteur lui-même (1237).

Tels sont les faits dans lesquels on considère
l'habileté et le talent personnel de l'ouvrier qui a
contracté l'obligation, par exemple, un peintre,
un sculpteur, etc.

Dans les faits mêmes qui peuvent être indifféremment exécutés par un autre, et où, par cette
raison, l'ouvrier peut se faire remplacer, par exemple, le fait de creuser une fosse, il ne peut se faire
substituer, si la convention le lui défend spéciale-
lement : *Si hoc specialiter actum est ut sui operis id
perficiat. Loi* 31, *ff de solut.*, 46. 3.

14. « Le paiement doit être fait au créancier, ou
» à quelqu'un ayant pouvoir de lui, ou qui soit

---

(1) *Loi* 8, § 3, *ff de negot. gest.*, 3. 5 ; *loi* 6, § 2 ; *loi* 40, *ff mand. vel
cont.*, 17. 1 ; *loi* 24 *ou dernière, Cod de negot. gest.*, 2. 19. Il faut voir
cette dernière loi, qui nous apprend, ainsi que la loi 40, *ff mand.*, que
les jurisconsultes n'étaient pas d'accord sur ce point. Justinien prononce et décide. Les docteurs en droit naturel ne sont pas eux-mêmes
d'accord. *Voy.* Barbeyrac, sur Puffendorf, Droit de la nature et des
gens, tom. II, pag. 521; Wolf, *Jus nat.*, 5ᵉ. part., § 717.

» autorisé par justice ou par la loi à recevoir pour
» lui » (1239).

Par la loi, comme le tuteur, le mari, les administrateurs des établissemens publics; par la justice, comme le séquestre nommé par un tribunal,
les syndics d'une faillite.

Le paiement fait à la personne du créancier ne
serait pas valable, s'il était incapable de le recevoir, tel qu'un mineur, un interdit, une femme
mariée non autorisée de son mari (1), à moins
que le débiteur ne prouve que la chose a tourné
au profit du créancier (1241); et ce, quand même
la chose à laquelle le paiement a été employé viendrait à périr ensuite.

Il suffit qu'il ait été utile au moment où il a été
fait; par exemple, si la somme provenue du paiement a été employée à payer les frais d'une réparation nécessaire ou utile aux biens du créancier, et
que le bien réparé périsse ensuite par accident ou
force majeure. (Pothier, n°. 468, *in fine*).

Il en serait autrement d'une impense purement
voluptuaire.

15. La preuve que le paiement a tourné au profit personnel du créancier ne suffirait même pas,
si celui-ci était frappé de mort civile, à moins que
le débiteur ne prouvât qu'il a payé de bonne foi et
dans l'ignorance du jugement de condamnation.
(*Arg. l. 32, ff de solut., 3*). Le paiement fait au créan-

---

(1) Sur les paiemens faits au failli dans les dix jours qui précèdent la
faillite, voy. tom. VI, n°, 363.

cier frappé de mort civile serait valide, s'il avait tourné au profit de sa succession, comme à réparer ses biens, à éteindre une dette légitime.

16. Mais le paiement fait à un accusé, avant le jugement qui le condamne, est valide; autrement, dit Papinien, ce serait ôter à la plupart des innocens les moyens de faire les dépenses nécessaires pour établir leur justification : *Reo criminis postulato interim nihil prohibet rectè pecuniam à debitore solvi, alioquin plerique innocentium necessario sumptu egebunt.* Loi 41, *ff de solut.*, 46. 3.

17. Nous avons vu, tom. VI, n°. 752, que le droit du créancier se divise de plein droit entre ses héritiers par portions égales. Ainsi, le débiteur ne peut valablement payer à chacun d'eux que sa portion virile (1), à moins qu'il n'ait été stipulé dans le contrat que le débiteur aurait la faculté de payer à un seul des héritiers. (*Ibid.*, n°. 770).

18. Le paiement fait au mandataire du créancier est aussi valable que s'il était fait à ce dernier en personne, quand même le mandataire serait lui-même incapable de s'obliger, tel qu'un mineur, un interdit, une femme mariée (1990). Le créancier doit s'imputer d'avoir choisi une telle personne. Loi 4, *Cod. de salut.*, 8. 43. *Quod jussu*

---

(1) La Coutume de Douai, tit. 2, art. 24, et celle de la ville de Douai, tit. 1, art. 16, permettaient de payer la dette entière à l'un des héritiers, comme aussi il pouvait être poursuivi solidairement pour le tout. *Voy.* la Conférence de Duparc-Poullain, sur l'art. 592 de la Coutume de Bretagne, pag. 654.

alterius solvitur pro eo, est quasi ipsi solutum esset.
Loi 180, *de R. J.*

Il en est de même du mandataire de la personne
qui tenait de la loi ou de la justice le pouvoir de recevoir pour le créancier.

Mais le paiement fait depuis la révocation du
mandat n'est pas valable, si le débiteur avait connaissance de la révocation, de quelque manière
que ce soit. Loi 12, § 2; loi 34, § 3; loi 51, *ff de
solut.*, 46. 3. S'il ne la connaissait pas, le créancier doit s'imputer la faute de n'avoir pas fait connaître la révocation au débiteur.

Le pouvoir du mandataire expire par la mort
naturelle ou civile du mandant, ou par son changement d'état.

Par exemple, s'il est interdit, si la créancière
entre, par le mariage, sous la puissance d'un époux,
le paiement fait au mandataire depuis que le débiteur a connu la mort ou les changemens d'état
du créancier mandant, n'est pas valable. (Pothier,
n°. 475).

Il en est de même, si le pouvoir ou la qualité
de celui qui avait donné le mandat vient à cesser.
Ainsi, le débiteur ne pourrait, depuis la majorité
de son créancier, payer valablement au tuteur ni
au mandataire du tuteur. (*Ibid.*, n°. 476).

19. Le paiement fait sur un faux mandat ne serait pas valable, et ne libérerait pas le débiteur,
loi 34, § 4, *de solut.*, 46. 3, parce qu'on ne peut
reprocher aucune faute au créancier.

20. Il n'est pas nécessaire que le mandat de re-

cevoir soit spécial; le mandat général d'administrer ou de gérer les affaires du mandant, suffit
pour autoriser le mandataire à recevoir; car ce
n'est qu'un acte d'administration. Loi 12, *de so-*
lut., 46. 3.

Il y a même des mandats tacites de recevoir.
Par exemple, l'huissier porteur d'un titre exécutoire, qu'il est chargé de mettre à exécution par
la voie d'une saisie, a nécessairement le pouvoir
de recevoir le paiement et d'en donner quittance;
autrement, il ne pourrait exécuter sa mission; car
il ne peut saisir que sur le refus de payer fait par
le débiteur, auquel il est obligé d'en faire la sommation ou le commandement.

Le Parlement de Rouen a même jugé, par un
arrêt du 8 août 1749, qu'un huissier porteur d'un
billet sous seing privé, même non enregistré, pouvait valablement en recevoir le montant, encore
bien qu'il n'eût pas d'ordre écrit. (*Voy.* Denisart,
v°. *Paiement*, n°. 50).

Mais le débiteur qui paierait à un homme sans
caractère public, qui lui présenterait un billet
autre qu'un billet au porteur, ne serait pas sans
reproche, et serait exposé à payer une seconde
fois.

21. Mais la procuration donnée au procureur
ad lites, pour former une demande en justice et
faire assigner le débiteur, ne renferme pas le pouvoir de recevoir le paiement dû et d'en donner
quittance; car il serait absurde que celui qui n'aurait pas le pouvoir de recevoir après le jugement

rendu, pût recevoir avant le jugement. Loi 86, *ff de solut.*, 46. 5.

22. L'élection de domicile qu'un créancier saisissant est obligé par la loi de faire dans le lieu de la saisie, ne constitue pas mandataire du créancier celui chez qui cette élection est faite.

Ainsi, le paiement ou versement de la somme formant la dette, fait à ce domicile élu, en d'autres mains que celles du créancier ou de son mandataire, n'opère pas la libération du débiteur, ainsi que l'a pensé la Cour de cassation, dans un arrêt du 6 frimaire an XIII, rapporté dans le nouveau Répertoire, v°. *Domicile élu*, § 1, n°. 4.

23. Les auteurs ne sont pas d'accord sur le point de savoir si le pouvoir de vendre renferme celui de recevoir le prix de la vente. Bartole et ses sectateurs soutiennent l'affirmative.

Wissembach, dont l'opinion est suivie par Pothier, n°. 477, pense, au contraire, que le pouvoir de vendre ne renferme pas celui de recevoir le prix, à moins que des circonstances ne donnent lieu de le présumer.

Nous pensons qu'il faut, à cet égard, faire une distinction.

Si le pouvoir de vendre porte celui de donner un terme pour le paiement, il nous paraît évident qu'il ne renferme point celui de recevoir; car alors, vendre et recevoir le prix de la vente, sont deux actes séparés, qui doivent être faits dans des tems différens.

Ainsi, le pouvoir de louer une maison, d'affermer une terre, ne contient point le pouvoir de recevoir les loyers ou les fermages. La loi 1, § 12, *ff de exercit. act.*, 14. 1, citée par Pothier, favorise cette distinction.

Mais si le pouvoir de vendre ne renferme point celui de faire crédit, ou de donner un terme, le mandataire est alors obligé de vendre *argent comptant*, et dans ce cas, le pouvoir de vendre renferme nécessairement celui de recevoir le prix et d'en donner quittance.

Ainsi, les personnes chargées de vendre des meubles publiquement et à l'encan, ont nécessairement le pouvoir de recevoir le prix de la vente ; car ils doivent vendre argent comptant, et s'ils font crédit à quelques acheteurs adjudicataires, ils répondent des insolvabilités.

Ainsi encore, les vendeurs à la toilette, qui portent des effets à vendre dans les maisons particulières, ont tacitement le pouvoir d'en recevoir le prix.

24. On peut, par le contrat, indiquer une personne à laquelle le débiteur aura la faculté de payer, et qui pourra recevoir pour le créancier (1277).

Les jurisconsultes appellent cette personne *adjectus solutionis gratiâ*. C'est un mandat d'une nature particulière ; nous en avons touché quelque chose tom. VI, n°. 708, où nous avons indiqué les autorités qu'on peut consulter.

Ce mandat se forme lorsque le contrat ou le billet porte que le débiteur paiera la somme au créancier ou à une tierce personne désignée. Par exemple : je reconnais devoir à Titius une somme de

3,000ᶠ que je m'oblige de payer le 1ᵉʳ. décembre, à lui ou à Caïus.

Dans ce cas, le débiteur et ses héritiers ont le droit de payer, soit à Titius, créancier, soit à Caïus, désigné pour recevoir.

Le paiement fait à ce dernier sera aussi valide que s'il était fait à Titius.

Ils conserveraient le droit de payer à Caïus, dans le cas même où il aurait été donné un titre récognitif, muet sur ce point; car on ne présume jamais que les parties aient voulu changer le titre primordial par un acte de nouvelle reconnaissance, qui ne dispense point de le représenter (1337).

Mais ce n'est qu'à la personne désignée que le paiement peut être fait valablement, et non pas à ses héritiers (1).

Ses pouvoirs cesseraient même, et le paiement ne pourrait plus lui être fait valablement, si elle avait changé d'état, et que le débiteur eût connaissance de ce changement. Par exemple, si la personne était interdite, si elle avait passé sous la puissance d'un mari, si elle avait fait faillite, si elle était frappée de mort civile, loi 38, *ff de solut.*, 46. 3, on présumerait alors que le créancier n'eût pas désigné une telle personne pour recevoir, s'il avait prévu ces événemens, quoiqu'il pût, s'il le jugeait à propos, désigner ces personnes pour recevoir, après l'arrivée des mêmes événemens. (Pothier, n°. 488; Vinnius, *sur le* § 4, *Instit. de inut. stip.*, n°. 8).

_____

(1) Il en serait autrement du créancier délégué. *Vid. infra.*

La désignation insérée dans le contrat d'une personne à qui le débiteur peut payer, fait partie de la convention. Le créancier ne peut plus, sans motifs légitimes, révoquer le pouvoir donné à cette personne.

La faculté de payer entre ses mains est un droit acquis, dont le créancier ne peut arbitrairement priver le débiteur. Loi 12, § 5; loi 57, § 1; loi 106, *ff de solut.*, 46. 3.

Lors même que le débiteur aurait payé au créancier en personne une partie de la dette, il ne serait pas déchu du droit de payer le surplus à la personne désignée par le contrat. Loi 71, *ff ibid.*

Il pourrait le faire, même après les poursuites en justice commencées contre lui par le créancier, et même après la contestation en cause. La loi romaine qui décide le contraire est fondée sur une subtilité que l'on ne doit pas suivre dans nos usages. (Pothier, n°. 490).

Le paiement fait à la personne indiquée est valable, non seulement lorsqu'il est fait par le débiteur, mais par quelque personne que ce soit. Loi 59, *versic etsi à filio, ff de solut.*

On peut donner au débiteur la faculté de payer à un tiers une chose autre que celle qu'il s'oblige de payer au créancier.

Par exemple, vous me paierez 50ᶠ, ou vous donnerez un porc de tant de livres à mon vigneron.

L'obligation devient alors alternative; le choix appartient au débiteur. L'obligation peut aussi devenir pénale.

25. La désignation faite dans le contrat d'une

personne à qui le débiteur peut payer, ne donne
point à cette personne le pouvoir d'exiger le paiement, encore moins de faire remise de la dette.
Loi 10, *ff de solut.* ; loi 7, § 6, *ff de constitut. pecun.*, 13. 5. Elle n'a pas même le pouvoir d'accorder des délais; elle n'a d'autre pouvoir que celui
de recevoir l'argent du débiteur et de lui en donner quittance.

Il ne faut donc pas confondre avec les personnes
désignées pour recevoir le paiement, celles que le
créancier charge de payer, soit pour demeurer
quitte de ce qu'il leur devait, comme dans le cas
des délégations dont parlent les art. 1275 et 1276,
soit pour exercer une libéralité envers elles, de
même que dans le cas de l'art. 1121.

Cette charge et ces délégations imposées pour
l'intérêt du créancier et non du débiteur, peuvent
être révoquées pendant que les personnes déléguées
n'ont pas déclaré vouloir en profiter ; et si elles le
veulent, elles ont une action contre celui à qui la
charge ou la délégation a été imposée.

26. Enfin, le paiement fait de bonne foi à celui
qui est en possession de la créance, est valable encore que le possesseur en soit par la suite évincé
(1240).

Cette disposition, conforme au droit romain et
à l'ancienne jurisprudence française (1), est fondée

---

(1) *Loi 55, ff de condict. indeb.*, 12. 6; *loi 44, ff de acquir. hæred.*, 29. 2;
loi 6, § 1, ff de reb. auct. jud. possid., 42. 5; *loi 2, ff de separat. bon.*,
42. 6; d'Argentré, sur l'art. 410 de l'ancienne Coutume de Bretagne,
glos. 3, n°. 1; Pothier, tom. II, n°. 467; Duparc-Poullain, Journal
du Parlement de Bretagne, tom. IV, pag. 457.

sur le juste respect que les lois impriment pour la possession.

Le possesseur est réputé propriétaire de la chose, tant qu'elle n'est point revendiquée, et même après la revendication, jusqu'au jugement qui prononce en faveur du demandeur.

Durant la litispendance, le possesseur continue de percevoir les fruits, et de jouir de tous les droits attachés à la propriété (*Voy.* tom. III, n°. 77). Le débiteur n'a pas le droit de contester la propriété du possesseur.

Ainsi, l'usurpateur qui a loué ou affermé les biens usurpés, en reçoit valablement les loyers ou les fermages, et le propriétaire ne peut les réclamer du fermier, mais seulement de l'usurpateur.

Il en serait autrement des fermages dus en vertu d'un bail consenti par l'ancien propriétaire. Le fermier ne pourrait les payer valablement à l'usurpateur, parce que son bail lui faisait connaître qu'il ne pouvait payer qu'au bailleur, à ses représentans ou à ses cessionnaires. Loi 55, *ff de condict. indeb.*, 12. 6.

Ainsi, l'acquéreur ou autre successeur à titre singulier, qui demande les fermages échus avant son entrée en possession, doit prouver, par la représentation de son contrat, qu'ils lui ont été cédés.

Quant aux fermages échus depuis son entrée en possession, le nouveau possesseur ne peut les exiger qu'en prouvant que l'ancien, de qui le fermier tenait son titre, a été légalement dépossédé.

Cependant, il n'est pas nécessaire qu'il représente un titre de propriété; il lui suffit de prouver une possession publique, paisible et plus qu'annale, puisque cette preuve suffirait même contre le propriétaire, que le fermier peut mettre en cause.

27. Mais le possesseur de la succession pourrait exiger les fruits antérieurs et postérieurs à la mort du défunt, ainsi que toutes les autres créances qui composent l'hérédité, sans que les débiteurs fussent recevables à lui contester sa qualité d'héritier, ni à prouver qu'il existe d'autres héritiers ayant droit de partager avec lui, ou même de l'exclure.

C'est toujours une conséquence du principe que le possesseur est présumé propriétaire, tandis que le véritable propriétaire ne s'est point fait réintégrer dans ses droits.

28. Il résulte du même principe que les jugemens rendus sans collusion contre le propriétaire apparent, relativement à la chose dont il était en possession, acquièrent la force de chose jugée contre le vrai propriétaire réintégré dans ses droits; comme aussi les jugemens rendus en faveur du possesseur, concernant la chose qu'il possédait, profitent au propriétaire rentré dans ses droits.

On ne peut pas dire que ce soit une chose jugée *inter alios* : c'est toujours la même personne morale qui passe d'un individu à l'autre, comme dans le cas de tous les successeurs à titre singulier. Le vrai propriétaire doit s'imputer d'avoir laissé ses droits reposer sur la tête d'un tiers, de l'avoir laissé couvert du masque de la propriété.

29. Par la même raison, les transactions passées avec le propriétaire putatif et avec l'héritier ap-

parent, concernant la chose qu'il possède, doivent être valides et produire leur effet, soit contre le propriétaire rentré dans ses droits, soit en sa faveur.

Un arrêt rendu par le Parlement de Bretagne, le 18 août 1752 (1), jugea que les traités passés avec le seul héritier qui se fût fait connaître, étaient valides contre les autres héritiers qui se présentèrent dans la suite : ils auraient la même validité contre ceux qui excluraient l'héritier apparent putatif.

Il en serait de même des transactions passées avec le possesseur réputé propriétaire, relativement à la chose qu'il possédait. Elles auraient toute leur force contre le vrai propriétaire rentré dans ses droits, en supposant *toujours qu'elles ont été faites de bonne foi et sans collusion.* (*Voy.* ce que nous avons dit tom. VI, n° 54, pag. 58 et suivantes).

30. Toutes ces décisions sont conformes à l'exacte justice. Si, ce qui n'est pas douteux, les tiers qui ont des affaires à démêler avec le possesseur, propriétaire apparent ou putatif, ne peuvent lui opposer son défaut de qualité pour agir, s'il peut les traduire en justice, sans qu'ils puissent se défendre, en alléguant qu'un autre est propriétaire, il faut nécessairement en conclure que les jugemens qu'ils obtiennent contre lui, que les transactions

---

(1) *Voy.* Duparc-Poullain, Journal du Parlement de Bretagne, tom. IV, pag. 457.

qu'ils passent avec lui sont valides, et lient le vrai propriétaire qui lui succède.

Il doit en être de même de tous les actes d'administration, ou qui participent de leur nature, tels que le renouvellement des baux, sans quoi vous portez le trouble dans la société; vous faites une injustice, en annulant ce que les personnes de bonne foi ont été contraintes de faire avec le possesseur ou propriétaire apparent, que la loi reconnaissait, protégeait, qu'elle leur désignait pour contradicteur légal et nécessaire; en un mot, avec lequel ces personnes ne pouvaient se dispenser d'avoir des affaires à traiter.

31. Quant aux actes d'aliénation, de constitution d'hypothèque, de servitudes, etc., faits par le propriétaire apparent, ils ne nuisent point au vrai propriétaire réintégré dans ses droits; ils sont résolus, ils s'évanouissent avec le droit de celui qui les a faits, et qui n'a pu transférer à autrui plus de droits qu'il n'en avait lui-même.

Ceux qui ont acquis ou reçu de lui s'en plaindraient injustement: ils n'étaient point dans la nécessité d'acquérir. Avant de le faire, ils pouvaient, ils devaient s'assurer que leur vendeur était propriétaire légitime et incommutable. S'ils ont négligé de s'en assurer, s'ils ont trop légèrement suivi la foi de leur auteur, ils ne peuvent imputer qu'à eux-mêmes la perte qu'ils éprouvent par la réintégration du vrai propriétaire dans tous ses droits.

Cette importante distinction entre les actes de pure administration et les actes d'aliénation volontaire, faits par le possesseur ou propriétaire putatif et apparent, nous paraît conforme à la raison, à l'ancienne jurisprudence, au texte et à l'esprit du Code.

Cependant la Cour de Caen jugea, le 21 février 1814, que les ventes faites par l'héritier apparent ne peuvent être attaquées par l'héritier véritable, ou par son cessionnaire, si les acquéreurs sont dans la bonne foi, et le 3 août 1815, la Cour de cassation rejeta le pourvoi contre cet arrêt (1).

Le grand préjugé qu'élève une autorité aussi imposante et aussi respectable, nous impose le devoir de soumettre la question à un examen approfondi. Rappelons d'abord les principes de la matière (2).

Le parent que la loi appelle à la succession, spécialement et en premier degré, étant, même à son insu, saisi de l'hérédité (724), est héritier, jusqu'à ce qu'il ait manifesté son intention de ne vouloir pas l'être.

Ainsi, toutes les actions actives et passives du défunt reposent sur sa tête. Sa renonciation ne se présume point (784), et après les trois mois quarante jours que la loi lui accorde pour délibérer, il peut être poursuivi par les créanciers, et condamné en qualité d'héritier.

---

(1) Il est rapporté par Sirey, an 1815, pag. 286.
(2) Il faut absolument ajouter ici ce que nous avons dit tom. IV, 7e. édition et suiv., pag. 300 et suiv., n°. 289. Ajoutez aussi ce que nous avons dit dans l'addition imprimée *ad calcem* du présent volume, où nous avons répondu à la savante dissertation de M. Merlin, imprimée dans la 5e. édition de ses Questions de droit, v°. *Héritier*, § 5.

S'il renonce pendant le cours de l'instance, il n'en supporte pas moins tous les frais de poursuite (799). C'est par sa renonciation seulement que la succession est dévolue au degré subséquent (786).

Néanmoins, si le parent du premier degré est absent, s'il ne se présente pas, les parens du degré subséquent peuvent, en vertu de la vocation générale de la loi, qui appelle successivement tous les parens du sang, les uns à défaut des autres, jusqu'au douzième degré inclusivement (755), se mettre en possession de la succession ; l'art. 136 les y autorise.

Mais alors ils ne sont point irrévocablement héritiers ; car la succession ne leur est dévolue que sous la condition légale, mais expresse, de la rendre, en cas de réclamation en tems utile, au parent plus proche, qui les exclut, ou de la partager avec leur cohéritier, s'ils en ont un ; ou bien, comme dit l'art. 137, *sans préjudice des actions en pétition d'hérédité et des autres droits de l'absent,* qui ne s'éteindront que par le laps de tems établi pour la prescription.

Ces principes, fondés sur le texte du Code, ont été rappelés dans un arrêt de la Cour de cassation du 11 frimaire an IX, rapporté dans les Questions de droit, v°. *Héritier,* § 3.

Cet arrêt part du principe que le parent le plus éloigné est appelé par la loi, sous la *condition* de rendre.

C'est donc une maxime incontestable que le parent du degré le plus éloigné, qui se met en possession de l'hérédité, en l'absence du parent plus proche, n'est héritier que sous *condition*. Il est dans le cas d'un acquéreur de bonne foi qui a acheté à *non domino*, et qui est aussi propriétaire, sous la condition légale de rendre les biens acquis à l'ancien propriétaire, si celui-ci les réclame avant l'expiration du tems fixé pour la prescription.

Mais pendant que le véritable héritier ne se présente point, le parent plus éloigné, entré en possession de l'hérédité, est, aux yeux des tiers qui ont des droits à exercer sur les biens qui la composent, le représentant putatif du défunt et son héritier apparent.

Ils ne peuvent lui contester son droit, ni lui opposer qu'il existe un héritier plus proche qui l'exclut, puisque la loi l'autorise à en méconnaître l'existence (136) : ce serait d'ailleurs excepter du droit d'autrui. Ils le voient en possession; cela suffit, puisque la loi le leur désigne pour légitime contradicteur de leurs prétentions.

Ainsi, tous les jugemens rendus pour ou contre lui, toutes les transactions ou traités passés avec lui, doivent avoir la même force, la même irrévocabilité que si le véritable héritier y avait été partie; sans quoi, la disposition qui permet au parent plus éloigné de se mettre en possession, lorsque le plus proche garde le silence, ne serait qu'un piége tendu aux citoyens : la foi publique serait violée.

D'un autre côté, il est nécessaire, pour l'intérêt même des véritables héritiers, que l'héritier apparent puisse exercer les droits actifs de l'hérédité, qui pourraient s'éteindre par la prescription, poursuivre les créanciers qui pourraient devenir insolvables; enfin administrer les biens, sauf à rendre compte aux parens plus proches, qui viendraient en tems utile former la pétition d'hérédité.

Tels sont les motifs d'ordre et d'intérêt, tant public que particulier, qui ont fait établir la maxime que les paiemens faits à l'héritier apparent ou putatif sont valides; que les véritables héritiers sont liés par les jugemens rendus contre lui, par les transactions ou traités passés avec lui.

Ils s'en plaindraient à tort : ils ont à s'imputer de ne s'être pas présentés plus tôt.

S'ils ignoraient l'ouverture de la succession, c'est une ignorance qui peut le plus souvent leur être imputée, et dont, en tout cas, les suites ne doivent retomber que sur eux, et non sur des tiers de bonne foi.

Ces motifs ne peuvent s'appliquer aux aliénations volontaires d'immeubles faites par l'héritier apparent. Ceux auxquels il vend ne sont point forcés d'acheter; ils doivent s'assurer des droits et de la qualité de leur vendeur, qui ne peut leur transférer des droits plus étendus que ceux qu'il a lui-même : *Nemo plus juris in alium transferre potest quàm ipse habet. Loi* 54, *ff de R. J.* Axiôme de raison éternelle, spécialement consacré par l'article 2125 du Code, qui porte :

« Ceux qui n'ont sur l'immeuble qu'un droit suspendu *par une condition,* ou résoluble dans certains cas, ne peuvent consentir qu'une hypothèque soumise aux mêmes conditions ou à la même rescision. »

Par l'art. 2182, qui porte : « Le vendeur ne transmet à l'acquéreur que la propriété et les droits qu'il avait lui-même sur la chose vendue. »

Or, il est certain que la succession n'est déférée au parent plus éloigné, dans le silence ou dans l'absence du véritable héritier, que sous la condition légale, mais expresse, de la rendre, si celui-ci la réclame en tems utile ; que, par conséquent, il n'a qu'un droit résoluble et conditionnel.

Ainsi, ces dispositions sont manifestement applicables aux ventes faites par l'héritier apparent.

Voici une décision encore plus précise :

L'art. 136 porte que s'il s'ouvre une succession à laquelle soit appelé un individu dont l'existence n'est pas reconnue, elle sera dévolue exclusivement à ceux avec lesquels il aurait eu le droit de concourir, ou à ceux qui l'auraient recueillie à son défaut. Mais l'art. 137 ajoute :

« Que c'est sans préjudice des actions en pétition d'hérédité, *et d'autres droits*, lesquels compéteront à l'absent, et ne s'éteindront que par le laps de tems établi pour la prescription. »

On ne doit pas supposer de paroles inutiles dans la loi. Or, il est certain que l'action en pétition d'hérédité comprend généralement tous les droits réels et personnels que le véritable héritier peut exercer contre celui qui s'est mis en possession de l'hérédité. (*Voy.* Pothier, Traité de la propriété, n°. 398 et suivans).

Cependant, le Code réserve *d'autres droits* au véritable héritier : ce sont donc les droits qu'il peut

exercer contre des tiers, tels que la révocation des
aliénations d'immeubles indûment faites, les hypothèques ou autres charges indûment créées pendant son absence ou son silence.

Cette réserve est d'autant plus sage, d'autant
plus nécessaire, qu'on a reproché au Code, et avec
raison, d'avoir négligé les intérêts de l'absent, en
permettant au parent plus éloigné de s'emparer
de la succession sans inventaire, et sans donner
aucune sûreté pour la restitution de l'hérédité
(*voy.* tom. I, n°⁵. 480 et 481); en sorte qu'il peut
dissiper tout le mobilier, perte irréparable pour
les absens, s'il est insolvable. S'il avait, de plus,
le pouvoir de vendre irrévocablement les immeubles, ce serait pour eux une nouvelle perte, que
l'art. 139 a voulu prévenir, en réservant aux véritables héritiers, non seulement la pétition d'hérédité, qui comprend tous les droits à exercer contre
l'héritier apparent, mais encore *les autres droits*
qui leur appartiennent, c'est-à-dire les droits
contre les tiers, tels que la révocation des ventes,
celle des hypothèques et autres charges indûment
créées sur l'immeuble.

Ces raisons sont si fortes, les textes cités tellement précis, que l'on est étonné de voir que la
Cour de cassation s'en soit écartée, en maintenant
une vente faite sans nécessité par l'héritier apparent, peu de tems après l'ouverture de la succession. Voici l'espèce :

Le 8 germinal an VIII mourut le sieur Fames-
son. La veuve Barberic se présenta pour héritière
dans la ligne paternelle, et le sieur Dormont dans

la maternelle. Ils firent inventaire, puis partagè-
rent la succession. Le sieur Dormont vendit ensuite
une pièce de terre qui était entrée dans son partage.

Trente mois après l'ouverture de la succession,
les sieurs Dugay et de Prepetil, parens plus proches, formèrent, contre le sieur Dormont, une pétition d'hérédité, qui fut accueillie par le tribunal
d'Argentan.

Ils cédèrent leurs droits au sieur de Prepetil,
notaire à Condé, qui revendiqua la pièce de terre
vendue par Dormont.

Sa revendication, admise par les premiers juges,
fut rejetée le 21 février 1814, par la Cour de Caen,
dont le motif principal et déterminant fut, *en droit*,
qu'il est constant que, suivant l'ancienne jurisprudence, attestée par les auteurs normands, et puisée
dans l'arrêt *Malandin*, celui qui a acquis de l'héritier apparent doit être maintenu dans son acquisition, quand elle a été faite de bonne foi.

Prepetil se pourvut en cassation ; mais son pourvoi fut rejeté le 3 août 1815, par le motif « que
l'arrêt dénoncé est fondé sur une *ancienne jurisprudence*, conforme au *droit romain*, et soutenu par
les motifs les plus puissans d'*ordre et d'intérêt public*, qui se concilie avec les articles prétendus vio-
lés, 549, 724 et 1599 du Code civil, *qui n'ont statué qu'en principe et règle générale* ».

L'arrêt est rapporté par Sirey, an 1815, pag. 286
et suivantes.

Examinons les motifs de cet arrêt :

On a toujours entendu, par le mot *jurisprudence*,

dans le sens où il est ici employé, l'habitude de
juger une question de la même manière, une suite
de jugemens semblables, qui forment un usage.

Il est très-important, observe le président Bouhier (Observations sur la Coutume de Bourgogne,
chap. 13, n°°. 49 et 50), de faire attention que pour
donner aux choses jugées cette autorité qui ap-
proche de la législative, il ne suffit pas d'un ou de
deux arrêts, rendus souvent sur des circonstances
particulières ou dans des causes *mal plaidées et mal
défendues*..... C'est le sens de notre proverbe coutumier, *une fois n'est pas coutume*. (Loisel, liv. 5,
tit. 5, reg. 11).

Aussi *est-il certain* que, pour former *une jurisprudence* sur une matière, il faut une longue suite
d'arrêts conformes.

Les lois romaines semblaient même exiger quelque chose de plus ; car elles demandaient pour
cela une suite de choses perpétuellement jugées de
la même manière : *Rerum perpetuò similiter judica-
tarum autoritatem. Loi*, 38, *ff de leg.*, 1. 3. Mais on
a cru que cela devait être interprété sainement, et
qu'il suffisait que pendant long-tems la jurisprudence eût été uniforme.....

Telle est la règle que nous devons suivre, et de
laquelle il serait dangereux de s'écarter ».

Or, il n'existe qu'un seul arrêt sur la question
que nous examinons. C'est celui que la Cour de
Caen appelle l'arrêt Malandin. Il est rapporté en
ces termes, dans la nouvelle édition de Basnage,
sur l'art. 235 :

Un héritier présomptif a négligé de recueillir

une succession dans le tems que la coutume lui accorde pour délibérer, et a laissé prendre la succession par un parent plus éloigné.

Si cet héritier revient, dans les quarante ans, recueillir cette succession, il ne peut plus révoquer les aliénations faites par le parent plus éloigné qui était en possession du bien de cette succession. Cela a été jugé le 19 juin 1759, par un arrêt rendu en faveur du sieur Isaac Malandin, contre les sieurs Jean Lecontre et Pierre Blondel ».

C'est cet arrêt solitaire, dont on ne voit ni l'espèce ni les motifs, qui fit dire à la Cour de Caen qu'*en droit* il était certain que, suivant l'*ancienne jurisprudence* attestée *par les auteurs normands*, et puisée dans l'*arrêt Malandin*, les ventes faites par l'héritier apparent doivent être maintenues au préjudice du véritable héritier.

Cependant la jurisprudence qu'on essaie d'établir sur cet arrêt n'était pas connue du savant Basnage, le plus célèbre des auteurs normands : elle n'est donc pas ancienne.

Il n'est pas étonnant que son annotateur, avocat au Parlement de Rouen et subjugué par l'autorité de cette Cour, ait donné cette décision comme une règle de prudence à suivre en Normandie.

Mais il est certain que, dans les autres Parlemens, les auteurs enseignaient une doctrine contraire, et leur doctrine était fondée sur le texte même des coutumes.

Le seigneur était alors appelé à la succession, lorsqu'il ne se présentait point d'héritiers du sang;

il était héritier apparent, sous la seule condition
de rendre les biens, s'il se présentait des parens
en tems utile.

Cependant, s'il vendait les biens, le véritable
héritier, qui s'était fait connaître, pouvait les revendiquer, quoique l'acquéreur fût de bonne foi.

L'art. 301 de la Coutume de Poitou était précis
sur ce point. Il ne mettait l'acquéreur à l'abri de
la revendication que par la prescription de dix ou
vingt ans.

Voici une autorité directement applicable à la
question que nous examinons. Lebrun, l'auteur
français qui a le plus approfondi la matière des
successions, après avoir dit (liv. 3, chap. 4, n°. 57)
que l'héritier bénéficiaire peut être exclu par un
héritier pur et simple, ce qui n'a plus lieu aujour-
d'hui, enseigne que ce dernier peut rentrer dans
les biens immeubles aliénés par le premier avant
son exclusion, à moins que le prix n'en ait été employé à payer les créanciers.

Entre les raisons qu'en donne cet auteur, il soutient qu'un héritier bénéficiaire était exclu par un
héritier pur et simple, en quelque façon, comme
un héritier plus éloigné, qui se serait mis en possession, et qui depuis serait exclu par le plus proche héritier.

« Or, ajoute Lebrun, *il est certain* que cet héritier plus éloigné n'aurait pu aliéner pendant sa
jouissance, au préjudice du plus proche héritier ».
C'est aussi l'avis de Pothier, des Obligations, n°. 703.
Lebrun reconnaît d'ailleurs dans l'héritier appa-

rent, le pouvoir d'administrer et de transiger; ce n'est que le pouvoir d'aliéner qu'il lui refuse.

Remarquez même qu'il n'hésite point; il ne pensait pas que la question pût être douteuse : *il est certain.*

Concluons donc que cette longue suite d'arrêts, exigée, suivant Bouhier, pour former une jurisprudence, n'a point existé sur le point que nous examinons, et si elle avait existé, nous dirions encore, avec Bouhier, qu'il faut changer cette jurisprudence vicieuse, sur-tout depuis la promulgation du Code, qui a si formellement consacré le principe que le vendeur ne peut transférer à l'acquéreur que la propriété et les droits qu'il a lui-même sur la chose vendue (2182); que ceux qui n'ont sur l'immeuble qu'un droit suspendu par une condition, ou résoluble en certain cas, ne peuvent consentir que des droits également conditionnels ou résolubles (2125).

C'est en conséquence de ce principe sacré, que l'art. 930 autorise l'héritier légitimaire, en formant l'action en réduction des donations excessives, à former l'action en revendication contre les détenteurs qui ont acquis de bonne foi les immeubles compris dans la donation, après avoir préalablement discuté les biens du donataire vendeur.

C'est une modification apportée au principe pour ce cas particulier. Et l'on prétendrait qu'un fils absent lors de la mort de son père, ne pourrait pas revendiquer les biens de la succession, lorsqu'un collatéral adroit s'est, pendant son absence, mis en possession, et a vendu tous les biens; qu'il ne pourrait pas exercer *les autres droits* que lui réserve l'art. 137, outre la pétition d'hérédité! C'est une prétention que réprouvent également le texte et l'esprit du Code.

Mais, dit-on, c'est le second motif qui a déterminé l'arrêt que nous examinons. La doctrine qu'il a suivie est *conforme au droit romain.*

Cette assertion n'est appuyée par la citation d'aucune loi, d'aucun auteur, et après les recherches les plus exactes, nous n'avons trouvé, dans la législation romaine, que des dispositions contraires.

D'abord l'héritier est saisi de tous les biens de la succession, sous la condition de rendre ceux qui sont donnés à des légataires particuliers, s'il s'en présente.

Cependant, s'il aliène les biens légués avant que les légataires se présentent pour en demander la délivrance, la vente est nulle, et les légataires peuvent former l'action de revendication contre les tiers acquéreurs. La loi 3, §§ 2 et 3, *Cod. communia de legat.,* 46. 3, le décide formellement (1),

---

(1) En voici le texte : *Nemo hæres, ea quæ per legatum relicta sunt, vel quæ restitui aliis, disposita sunt..... putet in posterum alienanda, vel pignoris, vel hypothecæ titulo adsignanda; sed sciat hoc quod alienum est, non ei licere....., Alieno juri applicare..... sin sub conditione fuerit relictum legatum...... Melius quidem faciet, si in his casibus caveat ab omni venditione ......, ne se gravioribus oneribus evictionis nomine supponat. Sin autem......, propter spem conditionis minimè implendæ ad venditionem, vel hypothecam, prosilucrit, sciat quod, conditione implotâ, ab initio causa in irritum devocetur : et sic intelligenda est quasi non scripta nec penitus fuerit celebrata, etc.*

et sa disposition était suivie en France, même dans les coutumes de nantissement.

« Quoique les légataires étrangers, dit Maillart, sur l'art. 74 de la Coutume d'Artois, ne soient pas de plein droit saisis de leurs legs, et qu'ainsi il semble que le légataire d'un fonds particulier ne puisse pas agir en désistement contre le tiers détenteur réalisé, à qui l'héritier aura vendu le fonds légué, sauf son action personnelle contre l'héritier, néanmoins, parce que la propriété de la chose léguée passe de plein droit au légataire, qui ne doit en demander que la délivrance, c'est-à-dire la possession à l'héritier, on estime que le légataire non réalisé peut agir en désistement contre le tiers détenteur du fonds légué, quoique réalisé, parce que l'héritier *n'a pu transférer* à ce tiers détenteur *des droits qu'il n'avait soi - même qu'à la charge d'en faire la délivrance* au légataire. Jugé par arrêt du 12 décembre 1701, rendu en l'audience de la grand'chambre, en confirmant deux sentences du conseil provincial d'Artois. »

Si la revendication des biens aliénés par le véritable héritier est accordée au légataire, à plus forte raison la revendication des biens vendus par l'héritier apparent doit être accordée au véritable héritier.

Il serait absurde de dire que sur deux ventes faites par l'héritier apparent, le légataire peut en faire annuler une, et que l'héritier véritable ne peut faire annuler l'autre.

On trouve, dans le Digeste, au titre *de hœreditate venditâ*, 18. 4, des textes qui décident que

celui qui avait vendu l'hérédité qu'il croyait lui
appartenir, était tenu de garantir l'acquéreur en
cas d'éviction : *Quin venditor juris hæreditarii venditi evictionem præstare teneatur, extra controver-
siam est, si fortè illud in totum, vel pro parte evictum
sit,* dit fort bien Voët, sur ce titre, n°. 4.

Il est donc certain que, suivant le droit romain,
celui à qui l'héritier apparent avait vendu l'hérédité, pouvait être évincé par le véritable héritier.

C'est aussi ce qui s'observait en France, comme
l'enseigne Duparc-Poullain, dans ses Principes du
Droit, tom. VIII, pag. 81 et 82, n°. 4, et son opinion est appuyée sur un arrêt du Parlement de
Bretagne.

Or, si l'acquéreur de l'hérédité, c'est-à-dire de
tous les biens qui la composent, peut être évincé
par le véritable héritier, l'acquéreur d'une partie
des biens peut également l'être : la conséquence
est nécessaire.

Il nous paraît donc prouvé que la doctrine adoptée par l'arrêt du 3 août 1815 n'est pas conforme
au droit romain (1).

Voyons si elle est soutenue par les motifs les plus

_____

(1) Voici cependant un texte qui pourrait arrêter un esprit superficiel;
c'est la loi 44, *ff de acquir. hæred.*, 29. 2. En voici l'espèce : Un mineur
ayant accepté la succession de son père, et vendu quelques biens pour
payer les créanciers, *ad satisfaciendum creditoribus,* dit Brunnemann,
sur cette loi, s'aperçoit que la succession est onéreuse, et prend le parti
de *s'abstenir,* quoiqu'il eût fait acte d'héritier. C'est un privilége que
le droit romain accordait à sa minorité. La loi décide que tout ce qu'il
a fait de bonne foi avant son abstension est valide, et qu'il faut venir
au secours de l'acquéreur, c'est-à-dire que la vente subsiste et ne peut
être attaquée pas les créanciers envoyés en possession, quoique le mi-

puissans d'ordre et d'intérêt public. C'est le troisième considérant qui a déterminé l'arrêt que nous examinons.

Mais en quoi l'ordre public peut-il être troublé, lorsqu'un contrat d'acquêt, passé entre deux particuliers, est annulé ou rescindé?

Comment le public peut-il être intéressé à ce que ce contrat soit maintenu plutôt qu'annulé?

Certes, une pareille question n'est qu'une affaire d'intérêt privé, qui ne peut intéresser que deux

---

neur ne soit pas solvable, et qu'il ne puisse leur rendre le prix de la vente.

L'espèce de cette loi se présentera difficilement sous l'empire du Code, puisque les successions déférées aux mineurs ne peuvent être prises que sous bénéfice d'inventaire. Mais s'il arrivait, en fait, qu'un mineur émancipé acceptât une succession purement et simplement, puis vendît des biens avec les formalités prescrites pour la vente des biens de mineurs, et qu'il se restituât ensuite contre son acceptation, pour abandonner les biens de la succession aux créanciers, c'est alors qu'on devrait appliquer la décision de la loi 44, *ff de hœred. vend.,* dans l'espèce de laquelle les biens avaient aussi été vendus, suivant les formalités nécessaires pour la vente des biens de mineurs.

Mais elle ne peut s'appliquer aux ventes *volontaires* faites par l'héritier apparent, qui n'a qu'une propriété conditionnelle et résoluble. On doit plutôt appliquer à ce cas la loi 3, §§ 2 et 3, *Cod. comm. de legat.,* dont le texte est copié dans la note précédente.

On pourrait encore l'appliquer au cas où l'héritier apparent majeur, pressé par les créanciers, vend les biens à l'encan pour payer les créanciers. La vente alors n'est plus volontaire, elle est forcée; elle n'est, pour ainsi dire, qu'un acte d'administration; car le premier devoir d'un héritier est de payer les dettes : le véritable héritier eût été forcé d'en faire autant.

Enfin, cette loi pourrait s'appliquer aux ventes faites par un héritier majeur qui revient contre son acceptation, en vertu de l'art. 783; car la résolution du droit de l'héritier n'est point la suite directe d'un fait qui puisse lui être imputé. S'il fait résoudre son acceptation, c'est pour une cause antérieure qu'il ne connaissait pas, et qui n'était pas dépendante de sa volonté. *Voy.* tom. III, pag. 514, n°. 682.

particuliers, tout au plus deux familles, et non pas
le public. L'acquéreur qui a acquis à *non domino*
ou du propriétaire conditionnel, peut sans doute
être lésé par la rescision du contrat, si le vendeur
est insolvable; mais le véritable héritier, l'héritier
absent, que la loi doit spécialement protéger, sera
lésé si le contrat est maintenu.

Or, de quel côté doit pencher la balance de la
justice? Ce n'est pas du côté de celui qui, n'étant
point forcé d'acquérir, devait s'assurer de la qualité et des droits de son vendeur; de celui qui peut-
être a secrètement participé à frauder les droits de
l'absent; de celui sur qui seul, s'il était de bonne
foi, doivent retomber les suites de son ignorance.

Mais du côté de celui que son absence a empêché d'exercer plus tôt les droits que la loi lui dé-
férait; du côté de celui à qui elle doit une protec-
tion d'autant plus spéciale, qu'elle a permis à l'héritier plus éloigné de méconnaître l'existence de
l'absent, et de s'emparer des biens sans formalités
et sans donner de sûretés; du côté de celui qui
invoque la loi sacrée de la propriété, suivant laquelle le vendeur ne peut transmettre à l'acquéreur des droits plus étendus que les siens, que des
droits conditionnels ou résolubles, s'il n'en avait
pas d'autres (2125 et 2182).

Il est vrai que ces articles, et ceux que citait
le demandeur en cassation, n'ont, comme dit le
dernier considérant de l'arrêt que nous examinons,
statué qu'en principe et règle générale.

Mais les juges ont-ils le droit de suppléer des
exceptions qui n'existent point dans la loi? Les

règles générales ont été érigées en loi, afin que les conséquences directes qui en dérivent deviennent la règle de conduite des tribunaux.

Si chaque tribunal se permet de rejeter ces conséquences, et d'introduire une exception, tantôt sur un motif et tantôt sur un autre, les exceptions seront bientôt plus nombreuses que les applications de la règle.

Après avoir admis, par exception, que la bonne foi de l'acquéreur doit faire maintenir les ventes faites par l'héritier apparent ou conditionnel, au préjudice du véritable héritier, il faudra admettre que celles faites par celui-ci au préjudice du légataire, doivent également être maintenues; qu'on doit maintenir celles faites par celui qui a acquis de bonne foi de l'usurpateur; enfin que celles faites par tout propriétaire conditionnel ou seulement apparent, doivent aussi l'être, toujours sous prétexte de la bonne foi de l'acquéreur.

Alors, à quel cas pourrez-vous appliquer la règle établie par les art. 2125 et 2182?

La loi a fait tout ce que la justice peut faire en faveur de la bonne foi, en couvrant l'acquéreur de l'égide de la prescription de dix ans. Le juge qui fait plus excède ses pouvoirs.

Les rédacteurs du projet de Code avaient raison de rappeler, dans les préliminaires, cette ancienne maxime, que *les exceptions qui ne sont point dans la loi ne doivent pas être suppléées.*

Après des raisons si fortes, et des textes si précis

contre la doctrine adoptée par l'arrêt que nous
combattons, si des juges étaient encore arrêtés par
l'autorité imposante des savans magistrats qui l'ont
rendu, nous leur rappellerions la belle loi de Justinien, qui leur recommande de suivre, dans leurs
jugemens, la loi plutôt que les décisions des autorités les plus respectables et les plus élevées en
dignité.

· *Nemo judex existimet neque consultationes, quas*
non rilè judicatas esse putaverit sequendum, et multò
magis sententias eminentissimorum præfectorum, vel
aliorum procerum. Non enim si quid non benè dirima-
tur, hoc et in aliorum judicum vitium extendi oportet,
cùm non exemplis, sed legibus judicandum sit, neque
si cognitionales sint amplissimæ præfecturæ, vel ali-
cujus maximi magistratûs prolatæ sententiæ : sed om-
nes judices nostros veritatem, et legum et justitiæ sequi
vestigia sancimus. Loi 13, Cod. de sententiis, etc.,
7. 45.

C'est donc un devoir pour tous les juges de ne
point suivre un arrêt rendu même par la Cour de
cassation, lorsqu'ils le croient contraire à la loi;
et ce devoir est d'autant plus impérieux dans notre
législation, que l'ordre judiciaire y est constitué
de telle manière, que si la Cour de cassation, spécialement chargée de réprimer les contraventions
 à la loi, qui peuvent échapper aux Cours infé-
rieures, venait elle-même à s'en écarter, en cassant
un jugement à tort, par l'une de ces erreurs auxquelles la sagesse humaine est toujours exposée,
elle en devrait être avertie par la Cour royale à qui

l'affaire serait renvoyée ; car lorsque, après une cassation, le second jugement sur le fond est attaqué par les mêmes moyens que le premier, qui avait été cassé, la question ne peut plus être portée que devant les trois sections réunies, présidées par le ministre de la justice. (Art. 18 de la loi du 27 ventôse an **VIII**. *Junct.* art. 4 de la loi du 16 septembre 1807).

Or, il est arrivé plusieurs fois que la Cour de cassation a eu la gloire de reconnaître son erreur et de la rétracter (1).

Mais enfin si elle y persistait, en cassant encore le second jugement, et si le troisième, conforme aux deux précédens, était attaqué de nouveau par les mêmes moyens, l'affaire serait de droit portée au Conseil d'état, et donnerait lieu à une ordonnance qui interpréterait la loi et fixerait la jurisprudence.

32. Si, pour être valable, le paiement doit être fait au créancier ou à ceux qui ont pouvoir de lui, le débiteur ne peut payer au créancier, lorsqu'en le faisant, il préjudicierait aux droits d'un tiers légalement connus.

Il ne peut donc payer valablement au préjudice d'une saisie-arrêt ou d'une opposition (2) mise

_____

(1) Nous en avons donné un exemple tom. VI, n°. 193.

(2) *Voy.*, sur cela, M. Delvincourt, dans son Cours de Code civil, tom. II, pag. 350 et suiv. Pour les formalités à observer dans les saisies-arrêts ou oppositions, *voy.* le Code de procédure, art. 557 à 582, art. 533 à 565. Pour l'effet des oppositions sur les cautionnemens des fonctionnaires et sur les fonds des communes, *voy.* l'avis du Conseil d'état, du

entre ses mains de la part des créanciers de son créancier.

Autrement, si le droit des saisissans ou oppo-

---

12 août 1807, et pour les formalités des oppositions entre les mains des caissiers des fonds publics, *voy.* le décret du 18 du même mois.

Observez qu'il n'est admis d'opposition au paiement d'une lettre de change que dans deux cas, celui de perte de la lettre et celui de faillite du porteur (Code de commerce, art. 3, 149);

Que si la créance porte intérêt, celui qui est empêché de payer par des saisies-arrêts n'en doit pas moins les intérêts jusqu'à la consignation;

Qu'il est des créances qui ne peuvent être saisies :

1°. Les rentes sur l'État. (Loi du 8 nivôse an VI);

2°. Les traitemens des fonctionnaires publics ne sont saisissables que jusqu'à concurrence du cinquième sur les premiers 1,000ᶠ et les sommes au-dessous; du quart sur les 5,000ᶠ suivans, et du tiers sur tout l'excédant des 6,000ᶠ, à quelque somme qu'il puisse monter. (Loi du 21 ventôse an IX).Quant aux traitemens ecclésiastiques, ils sont insaisissables en totalité.(Arrêté du 18 nivôse an XI). Il en est de même des pensions, soldes de retraite, traitemens de réforme, pensions des militaires et de la Légion d'honneur. (Arrêté du 7 thermidor an X, et avis du Conseil d'état, approuvé le 2 février 1808);

3°. Les revenus des biens composant les majorats. Cependant ils peuvent être saisis jusqu'à concurrence de moitié; d'abord, pour les dettes privilégiées contenues dans l'art. 2105, pourvu, dans ce dernier cas, qu'il ne s'agisse que de réparations usufruitières, et sauf à obtenir une autorisation spéciale du Gouvernement pour les grosses réparations. (Décret du 1er. mars 1808, art. 51 et suiv.);

4°. Les provisions alimentaires adjugées par justice, excepté pour cause d'alimens;

5°. Les sommes et objets déclarés insaisissables par le testateur ou donateur, et qui étaient disponibles dans sa main;

6°. Les sommes et pensions pour alimens, encore que le testament ou l'acte de donation ne les déclare pas insaisissables.

Néanmoins, les objets mentionnés dans les deux derniers numéros ci-dessus peuvent être saisis par des créanciers postérieurs à l'acte de donation ou à l'ouverture du legs, et ce, en vertu de la permission du juge, et pour la portion qu'il détermine. (Code de procédure, art. 581 et 582).

Quoique ces objets soient déclarés insaisissables, il n'est pas prudent à celui qui en est débiteur de payer au préjudice d'une saisie quelconque, parce que, si le saisissant prouvait qu'il est dans un des cas

sans est jugé légitime , et leur opposition valable,
ils peuvent contraindre le débiteur saisi à payer
une seconde fois, sauf son recours contre son créancier, auquel il a imprudemment payé une première
fois (1242).

33. Si le débiteur ne peut payer valablement au
préjudice d'une saisie-arrêt ou opposition , mise
entre ses mains par des tiers , il ne le peut faire , à
plus forte raison, au préjudice d'une saisie faite
par ses propres créanciers. Les biens saisis et an-
notés deviennent le gage commun de tous les créanciers saisissans ou intervenans dans la saisie: aucun
d'eux n'en peut rien recevoir que dans l'ordre convenu entre eux , ou déterminé par la justice.

Si le débiteur se permettait de disposer de quelques-uns des effets saisis en faveur de l'un de ses
créanciers, saisissans ou non saisissans, les autres pourraient contraindre celui-ci à rapporter à
la masse l'argent ou les effets compris dans l'anno-

---

d'exception ci-dessus référés , le paiement pourrait être annulé dans
son intérêt.

Toute saisie-arrêt doit contenir l'énonciation du titre et de la somme
pour laquelle elle est faite. (Art. 559 du Code de procédure). Si donc
Pierre doit 10,000ᶠ à Paul , et que Jacques mette une saisie-arrêt aux
mains de Pierre pour 2,000ᶠ, Pierre peut payer les 8,000ᶠ de surplus a
Paul , pourvu que celui-ci consente que Jacques reçoive en même tems
les 2,000ᶠ. Mais si Paul ne consent pas que cette somme soit comptée
de suite à Jacques, il ne peut exiger que Pierre lui compte les 8,000ᶠ,
parce qu'en attendant l'issue de la contestation au sujet des 2,000ᶠ ré-
clamés par Jacques, il est possible que d'autres créanciers viennent
mettre de nouvelles saisies-arrêts sur cette somme de 2,000ᶠ, qui ne
suffirait plus alors pour satisfaire Jacques, puisqu'elle serait distribuée
au marc le franc.

tation, et qu'il aurait indûment reçus, sauf à faire décider par la justice s'il a quelque privilége ou préférence sur les autres créanciers.

34. Vainement alléguerait-il, s'il s'agissait de meubles ou d'effets mobiliers, qu'il est créancier d'un corps certain, d'un tableau, par exemple, d'un navire ou de tel autre meuble précieux; qu'il l'a acheté par un contrat en forme; qu'il en a payé le prix, non seulement avant la saisie des autres créanciers, mais même avant leurs titres de créance; que la propriété est transférée par l'effet des obligations (711); que le créancier est propriétaire de la chose, encore que la tradition n'en ait point été faite (1138, 1583).

Les créanciers lui répondraient avec avantage que si la vente est parfaite, et la propriété acquise de droit à l'acheteur par le seul consentement, quoique la chose n'ait pas encore été livrée, ni même le prix payé, ce principe n'est vrai, dans toute son étendue, qu'*entre les parties*, comme le dit l'art. 1583, *et à l'égard du vendeur*.

35. Mais, en ce qui concerne les droits des tiers ou ceux des héritiers du vendeur, il faut, dans les principes du Code, faire une distinction importante.

S'il s'agit d'un immeuble, la propriété en est, à tous égards, irrévocablement transférée à l'acheteur, par le seul consentement des parties, aussitôt qu'on est convenu de la chose et du prix, quoique la chose n'ait pas encore été livrée.

Le vendeur, ainsi dépouillé de la propriété, ne peut plus revendre la chose une seconde fois : ce

serait vendre la chose d'autrui ; il ne peut plus conférer sur elle aucun droit, parce qu'on ne peut
transférer à autrui plus de droits qu'on n'en a soi-
même. Loi 54, *ff de R. J.*; art. 2182 et 2125 du
Code.

Il en résulte que la première vente prévaut sur la
seconde, suivie de tradition. (Arg. art. 1141; décret
du 7 avril 1813, Sirey, an 1813, 2e. part., pag. 292.
Voy. ce que nous avons dit tom. VI, n°. 204, p. 237
et suivantes).

Il en résulte encore que les créanciers du vendeur, qui n'auraient point de droits d'hypothèque
acquis avant la vente, ne peuvent plus prétendre
aucun droit sur un immeuble qui a cessé d'appartenir à leur débiteur. Ils ne peuvent plus, comme
autrefois (*voy.* Pothier, du Contrat de vente, n°. 320)
faire saisir l'immeuble vendu avant que la tradition
en ait été faite.

Mais, à la différence des immeubles, la vente des
effets purement mobiliers n'en transfère point la
propriété à l'acheteur, avant que la tradition en
ait été faite, du moins *en ce qui concerne les droits
des tiers.*

C'est une conséquence nécessaire l'art. 1141, qui
porte :

« Si la chose qu'on s'est obligé de donner ou de
» livrer à deux personnes, est *purement mobilière,*
» celle des deux qui en a été mise en possession
» réelle est préférée et en demeure propriétaire, en-
» core que son titre soit postérieur en date, pourvu
» toutefois que sa possession soit de bonne foi. »

36. La tradition ou le déplacement est donc né-

cessaire, pour transférer la propriété (1) des meubles, en ce qui concerne les droits acquis par un tiers, depuis même qu'ils ont été vendus, et si, en fait de meubles, la possession vaut titre (2279), le titre ne vaut pas possession.

Le vendeur, aux yeux des tiers, et en ce qui concerne leurs intérêts, n'étant point, avant la délivrance, dessaisi de la propriété des meubles vendus, il en résulte que tous ses créanciers, même chirographaires, antérieurs ou postérieurs à la vente, peuvent les faire saisir, sans que l'acquéreur puisse les revendiquer, ni en empêcher la vente judiciaire, sans qu'il puisse réclamer sur le prix, en cas qu'il l'ait payé, aucune préférence ou privilége, sauf à entrer en contribution au marc le franc avec les autres créanciers, tant pour le remboursement de la somme qu'il aurait payée, que pour les dommages et intérêts qui lui sont dus par son vendeur.

Telle était l'ancienne jurisprudence, attestée par les commentateurs de la Coutume de Paris, par

---

(1) Dans l'ancienne jurisprudence, si le débiteur léguait la chose qu'il s'était obligé de donner, ou qu'il avait vendue, et mourait sans l'avoir livrée à l'acquéreur, elle appartenait au légataire, suivant la règle que la propriété de la chose passe au légataire par la mort du testateur: c'était donc au légataire qu'elle devait être délivrée, sauf à l'acquéreur son action en dommages et intérêts contre les héritiers du vendeur. *Loi* 32, *ff locati*, 19. 2; Pothier, n°. 152.

Cette décision doit être rejetée sous l'empire du Code, où la propriété est transférée par l'effet de l'obligation et par le seul consentement, si ce n'est à l'égard des créanciers du vendeur. Or, le légataire n'a jamais été créancier du testateur vendeur, mais seulement de ses héritiers. Ainsi, la vente doit l'emporter sur le legs.

Bourjon, Droit commun de la France (1). « La
» vente de meubles, *faite sans déplacement,* dit-il,
» est nulle *à l'égard des créanciers du vendeur.* De là
» il s'ensuit que les créanciers de celui qui a fait
» une telle vente peuvent, nonobstant la vente, les
» faire saisir et vendre sur leur débiteur, qui en
» est resté en possession..... Cela est fondé sur la
» maxime qu'en matière de meubles la possession
» vaut titre. »

L'auteur en donne pour raison que, sans cette
juste rigueur, les débiteurs mal intentionnés pourraient mettre tous leurs meubles à couvert de la
poursuite de leurs créanciers, par des ventes simulées.

Ferrière, sur l'art. 170 de la Coutume de Paris,
n°. 14, enseigne la même doctrine, et le Code l'a
consacrée dans l'art. 1583, qui porte que la vente
est parfaite *entre les parties,* et que la propriété est
acquise de droit à l'acheteur, *à l'égard du vendeur,*
dès qu'on est convenu de la chose et du prix,
quoique la chose n'ait pas encore été livrée et le
prix payé.

Ces expressions d'une vente *parfaite entre les parties,* répondent à celles qu'emploie Bourjon, la
vente sans déplacement est *nulle à l'égard des créanciers;* c'est-à-dire que, quoique la vente soit irréfragable, quoiqu'elle produise tous ses effets par

---

(1) Tom. **I**, pag. 125, édition de 1747, section de la possession en
matière de meubles, et qu'elle vaut titre. Il enseigne la même doctrine
tom. **II**, pag. 565, section si le contrat de meubles sans déplacement
est suffisant pour revendiquer.

le seul consentement des parties , même sans tradition , quoique la propriété soit à l'acquéreur,
néanmoins, la validité de cette vente, et la transmission de propriété qu'elle opère, ne peuvent être
opposées aux créanciers du vendeur , ni à ceux
qui ont traité avec lui ; tandis que la chose est encore dans sa possession ; d'où il suit que les créanciers , même postérieurs à la vente , peuvent saisir
la chose vendue sur le débiteur , et que , s'il la livre à un second acquéreur , celui-ci sera préféré
au premier, parce que, trouvant encore la chose
au pouvoir du vendeur , il a eu un juste motif de
l'en croire propriétaire, suivant la maxime *en fait
de meubles, la possession vaut titre* (2279).

37. Il en est autrement des immeubles , à l'égard
desquels le titre vaut tradition.

La seconde vente, suivie de tradition , ne prévaut pas sur la première , comme nous l'avons dit
suprà. (*Voy.* tom. IV, n°. 61, et tom. VI, n°. 204).

Les créanciers chirographaires du vendeur , même
antérieurs à la vente, ne pourraient , avant la délivrance, saisir l'immeuble vendu.

Le motif qui a fait établir la maxime contraire
à l'égard des meubles, n'existe point à l'égard des
immeubles.

Il en coûterait trop au débiteur mal intentionné
pour déguiser sa propriété par des ventes simulées, qui donneraient ouverture à des droits de
mutation dispendieux, lorsqu'il feindrait de faire
sortir ses biens de sa main , et lorsqu'il feindrait
de les y faire rentrer. De plus, les contre-lettres
nécessaires en pareil cas , entraînent encore des

inconvéniens si grands (1), qu'il est très-rare que les débiteurs prennent le moyen des ventes simulées de leurs immeubles, pour se soustraire aux poursuites de leurs créanciers.

On a donc dû, à l'égard des ventes d'immeubles, laisser dans toute sa force le principe que la propriété est transférée par le contrat, même à l'égard des créanciers chirographaires, qui ont à s'imputer de n'avoir pas exigé une hypothèque.

Il est d'ailleurs si rare que les ventes d'immeubles puissent demeurer secrètes, que le législateur n'a pas dû s'occuper de ces cas extrordinaires : *Quod semel aut bis existit, prætereunt legislatores. Lois 3, 4 et 6, ff de legat., 1. 3.*

38. Nous avons vu que l'ancienne jurisprudence exigeait le déplacement des meubles, pour que la vente produisît son effet contre les créanciers saisissans du vendeur. Le Code apporte de justes exceptions à ce principe.

1°. La remise des clefs du bâtiment ou de l'appartement qui contient les meubles vendus, opère le même effet que leur délivrance réelle (1606), parce qu'ils ne sont plus alors au pouvoir du vendeur, mais de l'acquéreur : ainsi, la remise des clefs équivaut à la délivrance.

_____

(1) Les contre-lettres n'ont point d'effet contre les tiers (1321). Ainsi, l'acquéreur fiduciaire peut, nonobstant la contre-lettre, aliéner ou hypothéquer les biens qui lui sont confiés. *Voy.* un arrêt de la Cour de cassation, du 18 décembre 1810, Sirey, an 1811, pag. 83 ; un arrêt de la Cour de Nîmes, du 14 avril 1812, Sirey, an 1813, pag. 216.

Ce principe s'applique principalement à la vente
en bloc des grains qui sont dans un grenier, des
vins qui sont dans une cave, des marchandises qui
sont dans un magasin. Les créanciers du vendeur
ne pourraient plus saisir, après que les clefs du
grenier, de la cave ou du magasin ont été remises
à l'acquéreur, quoiqu'il n'ait encore rien enlevé de
ces marchandises.

39. 2°. La tradition ou la délivrance des droits
incorporels qui, par leur nature, ne sont pas susceptibles de déplacement, se fait par la remise des
titres (1607).

Néanmoins, le cessionnaire de droits incorporels n'est saisi, à l'égard des tiers, que par la signification du transport faite au débiteur, ou par
l'acceptation du transport faite par ce dernier dans
un acte authentique (1690).

Ainsi, malgré la vente et la remise des titres,
les créanciers des vendeurs de droits incorporels,
d'une rente, par exemple, d'une créance, pourraient mettre une saisie-arrêt entre les mains du
débiteur, avant la signification du transport fait
à ce dernier, ou son acceptation par acte authentique.

40. 3°. Le seul consentement des parties équivaut à la délivrance des effets mobiliers, *si le transport ne peut pas s'en faire au moment de la vente,
ou si l'acheteur les avait déjà eus en son pouvoir à
un autre titre* (1606).

Ainsi, je vous ai vendu la récolte de mes grains
avant la moisson, la récolte de mes vignobles avant
la vendange : la vente est irrévocable, même à

l'égard de mes créanciers (1), par notre seul consentement, parce que le transport des vins et des
grains ne peut se faire au moment de la vente. Mes
créanciers ne pourront donc saisir la récolte, sous
prétexte qu'elle n'a pas été livrée et transportée en
la puissance et possession de l'acheteur.

Il faut en dire autant du cas où je vous ai vendu
à Rennes des meubles que je possède à Paris : le
transport ne peut s'en faire au moment de la vente.

Ainsi encore, si je vous vends le cheval ou les
meubles que je vous ai prêtés, la vente est parfaite
par notre seul consentement, et mes créanciers
ne pourraient plus saisir les meubles qui sont en
votre pouvoir. Vous avez en votre faveur et titre
et possession.

41. Mais si, après avoir acheté des meubles,
l'acquéreur les louait ou les prêtait au vendeur,
comme ils n'auraient pas cessé d'être en la puissance de ce dernier, ils continueraient de pouvoir
être saisis par ses créanciers, parce que ces meubles n'ayant jamais été délivrés, il y a lieu de présumer de la fraude et de la collusion.

La possession du vendeur continue d'être un
titre en faveur de ses créanciers. Les clauses de
constitut et de précaire, que les interprètes regardaient comme une tradition feinte, n'avaient aucune force en fait de meubles.

Au contraire, les clauses de retention d'usufruit,

---

(1) Ainsi l'a décidé la Cour de cassation, le 19 vendémiaire an XIV,
par un arrêt rapporté dans le nouveau Répertoire, v°. *Fruits*, n°. 2.

de constitut et de précaire, étaient assez ordinaires dans les aliénations d'immeubles. (*Voy.* l'art. 275 de la Coutume de Paris, et les commentateurs; Ferrière, sur l'art. 270, n°. 15, de la même Coutume).

Il en serait autrement des meubles véritablement prêtés ou loués au débiteur par celui à qui ils appartiennent, sur-tout si le locateur fait profession de louer des meubles. Le créancier du commodataire ou locataire, à moins que ce ne fût pour loyers ou fermages, ne pourrait les saisir, parce qu'alors toute présomption de fraude cesse. (*Voy.* Ferrière, *ibid.*, et Bourjon, *ubi suprà*).

42. Les lois ont, dans tous les tems (1), établi des règles particulières pour la vente des navires et autres bâtimens de mer, relativement aux créanciers du propriétaire.

Ces objets sont essentiellement meubles sans contredit; mais ce sont des meubles sur lesquels, vu leur importance, les créanciers du propriétaire doivent naturellement plus compter que sur ses autres effets.

C'est donc avec raison que l'ordonnance de la marine de 1681, dont les dispositions ont été étendues et développées par le Code de commerce, avait, à leur égard, établi des règles qu'il faut connaître.

_____

(1) *Voy.* Émérigon, Traité des contrats à la grosse, chap. 12, sect. 1 et 2, pag. 556 et suiv.; Valin, sur l'Ordonnance de la marine, liv. 2, tit. 1, art. 2, pag. 603.

L'art. 190 du Code de commerce déclare que les navires *sont affectés aux dettes* du vendeur, et *spécialement* aux dettes *privilégiées.*

Ainsi, l'affectation s'étend à toutes les dettes, soit ordinaires, soit privilégiées, quoique préférablement à celles-ci. Elle s'étend aux dettes contractées sous seing privé, aussi bien qu'à celles contractées par acte authentique.

Cette affectation n'est point une hypothèque; car les créances les plus anciennes n'ont point de préférence sur les plus récentes. Leur condition est égale : elles sont acquittées par concurrence et au marc le franc.

L'affectation du navire aux dettes du propriétaire consiste en ce qu'à la différence des autres meubles, la vente suivie de déplacement ou de transport, la mise en possession de l'acquéreur, ne suffisent point pour anéantir le gage des créanciers du vendeur, à l'égard desquels la possession du navire ne confirme pas le titre même authentique de l'acquéreur; ils conservent le droit, à moins que la vente ne soit faite en justice, de saisir, même après son déplacement, le navire vendu, et de le faire vendre au profit commun de tous les créanciers opposans, jusqu'à ce qu'il ait fait un voyage en mer, sous le nom et aux risques de l'acquéreur, et sans opposition de la part des créanciers du vendeur. (Code de commerce, art. 193).

Un navire est censé avoir fait un voyage en mer, lorsque son départ et son arrivée auront été constatés dans deux ports différens, et trente jours après le départ.

Lorsque, sans être arrivé dans un autre port, il s'est écoulé plus de soixante jours entre le départ et le retour dans le même port ; ou lorsque le navire, parti pour un voyage de long cours, a été plus de soixante jours en voyage, sans réclamation de la part des créanciers du vendeur. (Code de commerce, art. 194).

La vente doit être faite par écrit, et peut avoir lieu par acte public, ou par acte sous signature privée. (Code de commerce, art. 195).

Il ne suffirait donc pas, pour purger le droit des créanciers du vendeur, que le navire eût fait un voyage sous le nom de l'acquéreur, si celui-ci ne produisait pas un titre d'acquisition.

Et si le navire était parti sous le nom du propriétaire, la vente volontaire du navire en voyage ne préjudicierait pas aux créanciers du vendeur.

En conséquence, nonobstant la vente, le navire, ou son prix, continue d'être le gage des créanciers, qui peuvent même, s'ils le jugent convenable, attaquer la vente pour cause de fraude. (Code de commerce, art. 196).

Il n'entre pas dans notre plan de donner ici tous les développemens dont ces dispositions sont susceptibles. (*Voy.* Valin et Emérigon, *ubi suprà*).

43. A la mort d'un débiteur insolvable, si ses créanciers ne se sont pas fait connaître par une opposition formée d'une manière juridique, l'héritier bénéficiaire peut payer les créanciers qui se présentent les premiers (808). (*Voy.* tom. IV, nos. 372, 381, et 583). Mais s'il existe des créanciers opposans, cet héritier ne peut payer au

préjudice de leur opposition. Le paiement est nul
à leur égard; l'héritier bénéficiaire est seulement
subrogé dans les droits du créancier qu'il a payé.

44. Les paiemens faits par un failli ne sont point
valables. Il ne peut changer par son fait les droits
de ses créanciers, fixés irrévocablement à l'ouverture de la faillite. Mais les paiemens faits dans les
dix jours qui précèdent la faillite sont valables,
s'il s'agit de dettes échues et exigibles.

Si le paiement était fait avant l'échéance, il faudrait distinguer.

L'art. 446 du Code de commerce porte que
« toutes sommes payées dans les dix jours qui pré-
» cèdent l'ouverture de la faillite, *pour dettes com-*
» *merciales non échues,* sont rapportées. »

Il résulte de cette disposition qu'elle n'est point
applicable au paiement des dettes commerciales
échues, ni au paiement des autres dettes même non
encore échues, sauf à prouver que le paiement a
été fait en fraude. (*Voy.* tom. VI, n°. 362).

45. Quant aux paiemens faits par un homme en
déconfiture, c'est-à-dire par un non commerçant
insolvable, ils sont valables, sauf le cas de fraude.
La déconfiture est l'état où se trouve un débiteur
non commerçant dont les biens sont insuffisans
pour payer ses dettes; en sorte que les créanciers
qui n'ont ni privilége ni hypothèque, sont réduits
à perdre une partie de leurs créances, et à partager entre eux le prix des biens par contribution,
au marc le franc. (*Voy.* Domat., liv. 4, tit. 5,
n°°. 1 et 2).

Tom. VII.

Mais les dispositions du Code de commerce, relativement aux actes faits par le failli dans les dix jours avant la faillite, ne sont point applicables au cas de la déconfiture, ainsi que l'ont décidé plusieurs arrêts de la Cour de cassation. (*Voy.* tom. VI, n°. 364).

A plus forte raison, les paiemens faits avant que la déconfiture éclate sont valables, toujours hors le cas d'une fraude difficile à prouver; car il faut qu'il y ait complicité de la part de celui qui reçoit.

Un arrêt du Parlement de Paris, du 24 janvier 1731, jugea valable un paiement de 5,000ᶠ fait par un sieur Favière, déjà en danger de mort, et qui mourut insolvable sept jours après.

Le paiement avait été fait à une personne qui reçut sans procuration de la bru de Favière, à qui cette somme était due, et à qui elle n'avait pas encore été remise au moment où il mourut. Ses créanciers prétendirent que ce paiement était frauduleux, mais leur prétention fut rejetée. (*Voy.* Denisart, v°. *Païement,* n°. 32).

46. Après avoir vu par qui et à qui le paiement doit être fait, il faut voir quelle chose peut être donnée en paiement.

Et d'abord, si le créancier et le débiteur consentent, l'un de recevoir, l'autre de donner une chose au lieu d'une autre, il est évident qu'un tel paiement est valable et qu'il éteint l'obligation. Loi 17, *Cod. de solut.,* 8. 83. *Manifesti jussis est.....* *rebus, pro numeratâ pecuniâ, consentiente creditore datis, tolli paratam obligationem.* C'est ce qu'on appelle *datio in solutum.*

Un pareil paiement dégénère ordinairement dans un contrat.

C'est une vente, quand on donne un meuble ou un immeuble en paiement d'une somme d'argent; un échange, quand on donne une chose au lieu d'une autre : il faut alors suivre les règles particulières à ces contrats.

Le mineur, lésé par un don en paiement imprudemment reçu par lui ou son tuteur, peut se faire restituer. Loi 26, *ff de liberat. leg.,* 34. 3. Le majeur pourrait aussi se faire restituer pour erreur (1), violence ou fraude, et même pour lésion au-delà des sept douzièmes, si le paiement contenait une vente d'immeuble.

47. Hors le cas d'un consentement mutuel, ce n'est que la chose même qui forme l'objet de l'obligation que l'on peut contraindre à donner ou à recevoir en paiement. *Aliud pro alio, invito creditori solvi non potest.* Loi 2, § 1, *ff de reb. cred.,* 12. 1.

«Le créancier ne peut être contraint de rece» voir une autre chose que celle qui lui est due, » quoique la valeur de la chose offerte soit égale » ou même plus grande (1243).»

Comme aussi, réciproquement, le créancier ne peut contraindre son débiteur à le payer en autres espèces ou effets qu'il n'a été stipulé par le contrat.

***

(1) *Loi* 50, *ff de solut.,* 46. 3.

Ainsi, celui qui a promis de donner du grain, des bestiaux, du vin, du sel (1) ou autres denrées, ne peut se dispenser de les donner, en offrant d'en payer le prix, soit à dire d'experts, soit au taux des mercuriales.

48. Le principe que le débiteur ne peut être contraint de payer autrement qu'il n'a été stipulé par le contrat, ni s'acquitter en donnant *aliud pro alio,* s'applique même aux obligations de faire.

En voici un exemple, dans l'espèce d'un arrêt rendu par le Parlement de Douai, le 23 mars 1782 : Le 11 juillet 1769, Delecourt vendit à Daniaux, teinturier, pour 4,756 florins d'indigo, payables, moitié en lettres de change, et moitié en *teintures.*

Les lettres de change furent données et payées, et Daniaux fournit de plus pour 500 florins de teintures à Delecourt, lequel prétendit se faire payer en argent, parce qu'ayant quitté le commerce, il n'avait plus besoin de teintures, et ne pouvait plus

---

(1) Arrêt du Parlement de Paris, du 7 septembre 1643, rapporté par Henrys. *Voy.* le Répertoire, v°. *Legs,* sect. 5, § 2, pag. 350. Il s'agissait du legs annuel, fait à un hôpital, d'une certaine quantité de sel. L'arrêt jugea que l'héritier ne pouvait offrir d'en payer la valeur chaque année.

Un autre arrêt, rendu par le Parlement de Paris, le 31 juin 1779, jugea qu'un legs de quatre vingt-huit pintes de vin, anciennement fait aux prisonniers de la sénéchaussée d'Angers, par forme de fondation perpétuelle, et stipulé payable en nature, ne pouvait être payé en argent, quoique depuis long-tems les détenteurs des héritages affectés à la prestation du legs l'eussent acquitté en argent, et eussent même été, par plusieurs sentences, autorisés a le faire. Le procureur du Roi s'était rendu opposant à ces sentences. *Voy.* le Répertoire, v°. *Legs,* sect. 5, § 2, n°. 1, pag. 550.

donner d'étoffes à teindre, et qu'à l'impossible nul n'est tenu.

Daniaux répondit que cette impossibilité était une chimère; que Delecourt n'avait point été forcé de quitter le commerce d'étoffes; qu'il pouvait le reprendre, ou traiter avec un autre marchand de ce genre, qui donnerait des étoffes à teindre; qu'enfin, il existait un contrat par lequel il s'était engagé à donner des étoffes à teindre; qu'il n'avait pu dépendre de sa volonté seule de résoudre cet engagement, sans lequel Daniaux eût acheté les indigos moins cher.

En un mot, tout contrat fait par une personne capable, et qui ne blesse ni les bonnes mœurs, ni l'ordre public, doit être exécuté.

Un débiteur ne peut être forcé de payer autre chose que ce à quoi il s'est engagé.

Ces motifs triomphèrent, et la prétention de Delecourt fut rejetée. Il y avait eu, le 25 juillet 1766, un précédent arrêt conforme, rendu par le même Parlement de Douai, en faveur du même Daniaux. (*Voy.* les Questions de droit de Merlin, v°, *Paiement,* § 1).

49. Le débiteur ne pourrait s'excuser de donner la chose due, en alléguant qu'il ne l'a point en son pouvoir, quand même il s'agirait de la dette d'une succession qu'il a recueillie. Il ne pourrait offrir d'autres choses d'une valeur égale, ou même plus grande, en disant qu'il n'a point trouvé celle qu'il doit donner dans la succession. Si c'est une somme d'argent, le débiteur peut s'en procurer par la vente des biens de la succession, ou des siens propres,

en empruntant, ou de toute autre manière qu'il lui plaira (1). Si ce sont d'autres choses, il peut en acheter.

50. Le débiteur ne pourrait donner de l'argent au lieu des choses ou des denrées promises, quand même elles auraient été estimées dans le contrat, parce qu'une pareille évaluation, ajoutée purement et simplement dans les actes, n'a ordinairement pour objet que de donner une base à la perception du droit d'enregistrement (2).

Si l'évaluation avait pour objet de laisser au débiteur la faculté de s'acquitter en argent, ce serait une obligation facultative, dont nous avons parlé tom. VI, n°. 700.

---

(1) *Si pecunia legata in bonis legantis non sit, solvendo tamen hæreditas sit. Hares legatam pecuniam dare compellitur, sive de suo, sive ex venditione rerum hæreditariarum, sive undé voluerit. Loi 12, ff de legat., 2°.*

(2) Ainsi que l'a pensé la Cour de cassation, dans un arrêt du 25 thermidor an XIII, dont voici l'espèce : Le 22 vendémiaire an IV, René Saget avait vendu un vignoble à Boulhier, moyennant une vache livrée de suite, et cent quatre-vingts pièces de vin, livrables dans six années, à la charge de l'intérêt, à raison d'une pièce pour vingt, sans retenue. Une clause de l'acte évaluait la vache et le vin à 5,000f. L'intérêt fut payé en nature, jusqu'à l'expiration du terme fixé pour le paiement du prix principal.

La veuve de l'acquéreur prétendit alors qu'elle ne le devait pas payer *en nature*, mais seulement la somme de 5,000f en numéraire. La Cour de Lyon adopta cette prétention, par le motif que le contrat avait été passé dans un tems où il n'y avait aucun signe monétaire qui pût servir à déterminer un prix certain, payable à long terme; que l'unique moyen de stipuler un prix de cette espèce était donc de le fixer en denrées, eu égard à leur valeur au tems du contrat, comme le firent une foule de personnes à cette époque.

Mais cet arrêt, qui violait ouvertement la loi du contrat, fut cassé le 25 thermidor an XIII. *Voy.* le nouveau Répertoire, v°. *Paiement*, n°. 6.

Par exemple, j'ai affermé un vignoble pour une somme de 500¹ que le fermier *pourra* payer en vins qu'il recueillera.

Nul doute que je ne pourrai le contraindre à payer en vins, s'il préfère payer en argent. Il est évident que la faculté est mise en sa faveur.

Il y aurait équivoque s'il était dit que le prix de la ferme est de 5,000' *payables* en vins ; car cette expression peut également signifier que le fermier a la faculté de payer en vins, ou que le propriétaire peut en exiger.

Mais comme, dans le doute, la convention s'interprète contre celui qui a stipulé, et en faveur de celui qui a contracté l'obligation (1162), il faut dire que l'obligation est facultative, et que la faculté n'est censée mise qu'en faveur du fermier débiteur, et non du propriétaire créancier. (Pothier, n°. 497).

Il en serait autrement, s'il était dit *payables* en vins, si le propriétaire l'exige, ou au choix du propriétaire.

La clause serait encore en faveur du propriétaire, s'il était dit que le fermier paiera en vins, jusqu'à la concurrence de 500', suivant la valeur des vins à telle époque.

Le fermier pourrait alors être contraint de donner des vins, et contraindre le propriétaire à les recevoir. Tout dépend donc de la manière dont l'acte est rédigé.

Souvent, après avoir stipulé un prix en argent, on ajoute que le fermier donnera de plus tant de mesures de vin, de cidre, de blé, ou autres denrées. Le fermier peut encore alors être contraint de payer ces denrées en nature.

51. Mais est-il obligé d'acheter les denrées promises, en cas qu'il n'en recueille point sur la ferme dans l'année où elles sont dues? Ou bien, est-il seulement obligé d'en payer la valeur, et à quel taux cette valeur doit-elle être estimée? C'est une question que nous examinerons *infrà*, n°. 62.

Nous nous bornerons à dire ici que si la convention portait que le fermier donnera chaque année tant de mesures de vin, de cidre, etc., du crû de la ferme, en sus des fermages en argent, il serait dégagé de l'obligation de payer ces denrées dans les années où il n'en recueillerait pas, si telle a été l'intention des parties, manifestée par les circonstances et par les expressions de l'acte.

Par exemple, si ces prestations étaient un faible objet, comparé au prix principal de la ferme; s'il était dit qu'il donnera tant de vin, de cidre, etc., lorsqu'il en recueillera, s'il en recueille. Et comme les juges penchent toujours en faveur du débiteur, le propriétaire doit avoir soin de faire exprimer ses volontés sans équivoque.

52. Au reste, le débiteur d'une quantité déterminée de vin n'est pas obligé de donner du vieux; il peut s'acquitter en vins de l'année où la dette est exigible. (*Voy.* Henrys, liv. 4, quest. 44). C'est une conséquence de la règle d'interprétation qui veut que, dans le doute, la convention s'interprète contre celui qui a stipulé et en faveur du débiteur (1162).

Il n'est même pas obligé de donner du meilleur,

lorsque la convention ne le lui ordonne pas. C'est
une règle générale que, si la dette est une chose
qui ne soit démontrée que par son espèce, le débiteur n'est pas tenu, pour être libéré, de la donner de la meilleure espèce; mais il ne peut aussi
l'offrir de la plus mauvaise (1246, 1022).

53. Si la dette est d'une somme d'argent, le débiteur ne peut contraindre le créancier de recevoir
des billets ou lettres de change, même actuellement exigibles.

Il ne peut, à plus forte raison, le contraindre
à recevoir une rente au lieu d'un capital, quand
même le créancier serait un hospice ou un autre
établissement, obligé de colloquer en rentes de
l'espèce offerte (1).

Mais il peut payer indifféremment en or ou en
argent, quand même il serait dit qu'il a reçu en
or, parce qu'on ne considère, dans la monnaie,
que la valeur qui lui est donnée par le prince de
chaque Etat; que les francs, pris par abstraction,
et non les pièces, qui n'en sont que le signe.

Il faudrait donc une stipulation expresse pour
obliger le débiteur de payer en or. (*Voy.* tom. VI,
n°. 587, *infrà*).

La maxime, en cette matière, est que le débiteur doit rendre *tantumdem, non idem.*

54. Quant aux espèces de billon ou de cuivre,

---

(1) Arrêt de la Cour de cassation, du 8 fructidor an XIII, rapporté
dans le nouveau Répertoire, v°. *Legs*, sect. 3, § 2, avec le savant re-
quisitoire sur lequel cet arrêt fut rendu.

il est reconnu, par l'autorité souveraine, qui les
a mises en circulation, que ces pièces sont, dans
leur origine, destinées uniquement aux appoints
et au paiement des denrées de peu de valeur (1).

Il faut en dire autant des anciennes pièces de
six, douze et vingt-quatre sous, aujourd'hui réduites à cinq, dix et vingt. La conséquence natu-
turelle de ce principe est qu'on ne peut forcer de
les admettre en paiement pour une somme supérieure aux appoints, qui ne peuvent être payés en
espèces plus fortes. Cependant l'usage contraire

---

(1) Ce principe fut invoqué par les généraux ou prévôts des monnaies,
dans un procès dont Dumoulin nous a transmis l'espèce, telle qu'il
l'avait apprise de François Benevent, célèbre avocat à la Cour des
monnaies, à Paris. Un particulier avait été condamné aux dépens d'un
procès taxé à 30ˡ. Pour s'en venger, il rechercha et rassembla des deniers jusqu'à la concurrence de cette somme, et les offrit au créancier,
qui les refusa, offrant de recevoir en autre monnaie. Le prevôt de Paris
la condamna à recevoir la somme en deniers. Le Parlement de Paris,
où l'appel fut porté, consulta les généraux ou prévôts des monnaies,
qui furent d'avis qu'il y avait mal jugé, 1°. parce que cette menue monnaie n'était point faite pour le commerce, mais seulement *pour l'échange
des écus et pour les appoints;* 2°. parce que cette menue monnaie, presque toute de cuivre, formait un poids trop lourd dans une somme considérable.

*Dicebant primò, hanc minutissimam monetam nigram denariorum par-
vorum, sive parisiensium, sive turonensium, non esse factam ad commercia
exercenda, et solvenda debita; sed solùm ad commutandum majores nummos, vel supplendum quod excurrit, quandò minutam aliquid addendum,
vel detrahendum est summæ, vel pretio. Dicebant secundò, monetam hanc
nigram, ferè omninò esse æream, nimisque ponderosam et onerosam in
magnis summis.*

Malgré cet avis raisonnable, le Parlement de Paris confirma la sentence, et Dumoulin, *Tract. contract. usur.*, n°. 748, tom. *II*, pag. 305,
édition de Paris de 1681, trouve l'arrêt bien rendu; d'abord parce que
quelque peu de valeur qu'ait la petite monnaie (*vilissima*), il suffit

s'était autrefois introduit ; et pour réprimer les abus qui en résultaient, un arrêt du Conseil, du 1er. août 1738, ordonna, art. 5, *qu'il ne pourra plus entrer dans les paiemens de 400¹ et au-dessous, pour plus de 10¹ d'espèces de billon, et pour plus d'un quarantième dans les paiemens au-dessus de 400¹.*

Un autre arrêt du Conseil, du 22 août 1771, étendit cette mesure aux pièces de six, douze et vingt-quatre sous, et ordonna qu'elles ne pourraient *entrer dans les paiemens de 600¹ et au-dessus, que pour un quarantième.*

------

qu'elle soit approuvée par l'autorité publique, pour qu'on doive la recevoir en paiement, même pour une grande somme ; ensuite, parce qu'on ne doit pas considérer le désagrément qu'éprouve le créancier qui la reçoit, et qui fait, en la refusant, une faute plus grande que le débiteur qui la lui donne par malice.

Malgré le crédit de Dumoulin et l'arrêt du Parlement de Paris, la vérité a prévalu. L'autorité publique, comme les anciens généraux ou prévôts des monnaies, a toujours professé le principe si vrai que les menues monnaies, même en argent, comme les pièces de six, douze et vingt-quatre sous, *sont destinées uniquement aux appoints et au paiement des denrées de peu de valeur.* Ce sont les expressions du préambule des lettres-patentes données par Louis XVI, le 11 décembre 1774, sur l'arrêt du Conseil du même jour.

Le même principe se trouve dans l'arrêt du Conseil, du 21 janvier 1781, qui, *pour ramener les sous à leur destination primitive,* ordonne qu'il n'en sera plus délivré dans les paiemens que pour les appoints qui ne pourront se payer en écus de six ou de trois livres.

Enfin, un arrêté du Directoire exécutif, du 14 nivôse an IV, parlant de la monnaie de cuivre, porte aussi *qu'elle n'est considérée que pour les appoints. Voy.* Merlin, Questions de droit, v° *Paiement,* § 3.

Ce principe est également reconnu chez les autres nations, où des règlemens fixent la quotité de même monnaie que le créancier est obligé de recevoir. *Voy.* l'annotateur du Commentaire d'Ulric Huberus, sur les Instituts, liv. 3, tit. 15, n° 3, pag. 286; édition Lovanii, 1766. *Voy.* encore Voët, *in Pandect., lib. 12, tit. 1, n°. 25;* Bynkershoeck, *Observ., lib. 1, cap. 9.*

Un troisième arrêt, du 11 décembre 1774, revêtu de lettres-patentes le même jour, ordonna
que *les pièces de six sous, douze sous, vingt-quatre
sous, ne pourront plus entrer dans les paiemens autrement que par appoint, et en espèces découvertes.*

Et comme les motifs qui avaient fait rendre cet
arrêt s'appliquaient aux pièces de billon, un quatrième arrêt, rendu le 21 janvier 1781, ordonna
que, *pour ramener les sous à leur destination primitive........., il ne sera plus délivré dans les paiemens aucuns sacs de sous.* Il permit seulement de
donner à deniers découverts des pièces de six liards
et de deux sous, pour les appoints qui *ne pourront se payer en écus de 6ˡ ou de 3ˡ; à l'effet de quoi*
l'arrêt dérogea *aux précédens réglemens, qui permettaient de donner dans les paiemens le quarantième
en sous.*

Cette disposition n'était que la conséquence du
principe que ces espèces sont uniquement destinées aux appoints et au paiement des denrées de
peu de valeur.

Si telle est leur unique destination, comme on
n'en peut douter, il s'ensuit qu'on ne peut forcer
à les recevoir que pour les appoints.

Cependant, un arrêté du Directoire exécutif,
du 14 nivôse an IV, quoiqu'en reconnaissant que
la monnaie de cuivre n'est destinée que pour les
appoints, ordonna qu'*il ne pourra être admis en
paiemens de tous les droits et contributions.........
que le quarantième en monnaie de cuivre, de la somme*

à payer indépendamment de l'appoint ; le surplus devra être acquitté en espèces d'or et d'argent.

Un autre arrêté, du 18 vendémiaire an VI, étendit cette disposition aux pièces de billon connues sous la dénomination de *monnaie grise ;* et quoique ces arrêtés fussent relatifs au paiement des contributions, l'application en fut généralement faite, et sans réclamation, aux paiemens faits de particuliers à particuliers, comme du Gouvernement aux particuliers et des particuliers au Gouvernement.

On en pouvait d'autant moins douter, que ces arrêtés ne faisaient que renouveler les dispositions de l'arrêt du Conseil, du 1er. août 1738, ainsi que l'observa le ministre du trésor public, dans une lettre du 28 novembre 1809 (1).

Un décret du 21 février 1808 porte que la pièce de dix centimes, dont la fabrication a été ordonnée par la loi du 15 septembre 1807, ne sera donnée et reçue qu'à découvert, et seulement pour les appoints d'un franc et au-dessous.

Mais ce décret, spécial pour cette espèce de monnaie, ne doit pas être étendu aux autres.

Enfin, le décret du 18 août 1810 en est revenu aux dispositions de l'arrêt du Conseil, du 21 janvier 1781, en ordonnant que la *monnaie de cuivre et de billon, de fabrication française, ne pourra être employée dans les paiemens, si ce n'est de gré à gré,*

_____

(1) Rapportée dans Merlin, Questions de droit, v°. *Paiement*, § 5, pag. 9, 2e. édition.

que pour l'appoint de la pièce de 5ᶠ. Tel est sur ce
point le dernier état de la législation.

Ainsi, on ne doit pas suivre un arrêt de la Cour
de cassation, du 28 mai 1810, rapporté par M. Merlin, Questions de droit, v°. *Paiement,* § 3.

Remarquez cette expression, pour *l'appoint* de
la pièce de 5ᶠ.

Il en résulte qu'on ne peut pas donner 5ᶠ en
billon, comme on le dit assez communément, mais
seulement l'appoint de la pièce de 5ᶠ, c'est-à-dire
ce qui est au-dessous de 5ᶠ, au plus 4ᶠ 95ᶜ; ce qui
est conforme à la destination de cette monnaie,
uniquement destinée aux appoints.

Quant aux anciennes pièces de six, douze et
vingt-quatre sous, réduites, par le même décret,
à cinq, dix et vingt sous, et quant aux nouvelles
pièces de dix, quinze, vingt et trente sous, le décret ne fixe point la quantité qui peut entrer en
paiement; mais comme leur destination est toujours la même, il faut s'en tenir à l'arrêt du Conseil, du 11 décembre 1774, qui ne permet d'en
donner que pour les appoints.

On pourrait objecter qu'il est d'usage d'en donner et d'en recevoir une somme plus forte. La réponse est que cet usage se pratique de gré à gré;
qu'il n'est point assez général pour faire loi.

55. Denisart, v°. *Paiement,* n°. 28, et après lui
Guyot, dans le Répertoire, disent qu'on juge dans
tous les tribunaux que celui qui paie 1,200ᶠ dans
un sac, peut exiger 6ˢ pour le sac, 5ˢ pour un sac
de 1,000ᶠ, et 5ˢ pour un sac de 600ᶠ.

Mais ils ne citent ni loi, ni arrêt qui aient consacré cet usage prétendu.

Celui qui porte avec lui des sacs pour emporter son argent, ne peut donc être contraint de prendre les sacs du débiteur.

Les banquiers de Rennes ne sont point dans l'usage de forcer le créancier à les prendre.

Le décret du 1er. juillet 1809, concernant la retenue qui se fait dans le commerce sous le nom de *passe de sacs,* n'ordonne point au créancier de prendre les sacs du débiteur.

Il ordonne seulement à ce dernier de fournir les sacs et la ficelle, bien entendu si le créancier n'en a point fourni, et il autorise en ce cas le débiteur à retenir, pour remboursement de l'avance des sacs, 15ᶜ par sac de 1,000ᶠ.

56. Le principe que le débiteur ne peut contraindre le créancier à recevoir, ni être lui-même contraint de payer une autre chose que celle qu'il doit, *aliud pro alio,* souffre une exception remarquable dans le cas où, par son fait, le débiteur se trouve dans l'impuissance de donner la chose qui est l'objet ou la matière de l'obligation.

Le créancier est alors réduit à recevoir, et le débiteur forcé de donner la valeur de la chose ou son équivalent.

Mais la valeur des choses varie tellement, suivant les tems et les lieux, qu'il n'est pas rare de la voir augmenter ou diminuer d'une année à l'autre.

A quel tems faut-il donc s'arrêter pour estimer la valeur de la chose que le débiteur est, par son fait, dans l'impuissance de donner?

C'est une question que les plus grands jurisconsultes ont unanimement regardée comme l'une des plus difficiles, soit dans la théorie, soit dans la pratique.

Les oracles de la jurisprudence romaine se contredisent, ou semblent se contredire sur ce point, et l'on éprouve, dans la pratique, des doutes et des difficultés inextricables, quand il s'agit de faire une juste application des lois, et de résoudre avec équité les différentes questions qui se présentent.

Au lieu d'étaler une érudition aussi fastidieuse qu'inutile, en résumant ici les différentes opinions des auteurs (1), nous tâcherons de rapprocher et de développer, avec clarté et simplicité, les principes de la matière, et d'en déduire les conséquences qui nous conduiront à des décisions équitables, conformes à nos lois et à notre jurisprudence française.

Le débiteur d'un corps certain et déterminé est libéré, s'il se trouve réduit à l'impuissance de livrer ce corps, par un événement qui ne provient

---

(1) Ceux qui voudront les connaître peuvent consulter les auteurs qui ont écrit sur le Digeste, *de condit. tritic.* C'est le siège de la matière. C'est ce titre que Noodt a déclaré ne pouvoir entendre. Cujas, *Tractat. ad Afric. 8, ad leg. 37, ff mand.*, qui, après avoir donné son opinion, ajoute: *Hæc est summa difinitio hujus quæstionis valdè notanda : nam nullus est hodiè, vel judex, vel patronus, vel jurisconsultus, qui non hæreat, maneatque suspensus, quoties tractatur hâc de re.* On peut encore voir Huberus, *in tit. ff de condit. tritic.*, qui dit, n°. 3 : *Nihil est apud interpretes, judicesque hâc obscuritate celebrius.* Voët, sur le même titre, nous paraît avoir des idées plus saines. On doit voir aussi, entre les auteurs français, Henrys, liv. 4, quest. 43, tom. II, pag. 342, édition de 1773; Domat, liv. 3, tit. 5, sect. 5, n°. 15, pag. 244, et pag. 56, n°. 17.

point de son fait (1302); mais il ne l'est pas, si l'impossibilité vraie ou prétendue peut lui être imputée. Sil s'agit de la dette d'une chose déterminée seulement quant à son espèce, le débiteur ne peut être libéré par la perte de la chose qu'il destinait à donner en paiement.

Dans l'un et l'autre cas, il doit la valeur de la chose qu'il ne peut donner, et qui était l'objet de l'obligation.

De plus, s'il était en demeure, il doit, s'il y a lieu, des dommages et intérêts, soit à raison de l'inexécution de l'obligation, soit à raison du retard dans l'exécution (1147).

57. Dans ces cas, le créancier a deux actions, l'une principale, tendant à obtenir la valeur de la chose qui devait lui être livrée; l'autre accessoire ou secondaire, tendant à obtenir des dommages et intérêts; c'est-à-dire une indemnité de la perte que lui a causée l'inexécution de l'obligation, et du profit dont cette inexécution l'a privé: *Damnum emergens, lucrum cessans.*

58. La valeur de la chose varie suivant les lieux et les époques; mais la mauvaise foi du débiteur, quelle qu'elle soit, ne peut changer cette valeur.

Les dommages et intérêts peuvent varier, et varient en effet, suivant le plus ou le moins de pertes éprouvées par le créancier, le plus ou le moins de profits dont il a été privé.

Il peut même n'en être pas dû, si le créancier n'a pas éprouvé de pertes; à la différence de la valeur de la chose, qui est toujours due.

Nous avons dit que cette valeur varie suivant les tems. On demande donc à quelle époque on doit s'arrêter pour la fixer et pour faire l'estimation de la chose?

Il faut sur cela faire une distinction tirée du droit romain, et conforme à la raison, entre les obligations à terme, et les obligations pures et simples.

59. Si l'obligation est pure et simple, c'est à l'époque de la demande qu'il faut s'arrêter pour fixer la valeur de la chose; parce que l'obligation étant payable à volonté, le débiteur s'est soumis à payer quand le créancier voudra, et par conséquent ce que la chose vaudra quand elle sera demandée.

Le débiteur ne peut se plaindre, si elle a renchéri; il était libre de payer plus tôt, et avant la renchère. Si elle a baissé de prix, le créancier ne peut non plus s'en plaindre: il pouvait demander plus tôt et avant la baisse.

Il est donc exactement juste de fixer l'estimation à la valeur de la chose au jour où elle est demandée.

60. Si l'obligation est à terme, comme le terme fait partie de l'obligation, *dies appositus est pars obligationis*, il est censé que l'intention des parties a été de se soumettre à l'estimation de la chose à l'époque de l'échéance. *Si merx aliqua, quæ certo die dari debebat, petita sit, veluti vinum, oleum, frumentum, tanti litem æstimandam, Cassius ait, quanti fuisset eo die quo dari debuit.* Loi 4, ff de condict. tritic., 13. 3.

61. Il peut arriver, il est vrai, que la chose augmente considérablement de valeur, soit depuis le terme convenu, soit depuis la demande introductive d'un procès qu'un débiteur de mauvaise foi a traîné en longueur.

On pourrait croire qu'il est juste alors d'ajouter la plus value à l'estimation de la chose. C'est pourquoi plusieurs auteurs ont pensé, d'après la disposition de quelques lois romaines, qu'on doit alors porter l'estimation au plus haut prix que la chose a valu depuis la demeure du débiteur, *quanti plurimi fuit.*

Cette opinion semble d'abord équitable; mais cette équité est plus apparente que réelle; car on confond, par cette opération, deux choses très-différentes, la valeur réelle de la chose due, et des dommages et intérêts qui peuvent être dus à raison du retardement.

Dès lors qu'il est admis et qu'il est raisonnable de fixer la valeur de la chose au jour de la demande, dans les obligations pures et simples, et au jour de l'échéance, dans les obligations à terme, cette valeur ne peut changer par la demeure ou la mauvaise foi du débiteur. L'addition de la plus value, ou du *quanti plurimi*, comme l'a fort bien observé Voët, ne peut être admise que comme une indemnité due au créancier, pour lui tenir lieu de dommages et intérêts.

Or, il est possible que la demeure n'ait occasionné aucune perte au créancier demandeur; qu'elle ne l'ait privé d'aucuns profits.

Il n'a droit alors à aucune indemnité, ni par conséquent au *quanti plurimi*, quoique le débiteur ait peut-être retiré quelque profit de sa demeure : *Licèt fortè per accidens morator lucrari posset, cùm sufficiat moram actori non nocuisse*, dit Voët, *in tit. ff de condict. tritic.*, n°. 3.

D'un autre côté, il est possible que l'addition du *quanti plurimi* soit insuffisante pour indemniser le créancier des pertes que lui ont causées la demeure et la mauvaise foi du débiteur. Il ne serait pas juste alors de borner son indemnité au *quanti plurimi*.

· Enfin, comme dans notre usage on accorde au créancier les intérêts du jour de la demande, sans qu'il ait besoin de faire la preuve d'aucun préjudice souffert, et que ces intérêts ne sont qu'une indemnité légale, si l'on ajoutait le *quanti plurimi* à la valeur de la chose au jour de la demande ou de l'échéance du terme, le créancier se trouverait recevoir une double indemnité, et de plus les intérêts du *quanti plurimi*.

62. Ce sont ces motifs, sans doute, qui ont fait rejeter en France l'addition du *quanti plurimi* à la valeur de la chose, lorsque le créancier ne l'a pas payée au jour de la demande ou de l'échéance du terme. Il existe, à cet égard, des dispositions positives relativement à la liquidation des fruits.

L'ordonnance de 1539, donnée à Villers-Cotterets, par François Ier., porte, art. 94 :

« Qu'en toutes matières, réelles, pétitoires et personnelles, intentées pour héritages et choses

immeubles, s'il y a restitution de fruits, ils seront
adjugés, non seulement depuis contestation en
cause, mais aussi depuis le tems que le condamné
a été en demeure *et mauvaise foi*, auparavant ladite contestation, *selon toutefois l'estimation commune* ».

Ainsi, la valeur des fruits ne doit pas être fixée
au *quanti plurimi*, même contre le débiteur de mauvaise foi.

L'ordonnance de 1667, tit. 3o, art. 1er., porte que
« s'il y a condamnation de restitution de fruits...,
ceux de la dernière année seront délivrés *en espèces*,
et quant à ceux des années précédentes, la liquidation en sera faite eu égard aux quatre saisons
et prix commun de chaque année ».

63. Cette loi laisse indécise la question de savoir
comment doit être faite la liquidation de la dernière année, si le débiteur ne la restitue pas en
espèces.

Le nouveau Code de procédure, art. 129, dissipe toute espèce de doute à cet égard.

Il porte :

« Les jugemens qui condamneront à une restitution de fruits, ordonneront qu'elle sera faite en
nature pour la dernière année, et pour les années
précédentes, suivant les mercuriales (1) du marché

_____

(1) On appelle aujourd'hui *mercuriales* les appréciations de fruits,
comme grains et autres denrées, qui se font chaque semaine, par autorité publique, et qui étaient autrefois consignées sur les registres des
greffes, et aujourd'hui sur des registres tenus par les municipalités des
villes et bourgs où il y a des marchés. L'ordonnance de 1539, art. 102,
est la première loi générale qui ait ordonné ces appréciations.

le plus voisin, *eu égard aux saisons et aux prix communs de l'année;* sinon à dire d'experts, à défaut de mercuriales. Si la restitution en nature pour la dernière année est *impossible*, elle se fera comme pour les années précédentes ».

Aussi la dernière année, et même l'année échue pendant la litispendance, doivent être liquidées suivant le prix commun, et non pas au *quanti plurimi,* lorsqu'il est *impossible* au débiteur de payer en nature; mais il faut que cette impossibilité soit réelle et absolue; il ne faut pas qu'elle soit un prétexte pour enrichir un débiteur de mauvaise foi au préjudice de son créancier.

S'il était possible, quoique le débiteur n'en possédât point, de se procurer des fruits, moyennant un prix beaucoup plus cher que le prix commun au moment de la demande, le débiteur ne devrait pas être écouté à offrir le paiement en argent, suivant le prix commun des quatre saisons antérieures à la demande, sous prétexte que ces fruits sont rares, et qu'il lui est *impossible* d'en donner, parce qu'il n'en possède point.

Supposons qu'il s'agisse de froment, et que le prix commun des quatre saisons, au moment de la demande, fût de 10ᶠ le quintal; trois mois après, et au moment du jugement qui condamne à payer cette année en nature, le prix marchand est porté à 20ᶠ le quintal; si le débiteur pouvait, sous prétexte qu'il lui est impossible de donner ce qu'il n'a pas, se libérer en donnant 10ᶠ pour un quintal, il occasionnerait une perte de moitié au créancier: d'ailleurs, il ne paierait pas ce qu'il doit, car il doit du froment en nature pour la dernière année. S'il refuse d'en donner, il faut donc, pour indemniser le créancier, en revenir à l'estimation du *quanti plurimi*, afin que le créancier puisse lui-même acheter du froment pour son propre compte, ou plutôt il faut l'autoriser à en faire acheter aux dépens du débiteur, comme le juge a pouvoir de le faire.

64. Après avoir dit, art. 1142, que toute obligation de faire ou de ne pas faire se résout en dommages et intérêts, en cas d'inexécution de la part du débiteur, le Code ajoute, art. 1144, que le créancier peut aussi être autorisé à faire exécuter lui-même l'obligation aux dépens du débiteur.

Si l'on ne trouve point la même disposition dans la section qui traite de l'obligation de donner, il n'en faut pas conclure qu'elle ne puisse et qu'elle ne doive même être appliquée à cette espèce d'obligation, lorsqu'elle consiste à donner des choses fongibles, ou déterminées seulement quant à leur espèce, à l'égard desquelles une chose peut tenir lieu d'une autre.

Lorsque le débiteur, opiniâtre ou de mauvaise foi, s'obstine à ne pas donner la chose qu'il doit, quand elle est en sa possession, ou s'il ne l'a pas, à l'acheter pour la donner, l'équité exige souvent que le créancier soit autorisé à l'acheter aux dépens du débiteur.

Elle l'exige dans le cas ci-dessus proposé, où le débiteur refuse de donner des quintaux de blé qu'il doit en nature pour la dernière année, et ce, dans la vue de gagner moitié, parce que le blé a renchéri.

Il est juste alors d'autoriser le créancier à en acheter aux dépens du débiteur (1), comme il est juste de l'autoriser à exécuter l'obligation de faire, lorsque le débiteur s'y refuse : cette manière de prononcer est plus équitable qu'une condamnation au *quanti plurimi*.

65. Les dispositions de l'ordonnance de 1667, et du Code de procédure, sur la restitution des fruits en nature pour la dernière année, et pour les années précédentes, suivant les mercuriales du mar-

_____

(1) Ainsi l'a fort bien jugé une sentence de la Conservation de Lyon, rendue le 6 mars 1709, dans l'espèce suivante, et rapportée par l'annotateur de Henrys, liv. 4, quest. 43, tom. II, pag. 346. Par contrat du 3o janvier 1708, Tremollet, marchand de blé à Auxonne, s'obligea de fournir à l'Aumône générale de Lyon six mille années de froment, à raison de 11ᴵ 10ˢ l'année (l'année, *annuum*, est la quantité de blé nécessaire pour nourrir une personne pendant une année). Il reçut 3,800ᴵ d'avance, et livra, jusqu'au mois de juillet, trois mille huit cents années; mais la récolte ayant été mauvaise, le blé renchérit, et Tremollet cessa de fournir. Il fut cité en justice, le 10 novembre, par les administrateurs de l'Aumône générale, qui demandèrent qu'il leur fût permis d'acheter du blé à ses risques et périls, et qu'il fût condamné à leur payer la somme à laquelle se trouverait monter le blé qu'ils achèteraient, au-dessus du prix convenu de 11ᴵ 10ˢ l'année. La sentence du 6 mars 1709 leur adjugea leurs conclusions.

Tremollet se rendit appelant; mais ses conseils lui ayant fait connaître qu'il ne pouvait éviter d'être condamné, il proposa un arrangement qui fut accepté. L'annotateur de Henrys, qui écrivait contre Tremollet, citait la loi 21, § 3, *ff de act. empt.*, 19. 1, où le jurisconsulte Paul dit : *Càm per venditorem stelerit quominùs rem tradat, omnis utilitas emptoris in æstimationem venit.* Cujas, sur cette loi, en développe la raison : *Quod quidem pretium tritici, si hodiè pluris sit post moram venditoris, quàm fuit venditionis tempore, id emptori præstandum est; quoniam id haberet emptor, si moram venditor in tradendo tritico non fecisset.*

ché le plus voisin, eu égard aux saisons *et aux prix communs de l'année*, sont applicables toutes les fois qu'il s'agit des années arréragées de quelques redevances ou rentes en grains ou autres denrées.

On prend le prix commun, parce que le débiteur n'est pas tenu de donner de la meilleure espèce, et ne peut l'offrir de la plus mauvaise (1246). Pour trouver le prix commun de l'année, on prend le prix commun de chaque saison.

Si, par exemple, au printems, le blé valait 10^f le meilleur, 9^f le moyen, 8^f l'inférieur, on réunit ces trois sommes, dont le tiers, qui est neuf, donne le prix moyen de la saison.

S'il y avait des blés de quatre qualités, on réunirait le prix des quatre; le quart de la somme formerait le prix commun.

On opère de la même manière sur les quatre saisons; on remet les quatre prix moyens de chaque, dont le quart forme le prix moyen de l'année.

66. Le principe qu'on ne peut payer une chose au lieu d'une autre, *aliud pro alio*, souffrait une exception par le droit de Justinien, dans le cas de la Novelle 4, *cap.* 3, qui permet au débiteur, lorsqu'il n'a ni argent ni meubles à vendre, pour en faire, d'obliger son créancier à recevoir en paiement des héritages pour l'estimation qui en serait faite, si mieux n'aimait le créancier lui trouver un acheteur.

C'est sans doute de cette Novelle qu'était venu un ancien usage pratiqué en Bretagne, et rappelé dans les art. 248 et 249 de la *Coutume réformée*, et suivant lequel, après que les biens d'un débiteur avaient été saisis, s'il ne se trouvait point d'enchérisseur à juste prix, le créancier pouvait se faire adjuger des fonds en paiement (1) jusqu'à concurrence de son crédit, suivant leur estimation à dire d'experts.

Mais cet usage est depuis long-tems abrogé, ainsi que la Novelle de Justinien.

67. Par une conséquence, ou, si l'on veut, par une extension du principe que le créancier ne peut être contraint de recevoir une autre chose que celle qui lui est due, le débiteur ne peut le forcer à recevoir en parties le paiement d'une dette même divisible (1244) (2).

Si vous me devez la somme de 1,200^f, et que vous m'offriez celle de 600^f, il est évident que vous ne m'offrez pas ce qui m'est dû.

68. Il ne suffit pas même d'offrir toute la somme principale si elle produit des intérêts.

C'est un accessoire que le débiteur doit payer avec le capital, sans quoi le créancier peut refuser de le recevoir (1258, n°. 3).

69. Mais le principe que le débiteur ne peut contraindre le créancier à recevoir par parties n'est

___

(1) C'est ce qu'on appelait *détriment et advenante*; sur quoi voy. le savant Hevin, dans ses Annotations sur Frain, tom. I, pag. 454; voy. aussi Henrys, liv. 4, quest. 176, tom. II, pag. 958.

(2) *Voy.* Dumoulin, *de divid. et individ.*, 2e. part., n°s. 37 et suiv. Le créancier ne peut forcer le débiteur à lui payer par parties. *Ibid.*, n°s. 6 et 7.

point applicable, lorsqu'il s'agit de plusieurs dettes ; quoique toutes exigibles , le débiteur· peut n'en payer qu'une seule, et contraindre le créancier à la recevoir.

Chaque année d'arrérages, de loyers, de fermages , et même chaque année de rentes et d'intérêts, lorsqu'il ne s'agit pas de rembourser le capital, est regardée comme une dette différente des autres années.

Ainsi, le débiteur peut contraindre le créancier à recevoir une seule année, quoiqu'il y en ait plusieurs échues. Il a souvent un grand intérêt à le faire, lorsque, n'ayant pas tout son argent prêt, il veut éviter une peine ; par exemple, le rachat forcé d'une rente constituée par la cessation de paiement pendant deux ans (1912). (*Voy.* ce que nous avons dit tom. VI, nᵒˢ. 253 et 559).

70. Mais le créancier n'est pas tenu de recevoir les dernières années avant les précédentes : *Ne rationes ejus conturbentur.* C'est la raison qu'en donne Dumoulin, *de divid. et individ., part. 2, nᵒ. 44.*

On peut taxer de dureté le créancier opulent qui refuse à un débiteur mal à l'aise la commodité de s'acquitter par parties ; mais outre que le créancier peut avoir besoin de tout son argent, la jurisprudence ne s'occupe que des règles de justice.

Elle a sur les yeux un bandeau pour ne pas voir ces *considérations* personnelles , qui ne font que trop souvent fléchir la balance entre les mains des magistrats : ils doivent juger les raisons et non les personnes.

Le créancier a toujours un intérêt plus ou moins grand pour recevoir tout à la fois ce qui lui est dû ; ne fût-ce, suivant Dumoulin, *ubi suprà*, n°. 14, que pour éviter l'embarras et les calculs qu'occasionnent les recettes divisées.

71. Cependant, par une disposition fondée sur une humanite apparente, mais impolitique et contraire au crédit public (1), le Code permet aux juges, *en considération* de la position du débiteur, mais en usant de ce pouvoir avec une grande réserve, d'accorder *des délais modérés* pour le paiement, et de surseoir l'exécution des poursuites, toutes choses demeurant *en état* (1244) (2).

Ainsi les juges peuvent non seulement accorder un délai, ils peuvent en accorder plusieurs, comme le prouvent ces expressions, *des délais modérés,* et par conséquent diviser la somme en plusieurs termes ou paiemens successifs (3).

C'est une première exception au principe que le débiteur ne peut contraindre le créancier à recevoir par parties.

72. Il en souffre une seconde en faveur des fidéjusseurs. Lorsque plusieurs personnes se sont rendues cautions du même débiteur pour une même

---

(1) *Voy.* tom. VI, n°s. 654 et suiv.

(2) Qu'est-ce que cela veut dire, *en état? Voy.* mon tom. VI, n°. 675. Le créancier pourra prendre inscription.

(3) Le projet de Code discuté au Conseil d'état le portait formellement ; et c'est encore une conséquence nécessaire des expressions de l'art. 1244. *Voy.* tom. VI, n°s. 654 et suiv.

dette, elles sont obligées chacune à toute la dette (2025).

Néanmoins, chacune d'elles peut exiger que le créancier divise préalablement son action et la réduise à la part et portion de chaque caution (2026). C'est ce qu'on appelle bénéfice de division.

Ainsi, chaque fidéjusseur poursuivi par le créancier peut payer divisément sa portion.

75. Mais si l'un des fidéjusseurs, voyant que le créancier néglige d'agir contre le débiteur principal, désirait se libérer, et prétendait contraindre le créancier à recevoir divisément sa portion, en alléguant que le débiteur principal et les autres fidéjusseurs commencent à déranger leurs affaires, qu'ils peuvent devenir insolvables, et qu'il ne doit pas souffrir de la négligence du créancier à les poursuivre, il n'y serait point admis; il ne pourrait le sommer de recevoir sa portion, si mieux n'aime le décharger du cautionnement; il n'aurait, quelque tems qu'il y eût que la dette fût échue et exigible, que la ressource d'agir contre le débiteur qu'il a cautionné, pour le faire condamner à payer ou à procurer décharge du cautionnement. (*Voy.* l'art. 2032, n°. 4).

La raison qu'en donne Pothier, n°. 499, est que la dette à laquelle plusieurs cautions ont accédé, n'est pas divisée de plein droit entre elles, mais seulement par l'exception du bénéfice de division. C'est lorsqu'elles sont poursuivies par le créancier, qu'elles peuvent, si les autres cautions sont solvables, le contraindre à diviser sa créance (2026).

Dumoulin pense même, *de divid. et individ.*, part. 2, n°. 57, que, si les fidéjusseurs avaient divisé leur obligation dès le principe, en stipulant qu'ils ne s'obligent chacun que pour un quart, un tiers, etc., chacun d'eux ne pourrait néanmoins, avant d'être poursuivi, forcer le créancier à recevoir le paiement de son tiers ou de son quart, parce que l'obligation accessoire des cautions ne doit pas donner indirectement atteinte à l'obligation principale, et la rendre payable par parties, tandis que le créancier ne s'adresse point aux fidéjusseurs. Pothier, n°. 499, rejette l'opinion de Dumoulin, et prétend que non seulement chaque fidéjusseur n'étant obligé qu'au tiers ou au quart, doit avoir la faculté de se libérer en payant le tiers, qui est tout ce qu'il doit, mais que même le débiteur principal peut payer, pour l'un des fidéjusseurs, le tiers ou le quart que doit ce dernier.

Le débiteur ayant intérêt de payer pour cette caution, afin de se décharger de l'indemnité qu'il lui doit, le créancier ne peut refuser ce paiement.

L'opinion de Dumoulin nous paraît préférable, parce que c'est en faveur du créancier, et non du débiteur, que les cautions sont données.

Leur nombre, quel qu'il soit, ne doit donc pas tourner contre les intérêts du créancier, ni l'obliger à recevoir son paiement par parties.

Les obligations accessoires ne doivent pas altérer la nature de l'obligation principale.

Si l'opinion de Pothier était admise, il s'ensuivrait que le débiteur qui a donné quatre fidéjusseurs, obligés chacun pour un quart, pourrait

payer en quatre paiemens, en payant successivement dans le nom de chacun d'eux, et dénaturer
ainsi indirectement son obligation.

74. Lorsque le testateur avait légué une partie
de ses biens, *partem bonorum,* la loi 26, § 2, *ff de
legat.*, 1°., permettait à l'héritier de s'acquitter en
nature ou de donner l'estimation.

Si les choses étaient indivisibles, ou ne pouvaient être divisées sans détérioration, l'héritier
était obligé d'en donner la valeur.

Aujourd'hui, que le droit romain a perdu dans
toute la France l'autorité de loi, qu'il n'a jamais
eue en Bretagne, l'héritier ne pourrait se dispenser de payer en nature le legs d'une quotité de
biens, sauf à lui à la désigner après l'estimation des
experts. (*Voy.* tom. V, n°. 530). Et si la division
ne pouvait se faire sans détérioration, il faudrait
en venir à la licitation.

75. Le débiteur d'un corps certain et déterminé
est libéré par la remise de la chose en l'état où elle
se trouve lors de la livraison, pourvu que les détériorations qui y sont survenues ne viennent point
de son fait ou de sa faute, ni de celle des personnes
dont il est responsable, ou qu'avant ces détériorations il ne fût pas en demeure (1245).

Ainsi, il ne répondrait point de la détérioration
occasionnée par le fait d'un étranger, sauf au créancier à poursuivre ses dommages et intérêts contre
cet étranger.

Alors même que le débiteur est en demeure, et
s'il ne s'est pas chargé des cas fortuits, il ne répond point de la détérioration, dans le cas où la

chose l'eût également éprouvée chez le créancier, si elle lui eût été livrée. (Arg., art. 1302).

76. Après avoir vu par qui, à qui le paiement doit être fait, et quelle chose peut être donnée en paiement, il nous reste à voir quand, où, et aux dépens de qui le paiement doit être fait.

77. Il faut distinguer les obligations conditionnelles des obligations pures et simples, et des obligations à terme.

Dans les premières, l'obligation ne prend naissance que par l'événement de la condition : auparavant, il y a seulement espérance que l'obligation existera.

On ne peut donc payer avant que l'événement soit arrivé.

Le paiement fait par erreur, avant l'accomplissement de la condition, est sujet à répétition, comme d'une chose non due. Loi 16, *ff de condict. indeb.*, 12. 6.

Le créancier conditionnel doit même, en ce cas, rendre les fruits qu'il aurait perçus avant la condition, loi 8, *ff de peric. et comm. rei vend.*, 18. 6, quand même l'événement survenu depuis l'aurait rendu propriétaire irrévocable ; car il n'a pu faire siens les fruits de la chose, avant qu'elle fût à ses périls et fortunes : *Neque enim antè eam rem quæstui esse cuique oportet quàm periculo ejus sit.* Loi 12, § 1, *ff mandati*, 13. 6. (*Voy.* tom. VI, n° 358).

Il en serait autrement, si le paiement avait été fait sciemment et non par erreur. Le créancier, qui est devenu propriétaire par l'événement de la condition, ne serait point alors tenu de rappor-

ter les fruits perçus, suivant la règle *cujus per er-
rorem dati repetitio est, ejus consultò dati donatio
est. Loi 53, ff de R. J.*

78. A l'égard des obligations pures et simples,
le paiement peut en être exigé de suite : *Confes-
tim peti potest. Instit.*, § 2, ff de *V. O.* Si le créancier tarde à l'exiger, c'est une grâce qu'il fait au
débiteur, lequel néanmoins, suivant les circonstances, peut être assujetti à des dommages et intérêts pour le retardement. (*Voy.* tom. VI, n°. 258
et suivans).

79. Dans les obligations à terme, le paiement
n'est exigible qu'après son expiration, c'est-à-dire
après que le jour fixé pour terme est entièrement
écoulé; car le jour est accordé tout entier au débiteur.

Avant la fin du jour, il n'est pas certain qu'il
ne satisfera point à son obligation. § 2, *Inst. de
V. O.*

80. Mais le débiteur peut payer d'avance (1), à
moins que le terme ne soit aussi stipulé en faveur
du créancier. (*Voy.* ce que nous avons dit tom. VI,

---

(1) Il faut observer que si le remboursement des capitaux dus aux
hospices, communes, fabriques et autres établissemens, dont les propriétés sont administrées et régies sous la surveillance du Gouvernement, peut toujours avoir lieu quand les débiteurs se présentent pour
se libérer, ils doivent avertir les administrateurs un mois d'avance,
pour que ceux-ci avisent, pendant ce tems, aux moyens de placement,
et requièrent les autorisations nécessaires de l'autorité supérieure. *Voy.*
l'avis du Conseil d'état, approuvé le 11 décembre 1805, et inséré dans
le Bulletin des lois. Quant à la manière de liquider les rentes foncières
en grains et autres denrées dues aux établissemens publics, *voy.* la loi
du 29 décembre 1790.

n°˙. 662 et 675, sur les effets du terme, tant relativement au créancier que relativement au débiteur).

81. Nous nous bornerons à observer ici que les paiemens anticipés, toujours valables et produisant tout leur effet entre le débiteur et le créancier, sont quelquefois nuls et sans effet à l'égard des créanciers du créancier.

Nous en avons vu des exemples dans les paiemens faits au préjudice d'une opposition, et dans les paiemens faits par le saisi ou au saisi, depuis l'ouverture de la faillite.

On en trouve un autre exemple remarquable dans les paiemens anticipés (1), faits par le sous-locataire au locataire principal, au préjudice des priviléges du propriétaire, quoique ce dernier n'ait encore mis aucune opposition aux mains du sous-locataire.

Ce n'est pas que de pareils paiemens soient réputés frauduleux; mais le sous-locataire ne doit pas ignorer que les meubles qui garnissent la maison sont le gage privilégié des loyers ou fermages dus au propriétaire, et que, par conséquent, ils peuvent être saisis et vendus par ce dernier.

Cependant, il serait injuste que les meubles d'un sous-locataire qui n'occupe qu'une faible partie de la maison, pussent être vendus pour la totalité du loyer principal. Ainsi, les lois romaines décident qu'ils ne sont affectés au propriétaire que

_____

(1) *Voy.* tom. VI, n°ˢ. 365 et suiv.

jusqu'à concurrence du prix de la sous-ferme : *In eam duntaxat summam invecta mea et illata tenebuntur, in quam cœnaculum conduxi*, etc. Loi 11, § 5, ff de pignor. act., 13. 7.

Cette disposition fut adoptée par la Coutume de Paris, qui porte (art. 162), que « s'il y a des sous-locataires, peuvent être pris leurs biens pour ledit loyer et charges du bail ; et néanmoins leur seront rendus, en payant le loyer pour leur occupation. »

S'ils ne pouvaient se faire rendre leurs meubles qu'en payant le loyer de leur occupation, il en résulte qu'ils ne pouvaient opposer les paiemens faits au principal locataire.

Mais ne pouvaient-ils dégager leurs meubles qu'en payant les loyers même des années précédentes, quoiqu'ils les eussent déjà payés, ou n'étaient-ils tenus qu'à payer les loyers de la dernière année, lorsqu'ils avaient payé les autres ?

C'est dans ce dernier sens que l'usage avait interprété la Coutume de Paris, et c'est aussi dans ce sens qu'est rédigé l'art. 1753 du Code civil : « Le sous-locataire n'est tenu, envers le propriétaire, que jusqu'à concurrence du prix de la sous-location *dont il peut être débiteur au moment de la saisie* (1), et sans qu'il puisse opposer des paiemens faits par anticipation. »

---

(1) *Nota.* Cette disposition s'applique au cas même où le bail du sous-locataire ne paraît pas authentique, ainsi que l'a décidé la Cour de cassation, par arrêt du 2 avril 1806, rapporté par Sirey, an 1806, pag. 247 et suiv.

Ceci se trouve répété et étendu aux sous-fer-miers de terres, dans le Code de procédure, qui porte que « les effets des sous-fermiers et sous-loca-taires, garnissant les lieux par eux occupés, et les fruits des terres qu'ils sous-louent, peuvent être saisisis-gagés pour les loyers et fermages dus par le locataire ou fermier de qui ils tiennent ; mais ils obtiendront main-levée, en justifiant qu'ils ont payé sans fraude, et sans qu'ils puissent opposer des paiemens faits par anticipation. »

Il faut remarquer que c'est ici une disposition spéciale, fondée sur ce que les meubles qui gar-nissent la maison sont le gage privilégié du pro-priétaire.

On ne peut donc étendre cette disposition aux paiemens anticipés faits par le locataire ou fermier principal au propriétaire (1).

Les créanciers de celui-ci n'ayant aucun droit sur les meubles du fermier ou locataire de leur dé-biteur, ne peuvent se plaindre des paiemens anti-cipés qui lui ont été faits, qu'en prouvant qu'ils l'ont été en fraude de leurs droits.

82. Les paiemens anticipés sont ceux qui sont faits avant l'échéance du terme.

Mais l'art. 1752 porte que « les paiemens faits par le sous-locataire, soit en vertu d'une stipula-

---

(1) C'est donc à tort que le praticien Denisart, v°. *Loyer*, n°. 20, en-seigne que le locataire ne peut valablement payer ses loyers d'avance, au préjudice des créanciers du propriétaire et des saisies qui peuvent subvenir. Cette proposition est une erreur manifeste. *Voy.* tom. VI, pag. 367, *in fine.*

tion portée dans son bail, soit en conséquence de l'usage des lieux, ne sont pas réputés faits par anticipation. »

Cette disposition étant générale, il en résulte que si le bail porte que le sous-locataire paiera deux ou trois années d'avance, même la totalité des années de son bail, le paiement est valable, et les meubles du sous-locataire ne peuvent être saisis.

83. Mais si, au lieu de sous-louer pour un prix convenu une partie des objets contenus dans son bail, le locataire, sans rien réserver pour lui-même. sous-affermait la totalité, pour un prix inférieur à celui de son bail, le propriétaire pourrait saisir les meubles du sous-locataire, pour la totalité du prix de son bail, quoique supérieur à celui du bail; car le locataire ne peut diminuer le gage du propriétaire.

Ce n'est point là un sous-bail proprement dit, c'est la cession du bail entier. (*Voy.* Ferrière sur l'art. 162 de la Coutume de Paris).

Cette décision paraît sans difficulté, lorsque la totalité des objets affermés est sous-affermée à la même personne; mais si, après en avoir sous-affermé d'abord un quart, le locataire ou fermier principal finissait par sous-affermer successivement et partiellement la totalité, et que le prix des sous-baux réunis se trouvât inférieur au prix du bail principal, le propriétaire ne pourrait saisir les meubles de chaque sous-locataire que pour le prix de ce que chacun doit en vertu des sous-baux.

Le propriétaire aurait à s'imputer de n'avoir pas interdit à son locataire ou fermier la faculté de sous-louer, comme l'art. 1717 le lui permet; car si cette faculté lui était interdite, le sous-locataire ne pourrait opposer le sous-bail au propriétaire, et celui-ci aurait le droit de saisir les meubles qui garnissent sa maison, pour la totalité du prix qui lui est dû.

84. Les paiemens faits par le sous-locataire se prouvent par les quittances du principal locataire.

Ferrière, sur l'art. 162 de la Coutume de Paris, n°. 10, prétend même que la déclaration de ce dernier suffit pour faire décharger le sous-locataire, sauf au propriétaire, qui soupçonne cette déclaration frauduleuse, à exiger le serment de l'un et de l'autre, sur la sincérité de la déclaration.

Il nous semble que la simple déclaration du principal locataire, jointe à celle du sous-fermier, ne formerait pas une preuve suffisante, si elle n'était accompagnée de circonstances capables de lui donner du poids; par exemple, si le prix du sous-bail consistait en denrées, que le principal locataire reconnaîtrait avoir successivement reçues.

Mais des quittances sous seing privé formeraient une preuve suffisante de la date des paiemens, malgré la trop grande généralité de l'art. 1328, qui porte que les actes sous seing privé n'ont de date contre les tiers que du jour où ils ont été enregistrés, etc.

Il est, il a toujours été d'un usage universel de

donner des **quittances** sous seing privé : on ne saurait donc croire que l'art. 1753 exige que les paiemens soient autrement prouvés.

On peut d'autant moins le penser que ce même article s'en rapporte à l'usage des lieux, pour savoir si les paiemens sont on non anticipés.

Ajoutez à cela que la Cour de cassation a pensé que la disposition de cet article est applicable aux sous-baux faits sous seing privé, aussi bien qu'à ceux qui sont authentiques. (*Voy.* l'arrêt du 2 avril 1806, Sirey, 1806, pag. 247 et suivantes).

On écarte d'ailleurs l'application de l'art. 1328 à notre espèce, en le rapprochant de l'art. 1322, qui porte que l'acte sous seing privé a, entre ceux qui l'ont souscrit et leurs héritiers et ayant-cause, la même foi que l'acte public.

Or, le propriétaire, qui saisit les meubles du sous-locataire, est l'ayant-cause du locataire principal, dont il exerce les droits.

Les quittances données par ce dernier sous seing privé, suivant l'usage universel, peuvent donc être opposées au propriétaire, comme elles pourraient l'être au principal locataire qui les a données, sauf les cas de fraude, qui peuvent être prouvés par des conjectures, par des présomptions (1353), ou par témoins.

85. Le paiement doit être exécuté dans le lieu désigné par la convention (1247).

Le débiteur ne peut obliger le créancier de recevoir, ni le créancier contraindre le débiteur de payer en un autre lieu, même en lui faisant raison du dommage qu'il souffre de ne pas recevoir, ou de ne pas payer au lieu convenu. Le titre du Digeste *de eo quod certo loco*, 13. 4, n'a jamais été observé en France. (Pothier, n°. 238). Mais si le paiement se faisait par compensation, on pourrait compenser une dette payable en un lieu, avec une dette payable dans un autre, en faisant raison des frais de remise (1296).

86. Si le créancier n'a, dans le lieu convenu pour le paiement, ni son domicile, ni un domicile élu, pour l'exécution de l'acte (111), le débiteur qui veut payer doit le faire sommer à domicile ou à personne, de se trouver à un jour fixe au lieu convenu, pour y recevoir le paiement.

Si, outre le lieu, la convention indique de plus un jour fixe pour le paiement, le débiteur doit se présenter au lieu et au jour fixé; mais s'il n'y trouve pas une personne munie de pouvoirs suffisans pour recevoir et donner quittance, il doit faire assigner le créancier à personne ou domicile, devant les juges du domicile de ce même créancier, pour voir dire que, faute à ce dernier de ne s'être trouvé, ni en personne, ni par procureur, au jour et au lieu fixés pour le paiement, le débiteur sera autorisé à consigner dans le lieu convenu.

87. Car il faut remarquer que l'indication d'un lieu pour le paiement, accompagnée même de la désignation d'une personne au domicile de laquelle le paiement doit être fait, n'équivaut point à une élection de domicile faite par le créancier, pour l'exécution de l'acte, conformément à l'art. 111 du Code civil.

Par exemple, si je m'oblige de vous payer à Paris une somme de... au domicile de tel notaire, sans ajouter que j'y fais élection de domicile, une pareille indication, en matière civile, ne vous autorise ni à me faire signifier au domicile du notaire indiqué, ni à me traduire devant les juges de Paris, où je ne demeure point.

Ainsi l'a décidé la Cour de cassation, par un arrêt du 29 octobre 1810, rapporté par Sirey, 1810, pag. 378.

88. Il en serait autrement en matière de commerce, où l'art. 420 du Code de procédure permet au demandeur d'assigner à son choix, devant le tribunal du domicile du défendeur, devant celui dans l'arrondissement duquel la promesse a été faite et la marchandise livrée, ou devant celui dans l'arrondissement duquel *le paiement devait être effectué.*

Mais dans ces cas là-mêmes, s'il n'y avait pas de domicile élu, l'assignation devrait être donnée au créancier à personne ou domicile, pour plaider devant le tribunal dans l'arrondissement duquel devait être fait le paiement.

89. Si le contrat portait que le paiement sera fait en deux lieux différens réunis par une conjonctive ; par exemple, à Rennes *et* à Paris, le paiement doit être fait par moitié en chaque lieu, et si c'est par une disjonctive, à Paris *ou* à Rennes, le paiement doit être fait, pour le total, en l'une des deux villes, au choix du débiteur. Loi 2, §§ 3 et 4, *ff de eo quod certo loco*, 13. 4. (Pothier, n°. 241).

90. S'il n'y a point, dans le contrat, de lieu dé-

signé pour le paiement, l'art. 1247 veut que *le paie-ment , lorsqu'il s'agit d'un corps certain et déterminé, soit fait dans le lieu où était, au tems de l'obligation, la chose qui en fait l'objet.*

Le mot *paiement* est pris ici pour la délivrance du corps certain et déterminé qui était l'objet de l'obligation. (*Voy.* Pothier, n°. 512). La disposi-tion de l'art. 1247 est répétée dans l'art. 1609, qui porte que « la délivrance doit se faire au lieu où était, au tems de la vente, la chose qui en fait l'ob-jet, s'il n'en a été autrement convenu ».

Je vous ai vendu des meubles qui sont dans mon magasin, des grains qui sont dans mon grenier, des vins qui sont dans ma cave, etc. C'est dans mon magasin, dans mon grenier, dans ma cave, que je dois vous faire le paiement ou la délivrance de ces choses; c'est là que vous devez les faire prendre et enlever à vos dépens.

91. Si, depuis la vente, j'avais transporté les choses qui en sont l'objet dans un lieu d'où l'en-lèvement fût plus dispendieux pour l'acheteur, il pourrait exiger, par forme de dommages et inté-rêts, ce qu'il en coûterait de plus pour les enlever de ce dernier endroit que de l'autre.

92. Mais si la délivrance ou le paiement des choses doit se faire au lieu où elles étaient au moment de l'obligation ou de la vente, où doit se faire le paie-ment du prix de la vente?

C'est ce que ne dit point l'art. 1247 : il faut donc recourir aux autres dispositions du Code, qui porte que s'il n'a rien été réglé sur le jour ni sur le lieu

(1650), l'acheteur doit payer *au lieu* et dans *le tems* où doit se faire *la délivrance*.

En effet, lorsqu'il n'a été rien stipulé sur le tems où doit se faire le paiement, la vente est pure et simple; l'acquéreur doit payer au moment de la délivrance, sans quoi elle pourrait être refusée.

Mais si le vendeur n'exige point le paiement au moment de la délivrance, il en résulte qu'il accorde au débiteur, ou le délai d'usage, si, comme dans le commerce, il y a un usage établi pour le paiement des marchandises livrées, ou un délai de complaisance qui finira par la demande du vendeur.

Dans l'un et l'autre cas, le vendeur ne peut plus exiger que le prix lui soit compté au lieu où la délivrance a été faite, au lieu, comme dit l'art. 1247, où était, au tems de l'obligation, la chose qui en était l'objet; car, en la laissant enlever, en donnant tacitement à l'acquéreur un terme pour payer, il s'est mis dans la nécessité de venir demander le prix qui reste dû.

Or, dès qu'il est obligé de le faire demander, le commandement doit être fait au domicile du débiteur, qui peut payer entre les mains de l'huissier.

C'est donc le cas de suivre la règle ordinaire, suivant laquelle le paiement doit être fait au domicile du débiteur (1247, *in fine*).

Ainsi la disposition de cet article, qui porte que s'il n'y a pas de lieu désigné pour le paiement, il doit se faire au lieu où était la chose au tems de l'obligation, ne doit, ainsi que l'art. 1651, qui ré-

pète la même disposition, s'appliquer qu'aux ventes
faites au comptant, et où le vendeur exige le paiement au moment de la délivrance, et non pas aux
ventes où il est, soit expressément, soit tacitement, accordé un terme à l'acquéreur, pour en
payer le prix ; et c'est aussi ce qu'a décidé la Cour
de cassation, dans un arrêt du 4 juin 1813 (1).

Il nous paraît encore que les mêmes dispositions
des articles cités ne doivent s'appliquer qu'au paiement du prix des choses sujettes à une délivrance
proprement dite, comme les meubles, et non au
paiement du prix des immeubles.

Supposons que deux personnes demeurant, l'une
à Nantes, l'autre à Rennes, aient passé un contrat
par lequel l'une a vendu à l'autre une terre située à
Landerneau, au fond de la Basse-Bretagne.

Le tems du paiement n'a point été fixé ; mais le
vendeur ne l'a point exigé au moment de la signature du contrat ; il ne pourra pas plus contraindre
l'acquéreur à payer à Landerneau, que l'acquéreur ne pourra l'obliger d'y recevoir.

---

(1) Rapporté par Sirey, 1813, pag. 553, et rendu sur les conclusions
de notre savant compatriote M. Gandon. On y pose en principe que,
dans une vente faite au comptant, lorsqu'il n'a rien été réglé sur le
tems, sur le lieu du paiement, l'obligation de payer et celle de livrer
sont indivisibles, et doivent être accomplies en même tems et au même
lieu.

Mais que si la vente n'est pas faite au comptant, si la marchandise a
été livrée sans exiger d'argent, il en résulte que la convention était
d'accorder le terme ordinaire dans le commerce ; qu'ainsi, l'art. 1651
n'est pas applicable ; que l'affaire rentre dans les termes du droit commun, suivant lequel le paiement doit être fait au domicile du débiteur.

Cette interprétation restrictive, mais fondée sur l'équité, est d'ailleurs favorisée par les termes des deux art. 1247 et 1651.

Le premier dit que si le lieu n'est pas désigné, le paiement d'un corps certain doit être fait dans le lieu où il *était* au tems de l'obligation; expression qui suppose qu'il a pu changer de lieu, ce qui ne peut arriver à un immeuble.

L'art. 1651 porte que si le lieu du prix n'a pas été réglé lors de la vente, l'acheteur doit payer au lieu où doit se faire *la délivrance*.

Or, la délivrance proprement dite est le *transport* de la chose vendue en la puissance et possession de l'acheteur (1604).

Les immeubles, qui ne peuvent être transportés, ne sont donc pas susceptibles d'une délivrance proprement dite; car le transport du vendeur et de l'acquéreur sur le lieu même, ou ce qu'on appelait autrefois la prise de possession, n'est plus d'aucun usage sous l'empire du Code, où la propriété est transférée par le seul effet de la convention.

Il faut pourtant convenir que la rédaction des art. 1247 et 1651, et il faut en dire autant de beaucoup d'autres, n'est point aussi parfaite qu'elle pourrait l'être; ce qui vient de la précipitation avec laquelle les commissaires furent forcés de travailler.

93. Dans tous les cas où le lieu du paiement n'est pas désigné par la convention, il doit être fait

au domicile du débiteur (1247) : c'est la règle générale (1).

Il faut seulement remarquer qu'il n'est pas nécessaire que le lieu du paiement soit toujours expressément désigné.

Il peut résulter tacitement de la nature de l'obligation, et des accessoires de son exécution, que le paiement doit être fait ailleurs qu'au domicile du débiteur.

On en trouve un exemple dans l'espèce d'un arrêt rendu le 18 juin 1776, au Parlement de Grenoble, et rapporté dans le nouveau Répertoire. v°. *Legs*, sect. 5, § 2, n°. 4.

Le sieur Jaillet, prêtre à Beau-Croissant, légua, en 1717, à huit pauvres les plus nécessiteux, huit quartaux de blé-froment, dont la distribution serait faite par le curé du lieu ou ses successeurs, conjointement avec un des officiers de la communauté, qui en passeraient quittance à son héritier.

Pendant long-tems, les curés de Beau-Croissant donnèrent à des pauvres des certificats, en vertu desquels l'héritier du testateur délivrait des grains.

Le sieur Courcette, nouveau curé, avait d'abord suivi cette méthode d'acquitter la fondation ; mais ayant découvert le titre primordial, il en réclama l'exécution, et exigea, conjointement avec le pro-

_____

(1) La Glose, au contraire, et les commentateurs sur la loi 18, ff de *pecun. constit.*, et Dumoulin, Coutume de Paris, § 85, glos. 1, n°. 104, soutenaient que, lorsque le titre n'explique pas le lieu où la dette doit être acquittée, elle doit l'être au domicile du créancier, pourvu qu'il réside dans la même jurisdiction que le débiteur.

cureur des pauvres, que les grains fussent apportés à la cure, pour être ensuite distribués.

Le débiteur prétendit, au contraire, assujettir les exécuteurs de la fondation à venir prendre et distribuer les grains chez lui : en tout cas, il offrit d'acquitter la fondation sur leurs mandats.

Le curé soutenait qu'en raisonnant sur les termes du testament, il était sensible que le testateur n'avait pas prétendu soumettre les exécuteurs de la fondation à une espèce de servitude ; qu'en donnant aux pauvres nécessiteux, et en confiant au curé l'exécution de ses libéralités, il n'avait pas voulu, sans doute, obliger les pauvres honteux à se montrer chez un particulier, où quelques motifs pouvaient les empêcher de se présenter ; que le curé et l'administrateur devaient donner quittance à l'héritier, ce qui supposait la réception de l'objet à distribuer ; qu'il y aurait un grand inconvénient à rendre le débiteur maître de la distribution sur de simples mandats, parce qu'il pourrait distribuer des grains de mauvaise qualité ; que quand même le mode de distribution eût été pratiqué depuis long-tems, ce serait un abus contraire à l'intention du fondateur, aux dispositions du testament, à l'intérêt des pauvres.

Sur ces moyens, l'arrêt condamna le débiteur à porter à l'avenir les grains légués chez le curé, qui en donnera quittance.

Ainsi, cet arrêt a jugé qu'il résultait tacitement des expressions du testament et de la nature du legs, que le paiement devait être fait ailleurs qu'au domicile du débiteur.

94. Les frais du paiement sont à la charge du débiteur (1248 et 1608). Il doit donc payer le timbre de la quittance, et s'il en veut une notariée, il en doit payer les frais.

Mais s'il se contente d'une quittance sous seing privé, le créancier ne peut la lui refuser; s'il reçoit une quittance sur papier libre, c'est lui qui doit seul (1) payer l'amende encourue, dans le cas où cette quittance serait présentée en justice.

95. L'art. 1248 ne fait pas une exception, qui semblerait néanmoins équitable, pour le cas où le créancier ne sait pas même signer; car, si le débiteur doit payer, le créancier lui doit une quittance; il est débiteur de la quittance.

Or, si le débiteur se contente d'une quittance sous seing privé, est-il juste que l'ignorance du créancier préjudicie au débiteur, et le force à faire les frais d'une quittance notariée?

96. Pothier, n°. 514, dit que celui qui a vendu du vin doit payer le congé nécessaire pour le livrer.

Dans notre législation actuelle, c'est l'acheteur qui est tenu du paiement du droit nécessaire pour enlever la boisson qu'il a achetée; le vendeur ne doit lui laisser enlever le vin, cidre ou poiré, que sur la représentation de la quittance, qu'il doit retenir pardevers lui, sous peine d'être responsable du droit. (Art. 58 et 59 de la loi sur les finances, du 5 ventôse an XII).

_____

(1) *Voy.* Sirey, sur l'art. 1148 du Code annoté, pag. 401.

Le droit doit être acquitté par les acheteurs, au moment de l'enlèvement des boissons; il n'est ac. quitté par les propriétaires que, dans le cas où le transport se fait pour leur compte, hors de la commune où les boissons ont été inventoriées. (Art. 22 et 23 de la loi du 24 avril 1806, relative au budget de l'Etat).

Ainsi, les propriétaires et fermiers de campagne, qui vendent des boissons à la charge de les conduire à la ville, chez l'acheteur, sont assujettis à payer le droit d'inventaire, avant de déplacer et d'amener ces boissons.

---

§ II.

Du Paiement avec subrogation (1), *ou de la Transmission des droits et des actions de l'ancien créancier à un nouveau.*

SOMMAIRE.

97. *Définition de la subrogation. Comment elle diffère de la délégation.*

---

(1) Sur cette matière subtile et épineuse, *voy.* Remusson, Traité de la subrogation; Olea, *Tract. de cess. jur. et act.* ; Cujas et les commentateurs, sur le titre du Code *de his qui in loc. prior. credit. succed.*, 8. 19; Bachovius, *de pign. et hypot.*, lib. 4, cap. 15, 16, 17 et 18; Loiseau, des Offices, liv. 3, chap. 8, et Traité du déguerpissement; Basnage, des Hypothèques, liv. 1, chap. 15; Henrys, liv. 4, quest. 104, tom. II, pag. 805 ; le nouveau Répertoire de jurisprudence, v°. *Subrogation;* le Journal du Palais, sur les arrêts des 5 septembre 1674, 18 avril et 15 mai 1679, et les différens arrêts recueillis dans le Journal des audiences.

98. *Les droits que les créanciers peuvent avoir sont personnels ou réels.*

99. *Les droits personnels sont de deux espèces : les uns communs à tous les genres de créances, les autres à certaines créances seulement. On les nomme* privilèges. *Ce qu'on entend par les privilèges personnels.*

100. *Il y a des privilèges qui n'intéressent que le débiteur; d'autres qui intéressent les autres créanciers, par la préférence qu'ils donnent sur ceux-ci.*

101. *Les règles sur la transmission des droits réels, et sur celle des droits personnels, étaient différentes en droit romain. On commence par les règles sur la transmission des droits réels.*

102. *Hors les cas exprimés par la loi, la subrogation ne s'opère que par une convention.*

103. *Le créancier peut céder ses droits à un tiers; mais on ne peut l'y contraindre.*

104. *On l'y contraignait indirectement en certains cas, en repoussant son action* per exceptionem cedendarum actionum.

105. *On pouvait même, en certains cas, faire ordonner la cession par la justice.*

106. *Il y avait même des cas où la subrogation s'opérait de plein droit.*

107. *Enfin, le droit romain permettait au débiteur de subroger, dans les droits du créancier, celui qui prêtait l'argent pour le payer.*

108. *Ainsi, quatre espèces de subrogations en droit romain : celle qu'accordait le créancier, la légale, la judiciaire, celle qu'accordait le débiteur.*

109. *Cette dernière, contraire à la rigueur du droit, eut peine à s'introduire en France.*

110. *Théorie de cette subrogation. Motifs d'équité en sa faveur.*

111. *Admise enfin par l'édit de 1609, et à quelle occasion.*

112. *Mais les opinions étaient divisées sur les cas où doit être admise la subrogation légale.*

113. *Le Code ne reconnaît que deux espèces de subrogation, la légale et la conventionnelle.*

129. *Il n'est pas nécessaire que la subrogation soit énoncée en termes* exprès*; il suffit que la destination et la déclaration d'emploi soient exprimées, l'une dans l'acte d'emprunt, l'autre dans la quittance. Ces deux actes doivent être authentiques.*

130. *La subrogation serait nulle, si la déclaration d'emploi était faite par un acte séparé de la quittance, quoique mis au pied.*

131. *Que doit faire le débiteur, si le créancier refuse d'insérer la déclaration d'emploi dans la quittance?*

132. *Comment la subrogation consentie par le débiteur se pratiquait à* Rome. *L'intervalle que le débiteur peut laisser entre l'emprunt et l'emploi des deniers, est abandonné à la prudence du juge.*

133. *Imprudence de confier l'argent au débiteur, pour le remettre au créancier.*

134. *Pourquoi la remise des titres est nécessaire dans la subrogation consentie par le débiteur.*

135. *La stipulation d'intérêts faite par le prêteur subrogé est sans effet contre les autres créanciers, si la somme remboursée n'en produisait pas.*

136. *Celui qui a vendu le fonds hypothéqué ne peut plus subroger dans les droits du créancier sur ce fonds.*

137. *La subrogation consentie par le débiteur ne s'étend point au-delà des sommes empruntées. Les sommes empruntées en papier-monnaie sont réductibles, quoiqu'employées à rembourser des sommes qui ne l'étaient pas.*

138. *Nature, origine et fondement de la subrogation légale; sa définition.*

139. *Ne doit être admise que dans les cas exprimés par la loi.*

140. 1°. *Au profit d'un créancier qui paie un autre créancier préférable, et du chirographaire qui a payé un hypothécaire.*

141. *Le créancier antérieur qui en paie un postérieur n'est pas subrogé. Inconséquence du Code à cet égard.*

142. 2°. *Au profit de l'acquéreur qui paie le prix de son acquêt aux créanciers hypothécaires.*

143. *S'il a payé avant l'acquisition sans stipuler la subroga-*
tion, il n'est pas subrogé, quand même la subrogation
serait stipulée dans le contrat d'acquêt.

144. *Le créancier acquereur est-il subrogé à lui-même? Autre-*
ment, son hypothèque, éteinte par confusion, revit-elle,
s'il est évincé?

145. *La subrogation légale de l'acquereur ne s'étend que sur les*
biens acquis.

146. *Application de ce principe au créancier qui en paie un pré-*
férable.

147. *3°. Au profit de celui qui a intérêt d'acquitter la dette à*
laquelle il est tenu avec d'autres ou pour d'autres. Raison
et développement de ce principe.

148. *Deux conditions exigées pour cette subrogation.*

149. *Quand on est obligé avec d'autres.*

150. *Quid, si deux personnes ont donné pour hypothèque un*
fonds indivis?

151. *Application du principe au cohéritier qui a payé une dette*
commune.

152. *Développer les cas auxquels s'applique cette subrogation,*
ce n'est pas l'étendre.

153. *La subrogation ne doit nuire à personne. La vente du fonds*
hypothéqué n'empêche pas la subrogation de celui qui a
payé la dette commune.

154. *4°. Au profit de l'héritier bénéficiaire qui a payé de ses*
deniers.

155. *Et au profit du curateur aux biens vacans, ou des per-*
sonnes pour qui il gère.

156. *5°. Au profit des officiers publics qui ont fait l'avance des*
droits d'enregistrement.

157. *6°. Au profit de celui qui a payé une lettre de change par*
intervention au protêt.

158. *La différence qui existe dans le droit romain entre les rè-*
gles de transmission des actions personnelles privilégiées,
et celles de la transmission des hypothèques, consiste en
ce qu'il faut, pour la transmission de celles-ci, une con-

*vention qui n'est pas exigée pour la transmission des pri-
viléges.*

159. *Le Code est allé plus loin que le droit romain ; il n'exige
pas cette convention spéciale, même pour la transmission
des hypothèques.*

160. *Les priviléges dirigés contre les débiteurs, et qui ne nuisent point aux autres créanciers, peuvent être transmis
par actes sous seings privés.*

161. *Mais, pour les exercer, il faut que le subrogé soit ressaisi
des titres.*

162. *Si la subrogation consentie par le débiteur a autant de force
que la subrogation consentie par le créancier.*

163. *Quand l'un des coobligés ou des cofidéjusseurs a été subrogé, peut-il exercer l'action solidaire contre les autres
coobligés ?*

164. *Différences que met la nature des choses entre les effets de
la subrogation consentie par le créancier, et les effets des
autres subrogations.*

165. *Comment le subrogé exerce les droits du subrogeant.*

166. *Si le subrogé a prêté pour payer le prix d'une vente, il
peut faire résoudre le contrat, faute de paiement.*

167. *S'il a prêté pour exercer un réméré, il doit jouir de l'héritage, et faire les fruits siens jusqu'au remboursement.*

168. *Le subrogé profite des inscriptions prises par le subrogeant. Il peut et doit les renouveler en son nom.*

169. *La subrogation ne nuit point au créancier, pour ce qui
reste de la dette.*

170. *Mais c'est un privilége personnel dans lequel il ne peut
subroger un tiers.*

171. *Tous les subrogés dans des portions de la même créance
viennent en concurrence, quoique subrogés en différens
tems.*

97. L'EFFET ordinaire du paiement est d'éteindre
l'obligation et de délier le débiteur, *solvere*. Un
seul paiement peut même éteindre plusieurs obligations. Par exemple, je vous devais 1,000ᶠ ; je les

ai, par votre ordre, payés à Paul à qui vous deviez pareille somme. Ce paiement a éteint en même tems mon obligation envers vous et la vôtre envers Paul. Loi 65, *ff de solut.*, 45. 3. Il en est de même en beaucoup d'autres cas.

Il est aussi possible que le paiement fait par un tiers n'éteigne pas l'obligation du débiteur, et qu'il n'opère qu'un changement dans la personne du créancier, dont les droits sont transmis à celui qui l'a payé.

C'est ce qui arrive lorsque le tiers qui paie est subrogé ou substitué dans les droits du créancier, ou, comme disent les lois romaines, quand il succède à ses droits.

C'est cette substituion d'un nouveau créancier à l'ancien, cette succession à ses droits, qu'on appelle subrogation (1) : *Transfusio unius creditoris in alium.*

C'est précisément le contraire de la délégation, qui est la substitution d'un nouveau débiteur à l'ancien, dont la dette est éteinte.

Dans la subrogation, c'est la personne du créancier qui est changée; dans la délégation, c'est celle du débiteur.

---

(1) Ulpien, dans ses Fragmens, liv. 1, n°. 4, et les empereurs Théodose et Valentinien, *loi* 9, *Cod. de lucro*, *sanct. eccl.*, emploient le mot *subrogare* dans une acception différente. Les jurisconsultes et les empereurs appelaient *succession aux droits* ce que nous appelons *subrogation*, *Voy.* les titres du Digeste et du Code *de his qui in loc. prior. credit. succed.*, *ff* 20, 4, *Cod.* 18, 19. C'est du droit canonique que nous avons emprunté le mot de *subrogation*, dans le sens où nous l'employons. *Voy.* Renusson, *ubi suprà*, *cap.* 1.

Nous parlerons de la délégation dans la section qui traite de la novation.

Nous n'avons à nous occuper ici que de la subrogation qu'on appelle personnelle (1), c'est-à-dire de la transmission des droits et des actions d'un ancien créancier à un nouveau.

Cette matière a toujours été regardée comme l'une des plus subtiles de la jurisprudence.

98. Il faut d'abord considérer que les créanciers ne peuvent avoir que deux sortes de droits envers leur débiteur.

Les uns appelés *personnels*, parce qu'ils sont principalement dirigés vers la personne, et qu'ils n'affectent ses biens qu'en vertu de la règle générale, suivant laquelle celui qui s'est obligé personnellement est tenu de remplir ses engagemens sur tous ses biens présens et à venir, lesquels sont le gage commun de ses créanciers, sans aucune préférence ou privilége en faveur des uns ni des autres (2092, 2309)

Les autres qu'on appelle *réels* ou hypothèques, parce qu'outre les droits personnels du créancier contre le débiteur, ils affectent tous ses biens, ou une certaine partie de ses biens, d'une manière

---

(1) A la différence de la subrogation *réelle*, qui est la substitution d'une chose à une autre chose, afin qu'une personne conserve sur la chose substituée les mêmes droits qu'elle avait sur l'autre. Par exemple, l'immeuble reçu est subrogé à l'immeuble donné en échange, relativement aux droits de la communauté. (Art. 1407). Sur la subrogation réelle, *voy.* le nouveau Répertoire, v°. *Subrogation réelle;* Renusson, Traité des propres, chap. 1, sect. 10 ; Pothier, Traité des propres, sect. 2, pag. 68 ; Dupare Poullain, et les commentateurs des coutumes.

tellement particulière, qu'elle donne à ceux auxquels ces droits sont acquis, la faculté de les exercer, en quelques mains que ces biens soient passés.

C'est pour cela qu'on les appelle droits *réels*, ou droits sur la chose, *jura in re.*

99. Mais avant d'aller plus loin, nous devons remarquer, à l'égard des droits et actions que nous avons appelés personnels, et que les créanciers peuvent exercer contre la personne de leur débiteur, qu'il faut, à raison de la loi qui les accorde, les ranger en deux classes.

Les uns sont accordés, par le droit commun, à tous les genres de créances, quels qu'en soient la cause, l'origine, le titre qui leur sert de fondement, etc.

Au contraire, il est certaines créances auxquelles des dispositions particulières de la loi accordent certaines prérogatives spéciales, soit dans la manière d'exercer l'action, soit dans le genre de contrainte, soit dans le rang qu'elles doivent occuper dans le concours des autres créanciers, etc.

C'est ce qu'on appelle des *priviléges* (1) ou des créances privilégiées.

Le mot *privilége*, pris dans un sens actif, est une loi particulière, ou une disposition particulière de la loi, qui accorde certaines prérogatives spéciales,

---

(1) Ce mot se prenait autrefois en mauvaise part chez les Romains, pour les peines particulières prononcées contre certaines classes de citoyens. C'est dans ce sens que la loi des Douze Tables dit : *Privilegia ne irroganto.* Nous ne parlons ici que des priviléges qui accordent quelque faveur ou prérogative,

que n'accorde point le droit commun. Dans le sens passif, c'est la prérogative même accordée par cette loi particulière.

La prérogative peut être accordée en considération seulement de l'individu, sans égard à ses biens, et alors le privilége reste attaché à la personne. Il n'est pas transmissible, et ne passe ni à ses héritiers, ni à ses cessionnaires. Nous n'avons point à nous en occuper dans ce paragraphe.

La prérogative peut aussi être accordée à certaines causes, à certaines actions, dans l'exercice desquelles le créancier jouit de certains droits, dont on ne jouit pas dans l'exercice de toutes les actions. Par exemple, tout créancier, quel que soit l'objet de sa créance, a le droit de traduire son débiteur en justice, de l'y faire condamner, de faire ensuite exécuter le jugement, par saisie et vente de ses biens : voilà le droit commun. Mais si la créance est fondée sur un titre authentique, c'est-à-dire sur un acte notarié, le créancier peut de suite, sans le citer en justice, saisir et faire vendre les biens de son débiteur : c'est ce qu'on appelle *exécution parée.* (*Voy.* tom. VI, n°%. 208 et suivans).

L'*exécution parée* est donc un privilége attaché aux créances fondées sur un titre authentique, et dont ne jouissent pas les autres créances. La contrainte par corps, accordée spécialement à certaines créances et non à d'autres, est encore un privilége. Il y en a beaucoup d'autres.

Ces priviléges sont transmis, avec l'action personnelle à laquelle ils sont attachés, aux héritiers ou successeurs à titre universel du créancier, et à ses cessionnaires à titre singulier.

Telle est l'idée que les lois romaines nous donnent des priviléges : *Privilegia quædam causæ sunt, quædam personæ, et ideò quædam ad hæredem transmittuntur, quæ causæ sunt, quæ personæ sunt ad hæredem non transeunt. Loi* 196, *ff de R. J. ; loi* 68, *ibid.*

Les interprètes ont appelé ces priviléges *personnels,* non parce qu'ils sont attachés à la personne, mais parce qu'ils sont attachés à des actions *personnelles,* c'est-à-dire à des actions qui naissent d'un droit à la chose, et qui sont dirigées contre la personne du débiteur. Ce nom leur a été donné pour distinguer ces priviléges des hypothèques, qui sont des droits réels, *jura in re,* que le créancier peut poursuivre, non seulement contre le débiteur, mais encore contre le possesseur de la chose hypothéquée, quel qu'il soit, quoique le créancier n'ait pas d'action personnelle à exercer contre lui. *Privilegium personale est, quod quibusdam actionibus personalibus conceditur....... Si actio personalis est, et ci privilegium tribuitur, personale privilegium erit,* dit Nonius-Acosta. *Privilegia sunt personalia, quæ actioni personali adherint,* dit Brunnemann, sur la loi 9, *Cod. qui potiores in pign.,* 8. 18.

Ainsi, les priviléges personnels, en cette matière, sont attachés, non pas à la personne du créancier, mais à sa créance, à la nature de l'action qu'il exerce. C'est ce qu'indiquent clairement les art. 2101 et 2102 du Code. *Les créances privilégiées sont, etc.*

100. Entre les priviléges, il en est qui ne s'exercent qu'envers le débiteur contre lequel ils sont dirigés personnellement; par exemple la contrainte par corps, qui ne nuit en rien aux droits de ses autres créanciers. Il en est d'autres qui intéressent directement les autres créanciers du débiteur, et fort peu le débiteur lui-même. Telles sont les préférences d'une créance sur les autres; par exemple les frais funéraires, ceux de dernière maladie, auxquels l'art. 2101 donne la préférence sur les autres créances.

Par ces notions générales, on peut voir que la transmission des droits personnels doit être plus facile, parce qu'elle ne blesse en aucune manière ni le débiteur, qui reste, depuis la transmission, dans la même situation où il était auparavant, ni les droits des autres créanciers, auxquels il est parfaitement indifférent que le nouveau débiteur exerce une action de son chef, ou de celui d'un ancien créancier, puisque la succession dans les droits de ce dernier ne lui donne aucune préférence sur eux.

Il en est autrement des droits réels, dont les autres créanciers ont toujours intérêt de contester ou d'empêcher la transmission, parce que l'extinction de ces derniers augmente nécessairement leur gage, en anéantissant des créances préférables.

101. Les règles sur la transmission des droits personnels étaient, suivant les lois romaines, un peu différentes des règles sur la transmission des droits réels. Nous commencerons par exposer ces der-

nières le plus succinctement qu'il nous sera possible ; nous en suivrons les progrès dans l'ancienne jurisprudence française, et nous expliquerons après les principes du Code.

102. Il ne suffit point à une tierce personne de payer le créancier d'un autre, pour être subrogée dans les droits et hypothèques du créancier qu'elle a remboursé, car l'effet du paiement n'est pas d'acquérir un droit, ou de donner une hypothèque, mais d'éteindre une obligation. Après le paiement, il n'existe plus ni dette, ni actions, ni créancier.

On a toujours tenu, et l'on tient encore pour première maxime en cette matière, que hors les cas prévus par la loi, il n'y a point de subrogation si elle n'est stipulée : *Nec transeunt actiones, nisi in casibus jure expressis.* (Dumoulin, 1°., *Lect. del.*, n°. 41).

Ainsi l'étranger qui paie le créancier d'un tiers, ou qui prête son argent pour le payer, n'entre point dans ses droits sans une convention de subrogation : *Non aliter in jus pignoris succedet, nisi convenerit ut eadem res esset obligata. Neque enim in jus primi succedere debet, qui ipse nihil convenit de pignore. Loi 3, ff quæ res pign., etc., 20. 3 ; loi 1, Cod. de his qui in priorum debit. locum succedunt, 8. 19.*

103. Mais la créance avec ses accessoires, le droit d'action, d'hypothèque, etc., sont au nombre des choses qui composent le patrimoine du créancier ; ce sont des propriétés incorporelles, qui sont dans le commerce, aussi bien que des corporelles. Il

peut donc les transmettre à des successeurs particuliers, de la manière que bon lui semble, à titre
gratuit ou onéreux (*voy.* tom. VI, nº. 421), de la
même manière qu'il peut vendre un héritage. Il
n'a pas besoin, pour cette transmission, du consentement du débiteur: *Creditor potest liberè, sive
vendere, aut alio quovis titulo disponere de ipso nomine, vel jure suo, et illud cum accessoriis in quem li-
buerit quovis modo, sine aliâ solemnitate transferre
inscio vel invito debitore, sicut de aliâ re suâ.* (Dumoulin, *de usur.*, quest. 49, nº. 445).

Les effets de cette vente, cession ou transport,
relativement aux créanciers du vendeur ou cédant,
ainsi que les obligations de ce dernier envers le cessionnaire, sont réglés au titre de la vente, art. 1689
et suivans (1).

Il ne s'agit ici que des effets qu'elle produirait
en faveur du cessionnaire, contre le débiteur et
ses créanciers.

Or, il est évident qu'elle produit les mêmes effets que la vente d'un héritage; qu'elle transmet à
l'acquéreur ou cessionnaire tous les droits du vendeur ou cédant, pour les exercer comme il aurait
pu faire; en un mot, elle subroge le cessionnaire
dans tous les droits et actions du cédant, sans exception.

Cette subrogation est la plus naturelle, la seule

---

(1) *Voy.* Renusson, *ubi suprà*, chap. 2, nᵒˢ. 4 et suiv., pag. 5.

peut-être fondée sur la rigueur du droit; car les actions étant la propriété du créancier, il semble que lui seul peut avoir la faculté de les céder à une autre personne, et de la mettre en sa place.

En général, on ne peut contraindre personne à vendre ses droits; car, outre que sa volonté suffit pour autoriser son refus de les céder, ce refus peut être fondé sur des motifs légitimes, tels que la crainte de s'exposer à une action en garantie, toujours désagréable; tels encore que l'intérêt qu'il porte au débiteur, qu'une subrogation arrachée à l'ancien créancier contre son gré peut exposer aux poursuites d'un créancier fâcheux, qui pourrait n'avoir acquis que par esprit de litige ou de vengeance, pour exercer des rigueurs contre le débiteur : *Quod captiosum esset debitoribus quorum in hæret inscios non mutare creditores, ne fortè cogantur incidere in manus avari et intractabilis creditoris.* (Dumoulin, *de usur.*, quest. 45).

104. Il y a néanmoins des cas où la justice exige si impérieusement que le tiers qui paie pour le débiteur soit subrogé dans les droits du créancier, que les jurisconsultes romains imaginèrent des moyens pour vaincre l'injuste refus de ce dernier, ou pour suppléer à son consentement. Si, par exemple, le créancier voulait contraindre le fidéjusseur à payer pour le principal obligé, le débiteur solidaire à payer pour ses codébiteurs, il était obligé de leur céder ses droits et actions, autrement il était repoussé *per exceptionem cedendarum actionum* (*Voy.* Renusson, Traité de la subrogation,

chap. 2, n°. 16). Rien n'était plus conforme à l'é-
quité que cette exception, quoique peut-être elle
ne fût pas fondée sur le droit rigoureux (1).

105. Bien plus : quand le créancier s'obstinait
à refuser la cession de ses actions, on pouvait, en
certains cas, recourir à l'autorité de la justice, et
faire ordonner, par le juge, la cession des actions
malgré le créancier. Loi 57, *ff de legat.*, 1°. *Loi 25.*
ff de pecul. leg., 35. 8. (Renusson, chap. 2, n°. 17.
pag. 8, et chap. 9, n°. 10, pag. 59).

106. Il y avait même un cas où la subrogation
avait lieu de plein droit en faveur du tiers qui avait
payé le créancier ; c'est le cas où un créancier postérieur en hypothèque avait payé un premier créancier postérieur. Nous en parlerons dans la suite.

107. Enfin, le droit romain autorisait une subrogation d'un autre genre.

Il permettait au débiteur de subroger, par une
stipulation expresse, celui qui lui prêtait de l'argent, dans tous les droits du créancier remboursé,
avec la somme prêtée. C'est ce que fait entendre
clairement la loi 12, § 8, *ff qui potiores in pign.*,
20. 4. (*Voy.* Basnage, des Hypothèques, chap. 15,

---

(1) *Istud jus et exceptio cedendarum actionum, non fundatur nec debetur stricto jure, sed ex æquitate, et specialiter ex illâ æquitate, ut id
saltem, is qui petit solutionem, consequatur quod sine dispendio cedentis
futurum est.* Dumoulin, *de usuris,* quest. 89, n°. 672.

pag. 77; le nouveau Répertoire, v°. *Subrogation*, § 8).

108. Ainsi, dans le droit romain, on connaissait quatre espèces de subrogations : la subrogation accordée par le créancier qui cédait ses droits ; la subrogation ordonnée par le juge, qu'on pourrait appeler subrogation judiciaire; la subrogation légale, la subrogation accordée par le débiteur qui emprunte pour payer un premier créancier.

109. Mais il faut avouer que si l'on voulait juger de cette dernière par le seul raisonnement, on aurait de la peine à la trouver fondée; car on conçoit difficilement que la créance et ses accessoires, le droit d'action, le droit d'hypothèque, qui sont la propriété du créancier, et qui font partie de son patrimoine, puissent néanmoins être transmis ou transportés à un tiers par la seule volonté du débiteur, par une convention faite avec lui, sans le concours du créancier (1).

On ne peut concevoir que le paiement, qui éteint l'obligation principale, en laisse néanmoins subsister les accessoires, les hypothèques, priviléges, cautionnemens, etc.

Cette subrogation éprouva donc les plus grandes difficultés à s'introduire en France, où sa validité fut fréquemment discutée au commencement du dix-septième siècle.

Un édit de Charles IX, de 1576, avait fixé au denier douze le taux des rentes et des intérêts.

---

(1) Basnage, pag. 77 ; l'annotateur de Renusson, chap. 2, n°. 20, pag. 8.

En 1601, Henri IV réduisit l'intérêt des rentes au denier seize.

Les débiteurs trouvaient alors de l'avantage à créer des rentes nouvelles pour acquitter les anciennes, et les anciens créanciers refusaient de subroger les prêteurs dans les hypothèques, parce qu'ils ne pouvaient plus placer leurs fonds à un intérêt aussi avantageux. D'un autre côté, les capitalistes refusaient de prêter sans être subrogés dans les hypothèques des anciens créanciers.

110. Le savant Dumoulin avait prouvé, dans son Traité *de usuris, etc.*, que la subrogation consentie par le débiteur, sans le concours du créancier, était conforme à l'équité, parce que, sans nuire à personne, elle est utile au débiteur subrogeant.

Ce grand jurisconsulte fit en même tems remarquer quelle était la véritable théorie de cette subrogation.

Il observa, ce qui est en effet évident, que le second créancier n'étant subrogé que par le fait du débiteur (1) seul, sans le concours, et même à l'insu du premier créancier, il ne tient point son

_____

(1) *Nec requiritur istud pactum fieri cum priore creditore, vel eo sciente; sed sufficit fieri cum solo debitore...., et sic nudes quòd isto secundus creditor nullam causam habet à primo, sed solùm causam habet à debitore, et tamen succedit in ipsum jus primi, saltem in jus simile et æquè potens, etiam in præjudicium aliorum creditorum posteriorum, quibus tamen non dicitur damnum inferri, sed lucrum non afferri; quia duntaxat novissimus iste loco primi subrogatur, eodem in cæteris rerum statu manente. Ideo toleratur licèt non interveniat factum primi, sed duntaxat factum debitoris et hujus novissimi; et hoc meritò moribus introductum, et jure comproba-*

droit de celui-ci : *Nullam causam habet à primo, sed solùm causam habet à debitore.* D'où il conclut que celui qui est subrogé par le débiteur seul, ne succède point précisément au droit du premier créancier, mais seulement à un droit semblable et également fort : *Jus simile et æquè potens.*

Ce droit lui est conféré par le débiteur subrogeant, qui conserve toujours la faculté de conférer à d'autres des droits pareils à ceux qu'il avait déjà conférés, soit sur sa personne, soit sur ses biens, à un premier créancier ou même à plusieurs. Jusque là, rien qui ne soit conforme à la rigueur du droit.

Mais le débiteur qui peut conférer un droit semblable au droit du premier créancier, peut-il rendre ce nouveau droit préférable à ceux qu'il avait antérieurement conférés à des créanciers intermédiaires ?

Voilà le point de la difficulté.

Ces créanciers, quoique primés par celui qui les avait devancés, avaient le droit, ou au moins l'espérance de devenir, après lui, les premiers en ordre, et de primer tous les nouveaux créanciers qui pourraient survenir après eux.

---

tum fuit, quia cæteris creditoribus damnum non affert ; debitoribus autem prodest, quo facilius viam inveniant acerbiorem aliquem creditorem dimittandi, vel commodiùs mutuandi, et sic, cùm istud sit de jure communi, et in debitorum favorem, æquè fieri potest à tutore, vel adulto carente curatore, etiam respectu hypothecæ immobilium, cùm non offendatur in aliquo constitutio de prædiis minorum, sine decreto non alienandis, quia hic non est in effectu nova hypotheca, sed transfusio unius creditoris in alium, eadem vel mitiori conditione. Dumoulin, *de usuris*, n°. 276.

Le débiteur peut-il les frustrer de cette espérance, en intervertissant l'ordre naturel, pour donner la préférence au nouveau créancier?

Il est certain que la rigueur du droit s'y oppose : la loi et la raison fixent les préférences entre les créanciers hypothécaires, par l'ordre des dates : *Qui prior est tempore, potior est jure.*

Or, le créancier subrogé est postérieur aux créanciers intermédiaires, puisque c'est un droit nouveau que lui confère le débiteur, et non le droit du premier créancier, qui n'a pas concouru à la subrogation.

On ne peut pas dire non plus qu'en le subrogeant, le débiteur puisse lui céder les accessoires de l'obligation passive qu'il avait contractée envers le premier créancier, c'est-à-dire l'hypothèque préférable ; car, comme l'a fort bien dit Dumoulin, n°. 335, l'obligation passive, ni ses accessoires, ne sont pas susceptibles d'être cédés : *Quemadmodum enim ipsa obligatio passiva non potest cedi, nec ita ejus accidentia et qualitates, sive augeant, sive diminuant obligationem.*

Ainsi, dans le droit rigoureux, le nouveau créancier, quoique subrogé par le débiteur, ne devrait pas être préférable aux créanciers intermédiaires, comme l'était l'ancien créancier.

Néanmoins, en mettant le nouveau créancier en la place de l'ancien, en lui donnant la préférence sur les autres créanciers, le débiteur ne leur cause aucun préjudice. Ils restent dans le rang où ils étaient avant la subrogation ; ils conservent l'espoir de devenir les premiers en ordre, lorsque la

nouvelle créance, qui remplace l'ancienne, aura
été acquittée.

D'un autre côté, cette subrogation, ce changement de créancier, est infiniment utile au débiteur, pour se débarrasser d'un créancier fâcheux,
ou pour faire un nouvel emprunt plus avantageux
que l'ancien; par exemple pour rembourser, avec
un emprunt gratuit, une somme qui produisait
des intérêts, ou pour rembourser, par un emprunt
à cinq pour cent, une somme empruntée à dix ou
douze pour cent, avant la loi du 3 septembre 1807.

Or, l'équité naturelle exige qu'un créancier, ainsi
que tout homme, fasse, et à plus forte raison qu'il
laisse faire, ce qui, sans lui causer aucun préjudice, est utile et avantageux à une autre personne:
Creditor tenetur facere quod sibi non nocet...... Non
potest denegare quod sine dispendio potest concedere...
Civili et æquitate naturali facere tenetur quod sibi non
nocet et alteri prodest (1).

Tels sont les motifs qui firent admettre, par les
jurisconsultes romains, la subrogation consentie
par le débiteur sans le concours du créancier.

Telle est, en cette matière, la véritable théorie
qu'il était nécessaire de développer, parce qu'elle
sert à résoudre plusieurs questions de pratique et
plusieurs objections.

Loiseau, autre jurisconsulte d'un mérite supérieur, enseigna la même doctrine que Dumoulin,
dans son Traité des offices, liv. 3, chap. 8, nos. 80

---

(1) Dumoulin, *de usuris*, nos. 335, 336 et 340; Basnage, Traité des
hypothèques, liv. 1, chap. 15, pag. 77.

et suivans. Il fit remarquer qu'elle était littéralement conforme au texte des lois romaines.

111. Mais ni l'autorité du droit romain, si grande
à cette époque, ni celle de Dumoulin et de Loiseau,
ne purent vaincre les réclamations qui s'élevèrent
contre la subrogation consentie par le débiteur,
sans le concours du créancier.

La manière de juger ne fut point uniforme dans
les tribunaux.

Les uns prirent le parti de contraindre les créanciers à céder leurs droits, sans garantie ni restitution de deniers, pour quelque cause que ce fût,
même de leurs faits et promesses. (Loiseau, *ubi supra*, n°. 77).

D'autres trouvèrent la question tellement difficile, que «s'en étant présenté un procès au Parle-
» ment, la Cour commanda aux parties de s'accor-
» der, et laissa le procès indécis.» (Loiseau, n°. 83).

Le premier moyen, dit fort bien cet auteur,
n'était qu'un *emplâtre* qui couvrait le mal sans le
guérir. Il lui paraissait plus naturel et plus facile
de donner au débiteur la faculté de subroger aux
droits de l'ancien créancier qu'il désirait rembourser, que de contraindre celui-ci de les céder ou
vendre contre la règle de droit.

C'est ce que fit le roi Henri iv, sollicité de toutes
parts de donner une loi pour faire cesser les incertitudes.

Son édit de 1609, dont le but principal fut de
faciliter la conversion des rentes du denier douze
au denier seize, ordonna que « ceux qui fourniront
» leurs deniers aux débiteurs de rentes constituées

» au denier douze, avec stipulation expresse de pou-
» voir succéder aux hypothèques des créanciers qui
» seront acquittés de leurs deniers, et desquels
» iceux se trouveront avoir été employés à l'acquit
» d'icelles rentes *et autres sommes,* par déclaration
» qui sera faite par les detteurs, lors de l'acquit et
» rachat, soient et demeurent subrogés de droit,
» aux droits, hypothèques, noms, raisons et ac-
» tions desdits anciens créanciers, *sans autres ces-*
» *sion et transport d'iceux.* »

112. Quoique cet édit établisse clairement la validité dans tous les cas de la subrogation consentie
par le débiteur, à celui qui prête ses deniers pour
rembourser un ancien créancier, quoiqu'il lui
donne la même force et le même effet qu'aux *ces-*
sions ou transports faits par le créancier, plusieurs
voulurent en restreindre la disposition au cas de
la réduction des rentes, qui n'en avait été que la
cause occasionnelle.

Cette erreur fut proscrite par plusieurs arrêts
de réglement (1).

Ainsi, la validité de la subrogation consentie
par le débiteur, sans le concours du créancier, ne
fut plus douteuse.

Mais ces réglemens différaient en quelques points,
et les opinions étaient divisées sur les cas où l'on
devait admettre la subrogation de plein droit et
sans stipulation.

_____

(1) L'arrêt de réglement du Parlement de Paris, du 6 juillet 1690; un
arrêt de la Cour des aides de Paris, du 9 avril 1691; Renusson, chap. 2,
n°. 21; le nouveau Repertoire, v°. *Subrogation,* sect. 2, § 8, n°. 2.

L'incertitude a duré jusqu'à la promulgation du Code, qui a établi sur ce point des principes plus fixes, que nous allons maintenant développer.

113. Le Code ne reconnaît que deux espèces de subrogations. « La subrogation dans les droits du » créancier, au profit d'une tierce personne qui le » paie, est ou conventionnelle ou légale, » dit l'article 1249.

Ainsi, la subrogation que nous avons appelée judiciaire, celle qui était ordonnée par le juge, est formellement rejetée par le Code.

Un juge qui, aujourd'hui, ordonnerait au créancier de céder ses droits, ou qui prononcerait la subrogation hors des cas énoncés dans la loi, exposerait son jugement à la censure.

114. La subrogation conventionnelle se subdivise en deux espèces, comme nous l'avons déjà dit :

1°. Celle qui s'opère par une convention faite avec le créancier, sans le concours ou avec le concours du débiteur ;

2°. Celle qui s'opère par une convention faite avec le débiteur sans le concours du créancier.

Le Code a soigneusement distingué ces deux espèces de subrogations, qui ne sont pas fondées sur les mêmes principes, et qui ne s'opèrent pas de la même manière.

115. Quant à la première, l'art. 1250 porte qu'elle s'opère «lorsque le créancier, recevant son paie- » ment d'une tierce personne, la subroge dans ses » *droits, actions, privilèges* ou *hypothèques* contre le » débiteur. »

Ainsi, cette subrogation n'éteint pas les *droits*, les *actions*, les *priviléges* ou *hypothèques* du créancier; il les transfère au tiers qui le paie, moyennant la somme reçue en paiement, qui est le prix de la cession. Le cessionnaire peut les exercer dans son nom, de la même manière qu'eût pu le faire le créancier originaire.

L'art. 1250 exige deux conditions pour la validité de cette subrogation; l'une, qu'elle soit *faite en même tems que le paiement;* l'autre, qu'elle soit *expresse.*

Il en faut une troisième, pour qu'elle soit parfaite à l'égard des tiers; c'est la remise des titres de créance. Nous en parlerons bientôt.

116. Si le paiement éteint la créance et tous les droits du créancier, dès l'instant où le paiement est fait, le créancier est sans pouvoir pour transmettre ou céder des droits qu'il n'a plus.

Le moindre intervalle entre le paiement et la subrogation la rend nulle et sans effet; car il ne peut plus céder des droits qui n'existent plus.

Celui qui a payé ne peut plus avoir contre le débiteur que l'action *negotiorum gestorum,* ou telle autre action nouvelle, qui n'a plus aucun rapport avec celle du créancier.

La subrogation ne serait donc pas valide, si elle était faite le même jour que le paiement, mais par un acte séparé de la quittance (1) : il faut qu'elle

---

(1) *Voy.* Renusson, chap. 12, n°. 18. Il y avait sur ce point différentes opinions; il ne peut plus y en avoir qu'une sous l'empire du Code.

soit faite *en même tems que le paiement.* Cette dis-. position, conforme au droit rigoureux, est d'ail- leurs nécessaire pour empêcher qu'on-ne puisse faire revivre une créance éteinte, dans le dessein de procurer une préférence à des créanciers nou- veaux sur des créanciers antérieurs.

Du reste, le Code n'exige point que la subro- gation consentie par le créancier le soit par un acte notarié, comme il l'exige à l'égard de la subroga- tion consentie par le débiteur. L'acte notarié n'est nécessaire que pour assurer en certains cas les droits du subrogé contre des tiers (1).

117. La seconde condition exigée pour la vali- dité de la subrogation est qu'elle soit *expresse.*

Il ne suffirait pas que le créancier reconnût dans la quittance qu'il a reçu de Caïus la somme de...., en acquit de Titius, ou la somme qui lui était due par Titius, *sauf le recours ou la reprise* du premier vers le dernier; il faut qu'en recevant son paie- ment, le créancier déclare expressément qu'il *su- broge* celui qui paie dans ses droits contre le dé- biteur, ou, ce qui est la même chose, qu'il les lui *cède.*

Il existe une différence bien remarquable entre la formule par laquelle le créancier, en recevant

_____

(1) Si le créancier, après avoir subrogé Caïus par acte sous seing privé, subrogeait Titius par acte notarié, cette dernière subrogation prévau- drait, parce que l'acte sous seing privé n'a point de date assurée contre des tiers.

Quid, si le créancier avait subrogé par deux actes notariés, mais dé- livré les titres au second subrogé? *Foy. infrà.*

ce qui lui est dû, réserve les droits ou le recours de celui qui paie, et celle où il le *subroge* dans ses droits ou les lui *cède.*

Dans la première, nulle convention entre celui qui paie et le créancier qui reçoit son paiement : ce dernier se borne à donner quittance de ce qui lui était dû.

La créance est éteinte, sauf à celui qui a payé de poursuivre son remboursement par l'action *negotiorum gestorum,* ou par l'action *mandati;* remboursement dont le créancier ne se rend point garant en le lui réservant.

La *subrogation,* au contraire, renferme une convention entre celui qui paie et le créancier qui subroge, en recevant le paiement. C'est une vente que celui-ci fait de sa créance. La subrogation ou cession a tous les effets d'une vente, dit Dumoulin : *Cessio habet eumdem effectum ac si nomen cessum cuivis vendidisset.* (Dumoulin, *contract. usur.,* quest. 89, n°. 670).

Il enseigne ailleurs qu'il n'importe que le créancier ait dit qu'il vendait ses droits, ou qu'il subrogeait, parce que, dans la vérité, c'est la même chose : *Non refert creditorem vendere, vel cedere sua jura : sed hæc pro eodem accipiuntur, et verè idem sunt, quia qui accepto quod sibi debetur cedit jus suum verè, illud justo et toto pretio vendit.* (*Ibid.,* quest. 49, n°. 345).

118. Il n'y a donc pas de différence entre la cession et la subrogation consenties par le créancier; ou, si l'on en veut trouver une, il faut dire qu'il

existe entre elles la même différence qu'entre la cause et l'effet.

La cession est la cause, la subrogation l'effet. Le tiers qui paie n'est subrogé, ou mis dans la place du créancier, que par la cession des droits de ce dernier. C'est par elle que le subrogé lui succède et représente sa personne : *Ejus personam representat.* (Dumoulin, *ubi suprà*, n°. 347, pag. 142).

119. Cependant, quelques auteurs ont prétendu trouver de la différence entre la cession et la subrogation. Il est nécessaire d'examiner les motifs de leur opinion ; mais, dans cette discussion, il ne faut pas perdre de vue qu'il y a trois espèces de subrogations : la première, consentie par le créancier, ne peut s'opérer que par sa volonté ; la seconde, accordée par la loi, sans le consentement et même contre la volonté du créancier ; la troisième, consentie par le débiteur, secondé par l'action de la loi.

Cette troisième subrogation peut aussi s'opérer sans le consentement et contre le consentement du créancier.

Renusson, chap. 2, et les auteurs que nous avons cités *suprà*, ont fort bien observé que, dans ces deux derniers cas, le subrogé ne tient point son droit du créancier, qui n'a pas contracté avec lui, et qui, par conséquent, n'est obligé envers lui à aucune garantie.

Le consentement qu'il pourrait donner à une subrogation, qui peut s'opérer malgré sa volonté, ne l'obligerait point : il est seulement tenu de remettre ses titres de créance, comme tout créancier qu'on a payé.

Au contraire, dans la subrogation consentie par le créancier, dans celle qui ne peut s'opérer que par sa volonté, et que Renusson appelle *cession* ou *transport*, il y a réellement vente de sa créance : *Nominis venditio;* il est donc obligé à la garantie.

Ainsi, en ce point, il y a une différence réelle entre la cession ou subrogation volontaire, qui ne peut s'opérer que par consentement du créancier, et les deux autres espèces de subrogations, qui s'o-pèrent même contre sa volonté.

Jusqu'ici, tout le monde est d'accord.

Mais on est allé plus loin; on a voulu établir une différence entre la *cession* et la *subrogation*, quoique consenties l'une et l'autre par le créan-cier. Pour éviter la confusion des idées, il faut commencer par expliquer le sens propre et pri-mitif de ces mots, que depuis on a confondus.

Les jurisconsultes romains donnèrent le nom de *cession* au transport ou à la transmission que fait volontairement le créancier au tiers qui le paie, de sa créance et des droits y attachés. Ils appe-laient aussi cette transmission *vente : Cessio, sive venditio.nominis aut actionis.*

Quand, pour suppléer au refus du créancier qui refuse de céder ses droits, on eut introduit un nouveau moyen de transmission en faveur du tiers, qui ne prête son argent que sous la condition de l'employer au remboursement de l'ancienne dette, les empereurs, qui sanctionnèrent cette invention et l'érigèrent en loi, appelèrent ce nouveau mode

de transmission *succession*, à la place de l'ancien
créancier. *Tit. de his qui in priorum creditorum locum succedunt, Cod.*, 8. 19. Dénomination qui la
distinguait de la *cession*, laquelle ne vient que du
fait de l'homme, du contrat passé entre le cédant
et le cessionnaire, au lieu que la *succession* est l'ouvrage de la loi.

Cette succession fut appelée, par nos docteurs
français, *subrogation*.

Ainsi, dans le principe, et suivant la propriété
des termes, la *cession* et la *subrogation* sont deux
choses différentes, quoique l'une et l'autre aient
l'effet de transmettre les droits de l'ancien créancier, ou au moins des droits tout semblables.

Mais, dans l'usage, lorsque des créanciers cé-
daient ou transmettaient volontairement à des tiers
leurs créances et les droits qui y sont attachés,
les notaires, croyant le mot de subrogation plus
énergique, l'employèrent indistinctement au lieu
du mot cession (1). L'abus d'employer ces deux
mots l'un pour l'autre, ou même de les cumuler,
prévalut, et l'ordonnance des subrogations, qui
parle de ces deux modes de transmission, ne leur
donne pas des noms différens.

La confusion était en effet facile, car la *cession*
et la *subrogation* avaient l'une et l'autre pour but
de mettre un nouveau créancier à la place de l'ancien, de le faire succéder à ses actions et à ses
droits. Aussi nous trouvons, dans nos livres de ju-

_____

(1) *Voy.* le Journal du Palais, édition de 1715, tom. II, pag. 42.

risprudence, les mots de *cession* et de *subrogation* indifféremment employés l'un pour l'autre ; ce qui occasionne dans les idées une confusion qu'on ne peut éviter qu'avec une attention souvent fatigante.

Nous examinerons bientôt s'il y a de la différence entre les effets de la subrogation consentie par le créancier, et celle qui est convenue avec le débiteur. Il ne s'agit ici que de voir s'il existe quelque différence entre la subrogation et la cession, consenties volontairement l'une et l'autre par le créancier.

On a dit que ce sont deux droits qui n'ont pas de rapport ; que la *cession* transmet la créance même, et empêche la dette de s'éteindre ; que la *subrogation* ne ressuscite pas l'action primitive, qui est éteinte, et qu'elle ne donne au subrogé que les accessoires de l'ancienne action, le privilége et les hypothèques ; en un mot, qu'elle ne transmet point les actions personnelles, qu'elle conserve seulement les hypothèques (1).

_____

(1) *Voy.* le Répertoire, v°. *Subrogation de personne,* sect. 2, § 1, et une consultation de M. Grappe, imprimée dans les Questions de droit de M. Merlin, v°. *Subrogation,* § 1. On rapporte, dans le Répertoire, à l'endroit cité, un arrêt rendu le 24 juillet 1782, par le Parlement de Douai, comme ayant adopté la différence que nous combattons, entre la cession et la subrogation, dans l'affaire de Tival, défendu par M. Merlin. Mais en examinant l'espèce de cet arrêt, on voit qu'il a été rendu sur un autre motif : c'est qu'il y avait des insolvabilités qu'il fallait connaître, il y avait des comptes respectifs qu'il fallait arrêter. L'arrêt ordonna donc, et devait ordonner aux parties d'entrer en compte et liquidation, tant de ce que chacune d'elles devait, eu égard à son intérêt respectif dans la société, et des insolvabilités survenues parmi les associés et cofidéjusseurs, que de ce qui avait été payé par chacune des parties, à l'acquit de la dette générale.

Remarquons, en passant, qu'on ne trouve point cette distinction subtile établie en point de droit, par les auteurs qui ont écrit sur la matière; on ne la trouve invoquée que par d'habiles défenseurs, qui croyaient en avoir besoin pour le succès de leur cause.

Quoi qu'il en soit, ce qui a pu induire en erreur, c'est la différence des formules que peut employer le créancier, pour céder ses droits ou pour y subroger. L'acte peut commencer par énoncer la cession de la créance, et finir par le prix de la cession, comme il est d'usage dans les contrats de vente. Je cède, ou je transporte à tel, la créance que je porte sur Caïus, la rente que me doit Caïus, pour une somme de..... qu'il m'a payée, moyennant quoi il est subrogé dans mes droits, etc.

On ne doute point qu'une cession ou subrogation rédigée de cette manière, ou autre semblable, ne contienne une véritable vente de la créance, qui n'est point éteinte, mais transmise à l'acquéreur ou cessionnaire, avec tous ses accessoires; en un mot, il n'y a qu'un simple changement de créancier.

Mais si l'acte commence par le reçu de la somme payée, et finit par la subrogation; en un mot, s'il présente plutôt la forme d'une quittance que d'une vente : J'ai reçu de tel la somme de........ que me doit Caïus; je reconnais que tel m'a payé la somme de........ pour remboursement de la rente que me devait Caïus; moyennant quoi je le subroge dans mes droits sur ce dernier, etc.; on pourrait douter que la créance fût réellement transmise, parce que l'acte paraît en annoncer d'abord l'extinction ou l'anéantissement. C'est l'objection que se fait le jurisconsulte Paul, dans la loi 56, *ff de fidejuss.*, 46. 1 : *Poterit quidem dici nullas jam esse (actiones), cùm suum receperit (creditor), et perceptione omnes liberati sunt.*

Mais il n'en est pas ainsi, répondit-il, *sed non est ità;* car le créancier a, en quelque sorte, plutôt vendu sa créance que reçu son paiement : *Non enim in solutum accepit, sed quodam modo nomen debitoris vendidit.*

Modestin développe et enseigne la même doctrine dans la loi 76, *ff de solut.*, 46. 3, qui porte que lorsque entre le créancier et celui qui le paie, il était convenu que les actions seraient cédées, *ut mandarentur actiones*, elles ne sont pas éteintes, quoique le paiement ait été fait d'abord et les actions cédées ensuite : *Cùm solutio facta esset, mandatum subsecutùm est, salvas esse mandatas actiones; cum novissimo quoque casu pretium magis mandatarum actionum solutum, quàm actio quæ fuit perempta videatur.* Car le paiement est le prix des actions cédées, plutôt que leur extinction.

Ou, comme dit fort bien Cujas sur cette loi , c'est le paiement d'avance du prix des actions cédées : *Hoc casu non videntur actiones solutione peremptæ, sed magis pretium actionum* PRÆNUMERATUM, *et actiones venditæ videntur.*

Dumoulin, déjà cité, dit aussi que le créancier qui cède ses droits, après avoir reçu ce qui lui est dû, fait une vente véritable et à juste prix: *Qui accepto quod sibi debetur, cedit jus suum; verè illud justo et toto pretio vendit. Tract. de cont. usur., quæst.* 49, *n°.* 345 (1).

A des autorités si décisives et si imposantes, qu'il soit permis d'ajouter celle de Mornac, sur la loi 28, *ff mandati,* 17. 1 : *Satis est creditori, qui alterum suâ pecuniâ dimittit, si* SUBROGATUM *se in illius locum doceat instrumento publico, licèt omissa sit actionum* CESSIO.......... *Nec alio jure hodiè utimur.*

Il est donc certain qu'il n'y a nulle différence à établir entre *la cession* et *la subrogation,* qui sont, suivant les auteurs les plus exacts, des termes synonymes, exprimant l'un et l'autre la transmission des droits du créancier, ou la succession à ces droits.

Il est encore certain que la cession ou subroga-

___

(1) Le Répertoire de jurisprudence, v°. *Subrogation de personne,* sect. 2, § 1, cite, au soutien de l'opinion que nous tâchons de réfuter, un autre passage, qui semblerait mettre Dumoulin en contradiction avec lui-même. Ce passage est tiré de la quest. 49, n°. 343, et porte : *Licèt (creditor) dicat se cedere, vendere jus suum, tamen hoc non intelligitur fieri ad transferendum dominium, sed solam hypothecam in cessionarium, quia non censetur emere et pecuniam dare dominii acquirendi causâ, sed gratiâ servandi pignoris.*

Mais le lecteur qui voudra se donner la peine de vérifier ce passage, en lisant ce qui précède et ce qui suit, se convaincra que ce n'est ici qu'une objection que Dumoulin se fait à lui-même, pour la réfuter ensuite.

La question qu'il examine est celle de savoir si un second créancier, qui a remboursé une rente hypothécaire due par le débiteur commun à un premier créancier, et qui s'est fait céder les droits de celui-ci comme il pouvait l'y forcer suivant le droit romain, est, par cette cession, subrogé dans la propriété de la rente, et s'il peut se la faire continuer.

Dumoulin se déclare pour l'affirmative; mais, suivant son usage, il commence par présenter toutes les objections contre cette opinion.

tion produit les mêmes effets, quoique l'acte qui
la contient commence par le paiement du prix,
pour finir par la subrogation, et présente en apparence la forme d'une quittance.

Le débiteur, ni ses autres créanciers, ne peuvent
diviser cet acte, et prétendre que la première partie, qui annonce le paiement ou le remboursement
fait au créancier, a éteint la dette ou la créance,
et rejeter la seconde partie, qui subroge dans les
droits et actions attachés à la créance remboursée, ou plutôt vendue.

S'ils soutiennent que la dette est éteinte par le
paiement ou remboursement, dont la première
partie de l'acte contient la preuve, on leur répond
que la seconde partie contenant la transmission de

L'une de ces objections consiste à distinguer entre la cession forcée et
la cession volontaire. Dans celle-ci, le subrogé, au moyen de l'argent
qu'il donne, *dicitur veré emere et acquirere ipsum jus, et dominium redi-
tûs sibi cessam.* Mais dans la cession forcée, *quæ fit necessitate juris.....
licèt creditor dicat se cedere et vendere jus suum, tamen hoc non intelligitur fieri ad transferendum dominium*, etc.

Voilà l'objection à laquelle Dumoulin répond dans le numéro suivant,
344 : *Sed his non obstantibus........ concludo pro priori parte affirmativâ,
quia veritas juris est quod is cui expræfatâ necessitate juris fieri debet, et
fit cessio, succedit in omne et tale jus, quod et quale competebat cedenti.*

Il ajoute, n°. 345 : *Et sic vides quod ad hujusmodi cessionem omnium
jurium cum effectu, non est differentia inter eos qui habent jus afferendi ;*
c'est-à-dire qui peuvent contraindre le premier créancier à céder ses
droits, etc.

C'est dans ce même nombre qu'on trouve le passage où Dumoulin
enseigne qu'il n'y a point de différence entre la vente et la subrogation,
ou cession : *In jure non refert creditorem vendere, vel cedere sua jura ; sed
hæc pro eodem accipiuntur, et veré idem sunt*, etc. C'est donc à tort qu'on
invoqua l'autorité de Dumoulin en faveur de l'opinion que nous combattons.

la dette par la subrogation, ils ne sont pas recevables à diviser ces deux parties, qui forment un tout indivisible, parce que la subrogation contenue dans la seconde partie est la condition du paiement contenue dans la première.

120. Prenons donc pour constant qu'il est indifférent que le créancier emploie, pour transmettre ses droits, les termes de cession ou de subrogation, et que l'acte commence ou finisse par la cession, ou par le prix de la cession, pourvu que la subrogation ou cession soit *expresse,* comme l'exige l'article 1250.

Elle transmet alors tous les droits du créancier, sans qu'il soit nécessaire de les énumérer; car celui qui cède *ses droits* en général, et à plus forte raison *tous ses droits,* n'en réserve aucun (1).

Tous sont transmis par ces expressions générales; il est superflu de rien ajouter de plus.

Si l'art. 1250 porte que la subrogation conventionnelle s'opère lorsque le créancier, recevant son paiement d'une tierce personne, la subroge dans ses *droits, actions, priviléges et hypothèques,* il ne faut

_____

(1) S'il n'avait cédé qu'une partie de sa créance, un quart, une moitié, etc., le subrogé aurait pour cette partie les mêmes actions que le subrogeant; mais le débiteur pourrait exiger qu'ils se réunissent tous les deux, pour recevoir en même tems la totalité de la dette; car le créancier ne pouvant directement forcer le débiteur à payer par portions, voy. Dumoulin, *de divid. et individ.,* 2e. part., nos. 6 et 7, et ce que nous avons dit tom. VI, n°. 750, il ne peut l'y forcer indirectement, et par son seul fait, en divisant la créance entre lui et le subrogé, afin de ne pas exposer ce dernier à deux actions, a deux procès au lieu d'un: *Ne creditor, debitore invito, de unâ eâdemque lite duas facere posset.*

attribuer cette énumération qu'à la malheureuse habitude d'employer toujours, en style de pratique, des redondances et des accumulations de mots inutiles, dans la crainte d'en oublier un qui soit nécessaire.

Il suffit donc qu'il soit dit que le créancier cède ses droits en général, sans en spécifier aucun (1); car les actions, les priviléges, les hypothèques, le droit de contrainte par corps, celui d'agir contre

(1) Le contraire semblerait résulter de la notice d'un arrêt rendu par la Cour de Riom, le 12 janvier 1809, et qu'on trouve dans le Recueil de Sirey, an 1812, 2e. part., pag. 200. Cette notice porte : « Pour qu'il » y ait subrogation conventionnelle valable en faveur d'une tierce per-» sonne, d'une dette *non commerciale*, il est nécessaire que le créancier » qui reçoit son paiement énonce *explicitement*, et en termes *formels*, » qu'il subroge *à tous ses droits, actions et hypothèques*. Ainsi, le tiers » qui a acquitté le montant de deux billets, ne peut se prévaloir d'une » subrogation où le créancier se serait borné à dire : Je subroge à l'effet » des deux billets. »

Cette notice a été copiée dans le Code annoté et dans le Dictionnaire des arrêts modernes, vo. *Subrogation*, no. 11; mais elle est inexacte. Voici l'espèce de l'arrêt :

Les 12 juillet et 7 septembre 1805, le sieur Bourret consentit au sieur Audrand, négociant à Riom, deux billets, l'un de la somme de,....... *valeur de ce jour*, l'autre valeur *reçue en marchandises*. A l'échéance de ces billets, Audrand en reçut le montant du sieur Bonnet, et lui en donna une quittance sous seing privé, dans laquelle il le subrogea *à l'effet de deux billets*, et l'autorisa à se servir de son nom pour poursuivre Bourret. Bonnet le poursuivit en effet, et demanda que la contrainte par corps fût prononcée contre lui, comme Audrand avait droit de le faire prononcer. Les premiers juges, considérant que Bonnet n'avait point d'autre titre que la quittance et la subrogation que lui avait données Audrand; que cette subrogation n'était pas expresse de *tous droits, actions, priviléges et hypothèques*; que, par conséquent, elle ne donnait pas à Bonnet le droit d'exiger la contrainte par corps, ordonnèrent le paiement des billets, mais sans contrainte par corps.

Ce jugement était bien rendu, mais les considérans étaient mauvais.

Sous l'appel, Bonnet soutint qu'Audrand n'ayant réservé aucun de

les cautions, la solidarité, l'exécution, etc., tout est compris sous l'expression générale des *droits.* Il en est de même de l'expression des *actions.*

La subrogation dans les *actions,* ou dans *toutes les actions* du créancier, contiendrait la cession de tous ses *droits;* car le droit et l'action sont deux corrélatifs nécessaires : il n'y a point de droit sans action, ni d'action sans droit, puisque l'action n'est pas autre chose que la faculté de réclamer

---

ses droits, la subrogation était générale et non partielle ; qu'Audrand l'ayant autorisé à poursuivre en son nom le débiteur, il lui avait, par cela même, donné le droit de le contraindre par corps, comme le pouvait faire le créancier originaire.

Aux motifs donnés par les premiers juges, Bourret ajouta que ses billets n'étant point négociables, n'étant ni lettres de change, ni billets à ordre ou au porteur, ils ne sont point des effets de commerce, et qu'ainsi ils n'emportent point la contrainte par corps.

L'arrêtiste dit que l'arrêt confirma, par les motifs énoncés au jugement, et encore par le motif nouveau que les billets ne sont point billets de commerce ; que, dans le fait, ils n'ont point été négociés, mais seulement cédés *comme un billet ordinaire,* et qu'enfin, il n'est point justifié qu'ils aient été causés pour délivrance de marchandises, et qu'ainsi il n'en résulte point la contrainte par corps.

Qu'a donc jugé la Cour de Riom par cet arrêt ? Elle a jugé que les deux billets de Bourret n'emportaient pas la contrainte par corps. Elle n'a donc pas jugé que, pour opérer l'entière subrogation des droits du créancier, il soit nécessaire d'énoncer explicitement, et en termes formels, qu'il subroge *à tous droits, actions* et *hypothèques,* et que le tiers qui a payé *ne peut se prévaloir* d'une subrogation où le créancier s'est borné à dire qu'il subroge *à l'effet de ses billets.* On peut, au contraire, penser que si ceux dont il s'agit avaient emporté la contrainte par corps, elle eût été prononcée, sur la demande de Bonnet, en vertu de sa subrogation *dans les deux billets,* avec pouvoir d'agir dans le nom du premier créancier.

En effet, en subrogeant *dans son titre,* ou *dans sa créance,* ou *dans ses billets,* le créancier les transporte avec tous leurs accessoires.

en justice ce qui nous est dû : *Jus persequendi in judicio quod'sibi debetur.*

L'expression des *droits* ou des *actions* n'est même pas nécessaire, pour une subrogation complète.

Par exemple, si en recevant de vous le remboursement du capital et les arrérages d'une rente que me doit Caïus, je déclarais vous subroger dans *la rente* que me doit Caïus, ou vous *la céder,* pour en jouir à l'avenir comme j'en ai joui jusqu'à ce jour, il n'est pas douteux que cette subrogation comprendrait la cession de toutes mes actions vers Caïus et ses cautions; car ces actions sont les accessoires de la rente, qui sont tous cédés, puisque je n'en ai réservé aucun.

Il faut en dire autant de la cession d'une créance, ou de la subrogation dans une créance, dans un contrat, dans un billet; car il est évident qu'en cédant ma créance, mon contrat ou mes billets, je cède également et nécessairement les actions que j'avais pour me faire payer.

121. Que veut donc dire le Code quand il dit que la subrogation doit être expresse?

Ce n'est pas qu'il faille faire l'énumération des droits cédés, et dans lesquels celui qui paie est subrogé; mais il veut dire que la cession de droits doit être exprimée sans équivoque; que l'acte d'où l'on induit une subrogation ne doit pas contenir seulement une quittance, qui n'opérerait que l'extinction de la dette, mais qu'il doit contenir clairement la cession de la créance, ou la subrogation dans la créance, dans les droits, ou dans les actions du créancier.

Du reste, il est indifférent dans quels termes soit conçue cette cession ou subrogation, *vente, transport, abandon,* etc. La simple formule d'endossement des billets à ordre et des lettres de change, *payez* à M. tel........, valeur reçue comptant, opère une subrogation générale dans tous les droits et actions de l'endosseur.

Cette formule opérerait également la subrogation, quand elle serait mise au pied d'un billet non négociable, d'un billet notarié, emportant privilége ou hypothèque.

122. Mais, en quelques termes que soit conçu l'acte de subrogation, pour peu qu'il soit obscur ou équivoque, il est soumis aux règles générales de l'interprétation, suivant lesquelles on doit rechercher, dans les conventions, quelle a été la commune intention des parties contractantes (1158).

Car il peut résulter, soit des expressions de la quittance, soit même des circonstances, que le créancier et le tiers remboursant n'ont point eu l'intention, l'un de vendre, l'autre d'acheter la créance telle qu'elle existait, mais seulement de subroger ce tiers jusqu'à la concurrence de ses avances, afin de lui conserver, pour sa sûreté, les mêmes actions, les mêmes hypothèques qu'avait l'ancien créancier.

Si, par exemple, en recevant le remboursement d'une créance sur laquelle il fait une remise, le créancier dit que le paiment a été fait par Paul, en l'acquit et décharge du débiteur, qui demeure, en conséquence, entièrement quitte et libéré, et qu'il ajoute, suivant la formule ordinaire, que le paiement ayant été fait des deniers de Paul, il le subroge *dans ses droits, actions, priviléges et hypothèques,* on pensera naturellement, malgré la généralité de ces expressions, que la remise a été faite au profit du débiteur; que l'intention du créancier n'a point été de vendre sa créance; que l'intention de Paul, qui agissait au nom du débiteur, n'a point été de l'acheter, ni de se procurer le bénéfice de la remise, mais seulement de conserver, pour assurer le remboursement de ses avances, les sûretés et hypothèques attachées à l'ancienne créance.

De même si, dans l'acte de remboursement d'une rente, il était dit qu'il était fait par Paul, en l'acquit et décharge du débiteur, qui demeure quitte et libéré, et que le créancier ajoutât que le remboursement ayant été fait des deniers de Paul, il le subroge dans ses droits, on pourrait présumer que l'intention des parties n'a été que de conserver à Paul les anciennes hypothèques, pour le remboursement de ses avances.

La présomption deviendrait plus forte, s'il s'agissait du remboursement d'une rente constituée à douze pour cent, dans les tems où le taux de l'intérêt était illimité, ou s'il s'agissait d'une rente ancienne remboursée en papier de nulle valeur.

123. C'est dans ce dernier cas qu'a été rendu un arrêt célèbre, dont l'espèce peut répandre de la lumière sur la matière qui nous occupe.

M. de Talleyrand Périgord devait une rente fon-

cière de 3,071¹, sur un terrain situé à Paris, aux
Champs-Elysées, où il avait fait faire des constructions.

Cette rente était due à M. le comte d'Artois, aujourd'hui Monsieur, frère du Roi, dont les biens
étaient confisqués.

Pendant l'émigration de M. de Talleyrand, ce
terrain fut séquestré, et le sieur Bellanger, architecte, son créancier à raison des constructions dont
on vient de parler, prit le parti, pour demeurer
seul créancier privilégié, d'acquitter la dette de
M. de Talleyrand, et le 14 nivôse an IV (1), il paya
au sieur Herbin, receveur des domaines, *en acquit
et décharge dudit Tailleyrand*, 76,281ᵗ en assignats,
valant alors moins de 300ᵗ en numéraire.

Il en retira quittance notariée, à la fin de laquelle il fut ajouté que le paiement ayant été fait
des deniers de Bellanger, *pour conserver ses créances
privilégiées sur ledit terrain....... ledit Herbin, en sa
qualité, subrogea ledit Bellanger dans les droits, actions, privilèges et hypothèques acquis à la Nation, etc.*

Huit ans après, le sieur Bellanger somma M. de
Talleyrand de lui payer 31,024¹, pour arréages
échus de la rente de 3,071¹, qu'il avait acquise, et
qui lui était due, comme subrogé aux droits de la
Nation.

· M. de Talleyrand offrit 513ᵗ 5ˢ, pour le montant
du capital et des intérêts de cette même rente,

---

(1) M. de Talleyrand avait été rayé quatre mois auparavant ; mais,
dans sa défense, on n'insista pas sur ce fait.

évaluée d'après l'échelle de dépréciation des assignats, et soutint que Bellanger n'avait point été
subrogé dans la propriété de la rente de 3,071[1],
qui s'était éteinte par le remboursement fait en acquit du débiteur.

Le tribunal de première instance, et la Cour de
Paris, rejetèrent la prétention de Bellanger, par
la considération qu'il était démontré par les circonstances, que ni le créancier ni le tiers remboursant n'avaient pu avoir l'intention, l'un de vendre, l'autre d'acheter la créance, puisqu'en nivôse an IV, époque du remboursement, le cours
des assignats avait cessé d'être forcé par les lois des
25 messidor an III et 12 frimaire an IV; que le
Gouvernement avait fait une exception en faveur
des créanciers de l'État ; mais qu'il ne l'avait faite
que pour eux; en sorte que si le remboursement
n'avait pas été fait au profit du débiteur, le receveur du domaine n'eût pu le recevoir ni le subroger; qu'il n'eût pu y avoir lieu qu'à une vente faite
par l'administration, suivant les formalités prescrites par la loi du 13 septembre 1792, formalités
dont l'omission prouve que le receveur n'a pas
voulu faire à Bellanger la cession de la rente, mais
seulement le subroger dans les anciennes hypothèques et priviléges.

Bellanger se pourvut contre cet arrêt, et la Cour
de cassation rejeta son pourvoi le 21 mars 1810,
par le motif que la quittance donnée à Bellanger
ne présentait qu'un titre d'extinction totale de
la rente, et qu'elle ne contenait *ni cession, ni transport d'icelle* en faveur de Bellanger; cession et trans-

port qui auraient exigé d'autres formalités, et que l'agent du fisc n'avait d'ailleurs ni titre, ni caractère suffisant pour stipuler légalement; et qu'ainsi la Cour de Paris n'avait pu contrevenir à aucune loi, en interprétant la quittance, et en décidant que la subrogation qu'elle contenait était restreinte aux seuls priviléges et hypothèques (1).

124. Mais lorsque ni les expressions de la quittance du créancier subrogeant, ni les circonstances qui l'ont accompagnée ou précédée, n'offrent rien d'où l'on puisse induire que la cession n'a pas été entière, la subrogation, quand même elle serait faite pour un prix au-dessous de la créance cédée, la comprend tout entière avec ses accessoires; car le créancier peut avoir eu l'intention de gratifier le subrogé.

Si, par exemple, en recevant de Paul une somme de 1,000ᶠ, je déclare le subroger dans une créance

---

(1) Cet arrêt est rapporté dans les Questions de droit de M. Merlin, vᵒ *Subrogation*. Il est précédé d'une consultation rédigée par M. Grappe, pour la défense de M. de Talleyrand; consultation parfaitement raisonnée, mais dans laquelle ce savant avocat employa, sans nécessité, le moyen tiré de la distinction qu'on a mal à propos cherché à établir entre *la cession* et *la subrogation*, et les effets de l'une et de l'autre.

Au reste on voit, par l'espèce de cet arrêt, qu'il n'en faut pas conclure, comme l'ont fait à tort quelques auteurs, que *subrogation n'équivaut pas à transport*; car la subrogation ne peut exister sans un transport ou une cession des droits du créancier, plus ou moins étendue: si la créance et l'action primitive étaient éteintes en totalité, dans le cas de la subrogation, les hypothèques et priviléges qui y étaient attachés le seraient également et nécessairement. Le créancier n'y pourrait plus subroger personne, ni les réunir à l'action *negotiorum gestorum*, ni à l'action *mandati*, qui compéterait seule au tiers remboursant, si réellement l'action primitive était éteinte.

le 2,000' que me doit Pierre, Paul pourra exiger de Pierre la somme entière de 2,000' (1).

Si, moyennant une somme inférieure au prix de la création d'une rente constituée, le propriétaire subrogeait dans ses droits le tiers qui lui a payé cette somme, le subrogé n'en pourrait pas moins exiger le service de la rente en son entier, jusqu'au remboursement que le débiteur est toujours libre de faire, mais au taux de la création.

Il en serait de même du cas où, moyennant un remboursement en papier-monnaie de peu de valeur, le créancier aurait subrogé dans ses droits le tiers qui lui a remboursé une rente originairement créée en numéraire.

Le tiers subrogé pourrait, depuis la chute du papier-monnaie, exiger en argent le service de la rente, sans réduction, jusqu'au remboursement, que le débiteur ne pourrait offrir, suivant le tableau de dépréciation du papier (2).

Il existe, sur cela, une décision positive dans la loi du 11 frimaire an VI, qui porte, art. 11:

« La réduction ci-dessus, c'est-à-dire d'après l'échelle de dépréciation, n'est pas applicable:

---

(1) Il faut excepter le cas où la créance est litigieuse. *Voy.* art. 1699 et 1700.

(2) L'arrêt rendu par la Cour de Paris, dans l'affaire de M. de Talleyrand Périgord, le 5 avril 1808, n'a point jugé le contraire, comme on pourrait le croire, si l'on s'arrêtait aux notices de cet arrêt, imprimées dans plusieurs recueils.

Ces notices portent que « celui qui, moyennant subrogation, a payé en papier-monnaie l'obligation contractée par un tiers, n'acquiert pas par cela seul le droit de réclamer, contre le débiteur originaire, la to-

1°. Aux *simples cessions et transports* de dettes;

2°. Aux endossemens d'effets négociables ;

3°. Aux délégations et indications de paiement, même aux délégations acceptées.

» Dans tous les cas, sauf les exceptions légales, les *cessionnaires* ou délégataires pourront faire valoir en entier les droits des cédans ou délégans, contre les débiteurs cédés ou délégués ».

125. Tout dépend donc de la manière dont l'acte de subrogation est rédigé. C'est aux magistrats, chargés de l'interpréter, de décider, dans leur prudence, s'il résulte des expressions de l'acte, ou des circonstances , que la subrogation ne soit que partielle.

Il ne suffirait pas, pour la juger telle, que l'acte fût rédigé en forme de quittance, et qu'il fût dit que le paiement a été fait en l'acquit du débiteur.

L'art. 1236 nous paraît faire, à cet égard , une distinction judicieuse.

Si le tiers qui paie a déclaré agir dans le nom du débiteur, *faisant pour tel, etc.*, la dette est éteinte, et la subrogation ne peut s'étendre au-delà des avances faites par le tiers, qui ne s'est annoncé que comme vice-gérant, ou mandataire du débiteur.

---

talité de la créance ; il ne peut réclamer que le montant des valeurs qu'il a réellement déboursées, pour éteindre la première dette et acquérir la subrogation. »

Nous avons vu que ce n'est point là ce qu'a jugé l'arrêt, mais seulement que Bellanger, dans l'espèce de la cause, n'avait été ni pu être subrogé que jusqu'à la concurrence de ses déboursés; qu'il n'avait ni voulu ni pu payer qu'au profit du débiteur; qu'il faisait pour le débiteur.

Si, au contraire, ce tiers agit dans son nom propre, et non pas dans le nom du débiteur, non pas comme faisant pour ce dernier, la subrogation empêche la créance de s'éteindre, quoiqu'il soit dit que le paiement a été fait en l'acquit du débiteur; car alors le paiement ne l'acquitte qu'envers l'ancien créancier, mais non envers le nouveau, qui prend sa place.

«L'obligation, dit l'art. 1236, peut être *acquittée* par un tiers qui n'y est point intéressé, pourvu que ce tiers agisse *au nom et en l'acquit du débiteur,* ou que, s'il agit *en son nom propre,* il ne soit *pas subrogé* aux droits du créancier ».

La différence établie entre le cas où le tiers agit *au nom du débiteur,* et le cas où il agit *en son nom propre,* est fondée sur la nature des choses.

Au premier cas, le tiers ne fait que l'affaire du débiteur : celui-ci doit donc retirer tout l'avantage du remboursement.

Le tiers n'a que le droit d'être indemnisé de ses avances, et la subrogation ne s'étend point au-delà.

Au second cas, le tiers, faisant sa propre affaire, doit retirer tout le profit qui résulte de la négociation, quoique, par sa nature même, le remboursement qu'il fait acquitte le débiteur envers l'ancien créancier, dont le tiers a eu l'intention d'acquérir les droits; car, en ce qui concerne le débiteur, il n'y a qu'un simple changement de créancier : au moment même où il est acquitté envers l'ancien créancier, il devient débiteur du nouveau, envers qui ses obligations restent les mêmes.

C'est cette distinction qui doit servir de règle au magistrat, pour juger si la subrogation est entière ou seulement partielle.

Mais la rédaction des actes est souvent si ambiguë, qu'il est difficile de juger si le tiers remboursant agissait dans son nom propre ou dans celui du débiteur.

Il reste donc toujours des cas où la décision demeure un peu arbitraire : c'est la faute des hommes, et non celle de la loi.

126. La troisième condition, pour la validité d'une subrogation consentie par le créancier, ou plutôt pour la rendre parfaite, est la remise des titres justificatifs de la créance.

Cette remise est nécessaire pour rendre le subrogé propriétaire des droits cédés, et pour empêcher qu'un créancier de mauvaise foi ne les cède à une seconde personne, qui serait préférée au premier subrogé, si la remise des titres lui était faite avant que le débiteur eût payé, ou avant qu'il eût accepté la subrogation, ou qu'elle lui eût été signifiée.

La créance et les droits du créancier sont des choses purement mobilières ; et l'art. 1141 porte que « si la chose qu'on s'est obligé de donner ou de délivrer à deux personnes successivement, est purement mobilière, celle des deux qui en a été *mise en possession* réelle est préférée et *demeure propriétaire*, encore que son titre soit postérieur en date ».

Or, suivant l'art. 1607, la tradition des droits

incorporels se fait par la remise des titres. L'article 1689 dit également que, dans le transport d'une créance, d'un droit, d'une action sur un tiers, la délivrance s'opère, entre le cédant et le cessionnaire, *par la remise des titres.*

Il faut donc en conclure que le créancier étant resté saisi de la créance avant la remise des titres, il a pu la céder au second subrogé, qui en devient propriétaire par cette remise.

Le premier cessionnaire ou subrogé doit s'imputer la faute de n'avoir pas exigé une remise nécessaire pour lui transférer la propriété, et rendre la subrogation parfaite et irrévocable.

127. 4°. Enfin, outre la remise des titres, il faut que la cession ou subrogation soit signifiée au débiteur, ou qu'elle soit par lui acceptée dans un acte authentique.

Ce n'est que par cette signification ou par cette acceptation que le cessionnaire ou subrogé est saisi *à l'égard des tiers* (1590).

Il en résulte qu'avant l'acceptation, ou avant la signification, les créanciers du cédant ou subrogeant, peuvent faire saisir la créance entre les mains du débiteur, même après que la remise des titres a été faite authentiquement au cessionnaire.

Il en résulte encore qu'entre deux cessionnaires ou subrogés par le créancier, le second, à qui les titres ont été livrés, ne l'emporte sur le premier qu'autant que celui-ci n'a pas encore fait signifier ou accepter la subrogation.

Il en résulte enfin que si, avant que le cessionnaire eût signifié le transport ou subrogation au débiteur, celui-ci avait payé le cédant, il serait valablement libéré (1691).

128. Nous passons à la seconde espèce de subrogation conventionnelle, celle qui est consentie par le débiteur, sans le concours de la volonté du créancier.

Nous avons vu, n°. 109, sur quel principe est établie cette subrogation, et comment elle s'est introduite en France : il nous reste à voir ce qui est nécessaire pour l'opérer.

« Lorsque le débiteur emprunte une somme à l'effet de payer sa dette, et de subroger le prêteur dans les droits du créancier, il faut, pour que cette subrogation soit valable, que l'acte d'emprunt et la quittance soient passés devant notaires; que, dans l'acte d'emprunt, il soit déclaré que la somme a été empruntée pour faire le paiement, et que, dans la quittance, il soit déclaré que le paiement a été fait des deniers fournis à cet effet par le nouveau créancier.

Cette subrogation s'opère sans le concours de la volonté du créancier (1250). »

Ainsi, pour opérer la subrogation consentie par le débiteur, sans le concours du créancier, il faut,

1°. Que l'acte d'emprunt contienne la destination de l'emploi des deniers prêtés pour payer l'ancien créancier;

2°. Que la quittance contienne la déclaration que le paiement a été fait des deniers fournis par le nouveau créancier, en conformité de l'acte d'emprunt;

3°. Que l'acte d'emprunt et la quittance soient passés devant notaires ou devant un officier public qui avait reçu de la loi le caractère nécessaire pour rendre ces actes authentiques. Par exemple, la quittance donnée par le receveur des consignations produit le même effet qu'un acte devant notaires ; elle opère également la subrogation en faveur de ceux qui ont prêté les deniers nécessaires pour la consignation, lorsque la déclaration en est faite dans la quittance, et que l'acte qui établit l'emprunt et sa destination est référé et daté dans la quittance.

Ainsi jugé par arrêt du 25 février 1767. (*Voy.* le nouveau Répertoire, v°. *Consignation*, n°. 13).

4°. A ces conditions, exigées par l'art. 1250, il faut ajouter la remise des titres et pièces justificatives de la créance qui est l'objet de la subrogation, sans quoi elle deviendrait illusoire. (*Voy.* Renusson, pag. 83, n°. 36).

129. Mais il n'est pas nécessaire que la stipulation de subrogation soit énoncée en termes exprès ; il suffit qu'elle résulte clairement de la contexture de l'acte : ce qui arrive ordinairement, lorsqu'il ,ontient la déclaration que la somme a été empruntée pour faire le paiement.

Aussi on remarque que le Code, qui exige que la subrogation soit *expresse*, lorsqu'elle est consentie par le créancier, ne l'exige point lorsqu'elle est consentie par le débiteur (*Voy.* le n°. 2 de l'article 1250, et l'art. 2103, n°°. 2 et 5). La stipulation de subrogation est suffisamment manifestée par la destination et par la déclaration d'emploi, exprimées dans l'acte d'emprunt et dans la quittance.

C'est pour prévenir les fraudes, si faciles et si fréquentes en cette matière, qu'on exige que l'acte d'emprunt et la quittance soient passés devant notaires, non seulement pour en assurer la date, mais encore pour constater que la destination et la déclaration d'emploi, sans lesquelles la subrogation ne peut s'opérer, ont été faites pendant que les choses étaient entières, et qu'il n'a été commis aucune fraude au préjudice des créanciers intermédiaires.

La présence d'un officier public est nécessaire pour écarter le soupçon.

La subrogation serait donc nulle, si l'acte d'emprunt ou la quittance étaient sous seings privés (1),

---

(1) On trouve dans le Recueil de Sirey, tom. VI, pag. 401, un arrêt contraire, non seulement à cette doctrine, mais encore à tous les principes reçus en matière de subrogation. Cet arrêt, rendu le 5 septembre 1806, par la section des requêtes, rejeta le pourvoi contre un arrêt de la Cour de Caen, lequel avait admis la subrogation, dans une espèce où il n'existait ni stipulation expresse de subrogation, ni acte d'emprunt, ni quittance notariée, et où il paraissait prouvé que les deniers remis au créancier n'étaient pas les mêmes que ceux qui avaient été prêtés. Mais il s'agissait d'une subrogation antérieure au Code, et la Cour de cassation pensa peut-être que les principes n'étant point alors fixés par une loi précise, la Cour de Caen avait pu s'en écarter sans s'exposer à la censure. Quoi qu'il en soit, cet arrêt est si évidemment contraire aux dispositions du Code et aux principes de la matière, qu'on n'y peut avoir aucun égard. Il faut s'en tenir aux principes, confirmés d'ailleurs par un arrêt de la Cour de cassation, du 23 juin 1812, rapporté par Sirey, tom. XIII, pag. 142, et qui a décidé que celui qui, antérieurement au Code, payait un créancier hypothécaire, sans être lui-même créancier, n'était pas subrogé de plein droit, et sans stipulation expresse, que la violation de ce principe est un motif de cassation.

quand même la date en serait assurée par l'enregistrement, ou d'une autre manière.

Ce point de jurisprudence est fort ancien. Le réglement du Parlement de Paris, du 6 juillet 1690,
rapporté par Renussson, chap. 2, n°. 21, exigeait
que « les deniers du nouveau créancier fussent
fournis à l'un des débiteurs, avec stipulation faite
par *acte passé devant notaires*, qui précède le paiement, ou qui soit de la même date, que le débiteur emploiera les deniers au paiement de l'ancien créancier ; que celui qui les prête sera subrogé
aux droits du créancier, et que, dans la quittance
ou dans l'acte qui en tiendra lieu, lesquels seront
aussi *passés pardevant notaires*, il soit fait mention
que le remboursement a été fait des deniers fournis
à cet effet par le nouveau créancier, sans qu'il soit
besoin que la subrogation soit consentie par l'ancien créancier, ni par *les autres débiteurs et cautions, etc.* »

Il faut que la destination d'emploi soit exprimée
dans l'acte d'emprunt, parce que c'est au moment
même où il prête ses deniers que le prêteur doit
stipuler la subrogation. S'il avait omis cette stipulation, l'omission ne pourrait plus, par un acte
postérieur, être réparée, au préjudice des créanciers intermédiaires, quand même, ce qui est possible en certains cas, il serait prouvé que l'argent
prêté a été employé à payer un créancier antérieur,
quand même ce créancier aurait exprimé dans la
quittance la déclaration d'emploi qui lui a été faite
par le débiteur.

Car il n'en serait pas moins vrai que, dans le

principe, le prêteur n'a suivi que la foi du débiteur : il ne peut donc plus être, *ex post facto ,* subrogé dans les hypothèques de l'ancien créancier, au préjudice des autres créanciers.

La déclaration d'emploi, dans la quittance, n'est pas moins essentielle que la destination, dans l'acte d'emprunt : l'un est le complément de l'autre.

L'énonciation de l'emploi destiné renferme la stipulation de subrogation ; la déclaration d'emploi est l'exécution de cette stipulation. L'une et l'autre sont également nécessaires.

La subrogation est de droit étroit ; elle fait passer les priviléges et hypothèques de l'ancien créancier à celui qui a fourni les deniers pour les payer.

Il faut donc qu'il y ait certitude que les deniers reçus par le créancier sont réellement ceux que le prêteur subrogé a fournis , et qu'on ne puisse pas dire, ni même soupçonner que le paiement a pu être fait avec d'autres deniers.

S'il y a lieu de soupçonner que les deniers reçus par l'ancien créancier ne sont pas ceux qui ont été empruntés, mais d'autres deniers appartenans au débiteur, ou fournis par un autre, il ne doit point y avoir de subrogation : ce serait ouvrir la porte aux fraudes que l'on peut faire aux droits des créanciers intermédiaires.

130. Il faut donc que la déclaration d'emploi soit faite au moment du paiement, et qu'elle soit consignée dans la quittance même donnée par le créancier.

Elle serait inutilement faite après la quittance donnée et signée , quand elle serait faite au même instant, mais par un acte séparé. (*Voy.* Renusson, chap. 12, n°. 30 et suivans). L'ancienne jurisprudence était sur ce point tellement sévère et rigoureuse, qu'une sentence rendue en 1672, au Parlement de Paris, par la chambre des requêtes du Palais, rejeta une subrogation, parce que la déclaration d'emploi des deniers prêtés n'avait pas été consignée dans la quittance même, mais dans un acte écrit au pied de la quittance, et rapporté au même instant et par le même notaire. Voici quelle était l'espèce :

M. de Marillac prêta, à titre de constitution de rente, 5,300ᶫ à dame Marie le Roi.

Il fut dit, dans le contrat, que cette somme serait employée au paiement de pareille somme, due à Suzanne Perronel, dans les droits, priviléges et hypothèques de laquelle M. de Marillac serait subrogé.

Marie le Roi voulant faire le remboursement, elle déclara que les deniers avaient été fournis par M. de Marillac, qu'elle avait subrogé dans ses droits.

La demoiselle Perronel consentit à recevoir les deniers; mais elle ne voulut en donner qu'une quittance pure et simple, sans vouloir qu'on y fît mention de l'origine des deniers ni de la subrogation.

La demoiselle Marie le Roi, qui voulait se libérer, reçut une quittance dans laquelle la créancière se borna à reconnaître simplement qu'elle avait reçu son paiement; mais par un acte écrit au même instant au pied de la quittance, et passé devant le même notaire, la dame le Roi déclara qu'elle n'acceptait la quittance qu'avec déclaration qu'elle faisait que les deniers provenaient de l'emprunt fait de M. de Marillac, par le contrat qu'elle lui en avait passé, et qu'elle consentait qu'il demeurât subrogé aux droits de la demoiselle Perronel.

Cette quittance, fut remise au cessionnaire de M. de Marillac, René Dugué, lequel ne trouvant point la subrogation suffisante, parce que la déclaration d'emploi avait été faite dans un acte séparé de la quittance, demanda le remboursement du capital de la rente constituée.

Le remboursement fut ordonné par une sentence contradictoire, rendue par les requêtes du Palais. Marie le Roi se rendit appelante de cette sentence, et son appel ne fut point jugé.

Mais, le 31 août 1676, le Parlement de Paris rendit un arrêt de réglement, qui défendit aux notaires de recevoir des déclarations et subrogations d'emprunts de deniers, sinon par les actes qui contiendront les acquits et rachats des dettes qui en seront faites, *à peine de nullité*. (*Voy.* Renusson, *ubi suprà,* chap. 12, n°s. 34 et suivans).

Cette nullité est également prononcée par l'article 1250, qui exige, pour la validité de la subrogation, que, *dans la quittance,* il soit déclaré que le paiement a été fait des deniers à cet effet fournis par le nouveau créancier.

131. Mais si, par caprice ou par ignorance, le créancier refuse de souscrire cette déclaration, s'il s'obstine à ne vouloir souscrire, dans sa quittance,

ni la mention de l'origine des deniers, ni celle de la subrogation, le débiteur doit, en faisant offre réelle de la somme due, sommer le créancier de la recevoir et d'en donner quittance, dans laquelle mention sera faite de la déclaration, de l'origine des deniers, et de la subrogation promise, par acte du...., à celui qui les a fournis, protestant que, sur le refus de recevoir la somme et d'en donner quittance, avec mention de la déclaration de l'origine des deniers, et de la subrogation promise au prêteur, le débiteur se transportera tel jour, à telle heure, au bureau des consignations, en tel endroit, où la somme offerte sera déposée, sommant le créancier de s'y trouver, si bon lui semble; en un mot, il faut procéder de la manière prescrite dans le § 4 ci-après.

Il ne serait pas même nécessaire d'en venir à une consignation, si le créancier consentait à recevoir la somme et à remettre les titres de créance, mais refusait seulement de souscrire la quittance où seraient référées la déclaration d'emploi et la subrogation consentie par le débiteur à celui qui a fourni les fonds. Le notaire pourrait rapporter procès-verbal des faits, et ajouter que le créancier, après s'être ressaisi des fonds et avoir délivré les titres de créance, a néanmoins persisté à refuser de signer, quoique sommé de le faire.

Un pareil acte serait un titre de libération et de subrogation tout aussi valable qu'un procès-verbal de consignation.

L'un et l'autre ne pourraient être attaqués que par une inscription en faux, dont les suites retom-

beraient sur celui qui aurait l'imprudence et la té\
mérité de l'entreprendre.

132. Nous avons vu que la subrogation consen\
tie par le débiteur, sans le concours du créancier,
avait eu peine à s'introduire, même à Rome. Il pa\
raît qu'on exigea d'abord que le nouveau créan\
cier, qui voulait être subrogé, remît lui-même ses
fonds à l'ancien créancier, afin qu'ils n'eussent pas
un seul instant appartenu au débiteur, comme il
arrivait lorsque le prêteur commençait par déli\
vrer ses fonds au débiteur, qui les remettait en\
suite au créancier.

Mais enfin, par indulgence, *benignè*, on permit
au prêteur, qui avait stipulé la subrogation, de
remettre l'argent au débiteur, comme à un man\
dataire, pour le compter au créancier; et la su\
brogation n'en était pas moins valable, pourvu qu'il
le comptât de suite, *statim*, et sans intervalle no\
table, *non post aliquod intervallum*.

C'est ce que nous apprend Ulpien, dans la loi 24,
§ 3, *ff de reb. autorit. jud. possid.*, 42. 5. (1).

S'il a existé un intervalle de tems un peu consi\
dérable entre la remise des deniers prêtés au débi\
teur et la numération faite au créancier auquel ils
sont destinés, il n'est plus possible de s'assurer que

---

(1) En voici le texte : *Eorum ratio prior est creditorum quorum pecunia
ad creditores privilegiarios pervenit. Pervenisse autem, quemadmodum
accipimus, utrum si statim ab inferioribus ad privilegiarios profecta est,
an verò, et si per debitoris personam hoc est si antè ci numerata est? Quod
quidem potest benignè dici, si modò non post aliquod intervallum id factum
sit.*

les deniers comptés à ce dernier sont les mêmes que ceux qui avaient été remis au débiteur, avec destination d'emploi. Il peut les avoir convertis à son usage, les avoir employés à rembourser d'autres créanciers plus pressans, et avoir ensuite payé l'ancien créancier avec d'autres fonds qui lui sont rentrés, ou qu'il s'est procurés d'ailleurs.

Il y a même de violentes présomptions que la chose s'est ainsi passée, lorsqu'il s'est écoulé un tems considérable; car un débiteur qui désire s'acquitter, ne garde pas des deniers oisifs dans sa caisse.

Or, ce n'est que celui dont les deniers sont parvenus au créancier privilégié ou hypothécaire, qui peut être subrogé ou mis en sa place. C'est en cette considération seule que la subrogation lui est accordée, *cujus pecunia ad creditores privilegiarios pervenit,* parce que c'est dans ce cas seul qu'elle ne préjudicie point aux créanciers intermédiaires. Il faut donc que les deniers prêtés soient remis de suite et sans intervalle notable; autrement les autres créanciers peuvent critiquer la subrogation et la faire rejeter.

Mais quel intervalle le débiteur peut-il laisser entre l'emprunt et l'emploi? Renusson, chap. 11 et 12, veut que l'un soit fait le même jour que l'autre. Bacquet, des Droits de justice, chap. 2, n°. 241, donne jusqu'au lendemain. Son opinion a été suivie par un arrêt rapporté par Catelan, liv. 5, chap. 29.

L'auteur des notes sur les Questions alphabétiques de Bretonnier, v°. *Subrogation,* dit que le Par-

lement de Bordeaux permet de ne faire l'emploi
que trois jours après l'emprunt. Sérieux, sur Renusson, chap. 11, n°. 19, accorde jusqu'à six mois;
délai évidemment trop long dans les cas ordinaires.
Il résulte de cette variété dans les opinions, que
l'ancienne jurisprudence française n'avait pas de
règle fixe sur ce point.

Le Code civil n'a point aussi voulu en établir
une. Il n'en faut pas conclure, avec le nouveau Répertoire, v°. *Subrogation de personnes*, sect. 2, n°. 8,
§ 2, *qu'à quelque époque que se fasse l'emploi, il y a
lieu à la subrogation, pourvu que les autres conditions
prescrites par l'art. 1250 soient remplies.*

Cette doctrine conduirait à dire que la subrogation doit être admise, lorsque l'emploi a été fait
après six mois, un an, etc., depuis l'emprunt; ce
qu'il est impossible d'admettre, parce que ce serait évidemment ouvrir la porte aux fraudes, toujours fréquentes en cette matière. Si l'on admettait la subrogation après un intervalle aussi considérable, il deviendrait impossible de prouver que
les deniers remis au créancier sont les mêmes que
les deniers prêtés.

Il serait même, hors des cas extraordinaires,
certain qu'ils ne le sont pas.

On ne peut donc conclure autre chose du silence du Code à cet égard, si ce n'est qu'il s'en est
reposé sur la prudence du magistrat. Cette circons-
pection est sage. Il était impossible d'établir sur ce
point une règle précise sans s'exposer à blesser la
justice en certains cas.

L'espace de trois jours, que l'on appelle en droit

breve tempus (1), serait insuffisant, s'il s'agissait de deniers empruntés à Rennes pour payer à Paris.

Le tems d'un mois, et même de deux, ne suf-firait pas, s'il s'agissait d'une créance payable à l'île de Bourbon. Il faut le tems nécessaire pour faire parvenir les deniers au créancier.

Mais dans les cas ordinaires, s'il s'agit d'un em-prunt destiné à éteindre une dette payable au lieu même où l'emprunt a été fait, ou dans un lieu voisin, les juges ne peuvent examiner trop sévè-rement si le tems qui s'est écoulé entre l'emprunt et l'emploi, permet de croire que les deniers du prê-teur subrogé sont réellement parvenus au créan-cier.

133. Il est toujours imprudent au prêteur qui a stipulé une subrogation, de confier l'emploi de ses deniers à l'emprunteur.

On a plusieurs exemples de débiteurs qui em-pruntent de plusieurs personnes, en promettant à toutes pareille subrogation et pareil emploi, sans faire cet emploi, ou du moins sans pouvoir le faire qu'en faveur d'un seul des prêteurs (2).

On a encore l'exemple de personnes qui, se voyant mal dans leurs affaires, ont pris le prétexte de faire construire des bâtimens, pour la construc-tion desquels ils empruntaient dix fois plus que la valeur des édifices.

134. La remise des titres est aussi nécessaire dans

_____

(1) *Voy.* Bretonnier, v°. *Subrogation.*
(2) On devrait étendre à de pareilles fraudes la peine du stellionat, et les ajouter dans l'art. 2059, aux cas où il y a stellionat.

la subrogation consentie par le débiteur; car inutilement le subrogé prêterait-il ses deniers pour
acquitter la dette, si elle n'était constante, légitime
et prouvée.

Cette subrogation ne donne pas des droits plus
étendus que ceux du créancier remboursé, mais
des droits entièrement semblables.

Le subrogé doit donc avoir grand soin de se faire
remettre les titres de la créance acquittée, et ceux
des priviléges et autres sûretés qui en étaient les
accessoires, afin de prouver aux personnes intéressées à les lui contester, que les droits qu'il veut
exercer sur les biens du débiteur sont en tout semblables à ceux du premier créancier.

Mais la remise de ces titres n'est pas, comme
dans la subrogation consentie par le créancier, nécessaire pour transférer au prêteur la propriété de
la créance qu'il acquiert contre le débiteur, ni pour
prévenir la mauvaise foi du créancier qui voudrait
céder ses droits à une autre personne, ni enfin
pour se mettre à l'abri de la poursuite des créanciers de celui-ci, car, cette subrogation s'opérant
sans le concours de sa volonté, elle n'empêche
point que le paiement qui lui est fait n'éteigne irrévocablement les droits qu'il avait.

Il ne peut donc plus transférer à personne,
même avant la remise des titres, des droits qui
n'existent plus; et, par la même raison, ses créanciers personnels ne peuvent pas plus saisir la nouvelle créance qui résulte de la subrogation, que
si le débiteur avait payé sans subroger personne.

Nous l'avons déjà dit, la créance et les droits

que le prêteur acquiert par cette espèce de subrogation, sont une créance et des droits nouveaux
que la loi, par un motif d'équité, permet au débiteur de conférer, pourvu qu'ils ne préjudicient
point aux créanciers intermédiaires ni à personne.

155. De là, il suit que si la somme remboursée
ne produisait point d'intérêts, celui qui prête les
deniers pour la rembourser, et qui se fait subroger, peut, à la vérité, stipuler des intérêts ; mais
cette stipulation, qui aurait tout son effet contre
le débiteur subrogeant, serait sans force contre les
autres créanciers.

Le prêteur ne pourrait exercer, à leur égard, les
droits que lui donne la subrogation, que jusqu'à la
concurrence du capital, et non pas des intérêts.

Quoique la créance et les droits que le débiteur,
aidé de la loi, confère par cette subrogation, soient
des droits nouveaux, le tuteur, quoiqu'il ne puisse
hypothéquer les biens du mineur sans formalités,
et le mineur lui-même, quoiqu'il ne puisse hypothéquer ses biens, peuvent consentir au prêteur
la subrogation dans les droits et hypothèques du
créancier remboursé de ses deniers, parce que c'est
moins une hypothèque nouvelle, qu'un changement de créancier contre un autre créancier, à
des conditions plus douces, *eâdem vel mitiori conditione.* (Dumoulin, *de usuris*, n°. 276. *Loi* 7, § 6,
ff *de reb. corum, etc.*, 27. 9).

Ajoutez à cela que la nullité des actes faits par
le tuteur ou par le mineur, n'étant que relative,
les créanciers intermédiaires ne pourraient l'invoquer.

Si le tuteur ou le mineur avait emprunté à des conditions plus dures; par exemple s'il avait accordé des intérêts pour rembourser une dette qui n'en produisait point, il faudrait suivre les formalités prescrites pour emprunter et hypothéquer les biens du mineur, sans quoi la subrogation pourrait être rescindée jusqu'à la concurrence des intérêts.

136. Mais il peut arriver qu'un majeur soit dans l'impuissance de subroger dans l'hypothèque du créancier remboursé, au moment où se fait la subrogation.

Par exemple s'il a vendu le fonds hypothéqué à la charge de l'hypothèque, il ne peut plus subroger dans cette hypothèque celui qui prêterait les deniers pour rembourser le créancier, parce que l'hypothèque est éteinte avec le droit de ce dernier, et que la subrogation faite par le débiteur ne pouvant conférer qu'un droit nouveau, il se trouverait conférer une hypothèque sur la chose d'autrui, sur un fonds qui a cessé de lui appartenir (1).

137. Nous avons vu que la subrogation consentie par le créancier peut n'être que partielle.

___

(1) *Si debitor rem pignori datam vendidit et tradidit, tuque ei nummos credidisti quos ille solvit creditori, cui pignus dederat, tibique cum eo convenit ut ea res, quam jam vendiderat, pignori tibi esset; nihil te egisse constat, quia rem alienam pignori acceperis eâ; enim ratione emptorem pignus liberatum habere cœpisse, neque ad rem pertinuisse, quod tuâ pecuniâ pignus sit liberatum. Loi 2, ff de pignor. act., 13. 7.* Voy. Bachou, *de pignor. et hypoth., lib.* 4, *cap.* 15.

et ne pas comprendre tous ses droits. Il en est de même, à plus forte raison, de la subrogation consentie par le débiteur; car ce ne sont point précisément les droits de l'ancien créancier qu'il confère au nouveau qui lui prête des fonds, ce sont des droits nouveaux semblables au premier, à la vérité, mais qui ne doivent pas s'étendre au-delà des sommes prêtées.

Le débiteur, quelqu'étendus que soient les termes de la subrogation, est toujours censé ne subroger le prêteur que jusqu'à la concurrence de la somme prêtée. J'emprunte de Paul une somme de 1,000ᶠ, dont je destine l'emploi au remboursement de Caïus, à qui je dois 1,500ᶠ, et dans les droits de qui je subroge le prêteur. Caïus se contente de la somme de 1,000ᶠ, moyennant laquelle il déclare me tenir entièrement quitte de celle que je lui devais, et il est déclaré que les deniers ont été fournis par Paul.

Celui-ci ne sera subrogé dans les droits de Caïus que jusqu'à la concurrence de 1,000ᶠ.

Si j'emprunte une somme pour en rembourser une qui produisait des intérêts à douze pour cent, le prêteur, quoique subrogé dans les droits du créancier, ne pourra prétendre les intérêts qu'à cinq pour cent.

C'est sur ces principes qu'est fondé l'art. 10 de la loi du 11 frimaire an VI, qui porte :

« Quand le débiteur aura emprunté une somme en papier-monnaie, pour se libérer envers un ancien créancier, le capital ainsi prêté sera soumis à

l'échelle de réduction, du jour de la nouvelle obligation, sans que le nouveau créancier qui en a
fourni le montant puisse se prévaloir, quant à ce,
de la subrogation aux droits, ainsi qu'à l'hypothèque
ou au privilége de l'ancien créancier qui a été remboursé de ses deniers.

» Il en sera de même à l'égard d'un coobligé qui
s'est fait subroger aux droits d'un créancier commun, en payant la part d'un autre codébiteur ».

138. Après avoir vu comment s'opère la subrogation conventionnelle consentie, soit par le créancier, soit par le débiteur, il nous reste à parler de
la subrogation légale, dont, après ce que nous
avons déjà dit, il est facile d'expliquer la nature,
l'origine et le fondement.

Celui qui, volontairement et sans nécessité, a
payé la dette d'autrui, a le droit d'exiger que le débiteur, dont il a utilement géré l'affaire, le rembourse de ses avances.

Rien de plus juste ; mais on ne voit pas de raison
suffisante pour lui transférer de plein droit les actions et les hypothèques du créancier remboursé,
puisqu'il n'a point obtenu la cession de ses droits,
et qu'il ne pouvait forcer le créancier à les lui céder.

C'est l'affaire du débiteur seul qu'il a eu l'intention de gérer, et non la sienne propre, puisqu'il
n'a pas exigé la subrogation, et que, sur le refus
de l'accorder, il pouvait se dispenser de payer le
créancier.

Il en est autrement, quand il paie une dette
qui n'était point proprement la sienne, à la vérité,

mais qu'il avait néanmoins un grand intérêt de
payer pour un autre, ou même qu'il pouvait être
contraint de payer pour ce dernier.

C'est alors son affaire propre, plutôt que celle
du véritable débiteur, qu'il est présumé avoir eu
l'intention de faire.

Il pouvait demander que le créancier lui cédât
ses droits ; et si ce créancier injuste ou difficile refusait une cession qui ne lui préjudiciait en rien,
et qui était en même tems utile à celui qui le
payait, comme ce refus est contraire à cette grande
règle d'équité naturelle, qui nous ordonne de faire
pour les autres les choses qui leur sont utiles sans
nous être nuisibles, *rex utilitatis innoxiæ*, il était
juste que celui à qui la cession était refusée pût
contraindre le créancier à l'accorder, ou du moins
que le juge pût suppléer à cette cession, en accordant d'office la subrogation dans les droits et
dans les actions du créancier réfractaire.

C'est le parti que les Romains prirent d'abord,
comme nous l'avons déjà vu.

Dans la suite, il parut plus commode de faire,
par l'autorité de la loi, d'une manière simple, uniforme et générale, ce qui ne pouvait se faire que
d'une manière particulière et bornée par le ministère du magistrat, et l'on prit le parti d'accorder la
subrogation à tous ceux à qui il paraissait équitable de l'accorder, lors même qu'elle n'avait pas
été demandée.

Il est vrai que, dans les cas même où le créancier pouvait être contraint à céder ses droits, la

demande de subrogation n'en paraissait pas moins nécessaire pour manifester l'intention de l'acqué-rir; car la volonté est nécessaire pour acquérir: *Invito beneficium non datur. Loi* 69, *ff de R. J.* Mais la loi, plus prévoyante que l'homme, supplée au défaut de manifestation de cette volonté.

Elle présume qu'en payant une dette, qui n'é-tait point proprement la sienne, mais qu'il avait néanmoins un grand intérêt de payer, ou qu'il pouvait être forcé de payer pour un autre, celui qui a payé a eu l'intention d'être subrogé dans les droits du créancier, et que s'il n'en a pas formé la demande, ce n'est qu'un oubli qu'il est équitable de réparer par la disposition de la loi.

C'est ainsi que la loi présume que celui qui donne entre vifs, et qui n'a point d'enfans, a toujours l'intention que son don soit révoqué, s'il lui en survient; et si, par oubli ou imprévoyance, il a omis d'exprimer dans l'acte de donation cette clause ré-vocatoire, la loi la supplée, en prononçant la ré-vocation de plein droit et sans stipulation, par la survenance d'enfans.

La subrogation légale est donc celle qui, lorsque d'ailleurs elle ne nuit à personne, est accordée de plein droit, ou sans stipulation, et par la seule force de la loi, d'après l'intention présumée de l'homme, à celui qui a payé une dette, qu'on ne pouvait proprement appeler la sienne, mais que néanmoins il avait intérêt, ou qu'il pouvait être contraint de payer pour un autre.

139. Mais dans quels cas cette subrogation est-

elle accordée par la loi? C'est ce que l'ancienne jurisprudence n'avait point assez déterminé.

Les principes, en cette matière, n'étaient fondés que sur quelques lois romaines difficiles à concilier, sur les opinions des auteurs, qui n'étaient point entièrement d'accord, sur la jurisprudence des arrêts, qui n'était point uniforme.

Le Code a fait choix des opinions les plus raisonnables pour les ériger en lois. Il a déterminé les cas où la subrogation légale doit être admise; il en a même étendu le nombre. C'est dans ces cas seuls, ou dans les cas prévus par d'autres lois, qu'elle doit être prononcée..

Le jugement qui l'accorderait en d'autres cas serait exposé à la censure; car la subrogation est de droit étroit, c'est-à-dire qu'elle doit être restreinte aux seuls cas exprimés dans la loi, et qui nous restent maintenant à parcourir.

140. L'art. 1250 établit la subrogation de plein droit, c'est-à-dire sans qu'elle ait été stipulée, « 1°. au profit de celui qui, étant lui-même créan-» cier, paie un autre créancier, qui lui est préfé-» rable à raison de ses priviléges ou hypothèques. »

Nous avons déjà dit que cette subrogation doit son origine au droit romain, où elle fut admise par un motif qui n'existait point en France.

Suivant les lois romaines, il n'y avait que le premier créancier qui pût faire vendre les fonds hypothéqués; les hypothèques postérieures demeuraient en suspens. Le créancier, dit le président Favre, *de erroribus pragmaticorum, lib.* 1, *cap.* 1, *nullum jus habere intelligebatur, quamdiù jus primi creditoris subsistebat.*

Pour faire cesser cette incertitude, on donna au créancier postérieur la faculté de rembourser celui qui le précédait. C'est ce qu'on appelle le droit d'*offrir*. (*Voy.* nouveau Répertoire, v°. *Droit d'offrir*). Le remboursement le subrogeait, sans stipulation, dans tous les droits du créancier remboursé.

Dans nos usages, tous les créanciers hypothécaires avaient et ont encore le droit de faire vendre les fonds hypothéqués.

De savans auteurs en avaient conclu que le droit d'offrir et la subrogation légale, qui en était la suite, étaient abrogés en France.

Renusson, chap. 4, pensait, au contraire, qu'elle devait être conservée, parce qu'il importe beaucoup au créancier d'un débiteur commun de payer les autres créanciers antérieurs, afin de prévenir les contestations qui augmentent et se multiplient par le nombre des créanciers, et de conserver ainsi le gage commun, en empêchant ou diminuant les frais. C'est l'opinion de Renusson qui a été consacrée par le Code. Il admet la subrogation de plein droit, en faveur du créancier qui paie un autre créancier préférable.

Ainsi, cette espèce de subrogation n'est plus aujourd'hui fondée sur le motif qui la fit introduire à Rome ; elle est fondée d'abord sur un motif d'intérêt public, celui de maintenir la paix entre les citoyens, en prévenant les procès ou en abrégeant leur durée ; puis sur l'intérêt particulier du créancier, qui paie pour conserver le gage commun, et empêcher qu'il ne soit consommé en frais.

Ces motifs, avoués par la raison, s'appliquent aux créanciers chirographaires, qui ont autant et même plus d'intérêt qu'un hypothécaire, de conserver le gage commun, en ménageant les frais et en écartant un créancier processif.

Aussi le Code, contraire en ce point à l'ancienne jurisprudence (*voy.* Renusson, chap. 4; le nouveau Répertoire, sect. 2, § 3, n°. 3), leur accorde la subrogation de plein droit, et sans stipulation, aussi bien qu'aux créanciers hypothécaires, puisque l'art. 1252 l'établit généralement et sans exception, au profit de *celui qui, étant lui-même créancier,* paie un autre créancier préférable : il ne distingue point entre le créancier hypothécaire ou chirographaire.

141. Mais il exige que le créancier remboursé soit préférable à celui qui paie : d'où il suit que le créancier antérieur, qui paierait un créancier postérieur du débiteur commun, ne serait point subrogé sans stipulation.

Cependant il y a une raison *à fortiori* pour lui accorder la subrogation de plein droit; car, outre qu'il a le même intérêt de conserver le gage commun, il est évident que s'il paie un créancier qu'il primait, il ne peut avoir d'autre objet que de ménager les frais et de prévenir les contestations, en écartant un créancier difficile et processif.

Aussi Renusson, n°. 14, ne balançait point à lui accorder la subrogation, aussi bien qu'à celui qui a payé un créancier préférable. Si la rédaction de l'art. 1251 la lui refuse, c'est une inconséquence échappée sans doute par inadvertance, et qui sera réparée, il faut l'espérer, lors de la révision du Code.

142. « 2°. L'art. 1251 établit encore, d'après les » lois romaines (1), la subrogation de plein droit » au profit de l'acquéreur d'un immeuble, qui » emploie le prix de son acquisition au paiement » des créanciers auxquels cet héritage était hypo- » théqué. »

Ainsi, l'acquéreur d'un immeuble, qui paie les créanciers hypothécaires du vendeur pour éviter leurs poursuites, ou volontairement, même sans délégation, succède de plein droit à leurs actions et hypothèques.

La loi présume, ce qui est en effet évident, qu'il n'a fait les paiemens que pour conserver la possession de l'immeuble. Il est donc juste, s'il est forcé de l'abandonner, qu'il ne soit pas frustré de ce qu'il a payé, et que, dans la distribution du prix de la revente, il soit colloqué au rang qu'auraient occupé les créanciers qu'il représente.

Cette collocation ne cause aucun préjudice aux autres. S'il a omis de stipuler la subrogation, la loi, plus prévoyante, supplée à cette omission, d'après son intention présumée.

143. Mais cette subrogation n'est accordée qu'à *l'acquéreur* d'un immeuble qui emploie *le prix de*

---

(1) Loi 17, *ff qui potiores, etc.*, 20. 4; *loi 3, Cod. de his qui in priorum creditorum locum succedunt*, 8. 19. *Voy.* Renusson, chap. 5.

son acquisition au paiement des créanciers auxquels
cet héritage *était hypothéqué.*

Ainsi, pour opérer la subrogation de l'acquéreur dans les droits des créanciers, sans stipulation, il faut qu'il les ait payés depuis son acquisition; s'il avait payé auparavant, sans stipuler la
subrogation, s'il était dit dans le contrat que le
vendeur a reçu la somme d'avance, et qu'il l'a
employée à payer tels et tels créanciers, dont il a
remis les titres et les quittances à l'acquéreur,
celui-ci ne serait point subrogé dans les droits de
ces créanciers, quand même la subrogation aurait
été stipulée entre le vendeur et l'acquéreur, dans
le contrat de vente. (*Voy.* Renusson, chap. 5,
n°. 19).

144. On a demandé si le créancier acquéreur est
subrogé à lui-même; c'est-à-dire s'il conserve son
hypothèque, pour la faire valoir dans le cas d'éviction de la part d'un créancier postérieur, ou si
cette hypothèque, éteinte par confusion dès l'instant de l'acquisition, est éteinte pour toujours?

Le doute provenait de quelques lois romaines
difficiles à concilier, et sur lesquelles les docteurs
sont divisés d'opinion.

Celle de Bartole, qui pensait que l'hypothèque
du créancier acquéreur était éteinte irrévocablement et pour toujours, a été rejetée, et avec raison; car, en droit, l'effet n'a pas plus de durée
que sa cause.

Si la cause des droits et des actions n'est que
momentanée, la confusion n'est aussi que momentanée; si elle est révocable, la confusion cesse

avec elle : il n'y a qu'une cause perpétuelle et absolue qui puisse éteindre les droits pour toujours.
(*Voy.* Renusson, chap. 5, n°. 21 et suivans ; le
nouveau Répertoire, v°. *Subrogation de personnes*,
sect. 2, § 4, n°. 5).

145. Mais l'effet de la subrogation légale, accordée à l'acquéreur qui a payé un créancier de son
vendeur, s'étend-il sur tous les biens du vendeur,
ou seulement sur ceux qu'il a vendus ?

C'est une question importante, qui devait se
présenter plus fréquemment sous l'ancienne législation, où les hypothèques n'étaient pas publiques,
et qui peut encore se présenter aujourd'hui en plusieurs cas.

Premier exemple : Je vous vends la terre de la
Ville-Marie pour 30,000f, que vous avez l'imprudence de payer sans vérifier, ou nonobstant les
hypothèques dont elle est grevée. Je vends ensuite
tous mes autres biens à Caïus, pour 30,000f, qu'il
paie également comptant.

Je devais une somme de 30,000f, à laquelle tous
mes biens étaient affectés par une hypothèque légale ou judiciaire.

Avant la transcription de votre contrat, mon
créancier exerce contre vous l'action hypothécaire
sur la terre de la Ville-Marie, et pour éviter ses
poursuites, vous payez les 30,000f qui lui sont
dus, sans requérir la subrogation conventionnelle.

Pouvez-vous, en vertu de la subrogation légale,
exercer les droits du créancier payé, sur mes autres
biens vendus à Caïus, par un contrat postérieur
au vôtre ?

Second exemple : Je dois à Primus 30,000ᶠ hypothéqués sur tous mes biens, et à Secundus, 30,000ᶠ, hypothéqués seulement sur la terre de la Ville-Marie, mais à une date postérieure à l'hypothèque de Primus.

Je vous vends mes biens à l'exception de la Ville-Marie, pour 30,000ᶠ, que vous payez comptant. Primus exerce son action hypothécaire sur les biens compris dans votre acquisition; vous le payez, sans requérir ni la subrogation, ni la discussion de la terre de la Ville-Marie, comme vous y autorisait l'art. 2170; puis vous prétendez, en vertu de la subrogation légale, exercer les droits de Primus sur la terre de la Ville-Marie, de préférence à Secundus, à qui cette terre est spécialement hypothéquée, mais postérieurement à l'hypothèque de Primus.

La résolution de cette question, et d'autres semblables, dépend du point de savoir si la subrogation accordée à l'acquéreur qui a payé le créancier de son vendeur, étend son effet sur tous les biens affectés à la dette du vendeur payée, ou seulement sur les biens compris dans le contrat de vente.

Dans l'ancienne jurisprudence, on pensait généralement que l'effet de la subrogation accordée à l'acquéreur était limité aux biens qu'il avait acquis, parce qu'il était censé qu'en payant il n'avait eu d'autre intention que de se maintenir dans ses biens, puisqu'il n'avait pas requis la subrogation dans les droits du créancier, sur les autres biens du vendeur.

On fondait cette opinion sur les lois romaines,

d'où cette subrogation est dérivée, et qui ne l'accordaient que pour maintenir l'acquéreur dans la
possession des biens acquis, pour lui donner le
moyen de se défendre contre les créanciers postérieurs à celui qu'il a payés : *Eatenùs* TUENDUS EST
quatenùs ad priorem creditorem pervenit, dit la loi 17,
ff *qui potiores,* 20. 4.

La loi 3, *Cod. de his qui in priorum creditorum locum succedunt,* 8. 19, dit : Si vous avez employé le
prix de votre acquisition à payer des créanciers
préférables, à qui les biens que vous avez acquis
étaient hypothéqués, vous avez succédé à leurs
droits, et vous pouvez vous maintenir *par une juste
défense : justâ defensione te tueri potes.*

Le plus sûr, le plus savant des interprètes, Cujas,
en conclut que ce n'est que sur la chose vendue
que s'étend la subrogation. *Eo casu in eâ re.......,
emptor potior erit omnibus inferioribus creditoribus, si
qui sunt.*

Cette opinion était devenue universelle (1), et
le Code ne contenant rien de contraire, elle doit,
par cette raison même, continuer d'être suivie (2):

---

(1) *Voy.* Renusson, chap. 5, n°s. 42 et suiv., où la question est sa
vamment traitée ; Argou, Institution au droit français, liv. 4, chap. 5,
tom. II, pag. 425 ; Lacombe, v°. *Subrogation,* n°. 8; Pothier, des
Obligations, n°. 521, tom. II, pag. 71, *in fine,* et 72.

(2) M. Delvincourt, tom. II, pag. 360, note 7, prétend le contraire.
Le n°, 2 de l'art. 1251 ne paraît, dit il, accorder la subrogation à l'acquéreur que pour le prix de son acquisition ; mais le n°. 3 accorde la
subrogation légale à tous ceux qui, étant tenus pour d'autres, ou avec
d'autres, au paiement de la dette, ont intérêt de l'acquitter. Or, dans
l'espèce, dit-il, l'acquéreur était tenu *pour* et *avec* le débiteur principal

car, en admettant, par une disposition formelle, la subrogation de plein droit, en faveur de l'acquéreur d'un immeuble qui emploie le prix de son acquisition au paiement des créances auxquelles cet héritage était hypothéqué, le Code n'a point introduit un droit nouveau ; il a mis cette subrogation telle qu'elle était reçue dans la jurisprudence antérieure, fondée sur le principe que la subrogation légale n'est accordée que d'après l'intention présumée de celui qui a payé, et pour réparer son imprévoyance ou son oubli. Or, l'acquéreur qui paie les créanciers de son vendeur, est présumé n'avoir eu l'intention d'être subrogé que dans les droits des créanciers sur l'immeuble compris dans son acquisition, et non sur les autres biens du vendeur, puisqu'il ne s'est point expliqué.

Posons donc en principe que l'effet de la subrogation légale, accordée à l'acquéreur, ne s'é-

---

de toutes les dettes qu'il a purgées. Il avait intérêt de les acquitter, pour pouvoir conserver l'immeuble : il doit donc être subrogé.

La réponse est que l'acquéreur n'était point tenu *pour* et *avec* le débiteur principal.

Mais cette réponse est-elle bien solide ? Le nᵒ. 5 de l'art. 1251 n'exige point cumulativement, pour accorder la subrogation légale à celui qui paie pour autrui, *qu'il fût tenu avec et pour ; mais seulement qu'il fût tenu avec* d'autres *ou pour* d'autres, au paiement de la dette qu'il avait par conséquent intérêt d'acquitter.

Or, on ne peut nier que l'acquéreur, dans le cas proposé, ne fût tenu *pour* le vendeur. Il avait donc intérêt d'acquitter la dette. Celui qui n'est tenu à la dette d'autrui qu'hypothécairement, n'en est pas moins tenu *pour* autrui. Nous en avons donné des exemples, nᵒˢ. 150 et 151.

D'ailleurs on ne peut, dans le cas proposé, refuser à l'acquéreur au

tend que sur les biens acquis, et non sur les autres biens du vendeur.

146. Il nous paraît même qu'il faut étendre ce
principe à un cas analogue; je veux dire à la subrogation légale accordée au créancier qui paie un
créancier préférable, pour conserver le gage commun, et empêcher qu'il ne soit consommé en frais.

Par exemple, je dois à Primus une somme de
30,000ᶠ, hypothéquée sur tous mes biens; à Secundus une somme de 20,000ᶠ, hypothéquée sur
la terre de la Ville - Marie; à Tertius, une autre
somme de 20,000ᶠ, hypothéquée sur mes autres
biens.

Primus exerce son action hypothécaire sur la
terre de la Ville-Marie, qu'il menace de faire vendre par expropriation forcée.

Secundus le paie, sans stipuler la subrogation
conventionnelle, et trouvant la Ville-Marie insuffisante pour les 50,000ᶠ qui lui sont dus, il prétend
exercer jusqu'à la concurrence de 30,000ᶠ, l'action
hypothécaire sur mes autres biens, comme su-

---

moins la qualité de créancier chirographaire. Or, nous avons prouvé,
n°. 141 *in fine*, que le créancier chirographaire qui paie un créancier
hypothécaire, est subrogé dans 'hypothèque de ce dernier.

Enfin, il est certain que le Code a étendu les cas de la subrogation
légale, beaucoup plus que l'ancienne jurisprudence.

Ces réflexions nous ont été suggérées par un savant magistrat ami de
la science, M. Nicod. Nous croyons donc devoir rétracter notre première
opinion; et nous pensons aujourd'hui que l'effet de la subrogation légale, accordée à l'acquéreur dans le cas du n°. 2 de l'art. 1251, s'étend
non seulement sur les biens acquis, mais encore sur les autres biens du
vendeur hypothéqués à la dette payée, et cela en vertu du n°. 3 du
même article.

brogé légalement aux droits de Primus, qu'il a payé (1). Sa prétention ne nous paraît pas fondée. L'effet de la subrogation légale, accordée au créancier qui paie un autre créancier du débiteur commun, ne s'étend que sur les biens qui formaient le gage commun à ces deux créanciers, et non sur les autres biens du débiteur.

C'est ce qui nous semble résulter de l'art. 1251, qui n'accorde la subrogation de plein droit qu'à celui qui, étant lui-même créancier, paie un autre créancier préférable.

Or, Primus était préférable à Secundus, sur la terre de la Ville-Marie; mais on ne peut pas dire qu'il lui fût préférable sur mes autres biens, puisque Secundus n'avait aucun droit sur ceux-ci.

Secundus n'ayant point requis, en payant, la subrogation conventionnelle dans tous les droits de Primus, il est présumé qu'il n'a payé que pour conserver le gage commun, comme il est censé que l'acquéreur qui a payé une créance hypothéquée sur les biens compris dans son acquisition, ne l'a payée que pour conserver la possession de ces biens.

147. 3°. L'art. 1251 établit la subrogation de plein droit « au profit de celui qui, étant tenu, *avec d'autres ou pour d'autres*, au paiement de la dette, avait *intérêt de l'acquitter.* »

Cette disposition s'applique d'abord aux codébiteurs solidaires, qui ont payé pour leurs coobli-

_____

(1) Nous rétractons encore cette opinion, par les raisons contenues dans la note précédente.

gés, et par conséquent aux associés (1), dans les sociétés de commerce, qui, à la différence des associés dans les autres sociétés, sont tenus solidairement des dettes sociales (1862).

Elle s'applique encore aux cautions ou fidéjusseurs qui ont payé pour le principal obligé. Elle est même répétée, à l'égard de ces derniers, dans l'article 2029, qui porte : « La caution qui a payé la dette est subrogée à tous les droits qu'avait le créancier contre le débiteur. »

Le célèbre Dumoulin, dans la première des leçons solennelles qu'il fit à Dôle, n°. 23 et 28, tom. III, Opp., pag. 391, avait soutenu, contre le sentiment de tous les docteurs, qu'un codébiteur solidaire, une caution, et généralement tous ceux qui payaient ce qu'ils devaient avec d'autres ou pour d'autres, étaient subrogés de plein droit, quoiqu'ils n'eussent pas requis la subrogation.

Sa raison était qu'ils doivent toujours être présumés n'avoir payé qu'à la charge de cette subrogation qu'ils avaient droit d'exiger, personne ne pouvant être présumé renoncer à ses droits.

Ainsi, suivant ce savant jurisconsulte, il résulte de la nature même de l'acte, que la cession des droits des créanciers est, en ce cas, une

---

(1) Une déclaration du Roi, du 13 juin 1705, accordait à un associé dans les fermes du Roi et autres affaires, le même droit pour son remboursement que le Roi avait sur chacun d'eux. Elle est rapportée, ainsi que deux anciens arrêts de 1671, par Renusson, chap. 3, n°. 55 et suiv., dans le nouveau Répertoire, v°. *Subrogation de personnes*, sect. 2, § 7, n°. 2 et 3. La discussion relative à ces arrêts et à cette déclaration est devenue inutile par les dispositions du Code.

condition tacite du paiement : *Et sic semper inest tacitum pactum, cùm hoc sit de naturâ actûs.*

On suivait en Bretagne cette opinion raisonnable, en vertu de l'art. 194 de la Coutume réformée en 1580.

On lui donnait même toute l'extension qui pouvait s'accorder avec l'équité. Notre savant maître Duparc-Poullain dit, dans ses Principes, tom. VII, pag. 255 : « Dans tous les cas où celui qui paie un créancier a intérêt que sa dette soit acquittée, il n'a pas besoin que le créancier lui fasse une cession d'actions pour acquérir la subrogation.....

Cette subrogation se fait de plein droit, celui qui a payé n'étant présumé l'avoir fait que parce qu'il avait un intérêt légitime d'écarter le créancier et de se mettre à sa place.......

Il est juste qu'en ce cas la loi favorise des vues légitimes. Si elle n'est pas précise pour le cas particulier, on doit lui donner toutes les extensions qui peuvent s'accorder avec l'équité, pourvu qu'elles ne rendent pas la condition du débiteur plus dure, et qu'elles ne nuisent pas aux droits et hypothèques qu'avaient auparavant les créanciers......

« Ainsi, non seulement la caution qui paie sans aucune cession d'actions, doit avoir la subrogation que lui donne l'art. 194......, à cause de l'intérêt qu'elle a de se dégager de ses poursuites; mais la même raison la donne au coobligé solidaire et au cohéritier ».

Mais l'opinion de Dumoulin n'avait point pré-

valu à Paris ni dans les autres Coutumes (1), parce
que, dit Pothier, n°. 280, il ne se fait point de
subrogation de plein droit, à moins que la loi ne
s'en explique.

Or, il n'existe point, dans le corps du droit romain, de loi qui établisse en ce cas la subrogation
de plein droit.

Aux raisonnemens de Dumoulin, Pothier répond que si les débiteurs solidaires et les cautions
avaient le droit d'exiger la subrogation, c'était une
faculté dont ils pouvaient user ou ne pas user;
qu'ainsi, il était nécessaire de manifester leur volonté, et qu'en supposant qu'ils aient eu réellement
la volonté d'exiger la subrogation, cette volonté,
gardée en eux-mêmes et restée sans manifestation,
n'est pas suffisante pour l'acquérir.

Ce raisonnement peut être rigoureusement vrai
en logique; mais une bonne législation doit établir
ce qui convient le mieux à la société, ce qui est le
plus conforme à l'équité, sans s'attacher à une minutieuse précision, à toutes les conséquences que
le raisonnement peut tirer d'un principe abstrait.

Le Code a donc sagement préféré l'opinion de

---

(1) *Voy.* le nouveau Répertoire, v°. *Subrogation de personnes*, sect. 3,
§ 5, et les autorités qu'il cite; Renusson, chap. 7, n°. 68; Pothier,
n°. 280, etc. etc. La Cour de cassation a pensé, par ce motif, que la
disposition du Code est de droit nouveau, et elle a rejeté, en conséquence, le pourvoi contre un arrêt de la Cour de Nanci, qui avait
jugé que la disposition du Code n'était pas applicable à un paiement
fait avant sa promulgation. *Voy.* le Répertoire, *ubi suprà*. La décision
eût dû être différente, si le paiement avait été fait en Bretagne.

Dumoulin, et il l'a consacrée dans des termes qui laissent au magistrat le pouvoir de lui donner, comme on faisait en Bretagne, toute l'extension qui peut s'accorder avec l'équité.

Ce n'est pas seulement aux codébiteurs solidaires et aux cautions, personnellement obligés à la dette, qu'il accorde la subrogation de plein droit; il la donne à tous ceux qui, étant tenus au paiement de la dette *avec d'autres,* avaient *intérêt* de l'acquitter.

148. Ainsi, le Code exige deux conditions pour subroger, de plein droit et sans stipulation, celui qui a payé la dette d'un autre; la première, que la dette lui soit commune, ou, comme dit l'art. 1251, *qu'il soit tenu avec d'autres* ou *pour d'autres, au paiement de la dette;* l'autre, qu'il ait intérêt de l'acquitter.

149. On est tenu avec une personne au paiement d'une dette, non seulement quand on est obligé de payer pour elle ou solidairement avec elle, mais encore lorsque, sans qu'il y ait solidarité parfaite, on ne peut diviser le paiement ou payer séparément, en un mot, quand la dette est indivisible, *solutione.* (*Voy.* tom. VI, n°s. 760 et suiv).

Au contraire, quand on peut, sans inconvénient, payer sa part d'une dette séparément, on n'y est pas tenu *avec* une autre personne, quoiqu'on y soit tenu en vertu du même contrat.

Ainsi, par exemple, Primus et Secundus ont promis de vous payer une somme de 1,000^f; et ont donné pour hypothèque, l'un le fonds Cornélien, l'autre le fonds Sempronien. L'obligation se divise de plein droit entre eux : chacun d'eux ne doit que la somme de 500^f et peut la payer séparément (*voy.* tom. VI, n°. 710, et les art. 1862 et 1863 du Code).

Chacun n'est donc pas tenu avec l'autre, quoique tenu en vertu du même acte, et si l'un paie la somme entière de 1,000^f sans demander et obtenir la subrogation conventionnelle, il ne sera pas subrogé dans les droits du créancier contre l'autre. Il n'avait aucun intérêt de payer pour celui-ci, puisqu'il pouvait payer séparément.

Si l'on objectait que l'hypothèque est indivisible; que Primus et Secundus ayant donné pour hypothèque les fonds Cornélien et Sempronien, ces deux fonds sont affectés à la totalité de la dette, en vertu de l'indivisibilité de l'hypothèque; on répondrait que ce n'est point ici le cas d'en faire l'application.

L'hypothèque est l'accessoire de l'obligation principale, et celle-ci est divisée de plein droit, dès le principe, comme si Primus avait promis 500^f sur l'hypothèque du fonds Cornélien, et Secundus 500^f sur l'hypothèque du fonds Sempronien.

150. Mais supposons, dans le cas proposé, que Primus et Secudus aient donné pour hypothèque un fonds indivis entre eux; il semble qu'alors ils doivent réellement la somme de 1,000^f l'un *avec* l'autre.

S'ils ne sont personnellement tenus qu'à la moitié, le fonds indivis entre eux est tenu pour le tout.

Chacun d'eux a un grand intérêt de le libérer.

Celui qui aurait payé la totalité de la dette, même sans stipuler la subrogation, serait donc subrogé de plein droit, en vertu de l'art. 1251 ; car il était tenu *avec* l'autre, il avait intérêt d'acquitter la dette, et la subrogation ne nuit point aux autres créanciers, dont les droits et les hypothèques restent les mêmes qu'ils étaient auparavant.

151. Appliquons ce que nous venons de dire aux cohéritiers. En Bretagne, où les principes sur la subrogation légale étaient les mêmes que ceux du Code, notre savant Duparc-Poullain ne balançait point à la donner au cohéritier qui avait payé une dette de la succession commune.

Mais en Bretagne, tous les héritiers étaient solidairement assujettis au paiement des dettes du défunt, et sous l'empire du Code, elles se divisent de plein droit. (*Voy.* tom. VI, n°. 752 ; tom. IV, n°. 513).

On ne peut donc pas admettre, sans distinction, la subrogation légale en faveur de tout cohéritier qui a payé une dette de la succession.

Si la succession est encore indivise, si les biens mobiliers et immobiliers n'ont point encore été partagés, il nous paraît qu'alors le cohéritier qui a payé une dette de la succession, est subrogé légalement dans tous les droits du créancier, soit hypothécaire, soit chirographaire.

Si le créancier est hypothécaire, tous les héritiers sont tenus hypothécairement pour le tout, tous ont intérêt à libérer les biens hypothéqués.

Ainsi, nul doute que celui d'entre eux qui a payé un créancier commun, ne soit subrogé de plein droit dans ses actions et hypothèques, en vertu de la disposition de notre art. 1251.

Si le créancier était chirographaire, il a le droit de faire apposer les scellés, de requérir l'inventaire, d'y assister, d'empêcher le partage de se faire avant qu'il soit payé, de demander la séparation de biens.

Tant que dure cet état de choses, on ne peut raisonnablement nier que les héritiers sont tenus aux dettes les uns *avec* les autres, et qu'ils ont un très-grand intérêt d'acquitter la dette commune, pour écarter un créancier incommode et prévenir les frais.

On ne peut donc refuser, en ce cas, la subrogation de plein droit au cohéritier qui a payé, avant le partage, une dette commune, même chirographaire.

Il est subrogé dans les droits du créancier, et peut, en conséquence, demander la séparation des patrimoines contre les créanciers personnels du cohéritier, dont il a payé la part dans une dette de la succession.

Mais après la consommation du partage des biens de la succession, les créanciers chirographaires n'ayant plus qu'une action personnelle à exercer contre chaque héritier, pour sa part virile des dettes, on ne peut plus dire que les héritiers soient tenus les uns *avec* les autres, ni qu'ils aient intérêt de payer la part les uns des autres. Les dettes étant divisées de plein droit, la part virile de chacun forme une dette séparée, indépendante des autres, quoiqu'elle ait la même origine.

Celui qui paierait pour l'autre ne pourrait donc prétendre à la subrogation, s'il ne l'a pas demandée et obtenue.

Au contraire, les cohéritiers qui ont reçu en partage des biens hypothéqués aux dettes de la succession, n'en continuent pas moins, depuis comme avant la consommation du partage, d'être tenus hypothécairement, chacun pour le tout, et celui qui paierait la part des autres doit être subrogé de plein droit dans les actions et hypothèques du créancier qu'il a payé.

152. Remarquez qu'en développant ainsi les cas auxquels doit s'appliquer le § 3 de l'art. 1251, nous ne portons point d'atteinte au principe que la subrogation est de droit étroit; qu'elle doit être restreinte aux cas exprimés dans la loi, et que le juge qui prononcerait la subrogation en d'autres cas s'exposerait à la censure.

Développer et indiquer les espèces auxquelles doit s'appliquer une disposition générale de la loi; ce n'est pas l'étendre, c'est en montrer l'étendue, c'est l'interpréter, c'est en faire l'application.

En établissant de plein droit la subrogation « au profit de celui qui, étant tenu, avec d'autres ou pour d'autres, au paiement de la dette, avait intérêt de l'acquitter », le Code laisse au magistrat à décider quand on est tenu *avec d'autres* ou *pour d'autres*, et quand on avait, par conséquent, *intérêt d'acquitter* la dette.

153. Mais il faut toujours se souvenir que la subrogation est fondée sur le grand principe qu'elle ne nuit à personne, ou que, du moins, elle ne

doit pas rendre pire la condition du débiteur et de ses autres créanciers. Il faut qu'à leur égard les choses restent, depuis le paiement, dans le même état où elles étaient auparavant.

Ceci peut faire naître une question que nous avons déjà traitée, sous le rapport de la subrogation consentie par le débiteur.

Celui qui a vendu le fonds grevé d'hypothèques, ne nuit point au créancier par cette vente, mais il ne peut plus, en empruntant pour payer sa dette, subroger le prêteur dans l'hypothèque du créancier sur le fonds vendu, parce qu'en ce cas la subrogation nuit à l'acquéreur, et que le prêteur subrogé tenant *son droit* de l'emprunteur, celui-ci n'en peut céder aucun sur un fonds qui ne lui appartient plus. La loi 2, *ff de pignor. act.*, est formelle sur ce point. (*Vid. suprà*, n°. 136).

Mais cette décision ne peut s'appliquer à la subrogation légale. Je suis obligé, solidairement avec vous, au paiement d'une somme de 3,000[f], pour sûreté de laquelle j'ai hypothéqué le fonds Cornélien, et vous le fonds Sempronien. Je vends le fonds Cornélien.

Cette vente ne peut nuire à l'hypothèque du créancier, à qui le fonds Cornélien n'en reste pas moins hypothéqué. Vous le remboursez, et ce remboursement vous subroge dans ses droits, aux termes de l'art. 1251, et l'effet de cette subrogation s'étend sur le fonds Cornélien, malgré la vente que j'en ai faite.

Mon acquéreur n'a point à s'en plaindre, puisque les choses restent, à son égard, dans le même état qu'avant le paiement. Que ce soit vous ou l'ancien créancier qui exerciez contre lui l'action hypothécaire, c'est ce qui doit lui être parfaitement indifférent.

Le débiteur n'a pu, par son fait, et en vendant le fonds grevé, empêcher une translation d'hypothèque qui se fait par la seule opération de la loi.

154. 4°. Le Code établit la subrogation de plein droit, au profit de l'héritier bénéficiaire qui a payé de ses deniers la dette de la succession.

Cette espèce de subrogation, qui n'est fondée sur aucun texte du droit romain, fut introduite dans la jurisprudence française, par des motifs de justice et d'équité, et comme nécessaire pour encourager les héritiers bénéficiaires à démêler au plus vite les affaires de la succession (1).

L'héritier bénéficiaire a un intérêt réel à rembourser les créanciers de la succession, pour libérer et conserver les biens qui doivent lui appartenir après les dettes payées, pour empêcher qu'ils ne soient consommés en frais.

C'est le seul motif qu'il puisse avoir, en payant de ses deniers des dettes auxquelles il n'est point personnellement obligé.

L'usage admit donc en sa faveur la subrogation de plein droit, à l'exemple de celle que la loi accordait au créancier qui rembourse un autre créan-

(1) Lebrun, des Successions, liv. 5, chap. 4, n°. 19; Duparc-Poullain, Principes du droit français, tom. VII, pag. 236, n°. 95; Renusson, chap. 7, n°. 77.

cier du débiteur commun, à l'acquéreur qui paie
les créanciers auxquels l'immeuble acquis était hypothéqué. Cet usage a été consacré par le Code.

155. Renusson et Duparc-Poullain (1) pensent
avec raison qu'il faut étendre cette subrogation
au curateur aux biens vacans, qui a payé de ses
deniers les créanciers hypothécaires de la succession, parce qu'il n'est qu'un administrateur judiciaire qui gère les biens pour les héritiers, ou pour
l'Etat, s'il ne s'en présente point.

Mais il faut observer que ce n'est point au profit
personnel du curateur que s'opère alors la subrogation, mais au profit des héritiers ou de l'Etat,
pour lesquels il est censé agir, et qui en recueil-
lent tout l'avantage par son ministère.

156. 5°. Outre les subrogations légales établies
par le Code, ou par une conséquence de ses dispositions, la loi du 22 frimaire an VII en établit
une en faveur des officiers publics qui ont fait,
pour les parties, l'avance des droits d'enregistrement. L'art. 29 de cette loi oblige les officiers publics, tels que les notaires, huissiers, greffiers, etc.,
à payer pour les parties les droits d'enregistrement.
Ils ont donc, par cela même, la subrogation de
plein droit, dans tous les droits et priviléges du
fisc ou de la régie, en vertu de l'art. 1251 du Code,
qui l'accorde à tous ceux qui, étant tenus avec
d'autres *ou pour d'autres,* avaient intérêt d'acquitter la dette. L'art. 30 de loi citée leur accorde en

_____

(1) Duparc-Poullain, *ubi suprà,* n°. 96; Argou, liv. 4, chap. 5,
tom. II, pag. 325.

outre la faculté de prendre exécutoire du juge de paix de leur canton, pour le remboursement, et dans ce cas, l'opposition qui serait formée contre cet exécutoire, ainsi que toutes les contestations qui s'élèveraient à cet égard, doit être jugée suivant les formes particulières aux instances poursuivies au nom de la régie; c'est-à-dire que l'instruction se fait par simples mémoires respectivement signifiés, sans autres frais à supporter par la partie qui succombe, que ceux du papier timbré, des significations et du droit d'enregistrement des jugemens. (*Voy.* l'art. 65 de la même loi).

Mais remarquez que cette disposition n'est établie qu'en faveur des officiers publics qui ont fait l'avance des droits d'enregistrement. *Ils pourront*, dit l'art. 3o, prendre exécutoire du juge de paix de leur canton, pour leur remboursement.

C'est donc une faculté dont ils sont libres de ne pas user, s'ils préfèrent suivre la forme ordinaire de procéder.

157. 6°. L'ordonnance du mois de mars 1673 introduisit une nouvelle espèce de subrogation légale, en faveur des tiers bienveillans qui acquitteraient une lettre de change pour un autre.

L'art. 3 du tit. 5 porte :

« En cas de protêt de la lettre de change, elle pourra être acquittée par tout autre que celui sur qui elle aura été tirée; et au moyen du paiement, il demeurera subrogé en tous les droits du porteur de la lettre, quoiqu'il n'en ait point de transport, subrogation ni ordre. »

Remarquez que ce n'est qu'*en cas de protêt* que

le paiement de la lettre de change, fait par un tiers opère la subrogation de plein droit. Il faut donc qu'il y ait protêt, et que le tiers intervienne au protêt pour empêcher les suites.

En renouvelant la disposition de l'ordonnance de 1673, le Code de commerce a développé les formes de cette intervention, par les articles suivans

« Art. 126. Lors du protêt faute d'acceptation la lettre de change ne peut être acceptée par un tiers intervenant pour le tuteur, ou pour l'un des endosseurs. L'intervention est mentionnée dans l'acte de protêt; elle est signée par l'intervenant.

« Art. 127. L'intervenant est tenu de notifier sans délai, son intervention à celui pour qui il est intervenu. »

« Art. 128. Le porteur de la lettre de change conserve tous ses droits contre le tireur et les endosseurs, à raison du défaut d'acceptation, par celui sur qui la lettre de change était tirée, nonobstant toutes acceptations par intervention. »

« Art. 158. Une lettre de change protestée peut être payée par tout intervenant, pour le tireur ou pour l'un des endosseurs.

» L'intervention et le paiement seront constatés dans l'acte de protêt ou à la suite de l'acte. »

« Art. 159. Celui qui paie une lettre de change par intervention est subrogé aux droits du porteur, et tenu des mêmes devoirs pour les formalités à remplir.

» Si le paiement fait par intervention est fait pour le compte du tireur, tous les endosseurs sont libérés.

» S'il y a concurrence pour le paiement d'une lettre de change par intervention, celui qui opère le plus de libération est préféré.

» Si celui sur qui la lettre était originairement tirée, et sur qui a été fait le protêt, faute d'acception, se présente pour la payer, il sera préféré à tous les autres. »

158. Nous avons dit, *suprà*, n°. 101, qu'il y avait, suivant les lois romaines, quelque différence entre les règles sur la transmission des droits personnels ou actions privilégiées, et les règles sur la transmission des droits réels ou hypothèques.

Mais il faut remarquer d'abord que cette différence n'existe point à l'égard de la transmission, qui se fait par la subrogation consentie par le créancier à celui qui le paie ; elle n'est relative qu'à la subrogation consentie par le débiteur au tiers qui prête l'argent pour payer la dette.

Cette différence est indiquée par Ulpien, dans la loi 2, *ff de cess. bon.*, 42. 3. *In personalibus actionibus*, dit-il, *qui posteà quidem contraxerunt, verùm ut pecunia eorum ad priores creditores perveniat, in eorum locum succedunt.*

Le même jurisconsulte, dans la loi 24, § 3, *de reb. auth. jud. poss.*, 42. 5, dit encore : *Eorum ratio prior est creditorum, quorum pecunia ad creditores privilegiarios pervenit.* Puis il se demande si cela s'applique au cas où l'argent a été remis d'abord au débiteur, qui l'a compté ensuite au créancier privilégié, aussi bien qu'au cas où le nouveau créancier l'a remis directement au privilégié ?

Il répond affirmativement, pourvu que l'argent ait été compté par le débiteur sans intervalle notable : *Quod quidem potest benignè dici, si modò non potest aliquod intervallum id factum sit.*

Qu'exige Ulpien, pour que celui qui paie lui-même un créancier privilégié, ou qui donne au débiteur l'argent pour le payer, succède aux actions personnelles privilégiées?

Il exige deux choses : l'une que l'argent ait été donné, à la condition qu'il fût remis aux créanciers privilégiés : *Verùm ut pecunia eorum ad priores creditores perveniat;* l'autre que l'argent leur soit en effet parvenu : *Quorum pecunia ad creditores privilegiarios pervenit.*

Que faut-il donc de plus, pour que celui qui a prêté l'argent, à condition de payer un créancier hypothécaire, succède à l'hypothèque du créancier payé ? Il faut, suivant la loi 3, *ff quæ res pign. vel hypoth.*, 20. 3, qu'il soit expressément convenu avec celui qui emprunte pour payer, que la même hypothèque sera conservée : *Aristo Neratio Prisco scripsit, etiamsi itâ contractum sit, ut antecedens dimitteretur, non aliter in jus pignoris succedit, nisi convenerit ut sibi eadem res esset obligata, neque enim in jus primi succedere debet, qui ipse nihil convenit de pignore.*

Voici l'espèce de la loi, suivant Cujas, *quæst. Paul., lib.* 3 :

Titius emprunte de Mévius, à condition que la somme prêtée sera employée à payer Caïus, créancier hypothécaire. Mais Mévius n'a point ajouté la

condition de succéder à l'hypothèque de Caïus :
Inter Titium et Mevium nihil convenit de hypothecâ.
Mévius ne succédera point aux actions hypothécaires de Caïus, quoiqu'il succède à ses actions
personnelles privilégiées : *Non succedet in hypothe-
cariis actionibus, aliter quàm si id actum sit nomi-
natum.*

C'est donc uniquement dans la nécessité de cette
convention expresse, sur la conservation de l'hypothèque, que consiste la différence qui existe
dans le droit romain, entre la transmission des
hypothèques ou actions hypothécaires, et la transmission des priviléges ou actions privilégiées, *privilegia causæ.* (*Vid. suprà*, n°. 99). Du reste, la
transmission des unes et des autres exige également
ment deux conditions : l'une qu'il soit convenu
que l'argent prêté sera remis au créancier, l'autre
qu'il l'ait été en effet. Mais la transmission des hypothèques exige de plus une convention spéciale
ou expresse sur leur conservation; convention qui
n'est pas nécessaire pour la transmission des actions personnelles privilégiées, qui s'opère en vertu
de la convention tacite.

159. Or, le Code civil est parfaitement d'accord
avec le droit romain, sur les conditions nécessaires
pour la transmission des priviléges.

L'art. 2103 n'en exige que deux, ainsi que les
lois romaines. Il accorde d'abord au vendeur un
privilége sur l'immeuble vendu pour le paiement
du prix.

Puis, au nombre 2, il étend ce privilége à

ceux qui ont fourni les deniers pour l'acquisition,
pourvu qu'il soit authentiquement prouvé, 1°. par
l'acte d'emprunt, que la somme était destinée à
cet emploi, *ut pecunia ad creditores perveniat;* 2°. par
la quittance du vendeur, que le paiement a été
fait des deniers empruntés, *pecuniam pervenisse.*

Ce sont les deux conditions exigées par le droit
romain. Le nombre 5 du même article n'exige également que les mêmes conditions, pour la transmission du privilége des architectes, maçons, etc.,
et non la convention *expresse* de subrogation.

Bien plus : à la différence du droit romain, ces
deux mêmes conditions suffisent, suivant le Code,
pour subroger, même dans les hypothèques, celui
qui a prêté les deniers pour payer un créancier
hypothécaire. C'est ce qui résulte de l'art. 1250,
comme nous l'avons déjà remarqué *suprá*, n°. 129.

Cet article exige, n°. 1er. que la subrogation soit
expresse, lorsqu'un créancier, en recevant son paiement d'une tierce personne, la subroge dans ses
droits, actions, priviléges et hypothèques. Sans
cette subrogation expresse, l'action personnelle
du créancier ne serait pas transmise.

Celui qui a payé la dette n'aurait qu'une action
nouvelle, l'action *negotiorum gestorum,* l'action
mandati, ou autre, parce que, faute de subrogation, la créance est éteinte par le paiement.

Mais lorsque le débiteur emprunte une somme
à l'effet de payer sa dette, et à l'effet de subroger
le prêteur dans *les droits* du créancier, le n°. 2

du même art. 1250 n'exige, pour que la subrogation soit valable, que les deux conditions exigées
par l'art. 2103, pour la subrogation dans les priviléges du vendeur, et des architectes, etc.; c'est-
à-dire la destination de l'emploi des deniers dans
l'acte d'emprunt, la déclaration de l'emploi dans
la quittance du créancier.

Ces deux circonstances sont en effet suffisantes
pour manifester, sans équivoque, la volonté de
subroger, dans les droits du créancier, le tiers qui
prête son argent pour le payer; sans quoi, comment expliquer la destination d'emploi insérée par
le débiteur dans l'acte d'emprunt, et la déclaration d'emploi, qu'il faut insérer dans la quittance,
en payant le créancier?

Ce seraient deux clauses parfaitement inutiles,
et l'on n'en doit pas supposer de telles dans les actes.
Il faut en interpréter les clauses dans le sens où
elles produisent quelqu'effet (1157).

Il résulte donc de ces deux clauses une convention tacite de subroger le prêteur, et cette convention est, aux yeux de la raison, suffisante pour la
transmission des *hypothèques*, aussi bien que pour
celle des actions personnelles.

Le Code s'est donc, en ceci, rapproché de la
simplicité et de l'uniformité des principes, caractères d'une bonne législation.

Il est en effet bizarre que ces deux conditions,
qui sont suffisantes pour la transmission des actions personnelles et des priviléges, sans la mention expresse de la subrogation, soient insuffisantes

pour la transmission des hypothèques. On n'en peut donner pour motif qu'une disposition arbitraire, *lex scripta;* mais cette disposition est abrogée par le Code et par la loi du 3o ventôse an XII (1).

160. Les dispositions du Code sur la subrogation, ou sur la transmission des actions et priviléges des créanciers, ne sont relatives qu'à ceux de ces priviléges qui intéressent les autres créanciers.

Tels sont les droits d'hypothèque et les priviléges qui donnent à une créance une préférence sur les autres.

C'est à l'égard de la transmission de ces droits que la loi a dû prendre des précautions, pour empêcher les fraudes, si faciles à commettre au préjudice des créanciers postérieurs ou chirographaires : c'est pour cela qu'elle exige impérieusement que la destination et la déclaration d'emploi des deniers prêtés, soient exprimées par des actes authentiques.

Quant aux actions auxquelles sont attachés des priviléges qui n'intéressent en rien les autres créanciers, mais uniquement la personne du débiteur, telles que la contrainte par corps, l'exécution pa-

---

(1) Après cette explication des principes du Code, si l'on veut voir ce que disent nos anciens auteurs français, sur la transmission des actions et priviléges personnels, on peut consulter Loiseau, Traité des offices, liv. 3, chap. 8; Brodeau sur Louet, lettre C, sommaire 38; Gueret et Blondeau, dans le Journal du Palais, édition de 1713, tom. II, pag. 29; Renusson, Traité de la subrogation, chap. 3; le Répertoire de jurisprudence, v°. *Subrogation de personnes*, sect. 2, § 2; Pothier, des Obligations, n°. 521.

rée, l'inadmissibilité au bénéfice de cession, etc., nous avons déjà observé que la nature de ces actions doit en rendre la transmission plus facile, lorsqu'elle est faite par le débiteur lui-même, parce qu'il n'y a point alors de fraudes à craindre.

Le Code a donc laissé cette transmission dans les règles du droit commun.

Si elle est faite par le créancier, elle est soumise aux règles ordinaires de la subrogation consentie par le créancier ; c'est-à-dire qu'elle doit être expresse, et faite en même tems que le paiement, sans quoi l'action serait éteinte par le paiement, et une action éteinte ne peut plus revivre.

Du reste, la loi n'exige pas, même à l'égard de la transmission des hypothèques, qu'elle soit faite par un acte authentique.

Si elle est consentie par le débiteur qui emprunte pour payer ses dettes, il n'est pas nécessaire que la destination et la déclaration d'emploi des deniers prêtés soient faites par un acte authentique, parce qu'il n'y a pas de fraude à craindre ; il n'est pas nécessaire non plus que la subrogation soit expresse, puisque, comme nous l'avons vu, le Code ne l'exige pas pour la transmission des hypothèques.

Si donc, dans un acte d'emprunt sous seing privé, le débiteur reconnaissait avoir reçu de Titius une somme pour payer ce qu'il doit à Caïus, en vertu de tel acte, et qu'il fût exprimé dans la quittance que la somme est provenue des deniers de Titius, celui-ci serait, sans aucun doute, subrogé dans les actions personnelles de Caïus.

161. Mais *quid*, si la quittance ne paraisssait point, soit parce que le débiteur ne veut pas la représenter, soit parce qu'il a détourné l'emploi de la somme prêtée?

Il faut alors distinguer : si le prêteur est ressaisi des titres de la créance, il nous paraît certain que la subrogation est opérée en sa faveur, et qu'il peut exercer toutes les actions et priviléges du créancier, lorsqu'ils ne préjudicient point aux autres créanciers.

Si le débiteur alléguait le défaut de preuve de l'emploi de la somme prêtée, on lui répondrait que la remise des titres en est une preuve suffisante; que d'ailleurs il doit être repoussé *per exceptionem doli;* car la somme n'était prêtée que sous la condition de l'employer à acquitter la créance de Caïus.

Or, la condition est réputée accomplie, lorsque c'est le débiteur obligé sous cette condition qui en a empêché l'emploi (1178). Son dol suffit pour faire réputer la condition accomplie : *In jure civili receptum est, quotiens per eum cujus interest conditionem non impleri fiat quominùs impleatur, perindè haberi ac si conditio impleta fuisset. Loi* 161, *ff de R. J.*

Mais si le prêteur n'était pas ressaisi des titres de la créance, il ne pourrait exercer les actions du créancier payé; il devrait s'imputer sa propre négligence.

162. Après avoir examiné l'origine et les fondemens des différentes espèces de subrogation, il nous reste à rechercher quels en sont les effets.

Voyons d'abord si la subrogation consentie par le débiteur a la même force et produit les mêmes effets, relativement aux autres créanciers, aux cautions et aux coobligés, que la cession ou subrogation consentie par le créancier.

C'était l'une des questions les plus controversées de l'ancienne jurisprudence.

Pour établir une différence entre elles, on disait qu'à la vérité la cession ou subrogation consentie par le créancier transmet sans réserve toutes les actions, tous les droits de ce dernier, et par là les empêche de s'éteindre : ils ne font que changer de propriétaire; mais que la subrogation consentie par le débiteur, s'opérant sans le consentement, et même contre le consentement du créancier, ne peut transférer les actions et les droits qui étaient la propriété de ce dernier, et qui ne pouvaient être transmis sans sa volonté. Loi 11, *ff de R. J.*

Qu'ainsi, les actions s'éteignaient par le paiement; que la convention faite entre le débiteur et le tiers qui prête les deniers pour payer l'ancienne dette, opérait une novation qui ne pouvait avoir de force contre ceux qui n'y avaient pas consenti; que le débiteur, en contractant une nouvelle dette pour payer l'ancienne, n'avait ni le pouvoir de transporter la créance qu'il allait éteindre, ni de donner à la nouvelle, contractée sans mandat de leur part, aucune force contre ses coobligés et ses cautions, auxquels, au contraire, il devait une libération, loin d'avoir le pouvoir de les obliger.

C'est par ces motifs que le règlement du Parle-

ment de Rouen, du 6 avril 1666, vulgairement
appelé les *Placités* de Rouen, avait statué, art. 132,
que *l'obligation du plege* (c'est-à-dire de la caution)
*est éteinte quand la dette est payée par le principal
obligé, lequel néanmoins peut subroger celui qui a
baillé les deniers pour acquitter la dette, à l'hypothèque d'icelle sur ses biens seulement, et non sur ceux
du plege;* que ces principes étaient suivis en Bretagne, comme l'atteste Duparc-Poullain, tom. VII,
pag. 153, n°. 115.

On pourrait ajouter qu'ils sont conformes aux
règles de droit, qui ne permettent pas au débiteur
de rendre pire la condition du fidéjusseur.

Or, c'est la rendre pire que de lui donner, sans
son consentement, un nouveau créancier, peut-
être plus fâcheux et plus dur.

On répondait que si, dans le cas de la subrogation consentie par le débiteur, la dette s'éteint
par le paiement fait au créancier, elle n'était véritablement éteinte qu'envers ce dernier, mais qu'à
tout autre égard, la loi toute-puissante l'a fait, par
des motifs d'équité que nous avons ci-devant exposés, subsister au profit du prêteur, qui avait
mis ses deniers en la place des deniers rembour-
sés, en le subrogeant à la place de l'ancien créancier, et en le faisant succéder aux droits et actions
de ce dernier; que si le droit du prêteur subrogé
n'est pas précisément le droit de l'ancien créancier qui ne l'a point cédé, c'est un droit tout semblable et tout aussi fort, *jus simile et æquè potens,*
comme l'enseignent Dumoulin et Loiseau ci-dessus

cités, n°. 110; que l'ordonnance des subrogations, de 1609, a fait cesser toute controverse sur ce point, en ordonnant que « ceux qui fourniront leurs de-» niers aux débiteurs de rentes constituées, avec » stipulation expresse de succéder aux hypothè-» ques des créanciers qui seront acquittés de leurs » deniers........., seront et demeureront subrogés » de droit aux *droits, hypothèques, noms, raisons et* » *actions desdits anciens créanciers, sans autre cession* » *et transport d'iceux.* »

Après un texte si précis, soutenir que les droits du prêteur qui donne ses deniers pour payer une ancienne dette, ne sont pas ceux de l'ancien créancier, ou au moins des droits tout semblables et aussi forts, et que les effets de la cession sont plus étendus que ceux de cette subrogation, c'est véritablement contester la toute-puissance de la loi.

Que si la jurisprudence du Parlement de Paris avait été long-tems douteuse sur l'effet de cette subrogation contre les cautions et coobligés du débiteur subrogeant, elle avait été fixée par un réglement du 6 juillet 1690, rapporté au Journal des audiences, qui porte que, pour *succéder et être su-brogé aux actions, droits et priviléges d'un ancien créancier, sur les biens de tous ceux qui sont obligés à la dette, ou de leurs cautions, et pour avoir droit de les exercer ainsi et de la même manière que lesdits créanciers auraient pu faire, il suffit que les deniers du nouveau créancier soient fournis à l'un des débiteurs avec stipulation....... qu'il emploiera lesdits deniers....... sans qu'il soit besoin que la subrogation soit consentie par l'ancien créancier, ni par les autres* DÉBITEURS *et* CAUTIONS.

Le savant arrêtiste observe que ce réglement a décidé qu'il n'est besoin, pour obtenir la subrogation parfaite et entière, ni du consentement des autres débiteurs et coobligés solidairement, ni des cautions.

Si le Parlement de Rouen s'était écarté de ces principes, c'est qu'il n'avait pas reçu l'ordonnance des subrogations de 1609, parce qu'elle ne fut faite qu'en conséquence de l'édit de 1601, portant réduction de l'intérêt, non vérifié ni exécuté dans son ressort.

Ainsi, sa jurisprudence, ni celle des autres Parlemens qui avaient adopté les mêmes principes, ne pouvaient s'étendre au-delà de leurs ressorts.

Enfin, le Code a établi une règle uniforme pour tout le royaume. C'est la jurisprudence du Parlement de Paris qu'il a adoptée dans l'art. 1252. «*La subrogation établie par les articles précédens,* c'est-à-dire la subrogation conventionnelle consentie, soit par le créancier, soit par le débiteur, et la subrogation légale, *a lieu tant contre les cautions que contre les débiteurs,* c'est-à-dire les autres codébiteurs et coobligés.»

Ainsi, toute controverse doit aujourd'hui cesser. On ne peut plus révoquer en doute que tous les droits et actions de l'ancien créancier ne soient, dans toute leur plénitude, transférés au prêteur qui a donné son argent pour payer l'ancien créancier. Ce mode de subrogation n'a pas moins de force que la cession du créancier et que la subrogation légale.

Le subrogé peut les exercer comme le créancier l'aurait pu faire.

163. Mais la subrogation peut-elle être consentie par le créancier à l'un des codébiteurs solidaires, et celui-ci peut-il, en vertu de sa cession, exercer l'action solidaire, déduction faite de sa part virile et de sa part dans les insolvabilités, s'il s'en trouve?

C'était encore une question très-controversée dans l'ancienne jurisprudence, et sur laquelle on trouve des autorités pour et contre, des arrêts rendus aussi pour et contre par les différens Parlemens.

Mais malheureusement le Code n'a point tranché cette difficulté aussi nettement que la précédente.

Au lieu d'essayer inutilement de concilier ces autorités et ces arrêts, nous *rechercherons* quelle est l'opinion la plus raisonnable et la plus conforme à l'esprit et aux dispositions du Code.

La solidarité n'est relative qu'au créancier. L'obligation contractée solidairement envers lui se divise de plein droit entre les débiteurs, qui n'en sont tenus chacun que pour sa part. (1213. Huberus, *in. Inst., tit. de duob. reis,* n°. 3). Primus, Secundus, Tertius et Quartus ont emprunté solidairement de *Caïus* une somme de 8,000ᶠ, qu'ils ont partagée entre eux ; chacun n'est réellement débiteur que de 2,000ᶠ, quoique *Caïus* puisse exi-

ger les 8,000ᶠ de celui d'entre eux qu'il lui plaira
de choisir. Il en résulte que si Primus a payé seul
la somme de 8,000ᶠ, sans obtenir la cession des
droits du créancier, le paiement a éteint en totalité la créance solidaire.

Il ne peut répéter contre les autres, par l'action *negotiorum gestorum*, que la part de chacun
d'eux, c'est-à-dire 2,000ᶠ, sauf, s'il y a des insolvables, à répartir, par contribution, les pertes
dont il doit supporter sa part.

Mais si Primus avait obtenu la cession des droits
du créancier, pourquoi ne pourrait-il pas, en déduisant sa part, exercer, comme le créancier qu'il
représente l'aurait pu faire, l'action solidaire pour
les 6,000ᶠ restans?

Si Caïus avait consenti à recevoir divisément les
2,000ᶠ dus par Primus, la personne et la part de
ce dernier auraient été déduites de l'obligation;
Secundus, Tertius et Quartus seraient demeurés
seuls débiteurs solidaires des 6,000ᶠ restans, sans
recours vers Primus, si ce n'est pour la part des
insolvables. Le Code veut, avec raison, que *le
créancier qui consent à la division de la dette, à
l'égard de l'un des codébiteurs, conserve son action
solidaire contre les autres, mais sous la déduction de
la part du débiteur qu'il a déchargé de sa solidarité*
(1210).

En effet, loin de nuire à Secundus, à Tertius
et à Quartus, en recevant divisément les 2,000ᶠ
qui formaient la part de Primus dans l'obligation,
Caïus n'a fait que rendre leur condition meilleure,

puisqu'il pouvait exiger solidairement 8,000ᶠ de l'un d'eux, et qu'il ne peut plus en exiger que 6,000ᶠ.

Maintenant, si Caïus cédait ses droits et actions contre Secundus, Tertius et Quartus, tous également solvables, à Primus, devenu désormais étranger à cette affaire, pourquoi Primus, qui n'est point leur associé, et qui, en vertu de la subrogation, représente la personne de Caïus, ne pourrait-il pas exercer contre eux l'action solidaire pour les 6,000ᶠ?

On ne voit pas de raison pour la lui refuser plutôt qu'à tout autre cessionnaire qui n'aurait jamais eu part à l'obligation.

Or, supposons que c'est au moment où Primus a payé, tant pour lui que pour Secundus, Tertius et Quartus, que Caïus l'a subrogé dans ses droits et dans ses actions; pourquoi, en déduisant sa part, ne pourrait-il pas exercer l'action solidaire pour le surplus?

Est-ce parce qu'au moment de la cession il était encore débiteur solidaire? Mais il a cessé de l'être par le paiement.

Le Code nous offre l'exemple d'un cas où le codébiteur solidaire l'était encore, lorsque la subrogation s'est opérée, et où néanmoins il peut, en déduisant sa part, exercer l'action solidaire contre ses anciens codébiteurs : c'est le cas où la subrogation s'est opérée par succession, où Primus est devenu héritier de Caïus. L'art. 1209 porte : *Lorsque l'un des débiteurs devient héritier unique du créan-*

cier, ou lorsque le créancier devient l'unique héritier de l'un des débiteurs, la confusion n'éteint la créance solidaire que pour la part et portion du débiteur ou du créancier. Si Primus était devenu seul héritier de Caïus, il pourrait, en déduisant les 2,000ᶠ qu'il doit de son chef, exercer, pour les 6,000ᶠ restans, l'action solidaire contre Secundus, Tertius ou Quartus.

Pourquoi donc ne le pourrait-il pas, si, avant la mort de Caïus, celui-ci l'a subrogé par une cession expresse, soit à titre onéreux, soit à titre gratuit?

On ne voit pas, entre les deux cas, de raison de différence suffisante pour donner une décision différente dans l'un et dans l'autre.

A ces raisonnemens, qui nous paraissent décisifs, on oppose un autre raisonnement qui nous paraît un véritable sophisme, mais qu'il faut examiner avec beaucoup d'attention; car il a séduit d'excellens esprits, et entre autres le savant Pothier.

On dit que si Primus pouvait, en vertu de la subrogation, exercer l'action solidaire contre Secundus, il se ferait un circuit d'actions qui reviendrait contre Primus, car Secundus, en payant 6,000ᶠ pour le surplus de la dette, aurait aussi droit, sous la déduction *de sa part*, d'être subrogé aux actions du créancier, et en vertu de cette subrogation, il aurait droit d'exiger de Primus ce qu'il lui aurait payé, puisque Primus est tenu lui-même de la solidarité. C'est ainsi que raisonne Pothier.

Mais, afin qu'on ne pense pas que nous ayons affaibli la force de son raisonnement, nous rapporterons ses propres expressions. Il examine, n°. 281, la question de savoir si le codébiteur solidaire, qui, en payant, a requis la subrogation dans les droits du créancier, peut, pour ce qui excède sa part virile dans la dette, exercer l'action solidaire contre ses codébiteurs et leurs cautions, s'ils en ont donné.

C'est, dit-il, une question controversée entre les docteurs, et il avoue que la question avait été anciennement jugée en faveur de l'action solidaire, parce qu'en effet, le codébiteur subrogé représente la personne du débiteur : il est le *procurator in rem suam* du créancier; puis il ajoute que d'autres arrêts ont jugé contre l'action solidaire.

« La raison en est, dit-il, qu'autrement il se » ferait un circuit d'actions; car celui de mes co-» débiteurs à qui j'aurais fait payer le total de » la créance, ma part déduite, aurait droit, en » payant, d'être pareillement subrogé *aux actions* » *du créancier, sous la déduction de la part dont il* » *est lui-même tenu;* et en vertu de cette subroga-» tion, il aurait *le droit d'exiger de moi,* sous la » déduction de sa part, *ce qu'il m'aurait payé,* puis-» *que je suis tenu moi-même de la solidarité.*

» Je ne pourrais pas dire, pour me défendre de » ce circuit, que je ne suis plus débiteur, ayant » payé le créancier; car, au moyen de la subroga-» tion, le paiement que j'ai fait n'a éteint la dette » que pour la part dont j'en étais tenu pour moi-» même, non pour le surplus. Au moyen de la su-

» brogation , j'ai plutôt *acquis* la créance du créan-
» cier, pour le surplus, que je ne l'ai acquittée;
» mais étant remboursé par mon codébiteur, qui
» *aurait aussi requis la subrogation,* cette créance
» *pour le surplus,* et sous la déduction de la part
» dont il est lui-même tenu, passerait en la per-
» sonne de ce codébiteur; ce ne *serait plus moi,*
» mais *lui,* qui serait le *procurator in rem suam* du
» créancier, et qui, en cette qualité, aurait droit
» d'exercer *contre moi* les actions du créancier pour
» ce surplus, et de me faire rendre ce qu'il m'a
» payé. »

Pour apprécier ce raisonnement abstrait, et,
par cela même obscur, il faut en faire l'application
à une espèce proposée par Pothier lui-même.
Caïus a prêté 8,000^f à Primus, Secundus, Tertius et Quartus, qui se sont obligés solidairement
à rendre la somme. Primus la paie en entier à
Caïus, qui le subroge dans tous ses droits et actions. Ainsi, voilà Primus *procurator in rem suam*
de Caïus. Primus, comme dit Pothier, *a acquis* le
surplus de la créance de Caïus.

Mais peut-il agir solidairement contre Secundus, pour le contraindre à payer le surplus, c'est-
à-dire 6,000^f? Non, dit Pothier; autrement, il se
ferait un circuit vicieux d'actions qui reviendrait
contre Primus.

Comment donc se ferait ce circuit? C'est que
Secundus, en payant, aurait droit d'être subrogé
aux *actions du créancier.* (Caïus), sous la déduction
de la part dont il est lui-même tenu; et en vertu
de cette subrogation, ce ne serait plus Primus,

mais Caïus, qui serait le *procurator in rem suam*
du créancier, et, en cette qualité, il aurait droit
d'exercer contre Primus l'action solidaire du créancier, et de se faire rendre ce qu'il aurait payé à
Primus.

Ce raisonnement est d'une fausseté tellement
évidente, qu'on est surpris qu'il ait pu séduire un
seul instant. Lorsque Caïus, en recevant son paiement de Primus, l'a subrogé dans tous ses droits;
lorsque, comme dit Pothier lui-même, Primus
a acquis, par cette subrogation, le surplus de la
créance de Caïus, celui-ci n'a plus de droits qu'il
puisse céder : tous ses droits reposent sur la tête
de Primus.

Secundus, en payant à celui-ci le surplus de la
créance réduite à 6,000ᶠ, ne peut donc être subrogé
dans les droits de Caïus; il ne peut plus devenir
le *procurator in rem suam* de Caïus. Il peut, tout
au plus, être subrogé dans les droits de Primus,
pour le surplus de la créance, réduite, par ce second paiement, à 4,000ᶠ.

Or, il n'est pas possible de dire, sans absurdité, que cette subrogation lui donne le droit, sa
part déduite, d'agir contre Primus, subrogeant,
et de lui faire rendre ce qu'il a reçu.

Pour achever de déraciner le préjugé qu'élève
l'autorité imposante de Pothier, il faut remonter
à la source de son erreur.

Elle est venue de la fausse application qu'on a
faite à la cession consentie à l'un des codébiteurs
solidaires, d'un raisonnement que le subtil Antoine Favre, *Antonius Faber,* applique à la cession

consentie à l'un des cofidéjusseurs. Personne, dit-il, *lib.* 11, *conjectur.*, *cap.* 11, ne doute que, si l'un des cofidéjusseurs paie toute la dette, le créancier ne peut lui céder l'action solidaire contre aucun des autres ; car chacun d'eux ayant le droit de faire diviser l'action du créancier, il pourrait l'exercer contre le cessionnaire.

Mais s'ils ont renoncé au bénéfice de la division, leur condition semble égale à celle des codébiteurs solidaires ; le créancier peut agir solidairement contre l'un d'eux.

D'où l'on pourrait conclure que le créancier peut et doit céder l'action solidaire à celui et contre celui d'entre eux qu'il lui plaît de choisir, comme il pourrait la céder à un étranger.

Mais s'il en était ainsi, dit l'auteur, celui des cofidéjusseurs qui voudrait payer toute la dette, pourrait demander que le créancier lui cédât l'action solidaire comme tel autre des cofidéjusseurs qu'il voudrait, afin de répéter de lui tout ce qu'il aurait payé, sans déduction de la somme qu'il aurait payée lui-même pour sa part, si le créancier, comme il en avait le droit, avait divisé son action.

Or, en admettant cela, continue l'auteur, par quelle raison le cofidéjusseur, qui répète la totalité, pourrait-il refuser la cession de l'action solidaire pour cette totalité ?

Car, en effet, il a aussi l'exception *cendendarum actionum*, qu'on ne peut lui ôter. En procédant ainsi du premier au second fidéjusseur, du second au troisième, etc., il arrive que, par un circuit vicieux d'actions, ceux des cofidéjusseurs auxquels l'action aura été cédée en dernier lieu, finiront par revenir contre les premiers, par la même action, à moins qu'on n'en revienne enfin à diviser la dette entre tous les cofidéjusseurs du débiteur devenu insolvable.

Si l'on répond que le premier cofidéjusseur, à qui le créancier originaire a cédé l'action solidaire, n'est pas obligé de la céder contre lui-même, mais seulement contre les autres, il en résultera d'abord un grand abus : c'est que le créancier, libre d'exercer l'action solidaire contre celui qu'il veut choisir, pourra vendre cette faveur à prix d'argent.

Il en sera de même du premier cessionnaire, qui pourra vendre la cession au second, celui-ci au troisième; et le dernier sera obligé de supporter seul toute la dette, sans recours, si le débiteur est insolvable; ce qui est d'une injustice évidente.

L'auteur en conclut que la cession d'actions, faite par le créancier au cofidéjusseur qui paie toute la dette, ne doit être faite que pour la portion virile de chacun des autres cofidéjusseurs, et non pour la totalité.

Il avait raison sous l'empire du droit romain, qui n'accordait aucun recours aux cofidéjusseurs, les uns contre les autres.

Mais il étend cette conséquence aux codébiteurs solidaires, et, en cela, il a tort. La raison de différence consiste, 1°. en ce que l'obligation du fidéjusseur n'est jamais qu'accessoire, tandis que celle du cooblige est principale; 2°. en ce que le cofidéjusseur ne doit personnellement aucune partie de la somme cautionnée, quoique le créancier puisse l'exiger de lui en totalité, tandis que le co, obligé est, pour son compte personnel, tenu à une portion de la dette, indépendamment de l'action solidaire.

Il en résulte qu'en payant la totalité de la dette, le cofidéjusseur n'en éteint réellement aucune partie, suivant le droit romain : elle reste due en entier par le débiteur. La créance n'a fait que changer de propriétaire pour la totalité ; la personne seule du créancier est changée.

Il en est autrement du codébiteur solidaire : lorsqu'il paie la totalité de sa dette, il éteint irrévocablement sa part virile.

La créance ne peut donc plus lui être cédée ou vendue en totalité, mais seulement pour ce qui reste, déduction faite de la part acquittée.

Si le créancier lui cède l'action solidaire contre les autres codébiteurs, ou contre l'un d'eux, pour le surplus de la créance, celui qui paiera ce surplus en totalité au subrogé, acquittera encore irrévocablement sa portion personnelle de la dette, et ne pourra plus, par conséquent, se faire céder l'action solidaire que pour ce qui reste, déduction faite de deux parts. Il ne peut donc jamais, dans ce cas, y avoir de circuit vicieux d'actions.

Supposons 8,000ᶠ dus solidairement à Caïus par quatre codébiteurs solidaires : chacun n'est réellement débiteur que de 2,000ᶠ, quoique Caïus puisse exiger de lui les 8,000ᶠ. Si Caïus, en recevant les 8,000ᶠ de Primus, lui cède son action solidaire, il ne peut la céder que pour 6,000ᶠ ; car

la créance est réduite à cette somme. Si Primus
agit solidairement contre Secundus, pour répéter
les 6,000ᶠ restans, la créance est, par le paiement
de ce dernier, réduite à 4,000ᶠ, et si Secundus
se fait payer cette somme entière par Tertius,
la créance sera définitivement réduite à 2,000ᶠ,
somme qui est la portion virile de Quartus.

Le circuit vicieux des actions est donc impossible, dans le cas des coobligés solidaires, aucun
d'eux ne pouvant jamais revenir contre celui qui
a payé.

Ainsi, rien n'empêche, dans l'espèce proposée,
que le créancier ne puisse céder l'action solidaire
au premier qui paie la totalité, celui-ci au second
qui paie le résidu, et ainsi de suite.

Disons plus : l'exercice de l'action solidaire ainsi
cédée, loin de présenter aucun inconvénient dans
la pratique, tend à diminuer le nombre des procès, au lieu de le multiplier; car si le premier,
qui a payé la totalité, ne peut agir contre les trois
autres que pour la part de chacun, voilà trois procès dans trois tribunaux différens, si les codébiteurs ont leurs domiciles en trois ressorts différens.

Au lieu que, si Primus peut agir solidairement
contre Secundus, celui-ci ne manquera point,
comme il en a le droit, d'assigner les autres en
garantie, et de les citer devant le tribunal où il est
traduit lui-même, pour les faire condamner à
payer leurs parts de la dette commune : ainsi voilà
les trois procès réduits à un seul, qui sera jugé
dans le même tribunal.

Car le créancier, ni, par conséquent, son cessionnaire, ne peuvent refuser au coobligé, assigné
pour payer solidairement, le délai nécessaire pour
appeler les autres coobligés. (*Vid.* Doneau, *in tit.
Cod. de duob. reis, cap.* 13, n°. 7). Ainsi la cession
de l'action solidaire à l'un des coobligés, qui ef-
farouche d'abord par le fantôme du circuit vicieux des actions, se trouve, en examinant ses effets, conforme au droit rigoureux et à la raison,
et utile dans la pratique, puisqu'il tend à diminuer les procès.

Ce que nous venons de dire des coobligés solidaires souffrait difficulté dans les principes du
droit romain, à l'égard des fidéjusseurs, quoiqu'ils
eussent renoncé au bénéfice de division, parce
que, comme ils ne devaient personnellement aucune partie de la dette, celui qui l'avait payée en
totalité et sans cession, n'avait pas d'action récur-
soire contre les autres. S'il avait exercé l'action solidaire du créancier contre les autres, il en serait
résulté le circuit vicieux, ou les autres inconvéniens remarqués par Antoine Favre.

Mais le Code civil, par une disposition déroga-
toire au droit romain, veut, art. 2033, que celui
des fidéjusseurs qui a cautionné le même débiteur, ait, à l'exemple du coobligé solidaire, un
recours contre ses cofidéjusseurs, *chacun pour sa
part et portion.*

Si donc l'un d'entre eux se fait céder l'action
solidaire du créancier, il ne peut jamais se la faire
céder ni l'exercer que déduction faite *de sa part et
portion.* Ainsi, le circuit vicieux dont parle Po-

thier ne peut pas plus exister en ce cas, qu'en cas de la cession faite à l'un des coobligés.

Il paraît cependant, dit le nouveau Répertoire de jurisprudence, v°. *Subrogation de personnes*, § 5, n°. 4,. que ce sont les raisons de Pothier qui firent changer l'ancienne jurisprudence du Parlement de Paris; mais il ajoute qu'elles n'avaient pas produit le même effet en Provence, où l'usage, attesté par un acte de notoriété du parquet d'Aix, du 19 février 1720, est qu'on accorde toujours l'action solidaire au codébiteur, qui exerce cette solidarité *ex nomine cesso,* et avec subrogation des droits et actions.

Telle était aussi, suivant Thibault, Traité des criées, chap. 15, § 2, la jurisprudence du Parlement de Dijon. Il en remarque deux arrêts, des 1er. mai 1698 et 10 avril 1713.

L'exacte et savant Gueret, dans ses nouvelles Remarques sur le chap. 69 de la première centurie de Leprêtre, dit, et nous croyons l'avoir prouvé, que la jurisprudence la plus raisonnable est que le coobligé, qui a stipulé la subrogation aux droits du créancier originaire, peut exercer la solidarité contre les autres coobligés.

Si la jurisprudence la plus raisonnable est que le coobligé solidaire, qui a payé avec subrogation expresse, puisse exercer l'action solidaire contre les autres, après déduction de sa part virile, et de sa part dans les insolvabilités, il faudrait aujourd'hui, pour suivre l'opinion contraire, une disposition formelle du Code. Or, elle n'existe point. L'art. 1214 porte que « le codébiteur d'une dette

» solidaire, qu'il a payé en entier, ne peut répé-
» ter contre les autres que les part et portion de
» chacun d'eux. »

Mais cet article ne parle que du cas où il a payé
sans subrogation ou cession expresse, et ce cas
est bien différent : *Quia per expressam cessionem, et
directæ et utiles actiones transferuntur,* dit Loiseau,
Traité du déguerpissement, liv. 2, chap. 8, n°. 3.
Le codébiteur, dit fort bien Pothier, *a acquis le*
surplus de la créance avec les actions du créancier.

Or, l'art. 1594 du Code dit que « tous ceux à
» qui la loi ne l'interdit pas, peuvent acheter ou
» vendre. »

Le créancier peut donc céder ses droits et ses
actions au coobligé solidaire. Celui-ci représente
alors la personne du créancier, et peut exercer
toutes ses actions, comme le pouvait faire le cédant.

Nous avons prouvé que le circuit vicieux d'actions qu'on prétendait opposer au coobligé subrogé, n'était qu'une pure chimère ; et ce qui met
cette vérité dans un nouveau jour, c'est que si, au
lieu d'être subrogé par la cession volontaire, le
coobligé était subrogé par succession, en devenant
unique héritier du créancier commun, il pourrait,
sans craindre le circuit d'actions, exercer, contre
ses anciens coobligés, l'action solidaire pour le
surplus de la dette (1209), en déduisant sa part
virile, ainsi que sa part dans les insolvabilités.

Mais, dit Pothier, dans ce cas, la confusion soustrait la personne du débiteur à l'obligation plutôt

qu'elle n'éteint l'obligation : *Magis personam debi-toris eximit ab obligatione, quàm extinguit obliga-tionem.*

Oui sans doute; mais il en est de même du cas où le créancier a cédé ses droits, et cela, suivant la doctrine même de Pothier; car, dit-il, *loco sup. cit.*, au moyen de la subrogation, le paiement que j'ai fait n'a éteint la dette que pour la part dont j'en étais tenu, non pour le surplus; au moyen de la subrogation, j'ai plutôt *acquis* le surplus de la créance que *je ne l'ai acquittée*.

Il n'y a donc pas de différence à faire entre le cas où la personne de l'un des coobligés est sous-traite à l'obligation, par la confusion, et celui où elle en est soustraite par la subrogation convention-nelle.

Accorder, dans le premier cas, l'action solidaire au coobligé qui a cessé de l'être par la confusion, et la refuser au coobligé qui a cessé de l'être par le paiement de sa part et par la subrogation, ce serait introduire dans la jurisprudence une dispa-rate contraire à la perfection de la législation, qui doit suivre des principes uniformes.

On pourrait opposer à ce que nous venons de dire, que l'art. 1251, n°. 3, accorde la subrogation de plein droit au coobligé qui a payé la dette com-mune.

Cependant l'art. 1214 lui refuse l'action solidaire, et ne lui permet de répéter, contre chacun des coobligés, que la part et portion de chacun d'eux.

Or, la subrogation légale n'a pas moins de force

que la subrogation conventionnelle : donc, malgré
cette dernière subrogation, le débiteur subrogé ne
peut exercer l'action solidaire.

Il faut répondre que si, malgré la subrogation
légale, le codébiteur, qui a payé la dette commune, ne peut exercer l'action solidaire, c'est que
la loi a seulement voulu lui assurer la reprise de
ses avances, en lui conservant les hypothèques et
priviléges de l'ancien créancier. Mais elle n'a pas
voulu lui conserver la solidarité contre ses coobligés, parce qu'en négligeant de se faire subroger,
il n'a point témoigné l'intention de la conserver,
au lieu qu'il est toujours censé vouloir conserver
ses sûretés. S'il a oublié d'en stipuler la conservation, la loi présume qu'il en avait l'intention ; elle
répare son omission par une prévoyance qui ne
nuit en rien aux autres coobligés.

Quant à l'action solidaire, qui est toujours au
moins fort gênante pour eux, et qui n'est pas,
comme les hypothèques, nécessaire pour la sûreté
du remboursement des avances faites par l'un
d'eux, la loi n'a pas étendu et n'a pas dû étendre
jusque là sa prévoyance.

Mais elle n'a pas défendu au codébiteur, qui
paie la totalité de la dette commune, de se procurer l'action solidaire, pour faciliter son remboursement, en se la faisant céder par une convention ou subrogation, au moyen de laquelle il
représentera la personne du créancier commun et
deviendra, comme dit Pothier, *procurator in rem
suam;* représentation qui ne peut avoir lieu dans

la subrogation légale, et qui a le même effet que si le subrogé se faisait donner une procuration, pour agir dans le nom du subrogeant (1).

---

(1) Un savant confrère, à qui j'ai communiqué cette discussion, pense que le prétendu circuit vicieux des actions n'est pas une raison pour refuser l'action solidaire au coobligé qui a payé toute la dette, en se faisant céder les actions du créancier; mais il croit apercevoir une autre raison; c'est, suivant lui, que le coobligé solidaire contracte, non seulement avec le créancier, mais avec ses coobligés; il donne et accepte une garantie de la solvabilité personnelle de chacun des autres. En stipulant du créancier la cession de la solidarité, il rompait un contrat qui ne peut l'être que du consentement de toutes les parties contractantes.

Cette doctrine, contraire à la vérité, est aussi contraire au droit romain et à l'opinion des jurisconsultes. Lorsque plusieurs personnes s'engagent solidairement envers un créancier commun, elles ne contractent point entre elles, mais avec lui, à moins que le contrat ne contienne quelques clauses relatives aux droits respectifs des coobligés : *Inter correos ipsos, qui invicem non caverunt, nullum negotium gestum videri potest, non magis quàm inter extraneos, id est diversis obligationibus devinctos,* dit Antoine Favre, *Conjectur., lib.* 11, *cap.* 14. *Nullum inter correos quâ tales negotium gestum est,* dit Huberus, *in Instit. de duob. reis.* S'ils ont un recours les uns vers les autres, pour ce qui excède leur part de la dette et des insolvabilités, ce n'est pas en vertu d'un contrat qui n'existe point; c'est que la loi, guidée par l'équité, a cru devoir leur accorder ce recours, que le droit romain ne leur accordait pas, précisément parce qu'il n'y avait point de contrat entre eux. Il ne faut pas conclure de cette disposition qu'il existe un contrat fictif entre les coobligés; car, suivant la doctrine du Code, art. 1370, il y a des engagemens qui se forment sans qu'il intervienne aucune convention, ni de la part de celui qui s'oblige, ni de la part de celui envers qui il est obligé. Les uns résultent de l'autorité seule de la loi : tel est le recours des coobligés les uns contre les autres. Le Code bannit, avec raison, de la jurisprudence, cette fausse doctrine des contrats fictifs.

Au reste, si les coobligés avaient inséré dans l'acte une clause contraire à la cession que le créancier pourrait faire de ses droits à l'un d'entre eux, il est évident qu'il faudrait l'observer, et que la cession ne serait pas valide sans le consentement de tous.

Si le créancier n'avait point d'action solidaire contre les codébiteurs d'une dette commune, il est clair qu'il ne pourrait céder à l'un d'eux un droit qu'il n'a pas lui-même. C'est le cas de l'art. 875, qui porte :

«Le cohéritier ou successeur à titre universel, » qui, par l'effet de l'hypothèque, a payé au-delà » de sa part dans la dette commune, n'a de recours » contre les autres cohéritiers ou successeurs à titre » universel, que pour la part que chacun d'eux » doit personnellement en supporter, même dans » le cas où le cohéritier qui a payé la dette se se- » rait fait subroger aux droits des créanciers, etc. »

Cet article n'est qu'une conséquence nécessaire de l'art. 873, qui divise de plein droit les dettes de la succession entre les héritiers, et qui veut que chacun n'y soit tenu personnellement que pour sa part et portion virile, quoiqu'il y soit tenu hypothécairement pour le tout. Le créancier n'ayant pas d'action solidaire, ne peut, par subrogation, céder une action qu'il n'a pas lui-même.

164. En cédant volontairement ses droits à celui qui le paie, le créancier subrogeant doit répondre de son propre fait, et garantir que les droits cédés existaient au tems de la cession, quand même elle eût été faite sans garantie (1693). Si donc il était jugé, sans la faute du subrogé, que les droits du subrogeant n'étaient pas fondés, ce dernier serait obligé de rendre la somme qu'il aurait reçue; mais il ne répond de la solvabilité du débiteur que lorsqu'il s'y est engagé, et jusqu'à concurrence

seulement du prix qu'il a retiré de la créance (1694).

Et lorsqu'il a promis la garantie de la solvabilité du débiteur, cette promesse ne s'entend que de la solvabilité actuelle, et ne s'étend pas au tems à venir, si le cédant ne l'a expressément stipulé (1695).

Au contraire, le créancier qui n'a point subrogé, qui s'est borné à recevoir le remboursement d'une créance ou d'un droit douteux, n'est tenu à aucune garantie.

En le payant volontairement, on a reconnu la validité de sa prétention : c'est une sorte de transaction qu'on a faite avec lui.

Seulement il pourrait, comme tout créancier, être soumis à la répétition de ce qui, par erreur, aurait été indûment payé, dans les cas où cette action est admise, d'après les art. 1235, 1376 et 1377

Voilà donc une différence entre la subrogation consentie par le créancier et les autres subrogations. Cette différence est fondée sur la nature des choses. En voici une seconde, qui en résulte également :

Le créancier, en cédant ou en transportant ses droits, ne peut nuire à ses propres créanciers, qui continuent de pouvoir saisir les droits cédés, comme nous l'avons vu n°. 127, jusqu'à ce que le subrogé soit saisi, à l'égard des tiers, par la signification du transport fait au débiteur, ou par l'acceptation de ce dernier, faite dans un acte authentique (1690).

Au contraire, lorsque la subrogation est consentie par le débiteur, ou accordée par la loi, et opé-

rée par le paiement, les créanciers de l'ancien créancier n'ont plus rien à prétendre sur les droits de ce
dernier, qui sont à leur égard irrévocablement
éteints, quoique la loi, par sa toute-puissance, les
fasse subsister, ou leur en substitue de tout semblables en faveur du subrogé.

165. Les autres effets de la subrogation sont communs à toutes les espèces de subrogations. Le subrogé peut exercer dans son nom, et pour son
propre compte, tous les droits du subrogeant dont
il représente la personne, et les exercer de la même
manière que celui-ci le pouvait faire :

Par voie d'exécution parée, si le titre était exécutoire, pourvu que le subrogé ait eu la précaution
de faire auparavant signifier la subrogation au débiteur (2214).

Par voie d'action, dans le même tribunal où
l'ancien créancier pouvait la porter.

Par voie de contrainte par corps, si le débiteur
y était soumis, et sans que ce dernier puisse être
admis au bénéfice de cession, dans les cas où l'ancien créancier pouvait l'empêcher.

Si la créance consistait dans le capital d'une
rente, la rente continuerait de courir au profit du
subrogé. (*Vid. suprà*, n°. 124).

Si la créance produit des intérêts, ils continuent
de courir au profit du subrogé, quoiqu'il n'ait pas
stipulé d'intérêts en prêtant ses deniers (1).

_____

(1) Le prêteur qui n'a point stipulé d'intérêts peut-il en demander
en vertu de la simple subrogation que le débiteur lui a faite, avec

166. En un mot, le subrogé peut exercer, sans exception, tous les droits que pouvait exercer le subrogeant.

Ainsi, par exemple, celui qui a prêté ses deniers avec subrogation, pour payer le prix d'une vente, peut faire résoudre le contrat, faute de paiement, comme le vendeur lui-même le pouvait faire.

167. Celui qui aurait prêté ses deniers, avec subrogation, pour exercer le réméré ou le rachat d'une vente, devrait jouir de l'héritage racheté, et faire les fruits siens jusqu'au remboursement. (*Voy.* le nouveau Répertoire, v°. *Subrogation,* sect. 2, § 8, n°. 12).

168. Le subrogé profite des inscriptions prises au bureau des hypothèques par l'ancien créancier. Si ce dernier n'en avait point pris, le subrogé devrait faire inscrire la créance dans son nom personnel, en référant, dans le bordereau, tant les titres authentiques qui confèrent le droit d'hypothèque à l'ancien créancier, que l'acte de subrogation.

La prudence exige même que le subrogé fasse,

---

promesse d'un emploi, qui n'a point été réalisée? Un arrêt rendu par le Parlement de Pau, le 12 juin 1735, jugea la négative; mais ce fut sur des circonstances particulières, et l'avocat général Fayet, sur les conclusions de qui l'arrêt fut rendu, posa en principe que la subrogation accordée par le débiteur ou par le créancier, produit intérêts en faveur du créancier subrogé, quoiqu'il ne l'ait pas nommément stipulé, si la dette en portait au profit de l'ancien créancier; ce qui est conforme à la justice et aux principes du Code. En n'exécutant pas l'emploi promis, le débiteur s'est soumis aux dommages et intérêts du créancier. Si l'emploi avait été réalisé, les intérêts auraient couru au profit du prêteur.

dans tous les cas, renouveler l'inscription dans son nom, pour prévenir la mauvaise foi du créancier, qui, de connivence avec les autres créanciers postérieurs, pourrait consentir à la radiation de son inscription.

Le conservateur des hypothèques ne pourrait se dispenser de la rayer, parce qu'il ne peut connaître une subrogation qui ne lui est pas notifiée.

Cette radiation éteindrait irrévocablement l'hypothèque, nonobstant la subrogation, ainsi que l'a jugé, avec raison, la Cour de Paris, le 29 août 1811. (Sirey, 1812, 2°. part., pag. 21).

169. Quelqu'étendus que soient les effets de la subrogation, « elle ne peut nuire au créancier, lorsqu'il n'a été payé qu'en partie : en ce cas, il peut exercer ses droits pour ce qui lui reste dû, de préférence à celui dont il n'a reçu *qu'un paiement partiel* (1252) » (1).

Ces dernières expressions prouvent que cette disposition ne doit s'entendre que de ce qui reste dû au créancier, sur la créance acquittée en partie, et non pas de ce qui peut être dû pour une autre créance postérieure en hypothèque.

Par exemple je vous dois, 1°. une somme de 4,000ᶠ, avec hypothèque sur le fonds Cornélien, en date du 1ᵉʳ. janvier 1815; 2°. une autre somme de 4,000ᶠ sur la même hypothèque, mais en date du 1ᵉʳ. mars 1815.

Paul vous paie 3,000ᶠ à valoir à la première

---

(1) *Foy.* le Répertoire, v°. *Subrogation*, sect. 2, § 8, n°. 7.

créance, et vous le subrogez dans vos droits. Vous serez payé des 1,000ᶠ qui vous restent dus sur la première créance, de préférence à lui; mais pour la somme de 3,000ᶠ qu'il vous a remboursée, il sera payé de préférence à votre seconde créance de 4,000ᶠ.

La décision serait la même, quand il vous eût entièrement payé la première créance de 4,000ᶠ, avec subrogation.

Il serait préférable à ce qui vous est dû pour la seconde créance; car supposons qu'il existe des créanciers intermédiaires entre votre première et votre seconde créance: Paul, qui a payé la première avec subrogation, leur est préférable, et à vous-même, à plus forte raison, pour ce qui concerne votre seconde créance.

Ces décisions s'appliquent également aux cas de la subrogation légale et de la subrogation consentie par le débiteur.

170. Mais le droit accordé au créancier d'être payé de ce qui lui reste dû, avant celui qui lui a fait un paiement partiel avec subrogation, est un privilége personnel qu'il ne peut céder à un second subrogé.

Supposons qu'il vous soit dû 10,000ᶠ.

Vous consentez à recevoir partiellement, le 1ᵉʳ. janvier, 5,000ᶠ de Primus, que vous subrogez. Vous avez le droit d'être payé, avant lui, des 5,000ᶠ qui vous restent dus.

Secundus vous les offre, et vous les recevez, en le subrogeant dans vos droits: il n'aura pas, comme vous l'aviez, celui d'être payé de préférence à Pri-

mus; ils seront payés tous les deux par concurrence (1).

171. Et en général, tous les subrogés dans des
portions de la même créance, soit hypothécaire,
soit privilégiée, viennent en concurrence, en quelque tems que le paiement ait été fait, soit qu'ils
aient payé à ce créancier, ou à ses créanciers anciens ou postérieurs. Ceci mérite d'être développé
par un exemple emprunté de notre savant maître
Duparc-Poullain, n°. 112.

Un héritage est vendu avec délégation ou sans
délégation, aux créanciers du vendeur, conven-
tionnellement ou par expropriation forcée. L'acquéreur, pour le paiement du prix, emprunte de
plusieurs personnes, qu'il subroge dans les formes
prescrites. Ces emprunts ne suffisent pas pour payer
tout le prix.

Les sommes empruntées sont payées en différens
tems, les unes au vendeur, les autres à ses créanciers anciens et nouveaux.

Les déclarations d'emploi sont faites exactement
dans les quittances.

Ainsi, nul doute sur le tems du paiement des
deniers de chaque créancier qui a prêté à l'acquéreur, ni sur l'emploi fait à payer tel et tel créancier du vendeur.

L'acquéreur n'étant pas quitte, l'héritage est

(1) *Voy.* Renusson, chap. 15, 16, et l'addition au chap. 16; Duparc-Poullain, Principes du droit, tom. VII, pag. 249, n°. 111; le
nouveau Répertoire, v°. *Subrogation de personnes*, sect. 2, § 8, n°. 8.

revendu ; dans quel ordre les créanciers seront-ils payés sur le prix?

Le vendeur prétend que, sur le prix de l'héritage qu'il avait vendu , il doit être payé en entier, de préférence à tous ceux qui ont prêté à l'acquéreur.

Ceux-ci prétendent, au contraire, venir en concurrence avec le vendeur, et, de plus, ceux qui ont payé ses créanciers prétendent venir avant lui-même, et ils veulent, enfin, faire entre eux un ordre suivant l'ancienneté d'hypothèque des créanciers du vendeur, en sorte que ceux qui ont payé les plus anciens soient colloqués les premiers.

D'abord, tous ceux qui ont prêté à l'acquéreur ne l'ont fait que pour payer sa dette, pour l'acquitter envers le vendeur par un paiement fait à ce dernier lui-même, ou , ce qui est indifférent, à ses créanciers.

Les prêteurs ont de plus voulu, pour leur sûreté, être subrogés dans les droits du vendeur, et non dans les droits de ses créanciers.

L'ancienneté des hypothèques de ceux-ci est donc inutile; elle est étrangère à la subrogation, qui n'a eu pour objet que les droits du vendeur sur l'acquéreur. C'est par la libération de l'acquéreur vers le vendeur qu'elle est opérée.

Ainsi, en ce qui concerne cette subrogation, les différens créanciers dont les deniers ont servi à payer le vendeur, doivent venir en concurrence entre eux, de quelque date que soient les emprunts et les paiemens. Ils ont tous un titre absolument égal pour la subrogation, c'est-à-dire le paiement fait au vendeur ou à ses créanciers.

Leurs droits étant, en tout, semblables aux droits dans lesquels ils sont subrogés, ne peuvent avoir ni antériorité, ni préférence les uns sur les autres, quoiqu'ils les aient acquis en différens tems; car tous n'ont acquis que des droits égaux et de même nature.

Enfin, comme la subrogation a pour objet unique l'acquittement de la dette de l'acquéreur envers le vendeur, il en résulte qu'elle ne peut jamais nuire au vendeur. Il doit être payé en entier, avant que la subrogation produise aucun effet. Ainsi, les subrogés ne peuvent venir en concurrence avec lui.

172. En accordant la subrogation de plein droit à celui qui est tenu avec d'autres ou pour d'autres, au paiement de la dette, le Code fait évanouir beaucoup de questions qui naissaient autrefois, lorsque le créancier s'était mis hors d'état de céder ses actions; il pouvait être repoussé par *exceptionem cedendarum actionum.* (*Voy.* Pothier, n°s. 280 et 520).

Mais plusieurs de ces questions se reproduisent à l'occasion de la subrogation légale.

On demande donc si, lorsque, *par la faute* du créancier, la subrogation légale, dans tous ses droits et hypothèques, ne peut plus s'opérer en faveur de la caution ou du débiteur solidaire, à qui la loi l'accorde de plein droit, cette caution, ce débiteur sont libérés ou déchargés, si le créancier est déchu de son action contre eux, comme il l'était autrefois, par l'exception *cedendarum ac-tionum ?*

Il faut distinguer : si c'est par un fait positif du créancier, par exemple, s'il avait consenti à la radiation des inscriptions prises sur les biens de son débiteur, pour la conservation des hypothèques, alors la caution est déchargée du cautionnement, l'autre débiteur de la solidarité.

L'art. 2037 porte :

« La caution est déchargée, lorsque la subrogation aux droits, hypothèques et priviléges du créancier ne peut plus, par *le fait* de ce créancier, s'opérer en faveur de la caution. »

Mais s'il n'y a que simple négligence ou omission de la part du créancier; par exemple s'il a négligé de renouveler son inscription, ou même de faire inscrire sa créance sur les registres de la conservation des hypothèques, s'il a laissé prescrire son hypothèque, Pothier pense que la caution n'est pas déchargée, ni le créancier déchu de son action :

1°. Parce que cette négligence est commune à la caution, qui pouvait et devait veiller à la conservation de l'hypothèque perdue, qui pouvait sommer le créancier d'agir et le mettre en demeure, pour rejeter la faute sur lui ;

2°. Parce que le créancier n'avait point contracté, envers la caution, l'obligation de lui conserver tous ses droits et de les lui céder; le cautionnement est un contrat unilatéral, par lequel il n'y a que la caution qui s'oblige ;

3°. Parce qu'elle a, de son chef, une action contre le débiteur principal qu'elle a cautionné; qu'il suffit, par conséquent, que le créancier n'ait rien fait contre la bonne foi; parce qu'enfin le créancier qui multiplie ses sûretés, en exigeant une caution, quoiqu'il eût une hypothèque, ne les multiplie que pour son propre intérêt, afin seulement que l'une venant à lui manquer, l'autre au moins lui reste ; mais sans s'astreindre à les conserver toutes au profit de la caution, envers laquelle il n'a contracté aucune obligation.

M. Delvincourt, dans son Cours de droit, tom. II, pag. 618, not. 7, 2e. édition, pense, au contraire, que la caution est déchargée par la seule négligence du créancier, *s'il a laissé périr les hypothèques,* et que la doctrine de Pothier a été, *comme on le voit,* proscrite par l'art. 2037.

Il nous est impossible de partager l'opinion de ce savant professeur, parce qu'il nous paraît évident que l'article cité a, au contraire, suivi, consacré la doctrine de Pothier.

Personne n'ignore que les rédacteurs du Code n'ont fait que suivre cet auteur pas à pas, dans les chapitres qui traitent des contrats et des obligations conventionnelles. Il suffit, pour s'en convaincre, de comparer son ouvrage au Code. Ils n'ont fait souvent que copier, en l'abrégeant, le texte de cet auteur.

Pothier a distingué deux cas différens : la simple négligence du créancier et son *fait* positif; l'omission et l'action, comprises l'une et l'autre sous le nom général de *faute.* Il soutient que le créancier répond de *son fait,* et non de sa négligence,

Par négligence, il entend l'omission de s'opposer
à un décret, ou d'interrompre la prescription de
l'hypothèque ; par *le fait* du créancier, il entend
le cas où celui-ci a réellement *agi*, en consentant
expressément à décharger les biens du débiteur de
son hypothèque.

Or, l'art. 2037 du Code prononce que « la caution est déchargée, lorsque la subrogation aux
droits du créancier ne peut plus, *par le fait* (et
non par la faute) de ce créancier, s'opérer en faveur de la caution. »

Il nous paraît donc démontré que le Code a suivi
la doctrine de Pothier, et a érigé son opinion en
loi (1).

Nous renvoyons à la sect. 3, qui traite de la remise de la dette, les questions que peut faire naître la remise ou la décharge consentie à l'un des
débiteurs solidaires ou à l'un des fidéjusseurs.

L'exception *cedendarum actionum* peut encore
être invoquée en d'autres espèces. Par exemple,
je dois à Caïus une rente ou une somme sous l'hypothèque des fonds Cornélien et Sempronien ; je
vends à Caïus le fonds Cornélien, et à Titius le
fonds Sempronien. Caïus me demande les arrérages ou les intérêts échus, et même le capital, faute
de paiement de la rente ; mais je suis devenu insolvable. Il s'adresse à Titius, et veut exercer contre lui l'action hypothécaire, pour la totalité de la
dette. Il doit être repoussé, par exception, jus-

---

qu'à concurrence de la valeur du fonds Cornélien. (*Voy.* Loiseau, Traité du déguerpissement,
liv. 2, chap. 8, n°: 24 et 26).

§ III.

De l'Imputation des paiemens.

SOMMAIRE.

173. IMPUTER signifie proprement attribuer quel-

que chose à une personne, mettre une chose sur son compte, soit à sa charge, soit à sa décharge : c'est déduire une somme d'une autre somme.

. Quand un débiteur paie une somme à valoir à ce qu'il doit, la somme payée est déduite de la somme duè, et l'obligation est éteinte ou réduite jusqu'à due concurrence.

Nulle difficulté, lorsqu'il n'existe qu'une seule dette. Mais s'il y en a plusieurs (1), de laquelle faut-il déduire la somme payée? Laquelle des dettes doit être éteinte par le paiement? Qui, du créancier ou du débiteur, a le droit de la désigner, et de faire l'application du paiement à une dette plutôt qu'à l'autre?

L'ancienne jurisprudence française avait adopté sur ce point les règles que nous ont transmises les jurisconsultes romains, et le Code les a érigées en lois.

L'imputation est donc l'application d'un paiement à l'une des obligations du débiteur, qui en a plusieurs; c'est l'indication de celle que le paiement doit éteindre ou réduire.

L'imputation se fait par le débiteur, par le créancier ou par la loi.

174. Et d'abord « le débiteur de plusieurs dettes a le droit de déclarer, lorsqu'il paie, quelle dette il entend acquitter (1253) »; car il est le maître de

_____

(1) Quand y a-t-il plusieurs dettes? *Voy.* ce que nous avons dit tom. VI, n°s. 686 et suiv.

l'emploi de son argent. C'est la règle ancienne (1); elle est fondée en raison.

Néanmoins, il ne peut faire une imputation contraire aux droits du créancier.

Ainsi, dans le cas où le terme est censé mis au profit du créancier, aussi bien qu'au profit du débiteur, celui-ci ne pourrait faire l'imputation sur une dette qui n'est pas échue, de préférence à une dette échue.

Ainsi, le débiteur de plusieurs années d'arrérages de rentes ou d'intérêts, ne pourrait faire l'imputation d'un paiement sur les dernières années, de préférence aux plus anciennes. (Pothier, n°. 503).

Ainsi encore, « le débiteur d'une dette qui porte intérêt ou produit des *arrérages,* ne peut point, sans le consentement du créancier, imputer le paiement qu'il fait sur le capital, par préférence aux arrérages ou intérêts (1254) ».

175. Néanmoins, si le débiteur avait déclaré qu'il entendait payer sur le capital, le créancier qui aurait bien voulu recevoir à cette condition ne pourrait plus ensuite contester cette imputation. Loi 102, § 1, *ff de solut.*, 46. 3. Pothier, n°. 528.

176. Si le débiteur ne fait pas l'imputation, le créancier a le droit de la faire, pourvu que ce soit

---

(1) *Quotiens quis debitor ex pluribus causis unum debitum solvit, est in arbitrio solventis dicere quod potiùs debitum voluerit solutum, et quod dixerit id erit solutum. Possumus enim certam legem dicere, si quod solvimus. Loi 1, ff de solut.,* 46, 3.

à l'instant même du paiement, et dans la quittance. Il ne pourrait la faire depuis; comme aussi le débiteur qui n'aurait pas fait l'imputation au moment du paiement, ne pourrait plus la faire arbitrairement sans le consentement du créancier. C'est encore la règle ancienne (1).

Ainsi, « lorsque le débiteur de diverses dettes a accepté une quittance par laquelle le créancier a imputé ce qu'il a reçu sur l'une de ses dettes spécialement, le débiteur ne peut plus demander l'imputation sur une dette différente (1255).

Il est censé qu'il a bien voulu accepter l'imputation faite par le créancier, puisqu'il pouvait l'empêcher et qu'il ne l'a pas fait.

Il ne peut donc revenir sur cette imputation, *à moins qu'il n'y ait eu dol ou surprise de la part du créancier* (1255). Car les lois romaines (2), d'accord avec la morale, en permettant au créancier

---

(1) *Quotiens verò non dicimus id quod solutum sit, in arbitrio est accipientis cui potiùs debito acceptum ferat.......... Permittitur ergò creditor constituere, in quod velit solutum........, sed constituere in re præsenti, hoc est statim, atque solutum est. D. L. 1, eod.*

Dùm in re agendà hoc fiat : ut vel creditori liberum sit non accipere, vel debitori non dare, si alio nomine exsolutum quis eorum velit. Loi 2, eod.

Cæterùm posteà non permittitur. Loi 3, eod.

(1) *In arbitrio est accipientis, cui potiùs debito acceptum ferat; dùmmodò id constituat solutum, in quod ipse, si deberet, esse soluturus, quoque debito si exoneraturus esset, si deberet, id est in id debitum, quod non est in controversiâ, aut in illud quod pro alio quis fidejusserat, aut cujus dies nondùm venerat : æquissimum enim visum est creditorem, itâ agere rem debitoris, ut suam ageret. D. E. 1, § de solut., 46, 3.*

de faire l'imputation, lorsque le débiteur ne l'a point faite, lui prescrivent de la faire comme il voudrait qu'on la fît pour lui-même, s'il était débiteur.

177. C'est pour ce motif qu'une simple *surprise*, quoiqu'elle n'ait pas le caractère d'un dol, suffit pour autoriser les juges à s'écarter de l'imputation adroitement glissée dans une quittance par un créancier, au préjudice d'un débiteur simple.

Pothier, n°. 529, en cite pour exemple la quittance donnée à un paysan par un procureur, qui a imputé le paiement fait par le premier sur une créance qui ne produisait point d'intérêts, plutôt que sur une autre qui en produisait.

Si le créancier peut faire l'imputation d'un paiement, lorsqu'elle n'a point été faite par le débiteur, c'est lorsqu'il importe peu à ce dernier qu'elle soit faite sur l'une de ces dettes plutôt que sur l'autre.

Mais lorsque le débiteur a consenti à l'imputation, en recevant la quittance en pleine connaissance de cause et sans surprise, il ne peut contredire cette imputation, quoiqu'elle lui soit préjudiciable, suivant la maxime *volenti non fit injuria*.

178. Si la quittance portait que la somme a été payée au créancier à valoir sur toutes ses différentes créances, cette expression générale n'est censée comprendre que les créances civiles, et non les créance purement naturelles; que les créances actuellement exigibles, et non celles dont le terme n'est pas échu (Pothier, n°. 529, *in fine*); car qui a terme ne doit rien.

Il nous semble aussi qu'elle ne doit pas comprendre les créances litigieuses et contestées : une quittance n'est pas une transaction.

179. Lorsque la quittance ne porte aucune imputation, il faut distinguer.

Si toutes les dettes n'étaient pas échues, l'imputation doit se faire sur la dette échue, quoique moins onéreuse que celles qui ne le sont point (1256).

On ne présume pas que les parties aient voulu faire une anticipation que le créancier peut empêcher. Loi 3, § 1; loi 103, *ff de solut.*, 46. 3.

Pothier, n°. 530, proposait une exception à cette règle, dans le cas où la dette non échue, mais près d'échoir, emportait la contrainte par corps. Il pensait qu'alors l'imputation devait se faire sur cette dette, plutôt que sur la dette échue (1). Mais le Code n'ayant point admis cette exception, les tribunaux ne sauraient l'admettre; car, en général, on ne doit admettre ni une exception, ni une distinction qui ne se trouvent pas dans la loi.

Si toutes les dettes étaient pareillement échues, le paiement doit être imputé sur celle que le débiteur avait pour lors le plus d'intérêt (2) d'acquitter (1256).

---

(1) Le débiteur d'une dette qui se soumet à la contrainte par corps peut sans doute anticiper le terme, et la payer de préférence à une dette échue, pourvu que le terme ne soit pas censé mis en faveur du créancier aussi bien que du débiteur. Mais si ce dernier n'a pas fait l'imputation, elle doit suivre la règle ordinaire, et être faite d'abord sur la dette échue, plutôt que sur la dette non échue.

(2) C'est la règle ancienne : *In his verò quæ præsenti die debentur,*

Ainsi, l'imputation doit se faire sur la dette qui le soumet à la contrainte par corps, plutôt que sur les autres ;

Sur la dette qui produit des intérêts plutôt que sur celle qui n'en produit point ;

Sur une dette hypothécaire, plutôt que sur une chirographaire ;

Sur la dette pour laquelle il avait donné des cautions, plutôt que sur celle qu'il devait seul (lois 4 et 5, *ff de solut.*), parce qu'il s'acquitte à la fois envers deux créanciers (1) ;

Sur la dette dont il était débiteur principal, plutôt que sur celle qu'il ne doit qu'en qualité de caution ;

Sur celle qui contient une clause pénale, faute de paiement, plutôt que sur les autres, etc.

Le principe que l'imputation doit être faite sur

---

constat, quoties indistinctè quid solvitur, in graviorem causam videat solutum. Loi 5, ff de solut., 46, 3. La loi 97, *eod.,* développe ce principe : *Càm ex pluribus causis debitor pecuniam solvit, utriusque demonstratione cessante, potior habebitur causa ejus pecuniæ quæ sub infamiâ debetur, mox ejus quæ pœnam continet ; tertio, quæ sub hypothecâ vel pignore contracta est, post hunc ordinem potior habebitur propriâ quàm alienâ causâ, veluti fidejussoris ; quod veteres ideò definierunt quod verisimile videretur diligentem debitorem admonitu, ità negotium suum gesturum fuisse, si nihil eorum interveniat, vetustior contractus antè solvetur. Si major pecunia numerata sit, quam ratio singulorum exposcet nihilominùs primo contractu soluto, qui potior erit, superfluum ordine secundo, vel in totum, vel pro parte minuendo videbitur datum.*

(1) *Voy.,* dans le Recueil d'Augeard, l'arrêt du 3 août 1709, qui jugea que le débiteur n'ayant donné caution que pour la moitié de sa dette, la somme qu'il avait payée à valoir, sans imputation dans la quittance, devait s'imputer sur la partie cautionnée.

la dette la plus onéreuse au débiteur, est fondé sur la présomption que c'est ainsi qu'il en eût agi s'il avait été averti : *Quod veteres ità definierunt, quod verisimile videretur diligentem debitorem admonitu, ità negotium suum gesturum fuisse.* Loi 97, *ff eod.*

180. Mais ce principe souffre exception, quand il se trouve en opposition avec les droits du créancier, parce qu'il n'est pas à présumer que ce dernier eût souffert une imputation qui lui préjudicierait, tandis qu'il pouvait l'empêcher.

181. Ainsi, les à-comptes sur une dette qui produit des intérêts doivent s'imputer sur les intérêts (1), plutôt que sur le capital : *Primò in usuras id, quod solvitur, deindè in sortem accepto feretur.* Loi 1, *Cod de solut.*, 8. 43.

L'imputation a lieu sur les intérêts, quand même la quittance porterait que la somme a été payée à compte *du capital et des intérêts : In sortem et usuras.*

La clause s'entend alors en ce sens, que la somme est reçue à compte du capital après les intérêts acquittés.

182. Car si la somme payée excède ce qui est dû pour les intérêts, le surplus s'impute sur le principal, quand même l'imputation eût été faite ex-

---

(1) On distinguait, à Paris, entre les intérêts dus, comme on disait, *ex naturâ rei*, tels que les arrérages de rentes, etc., et les intérêts dus *ex officio judicis*, en vertu d'une condamnation du juge. A l'égard de ces derniers, l'imputation se faisait d'abord sur les intérêts; mais cette distinction, rejetée en Bretagne et dans plusieurs autres Parlemens, n'a point été admise par le Code, qui considère l'argent comme susceptible de produire des intérêts.

pressément sur les intérêts, sans parler du capital.
Lois 97 et 102, § *fin.*, *ff de solut.*

Pourvu néanmoins que ce capital fût exigible,
quoique l'époque d'exigibilité en fût retardée par
un terme ; mais s'il n'était pas exigible, comme
dans le cas des rentes constituées, la somme payée
au-dessus des arrérages échus ne s'imputerait point
sur le capital, qui n'est pas dû, mais seulement
remboursable à la volonté du débiteur.

Celui-ci pourrait donc répéter, comme payé par
erreur, ce qu'il aurait payé de trop, et s'il ne le répétait pas, il serait censé avoir payé à valoir sur les
arrérages à échoir.

Il n'est pas à présumer que le créancier ait consenti au rachat partiel de sa rente, sans une imputation expresse.

183. Si l'imputation est indifférente au débiteur,
parce que les dettes *sont d'égale nature*, il faut
prendre l'intérêt du créancier en considération.

Si la somme donnée en paiement était égale à
l'une des créances, et inférieure ou supérieure aux
autres, l'imputation devrait être faite sur la première, parce qu'il importe au créancier de ne pas
morceler ses créances, et de pas recevoir des paiemens partiels.

184. Si la somme était inférieure à toutes les
créances, ou égale à chacune d'elles, il faudrait
suivre le cours naturel des choses, et faire l'imputation sur la plus ancienne (1256). *Si nulla causa
præegravet, id est, si omnia nomina similia fuerunt,
in antiquiorem. Loi 5, ff de solut., 45. 3.*

Cette imputation n'est pas indifférente au créancier, parce que le tems de la prescription est plus court pour la créance la plus ancienne. On doit regarder comme telle la plus anciennement échue. Loi 89, § 2.

185. Enfin, toutes choses égales, l'imputation se fait proportionnellement sur toutes les créances et sur chacune d'elles (1256, loi 8, *ff de solut.*), parce que cette imputation peut, en certains cas, intéresser les autres créanciers.

Je dois personnellement à Paul 1,000ᶠ qu'il m'a prêtés; je lui dois de plus 1,000ᶠ comme héritier de mon père. Les deux dettes sont échues. Je paie un à-compte de 1,000ᶠ, sans imputation de part ni d'autre. Il m'est indifférent sur laquelle des deux dettes l'imputation soit faite.

Mais cela n'est point indifférent pour mes autres créanciers : l'imputation faite sur la somme que je dois comme héritier favoriserait les autres créanciers du chef de mon père, parce qu'ayant le droit de demander la séparation des patrimoines, contre mes créanciers personnels, leur gage augmente par l'extinction d'une dette de la succession.

Pour tenir la balance égale entre les créanciers, la loi ordonne l'imputation proportionnelle sur les deux créances, qui seront réduites chacune à 500ᶠ.

186. L'imputation changerait, si je payais 1,000ᶠ à Paul, du prix d'un effet de la succession de mon père, que j'ai vendu avec délégation à l'acquéreur d'en payer le prix à Paul, à valoir à ce que je lui dois. L'affectation légale des biens à l'acquit des

dettes de la succession, empêcherait naturellement une destination qui opérerait l'imputation du prix sur ma dette en qualité d'héritier, quoique plus dure et plus ancienne. (Duparc-Poullain, Principes du droit, tom. V, pag. 363).

La compensation étant un paiement, elle peut donner lieu à des questions d'imputation que nous renvoyons à la sect. 4, qui traite de la *Compensation.*

-----

§ IV.

Des Offres de paiement et de la Consignation.

SOMMAIRE.

187. QUAND un créancier, par quelque motif que ce soit, refuse de recevoir son paiement, ce refus injuste ne doit pas préjudicier au débiteur qui veut s'acquitter. Il peut lui faire des offres réelles, et au refus du créancier de les accepter, consigner ou déposer la somme ou la chose offerte.

Les offres réelles suivies d'une consignation libèrent le débiteur; elles tiennent lieu, *à son égard,* de paiement, lorsqu'elles sont valablement faites, et la chose ainsi consignée demeure aux risques du créancier (1257).

Mais remarquez que si *les offres suivies* de consignation libèrent le débiteur envers son créancier, si elles tiennent lieu de paiement *à son égard,* elles ne libèrent pas ce dernier envers ses propres créanciers, qui, par des oppositions, ou des saisies-arrêts, ont rendu la consignation nécessaire.

Si la somme ou la chose déposée vient à périr, par force majeure ou accident fortuit, le tiers débiteur saisi qui les a déposées demeure irrévocablement libéré; mais les créanciers saisissans ou opposans conservent le droit de poursuivre personnellement leur débiteur, et de saisir ses autres biens, à moins qu'il ne les eût mis en état ou en demeure de faire procéder entre eux à la distribution de la somme consignée, et de la retirer.

(*Voy.* un arrêt de la Cour de cassation, du 16 juin 1813, Sirey, an 1815, pag. 300).

Nous examinerons d'abord ce qui est nécessaire pour la validité des offres, ensuite pour la validité de la consignation.

188. Et d'abord des offres verbales, qui ne consistent que dans la déclaration du débiteur qu'il est prêt à payer, sont insuffisantes, quelque expresses qu'elles soient, pour constituer le créancier en demeure, quand même elles seraient consignées par écrit et signifiées en forme. Il faut des offres réelles, c'est-à-dire accompagnées de la représentation effective des deniers ou des autres choses qu'on doit.

189. L'art. 1258 prescrit les conditions nécessaires pour que les offres réelles soient *valables.* Il faut,

« 1°. Qu'elles soient faites au créancier ayant la capacité de recevoir, ou à celui qui a pouvoir de recevoir pour lui, » tel que son tuteur, son mari, etc.

S'il y avait une personne indiquée par le contrat à qui le paiement pût se faire, *adjectus solutionis causâ,* les offres pourraient lui être faites; car le débiteur ayant, par la loi de la convention, le droit de payer à cette personne, il n'est pas obligé d'aller chercher le créancier. (Pothier, n°. 538).

190. 2°. Il faut que les offres soient faites par une personne capable de payer; car celui qui n'est pas capable de payer, n'est pas capable d'offrir : tels sont un interdit, une femme mariée, etc.

191. 5°. Il faut qu'elles soient de la totalité de la somme exigible, des arrérages ou intérêts dus, des frais liquidés, et d'une somme pour les frais non liquidés, sauf à la parfaire, à moins que la loi de la convention n'accorde au débiteur la faculté de payer par parties; sans quoi les offres qui ne sont pas intégrales ne peuvent mettre le créancier en demeure de recevoir; car il ne peut être forcé de recevoir partiellement.

192. Il s'éleva au Conseil d'état une discussion, relativement aux frais non liquidés.

Tout le monde convenait qu'il est presque impossible d'offrir et de consigner précisément le montant des frais non liquidés; mais on objectait qu'il était injuste d'accorder la libération, dans le cas où il y aurait, par exemple, pour mille écus de frais, sur l'offre d'un seul écu; de faire cesser les intérêts et d'éteindre le capital, tandis que les frais doivent être payés avant tout; qu'il fallait au moins que la somme offerte fût approchante de la vérité, et ne s'en écartât pas au-delà d'une quotité qu'on pourrait fixer.

Mais M. Maleville nous apprend qu'on s'en tint à l'ancien usage, et avec raison; car le créancier doit s'imputer de n'avoir pas fait liquider les frais qui lui sont dus.

Ainsi, l'offre d'une somme modique, sauf à parfaire, est suffisante.

193. Mais si les offres doivent être de *la totalité de la somme exigible*, seront-elles nulles, si elles sont plus fortes? Denisart, v°. *Offres réelles*, n°. 5, dit que les offres réelles doivent être faites au juste

de ce qui est dû; qu'elles ne doivent être ni de plus, ni de moins; qu'elles doivent désintéresser le créancier, et ne pas l'exposer, s'il les accepte, à une demande en restitution pour le trop payé.

Après la chute du papier-monnaie, il fut rendu quantité de jugemens qui annulèrent des offres et des consignations, parce qu'elles contenaient quelque chose au-dessus de la somme due.

Mais les principes de la matière n'étaient alors fixés par aucune loi, et l'on saisissait avec empressement le moindre prétexte pour annuler des offres qui n'étaient que de véritables vols faits à des créanciers légitimes, par des débiteurs de mauvaise foi.

Cette jurisprudence ne peut se soutenir sous l'empire du Code, qui a fixé d'une manière irrévocable les conditions nécessaires pour la validité des offres. Elles sont nulles, si elles ne sont pas de la *totalité*.

Or, cette condition est remplie, si la somme offerte excède cette *totalité*; car le moins est contenu dans le plus; et la nullité des offres n'étant point prononcée lorsque la somme offerte excède la somme due, les juges ne peuvent, sans s'exposer à la censure, créer une nullité qui n'existe point dans la loi.

Il faut en dire autant des autres critiques que l'on pourrait faire contre les offres, ou contre la consignation, lorsque les critiques ne sont pas fondées sur une disposition de la loi.

194. Cependant, si le procès-verbal constatait que le créancier a refusé de recevoir les offres,

parce qu'elles excédaient la somme qui lui était due, et qu'il ne pourrait pas rendre l'excédant, et que, sans avoir égard à cette observation, l'huissier ou le débiteur, au lieu de faire l'appoint, avait remporté la somme pour la consigner, les offres devraient être annulées, parce que des offres retirées sans motif légitime sont regardées comme non avenues.

Mais si, sans observer qu'il existe dans la somme offerte un excédant qu'il ne peut ni ne veut accepter, le créancier se bornait à refuser de recevoir sans en dire la raison, ou s'il se trouvait hors de son domicile au moment des offres, sans qu'on y trouvât une personne chargée de recevoir pour lui, nous ne pouvons penser que l'excès dans les offres soit un motif légitime pour en faire prononcer la nullité, sans s'exposer à la censure.

195. 4°. Pour que les offres soient valables, il faut que le terme soit échu, s'il a été stipulé en faveur du créancier.

Nous avons expliqué *suprà*, n°. 80, quand le terme est censé stipulé en faveur du créancier.

5°. Il faut que la condition sous laquelle la dette a été contractée soit arrivée; car l'obligation n'existe pas avant l'événement de la condition.

196. 6°. Il faut que les offres soient faites au lieu dont on est convenu pour le paiement (1), et que,

---

(1) *Ità demùm oblatio debiti liberationem parit, si eo loco quo debetur, solutio fuerit celebrata. Loi* 9, *Cod. de solut.*

s'il n'y a pas de convention spéciale sur le lieu du paiement, elles soient faites ou à la personne (1) du créancier, ou à son domicile, ou au domicile élu pour l'exécution de la convention.

197. S'il n'en a point élu, il faut assigner le créancier à personne ou domicile, devant son juge naturel, pour le faire condamner d'élire, au lieu convenu pour le paiement, un domicile où le débiteur puisse payer, faute de quoi il lui sera permis de consigner.

198. « Si la chose due est un corps certain qui doit être livré au lieu où il se trouve, le débiteur doit faire sommation au créancier de l'enlever, par acte notifié à sa personne ou à son domicile, ou au domicile élu pour l'exécution de la convention.

Cette sommation faite, si le créancier n'enlève pas la chose, et que le débiteur ait besoin du lieu dans lequel elle est placée, celui-ci pourra obtenir de la justice la permission de la mettre en dépôt dans quelque autre lieu (1264). »

199. 7°. Il faut « que les offres soient faites par un *officier ministériel* ayant caractère pour ces sortes d'actes. »

Mais qu'est-ce qu'un officier *ministériel?* Ce mot n'était pas usité dans la législation antérieure, au moins dans le sens qu'on lui donne aujourd'hui.

---

(1) Par arrêt du 8 avril 1818, la Cour de cassation a décidé que lorsqu'il y a domicile élu pour le paiement, c'est à ce domicile seul que les offres peuvent être faites valablement, et qu'elles sont nulles, si elles sont faites au créancier parlant à sa personne dans un autre lieu. *Voy.* Sirey, tom. XVIII, 1re. part., pag. 239 et suiv.

Il paraît qu'il faut entendre par officiers *ministé-riels*, en général, les fonctionnaires publics qui sont les ministres inférieurs de la loi, ceux dont on est forcé d'employer le ministère pour certains cas, et qui ne peuvent eux-mêmes le refuser.

Les officiers ministériels de la justice conten-tieuse sont les greffiers, les avoués et les huissiers. (*Voy.* Merlin, nouveau Répertoire, v°. *Nullité*, pag. 630). Ce sont eux que, sous le nom généri-que d'officiers ministériels, les art. 1030 et 1031 du Code de procédure soumettent, suivant l'exi-gence des cas, aux dommages et intérêts que peut entraîner la nullité des actes qu'ils font.

Dans cette classe d'officiers *ministériels*, les avoués n'ont pas caractère pour rapporter un procès-ver-bal d'offres; les greffiers ne le pourraient faire que dans le cas d'offres réelles faites au créancier pré-sent à l'audience, et dont les juges auraient dé-cerné acte. Ce sont les huissiers qui ont caractère pour se transporter chez le créancier, pour lui faire des offres réelles, et pour constater son refus par un procès-verbal.

200. Le Code de procédure n'exige point qu'ils soient assistés de deux témoins, comme il l'exige pour les procès-verbaux de saisie-exécution (arti-cle 585); ce qui est d'autant plus étonnant, que c'était l'ancien usage, et que le Code de commerce (art. 173), conforme en ce point à l'ordonnance du commerce, l'exige pour les protêts; mais comme les nullités ne s'étendent point d'un cas à l'autre, il ne paraît pas que le procès-verbal d'offres réel-

les, rédigé par un huissier non assisté de recors, pût être annulé.

201. Mais les offres peuvent-elles être faites par des notaires?

On a cru (1) y apercevoir du doute, fondé sur ce que des auteurs justement estimés, Pothier, Delvincourt et Pigeau, ont dit que les offres doivent être faites par un huissier ou sergent; mais remarquez que ces auteurs n'ont pas dit qu'elles ne peuvent être faites par des notaires.

Dans l'ancien usage, les offres pouvaient être faites en concurrence par des huissiers ou par des notaires. Cet usage est attesté par Ferrière, sur l'art. 136 de la Coutume de Paris, glos. 1, n°. 7; par Denisart, v°. *Offres*, n°. 15; par Duparc-Poullain, Principes du droit, tom. VI, pag. 116, n°. 156.

Les lois nouvelles ne contiennent pas de disposition qui déroge à cet ancien usage.

Au contraire, le Code de commerce (art. 173) donne aux notaires, aussi bien qu'aux huissiers, comme le faisait l'ordonnance de 1673, le pouvoir de faire des protêts; et quant aux offres, notre art. 1258 veut qu'elles soient faites par des officiers *ministériels*. Cette expression nous paraît comprendre les notaires, qui sont les officiers ministériels de la justice volontaire, comme le sont les huissiers de la justice contentieuse. Les notaires confèrent aux actes le caractère d'authenticité et le droit d'exécution parée.

_____

(1) *Voy.* l'Ouvrage de M. Carré, sur la procédure, tom. II, question 2570*.

On ne voit donc pas comment on pourrait leur refuser le caractère nécessaire pour rapporter un procès-verbal d'offres ; car le but du Code est uniquement d'obtenir la preuve authentique qu'elles ont été faites et refusées.

On a dit que, par un arrêt du 22 août 1809, rapporté par Denevers, an 1810, *suprà,* pag. 13, la Cour de Nîmes a décidé qu'il a été dans l'intention de la loi de désigner un huissier. Mais ce n'est point là ce qu'a jugé cet arrêt (1) ; il a seulement jugé que le procès-verbal de consignation doit être rapporté par un officier ministériel, et non par le receveur des consignations. Il annula, en conséquence, une consignation faite par les frères Charpal, sans notaires et sans huissiers, et dont le procès-verbal avait été rédigé par le receveur, dans la caisse de qui les fonds furent versés.

Si le procès-verbal d'offres contenait, outre la sommation de les recevoir, une assignation à comparaître devant le juge, soit pour les faire déclarer valides, soit pour obtenir la permission de mettre en dépôt, en quelqu'autre lieu, le corps certain qui fait l'objet de l'obligation (1264), soit pour

---

(1) « Considérant, dit cet arrêt, que l'art. 1259 du Code exige que le procès-verbal de consignation soit dressé par un officier ministériel, ayant le même caractère que celui par lequel l'article précédent veut que les offres réelles soient faites, et que le décret contenant le tarif attribue aux huissiers, art. 59 et 60, des droits pour les originaux et les copies de ces deux sortes d'actes : d'où il résulte que l'acte de dépôt étant *l'ouvrage du receveur des consignations,* et n'ayant point été fait par l'officier ministériel, qui seul en avait reçu le pouvoir de la loi, il y a eu contravention de la part des frères Charpal, et de là suit la nécessité de prononcer l'annulation du dépôt. »

faire ordonner la consignation, et faire ordonner, en conséquence, la radiation des hypothèques, un huissier seul serait compétent, parce qu'un notaire n'a point de caractère pour donner une citation ou assignation devant un tribunal.

202. Le procès-verbal d'offres doit désigner l'objet offert, de manière qu'on ne puisse lui en substituer un autre. Si ce sont des espèces, il doit en contenir l'énumération et la qualité (Code de procédure, art. 812), le nombre des pièces, ce qu'elles valent, si c'est de l'or ou de l'argent : si c'est du papier-monnaie, il faut spécifier la valeur de chaque papier, sa série et son numéro.

Si ce sont des choses fongibles, le procès-verbal doit en constater le poids ou la mesure, la nature et la qualité.

203. Le procès-verbal doit faire mention de la réponse, du refus ou de l'acceptation du créancier, et s'il a signé, refusé de signer, ou déclaré ne savoir le faire. (Code de procédure, art. 815).

Si le créancier accepte les offres, l'officier ministériel exécute le paiement, et se charge du titre, qui lui est remis quittancé, et dans ce cas. les frais des offres sont à la charge du débiteur (1248).

204. Si le créancier refuse les offres, le débiteur peut, pour se libérer, consigner la chose ou la somme offerte (Code de procédure, art. 814); c'est-à-dire la déposer entre les mains de l'officier public désigné par la loi ou par la justice pour recevoir le prix des meubles et des immeubles vendus judiciairement, tous les deniers et revenus saisis

qui donnent lieu à des contestations ; enfin, les sommes dont un débiteur veut se libérer, nonobstant les refus ou autres empêchemens qui arrêtent sa libération.

On appelle cet officier receveur des consignations.

Henri III établit, au mois de juin 1578, des receveurs des consignations en titres d'offices. Cet établissement occasionna, dans les siècles suivans, un grand nombre d'édits et déclarations, pour régler les droits et les fonctions de ces receveurs. Tous ces officiers furent supprimés par la loi du 30 septembre 1791, qui ordonna que les fonctions de receveurs des consignations seraient provisoirement exercées par des préposés nommés par les directoires de district.

Ces préposés furent supprimés par la loi du 23 septembre 1793, tit. 1, art. 1. L'art. 5 voulait qu'à l'avenir tout dépôt à faire en vertu de jugement, ou par permission de justice, fût versé, pour Paris, à la caisse générale de la trésorerie nationale, et pour les départemens, aux caisses de district, auxquelles ont depuis succédé les caisses des receveurs généraux des contributions directes.

Mais cet ordre de choses fut encore changé par la loi du 28 nivôse an XIII, qui confie à la caisse d'amortissement, et aux préposés qu'elle est chargée d'établir partout où besoin sera, la recette des consignations *ordonnées* par la justice ou par l'autorité administrative.

Elle est également autorisée à recevoir les consignations *volontaires*. C'est aujourd'hui la loi vi-

vante (1). Elle contient des dispositions très-favo-
rables aux créanciers.

La caisse d'amortissement doit tenir compte aux
ayant-droit de l'intérêt de chaque somme consignée à raison de trois pour cent par an, au lieu
qu'autrefois on attribuait un droit de recette au
receveur des consignations. La caisse d'amortissement répond des sommes consignées dans la caisse
de ses préposés, qui sont de plus contraignables
par corps, s'ils ne remboursent pas les sommes
consignées, dans dix jours après la notification de
l'acte du jugement qui autorise le remboursement.

Du reste, les préposés ne peuvent exercer aucune action pour contraindre à exécuter les jugemens ou les décisions qui ont ordonné la consignation.

205. On voit par cette loi qu'on peut distinguer
plusieurs espèces de consignations :

1°. Les consignations volontaires faites par un
débiteur qui veut se libérer, lorsque le créancier
refuse de recevoir;

2°. Les consignations ordonnées par la justice,
ou par l'autorité administrative; par exemple,
celles que fait un débiteur qui veut se libérer lorsque, par des saisies-arrêts mises entre ses mains,

---

(1) Mais au moment où l'on imprime ceci, le Roi propose, et la
Chambre des députés vient d'adopter la création d'une caisse spéciale
des consignations, qui sera organisée par une ordonnance du Roi.
Cette loi forme le tit. 10 de la loi sur les finances au budget du
28 avril 1816, pag. 515 du Bulletin des lois de cette année. Il faut y
joindre l'ordonnance du 22 mai 1816, *ibid.*, pag. 775, et celle du
3 juillet même année, 1816.

il est empêché de payer à son créancier. On peut les appeler consignations judiciaires.

Il faut ranger dans cette classe la consignation du prix des ventes judiciaires des meubles; consignation que l'officier public qui a reçu ce prix en faisant la vente, est obligé de faire, à la charge des oppositions, si, dans le mois, les créanciers ne sont pas convenus de la distribution à faire entre eux par contribution. (Art. 657 du Code de procédure).

Les conditions et les formalités nécessaires pour la validité de ces deux espèces de consignations ne sont pas entièrement les mêmes ; les dernières sont dispensées de plusieurs des formalités exigées pour les consignations volontaires dont parle l'art. 1259.

Commençons donc par examiner les conditions et les formalités exigées pour la validité de celles-ci.

206. Il faut d'abord distinguer quel est l'objet de la dette. Si elle consiste dans une somme d'argent, ce qui est le cas le plus ordinaire, il n'est pas nécessaire que la consignation soit autorisée par le juge (1259).

Cette disposition ne fait que confirmer l'ancienne jurisprudence, attestée par Pothier, n°. 543, et fondée sur un arrêt du Parlement de Paris, du 11 août 1703, rapporté au Journal des audiences, dans l'ordre de sa date. La Cour de cassation a plusieurs fois rejeté des pourvois contre des jugemens qui avaient déclaré valables des consignations faites sans cette autorisation (1).

---

(1) Arrêts des 23 nivôse an VI et 23 thermidor an VIII, Sirey, an X, pag. 147; Denevers, tom. I, pag. 489.

Cependant, comme il n'y avait pas de loi précise sur cette matière, il s'était introduit des usages
contraires en différens lieux, et même à Paris; et
la Cour de cassation, par des arrêts antérieurs à la
promulgation du Code, a rejeté le pourvoi contre
des jugemens rendus sur ces usages locaux, ou
par interprétation de quelques lois romaines, et
qui avaient annulé des consignations faites sans
l'autorisation de la justice (1).

Mais aujourd'hui que le Code a tracé des règles
uniformes et impératives, les arrêts qui annule-
raient des consignations sur ce motif pourraient
être soumis à la censure.

207. Le Code a réduit à quatre les conditions
nécessaires pour la validité d'une consignation volontaire de la première espèce, outre les offres
dont nous avons parlé.

Il faut, 1°. qu'elle ait été précédée d'une sommation signifiée au créancier, et contenant l'indication du jour, de l'heure et du lieu où la chose offerte sera déposée (1259).

Cette sommation se fait ordinairement par le
même procès-verbal qui contient les offres et la
sommation de recevoir, à laquelle, en cas de refus, l'huissier ajoute la sommation d'être présent
aux lieu, jour et heure de la consignation.

Le but de l'indication exigée est de laisser,
jusqu'au dernier moment, la faculté de recevoir,

---

(1) Arrêts des 16 ventôse an VIII, 11 prairial an X, Sirey, an X,
pag. 4; Denevers, tom. I, pag. 489; le nouveau Répertoire, v°. Consignation, n°. 24.

et de prévenir la consignation. Quelque essentielle que soit cette formalité, elle n'était pourtant prescrite par aucune loi antérieure au Code. Pothier, n°. 545 et 544, enseignait avec raison que cette formalité est indispensable ; mais cette opinion n'étant appuyée d'aucune disposition législative, ne paraissait pas suffisante pour motiver la cassation d'un arrêt qui jugeait valide une consignation, sans appeler le créancier pour y être présent, parce qu'aucune loi n'avait été violée (1).

Mais aujourd'hui, d'après les règles impératives prescrites par le Code, l'arrêt qui validerait une consignation volontaire, faite sans y avoir appelé le créancier, ne pourrait échapper à la censure. Nous verrons bientôt si cette disposition s'applique aux consignations de la seconde et de la troisième espèce.

208. Il y a un cas où la consignation volontaire peut être faite sans offres précédentes et sans y appeler le créancier, parce qu'il est inconnu.

C'est ce qui arrive dans les engagemens payables au porteur, ou négociables par voie d'endos-

---

(1) Le 20 floréal an X, la Cour de cassation rejeta le pourvoi contre un arrêt qui avait déclaré valable une consignation à laquelle le créancier n'avait pas été appelé. *Voy.* le nouveau Répertoire, v°. *Consignation*, n°. 26. Il est vrai qu'il s'agissait d'une consignation ordonnée par un jugement, et le débiteur avait mis le créancier à même de prévenir la consignation, en le faisant sommer d'exécuter le jugement, par lequel il était autorisé à consigner une somme de 33,000f, si, dans le jour, le créancier ne la retirait pas des mains du notaire chez qui elle était en dépôt. D'ailleurs, immédiatement après avoir consigné, le débiteur fit signifier le procès-verbal de consignation au créancier. *Voy.* les Questions de droit de M. Merlin, v°. *Consignation*, § 1.

sement. Ce cas n'avait point été prévu par les lois antérieures à la révolution.

Il peut néanmoins arriver qu'une variation importante dans les espèces, ou tout autre motif, engage le porteur d'un tel effet à ne pas se présenter pour en réclamer le paiement au jour de l'échéance, tandis qu'au contraire le débiteur est très-intéressé à se libérer.

Les règles à suivre en pareil cas sont tracées par la loi du 6 thermidor an III (24 juillet 1795), qui porte : « Tout débiteur de billet à ordre, de lettre de change, billet au porteur et autre effet négociable, dont le porteur ne se sera pas présenté dans les trois jours qui suivront celui de l'échéance, est autorisé à déposer la somme portée au billet, dans les mains du receveur de l'enregistrement (aujourd'hui dans les mains des préposés de la caisse d'amortissement, conformément à l'avis du Conseil d'état, du 15 octobre 1809), dans l'arrondissement duquel l'effet est payable.

L'acte de dépôt contiendra la date du billet, celle de l'échéance, et le nom de celui au bénéfice duquel il aura été originairement fait. Le dépôt consommé, le débiteur ne sera tenu que de remettre l'acte de dépôt en échange du billet.

La somme déposée sera remise à celui qui représentera l'acte de dépôt, sans autre formalité que la remise d'icelui et de la signature du receveur. Si le porteur ne sait pas écrire, il en sera fait mention sur les registres. »

M. Pardessus, dans son Cours de droit commercial, tom. 1, pag. 209, observe fort bien que cette loi n'a été abrogée par aucune autre postérieure.

Ses dispositions sont fondées en raison, et remplissent une lacune existante dans la législation antérieure.

Puisque le propriétaire de l'effet négociable est inconnu, il n'est pas possible de lui faire des offres réelles. Cependant il n'est pas juste que le débiteur, qui veut se libérer, reste dans l'incertitude, pendant tout le tems où il plaît au créancier de garder l'*incognito*.

C'est pour tirer le débiteur de cet embarras, que la loi lui permet, après trois jours expirés depuis l'échéance, de consigner la somme due quand bon lui semble; et cela, lors même que le débiteur sait en quelles mains existait le billet au moment de son échéance; car il a pu depuis changer de main (1).

209. 2°. Il faut, pour la validité des consignations volontaires, « que le débiteur se soit dessaisi de la chose offerte, en la remettant dans le dépôt indiqué par la loi (ou par le juge), avec les intérêts jusqu'au *jour du dépôt* (1259), » ou plutôt jusqu'au jour de la réalisation des offres. (Code de procédure, art. 816. *Voy.* ci-après, n°. 220 et suiv.)

210. « 3°. Qu'il y ait eu procès-verbal, dressé par *l'officier ministériel,* de la nature des espèces offertes, du refus qu'a fait le créancier de les recevoir, ou de sa non comparution, et enfin du dépôt (1259).»

---

(1) *Voy.* un arrêt de la Cour de cassation, des 3 brumaire an VIII, 12 février 1806, Sirey, tom. I, pag. 252, et un arrêt du 7 août 1807.

Le procès-verbal de la nature des espèces a pour but de constater l'identité des espèces consignées et des espèces offertes.

C'est pour cela que le Code exige que le procès-verbal soit dressé par l'*officier ministériel.*

La consignation pourrait donc être annulée, si le procès-verbal n'était dressé que par le receveur des consignations, ainsi que l'a fort bien jugé la Cour de Nîmes. (*Vide suprà,* n°. 201).

Et comme le créancier a, jusqu'au dernier moment, le droit d'empêcher la consignation en recevant, il faut constater son refus, s'il est présent à la consignation, et son absence, s'il n'y est pas.

211. 4°. Enfin il faut, pour la validité des consignations volontaires, « qu'en cas de non comparution de la part du créancier, le procès-verbal du dépôt lui ait été signifié avec sommation de retirer la chose déposée (1259).

212. » Si la chose due est un corps certain, qui doit être livré au lieu où il se trouve, le débiteur doit faire sommation au créancier de l'enlever, par acte notifié à sa personne ou à son domicile, ou au domicile élu pour l'exécution de la convention. »

Cette sommation faite, si le créancier n'enlève pas la chose, le débiteur peut obtenir de la justice la permission de la déposer dans un autre lieu fixé par le jugement (1264).

Il doit faire notifier ce jugement au créancier, en lui indiquant le jour et l'heure où il le fera exécuter, en transportant la chose dans le lieu désigné, où elle demeurera à ses risques, périls et charges.

On procède de la même manière, s'il s'agit d'une quotité de choses fongibles; par exemple de dix tonneaux de vin, ou de tant de quintaux de grains, etc.

213. Après avoir expliqué ce qui concerne les consignations exécutées sur le refus du créancier qui ne veut pas recevoir, nous passons à celles qui se font lorsque le créancier ne peut recevoir, à cause des oppositions ou saisies-arrêts mises aux mains du débiteur qui veut se libérer.

Nous avons dit qu'on peut les appeler consignations *judiciaires,* parce que le débiteur doit les faire ordonner par la justice.

Suivant les anciens réglemens, l'adjudicataire d'un immeuble vendu judiciairement était obligé d'en consigner le prix; et s'il ne le faisait pas, le receveur des consignations pouvait décerner une contrainte contre lui. La consignation était indispensable, toutes les fois que la distribution du prix était soumise à la justice.

Aujourd'hui, la consignation n'est indispensable que lorsqu'elle est prescrite par le cahier des charges de l'adjudication.

Hors ce cas, l'adjudicataire reste nanti du prix jusqu'à la clôture de l'ordre.

L'art. 771 du Code de procédure civile déclare *exécutoires* contre lui les bordereaux de collocation, qui, par suite de la clôture de l'ordre, sont délivrés aux créanciers; ce qui ne pourrait pas avoir lieu, si l'adjudicataire était obligé de consigner. (*Voy.* le nouveau Répertoire, v°. *Consignation,* n°. 5).

Et lors même que le cahier des charges oblige l'adjudicataire de consigner, les créanciers, s'ils sont tous présens et majeurs, peuvent l'en dispenser. (*Ibid.*, n°. 10).

214. Le prix des ventes mobilières, faites en vertu d'une saisie-exécution, doit être payé à l'officier public chargé de faire la vente.

Il en est personnellement responsable. (Art. 625 du Code de procédure).

Mais si, dans le mois, les créanciers ne sont pas convenus de la distribution à faire entre eux par contribution, l'officier qui a fait la vente est tenu d'en consigner le prix dans la huitaine suivante, à la charge de toutes les oppositions. (Code de procédure).

Cette consignation, non plus que celle que fait l'adjudicataire du prix d'un immeuble, en vertu du cahier des charges, n'est soumise à aucune formalité. Il suffit à l'officier public ou à l'adjudicataire de rapporter la quittance du receveur des consignations.

215. L'adjudicataire d'un immeuble vendu judiciairement, qui reste nanti du prix, quand le cahier des charges ne lui impose pas la loi de consigner, n'est pas obligé de garder ce prix; il peut s'en libérer en le consignant.

Il en est de même de l'acquéreur, dans le cas d'une vente volontaire et de tout autre débiteur, lorsque les sommes qu'ils doivent sont saisies ou arrêtées entre leurs mains par des oppositions, ou lorsqu'il se trouve plusieurs créanciers inscrits.

Le débiteur qui se trouve en l'un de ces cas, et qui veut se libérer, ne doit pas alors suivre la marche tracée par le Code, pour les consignations volontaires; il ne peut faire d'offres valables à la personne du créancier qui ne peut recevoir. Il ne peut également en faire aux créanciers opposans ou inscrits, avant que la justice ait décidé dans quel ordre ils doivent recevoir.

Il doit donc intervenir dans l'instance, ou appeler le créancier dont la créance est saisie, et les créanciers saisissans, opposans ou inscrits, faire des offres réelles à l'audience, et se faire autoriser par un jugement à consigner la somme qu'il doit.

Après ce jugement, il n'est point obligé de faire de nouvelles offres avant de consigner (1).

216. Mais est-il nécessaire, en ce cas, sous peine de nullité, de sommer le créancier saisi, et les créanciers opposans ou inscrits, d'être présens à la consignation, et de leur en indiquer le lieu, le jour et l'heure? Le 18 germinal an XIII, la Cour de cassation rejeta le pourvoi contre un arrêt de la Cour de Rouen, qui avait jugé valide une consignation ordonnée par un jugement, mais exécutée hors de la présence du vendeur et de ses créanciers, et sans les y avoir appelés.

Par un autre arrêt, du 12 fructidor an XI, la Cour de cassation rejeta le pourvoi contre un arrêt de la Cour de Paris, qui avait déclaré nulle une

---

(1) Arrêt de la Cour de cassation, du 16 ventôse an XI, rapporté dans le nouveau Répertoire, v°. *Consignation*, n°. 25.

consignation, faute d'y avoir appelé l'une des créancières du vendeur, suivant l'usage constamment observé au Châtelet de Paris, d'appeler à la consignation tous les créanciers opposans. D'après cet usage, la Cour de cassation ne vit, dans l'arrêt attaqué, de contravention expresse à aucune loi.

Mais par un précédent arrêt du 12 frimaire an X, la Cour de cassation avait rejeté le pourvoi de Paul Deshaies, contre un jugement qui déclarait valable la consignation du prix d'une vente faite sans y avoir appelé le vendeur ni les créanciers, « attendu » que les lois qui parlent des consignations *forcées,* » n'imposent à celui qui les fait d'autre obligation » que de consigner, sans faire des offres réelles, sans » signification, et qu'il suffit, dans ce cas, *que les* » *deniers soient en sûreté,* et ne passent point dans les » mains du vendeur au préjudice de ses créanciers. »

Dans l'espèce de cet arrêt, la consignation était forcée, en vertu de la loi du 5 septembre 1785. Mais M. Merlin, qui rapporte ces différens arrêts dans le nouveau Répertoire, v°. *Consignation,* n°. 27, observe avec raison qu'il est indifférent que la consignation soit forcée par un jugement ou par la loi.

Il ne paraît donc pas que les consignations ordonnées par un jugement puissent être annulées, lorsqu'elles ont été exécutées sans y appeler les créanciers (1).

---

(1) Néanmoins, il est plus prudent de les appeler, en leur faisant signifier le jugement qui ordonne la consignation, avec sommation de se trouver tel jour, à telle heure, chez le receveur, pour être présens

L'art. 1259, n°. 1, ne s'applique qu'aux consignations volontaires que fait un débiteur à la suite d'offres réelles faites au créancier ayant la capacité de recevoir.

217. S'il n'est pas nécessaire, sous peine de nullité, d'appeler le créancier et les opposans aux consignations forcées, il semble qu'il n'est pas non plus nécessaire qu'il soit rédigé un procès-verbal de consignation par l'officier ministériel, et que la quittance du receveur des consignations peut suffire.

Enfin, il semble qu'il n'est pas indispensable de notifier le procès-verbal de consignation, ou la quittance du receveur des consignations, au créancier et à ses créanciers opposans, comme dans le cas de l'art. 1259, n°. 4. Il suffit que les deniers soient en sûreté et consignés, pour obéir à la justice.

218. La demande qui peut être intentée, soit en validité, soit en nullité des offres ou de la consignation, doit être formée d'après les règles établies pour les demandes principales; elle peut être aussi formée incidemment et par requête. (Code de procédure, art: 815).

219. Les frais des offres réelles et de la consignation sont à la charge du créancier, si elles sont valables (1260).

Cette disposition s'applique évidemment aux offres refusées et suivies de consignation. La faute

---

à la consignation. Il n'est pas nécessaire, sous peine de nullité, d'observer, dans cette assignation, le délai fixé pour les ajournemens, ni que le récépissé du receveur des consignations soit notifié aux créanciers. Arrêt de la Cour de cassation, du 24 juin 1812, Sirey, an 1812, pag. 289.

du créancier qui refuse des offres valables doit le soumettre aux frais. C'est aussi ce que veut l'article 525 du Code de procédure.

Au contraire, si le créancier accepte les offres, nul doute que les frais sont à la charge du débiteur, s'il était obligé de payer au domicile du créancier. C'est au débiteur de payer le mandataire qu'il envoie dans sa place porter son argent. D'ailleurs, les frais du paiement sont à la charge du débiteur (1248). C'est la règle générale.

Mais si le débiteur qui n'était obligé de payer que chez lui, au lieu d'attendre le créancier, envoie un huissier lui faire des offres réelles, M. Delvincourt pense que les frais des offres, quoiqu'acceptées, sont à la charge du créancier, parce que, dit-il, il est *présumable* que le débiteur ne s'est porté à faire des offres que par suite d'un refus de recevoir à l'amiable. D'ailleurs, ajoute ce savant professeur, les frais de la demande sont à la charge du débiteur, même lorsqu'il paie sur l'exploit. Donc, *à pari*, les frais d'offres acceptées par le créancier doivent être supportés par le créancier.

Nous ne saurions partager cette opinion. Ce sont les offres *contestées* ou refusées que l'art. 525 du Code de procédure, et l'art. 1260 du Code civil, mettent à la charge du créancier. Une simple conjecture ne suffit donc pas pour faire supporter au créancier des frais que la loi met à la charge du débiteur. Si celui-ci veut les faire supporter au créancier, il faut donc prouver qu'elles ont été refusées par ce dernier.

Quant aux frais de la demande, que M. Delvincourt met à la charge du débiteur, *même lorsqu'il paie sur l'exploit*, il faut distinguer : si la dette est payable au domicile du créancier, nul doute que si le débiteur ne va pas payer au terme fixé, les frais de la demande sont à sa charge, même lorsqu'il paie sur exploit. Il est en faute de ne s'être pas transporté au domicile du créancier.

Mais si, conformément à la règle commune, la dette est payable au domicile du débiteur, c'est au créancier d'aller chercher son argent, et c'est à lui de payer le mandataire qu'il envoie dans sa place. Si le débiteur offre de payer à l'huissier, celui-ci ne peut exiger les frais de son exploit; et si, sous ce prétexte, il refusait de recevoir, le créancier demandeur serait condamné aux frais.

220. L'effet des offres réelles, relativement au débiteur, est de l'empêcher d'être constitué en demeure, ou de purger, pour l'avenir, la demeure qu'il aurait encourue.

Je vous dois 3,000^f, payables le 1er. janvier. Je me présente au jour de l'échéance, et je vous fais des offres réelles, que vous refusez sur d'injustes prétextes. Vous me faites assigner pour voir déclarer mes offres insuffisantes, et vous demandez que je sois condamné de vous payer avec intérêts, du jour de l'assignation. Votre demande doit être rejetée, si mes offres étaient valables, parce que les intérêts ne pouvaient être dus que comme une indemnité du préjudice que vous causerait mon injuste retard. Or, je n'ai pas été en retard un seul moment.

J'avais promis de vous payer 3,000^f le 1er. jan-

vier, et si je ne les payais pas, de vous donner le
fonds Cornélien. Au jour de l'échéance, je vous
fais des offres réelles de 5,000', que vous refusez
injustement. Vous me faites assigner, pour faire
déclarer mes offres nulles, et vous demandez que
je sois condamné de vous donner le fonds Cornélien, faute de vous avoir payé le jour de l'échéance
ou d'avoir consigné. Mais comme il n'a tenu qu'à
vous de recevoir au jour fixé, je ne suis point en
faute; et comme vous avez eu tort de refuser mes
offres, la peine n'est point encourue contre moi.
Sur ceci, les auteurs sont d'accord. (*Vid. leg.*
penul., *ff de nautic. fien.*, 22. 2.)

221. Mais si les offres réelles suffisent sans consignation, pour empêcher les peines conventionnelles, ou les intérêts moratoires d'être encourus,
suffisent-elles pour interrompre le cours des intérêts conventionnels, qui avaient commencé de courir? Avant de répondre, considérons un moment
l'effet des offres réelles, relativement au créancier.

Elles le constituent *en demeure* de recevoir, et
l'effet de la demeure est de mettre la chose aux risques de celui qui est constitué en demeure, de l'y
laisser, si elle y était déjà, de le soumettre aux
dommages et intérêts, de l'assujettir à indemniser l'autre partie de tout ce que la demeure lui fait
perdre (1138. Pothier, n°. 143). On est encore
d'accord sur ces principes.

Pour être conséquent, on doit en conclure en
bonne logique, comme en équité, que les offres
réelles interrompent le cours des intérêts conventionnels, comme elles empêchent les intérêts mo-

ratoires de commencer à courir; car si l'effet de
la demeure du débiteur est de le soumettre à payer
l'intérêt au créancier, l'effet de la demeure du
créancier doit être, à plus forte raison, d'interrompre le cours des intérêts qui couraient. Les
lois favorisent toujours le débiteur plus que le
créancier; et si la demeure soumet ce dernier aux
dommages et intérêts du débiteur, comme on en
convient, ces dommages et intérêts consistent dans
la remise des intérêts, qui auraient cessé, si le
créancier avait reçu.

L'équité ne permet pas qu'il retire aucun profit de la faute qu'il a faite, en refusant de recevoir.

222. Si l'on s'en tenait au simple raisonnement
et à l'équité, il ne semblerait donc pas qu'il dût
s'élever des difficultés sur ce point. Cependant il
s'en est élevé de très-sérieuses dans tous les tems;
et ces difficultés, comme en beaucoup d'autres
points de jurisprudence, sont venues de l'embarras de concilier quelques lois romaines.

On en trouve qui disent assez clairement que
les offres réelles interrompent le cours des intérêts
du jour où elles ont été faites. « *Si credi trici ea*
quæ ex causâ pignoris obligatam sibi rem tenuit, pe-
cuniam debitam cum usuris testibus præsentibus ob-
tulisti; eâque non accipiente obsignatam eam depo-
suisti, usuras EX EO TEMPORE *quo obtulisti, præstare*
non cogeris, etc., dit la loi 6, *Cod. de usur.*, 4. 32.
On peut aussi voir la loi 122, §5, *ff de V. O.*, 45. 1.

223. Mais d'autres lois paraissent opposées, et
les anciens interprètes, après s'être beaucoup tour-
mentés pour concilier tous ces textes, finirent

par embrasser l'opinion que les offres réelles ne suffisent pas pour arrêter le cours des intérêts.

Dumoulin (1), dont le génie indépendant ne se laissait imposer par aucune autorité, embrassa l'opinion contraire, et prouva, dans son Traité de *usur.*, quest. 39, n°. 296, que, suivant les lois et l'équité, les offres réelles arrêtent de plein droit le cours des intérêts. Mais ni sa grande autorité, ni sa profonde dialectique ne firent cesser la controverse. Les docteurs ont continué de disputer, et ne cesseront de le faire que lorsque, renonçant à vouloir concilier des textes inconciliables, on conviendra de s'arrêter à celui qui se trouve le plus conforme à la raison et à l'équité (2).

224. En droit français, plusieurs praticiens enseignent que, suivant l'usage ancien, les intérêts et arrérages cessaient du jour des offres réelles; mais que, par une jurisprudence nouvelle, ce n'était plus que du jour de la consignation, et non du jour des offres, que cessait le cours des arrérages et intérêts, suivant deux arrêts des 14 février 1739 et 20 mars 1767, rapportés, le premier, par Lacombe, v°. *Consignation*, n°. 1; le second, par Denisart, v°. *Intérêts*, n°. 4.

---

(1) Suivi par Pothier, Traité du contrat de constitution, n°. 209. Il en donne une raison fondée sur l'équité et sur les règles de droit : *in omnibus causis, pro facto accipitur id, in quo per aliam morœ fit, quominus fiat. Loi* 39, *ff de R. J.*

(2) Si on veut voir tout ce qui a été dit en droit romain sur la question qui nous occupe, on peut consulter, outre Dumoulin, Cujas, Voët, *de usur.*, n°. 17, *lib.* 22, tit. 1; Noodt, *Tractat. de fenor. et usuris, lib.* 3, *cap.* 15, et les auteurs qu'ils citent.

On disait, pour cette jurisprudence nouvelle, que ce n'est que la consignation qui opère la libération du débiteur; que s'il continue jusqu'à la consignation, de jouir de la somme offerte, il est juste qu'il continue d'en payer l'intérêt.

On pourrait répondre, même en supposant que le débiteur n'est libéré que par la consignation, qu'il n'est pas nécessaire qu'il soit libéré du capital, pour être dégagé des intérêts; qu'il en doit être dégagé par les offres, puisqu'elles prouvent qu'il avait recueilli ses fonds, qui dès lors ont cessé d'être utilement employés à son profit, sans qu'il puisse en faire un second emploi, puisqu'ils sont destinés à être consignés; qu'il est donc injuste d'obliger le débiteur à payer les intérêts d'une somme dont il ne retire plus aucune utilité; que cette obligation peut même devenir un piège pour le débiteur le plus diligent; pour celui, par exemple, qui consigne le lendemain des offres; car rien n'est plus facile que d'oublier d'ajouter aux offres de la veille le faible prorata d'un jour d'intérêts, dont l'omission néanmoins entraînerait la nullité de la consignation.

225. Ce fut sans doute par ces raisons que, pour faire cesser la controverse, et pour enlever à ceux qui soutenaient que les offres n'arrêtaient pas le cours des intérêts, le fondement subtil de leur opinion, nos législateurs se portèrent à rejeter le principe prétendu que le débiteur n'est libéré que par la consignation, et non par les offres.

Les offres réelles, suivies de consignation, libèrent le débiteur, dit au contraire, et très-énergiquement, l'art. 1257 du Code civil. Il ajoute qu'*elles tiennent à son égard lieu de paiement;* ce qui est conforme à la règle de droit, qui veut, dans tous les cas, qu'on répute fait tout ce que l'adversaire vous a empêché de faire : *In omnibus causis, pro facto accipitur id, in quo per alium moræ fit, quominùs fiat. Loi* 39, *ff de R. J.*

Remarquez que le Code ne dit pas *la consignation précédée* des offres *libère* le débiteur; mais les offres *suivies* de consignation.

Ce sont donc *les offres réelles* qui libèrent le débiteur et lui tiennent lieu de *paiement,* parce que le paiement est censé effectué du moment où le créancier l'a empêché de le faire, *pro facto accipitur.* Le débiteur est donc libéré avant la consignation, et par conséquent, les intérêts ont cessé de courir; car il serait trop absurde de dire qu'ils continuent de courir après la libération du débiteur.

226. Cependant, par l'une de ces contradictions qui échappent trop souvent à la fragilité de l'esprit humain, l'art. 1259 porte, n°. 2, que le débiteur doit consigner la somme principale, avec l'*intérêt jusqu'au jour du dépôt.*

Il y a contradiction évidente entre cette disposition et l'art. 1257; car si le débiteur est libéré par les offres suivies de consignation, les intérêts ont cessé de courir du jour de la libération ou des offres; et si les intérêts courent jusqu'au jour de la consignation du dépôt, le débiteur n'est pas libéré par les offres suivies de consignation.

227. Cette contradiction a été sentie, et pour

la faire cesser, le Code de procédure, art. 816, porte : « Le jugement qui *déclare les offres valables* » ordonnera, dans le cas où la consignation n'au- » rait pas encore eu lieu, que *faute par le créancier* » *d'avoir reçu la somme* ou la chose offerte, elle sera » consignée ; il prononcera la cessation des inté- » rêts, *du jour de la réalisation* ».

Il nous paraît clair que cet article déroge à l'article 1259 du Code civil, et que sa disposition fait disparaître la contradiction que nous avons remarquée entre ce dernier article et l'art. 1257 du Code civil (1).

228. Cependant, des jurisconsultes d'un mérite éminent, à qui cette contradiction a échappé, n'ont aperçu de contrariété qu'entre l'art. 1259 du Code civil, et l'art. 816 du Code de procédure.

Pour les concilier, ils ont soutenu que, *par le jour de la réalisation*, le Code de procédure entend *le jour du dépôt*. Le respect que nous devons à l'opinion de ces hommes savans, nous impose le de-

---

(1) On pourrait opposer que l'art. 814 du Code de procédure dit qu'après le procès-verbal d'offres, le débiteur peut, pour *se libérer*, consigner dans les formes prescrites par l'art. 1259 du Code civil ; mais loin d'être contraire à l'art. 1257 du Code civil, l'art. 816 du Code de procédure ne fait qu'en indiquer le mode d'exécution. Le premier dit que *les offres suivies* de consignation *libèrent* le débiteur ; le second dit qu'après *les offres* faites, le débiteur doit consigner *pour se libérer*. Ainsi, correspondance parfaite entre les deux articles ; car, si la consignation *ne suit pas les offres*, elles ne libèrent pas le débiteur ; ce ne sont que les offres suivies de la consignation qui libèrent. L'art. 814 ne dit pas que la libération ne remonte point au jour de *la réalisation* des offres ; mais l'art. 816 le dit positivement.

voir de peser leur opinion avec la plus grande attention.

D'abord si, comme il paraît évident, il existe une
contradiction entre les art. 1257 et 1259, elle continue de subsister dans la législation, si l'art. 816
du Code de procédure est conforme à l'art. 1259.

Cette contradiction disparaît en suivant notre
opinion.

Voyons les raisons de l'opinion contraire; et d'a-
bord, voyons ce que le Code de procédure entend par *le jour de la réalisation.*

229. *Réaliser,* dans l'acception propre et naturelle de ce mot, c'est rendre réel et effectif ce qui
n'était qu'un projet.

L'offre de vous payer ce que je vous dois. Il n'y
a encore rien de réel dans cette offre, tandis qu'elle
reste sur mes lèvres, et jusqu'à ce que je l'aie effectuée et rendue réelle, en vous présentant, en
vous exhibant la chose ou la somme due, de manière à vous mettre à même de vous en ressaisir.
C'est alors que mes offres labiales deviennent réelles, ou qu'elles sont *réalisées.*

Faire des *offres réelles*, ou réaliser des offres, car
ce sont des expressions parfaitement synonymes,
ce n'est donc pas autre chose que présenter ou
exhiber effectivement la chose due au créancier,
en le pressant de la recevoir, et la *réalisation* des
offres n'est pas autre chose que cette présentation
ou cette exhibition.

Voilà ce qu'on a toujours entendu par des *offres
réelles.*

Si le créancier refuse les offres ainsi réalisées,

le débiteur peut consigner de suite, et sans jugement préalable. On pensait autrefois qu'il ne le pouvait pas. Il était d'usage de faire assigner le créancier à l'audience, pour voir décerner acte de la répétition des offres, et faire ordonner la consignation.

L'avoué du débiteur, en prenant ses conclusions, répétait à l'audience les offres précédemment faites, en présentant de nouveau la somme offerte à deniers découverts.

On appelait cette répétition la *réalisation* des offres à l'audience, ou simplement la *réalisation.* C'était une seconde réalisation des mêmes offres.

Ainsi, ce mot avait deux acceptions entièrement analogues. Il signifiait, 1°. les offres faites à la personne ou au domicile du créancier qui les avait refusées; 2°. la répétition de ces offres à l'audience, pour faire ordonner la consignation.

Voyons maintenant ce qu'on doit entendre par le jour de la réalisation, dans l'art. 816 du Code de procédure, qui porte, comme nous l'avons vu, que le jugement qui déclarera les offres valables, prononcera la cessation des intérêts du jour *de la réalisation.*

230. M. Tarrible (1) pense qu'il faut entendre la *réalisation* du dépôt, et non la réalisation des offres.

Sa raison est que l'art. 1259 du Code civil décide que les intérêts sont dus jusqu'au jour *du dépôt,*

_____

(1) Dans son Rapport sur le liv. 1 de la seconde partie du Code de procédure, édit. de F. Didot, pag. 298.

et que les offres, quoique déclarées valables, ne pouvant éteindre la dette, ne peuvent arrêter le cours des intérêts, jusqu'à la consignation qui consomme la libération.

Nous avons répondu d'avance à ce raisonnement, en faisant voir qu'il n'est pas nécessaire que la libération soit consommée pour faire cesser les intérêts; que l'équité exige même qu'ils cessent du jour des offres réelles, parce qu'elles prouvent que la somme a cessé d'être utilement employée par le débiteur, et parce qu'enfin le paiement est censé fait, *pro facto accipitur,* du moment où il a été refusé; que c'est par ce motif que l'art. 1257 pose en principe que le débiteur est libéré par les offres jugées valables, et que la disposition du Code de procédure a eu pour objet de faire cesser la contrariété qui existe entre cet article et l'art. 1259.

L'interprétation que donne M. Tarrible aux dernières expressions de l'art. 816, *du jour de la réalisation,* est contraire à la contexture de cet article; car on ne peut, sans faire violence au texte, rapporter la réalisation dont il parle qu'à la *réalisation des offres.* « Le jugement qui déclarera *les offres valables........,* prononcera, dit-il, la cessation des intérêts du jour de la *réalisation* ».

C'est donc évidemment de la *réalisation* des offres que parle cette disposition.

On le nie, par la raison que le Code civil dit expressément que les intérêts doivent être payés jusqu'au jour du dépôt. Mais c'est mettre en principe ce qui est en question.

Sans doute le Code civil le dit, et si l'on n'avait

pas voulu dire autre chose, il eût été au moins fort inutile d'en répéter la disposition, qui se fût trouvée maintenue par l'art. 818, où il est ajouté : « *Le surplus* est réglé par les dispositions du Code civil ».

Le Code de procédure a donc entendu ajouter ou déroger au Code civil. Il y a réellement fait plusieurs additions, en développant, dans les art. 812 et suivans, la forme du procès-verbal d'offres, et la manière d'intenter la demande, soit en validité, soit en nullité des offres.

Il y a dérogé, dans l'art. 816, en ordonnant que le jugement qui déclarera *les offres valables*, prononcera la cessation des intérêts du jour de la *réalisation.*

Le Code civil portait qu'ils seront payés jusqu'au jour du *dépôt.* Si l'on n'avait pas voulu déroger à cette disposition, il était inutile de la répéter, et absurde de la répéter en termes plus qu'équivoques, en termes que jamais les lois ni les auteurs n'ont employés dans cette acception; car on croit pouvoir assurer qu'on ne citera pas un seul exemple du mot *réalisation*, employé en cette matière comme synonyme de *dépôt* ou de *consignation.*

Il aurait donc suffi de l'art. 818, qui porte : « *Le surplus* est réglé par le Code civil ».

Enfin, à quoi tendent les efforts que l'on fait pour tâcher d'établir, contre l'usage universel, que la réalisation et le dépôt sont une seule et même chose?

A ravir au législateur l'honneur d'avoir fait au Code civil une dérogation conforme à l'équité, et nécessaire pour mettre ses autres dispositions dans une parfaite harmonie ; en un mot, pour faire cesser la contradiction existante entre les art. 125, et 1259 du Code civil.

M. Pigeau combat l'opinion de M. Tarrible, parce qu'on a, dit-il, toujours distingué là *réalisation* de la *consignation*.

En ce point, il a parfaitement raison ; mais il pense que le Code de procédure n'a point dérogé au Code civil ; il les concilie par une distinction, en appliquant la disposition de celui-ci aux consignations volontaires, et la disposition de celui-là aux consignations ordonnées par un jugement.

Suivant son opinion, il faudrait, dans les consignations volontaires, payer les intérêts jusqu'au jour du dépôt ; et dans les autres, jusqu'au jour du jugement qui donne acte au débiteur de la représentation qu'il fait en justice de la somme qu'il doit consigner.

C'est ce jugement, suivant lui, que les commissaires rédacteurs ont entendu indiquer par le mot de *réalisation*

M. Delvincourt a fort bien prouvé que cette distinction n'est fondée sur aucun motif raisonnable ; mais ne voulant voir, dans le Code de procédure, de dérogation au Code civil qu'autant, dit-il, qu'elle y est *formellement exprimée*, il finit par dire, comme M. Tarrible, que par la *réalisation* dont parle la disposition de l'art. 816, il faut entendre le dépôt ou la consignation.

Nous croyons avoir prouvé que cette opinion n'est pas fondée.

Nous pensons que ce mot de *réalisation* doit être

pris dans son sens naturel, pour la réalisation des offres faites à la personne ou au domicile du créancier, et qu'en ce point, le Code de procédure a voulu déroger au Code civil, et en rectifier les dispositions.

En ceci, le Code de procédure s'est rapproché des vrais principes, comme nous l'avons prouvé; il s'est encore rapproché de la jurisprudence de la Cour de cassation, qui a pensé, avec raison, que les intérêts courus depuis les premières offres, doivent être pour le compte de celui qui a occasionné le retard de la consignation, comme on peut le voir par l'espèce suivante :

La veuve Prégermain, pour se libérer du prix d'une maison qu'elle avait acquise, fit, le 15 prairial an II, des offres réelles du prix principal de son acquisition, et des intérêts courus depuis son adjudication.

Elle obtint ensuite deux jugemens contre les créanciers du vendeur; le premier par défaut, le second contradictoire, par lequel elle fut autorisée à consigner.

Elle consigna en effet, le 19 frimaire an III; mais elle n'ajouta point à ses premières offres les intérêts courus jusqu'à la consignation.

Le syndic des créanciers soutint que la consignation était nulle, parce que les intérêts étant dus jusqu'au jour du dépôt, elle n'était pas intégrale. Sa demande fut rejetée le 9 nivôse an IX, par le tribunal d'appel de Paris; et la Cour de cassation confirma ce jugement le 27 floréal an X, par la considération « qu'il a été constaté que le retard qui avait eu lieu depuis les offres jusqu'à la consignation, ne provenait pas du fait de la veuve Prégermain, et avait été occasionné par les créanciers, qui s'étaient opposés à la consignation, et qu'il n'y a aucune loi qui prohibe aux juges de faire supporter les intérêts du retard à ceux qui y ont donné lieu. » L'arrêt est rapporté dans le Recueil de Sirey, an X, pag. 301.

231. Si la demeure du créancier qui refuse des offres valables arrête le cours des intérêts, elle met aussi la chose offerte à ses risques : c'est le principal effet de la demeure, suivant la dernière disposition de l'art. 1138.

Il en résulte qu'il doit supporter la diminution survenue dans les espèces.

Le 11 septembre 1810, pour demeurer quitte de 1,200ᶠ que je vous devais, je vous fais offre réelle de deux cents pièces de six livres ; j'y ajoute l'appoint de trois deniers à chaque livre, afin de les porter à la valeur de francs, suivant la loi du 7 floréal an VII, art. 4; et sur votre refus de recevoir, je vous somme de vous trouver, le 15 du même mois, au bureau de la consignation, à dix heures du matin, pour y voir déposer mes deniers.

Le surlendemain, 13 septembre 1810, est publié le décret qui ordonne que les pièces de six livres ne seront plus reçues que pour 5ᶠ 80ᵉ; ce qui ne m'empêche point de consigner, le 15, la somme que je vous avais offerte le 11.

Nul doute que ma consignation ne soit valide, parce que la diminution survenue dans les pièces de six livres est au compte du créancier ; car, du moment où il les a refusées sans motifs légitimes, les deux cents écus de six livres sont devenus à ses risques, comme des corps certains, *tanquàm certa corpora*, et le paiement qu'il a refusé est censé fait, *pro facto accipitur*.

252. Mais, pour arrêter le cours des intérêts, et mettre les espèces au risque du créancier, il faut que le débiteur ait persisté dans ses offres réelles, et qu'elles aient été suivies de consignation : des offres retirées sont considérées comme non avenues.

253. La loi n'a point déterminé le tems où doit être faite la consignation.

C'est au magistrat à juger, par les circonstances, si le tems qui s'est écoulé entre les offres et la consignation suffit pour en induire que le débiteur n'a pas persisté, et qu'il a continué d'employer à son profit la somme offerte ostensiblement.

Il nous semble qu'il faut sur cela faire une distinction. Si le procès-verbal d'offres n'est suivi d'aucune demande en nullité, ni en validité, le débiteur, qui se détermine à faire la consignation sans jugement, doit consigner de suite, sans autre délai que celui qui est nécessaire pour donner au créancier le tems de se rendre au bureau de la consignation.

Si, en faisant des offres, le débiteur indiquait pour la consignation un tems évidemment trop long, un mois, par exemple, il serait évident que c'est une fraude, qu'il n'a eu d'autre objet que de gagner un mois d'intérêts : le débiteur devrait donc être condamné aux intérêts du tems intermédiaire, jusqu'au jour du dépôt.

Si la réalisation des premières offres est suivie d'une instance sur la demande, soit en nullité, soit en validité, et que les offres soient jugées valables, quelque longue qu'ait été l'instance, le débiteur qui a eu le soin de répéter ses offres réelles à l'audience, n'est pas tenu de consigner pour arrêter le cours des intérêts, suivant l'art. 816 du Code de procédure.

Il suffit que le débiteur ait toujours persisté dans ses offres. *Si non cessasset pecuniam offerre, jure usuras non deberi,* dit la loi 122, § 5, ff de *V. O.;* et cela quand même la première instance eût été suivie d'une seconde sur l'appel du créancier, comme dans l'espèce de la loi citée.

La raison en est qu'on ne peut reprocher au débiteur d'avoir attendu l'issue d'un procès toujours douteux, *propter aleam judiciorum,* pour déposer des deniers que le créancier est en faute de n'avoir pas reçus plus tôt.

234. L'effet des offres valables, suivies de consignation, est d'opérer la libération du débiteur aussi complètement que s'il avait remis ses deniers au créancier en personne.

De là est née la question de savoir s'il peut retirer ses espèces après les avoir consignées.

Le Code a suivi sur ce point les principes que nous avons expliqués dans le sixième volume, n°. 24, relativement à la manière dont se forment les conventions.

Les offres, même suivies de consignation, ne sont point suffisantes pour conférer un droit parfait contre celui qui les a faites; il peut les rétracter tant qu'elles n'ont point encore été acceptées. Ainsi, « tant que la consignation n'a point été acceptée par le créancier, le débiteur peut la retirer, et s'il la retire, ses codébiteurs ou ses cautions ne sont point libérés (1261). »

Le préposé de la caisse d'amortissement, où les deniers ont été versés volontairement, doit les rendre à la première réquisition, sans pouvoir exiger autre chose que son propre récépissé, revêtu de la décharge du consignateur, à moins que la consignation n'eût été suivie d'une acceptation, ou d'une opposition dûment notifiée au receveur de la caisse où la consignation a été faite. (*Voy.* l'avis du Conseil d'état, approuvé le 16 mai 1810, article 1).

Dans le cas d'une acceptation ou d'une opposition notifiée, le receveur ne peut rembourser qu'à la vue et sur la remise d'un jugement (passé en force de chose jugée), ou d'un acte notarié contenant le consentement des tiers acceptans ou opposans. (*Ibid.*, art. 2).

Mais, « lorsque le débiteur a lui-même obtenu un jugement *passé en force de chose jugée* qui a déclaré ses offres et sa consignation bonnes et valables, il ne peut plus, même du consentement du créancier, retirer sa consignation, au préjudice de ses codébiteurs ou de ses cautions » (1262).

Il paraîtrait résulter de cet article que le débiteur peut retirer ses deniers, même après le jugement qui déclare la consignation valable, jusqu'à ce que le jugement ait acquis la force de la chose jugée. Mais cet article doit être interprété par la loi du 28 nivôse an XIII, relative aux consignations, **qui ordonne**, art. 4, que « le remboursement des sommes consignées s'effectuera dans le lieu où la consignation a été faite, dix jours après la notification faite au préposé de la caisse d'amortissement, *de l'acte ou jugement* qui en aura autorisé le remboursement. »

Ainsi, lorsque la consignation a été faite en vertu d'un jugement ou d'une décision administrative, le consignateur ne peut la retirer, et le receveur ne peut la rembourser sur la simple remise de son récépissé, revêtu de la décharge du consignateur.

Si celui-ci veut retirer ses deniers, il doit présenter un acte ou un jugement qui en autorise le remboursement.

Mais supposons que le receveur ignore le jugement qui déclare la consignation valable. Je vous fais des offres réelles que vous refusez; je me hâte de consigner; puis je vous assigne en validité des offres de la consignation. Nul doute que cette procédure, inconnue du receveur, ainsi que le jugement intervenu, qui ne lui a point été notifié, ne peut l'empêcher de rembourser la consignation, sur la simple remise de son récépissé; mais, en ce cas, les codébiteurs et cautions ne seront pas déchargés, si la consignation a été retirée, et le remboursement fait avant le jugement; car le jugement qui déclare valable une consignation qui n'existait plus, ne peut produire aucun effet.

Si, au contraire, la consignation a été retirée depuis le jugement qui la déclarait valable, et dont le receveur ignorait l'existence, il faut distinguer : les codébiteurs et cautions ont été irrévocablement libérés au moment où le jugement a été rendu, s'il était en dernier ressort.

Le retirement des deniers fait depuis ne peut donc leur nuire.

Mais ils ne sont pas libérés, si le jugement n'était pas en dernier ressort ; car il ne peut plus acquérir la force de la chose jugée, comme l'exige l'art. 1262, pour opérer irrévocablement la libération des codébiteurs et cautions.

« Le créancier qui a consenti que le débiteur retirât sa consignation, après qu'elle a été déclarée valable par un jugement qui a acquis force de la chose jugée, ne peut plus, pour le paiement de sa créance, exercer les priviléges ou hypothèques qui y étaient attachés.

Il n'a plus d'hypothèque que du jour où l'acte par lequel il a consenti que la consignation fût retirée, aura été revêtu des formes requises pour emporter hypothèque (1263). »

235. L'art. 1257 du Code porte que la chose consignée demeure aux risques du créancier. Il en résulte, comme nous l'avons déjà observé, que la diminution et l'augmentation dans les espèces étaient pour le compte du créancier.

Nul doute sur ce point, dans l'ordre établi avant et lors de la promulgation du Code.

Les deniers consignés étaient considérés comme un dépôt entre les mains du receveur des consignations. Il ne devait pas les employer à son profit; il était même payé pour la garde de ce dépôt; mais la loi du 28 nivôse an XIII a changé cet ordre de choses : en recevant les deniers consignés, la caisse d'amortissement les fait valoir à son profit; elle tient compte de l'intérêt à raison de trois pour cent par an.

Les sommes consignées ne sont donc plus un dépôt dans cette caisse; elle devient propriétaire des espèces, et n'est tenue qu'à rendre la même valeur : d'où il nous paraît résulter que la diminution et l'augmentation survenues dans les espèces depuis la consignation, sont pour le compte de la caisse.

§ V.

De la Cession des biens.

SOMMAIRE.

245. *Si le prix de la vente des biens abandonnés surpasse les créances, les créanciers rendent le surplus.*

246. *Les biens abandonnés font partie de la succession du débiteur.*

247. *Sa mort donne ouverture aux droits de mutation. Qui doit les payer ?*

248. *Les créanciers de ceux à qui les biens sont abandonnés n'acquierent point d'hypothèque sur ces biens.*

249. *Le contrat d'abandonnement ne donne ouverture qu'à un droit fixe au profit du fisc.*

250. *L'abandonnement n'est point le délaissement par hypothèque, ni le déguerpissement.*

251. *Si ce contrat est fait avec plusieurs créanciers, il est presque nécessaire de former une* direction *ou contrat d'union. Ce que c'est, et son objet.*

252. *Le contrat d'abandonnement ou d'atermoiement doit être consenti par tous les créanciers.*

253. *Secùs, en matière de commerce, où la minorité des créanciers chirographaires est liée par la majorité. Quelle formalité suivre en pareil cas.*

254. *Le Code de commerce ne s'applique point à la déconfiture.*

255. *Quand le débiteur est réduit à la cession judiciaire. Ce que c'est, et son origine.*

256. *Le débiteur doit abandonner tous ses biens.*

257. *Le Code de commerce accorde, en certains cas, au failli, une provision à titre de secours; disposition qui ne s'applique point au cas de déconfiture.*

258. *Le bénéfice de compétence,* competentiæ, *accordé par le droit romain sur les biens acquis depuis la cession, n'est point accordé par le droit français.*

259. *Ce que doit faire le débiteur pour obtenir la cession judiciaire.*

260. *Après sa demande formée, le débiteur peut quelquefois obtenir un sursis.*

261. *Mais non faire anéantir l'effet des poursuites déjà exercées.*

262. *Les créanciers ne peuvent refuser la cession que dans les cas ordonnés par la loi. Quels sont ces cas.*

263. *L'étranger autorisé à demeurer en France n'est pas exclu de la cession.*

236. La cession des biens n'opère point immédiatement et par elle-même l'extinction de l'obligation, mais c'est un moyen de parvenir à l'éteindre. C'est par ce motif que les dispositions relatives à cette cession ont été rangées dans la section du paiement. En général, la cession est l'acte par lequel un débiteur, pour éviter les poursuites de ses créanciers, leur abandonne tout ou partie de ses biens, pour qu'ils puissent se payer par leurs mains, soit sur les fruits seulement, soit même, et le plus ordinairement, sur le prix des biens abandonnés.

237. La cession est volontaire ou judiciaire. (Articles 1266 du Code civil, et 566 du Code de commerce).

On appelle celle-ci *cession forcée*, parce qu'elle a lieu contre le gré des créanciers, à la différence de la cession volontaire, où tout se fait de concert, que les créanciers acceptent volontairement et dont les effets se déterminent par les stipulations du contrat passé entre eux et le débiteur. (Articles 1267 du Code civil, et 567 du Code de commerce).

258. La cession volontaire est donc un contrat synallagmatique d'une nature particulière. On l'appelle contrat d'abandonnement.

Il consiste essentiellement, d'une part, dans la renonciation des créanciers à faire aucunes poursuites contre leur débiteur, relativement aux biens compris dans l'abandonnement ; de l'autre part, dans la mise des créanciers en possession des biens qui leur sont abandonnés.

259. Cette mise en possession équivaut en quelque sorte, relativement aux créanciers, à la saisie immobilière des biens de leur débiteur, qu'ils ont droit de faire par autorité de justice. Elle en a pour eux tous les effets utiles, sans entraîner les mêmes frais, ni les mêmes dangers.

Ainsi, 1°. cette mise en possession subsiste, comme la saisie, jusqu'à ce que le débiteur ait payé ce qu'il doit ;

2°. Les fruits des immeubles échus depuis l'abandonnement sont immobilisés, comme le sont ceux des biens saisis réellement. (Art. 689 du Code de procédure). Ils sont distribués, avec le prix des immeubles, d'abord par ordre d'hypothèque, le surplus par contribution entre les créanciers chirographaires. (*Voy.* le nouveau Denisart, v°. *Abandonnement*, § 1, n°. 5).

L'abandonnement est plus favorable aux créanciers que la saisie, en ce que la possession et la jouissance des biens abandonnés passent aux créanciers, quoique la possession des immeubles saisis reste au débiteur jusqu'à la vente. (Art. 688 du Code de procédure).

Tom. VII.

20

240. C'est aussi cette mise des créanciers en possession des biens, qui constitue la différence caractéristique du contrat d'*abandonnement* et du contrat d'*atermoiement*.

Ce dernier est un contrat par lequel, sur l'exposé de sa situation et de ses pertes, que fait un débiteur malheureux à ses créanciers, ils lui accordent, ou seulement un délai pour les payer, ou tout ensemble un délai et une remise.

Ce contrat diffère essentiellement de l'*abandonnement*, en ce que le débiteur, par ce dernier contrat, est dépouillé de la possession de ses biens, et qu'au contraire, par l'*atermoiement*, il reste en possession, et continue de les administrer comme auparavant.

L'atermoiement est fondé sur la conviction où sont les créanciers de la bonne foi de leur débiteur, sur l'espérance qu'il trouvera dans son industrie les moyens de les satisfaire en totalité, ou au moins jusqu'à concurrence de la remise qu'ils lui accordent. C'est pour cela qu'ils renoncent à exercer contre lui aucune poursuite, se bornant à des actes conservatoires, pour empêcher le débiteur de vendre ses biens à leur préjudice, et sans qu'ils en aient connaissance.

241. Le contrat d'*abandonnement* diffère encore essentiellement de l'*abandon* ou *dation en paiement*, *datio in solutum*, qui est l'acte par lequel un débiteur donne une chose à son créancier, en paiement d'une somme d'argent, ou de quelqu'autre chose qu'il lui doit. Ce dernier contrat a beaucoup de ressemblance avec le contrat de vente. La chose

donnée en paiement tient lieu de la chose vendue, et la somme d'argent ou la chose due, en paiement de laquelle se fait la *dation* ou *abandon*, tient lieu du prix.

Aussi la loi 4, *Cod. de evict.*, 8. 45, dit: *Hujusmodi contractus vicem venditionis obtinet.* Mais quoique la plupart des règles relatives à la vente lui soient applicables, il y a néanmoins quelques différences entre ce contrat et le contrat de vente. (*Voy.* Pothier, du Contrat de vente, n°. 600; le nouveau Denisart, v°. *Abandon*).

Il suffit de remarquer ici que le premier effet de la dation en paiement, est aujourd'hui de transférer au créancier la propriété de la chose reçue ou donnée en paiement, comme l'effet du contrat de vente est de conférer la propriété de la chose vendue.

Le second effet, qui n'est qu'une suite du premier, est d'opérer immédiatement la libération du débiteur; au lieu que le contrat d'abandonnement n'ôte point à celui qui l'a fait la propriété des choses abandonnées : elle continue de résider sur sa tête jusqu'à la vente.

Le seul effet immédiat de ce contrat est de transférer aux créanciers la possession et la jouissance des biens abandonnés, et ordinairement le pouvoir de les vendre.

Ainsi, au lieu que l'abandon ou dation *en paiement* éteint dans l'instant le droit du créancier qui l'accepte, le contrat d'abandonnement n'opère point par lui-même la libération du débiteur, ou l'extinction de la dette; c'est seulement un moyen d'y parvenir, mais seulement jusqu'à concurrence de ce que les créanciers pourront retirer des fruits de la vente des biens abandonnés, à moins que, par une clause spéciale, les créanciers ne lui aient fait remise du surplus, comme ils sont toujours libres de le faire lorsqu'ils sont majeurs et maîtres de leurs droits.

242. Enfin, le contrat d'abandonnement diffère de l'antichrèse, en ce que ce dernier contrat ne donne point au créancier le pouvoir de vendre les biens donnés en gage, mais seulement d'en percevoir les fruits, au lieu que l'abandonnement n'a lieu que pour autoriser les créanciers à vendre, et à se payer sur les fruits et le capital.

243. Lorsqu'après le contrat d'abandonnement dans lequel la remise du surplus de la dette n'a point été stipulée, il survient de nouveaux biens au débiteur, soit par succession ou autrement, ses créanciers peuvent exercer leurs droits sur ces nouveaux biens, pour le forcer au paiement de ce qui leur reste dû, et s'il renonçait à une succession qui lui serait échue, ses créanciers pourraient se faire autoriser en justice à accepter la succession du chef de leur débiteur, en son lieu et place (788).

244. De ce que le débiteur conserve la propriété des biens abandonnés, il résulte, 1°. qu'il a le droit, jusqu'à ce qu'ils soient vendus, de rentrer dans la possession et jouissance de ses biens, en payant tout ce qu'il doit aux créanciers mis en possession, même les frais légitimes qu'ils auraient pu faire, soit pour administrer, soit pour parvenir à la vente des biens.

Mais ce n'est qu'en payant qu'il peut rentrer en

possession, et anéantir le contrat d'abandonnement; car lorsqu'un débiteur, dans l'impuissance de payer ses dettes, autorise ses créanciers, par un contrat, à vendre les biens qu'il leur abandonne, il ne leur accorde rien autre chose que ce qu'ils auraient pu obtenir malgré lui par la voie de la saisie-exécution.

Il ne peut donc révoquer ses pouvoirs, une fois donnés, qu'en payant tout ce qu'il doit, à la différence des procurations ou mandats ordinaires (1), qui sont toujours révocables à volonté, quand ils sont faits dans l'intérêt du mandant. Mais ici les créanciers sont constitués mandataires dans leur propre affaire. Or, les lois et la raison disent que celui qui est intéressé personnellement dans une affaire pour laquelle on lui a donné une procuration, ne peut être privé du droit de disposer de la chose, conformément aux conventions.

Le débiteur ne peut donc rentrer dans la possession de ses biens qu'en payant ses dettes.

Si les créanciers refusaient de recevoir, il pourrait leur faire des offres réelles, même consigner, et les faire condamner à lui remettre la possession et la jouissance des biens abandonnés;

245. 2°. S'il arrivait que les biens abandonnés fussent vendus à un prix tel qu'il y eût un reliquat après toutes les créances acquittées, ce reliquat n'appartiendrait pas aux créanciers, mais au débi-

---

(1) *Voy.* le nouveau D·nisart, v°. *Abandonnement*, § 2, n°. 1; le Répertoire, au même mot.

teur, à qui, dans tous les cas, ils doivent rendre compte ;

246. 3°. La propriété des biens abandonnés fait partie de la succession du débiteur qui a fait l'abandonnement, lorsqu'il vient à mourir, les choses étant encore entières ; mais la possession demeure aux créanciers, sans qu'ils soient obligés de faire déclarer le contrat exécutoire contre les héritiers.

Il paraît seulement résulter de l'art. 877 du Code de procédure, que si les biens ne sont pas encore vendus à l'ouverture de la succession, les créanciers ne peuvent les vendre que huit jours après la signification du contrat à la personne ou au domicile de l'héritier ;

247. 4°. La mort du débiteur survenue avant que les biens soient vendus, donne ouverture au droit de mutation en faveur du fisc ; mais les créanciers qui sont en possession de ces biens doivent acquitter ce droit, soit sur les fruits, soit sur le prix de la vente. (*Voy.* le nouveau Denisart, v°. *Abandonnement,* § 4, n°. 4) ;

248. 5°. Ceux au profit de qui est fait un contrat d'abandonnement n'étant point propriétaires, leurs créanciers personnels, lors même qu'ils auraient une hypothèque légale ou judiciaire sur tous les biens, n'acquièrent aucun droit d'hypothèque sur les biens abandonnés.

Ils ne peuvent donc se pourvoir contre leurs débiteurs, relativement aux biens abandonnés à ces derniers, que par la voie de l'opposition, quand la vente est finie ;

249. 6°. Le contrat d'abandonnement de biens,

soit volontaire, soit forcé, n'étant point translatif de propriété, ne donne point ouverture au droit proportionnel de mutation, mais seulement à un droit fixe de 5ᶠ. (Loi du 22 frimaire an VII, art. 68, §4, n°.1);

7°. Les créanciers ne possèdent point *pro suo* les biens abandonnés, mais seulement pour les administrer et les vendre dans le nom du débiteur; ils n'en peuvent prescrire la propriété contre lui, par aucun laps de tems. Loi 4, *Cod. qui bon. ced. possunt,* 7. 71.

250. Il ne faut pas confondre avec le contrat d'abandonnement le délaissement par hypothèque, et le déguerpissement, qui ne sont point des contrats, mais qui sont des moyens d'éteindre les obligations réelles. Nous en parlerons ci-après.

251. Une seule créance pouvant être assez forte pour surpasser les facultés du débiteur, le contrat d'abandonnement peut être fait avec un seul créancier aussi bien qu'avec plusieurs.

C'est sur-tout lorsqu'il est fait avec plusieurs, qu'il devient nécessaire de régler, soit par le contrat, soit par un acte séparé, les conditions de l'abandonnement, la manière dont les biens seront administrés, vendus, etc.

On a coutume d'établir, à cet effet, tant dans les cessions volontaires que dans les cessions forcées, ce qu'on appelle une *direction;* c'est-à-dire une société ou association volontaire de créanciers, qui s'unissent pour leur intérêt commun, et qui, pour éviter les frais, confient à un ou plusieurs d'entre eux la direction des affaires communes, tant en demandant qu'en défendant, et le soin de vérifier les créances de chaque associé, c'est-à-dire de chaque créancier qui se présente pour entrer dans l'union. On appelle cette société *direction*, et la convention par laquelle on l'établit, contrat d'union ou de direction. On appelle directeurs ou syndics ceux à qui est confiée la gestion des affaires. Ils sont les mandataires de tous les créanciers unis; et par conséquent, tout ce qu'ils font a la même force que s'il avait été fait par tous et par chacun d'eux, pourvu que ces syndics n'excèdent point les bornes de leur mandat.

Il est aussi presque toujours nécessaire d'établir une direction, dans le cas de l'atermoiement volontaire, dont nous avons dit un mot, n°. 240.

Les directions ont été établies pour éviter les frais des saisies, pour accélérer le paiement des créanciers, pour terminer promptement les procès et les contestations. Mais souvent il arrive que des années se passent en délibérations et discussions ruineuses, et qu'au moment où l'on croit enfin recueillir le fruit de la gestion des directeurs, on apprend avec surprise que les fonds qui composaient le gage commun sont épuisés. (*Voy.* le nouveau Denisart, v°. *Direction*, § 1, n°. 2).

252. S'il y a plusieurs créanciers, les contrats d'atermoiement ou d'abandonnement doivent être consentis par tous; autrement, celui d'entre eux qui n'y aurait pas consenti ne serait pas lié, et pourrait exercer des poursuites contre la personne et contre les biens du débiteur.

Les conventions n'ont d'effet qu'entre les parties

contractantes (1165); elles ne sont une loi que *pour*
ceux qui les ont faites (1184) : personne n'a le droit
de me contraindre à prendre pour règle la volonté
d'autrui ou la sienne.

253. Cependant l'intérêt du commerce a fait introduire une exception à ce principe d'éternelle vérité. Si celui qui se trouve en état de faillite peut parvenir, en prouvant sa bonne foi et ses pertes, à obtenir de ses créanciers, soit un atermoiement, soit
un contrat d'abandonnement volontaire, soit tout
autre concordat, la minorité est obligée de céder
à la majorité, pourvu que le concordat soit consenti par un nombre de créanciers présens formant
la majorité, et représentant en outre, par leurs titres de créance, les trois quarts de la totalité des
sommes dues, selon l'état des créances vérifiées.
(Art. 519 du Code de commerce).

Mais le concordat ne lie point les créanciers inscrits ou privilégiés, ni ceux qui sont nantis d'un
gage; ils sont payés de préférence aux chirographaires, dans l'ordre de leurs hypothèques ou priviléges; et par cette raison, ils n'ont point de voix
dans les délibérations relatives au concordat. (Article 520 du Code de commerce).

Quant aux créanciers chirographaires, qui ne
sont payés que par contribution au marc le franc,
ceux qui sont opposans au concordat doivent faire
signifier leurs oppositions aux syndics et au failli.
(Art. 523 du Code de commerce).

La cause est portée à l'audience du tribunal, qui
accorde ou refuse l'homologation du concordat
en connaissance de cause, c'est-à-dire qu'il en or-

donne ou en refuse l'exécution; car homologuer un acte, ce n'est pas autre chose qu'en ordonner l'exécution.

Si elle est ordonnée, si le concordat est homologué, il devient obligatoire pour tous les créanciers, et le failli est déclaré excusable.

Si l'homologation est refusée pour cause d'inconduite ou de fraude, le failli est en prévention de banqueroute, et renvoyé devant le magistrat de sûreté. S'il n'est pas déclaré banqueroutier frauduleux, il lui reste encore la ressource de la cession ou abandon forcé de tous ses biens, pour se soustraire à la contrainte par corps, et obtenir la liberté de sa personne.

254. Il n'entre point dans notre plan de développer davantage les dispositions du Code de commerce, relatives au concordat que fait le failli avec ses créanciers.

Il nous suffit de les indiquer comme une exception au droit commun, et d'observer qu'elles ne sont point applicables aux personnes non commerçantes, ni même à celles qui, ne faisant point leur profession *habituelle* du commerce, deviendraient, même par suite d'opérations commerciales auxquelles elles se seraient momentanément livrées, hors d'état de satisfaire à leurs engagemens.

La position de ces personnes est appelée déconfiture, par les art. 1276, 1446, 1613, 1913, 2032 et autres du Code civil.

On ne peut appliquer à la déconfiture que les seules dispositions du Code civil et du Code de procédure, relatives aux saisies, expropriations

forcées, contributions, distributions, ordres, cession de biens, etc.

On ne peut y appliquer ni les dispositions du
Code de commerce, relatives au concordat fait
avec le failli, dans lequel la minorité des créanciers doit céder à la majorité (Pardessus, Élémens
de jurisprudence commerciale, pag. 508), ni les
dispositions relatives aux actes faits par le failli,
dans les dix jours avant la faillite. (*Voy.* ce que
nous avons dit tom. VI, n°. 364).

Mais il faut observer ici que, quelle que fût d'ailleurs la profession ou la fonction d'un individu,
la multiplicité des opérations commerciales auxquelles il se serait livré pourrait le faire réputer
commerçant : ce serait aux tribunaux à apprécier
les faits. (*Voy.* Pardessus, *ibid.*)

255. Le débiteur qui ne peut obtenir de ses créanciers ni un atermoiement, ni un abandonnement
volontaire, est réduit à la triste ressource de la cession judiciaire ou forcée, qui « est un bénéfice que
la loi accorde au débiteur malheureux et de bonne
foi, auquel il est permis, pour avoir la liberté de
sa personne, de faire en justice l'abandon de tous
ses biens à ses créanciers, nonobstant toute stipulation contraire (1268). »

C'est des Romains que nous est venu ce bénéfice.
Toute dette à Rome emportait la contrainte par
corps. Il fallait payer *aut in ære, aut in cute.* La contrainte par corps y était exercée d'une manière fort
dure. Les malheureux débiteurs, lorsqu'ils ne pouvaient trouver ni argent, ni caution, étaient remis
au pouvoir de leur créancier, qui pouvait les faire

travailler à son profit comme des esclaves. La dureté des patriciens abusa souvent de cette institution, déjà fort dure par elle-même.

De là ces plaintes si souvent répétées du peuple romain, qui demandait l'abolition des dettes, *novas tabulas.*

Ces plaintes devinrent un prétexte de sédition toujours renaissant.

Jules César modéra ce que l'ancienne jurisprudence avait de trop rigoureux sur ce point, par deux lois, dont l'une accordait au débiteur qui n'avait point d'argent, la faculté de donner en paiement à ses créanciers des biens-fonds, suivant leur juste estimation (*Vid.* Heinecc., *Antiquit., lib.* 3, *tit.* 30, *n°.* 7). Cette disposition, tombée en désuétude, fut renouvelée par Justinien, *Nov.* 4, *cap.* 3. Nous en avons parlé *suprà,* n°. 66. Elle n'est plus en usage parmi nous.

L'autre loi de César accordait au débiteur de bonne foi, dont les biens ne suffisaient pas pour payer ses créanciers, le moyen de se soustraire à leurs poursuites, de conserver la liberté de sa personne et de ses actions, en leur abandonnant tous ses biens.

C'est ce qu'on appela, et ce que le Code appelle encore le bénéfice de cession, *beneficium cessionis.* (Heinecc., *ubi suprà; Gellius* 10, *cap.* 1).

256. Le Code exige, ainsi que le droit romain, loi 1, *Cod. qui bon. ced. possunt,* 7. 61, que le débiteur fasse l'abandon de tous ses biens; autrement, ses créanciers ne pourraient être forcés d'accepter la cession. Il ne peut donc retenir ni les usufruits,

lui les rentes viagères, constitués à son profit. Il ne peut retenir que les choses déclarées insaisissables par l'art. 592 du Code de procédure (Code de commerce, art. 529); car les créanciers ne doivent point d'alimens à leur débiteur qu'ils n'ont point fait incarcérer.

257. On est étonné de trouver, dans le Code de commerce, art. 530, une disposition de droit nouveau, qui autorise le failli, s'il n'existe point de présomption de banqueroute, à demander, à titre de secours, une somme sur ses biens, laquelle, sur la proposition des syndics et sur le rapport du commissaire, doit être fixée, par le tribunal, en proportion des besoins et de l'étendue de la famille du failli, de sa bonne foi, et du plus ou moins de perte qu'il fera supporter à ses créanciers.

Cette disposition, dictée par l'humanité indulgente, mais contraire à la justice rigoureuse, et peut-être au crédit public, ne peut être étendue aux personnes non commerçantes tombées en déconfiture.

Le droit français n'a même point accordé aux débiteurs qui ont fait cession de tous leurs biens, une faveur que leur accordait le droit romain.

La cession de biens ne libère le débiteur que jusqu'à concurrence de la valeur des biens abandonnés; et dans le cas où ils auraient été insuffisans, s'il lui en survient d'autres, il est obligé de les abandonner jusqu'au parfait paiement (1270). C'est un principe commun aux deux législations.

258. Mais le droit romain accordait au débiteur,

sur les biens acquis depuis la cession, ce qu'on appelait *beneficium competentiæ*, c'est-à-dire le droit de retenir ce qui lui était nécessaire pour vivre honnêtement, suivant son état et sa condition. (*Voy.* Vinnius, *in Inst., tit. de act.*, § 4o).

Cette faveur, pleine d'humanité, et qui pouvait être un puissant aiguillon pour exciter l'industrie des personnes tombées en déconfiture, ne leur a pas néanmoins été accordée par le droit français : d'où il résulte que les juges ne pourraient l'accorder sans excéder leurs pouvoirs, et sans s'exposer à la censure.

259. Le débiteur qui veut réclamer la cession judiciaire, doit déposer au greffe du tribunal civil de son domicile, c'est-à-dire du domicile qu'il avait au moment où sa déconfiture s'est ouverte, son bilan, c'est-à-dire l'état exact de son actif et de son passif (1), ses livres, s'il en a, et ses titres actifs. (Art. 998 du Code de procédure).

Il doit ensuite faire appeler tous ses créanciers, dans la forme ordinaire, afin de faire juger la cession contradictoirement avec eux. La demande est communiquée au ministère public ; elle ne suspend l'effet d'aucune poursuite, sauf aux juges à ordonner, parties appelées, qu'il sera sursis provisoirement. (Art. 900 du Code de procédure).

260. Le débiteur qui désire obtenir un sursis doit présenter requête au président, pour avoir la permission d'assigner ses créanciers à bref délai.

---

(1) *Voy.* le nouveau Répertoire, v°. *Cession*, n°. 6.

Sur cette assignation, le tribunal, suivant les circonstances, ou prononce sur-le-champ le sursis, ou le joint au fond, ou se réserve la faculté de disjoindre.

261. Mais s'il est permis aux tribunaux, dans certaines circonstances, de surseoir provisoirement aux poursuites à faire contre le débiteur, il ne leur est pas permis d'anéantir l'effet des poursuites déjà exercées, puisque, suivant l'art. 900, la demande ne doit suspendre *l'effet* d'aucune poursuite.

Le débiteur incarcéré ne peut donc obtenir provisoirement sa liberté, tant qu'il n'a pas été statué sur sa demande en cession, ainsi que l'ont fort bien jugé les Cours de Paris et de Toulouse, par deux arrêts rendus les 11 août 1807 et 17 novembre 1808 (1).

262. Les créanciers ne peuvent refuser la cession judiciaire, si ce n'est dans les cas exceptés par la loi (1270).

Notre ancienne jurisprudence offrait beaucoup de variations, et laissait beaucoup d'incertitudes sur les cas où un débiteur pouvait être exclu du bénéfice de cession. (*Voy.* le Répertoire, v°. *Cession*).

La nouvelle législation a établi sur ce point des règles précises et uniformes, dont les juges ne peuvent s'écarter.

L'art. 905 du Code de procédure veut qu'on ne

---

(1) *Voy.* l'Ouvrage de M. Carré, sur la procédure, quest. 2806.

puisse admettre au bénéfice de cession les étrangers, les stellionataires, les banqueroutiers frauduleux, les personnes condamnées pour cause de vol ou d'escroquerie, ni les personnes comptables, tuteurs, administrateurs et dépositaires.

Cet article, dont les dispositions sont répétées dans l'art. 575 du Code de commerce, doit être considéré comme renfermant les seules exceptions que les juges puissent admettre aujourd'hui contre la demande de cession judiciaire.

Ce sont les complémens de l'art. 1270 du Code civil, qui veut que les créanciers ne puissent refuser la cession, si ce n'est *dans les cas exceptés par la loi.*

Ce qu'il faut néanmoins entendre, soit par une disposition précise et formelle, soit par une conséquence directe de la disposition de la loi.

Par exemple, on ne trouve point de disposition qui exclue formellement du bénéfice de cession le débiteur convaincu d'avoir détourné de ses biens en fraude de ses créanciers; mais les art. 1265 et 1268 exigent, pour admettre un débiteur à la cession, qu'il soit de bonne foi, et qu'il fasse l'abandon de tous ses biens : d'où il résulte nécessairement qu'on doit rejeter la demande de celui qui en a détourné, et que le débiteur convaincu de mauvaise foi par un pareil recélé, doit être déclaré déchu du bénéfice de la cession, accordée dans la croyance qu'elle contenait tous les biens. Ceci est conforme à l'ancienne jurisprudence.

Belordeau, lettre C, controverse 24, et lettre D, controverse 22, rapporte deux arrêts du Parle-

ment de Bretagne, qui jugèrent qu'on ne doit pas
admettre à la cession le débiteur convaincu d'avoir
détourné de ses biens en fraude de ses créanciers.
On peut voir d'autres arrêts cités dans le nouveau
Répertoire, v°. *Cession*, n°. 8.

263. Quoique le Code de procédure et le Code
de commerce excluent, en général, les étrangers
du bénéfice de cession, il paraît qu'on n'en doit
pas exclure l'étranger admis par le Gouvernement
à établir son domicile en France, suivant l'art. 13
du Code civil, sur-tout s'il a des propriétés en
France. La Cour de Trèves l'a ainsi jugé, par arrêt
du 24 février 1808. (*Voy.* l'ouvrage de M. Carré,
quest. 2816).

264. « Le débiteur admis au bénéfice de cession
est tenu de réitérer sa cession en personne, et non
par procureur, après avoir appelé ses créanciers
à l'audience du tribunal de commerce de son domicile; et s'il n'y en a pas, à la maison commune,
un jour de séance.

La déclaration du débiteur sera constatée, dans
ce dernier cas, par procès verbal de l'huissier, qui
sera signé par le maire. (Art. 901 du Code de procédure)».

« Si le débiteur est détenu, le jugement qui l'admet au bénéfice de cession ordonnera son extraction, avec les précautions en tel cas requises et
accoutumées, à l'effet de faire sa déclaration, conformément à l'article précédent. (Art. 902 du Code
de procédure) ».

Ces précautions consistent en ce que le tribunal

doit ordonner que le débiteur sera mis sous la garde d'un huissier, pour être conduit au lieu où il doit réitérer sa déclaration, et n'être mis en liberté qu'après avoir rempli cette formalité. L'huissier dresse en conséquence un procès-verbal, qui constate que l'extraction a eu lieu, et que ces précautions ont été remplies. (*Voy.* l'art. 65 du tarif, et Carré, quest. 2811).

Cette obligation de réitérer la cession, soit à l'audience du tribunal de commerce, soit à la maison commune, n'est point particulière aux négocians, marchands ou banquiers; elle est commune à tous les débiteurs qui ont fait cession, quel que soit d'ailleurs leur état, comme l'observait l'orateur du Gouvernement, le 12 avril 1806, en présentant au Corps législatif l'exposé des motifs du tit. 12, liv. 3 du Code de procédure.

265. L'art. 903 ordonne aussi, sans distinction entre le marchand et le non marchand, que « les nom, prénoms, profession et demeure du débiteur, seront insérés dans un tableau public de commerce de son domicile, ou du tribunal de première instance, qui en fait les fonctions, et dans le lieu des séances de la maison commune ».

Ces formalités ont pour but de rendre les cessions publiques, et d'empêcher qu'on ne se porte avec la même confiance à traiter avec ceux qui ont eu recours à cette voie.

Elles ont aussi l'effet d'imprimer une humiliation méritée à l'homme peut digne d'estime qui, par imprudence, ou d'une manière plus condam-

nable, a dissipé toute sa fortune. Les Romains le
flétrissaient de l'odieux nom de *decoctor.*

Autrefois on exigeait que ceux qui avaient fait
cession de biens portassent un bonnet vert; ce qui
ne s'observait plus, long-tems même avant le Code.

266. Mais la cession de biens entraîne avec elle
une espèce de note d'infamie, dont les effets particuliers sont que celui qui a été admis à la cession
est incapable de posséder aucune charge, ni d'exercer aucun des droits politiques attachés à la qualité de citoyen. (Constitution du 22 frimaire an VIII,
art. 5).

Mais lorsque, après avoir fait cession, un débiteur vient par la suite à acquitter ses dettes en entier, il peut obtenir un jugement de réhabilitation,
qui le fait rentrer dans la jouissance de ses droits.
(*Voy.* le Code de commerce, art. 604 et suiv).

267. Si, après la cession, le débiteur faisait avec
ses créanciers un contrat d'atermoiement, par lequel ils consentiraient de lui remettre une partie
de sa dette, ils ne pourraient plus agir contre lui
pour être payés du surplus, à moins qu'ils ne jus-
tifiassent que, dans la cession qui a servi de base
à l'atermoiement, il y a eu dol ou fraude de la
part de leur débiteur; par exemple s'il avait recélé
de ses biens pour en dérober la connaissance aux
créanciers.

Le défaut de bilan est encore une preuve de
fraude, comme l'a jugé un arrêt du 27 juillet 1761.
(*Voy.* le nouveau Répertoire, v°. *Cession,* n°. 10,
in fine).

268. Nous avons déjà dit que, suivant le Code, la cession judiciaire ne confère point la propriété aux créanciers; elle leur donne seulement le droit de faire vendre les biens à leur profit, et d'en percevoir les revenus jusqu'à la vente (1269).

Il était autrefois d'usage de faire nommer, par le juge, un curateur qui était chargé de vendre les biens abandonnés, d'en recevoir les revenus, de faire le recouvrement des créances, etc. Cet usage était venu du droit romain. Loi 2, *ff de curatore bonis dando*, 42. 7.

Aujourd'hui, l'art. 904 du Code de procédure, développant la disposition du Code civil, porte « que le jugement qui admet au bénéfice de cession vaut *pouvoir* aux créanciers, à l'effet de vendre les biens meubles et immeubles du débiteur, et qu'il sera procédé à cette vente dans les formes prescrites pour les héritiers sous bénéfice d'inventaire ».

Il deviendrait donc absolument inutile de faire nommer un curateur. Le tribunal pourrait même, et devrait peut-être refuser d'en nommer un. Ce curateur ne serait plus l'homme des créanciers.

Or, c'est à eux que la loi a donné le pouvoir de vendre les biens et d'en percevoir les revenus. S'ils ne veulent pas agir tous en commun, c'est à eux de nommer un mandataire pour les représenter, et de la conduite duquel ils répondront; au lieu qu'ils ne pourraient répondre des fautes d'un curateur nommé par la justice.

On ne voit donc pas quels sont les motifs de certains auteurs qui conseillent encore, sous notre nouvelle législation, de nommer par prudence un curateur.

269. Le Code a conservé l'ancienne maxime qu'on ne peut renoncer d'avance à la cession de biens, comme on ne peut renoncer d'avance à la prescription (2219), ni à tout autre droit qui n'est pas encore acquis. Ainsi, la cession de biens est admise, *nonobstant toute stipulation contraire* (1268).

SECTION II.

De la Novation.

SOMMAIRE.

rieure au contrat ou imputable au créancier, les caution-nemens, hypothèques, etc., demeurent éteints. Obligatio semel extincta non reviviscit.

301. *Application de cette règle à l'acceptation en paiement d'une chose dont le créancier est évincé. Art.* 2038 *développé.*

302. *Et au cas où le créancier consent à recevoir un mineur pour seul obligé dans la place de l'ancien débiteur, la restitution du mineur ne fait pas revivre l'ancienne dette.*

303. *Et au cas où le délégué accepté par le créancier devient insolvable. Art.* 1276.

304. *Et au cas du convertissement d'une dette exigible en rente constituée.*

305. *Quand même la dette serait le prix d'une vente, converti par le même contrat en rente constituée.*

306. *Conciliation de la règle qu'une obligation éteinte ne revit plus, avec l'art.* 1184, *qui porte que la condition résolutoire est toujours sous-entendue pour le cas où l'autre partie ne satisfera point à son obligation.*

307. *La résolution du contrat de novation ne fait pas revivre l'action contre les codébiteurs solidaires, ni les hypothèques éteintes.*

308. *Le créancier et le débiteur peuvent transférer les hypothèques de l'ancienne obligation à la nouvelle, même sans le concours des autres créanciers.*

309. *Mais elles ne sont pas transférées sans stipulation.*

310. *Elles ne peuvent être réservées que jusqu'à concurrence de l'ancienne dette.*

311. *Elles pourraient être réservées conditionnellement, si la nouvelle obligation n'était pas susceptible d'hypothèque.*

312. *Dans la délégation qui s'opère par l'intervention d'un nouveau débiteur, les anciennes hypothèques peuvent-elles être réservées sans l'intervention de l'ancien? Réfutation de l'opinion de Pothier, rejetée par le Code.*

313. *Contradiction entre l'art.* 1280 *du Code et l'art.* 1251, n°. 3.

314. *Le créancier ne peut réserver ses droits contre les cautions,*

dans le contrat de novation, à moins qu'il ne la rende con-
ditionnelle.

515. *La novation peut être soumise à une condition suspensive*
ou résolutoire. Au premier cas, les hypothèques et cau-
tionnemens subsistent; au second, ils sont éteints.

516. *Quand la condition n'est que résolutoire.*

517. *Développement par des exemples.*

518. *Résumé.*

519. *Effets de la novation opérée par la délégation parfaite.*

270. LA novation, disent les docteurs, est la
substitution d'une nouvelle obligation à une ancienne, *qui demeure éteinte : Veteris obligationis in*
novam translatio et confusio. (Cujas, *Paratit. in Cod.*
de novat., 8. 42). Il n'y a point de novation si l'ancienne dette n'est pas éteinte.

Ce n'est donc pas sans raison que cette matière
est placée dans le 5ᵉ. chapitre, qui traite de l'extinction des obligations.

Le débiteur et le créancier sont toujours libres
de faire, d'un consentement mutuel, telles inno-
vations, tels changemens que bon leur semble, à
une obligation précédemment contractée, soit en
y ajoutant, soit en y retranchant quelque chose,
soit en la modifiant, de quelque manière que ce
soit.

Mais ces dérogations, ces additions ou modifications, ne détruisent pas ordinairement la première obligation, à l'égard des points auxquels on
n'a pas dérogé, ou que l'on n'a pas modifiés.

Ces points restent dans toute leur force, en vertu
du premier acte. Si l'on y fait des additions, il en
résulte seulement qu'il y a plusieurs obligations au

lieu d'une (1). Si ce sont des retranchemens, l'obligation est seulement réduite. Il n'y a donc point de novation, si l'on n'est pas convenu d'éteindre et d'anéantir la première obligation, pour lui en substituer une nouvelle.

271. Ainsi, l'on doit considérer deux choses essentielles dans la novation : l'ancienne obligation qu'on veut éteindre, la nouvelle qu'on veut lui substituer.

Le contrat de novation est donc toujours complexe. On y peut toujours distinguer deux conventions ; l'une d'éteindre une obligation préexistante, l'autre d'en contracter une nouvelle.

Ces deux conventions sont la condition l'une de l'autre. S'il n'existait point d'obligation ancienne que l'on désirât éteindre, la nouvelle ne serait pas contractée ; d'où résulte que, si l'ancienne se trouvait nulle, la nouvelle resterait sans cause.

Et si la nouvelle obligation n'existait point, si elle était nulle dans son principe, l'ancienne ne serait pas éteinte ; car l'extinction resterait sans cause.

---

(1) *Dummodò sciamus novationem ità demùm fieri, si hoc agatur ut novetur obligatio ; cœterùm, si non hoc agatur,* duæ erunt obligationes. *L.* 2, *ff de novat.,* 46. 2. *Ut maneat ex utrâque causâ obligatio,* dit le § 3, *Inst. quib. mod. toll. obl. Cujus rei hic effectus est,* dit Vinnius *sur ce paragraphe ; quod creditor ex utrâque obligatione agere possit, et quod in unâ deest, per aliam suppleatur....... planè, si ex unâ obligatione solutum erit ; altera quoque continuò tolletur, quia sunt obligationes unius rei. Vide quoque* Donellum, *Comment. juris civilis,* lib. 16, cap. 20, *pag.* 932. *Actio actioni additur,* dit d'Argentré, sur l'art. 273, n°. 12, de l'ancienne Coutume de Bretagne.

Lorsque l'objet ou la matière de la nouvelle obligation est la même que celle de l'ancienne, on s'a-
perçoit à peine que le contrat soit double ou complexe. Par exemple je vous dois 10,000^f sur l'hypothèque du fonds Cornélien, et sous le cautionnement de Paul, payables dans un an, en vertu
d'acte du 1er. janvier.

Nous convenons, le 1er. février., que je vous paie-
rai dans six mois, et qu'en conséquence l'acte du
1er. janvier demeure éteint et comme non avenu,

Cette convention paraît simple au premier as-
pect, parce qu'elle n'a d'autre effet que d'éteindre
les accessoires de l'ancienne obligation, sans tou-
cher au fond. La nouvelle obligation, ainsi que l'ancienne, consiste dans la même somme de 10,000^f.

Mais, lorsque l'objet de la nouvelle obligation
est différent, on aperçoit distinctement les deux
conventions ; l'une d'éteindre l'ancienne obligation, l'autre d'en contracter une nouvelle dans la
place de l'ancienne.

Par exemple, dans l'espèce proposée, vous acceptez le fonds Sempronien en paiement des 10,000^f
que je vous dois, au moyen de quoi l'obligation du
1er. janvier demeure éteinte.

On voit là clairement deux conventions distinc-
tes ; l'une d'éteindre l'ancienne obligation du 1er.
janvier ; l'autre de vous transférer ou de vous vendre
le fonds Sempronien.

272. La nouvelle obligation qui est substituée à
l'ancienne que l'on éteint, peut être contractée par
l'ancien débiteur ou par un nouveau ; elle peut

l'être en faveur de l'ancien ou en faveur d'un nouveau créancier.

Le contrat de novation peut donc être passé de
trois manières (1271).

1°. « Lorsque le débiteur contracte envers son
créancier une nouvelle dette qui est substituée à
l'ancienne, laquelle est éteinte ».

Cette première espèce, qui s'appelle simplement *novation,* s'opère sans l'intervention d'aucune nouvelle personne. Nous venons d'en donner
deux exemples.

« Un arrêt de la Cour de Paris, du 7 décembre
1814, en offre un troisième exemple dans l'espèce
suivante :

Par acte notarié, du 14 février 1810, Leblond
s'était reconnu débiteur de Bizet d'une somme de
8,000ᶠ, pour sûreté de laquelle il lui conféra une
hypothèque, que Bizet fit inscrire au bureau de la
conservation. Depuis l'inscription, celui-ci accepta
pour sa créance dix billets de 700ᶠ chaque, payables à différentes époques, et s'obligea de rendre
son premier titre à Leblond, dont l'épouse-sous-
crivit les billets, et s'obligea solidairement. A l'é-
chéance du quatrième, Leblond refusa de payer
jusqu'à la radiation de l'inscription.

Bizet contesta qu'il y eût novation, et prétendit
qu'il ne devait être tenu à la radiation et à la restitution du premier titre, qu'après le paiement entier de tous les billets. Mais la Cour de Paris rejeta
sa prétention, « attendu que Bizet, en acceptant,
» sans aucune réserve, à la place de l'obligation no-
» tariée du 14 février 1810, des billets souscrits so-

» lidairement par Leblond et sa femme, a opéré
» une véritable novation, qui a totalement éteint
» l'obligation notariée du 14 février 1810, et l'ins-
» cription prise en vertu d'icelle ». L'arrêt est rapporté par Sirey, an 1816, 2°. part., pag. 91.

275. 2°. La novation s'opère par l'intervention
d'une tierce personne, « lorsqu'un nouveau débiteur est substitué à l'ancien, qui est déchargé par
le créancier ». C'est ce qui arrive lorsque, par
exemple, voulant rendre service à mon ami, que
je sais hors d'état de payer une dette d'honneur,
mais n'ayant pas moi-même d'argent pour payer,
j'offre au créancier de le payer dans un mois, s'il
veut libérer mon ami, et m'accepter pour seul débiteur. S'il y consent, l'ancienne obligation est
éteinte par la substitution de la nouvelle. Cette novation, qui se fait par la substitution d'un nouveau débiteur, peut s'opérer sans le concours du
premier (1274). Ce qui est conforme à la disposition de l'art. 1236; qui porte que l'obligation
peut être acquittée par un tiers qui n'y est point
intéressé.

Les jurisconsultes romains appelaient cette espèce de novation *expromissio,* et celui qui se rend
ainsi débiteur pour un autre, *expromissor.*

Il diffère du fidéjusseur, qui, en se rendant
caution pour un débiteur, ne le décharge point
de son obligation, mais y accède seulement et se
rend débiteur avec lui.

Au reste, il est fort rare qu'une tierce personne
s'oblige ainsi pour une autre à qui elle ne doit rien

On en peut citer pour exemple la promesse d'une mère qui s'oblige de payer les dettes de son fils. Ce que nous venons de dire suffit pour l'expromission.

274. 5°. La novation s'opère « lorsque, par l'effet d'un *nouvel engagement*, un nouveau créancier est substitué à l'ancien, envers lequel le débiteur se trouve déchargé (1271, n°. 3) ».

Pothier, n°. 549, d'où cet article est tiré, doit servir à expliquer ce paragraphe un peu obscur. Il dit que « la troisième espèce de novation est celle qui se fait par l'intervention d'un nouveau créancier, lorsqu'un débiteur, pour demeurer quitte envers son créancier, de l'ordre de cette ancien créancier, contracte quelque engagement envers un nouveau créancier ».

Il faut supposer que le *nouvel engagement* que le débiteur contracte envers le nouveau créancier, de l'ordre de l'ancien, a un autre objet que la première obligation; car s'il avait le même, le nouvel engagement ne produirait point d'autre effet que celui d'un transport de créance, qui substitue, à la vérité, un créancier à un autre, mais non pas une nouvelle obligation à une ancienne.

Par exemple, vous me devez 10,000ᶠ. Je vous en tiens quitte, à condition que vous consentirez à Paul une obligation de pareille somme.

Si, au contraire, je vous tiens quitte des 10,000ᶠ que vous me devez, à condition que vous donnerez à Paul tant de tonneaux de vin, il y a substitution d'un créancier à un autre; mais il y a aussi substitution d'une obligation à une autre dont l'objet était différent, et par conséquent novation. Cette sorte de novation est extrêmement rare.

275. Mais il en existe une autre espèce très-fréquente, dans laquelle il y a toujours substitution d'un débiteur à un autre débiteur, et presque toujours en même tems substitution d'un créancier à un autre créancier, quoique l'objet de la nouvelle obligation soit le même que celui de l'ancienne. Cette espèce de novation s'appelle *délégation.*

C'est un acte par lequel un débiteur, pour s'acquitter, délègue une tierce personne, qui s'oblige en sa place envers son créancier, ou envers une autre personne indiquée par ce dernier : *Delegare est vice suâ alium reum dare creditori, vel cui jusserit. Loi* 11, *ff de novat.,* 46. 2.

Nous parlerons de la délégation après avoir expliqué la première espèce de novation, qui s'opère sans l'intervention d'une tierce personne, lorsque le débiteur contracte envers son créancier une nouvelle dette, qui est substituée à l'ancienne.

276. Lorsqu'ils passent entre eux un nouvel acte, les changemens, les modifications qu'ils conviennent de faire à l'ancienne obligation, ne sont pas censés faits pour l'éteindre, parce que le créancier n'est pas facilement présumé renoncer aux droits qui lui sont acquis.

Or, la novation contient une renonciation aux droits acquis par l'ancienne obligation, une extinction de ces droits. La novation ne doit donc pas être facilement présumée : il faut que la volonté de l'opérer soit certaine; mais comment faire la preuve de cette volonté ?

Les anciens jurisconsultes romains admettaient des présomptions qui leur paraissaient suffisantes pour prouver la volonté de faire novation.

Justinien, croyant prévenir les contestations que faisaient naître ces présomptions, décida (*leg. ult., Cod. de novat.,* 8. 42) que la volonté de faire novation doit être expressément déclarée, et qu'on ne peut l'admettre qu'autant que les contractans ont fait remise de la précédente obligation, en déclarant expressément qu'ils préfèrent la dernière à la première : *Nisi ipsi specialiter quidem remisserint priorem obligationem, et hos expresserint quod secundam magis pro anterioribus elegerint.*

277. Mais cette constitution de Justinien, sur la nécessité d'une expression spéciale pour faire novation, n'était point observée en France, dans les pays de coutume. Il suffisait, suivant Basnage (Traité des hypothèques, 1ᵉ. part., chap. 17, pag. 96, édit. de 1709), que, de quelque manière que ce fût, la volonté de faire novation parût si évidente, qu'elle ne pût être révoquée en doute. (*Voy.* aussi d'Argentré, sur l'art. 447 de l'ancienne Coutume de Bretagne, et Pothier, n°. 559) (1).

---

(1) Voet, *in tit. de novat.,* 46. 2, dit, n°. 3 : *Magis tamen est, ut cum aliis existimemus, etiam ex conjecturis præsumptionem novationis induci nunc posse, si illæ adeò verisimiles ac urgentes sint, ut ex iis pers-*

C'est cette doctrine raisonnable que le Code a consacrée dans l'art. 1273 : « *La novation ne se présume pas; il faut que la volonté de l'opérer résulte clairement de l'acte* ».

Ainsi, suivant cette disposition, si le créancier et le débiteur font entre eux quelques changemens à une première obligation, soit en y ajoutant une hypothèque, une caution, ou autre sûreté, ou en les ôtant, soit en augmentant ou diminuant la dette, ou en donnant un terme plus long ou plus court, ou en rendant l'obligation conditionnelle, si elle était pure et simple, ou pure et simple, si elle était conditionnelle, tous ces changemens ne font que déroger à l'ancienne obligation, en ce qui est exprimé dans le dernier acte, sans faire une novation qui s'étende aux objets dont il ne fait pas mention (1); car la volonté d'éteindre l'ancienne obligation, et d'opérer la novation, ne résulte point clairement de stipulations pareilles, qui ne sont point incompatibles avec l'ancienne obligation. Voyons donc quand cette volonté peut résulter de l'acte nouveau.

---

picuum esse possit, à primâ obligatione partes recedere, et illum in secundam transferre voluisse; ut ità tacitæ, sed satis perspicuæ, idem quæ expressæ voluntatis effectus sint.

(1) Voy. le nouveau Répertoire, v°. *Novation*, § 5, et les auteurs qu'il cite. Ceci est conforme à la Constitution de Justinien : *Sancimus, si quis, vel aliam personam adhibuerit, vel mutaverit, vel pignus acceperit, vel quantitatem augendam, vel minuendam esse crediderit, vel conditionem, seu tempus addiderit, vel detraxerit, vel cautionem minorem ac receperit....., nihil penitùs priori cautelæ innovari, sed anteriora stare, et posteriora incrementum illis accedere.*

C'est d'abord lorsqu'on y a expressément ou équivalemment énoncé que la première obligation est éteinte, ou que le créancier en a fait remise.

On ne peut douter alors qu'il n'y ait novation, quoique le mot ne s'y trouve point nommément exprimé. S'il était dit, par exemple, que le créancier se contente de la seconde obligation, au lieu de la première, ou autres expressions équivalentes.

278. La volonté d'opérer la novation résulte encore nécessairement du nouvel acte, lorsque la seconde obligation est en tout incompatible avec la première, c'est-à-dire lorsqu'elles ne peuvent subsister ensemble toutes les deux. La novation, dit Basnage (1), est suffisamment exprimée, lorsqu'il paraît, par les termes du contrat, que les parties ont eu cette intention; comme lorsque le dernier contrat ne pourrait subsister avec le premier, et que la seconde convention subsistant, il s'ensuit nécessairement que la première demeure nulle et de nul effet.

279. La conversion d'un prêt en dépôt présente un exemple de cette incompatibilité qui opère la novation.

Je vous ai prêté à intérêt, par acte notarié, une somme de 3,000ᶠ, pour sûreté de laquelle vous m'avez donné une hypothèque et des cautions. Nous passons ensuite un nouvel acte, par lequel

---

(1) Traité des hypothèques, 1ʳᵉ. part., chap. 17; Voët, *in tit. ff de novat.*, n°. 3, et les auteurs qu'il cite; Menochius, *de præsumpt., lib.* 5, *præsumpt.* 134, *n°.* 39.

je vous prie de conserver, comme un dépôt, la somme de 5,000ᶠ que je vous avais prêtée. Nul doute que le second acte opère la novation en éteignant la première obligation ; car il est impossible que vous deviez en même tems la même somme titre de prêt et à titre de dépôt (1). (Menoch, *ubi suprà,* n°. 43).

La conversion du prêt en dépôt opère donc, quoique tacitement, une novation aussi réellement que si le mot avait été exprimé ; car la volonté tacite, lorsqu'elle n'est pas douteuse, a autant de force que la volonté exprimée verbalement ou par écrit. La conversion du prêt en dépôt a le même effet que si le prêteur, après avoir reçu la somme qui lui était due, la remettait à l'emprunteur, pour la conserver à titre de dépôt. (*Vid.* § 44, *Inst. de rerum divis.; loi* 9, § *ult., ff de rebus cred.,* 12. 1). Ainsi, le cours des intérêts cesse dès le moment de la seconde convention ; l'hypothèque et le cautionnement sont éteints (2).

---

(1) Il faut en dire autant de la conversion du prix d'une vente en dépôt entre les mains de l'acquéreur ; ce qui arrive assez souvent, lorsque les créanciers opposans, pour empêcher la consignation, consentent que les deniers restent en dépôt entre les mains de l'acquéreur et sans intérêt. Il n'est même pas nécessaire qu'il soit dit expressément que l'acquéreur est constitué *dépositaire* ; il suffit que cela résulte des circonstances et des termes de la convention ; comme si, après les offres réelles de l'acquéreur, les créanciers opposans et le vendeur étaient convenus que les deniers resteraient aux mains de l'acquéreur sans intérêt, et qu'il serait seulement tenu de les représenter quand on les lui demanderait. C'est ce qu'a jugé la Cour de Paris, par un arrêt du 16 thermidor an XII, confirmé par la Cour de cassation, le 1ᵉʳ. septembre 1806. *Voy.* Suey, an 1807, 1ʳᵉ part., pag. 46.

(2) Quelques personnes trouvent cette décision rigoureuse, et disent

Supposons, au contraire, que je vous aie prêté 3,000ᶠ sans intérêts. Nous convenons, par un second acte, que vous en paierez l'intérêt légal. Cette seconde obligation de payer les intérêts est différente de l'obligation de payer le capital. Cependant il n'y a pas de novation, parce que, loin d'être incompatibles l'une avec l'autre, ces deux obligations peuvent subsister ensemble et dans le même tems ; la seconde comme accessoire, la première comme principale. Cette dernière n'ayant éprouvé aucun changement, reste toujours la même.

---

ment que, dans ce cas, comme aussi dans celui de la conversion d'une dette exigible en rente perpétuelle (*voy.* n°. 281), on pût distinguer entre le cautionnement et l'hypothèque. Que la caution soit dégagée par la conversion du prêt en dépôt, ou d'une dette exigible en rente perpétuelle, on le conçoit, dit-on, parce que la cause de l'obligation n'est plus la même dans le premier cas, ni l'objet dans le second.

Mais peut-on présumer, par exemple, que le créancier, en priant son débiteur de conserver en dépôt la somme prêtée, que ce dernier voulut lui rendre à l'échéance du terme, ait voulu renoncer aux sûretés et à l'hypothèque qui lui étaient acquises par l'acte de prêt ?

Oui, sans doute, on peut et on doit le présumer ; car cela résulte de la nature des choses. Le nouveau contrat de dépôt éteint et anéantit le contrat de prêt, dont l'acte par conséquent perd toute sa force, quoiqu'authentique. Le créancier, par exemple, ne pourrait plus agir par voie d'exécution parée, pour se faire rendre la somme, qui n'est plus un prêt, mais un dépôt confié à la foi du débiteur. Comment donc pourrait il prétendre une hypothèque en vertu de ce même acte, qui est anéanti, et que le débiteur a dû regarder comme tel ? Supposons qu'il ait en conséquence hypothéqué, comme franc et quitte de toute hypothèque, l'immeuble auparavant affecté à la sûreté du prêt ; pourrait-il être poursuivi comme stellionataire, en vertu de l'art. 2059 ? Il pourrait l'être sans doute, si l'acte de prêt conservait toute sa force, malgré la novation opérée par la conversion du prêt en dépôt.

Au reste, le créancier qui convertit un prêt en dépôt, une somme exigible en constitution de rente, ne doit imputer qu'à lui-même la perte de son hypothèque. Il pouvait la conserver par une stipulation expresse. *Voy. infrá,* n°. 309.

280. On trouve encore un exemple de cette incompatibilité, qui suppose nécessairement la volonté d'éteindre la première obligation, et qui opère par conséquent la novation, dans la conversion d'un prêt en rente viagère. Je vous ai prêté une somme de 3,000ᶠ. Je consens ensuite de vous laisser cette somme, pour prix d'une rente viagère de 300ᶠ. Il est évident que l'obligation qui résultait du prêt de 3,000ᶠ est éteinte, car l'obligation d'une rente viagère, constituée pour le même capital, est manifestement incompatible avec l'obligation d'une somme exigible de 3,000ᶠ. Cette dernière obligation n'existe plus; elle ne peut revivre même pour défaut de paiement des arrérages de la rente. « Le seul défaut de paiement des arrérages » de la rente, dit l'art. 1978, n'autorise point celui » en faveur de qui elle est constituée à demander » le remboursement du capital, ou à rentrer dans » le fonds par lui aliéné. Il n'a que le droit de » saisir et de faire vendre les biens de son débi- » teur, et faire ordonner ou consentir, sur le pro- » duit de la vente, l'emploi d'une somme suffi- » sante pour le service des arrérages. »

Mais la conversion d'une dette exigible en rente perpétuelle, opère-t-elle (1) également la nova-

---

(1) Je vends la terre de la Ville-Marie à Caius, pour 50,000ᶠ, que je lui laisse à titre de constitution, pour m'en faire la rente annuelle et perpétuelle de 2,500ᶠ. Il grève la terre de plusieurs hypothèques, et cesse de payer la rente. Je puis faire ordonner le remboursement et la conversion du contrat en obligations exigibles; mais, faute du paiement de cette somme, puis-je faire résoudre le contrat, et rentrer dans la propriété de la terre ? *Voy. infrà*, nᵒ. 505.

tion? Pothier, n°. 559, § 5, se déclare pour la novation,

1°. Parce que l'aliénation de la somme exigible en renferme nécessairement, quoiqu'implicitement, la quittance, ou, si l'on veut, la compensation avec la somme que le créancier doit donner pour la création de la rente;

2°. Parce que la créance d'une rente n'est pas autre chose que la créance des arrérages, qui courent à perpétuité jusqu'au rachat, et non plus la créance du capital de la rente; capital qui, n'étant plus exigible à aucun terme, n'est plus dû dans l'acception propre de ce mot : *Est in facultate luitionis, magis quàm in obligatione.*

On peut ajouter que le capital n'étant plus exigible, l'objet de la nouvelle obligation n'est plus le même que celui de l'ancienne, la nature du contrat est changée : *Mutata est causa et status obligationis.* La première obligation n'existe plus; elle est éteinte (1). Il y a donc novation, et la novation

---

(1) On ne peut objecter que l'ancienne obligation n'est éteinte que conditionnellement, si le débiteur de la rente en paie les arrérages, pendant qu'il les paiera; que conséquemment c'est toujours l'ancienne dette qui subsiste, sous une modification nouvelle. Nous répondrons bientôt à cette objection, en expliquant les effets de la condition mise au contrat de novation. Nous observerons seulement ici que le paiement des arrérages est véritablement une condition tacite de l'aliénation du capital, dans le contrat de constitution de rente perpétuelle; mais que c'est une condition résolutoire, et non pas suspensive; qu'ainsi, l'ancienne obligation est éteinte au moment de la conversion de la dette exigible en rente perpétuelle; que, par conséquent, l'obligation des cautions est également éteinte. La question est donc de savoir si la résolution du nouveau contrat fait par le défaut de paiement, fait revivre leur ancienne obligation? Mais *obligatio semel extincta non reviviscit. Voy.* ci-après, n°. 300.

résulte clairement du contrat (1), comme l'exige l'art. 1273; puisque le premier contrat ne peut subsister avec le dernier; puisque le dernier subsistant, il s'ensuit nécessairement que le premier n'existe plus; qu'il demeure nul et sans effet; en un mot, qu'ils sont incompatibles l'un avec l'autre, suivant la doctrine que nous avons exposée ci-dessus.

« C'est donc une véritable novation qui décharge les cautions, lorsque l'on convertit une dette mobilière en une constitution de rente, » dit Basnage,

---

(1) Ainsi l'ont pensé la Cour de Riom et la Cour de cassation. Ligier-Reynouard devait aux hospitaliers de Clermont 4,600f, payables avec intérêts, aux termes portés dans un acte de 1762. Par acte du 11 floréal an X, son fils approuva et ratifia l'acte ancien, et consentit qu'il fût exécutoire contre lui, au profit des hospices de Clermont, à qui cette créance avait été transférée. En conséquence, il s'obligea de payer chaque année la somme de 230f, sans aucune retenue, à commencer le 7 prairial an XI, et de continuer chaque année, tant qu'il sera en possession du domaine de Chezjallat, ou en demeure de faire le remboursement de la somme principale de 4,600f. Le domaine de Chezjallat fut vendu par les créanciers personnels de Ligier-Reynouard. Les hospices de Clermont prétendirent être colloqués dans l'ordre à la date de 1762, et demandèrent la séparation des patrimoines, comme créanciers du père de Ligier-Reynouard. Mais la Cour de Riom rejeta cette prétention, par arrêt du 24 août 1811, attendu que les hospices de Clermont ont fait novation de leur titre par l'acte du 11 floréal an X, soit en acceptant Ligier-Reynouard fils pour leur débiteur, soit encore plus en lui laissant, *à titre de rente remboursable à sa volonté, les sommes capitales qui étaient exigibles.* Le 7 décembre 1814, la Cour de cassation confirma cet arrêt, attendu que, loin de violer aucune loi, l'arrêt s'y est conformé, en déclarant qu'il n'y avait pas lieu d'admettre la séparation du patrimoine, demandée par les hospices, parce qu'ils avaient fait novation de leur titre, en acceptant pour leur débiteur l'héritier Ligier-Reynouard, qui leur avait hypothéqué tous ses biens, *et en convertissant en rente remboursable, à sa volonté, des créances qui étaient exigibles à la leur.* Sirey, an 1815, pag. 97 et suiv.

Traité des hypothèques , 2ᵉ. partie , chap. 6 , pag. 117. Il rapporte deux arrêts qui l'ont ainsi jugé. On n'en peut douter, sous l'empire du Code.

Ce n'est que *la simple prorogation de terme* accordée par le créancier au débiteur principal, qui ne décharge point la caution, suivant l'art. 2039 du Code.

On en doit conclure que la conversion de la dette exigible, ou à terme, en rente perpétuelle, décharge les cautions ; car ce n'est pas une simple prorogation de terme , c'est une aliénation du capital, et par conséquent, une extinction de la première obligation (1).

281. Le créancier qui consent à l'aliénation de son capital, stipulerait même inutilement qu'il n'entend pas faire novation, ni dégager les cautions ; car, dit fort bien Pothier, une protestation ne peut empêcher l'effet nécessaire et essentiel d'un acte ; elle pourrait seulement empêcher l'extinction des hypothèques de l'ancienne dette , et les transférer à la nouvelle ; ce qui est permis par la loi 12, § 5, *ff qui potiores*, 20. 4. Nous en parlerons en expliquant les effets de la novation.

282. La nouvelle convention est encore incompatible avec l'ancienne, et, par conséquent, la volonté d'opérer la novation résulte de l'acte, lorsque l'objet de l'obligation est changé , lorsqu'il n'est plus le même que celui de l'ancienne. *Mutatâ causâ vel statu obligationis,* dit Cujas, dans ses Pa-

---

(1) Sur la conversion du nantissement en simple prêt , *voy.* Basnage , Traité des hypothèques , 1ʳ, part., chap. 17, pag. 97.

ratitlēs sur le Code. Par exemple, je vous devais une somme de 3,000ᶠ que vous m'aviez prêtée, pour sûreté de laquelle je vous avais donné une caution et une hypothèque.

Vous consentez à recevoir en paiement le fonds Cornélien.

Du moment où la vente est parfaite, la première obligation est irrévocablement éteinte, et avec elle le cautionnement et l'hypothèque, qui en étaient les accessoires, quand même vous seriez ensuite évincé du fonds Cornélien.

Le Code civil, art. 2038, le décide expressément à l'égard des cautions, et il y a même raison de décider relativement à l'hypothèque. Basnage, 2ᵉ. part., chap. 7, pag. 118, rapporte plusieurs arrêts qui l'ont ainsi jugé. La dation en paiement opère donc une novation qui résulte nécessairement, quoique tacitement, du changement d'objet de la nouvelle obligation.

Ces principes serviront à faire connaître quand la transaction et les autres contrats opèrent une novation.

283. Nous avons l'exemple d'une espèce particulière de novation, qui s'opère sans l'intervention d'une tierce personne, par une convention faite, non pas avec le débiteur originaire, mais avec son héritier.

L'art. 878 du Code donne aux créanciers d'une succession le droit de demander que le patrimoine du défunt soit séparé du patrimoine de l'héritier, afin d'être payés de préférence aux créanciers de

ce dernier, sur les biens qui composent l'hérédité (1).

L'art. 879 ajoute que ce droit de séparation ne
peut plus être exercé, lorsqu'il y a *novation* dans
la créance contre le défunt, par l'acceptation de
l'héritier pour débiteur.

Cette disposition est tirée du droit romain, qui
voulait que le droit de séparation des patrimoines
cessât aussitôt que les créanciers du défunt avaient,
de quelque manière que ce soit, *qualiter qualiter,*
suivi la foi de l'héritier, en l'acceptant pour débiteur. (*Vid. loi* 1, §§ 10, 11 *et* 15, *ff de separat.,*
42. 6; *Voët, in hunc tit.,* n°. 4; *loi* 2, *Cod. de bon.
aut. jud.,* 7. 72). Par exemple, s'ils avaient accepté
de lui des hypothèques, des cautions, un titre
nouveau; s'ils lui avaient accordé un délai, changé
le mode de paiement (2), ils ne pouvaient plus
demander la séparation des patrimoines.

Il faut bien remarquer que, pour opérer la déchéance ou la remise des droits de séparation, Ulpien, dans la loi citée, exigeait que les créanciers
du défunt eussent suivi la foi de l'héritier, dans
le dessein de faire novation : *Illud sciendum est eos*

---

(1) Le Code a suivi en cela l'ancien droit. *Voy.* Loisel, tom. II,
pag. 7, liv. 3, tit. 1, règ. 8 : « Qui prend obligation ou donne terme,
« en dette privilégiée, la fait commune. » Changé par la Coutume de
Paris, art. 177, et *ibi* Brodeau, n°. 5; Rebuff, *de litt. oblig.,* glos. 2,
n°. 33.

(2) Un arrêt de la Cour d'appel de Paris, du 1er. nivôse an XIII, a
jugé que le créancier qui reçoit de l'héritier les intérêts ou arrérages
échus de sa créance, n'est pas censé par cela seul avoir accepté l'héritier
pour débiteur. Chabot, tom. III, pag. 642; Sirey, tom. I, pag. 610.

demùm creditores posse impetrare separationem qui non novandi animo ab hærede stipulati sunt. Cœterùm, si cum hoc animo secuti sunt, amiserunt separationis commodum. **D. loi 1, § 10.**

Mais aussi du tems d'Ulpien, on pensait que la novation s'opérait, *si quis pignus acceperit, vel quantitatem augendam, vel minuendam esse crediderit, vel conditionem, seu tempus addiderit, vel detraxerit, vel cautionem minorem acceperit.* C'est ce que nous apprend Justinien, qui réforma cet ancien droit, et qui voulut qu'à l'avenir de pareils changemens n'opérassent point de novation, si les parties n'avaient spécialement fait remise de l'ancienne obligation, et déclaré expressément qu'elles préféraient la seconde. (*Vid. loi 8, Cod. de novat. 8. 42*).

Pour appliquer ces nouveaux principes à la matière des séparations de patrimoines, il aurait fallu dire que les créanciers du défunt ne perdent point ce droit, en acceptant l'héritier pour débiteur, ou même en acceptant de lui de nouvelles sûretés, à moins qu'ils n'aient déclaré dans l'acte qu'ils ont voulu faire novation, ou que cette volonté ne résulte clairement de l'acte.

Cependant Pothier, Traité des successions, chap. 5, art. 4, pag. 614, édit. in-12, d'où a été pris l'art. 879, semble enseigner que la simple acceptation de l'héritier pour débiteur suffit, sans autres circonstances, pour faire une novation qui fait perdre aux créanciers le droit de séparation des patrimoines.

C'est dans ce sens que la Cour de cassation a entendu l'art. 879, dans les considérans d'un ar-

rêt du 7 décembre 1814, dont nous avons déjà
parlé, et rapporté par Sirey, tom. XV, pag. 97.
« Attendu, porte cet arrêt, que dans les anciens
principes puisés dans le texte même de la loi première, *ff de separat.*, et consacrés par l'art. 879
du Code civil, le droit de demander la séparation
du patrimoine du défunt ne peut pas être exercé,
lorsqu'il y a, de la part du créancier, *acceptation
de l'héritier pour débiteur; acceptation que le législateur qualifie de novation dans cette matière.*

D'où il suit que l'arrêt attaqué, loin d'avoir violé
ces principes et ces lois, s'y est expressément conformé, en décidant qu'il n'y avait pas lieu d'admettre la séparation du patrimoine demandée par
les hospices de Clermont, parce qu'ils avaient fait
novation de leur titre, en acceptant pour leur débiteur l'héritier Ligier-Reynouard, qui leur avait
hypothéqué tous ses biens »

Mais observez que cette espèce de novation est
particulière à cette matière (1), comme le dit fort
bien la Cour de cassation; *acceptation que le législateur qualifie de novation dans cette matière.* Elle n'a
donc pas d'autre effet que celui de faire perdre aux
créanciers le droit de demander la séparation des
patrimoines. Si donc un créancier, à qui le défunt
avait donné des hypothèques ou des cautions, re-
cevait un titre nouveau, dans lequel il acceptât l'hé-

---

(1) *Voy.* l'arrêt de la Cour de cassation, du 17 janvier 1818, qui
décide que l'acceptation d'un autre créancier, en lui accordant même
un délai pour paiement, n'opère pas une novation. Sirey, tom. XIX,
pag. 140.

ritier pour débiteur, sans déclarer faire novation, sans que la volonté de l'opérer résultât des termes de l'acte, il aurait perdu le droit de séparation des patrimoines, mais il n'aurait pas perdu ses hypothèques ni son action contre les fidéjusseurs; car il n'y aurait ni substitution d'une dette nouvelle à une dette ancienne, ni substitution d'un débiteur à un autre, puisque l'héritier représente la personne du défunt.

284. Après la novation qui se fait entre le débiteur et le créancier, sans l'intervention d'une nouvelle personne, il nous reste à parler de la *délégation* opérée par la substitution d'un nouveau débiteur, qui s'oblige de payer le créancier, dans la place de l'ancien débiteur, lequel est déchargé.

Cette substitution peut se faire de plusieurs manières :

1°. Entre le créancier et le débiteur délégant, sans le concours du débiteur délégué. Je vous dois 3,000ᶠ, et pour m'acquitter envers vous, je vous délègue à recevoir la même somme que me doit Titius. L'effet d'une pareille convention dépend des termes de l'acte et de l'intention des parties. Si vous ne m'avez point déchargé de mon obligation, çe n'est qu'un mandat que je vous ai donné et que vous avez reçu. Je n'en reste pas moins obligé envers vous, et si Titius ne vous paie pas, vous pouvez recourir vers moi, et me contraindre à vous payer les 3,000ᶠ. C'est le cas de tous les billets à ordre ou négociables, qu'un débiteur donne à son créancier, avec un endossement portant ordre au débiteur du billet d'en payer le montant à telle personne. Une pareille convention n'opère aucune novation : ce n'est que l'indication faite par le débiteur d'une personne qui doit payer en sa place (1277).

285. Mais si vous prenez, en paiement des 3,000ᶠ que je vous dois, une créance de pareille somme due par Titius, que vous acceptez *pour seul débiteur*, alors il y a novation. Je suis déchargé de mon obligation ; elle est éteinte avec ses accessoires : vous n'avez plus d'action que contre Titius. Cette convention est un véritable transport de créance, qui suit les règles tracées par le Code, art. 1689 et suivans. Je ne suis tenu à aucune garantie, si ce n'est à garantir l'existence et la réalité de ma créance contre Titius, au moment du transport (1693). Je ne réponds point de sa solvabilité, à moins que je ne m'y sois engagé (1276).

Vous n'êtes saisi, à l'égard des tiers, par exemple à l'égard de mes créanciers, que par la signification du transport fait à Titius, ou par son acceptation faite dans un acte authentique (1690). C'est alors seulement qu'il devient uniquement votre débiteur personnel. Si, avant cette signification ou cette acceptation, Titius me payait, il serait valablement libéré, sauf votre recours vers moi, et si mes créanciers avaient, avant ce tems, mis une saisie-arrêt sur ce qu'il me devait, vous n'auriez eu sur eux aucune préférence, la somme se fût partagée entre eux et vous, par contribution.

286. 2°. On peut substituer un débiteur à un autre, sans le concours du créancier au profit de qui la délégation est faite, et qu'on peut appeler délégataire.

Je vous vends le fonds Cornélien pour 10,000', que je vous délègue à payer en mon acquit à Titius, à qui je dois cette somme. Il n'y a point là de novation; ce n'est que l'indication d'une personne qui doit recevoir pour moi (1277). Une pareille délégation ainsi restée imparfaite par défaut d'acceptation, n'établit aucun lien de droit entre le créancier indiqué pour délégataire et le débiteur délégué. Le délégant reste seul créancier de celui-ci. Cette délégation imparfaite n'est donc point un titre de créance, en faveur du créancier indiqué. Il ne pourrait pas critiquer les paiemens faits au délégant ou à d'autres personnes, du consentement de ce dernier (1); car le délégant peut révoquer la délégation faite dans un acte où n'était point partie le créancier indiqué pour délégataire (1121).

287. Cette délégation procure néanmoins de grands avantages à ce dernier.

1°. L'énonciation de sa créance, dans un titre émané de son débiteur, peut lui servir pour la perpétuer, et pour repousser la prescription;

2°. S'il n'avait pas de preuve écrite de sa créance, cette énonciation pourrait lui servir de commencement de preuve par écrit (1347);

---

(1) *Voy.* l'arrêt de la Cour de cassation, du 22 avril 1807, Sirey, an 1807, pag. 230.

5°. Et c'est le plus grand avantage que retire de la délégation imparfaite le créancier indiqué : il a le droit d'accepter la délégation, en déclarant qu'il veut en profiter, et alors, mais alors seulement, elle ne peut plus être révoquée ; il devient propriétaire de la créance déléguée, et seul créancier personnel du délégué. En notifiant son acceptation, il se rend partie dans l'acte de délégation ; mais tant que cette acceptation n'est pas faite, il reste étranger au débiteur délégué.

288. Il faut même que son acceptation soit faite par un acte authentique (1690), pour produire son effet à l'égard des tiers, tels que les autres créanciers du délégant. Une acceptation sous seing privé ne suffirait pas, parce que n'ayant point de date certaine (1328), le délégant et le créancier délégataire resteraient les maîtres de lui donner telle date qu'ils voudraient, au préjudice des autres créanciers.

A plus forte raison, une acceptation tacite serait insuffisante, comme si le délégué avait payé quelques sommes à valoir à la créance du créancier indiqué ; car le paiement n'est censé fait de la part du délégué, que pour s'acquitter envers le délégant, et comme son mandataire.

289. L'inscription hypothécaire que pourrait prendre le créancier indiqué pour délégataire, sur les biens du délégué, loin d'être une acceptation suffisante de la délégation, serait nulle, parce qu'une inscription n'est qu'un acte conservatoire, qui suppose un titre préexistant, mais qui ne peut en servir ni le remplacer, parce qu'elle ne peut

constituer d'obligation entre celui qui l'a requise
et le prétendu débiteur; parce qu'enfin celui qui
s'inscrit peut toujours faire rayer son inscription.

290. 3°. Enfin, la substitution d'un débiteur à
la place d'un autre débiteur, ou la *délégation*,
pour être parfaite, doit se faire par le concours de
trois personnes,

1°. Le délégant, qui est le débiteur;

2°. Le créancier, qui accepte la délégation;

3°. Le délégué, qui s'oblige d'acquitter la dette,
et qui, par là, devient débiteur personnel du créancier (1).

Néanmoins, la délégation ainsi parfaite n'opère
point de novation, si le créancier n'a expressément
déclaré qu'il entend décharger son débiteur, qui
a fait la délégation (1275), ou si cette décharge ne
résulte des termes de l'acte, comme, par exemple,
si le créancier dit qu'il accepte le délégué pour
son seul débiteur. C'est dans ce dernier cas seulement que la délégation renferme une novation,

---

(1) On trouve dans Denisart, v°. *Loyer,* n°. 21 et suiv., quelques
arrêts qui pourraient faire douter si, quand un débiteur a délégué à
son créancier des fermiers ou locataires qui ont accepté la délégation,
les créanciers du délégué ne peuvent pas faire saisir les mêmes sommes.
On pensait alors, à Paris, que les locataires ne pouvaient payer leurs
loyers d'avance, au préjudice des créanciers du propriétaire, et des
saisies qui peuvent survenir. Denisart, n°. 2. Cette jurisprudence était
bien étonnante. Aussi le même Denisart observe-t-il, n°. 23, que le
dernier arrêt qu'il rapporte eût été rendu autrement, si la délégation
n'eût pas été faite sur un fermier. Quoi qu'il en soit, le Code ne fait
point d'exception à l'égard des fermiers ou locataires, et nous avons
déjà observé, n°. 81, qu'on ne doit pas s'arrêter à ce que dit Denisart
sur ce point.

et qu'elle produit tous les effets dont nous parlerons bientôt.

291. Après que le délégué capable de contracter s'est obligé, en vertu de la délégation, il ne peut plus opposer au créancier les exceptions qu'il eût pu opposer au délégant : *Doli exceptio, quæ poterat deleganti opponi, cessat in personâ creditoris, cui quis delegatus est. Idemque est in cæteris similibus exceptionibus.* Loi 19, *ff de novat. et delegat.*, 46: 2.

Ainsi (1), le délégué ne peut se défendre d'acquitter son obligation, en alléguant qu'il ne s'est engagé que dans la fausse persuasion qu'il était débiteur du délégant, et en prouvant qu'il ne l'était pas.

Cette erreur ne peut nuire qu'à celui qui l'a commise, et non pas au créancier, qui n'a fait que retirer ce qui lui était dû par son ancien débiteur qu'il a libéré : *suum recepit.* Le délégué, dans ce cas, a seulement son recours contre le délégant. Loi 12, *ff de novat.*, 46. 2.

Il faut excepter le cas où celui envers qui le délégué s'est obligé, n'était point créancier du délégant, soit que celui-ci ait cru, par erreur, lui devoir, soit que, sachant qu'il ne lui devait rien, il ait voulu lui faire une libéralité. Le délégué peut, en prouvant qu'il n'était point débiteur du délégant, se refuser au paiement du montant de la délégation. Loi 7, *ff de doli except.*, 44. 4; *loi 2, § 4, ff de donat.*, 39. 5.

_____

(1) *Vid. infrà*, n°. 309.

La raison de différence est que la personne au profit de qui la délégation est faite *certat de lucro captando*, lorsqu'elle n'est point créancière du délégant ; le délégué, au contraire, *certat de damno vitando*. On doit donc le décharger de son obligation, s'il n'a point encore payé, et s'il a payé, lui accorder la répétition de ce qu'il a payé par erreur. (Pothier, n°. 566).

292. Toutes sortes d'obligations civiles ou naturelles peuvent être l'objet de la novation. On n'en excepte que celles qui ont une cause réprouvée par la loi, non dans l'intérêt particulier du débiteur, mais par des motifs d'intérêt ou d'ordre public (*Voy.* ce que nous avons dit tom. VI, n°. 590, et la loi 1, *ff de novat*).

293. Au reste, pour faire une novation valable, comme pour tout autre contrat, il faut être maître de ses droits et capable de contracter. Pothier, Traité des obligations, n°. 555, enseigne que la novation étant quelque chose d'équipollent, quant à l'extinction de la dette, au paiement qui en serait fait au créancier, il n'y a que ceux à qui on peut payer valablement qui puissent faire novation de la dette.

C'est de ce principe qu'il fait dériver la décision des questions qu'on élève à l'égard des personnes qui peuvent ou non faire novation. M. Garran-de-Coulon, dans le Répertoire, v°. *Novation*, § 4, a très-bien prouvé que ce principe manque d'exactitude, et peut conduire à l'erreur. Il proposait d'y substituer le principe plus simple que la novation étant un contrat qui éteint l'ancienne dette, pour lui en substituer une nouvelle, il faut, pour rendre la novation valable, que le créancier et le débiteur aient la capacité, l'un de remettre l'ancienne obligation, l'autre de contracter la nouvelle.

Ce principe a été adopté par le Code, et c'est dans ce sens qu'il faut entendre l'art. 1272, qui dit que « la novation ne peut s'opérer qu'entre personnes capables de contracter. » Ce principe sert à résoudre toutes les questions qui peuvent s'élever sur cette matière.

294. Ainsi, pour savoir si la novation faite par un mineur, un interdit, une femme mariée, est valide, il faut recourir au principe général de l'art. 1125, qui dit qu'ils ne peuvent, pour cause d'incapacité, attaquer leurs engagemens que dans les cas prévus par la loi, et que les personnes capables de contracter ne peuvent opposer l'incapacité du mineur, de l'interdit ou de la femme mariée, avec qui elles ont contracté.

Les novations qu'ils ont consenties sont donc valides, si elles rendent leur condition meilleure.

295. Ainsi encore, les novations consenties par les tuteurs, les curateurs, les maris, les mandataires, ne sont valides qu'autant que la nouvelle créance ou les changemens faits à l'ancienne n'excèdent pas les pouvoirs qu'ils tiennent de la loi ou de leur mandat.

296. Le principe qu'il faut être capable de faire remise de l'ancienne dette et de contracter la nouvelle, pour opérer une novation valide, sert à résoudre les questions de savoir si l'un des créan-

ciers solidaires peut encore valablement faire novation de la dette (1).

L'art. 1198 dit que « la remise qui n'est faite que
par l'un des créanciers solidaires ne libère le débiteur que pour la part de ce créancier ».

Il en résulte que la novation qu'il a consentie
n'est valide que pour sa part, et qu'elle ne peut
nuire aux autres créanciers.

Cependant si l'un des créanciers, l'un des associés, par exemple, avait le pouvoir de contracter
au nom de toute la société, et de l'engager par sa
signature, la novation qu'il consentirait serait valide, même pour la part des autres associés. Mais
la faculté de recevoir ne suffit pas pour conférer le
pouvoir de faire novation.

Quant à la novation consentie par l'un des débiteurs solidaires, elle libère les autres, puisque
l'obligation ancienne est éteinte (1281).

Mais ils ne sont point liés par la nouvelle obligation qu'il y a substituée; il a seulement un recours
contre chacun d'eux pour leur portion dans l'ancienne dette qu'il a acquittée.

297. L'effet de la novation est d'éteindre l'ancienne obligation, et par conséquent tous ses accessoires. « Ainsi, par la novation faite entre le créan-

---

(1) Cette question était très-controversée dans l'ancienne jurisprudence, parce qu'il existe sur ce point deux lois romaines qui paraissent
difficiles, ou plutôt impossibles à concilier. *Voy.* Pothier, n°. 556;
Garan de Coulon, et les auteurs qu'il cite dans le Répertoire, v°. No-
vation, § 4. Les dispositions du Code font cesser cette controverse.

cier et l'un des débiteurs solidaires, les codébiteurs sont libérés. La novation opérée à l'égard du
débiteur principal libère les cautions (1281) ».

Ainsi, les priviléges et hypothèques de l'ancienne créance sont éteints, et ne passent point
à celle qui lui est substituée (1278). Les intérêts
de l'ancienne obligation cessent de courir, la demeure du débiteur et la peine encourue, s'il y en
avait une, sont purgées, la contrainte par corps
anéantie, etc.

298. Mais pour opérer cette distinction, qui est
l'effet immédiat et nécessaire de la novation, c'est-
à-dire de la substitution d'une nouvelle obligation
à l'ancienne, il faut que la nouvelle subsiste civilement, ou au moins naturellement : *Dummodò
sequens obligatio, aut civiliter teneat, aut naturaliter.*
Loi 1, § 1, ff de novat., 46. 2. Par exemple, dit la
même loi, la promesse d'un mineur sans l'autorité de son tuteur : *Si pupillus sine tutoris autoritate
promiserit.* Car si l'obligation des mineurs, sans
l'autorité de leur tuteur, est nulle civilement, elle
subsiste naturellement.

Bien plus : elle produit tous les effets civils à l'é-
gard du créancier majeur qui a consenti à la novation, en recevant l'obligation des mineurs dans la
place d'une précédente obligation. Il est civilement
obligé envers eux, quoiqu'ils ne le soient que naturellement envers lui. (*Voy.* tom. VI, n°. 105).

Ainsi, la nouvelle obligation contractée par un
mineur dans l'acte de novation, éteint, avec ses
accessoires, l'ancienne obligation à laquelle elle

est substituée, soit qu'il s'oblige pour dégager un précédent débiteur, § 3, *Inst. quib. mod. toll. oblig.*, 5. 5o, soit qu'il s'oblige pour éteindre une dette ancienne, qui lui était personnelle. En acceptant la nouvelle obligation dans la place de l'ancienne, le créancier a consenti à éteindre celle-ci, et par conséquent ses accessoires. Ce consentement l'a irrévocablement lié. Il faut en dire autant de la novation faite par la femme qui s'est obligée sans l'autorisation de son mari (1). Inutilement le créancier objecterait-il que l'obligation de la femme et celle du mineur, sans autorisation du mari et du tuteur, sont nulles; cette nullité n'est relative qu'à eux seuls. Ce n'est qu'à lui qu'il peut imputer l'imprudence d'avoir consenti à l'extinction de l'ancienne obligation, pour en accepter une nouvelle, contractée par des personnes incapables de s'obliger civilement.

299. Mais si la seconde obligation est nulle dans son principe, si elle n'a pu produire aucun effet civilement, ni même naturellement, il en résulte

---

(1) Il en serait autrement, si un mineur ou une femme mariée consentait à une novation nuisible à ses intérêts, en éteignant, par exemple une créance contre un débiteur qui avait donné des cautions, pour lu substituer un autre débiteur qui ne donne point de sûretés. En ce cas le contrat de novation serait nul et ne produirait aucun effet; l'ancienn obligation ni ses accessoires ne seraient point éteints. Les cautions n pourraient s'en plaindre; car si le mineur ou la femme mariée non au torisée faisait directement remise du cautionnement, cette remise serai nulle : ils ne peuvent donc faire indirectement ce qu'ils ne pouvaieu faire directement. Ce cas est tout différent de celui dont parle la loi § 1, ff de noval., et le § 3, Instit. quib. mod. toll. oblig.

qu'elle n'a point existé, et, par conséquent, que l'ancienne obligation ne s'est point éteinte ; car elle ne pouvait s'éteindre que par la substitution d'une nouvelle obligation civile, ou au moins naturelle. Loi 1, § 1; loi 24, *ff de novat.*, 46. 2; loi 5, *Cod. de remiss. pign.*, 8. 26, *et ibi glos. et Donellum.* Et comme les accessoires, tels que les cautionnemens et hypothèques, etc., ne devaient s'éteindre qu'en conséquence de l'extinction de l'ancienne obligation, et parce qu'ils ne pouvaient subsister sans elle, il s'ensuit qu'ils ne sont point éteints, puisqu'elle a toujours subsisté.

Ainsi, par exemple, si la nouvelle obligation était jugée nulle pour cause de violence, d'erreur ou de dol, cette nullité étant ce qu'on appelle *radicale*, parce qu'elle remonte à la racine ou au principe de l'obligation, il en résulterait qu'elle n'a jamais existé; qu'elle n'a produit aucun effet; par conséquent, qu'il n'y a point eu de novation, et que l'ancienne obligation n'a pas cessé un moment d'exister avec tous ses accessoires.

Ainsi encore, si la nouvelle obligation était contractée sous une condition impossible, *si cœlum digito tetigeris, etc.*; si elle avait pour objet une chose absolument hors du commerce, un fait contraire aux bonnes mœurs, etc., elle serait radicalement nulle, et par conséquent elle n'aurait point opéré de novation; l'ancienne obligation, ni ses accessoires, ne seraient pas éteints; car l'extinction était conditionnelle, en cas seulement que la nouvelle obligation fût valide.

300. Au contraire, si la nouvelle obligation venait à être annulée ou rescindée pour une cause
postérieure au contrat, ou imputable au créancier,
la novation n'en aurait pas moins éteint l'ancienne
obligation avec tous ses accessoires. L'obligation
des cautions, celle des codébiteurs, non plus que
les hypothèques éteintes ne revivraient point; car,
suivant une règle de droit, avouée par la raison,
l'obligation une fois éteinte ne peut plus revivre,
à moins qu'un juste motif d'équité ne force à venir
au secours du créancier : *Obligatio, sive actio semel
extincta non reviviscit, nisi justa causa subsit ex quâ
æquitas subveniat* (1).

301. Nous trouvons l'application de cette règle
dans l'art. 2038 du Code, qui porte que « l'acceptation volontaire, que le créancier a faite d'un
immeuble ou d'un effet quelconque, en paiement
de la dette principale, décharge la caution, encore que le créancier vienne à en être évincé. »

Dans l'espèce de cet article, la dation en paiement, volontairement acceptée par le créancier,
a opéré une novation qui a éteint l'ancienne
dette (2), et avec elle l'obligation du fidéjusseur.

La dation en paiement s'évanouit par l'éviction

---

(1) *Voy.* la glose, et les docteurs sur la loi 98, § 8, *ff de solut.*, 46. 3,
d'où cette règle est tirée; *voy.* aussi la loi 4, *Cod. de transact.*, 2. 4, et
ibi gloss. et doct.

(2) Il n'est pas douteux que la dation en paiement opère novation.
Voy. l'arrêt de la Cour de cassation, du 19 juin 1817, Sirey, tom. XIX,
pag. 35.

de la chose donnée. Cependant, l'obligation du
fidéjusseur ne revit pas. Pourquoi cela ? Parce que
le contrat est anéanti pour une cause postérieure
à la novation, et parce qu'une obligation une fois
éteinte, ne peut plus revivre, à moins qu'un puissant motif d'équité ne force à venir au secours du
créancier.

Or, loin qu'un pareil motif force à faire revivre,
en faveur du créancier, l'obligation du fidéjusseur, l'équité exige qu'on la laisse éteinte ; car
on n'a rien à imputer au fidéjusseur, qui ne doit
pas répondre du fait d'autrui, tandis qu'au contraire, on peut justement imputer au créancier
d'avoir trop légèrement pris en paiement un fonds
qui n'appartenait point au débiteur, et d'avoir
ainsi fait la remise de l'obligation du fidéjusseur :
entre deux personnes à l'une desquelles un événement doit occasionner de la perte, il est juste
de la faire tomber sur celle à qui on peut reprocher une faute légère, une imprudence, ou même
une simple inconsidération, tandis qu'on n'en
peut reprocher aucune à l'autre.

D'ailleurs, et c'est une raison d'équité péremp-
toire, cette inconsidération causerait au fidéjusseur un préjudice irréparable, en le privant des
actions qu'il aurait pu exercer contre le débiteur,
pour le contraindre à l'acquit de la dette cautionnée; car le débiteur poursuivi n'eût pas manqué
d'opposer que la dette était acquittée, au moyen
de la chose qu'il avait donnée en paiement.

Cependant, ses facultés venant à diminuer ou

à périr, il pourrait devenir insolvable avant l'éviction de la chose donnée en paiement, et si l'on
faisait revivre l'ancienne dette contre le fidéjusseur, celui-ci se trouverait éprouver une perte
considérable par le fait du créancier.

302. La règle qu'une fois éteinte l'obligation ne
revit plus, s'applique encore au cas où le créancier a consenti à recevoir, pour seul obligé, un
mineur non autorisé dans la place d'un précédent
débiteur.

Si le mineur se fait restituer contre son obligation, elle est anéantie pour une cause qui remonte,
à la vérité, à l'origine de l'obligation, mais qui est
étrangère au précédent débiteur, et qui peut être
imputée au créancier. Ainsi, l'ancienne obligation
ne revit pas, quoique la nouvelle soit nulle et sans
effet civil : *Licèt posterior stipulatio inutilis sit, tamen prima novationis jure tollitur;..... nam et prior
debitor liberatur, et posterior obligatio nulla est.* § 3,
Inst. quib. mod. toll. oblig., 3. 30.

303. La disposition de l'art. 1276 est encore une
conséquence ou une application de la règle qu'une
obligation éteinte ne revit plus (1). Il porte :

« Le créancier qui a déchargé le débiteur par
qui a été faite la délégation, n'a point de recours
contre ce délégué, si le débiteur devient insolvable. »

304. On peut encore faire l'application de la

---

(1) L'art. 1299 en fait encore l'application à l'extinction d'une dette
compensée. *Vid. infrà.*

même règle au cas de convertissement d'une dette exigible en rente constituée. Ce convertissement opère une novation qui, en éteignant la dette exigible, libère les cautions, éteint les hypothèques, etc. (1) : le créancier peut contraindre au remboursement le débiteur qui cesse de payer la rente pendant deux ans (1912); mais dans ce cas l'obligation des cautions, ni les hypothèques, ne revivent point.

Ainsi, le créancier ne pourra agir contre les cautions, et il sera primé par les créanciers postérieurs au contrat de novation.

305. Ces principes nous conduisent à décider que le vendeur, qui convertit le prix de la vente d'un héritage en une rente constituée, même par le contrat de vente, et, à plus forte raison, si c'est par un second contrat, n'a point, s'il ne l'a pas réservé, le droit de faire, au préjudice des tiers, résoudre la vente à défaut de paiement de la rente.

Le convertissement du prix de la vente en rente constituée a opéré une novation (*vid. suprà,* n°. 280) qui a éteint la dette ancienne, et par conséquent les droits y attachés. Le vendeur n'est plus créancier du prix de la vente, mais seulement d'une rente annuelle et perpétuelle.

Faute de paiement de cette rente pendant deux ans, il peut en exiger le rachat (1812); mais non pas faire résoudre la vente qui a précédé la cons-

---

(1) Quand elles n'ont pas été réservées. Basnage, Traité des hypothèques, 1re. part., chap. 17. *Vid. infrà*, n°. 309.

titution de rente; car, quoique consignées l'une et l'autre dans le même acte, on n'y distingue pas moins deux contrats différens, 1°. la vente consentie pour une somme fixe; 2°. la constitution de rente, qui aliène cette somme à perpétuité, moyennant une rente annuelle et perpétuelle: *Tot sunt stipulationes quot res.*

Ce dernier contrat a éteint, par la novation, la dette du prix de la vente, et par conséquent l'action résolutoire, faute de paiement de ce prix, qui n'est plus dû. Or, une action éteinte ne peut plus revivre.

306. La règle que l'obligation une fois éteinte ne revit plus, paraît d'abord contraire à la disposition de l'art. 1184, qui porte que « la condition résolutoire est toujours sous-entendue dans les contrats synallagmatiques pour le cas où *l'une des deux parties ne satisfera point à son engagement.* »

L'effet de la condition résolutoire, lorsqu'elle s'accomplit, est, suivant l'art. 1183, de remettre les choses dans le même état que si l'obligation n'avait pas existé : d'où l'on semblerait pouvoir conclure que, faute d'exécution de la nouvelle obligation, l'ancienne revit dans l'état où elle était, avec ses accessoires, tels que les cautionnemens, hypothèques, etc.

Mais ce principe que l'accomplissement de la condition résolutoire remet les choses dans le même état que si le contrat où elle a été stipulée n'avait point existé, doit être limité ou plutôt expliqué par un autre principe d'éternelle vérité, consacré dans l'art. 1165 du Code.

« Les conventions n'ont d'effet qu'entre les parties contractantes. » Ainsi, la condition résolutoire
n'a d'effet que contre le débiteur ou ses ayant-
cause, et non contre les personnes qui ne sont pas
intervenues dans le contrat, telles que les cautions
de l'ancienne obligation.

Le cautionnement est éteint par la novation ;
il est éteint malgré la condition résolutoire stipulée ou sous-entendue dans le contrat de novation, qui est étranger aux cautions ; il est éteint
malgré la réserve qu'aurait faite le créancier de
ses droits vers les cautions ; car une réserve, une
protestation contraire à l'acte, ne peuvent empêcher
l'effet nécessaire et essentiel de cet acte (Pothier,
tom. II, pag. 113), sur-tout relativement à des
personnes qui n'étaient pas présentes. L'obligation
éteinte ne peut donc plus revivre sans le consentement du fidéjusseur : *Obligatio semel extincta
non reviviscit.*

La disposition de l'art. 1184, loin d'être contraire à cette règle, n'en est que le développement.
Nous avons vu que cette règle souffre exception,
lorsqu'un puissant motif d'équité oblige de venir
au secours du créancier. En effet, il serait contraire à l'équité qu'un créancier de bonne foi, qui
a consenti à éteindre une précédente créance pour
lui en substituer une nouvelle, fût privé de ses
anciens droits vers le débiteur, lorsque la seconde
obligation est anéantie par un événement dont
celui-ci doit répondre. C'est par ce motif que l'article 1184 veut que la condition résolutoire soit
toujours sous-entendue dans les contrats synallag-

matiques, pour le cas *ou l'une des parties* ne satisfera point à son engagement, et qu'il laisse à la
partie envers laquelle l'engagement n'a point été
exécuté, le choix, ou de forcer l'autre à l'exécution de la convention, lorsqu'elle est possible, ou
d'en demander la résolution avec dommages et
intérêts.

Mais remarquez que ce droit de faire revivre
l'ancienne obligation, par la résolution du nouveau contrat, n'est accordé que contre la partie
qui ne satisfera point à son engagement.

On peut donc dire qu'à l'égard de cette dernière,
par exemple, à l'égard du débiteur qui a donné
en paiement une chose dont le créancier est ensuite évincé, l'ancienne obligation n'était point entièrement éteinte, mais seulement assoupie, et que
l'éviction de la chose donnée en paiement ne fait
que la réveiller et non la ressusciter : *Mortua quidem actio non reviviscit , sed sopita ressuscitatur;*
et, comme disent les docteurs, *non à morte, sed
à somno resurgit.*

Or, le motif d'équité qui a fait établir la résolution du contrat contre le débiteur, lorsqu'il ne
satisfait point à son nouvel engagement, exige,
comme nous l'avons prouvé n°s. 300 et 301, qu'on
ne fasse pas revivre l'obligation du fidéjusseur par
un événement qu'on ne peut lui imputer.

Ainsi, la condition sous-entendue ou exprimée
dans un contrat où il n'était point partie, ne peut
lui être opposée, pour faire revivre son engagement éteint.

307. Ces raisonnemens s'appliquent évidemment

à l'extinction des obligations des codébiteurs solidaires, lorsque la novation s'est opérée entre le créancier et l'un d'entre eux. Il serait d'autant plus injuste de faire revivre leurs obligations par la résolution du contrat de novation, qu'ils peuvent, avant cette résolution, avoir payé leur part de la dette ancienne à celui d'entre eux qui, après avoir fait novation à leur profit, a manqué de satisfaire à son nouvel engagement envers le créancier. Celui-ci ne peut imputer qu'à lui-même de l'avoir accepté pour seul obligé.

Ces mêmes raisonnemens s'appliquent encore à l'extinction des hypothèques opérée par le contrat de novation. La résolution de ce contrat, prononcée contre le débiteur qui n'a pas satisfait au nouvel engagement, ne peut faire revivre les hypothèques éteintes au préjudice des créanciers postérieurs à l'ancienne obligation.

508. Mais, lorsque la novation s'opère entre le créancier et le débiteur, à qui les biens hypothéqués appartiennent, ils peuvent, par le contrat, faire passer ou transférer les hypothèques (1) de l'ancienne créance à la nouvelle, même sans le consentement des autres créanciers, à qui cette translation ne cause aucun préjudice, puisqu'elle ne les empêche point de saisir les biens hypothéqués, et de les faire vendre, comme ils pouvaient le faire avant la translation.

Par exemple, en convertissant en rente perpétuelle et constituée une dette exigible et hypothé-

_____

(1) *Voy.* art. 1278; *loi* 3; *loi* 12, § 6, *loi* 21, ff *qui potiores*, 20, 4.

caire, le créancier peut réserver les hypothèques de l'ancienne créance, et stipuler qu'elles continueront d'exister, pour sûreté du capital et de la prestation annuelle de la rente. Cette conservation ou translation des anciennes hypothèques est, suivant Pothier, le seul effet de la clause par laquelle il serait expressément déclaré dans l'acte de convertissement que les parties n'ont pas entendu faire de novation ; car, dit-il avec raison, une protestation ne peut empêcher l'effet nécessaire et essentiel d'un acte. C'est un principe constant que toute protestation (1) et réserve contraire à la substance même de l'acte où elle est contenue, n'est d'aucune considération, lorsque celui qui l'a faite pouvait agir autrement.

309. Basnage, Traité des hypothèques, 1ʳᵉ. part., chap. 17, pensait même, d'après Dumoulin, que la conservation des hypothèques anciennes était de droit en ce cas, et qu'il n'était pas nécessaire de la stipuler ; mais cette opinion est contraire à la règle générale établie par l'art. 1278, que les priviléges et hypothèques de l'ancienne créance ne passent point à celle qui lui est substituée, à moins que le créancier ne les ait expressément réservés. Si l'on admet, ce qui ne nous paraît pas douteux, que le convertissement d'une dette exigible en rente constituée opère une novation, il faut en conclure que l'ancienne hypothèque est éteinte, lorsqu'elle n'a pas été réservée.

_____

(1) *De protestatione facto contrariâ,* 103.Thomasius, tom. II, dissert. 5 pag. 306.

La réserve tacite serait d'ailleurs incompatible avec le nouveau régime hypothécaire, qui, pour l'exercice et la conservation des hypothèques, exige qu'on fasse, sur le registre du conservateur, une inscription où soient référées la date et la nature du titre constitutif de l'hypothèque. Si l'acte de convertissement d'une dette exigible en rente constituée ne réservait pas les anciennes hypothèques, on ne pourrait les inscrire, ni en vertu de cet acte, qui n'en parle point, ni en vertu de l'acte précédent, qui est anéanti par la novation.

310. Il faut remarquer que, si la nouvelle obligation est plus forte que l'ancienne, la translation de l'hypothèque à la nouvelle ne s'opère que jusqu'à concurrence du montant de la première ; autrement, cette translation préjudicierait aux autres créanciers.

Par exemple, dans l'espèce proposée, si la créance exigible, convertie en contrat de constitution, ne produisait point d'intérêts, la translation des hypothèques, relativement aux créanciers antérieurs au contrat, ne s'étendrait qu'au capital, et non aux intérêts de la rente.

311. Si la nouvelle obligation n'était pas susceptible d'hypothèque, le créancier ne pourrait réserver les anciennes hypothèques que conditionnellement. Il pourrait, par exemple, en prenant un fonds en paiement d'une créance exigible, stipuler qu'en cas d'éviction, il rentrera dans les droits et hypothèques que lui donnait l'ancienne créance, qu'il ne consent à éteindre que condition-

nellement. Cette réserve ne nuit point aux autres créanciers, qui n'en peuvent pas moins, en attendant l'éviction, faire saisir et vendre les biens hypothéqués.

312. Si la novation s'opère par la substitution d'un nouveau débiteur, Pothier, n°. 563, pense que la translation des hypothèques anciennes à la nouvelle créance, ne peut s'opérer sans l'intervention du premier débiteur, parce que le nouveau débiteur, à qui n'appartiennent pas les biens hypothéqués, ne peut, sans le consentement du propriétaire, les affecter à la nouvelle dette.

Par exemple, si Titius s'oblige de me payer 1,000 que vous me devez sur l'hypothèque du fonds Cornélien, et qu'il soit dit que vous êtes libéré, sous la réserve des hypothèques, quoique la novation puisse se faire sans que vous interveniez à l'acte, la translation de l'hypothèque du fonds Cornélien ne peut se faire à la nouvelle dette contractée par Titius, si vous n'intervenez à l'acte pour y consentir; le nouveau débiteur, à qui les choses hypothéquées n'appartiennent pas, ne pouvant pas, dit Pothier, sans vous, à qui elles appartiennent, les hypothéquer à la nouvelle dette.

Rien de moins concluant que ce raisonnement. Il est très-vrai que le nouveau débiteur n'a pas le droit d'hypothéquer les biens de l'ancien sans son consentement; mais si ces biens sont déjà hypothéqués, le créancier ne peut-il pas réserver ces hypothèques, en faisant à l'ancien débiteur la remise de l'action personnelle qu'il avait contre lui, par la considération qu'un tiers se charge d'acquitter la dette? Tel est l'état de la question.

Or, le créancier qui peut retenir la personne de l'ancien débiteur dans les liens de l'obligation première, en ne faisant pas novation, peut, à plus forte raison, retenir ses biens pour sûreté de la dette qu'un tiers se charge personnellement de payer en son acquit, et faire ainsi remise de l'action personnelle à l'ancien débiteur, en réservant contre lui l'action hypothécaire : *Non debet cui plus licet quod minus est non licere. Loi* 21, *ff de R. J.*

L'opinion de Pothier nous paraît donc sans fondement, et contraire aux règles de droit. Il l'a fondée sur la loi 50, *ff de novat.,* 46. 2.

Mais quelque respect que nous ayons pour la doctrine profonde de ce grand jurisconsulte, il nous paraît évident que cette loi ne dit point qu'en acceptant un nouveau débiteur pour dégager l'ancien, le créancier ne peut pas faire la réserve de l'ancienne hypothèque, mais seulement que si elle n'a pas été réservée au moment de la donation, le nouveau débiteur ne peut plus la rétablir sans le consentement de l'ancien débiteur (1).

---

(1) Voici le texte de la loi : *Paulus respondit : Si creditor à Sempronio animo novandi stipulatus esset, itâ ut à primâ obligatione in universum discederetur, rursùm easdem res a posteriore debitore, sine consensu debitoris prioris, obligari non posse.*

Si le créancier, dans le dessein de faire novation, avait stipulé de Sempronius (ce qui lui était dû par Mévius), de manière que la première obligation fût entièrement éteinte, *in universum,* le second débi-

Ainsi le Code n'a point adopté la décision de Pothier, que nous venons de combattre. Après avoir
posé, dans l'art. 1278, la règle générale que les hypothèques de l'ancienne créance ne passent point
à la nouvelle, si le créancier ne les a expressément
réservées, l'art. 1279 ajoute seulement :

« Lorsque la novation s'opère par la substitution d'un nouveau débiteur, les priviléges et hypothèques primitifs de la créance ne peuvent point
passer sur les biens du nouveau débiteur ».

En effet, quelque hypothèque que le nouveau
débiteur donne sur ces biens, ce ne peut être l'hypothèque primitive sur les biens de l'ancien. Il ne

---

teur ne peut plus de nouveau, *rursùm*, hypothéquer les mêmes choses
sans le consentement de l'ancien débiteur.

Il est évident que, dans cette espèce proposée par Paul, la novation
avait été faite sans aucune réserve, *ità ut à primâ obligatione in universum discederetur*. L'ancienne obligation avait donc été éteinte en toutes
ses parties, en principales et accessoires, *in universum*. On demandait
si le nouveau débiteur pouvait, par une convention postérieure, faire
revivre les hypothèques éteintes, en obligeant les mêmes biens au
créancier une seconde fois, *rursùm*. Paul répond avec raison qu'il ne le
peut, sans le consentement de l'ancien débiteur. En effet, lorsqu'une
fois ses biens ont été libérés de l'hypothèque dont le propriétaire les
avait grevés, ils ne peuvent plus l'être de nouveau sans son consentement : *obligatio semel extincta non reviviscit*.

Il y a plus : son consentement ne pourrait faire revivre l'ancienne
hypothèque ; il ne pourrait donner à la nouvelle les prérogatives de
l'ancienne, ni l'antériorité sur les créanciers intermédiaires.

La seule conséquence raisonnable qu'on puisse tirer de la loi 30, *ff de
noval.*, est donc que la réserve de l'ancienne hypothèque, pour sûreté
de la nouvelle, ne peut se faire que par le contrat même de novation,
et non par une convention postérieure. C'est une maxime applicable
même aux novations qui s'opèrent entre le créancier et le débiteur,
sans l'intervention d'un tiers.

peut conférer à cette nouvelle hypothèque, ni les priviléges qu'elle n'a point par sa nature, ni l'antériorité sur les hypothèques acquises à ses précédens créanciers. C'est un point tellement évident, qu'il était peut-être inutile d'en faire une disposition.

Mais remarquez qu'en disant que les hypothèques primitives ne peuvent passer sur les biens du nouveau débiteur, l'art. 1279 ne dit point qu'elles ne peuvent être conservées sans le consentement de l'ancien, lorsque le créancier en a fait la réserve dans le contrat de novation.

313. Cependant l'art. 1280 du Code consacre une autre décision, que Pothier appuie encore sur la loi 30, *ff de novat.* Cet article porte :

« Lorsque la novation s'opère entre le céancier et l'un des débiteurs solidaires, les priviléges et hypothèques de l'ancienne créance ne peuvent être réservés que sur les biens de celui qui contracte la nouvelle dette ».

Nous croyons avoir prouvé que cette décision n'est point fondée sur la loi citée, et qu'elle est contraire aux règles de droit.

C'est un motif pour ne pas l'étendre au cas où la novation s'opère entre le créancier et un tiers qui n'est pas débiteur solidaire. Il faut appliquer ici la maxime *qui dicit de uno negat de altero*, et observer l'art. 1280 dans son cas précis, c'est-à-dire dans le cas de la novation faite avec l'un des débiteurs solidaires.

Il paraît néanmoins bien difficile de l'observer,

même en ce cas; car il semble exister de la contradiction entre cet art. 1280 et l'art. 1251, n°. 3.

Celui-ci admet la subrogation de plein droit « au profit de celui qui, étant tenu avec d'autres ou pour d'autres, au paiement de la dette, avait intérêt de l'acquitter ».

Primus et Secundus me doivent solidairement 5,000ᶠ, avec hypothèques sur tous leurs biens. Primus me paie la totalité de la dette : il est subrogé de plein droit dans mes droits et hypothèques, en vertu de l'art. 1251.

S'il ne me paie que moitié en argent comptant, et l'autre moitié en un billet payable en un an, par lequel il est dit que je l'accepte pour seul débiteur de la somme de 1,500ᶠ, restant de celle de 5,000ᶠ qui m'était due en vertu d'acte du....... lequel demeure annulé, Primus, quoiqu'il ne m'ait pas payé la totalité argent comptant, n'en est pas moins, en vertu de l'art. 1251, § 3, subrogé légalement dans mes droits et hypothèques contre Secundus, qu'il a acquittés par la novation, laquelle équivaut à un paiement. Secundus est donc libéré envers moi : je ne puis plus agir personnellement contre lui; mais comme je puis exercer tous les droits de mon débiteur Primus, subrogé légalement dans les anciennes hypothèques, s'il ne me paie pas, je pourrai, même sans l'avoir réservée, exercer l'action hypothécaire contre Secundus.

Il nous paraît donc qu'il existe, entre l'art. 1251 et l'art. 1280, une contradiction qu'on ne peut faire disparaître qu'en retranchant, lors de la révision du Code, l'art. 1280, dont la disposition s'accorde mal avec les règles de droit et avec la raison.

314. Si le créancier peut, dans l'acte de novation, réserver les anciennes hypothèques pour sûreté de la nouvelle créance, il n'en est pas ainsi des droits qu'il avait vers les fidéjusseurs, qui avaient cautionné la première.

Quelque réserve qu'il fasse à cet égard, les cautions de l'ancienne dette ne peuvent, sans leur consentement, être obligées à la nouvelle.

La raison de différence est sensible: c'est le débiteur qui donne ordinairement les hypothèques, et comme il est presque toujours partie dans le contrat de novation, il ne peut se plaindre d'une réserve à laquelle il a consenti.

Si la novation s'opère sans son concours, par la substitution d'un nouveau débiteur, il ne peut encore se plaindre de la réserve des hypothèques, puisque le créancier pouvait refuser de le dégager, même de l'action personnelle.

Au contraire, le fidéjusseur qui s'est rendu garant de l'ancienne dette, ne peut être forcé de garantir une nouvelle obligation ou une nouvelle personne sans son consentement.

C'est pourquoi quelque stipulation, quelque réserve que le créancier puisse insérer dans le contrat de novation, en l'absence du fidéjusseur, il se fait, à l'égard de ce dernier, une extinction totale et non pas une suspension de son obligation. (Basnage, Traité des hypothèques, part. 2, chap. 7, pag. 118). Le seul moyen qu'ait le créancier pour conserver ses droits vers la caution, est celui qu'indique l'art. 1281, d'exiger son consentement ou son accession comme une condition suspensive du nouveau contrat.

Si elle refuse d'y accéder, l'ancienne créance continue de subsister, avec tous ses accessoires, parce qu'il n'y a point eu de novation : le contrat est devenu caduc; il n'a jamais existé, faute d'accomplissement de la condition.

315. Car la novation, comme tout autre contrat, peut être soumise à une condition suspensive ou résolutoire. Au premier cas, l'effet de la novation est suspendu jusqu'à l'événement de la condition.

Nous avons vu qu'il y a deux choses différentes à distinguer dans le contrat de novation, l'extinction de la première obligation, et la seconde qu'on lui substitue. Si la seconde est soumise à une condition suspensive, l'extinction de la première est aussi nécessairement suspendue et soumise à l'événement de la même condition. Je vous ai prêté 1,000^f sous la caution de Paul; nous convenons que vous me donnerez le fonds Sempronien en paiement, si, dans un an, tel navire arrive d'Amérique. Cette obligation de me donner en paiement le fonds Sempronien est suspendue par l'événement incertain de l'arrivée du navire, et pendant qu'elle le sera, l'extinction de l'ancienne obligation le sera également et nécessairement; car il n'y a point encore de nouvelle obligation qui puisse lui être substituée.

Au contraire, si la seconde obligation n'est soumise qu'à une condition résolutoire, l'existence de cette obligation n'est pas pour cela suspendue, mais seulement sa résolution. Elle est parfaite, elle doit être exécutée en attendant l'événement. (*Voy.* tom. VI, n°. 548). Or, si elle est parfaite, si elle est exécutée, l'ancienne obligation est nécessairement éteinte, et avec elle tous ses accessoires; car l'ancienne et la nouvelle obligation ne peuvent subsister ensemble : la nouvelle a pris la place de l'ancienne.

Si la nouvelle est résolue par l'événement de la condition, il est équitable de faire revivre l'ancienne en faveur du créancier, et c'est pour cela que la condition résolutoire est sous-entendue dans tous les contrats.

Mais l'ancienne obligation peut subsister sans ses accessoires; il n'est pas juste de les faire revivre au préjudice des tiers qui n'ont point été parties au contrat, tels que les cautions, les codébiteurs, et les autres créanciers du débiteur, lorsque, dans ce dernier cas, l'ancienne hypothèque n'a pas été réservée. Nous l'avons prouvé n°. 306.

316. Il est donc important de connaître quand la novation est soumise à une condition suspensive, puisque cette condition conserve, en suspendant leur extinction jusqu'à l'événement, tous les droits du créancier vers les cautions, les codébiteurs et les autres créanciers du débiteur. Sur cela on peut voir ce que nous avons dit tom. VI, n°ˢ. 509 et suiv., et sur-tout n°ˢ. 522 et 523. Nous ajoute-

rons seulement une observation sur ce que nous
avons dit en ce dernier endroit, que la clause fréquemment insérée dans les contrats de novation
sous la forme du gérondif, *ce faisant et le présent
s'exécutant, au moyen de quoi, ou moyennant quoi,
etc.,* forme une condition, lorsqu'elle se rapporte
au futur. C'est la règle tracée par les anciens docteurs et adoptée par les plus célèbres jurisconsultes.

Mais pour développer cette règle, il faut remarquer que ces expressions, *ce faisant, et le présent
s'exécutant, moyennant,* et autres semblables, peuvent signifier,

1°. Si cela se fait, si le présent s'exécute; dans ce
cas, elles forment, sans aucun doute, une condition suspensive, qui consiste dans l'exécution de
la nouvelle obligation.

2°. Ces expressions, *ce faisant, etc.,* peuvent encore signifier *pendant que cela se fera, pendant que
le présent s'exécutera, etc.,* et alors elles ne forment
plus qu'une condition résolutoire dont l'événement, qui est la cessation ou la résolution de la
nouvelle obligation, fait revivre l'ancienne contre
le débiteur, mais non pas contre les tiers qui ne
sont point intervenus au contrat de novation, ainsi
que nous l'avons dit n°. 307.

Pendant que la nouvelle obligation n'a point encore été exécutée, ou si l'on a mis un terme à son
exécution, il est évident que ces expressions, *ce
faisant, le présent s'exécutant, etc.,* forment une condition suspensive, dont l'accomplissement consiste

dans l'exécution de la nouvelle obligation. Cette exécution est la condition *sine quâ non*, qu'il faut remplir avant d'acquérir aucun droit à la libération de l'ancienne, avant que l'extinction de celle-ci soit opérée : il y a seulement espérance qu'elle sera éteinte. Les fidéjusseurs ne sont donc pas libérés; car la condition suspensive n'a que l'effet d'un terme qui ne décharge point le fidéjusseur (2059), mais aussi qui ne l'empêche point d'agir contre le débiteur, pour le contraindre à l'acquit de la dette.

Mais aussitôt que la nouvelle obligation a été exécutée, la condition est accomplie, l'ancienne obligation est éteinte avec tous ses accessoires, et si l'on veut donner encore quelque effet aux expressions *ce faisant, moyennant,* insérées dans le contrat de novation, ce ne peut être que l'effet d'une condition résolutoire, dans le cas où la nouvelle obligation vînt à être résolue ou cessât d'être exécutée.

317. Ceci deviendra sensible en l'appliquant à l'espèce des deux arrêts que nous avons cités dans notre tom. VI, n°. 523, d'après Dumoulin et Louet. Dans l'espèce du premier, Titius, tuteur de Caïus, avait vendu sans formalité une maison de son mineur, et garanti l'acquéreur de l'éviction. Devenu majeur, Caïus pouvait évincer l'acquéreur; mais il transigea avec son tuteur, qu'il tint quitte de son administration *et du fait d'icelle maison,* pour 400ᶫ tournois, payables à la Saint-Remi, *et ce faisant,* Caïus ratifiait la vente de sa maison.

Par ces expressions, *ce faisant,* la ratification
était soumise à la condition du paiement à faire à
la Saint-Remi : c'est comme si l'on eût dit : Je ratifie la vente si vous me payez la somme de 400ᶠ à la
Saint-Remi. La ratification était donc suspendue
jusqu'à l'accomplissement de cette condition. Le
tuteur n'ayant point payé, Caïus revendiqua sa
maison.

L'acquéreur lui opposa la ratification de la vente.
Caïus répliqua qu'elle n'était que conditionnelle,
et que le défaut d'accomplissement de la condition
au tems fixé par le contrat, l'avait empêché d'exister. C'est ce que jugea le Châtelet de Paris ; et nous
persistons à croire qu'il jugea bien, et qu'on doit
juger de la même manière sous l'empire du Code.

Voici l'espèce de l'arrêt rapporté par Louet : En
1583, contrat par lequel Lagrange échangea des
rentes contre d'autres rentes ; en 1592, autre contrat par lequel les contractans substituent d'autres
rentes à celles échangées par le premier contrat,
qui, *moyennant ce,* demeurait nul, *et de nuls effet
et valeur.*

En 1598, Lagrange fut évincé des rentes qu'il
avait reçues par le contrat de 1592. Suivant la jurisprudence du tems, il avait pour son recours
une hypothèque sur les biens de celui avec lequel
il avait contracté ; mais il s'agissait de savoir s'il aurait hypothèque de 1583, époque du premier contrat annulé *moyennant ce* par celui de 1592. Il fut
jugé qu'il avait hypothèque de 1583, parce que la
résolution du premier contrat n'avait été que con-

ditionnelle, comme le prouvait la clause *moyennant ce.*

Remarquons que le contrat de 1592 avait été exécuté pendant six ans. La condition que l'on trouvait dans le mot *moyennant* ne pouvait donc être qu'une condition résolutoire.

Or, l'événement de cette condition devait-il produire son effet contre les créanciers intermédiaires, et faire revivre à leur préjudice une hypothèque éteinte par la novation? Il n'y avait pas d'inconvénient à la faire revivre dans l'ancienne jurisprudence, où les hypothèques occultes étaient admises; tout acte notarié emportait de plein droit, sans qu'il fût nécessaire de l'exprimer, une hypothèque sur tous les biens du débiteur; en sorte qu'en contractant, il n'avait pas de moyens pour s'assurer qu'il n'était point primé par d'autres créanciers.

Dans cet ordre de choses, il n'y avait pas d'inconvénient à faire, par l'événement de la condition résolutoire, revivre, avec l'ancienne obligation, les hypothèques éteintes avec elle par la novation.

Mais, sous l'empire du Code, qui n'admet plus d'hypothèque occulte, où toute hypothèque conventionnelle doit être non seulement stipulée, mais encore *spécialisée*, et même inscrite au bureau de la conservation des hypothèques, on ne peut plus admettre que la condition résolutoire fasse revivre les hypothèques éteintes par la novation, à moins que leur conservation n'ait été expressément réservée dans le contrat de novation; car alors elles sont plutôt assoupies qu'éteintes.

Rendons encore ceci sensible par un exemple. Vous me devez, en vertu de jugement, une somme de 10,000ᶠ hypothéquée sur tous vos biens; j'accepte en paiement le fonds Cornélien, sans aucune condition.

- Si mon hypothèque n'a pas encore été inscrite au bureau de la conservation, je ne puis plus l'y faire inscrire en vertu du jugement qui vous condamne, car je suis payé. Si elle était inscrite, vous pouvez me contraindre à faire rayer l'inscription; car je n'ai plus aucun titre contre vous.

Mais si j'ai fait insérer dans le contrat qu'en cas d'éviction du fonds Cornélien, je rentrerai dans tous les droits que me donne le jugement rendu contre vous, avec réservation des anciennes hypothèques, tant pour le capital de 10,000ᶠ, que pour les dommages et intérêts résultant de l'éviction, non seulement vous ne pouvez pas faire rayer l'inscription que j'ai fait faire, mais je pourrai, et je devrai, pour ma sûreté, en faire faire une nouvelle, tant en vertu du jugement qu'en vertu du nouveau contrat; car on peut faire inscrire une créance éventuelle ou conditionnelle (2132 et 2148, n°. 4); mais l'hypothèque stipulée pour les dommages et intérêts ne prendra rang que du jour de la nouvelle inscription, tandis que l'ancienne hypothèque, pour les 10,000ᶠ, conservera son rang du jour de sa première inscription.

En réservant ainsi les hypothèques de l'ancien

contrat, en cas d'éviction du fonds Cornélien, je ne cause aucun préjudice aux autres créanciers, je rends même leur condition meilleure, en rendant conditionnelle une hypothèque qui était pure et simple.

Ceci doit servir à expliquer et modifier ce que nous avons dit tom. VI, n°. 523.

Si, au lieu de réserver expressément les hypothèques, je m'étais borné, dans l'espèce proposée, à stipuler qu'en cas d'éviction du fonds Cornélien, je rentrerai dans les droits que me donne, ou le jugement obtenu contre vous, ou le contrat, si c'est en vertu d'un contrat que vous êtes mon débiteur, l'ancienne hypothèque serait suffisamment réservée, quoiqu'elle ne le fût qu'implicitement; car, après une pareille stipulation, on ne pourrait me faire rayer l'inscription déjà prise. Je pourrais même la renouveler, pour la rendre conditionnelle.

518. Résumant, la condition suspensive, insérée dans le contrat de novation, en suspendant l'extinction de l'ancienne obligation, suspend également l'extinction de ses accessoires, même à l'égard des fidéjusseurs.

La condition résolutoire, stipulée dans le contrat de novation, suspend l'extinction des anciennes hypothèques, lorsqu'elles ont été réservées, mais non pas l'extinction des obligations des fidéjusseurs et des codébiteurs.

Lorsque les anciennes hypothèques n'ont pas été réservées, l'événement de la condition exprimée ou sous-entendue, ne les fait pas revivre : *Obligatio semel extincta non reviviscit.*

319. La novation opérée par la délégation parfaite produit trois effets :

1°. Elle éteint l'obligation du délégant envers son créancier délégataire;

2°. Elle éteint l'obligation du délégué envers le délégant. Le délégué n'est plus débiteur que du créancier délégataire.

Si la délégation était faite sous condition, le débiteur ne serait pas libéré en attendant l'événement; l'exécution de son obligation serait seulement suspendue. (Pothier, *in tit.*, *ff de novat.*, n°. 3o).

3°. Le délégué étant devenu débiteur du créancier délégataire, et obligé envers lui seul, ne peut plus lui opposer les exceptions qu'il aurait pu opposer au délégant; car, en acceptant un nouveau créancier dans la place de l'ancien, il est censé renoncer aux exceptions qu'il pouvait avoir contre ce dernier; et d'un autre côté, on ne peut rien reprocher au nouveau créancier, qui ne s'occupe que de sa propre affaire, qui ne peut savoir ce qui s'est passé entre le délégant et le délégué, ou qui, en tout cas, n'a pas dû chercher à le pénétrer, dans la crainte de paraître indiscret. Lois 12 et 19, *ff de novat.*, 46. 2.

Ainsi, je vous dois 3,000ᶠ, et je vous délègue Titius, qui, croyant par erreur me devoir cette somme, s'oblige de vous la payer. Il ne pourra pas se dispenser de payer ces 3,000ᶠ, en prouvant qu'il ne me doit rien, en représentant, par exemple, une quittance de mon père qu'il a retrouvée il n'aura d'action que contre moi. Loi 15, *ff de novat.*

Si mon débiteur vous a trompé en vous engageant, par supercherie, à vous obliger de me payer 3,000ᶠ qu'il me doit, vous ne pouvez m'opposer l'exception de dol, car ce n'est pas moi qui vous ai trompé : vous n'avez d'action que contre lui. Loi 4, § 20, *ff de dol. mal., except.,* 44. 4.

Si je vous délègue Titius, qui savait ne me rien devoir, il renonce à l'exception qu'il a contre moi, en s'obligeant envers vous : *Similis est ei qui donat.*

S'il a promis par ignorance, il n'a point d'action contre vous ; son erreur ne doit pas vous préjudicier ; car vous n'avez stipulé que ce qui vous est réellement dû. Loi 12, *ff de novat.* ; loi 9, § 1, *ff de condict. caus. dat.,* 12. 4. ; Pothier, *in tit., ff de novat. et seq.,* n°. 31.

Mais au lieu de promettre à votre créancier une somme que je croyais faussement vous devoir, je l'ai promise à Paul, à qui vous vouliez faire une donation ; je pourrais lui opposer les mêmes exceptions que j'aurais pu vous opposer. Loi 7, *ff de dol. except.,* 44. 4. Car c'est un gain que vous voulez faire, et c'est une perte que je veux éviter : *Certas de lucro captando, ego de damno vitando.*

Le délégué qui, ne devant rien au délégant, s'est obligé personnellement envers le créancier délégataire, peut aussi opposer à ce dernier toutes les exceptions que le délégant pouvait lui opposer. Par exemple, si, croyant vous devoir une somme de 3,000ᶠ, je me suis obligé de la payer à

Paul, à qui vous croyiez faussement la devoir, je
pourrais me dispenser de la lui payer, en prouvant qu'il ne vous devait rien. Loi 2, § 4, *ff de
donat.*, 39. 5; loi 7, § 2, *ff de dol. except.*, 44. 4.

SECTION III.

De la Remise de la dette.

SOMMAIRE.

remise est faite. Est-ce sa part virile? Voy. la note. Il doit contribuer aux insolvabilités.

330. *La remise du gage, ni celle accordée à la caution, ne font point présumer la libération de l'obligation principale. Celle accordée au débiteur libère les cautions, si elle n'est pas forcée.*

351. *La remise faite à l'une des cautions ne libère pas les autres de leur part.*

352. *Ce que le créancier reçoit pour décharger une des cautions est imputé sur sa créance.*

333. *La remise ne peut être faite que par un créancier capable de donner, et à un débiteur capable de recevoir.*

334. *La remise faite par l'un des créanciers solidaires ne libère pas du total.*

335. *Les présomptions de remises non énoncées dans le Code sont, lorsqu'il y a commencement de preuve écrite, laissées à la prudence du juge; par exemple celle qui résulte d'une suite de comptes.*

336. *Nombre de circonstances nécessaires pour que cette présomption devienne une preuve.*

337. *Autre exemple de remise tacite et présumée.*

338. *Exemple où la quittance du second terme fit présumer la remise ou le paiement du premier.*

339. *Présomption résultant de plusieurs quittances consécutives de rente, fermages, etc.*

340. *Présomption qui résulte de la cancellation du titre.*

341. *Preuve ou présomption résultant de l'écrit mis par le créancier à la fin du titre.*

520. Il est bien évident que les obligations conventionnelles s'éteignent par une convention contraire, et que chaque partie, en la supposant maîtresse de ses droits, et capable de contracter, peut faire remise à l'autre du droit qu'elle avait acquis par la première convention. Les jurisconsultes romains en avaient fait une règle. Rien n'est plus

naturel que de dissoudre un lien de droit, de la manière dont il a été formé : *Nihil tam naturale est quàm eo genere quidquid dissolvere quo colligatum est.* Loi 35, *ff de R. J.*

Néanmoins, ils avaient soumis cette maxime raisonnable à une distinction fort singulière : les obligations qui résultaient des contrats consensuels, c'est-à-dire formés par le seul consentement des parties, s'éteignaient de plein droit par un consentement contraire ; mais ce consentement n'éteignait que par exception les obligations qui résultaient des contrats réels ou de la stipulation, à moins qu'on n'eût employé pour les dissoudre la formalité de la stipulation.

Cette distinction est contraire à la simplicité du droit naturel et à nos usages. Toute obligation, quelle qu'elle soit, de quelque manière qu'elle ait été formée, s'éteint de plein droit, par la simple convention de remise entre les parties capables de contracter, et de recevoir une libéralité.

Ce principe, que toutes les obligations s'éteignent par un consentement contraire, ou par une remise réciproque, ne souffre d'exception que dans le cas où la loi, par des considérations d'intérêt public, a déclaré une obligation indissoluble, ou lorsqu'elle a du moins réglé la forme de leur dissolution, comme dans le cas du mariage.

321. Mais si le consentement des deux parties éteint toute espèce d'obligation, la seule manifestation de la volonté du créancier, qui déclare faire remise de la dette, en opère-t-elle l'extinction avant que le débiteur ait accepté cette re-

mise? C'est une question de théorie qui divise les docteurs en droit naturel, et qui n'est pas sans usage dans la pratique. Je mande à mon débiteur que je lui fais la remise de la somme de 10,000ᶠ qu'il me doit; mais avant qu'il m'ait répondu, j'apprends une perte considérable dans ma fortune, et je me hâte de lui écrire que je rétracte ma précédente lettre, parce que je ne suis plus en état de faire une libéralité; ou bien je meurs; il meurt lui-même avant d'avoir accepté la remise; je meurs, laissant dans mes papiers un écrit non revêtu de la forme du testament, dans lequel j'exprime la volonté de faire remise à mon débiteur de ce qu'il me doit. Dans tous ces cas, et autres semblables, mon débiteur n'est pas libéré, si son acceptation est nécessaire pour opérer l'extinction de la dette.

Barbeyrac (1) pense que l'acceptation ou le consentement du débiteur n'est pas nécessaire pour opérer l'extinction de sa dette, parce qu'on peut renoncer à un droit acquis. Il en conclut que si le débiteur refusait la remise du créancier, la dette n'en serait pas moins éteinte du moment de la renonciation faite par le créancier, que l'on ne peut contraindre à conserver un droit qu'il a abdiqué.

Carmichaël, professeur à l'université de Glascou, pense au contraire que, comme une simple promesse ne devient obligatoire que par l'acceptation

---

(1) Sur Puffendorf, Droit de la nature et des gens, tom. II, liv. 5, chap. 11, § 7, n°. 6, pag. 527.

avant laquelle les offres peuvent être révoquées, de même la déclaration du créancier de faire remise de la dette, n'est qu'une offre qui doit être acceptée; qu'il faut, pour éteindre la dette, le consentement du créancier et celui du débiteur; que c est par le concours des deux volontés que la dette est éteinte (1). Pothier, n°. 578, est de la même opinion; il observe avec raison qu'on ne peut supposer, dans le créancier qui fait remise de la dette, la volonté d'abdiquer son droit, indépendamment de l'avantage qu'en retire le débiteur (2), et qu'on doit plutôt supposer au créancier la volonté de gratifier ce dernier.

Or, comme toute donation exige une acceptation de la part du donataire, comme elle peut être révoquée jusqu'au moment de l'acceptation, il faut dire aussi que la remise qui n'a point encore été acceptée par le débiteur, peut être révoquée par le créancier, et qu'elle s'évanouit, soit par la mort du créancier, soit par celle du débiteur, survenue avant l'acceptation (3).

---

(1) *Voy.* sa note sur le liv. 1, chap. 16, § 3, du Traité de Puffendorf, *de offic. homin. et civ.*

(2) Quand on lui supposerait cette volonté, il n'en serait pas moins vrai qu'il a le droit de révoquer son abdication avant que le débiteur ait, en l'acceptant, acquis un droit par cette abdication. *Voy.* tom. III. n°. 340.

(3) Mais quel est le moment précis où le concours des deux volontés opère l'extinction de la dette, et où le créancier ne peut plus révoquer la remise offerte? Est-il nécessaire que l'acceptation soit connue du créancier? M. Pardessus, Cours de droit commercial, tom. I, pag. 252 et suiv., pense qu'aussitôt l'acceptation des offres, le contrat est parfait, et qu'elles ne peuvent plus être révoquées par le créancier, quoi-

522. Mais si la remise peut être révoquée avant l'acceptation, il n'est pas nécessaire que l'acceptation soit expresse ; elle peut être tacite ainsi que la remise. Elles sont même souvent présumées ; elles peuvent être, à plus forte raison, prouvées par témoins, lorsque la chose n'excède pas la valeur de 150^f.

523. La remise a toujours été tellement favorisée, que, quoiqu'elle soit une véritable donation lorsqu'elle est gratuite, on n'a jamais, pour sa validité, exigé aucune espèce de formalité ; elle peut être faite par une simple lettre missive, comme l'a jugé un arrêt du 8 février 1629, rapporté par Bardet, tom. 1, liv. 3, chap. 24 (1) ; et si le créancier n'avait pas révoqué sa remise avant le tems nécessaire pour la réponse, il ne pourrait plus la révoquer, sous le prétexte que le débiteur ne lui a pas fait connaître son acceptation.

On présumerait que le débiteur a répondu et

---

qu'il n'ait pas encore connaissance de l'acceptation. J'ai au contraire pensé, tom. VI, n°. 29, pag. 32 et 33, que celui qui a fait les offres peut les révoquer jusqu'au moment où l'acceptation lui est connue, parce qu'une acceptation qui n'est pas connue est, en jurisprudence, comme si elle n'existait pas. J'ai suivi en cela la doctrine d'Heineccius, qui me paraît la plus exacte, et qui d'ailleurs est consacrée par le Code dans l'art. 932, puisqu'il permet au donateur de révoquer la donation jusqu'à ce qu'il ait connaissance de l'acceptation. Le lecteur peut peser les raisons de deux professeurs qui cherchent l'un et l'autre la vérité de bonne foi, sans prétendre faire prévaloir leur opinion.

(1) Cet arrêt jugea, sur les conclusions de M. l'avocat général Bignon, qu'une libération ou donation, par lettre missive du créancier au débiteur, d'une somme de 8,000^f, était valable, quoiqu'elle n'eût été ni expressement acceptée, ni insinuée, et qu'elle ne fût point sujette à révocation pour survenance d'enfans.

accepté ; car il n'est pas d'usage d'accepter une re
mise faite par lettre missive, autrement que pa
une réponse également missive, laquelle demeur
aux mains du créancier, qui ne doit pas rester l
maître de faire revivre une créance éteinte, en sup
primant la réponse du débiteur. On présume plu
facilement l'acceptation de la remise d'une dette
qué la remise elle-même.

324. Cependant, cette remise peut résulter d
certains faits qui la font présumer. Ainsi, « la re
» mise *volontaire* du titre original sous signatur
» privée, par le créancier au débiteur, fait preuv
» de la libération (1282) ». Cette disposition s'ap
plique, par identité de raison, à la remise volon
taire du brevet d'une obligation notariée, lorsqu'i
n'en est pas resté de minute. (Pothier, n°. 572)
*Si debitori meo reddiderim cautionem, videtur inte
nos convenisse ne peterem. Loi* 2, § 1, *ff de pactis.*

Menochius (*lib.* 3, *præsumpt.* 140, n°. 21), pen
sait, d'après plusieurs anciens docteurs, que, ma
gré la possession du billet, le débiteur devait prou
ver qu'il l'avait reçu du créancier ou d'une pei
sonne de la part de ce dernier.

Pothier, n°. 573, pense, au contraire, que l
possession du billet par le débiteur fait présume
qu'il a été remis par le créancier, soit comme ac
quitté, soit comme remis, à moins que le créancie
ne prouve le contraire; par exemple que le bille
lui a été dérobé.

325. Cette opinion paraît préférable et plus cou
forme à nos usages. Ainsi, la remise du billet fa
preuve de la libération ; c'est une présomption lé

gale, et la possession du billet, par le débiteur, fait présumer qu'il a été remis par le créancier.

Mais le Code n'a point voulu ériger cette dernière présomption en règle, parce que des circonstances peuvent la faire cesser. Par exemple, si le débiteur était un facteur, un commis ou autre domestique à portée de se ressaisir facilement du billet, les juges pourraient ne pas trouver la remise suffisamment établie par la seule possession du débiteur, qui devrait alors être chargé du fardeau de la preuve.

On peut en dire autant du voisin chez qui le créancier aurait été obligé de porter ses papiers en cas d'incendie. Enfin, le silence du Code sur ce point laisse à la prudence du juge le soin de décider si la seule possession du billet suffit pour faire présumer qu'il a été volontairement remis au débiteur par le créancier.

326. Les docteurs (1) n'étaient pas d'accord sur le point de savoir si la remise volontaire de la grosse du titre, dont il existe une minute chez un notaire, doit faire présumer la remise ou le paiement de la dette. Pothier, n°. 573, pensait que « quoique cette grosse se trouvât entre les mains du débiteur, il n'en résulte pas une présomption suffisante du paiement ou de la remise de la dette, à moins que d'autres circonstances ne concourent; car la minute, qui demeure chez le notaire,

---

(1) *Voy.* Menochius, *lib.* 3, *præsumpt.* 140, n°. 10; Vinnius, *Quæst. select., lib.* 1, *cap.* 7, *et ibi laudatos.*

et qui n'est pas quittancée, réclame en faveur du créancier, à qui la grosse a pu être volée, ou qui se fiant à la minute, a pu s'en dessaisir et la confier au débiteur. » Ainsi, suivant cet auteur, c'était au débiteur de prouver qu'il existait des circonstances qui, jointes à la remise du titre, suffisaient pour faire présumer la libération.

La commission chargée par le Gouvernement de la rédaction d'un projet de Code, adopta cette opinion. L'art. 170 du projet porte :

« La simple remise de la grosse du titre ne suffit pas pour faire présumer la remise ou le paiement. »

. La commission du Conseil d'état pensa, au contraire, dans l'art. 178 du projet soumis à la discussion, que « la remise volontaire de la grosse du titre suffit pour faire présumer la remise de la dette ou le paiement. » Mais elle voulait charger le débiteur de prouver que la remise a été volontairement faite.

Cette rédaction occasionna de grands débats. On lisait, pour la soutenir, que cette espèce est différente de la remise d'une obligation sous seing privé, laquelle est une preuve manifeste de libération, parce que le créancier se dépouillant entièrement du seul titre qui puisse établir son action, renonce évidemment à l'exercer.

Au contraire, comme il est possible d'obtenir une seconde grosse de l'obligation dont il reste minute, la remise de la première grosse ne renferme pas nécessairement la remise de la dette. Les conjectures qu'on en peut tirer ne forment donc pas une présomption aussi forte que la remise du billet sous seing privé. Pour que la chose soit égale, il faut que la remise de la grosse soit soutenue par d'autres circonstances assez fortes pour que la présomption de libération soit complète. Or, comme c'est le débiteur qui invoque la présomption, c'est à lui de l'établir, en prouvant les circonstances d'où elle tire sa force.

On combattait ces raisons en disant que si l'on exigeait cette preuve du débiteur, ce serait rendre la disposition illusoire, et la réduire à l'impossible, parce que la remise se fait ordinairement de la main à la main, hors de la présence d'un tiers, et qu'au contraire les accidens qui peuvent enlever au créancier son titre contre son gré, laissent presque toujours des traces qui rendent la preuve possible; qu'ainsi, la remise de la grosse doit toujours être supposée volontaire, tant que le créancier ne prouve pas qu'il a été dépouillé malgré lui de son titre; que d'ailleurs la grosse doit être considérée comme une pièce originale, puisqu'il est défendu au notaire d'en délivrer une seconde sans y être autorisé par le juge (1), et que la permission n'est accordée que sur la preuve que la première est égarée, et que la créance n'est pas éteinte.

Ces raisons l'emportèrent. On conserva dans l'article 1283 du Code, le principe que « la remise *volontaire* de la grosse du titre fait présumer la remise de la dette ou le paiement. » Mais au lieu de

---

(1) *Voy.* l'art. 26 de la loi sur le notariat; du 25 ventôse an XI.

dire, comme le projet discuté au Conseil d'état, « la preuve que la remise a été *volontaire* est à la charge du débiteur, » on y substitua ces mots : « Sans préjudice de la preuve contraire; » ce qui rejette nécessairement le fardeau de la preuve sur le créancier, puisque le débiteur qui se trouve saisi de la grosse originale, ayant en sa faveur la présomption légale, n'a rien à prouver.

527. Au reste, M. Maleville a fort bien observé que la rédaction des art. 1282 et 1283 contient un vice qui se trouvait également dans toutes les rédactions précédentes. Ce vice consiste en ce que l'expression de *remise volontaire* est un pléonasme.

Le seul mot de *remise* annonce essentiellement la volonté de mettre le titre dans la possession du débiteur. S'il s'est procuré la possession de ce titre d'une autre manière, on ne peut pas dire que le créancier lui en ait fait la remise : il fallait donc retrancher l'épithète *volontaire*, et dire : *La remise du titre fait présumer la remise de la dette, etc.*

328. Mais il ne fallait pas dire, comme le propose cet illustre magistrat, *l'existence de la grosse, dans les mains du débiteur, fait présumer la remise de la dette;* car il y a deux choses à distinguer, comme nous l'avons déjà observé : 1°. la présomption de libération, par la remise du billet ; 2°. la présomption que c'est le créancier qui a fait la remise, lorsque le billet se trouve dans les mains du débiteur. La première présomption est, suivant le Code, une présomption légale, qui ne peut céder qu'à la preuve contraire; mais il n'a pas voulu ériger la seconde présomption en présomption lé-

gale ; il l'a laissée au rang des présomptions simples, que les juges, dans leur prudence, sont libres d'admettre ou de rejeter, tandis que la présomption légale est pour eux une règle qu'ils doivent suivre jusqu'à ce qu'elle soit détruite par une
preuve contraire.

329. La remise peut n'être faite qu'à la seule
personne du débiteur (1), et non à ses héritiers
ou ayant-cause. Je ne vous demanderai point les
1,000ᶠ que vous me devez, pendant que vous vi-
vrez : c'est un acte personnel.

Mais, à moins que le contraire ne résulte de
l'acte, la remise est toujours censée réelle, c'est-
à-dire faite tant au débiteur qu'à ses héritiers, et
à tous ceux qu'il a intérêt de voir libérés. Ainsi,
elle s'étend à ses codébiteurs solidaires. « *La remise ou décharge conventionnelle au profit de l'un des
codébiteurs solidaires libère tous les autres, à moins
que le créancier n'ait expressément réservé ses droits
contre ces derniers. Dans ce cas, il ne peut plus répéter la dette que déduction faite de la part de celui
auquel il a fait la remise* (1285) (2).

---

(1) *Voy.* loi 7, § 8, *ff de pact.*, 2, 14; loi 8, § 3; lois 15 et 20, *ff de
liberat. leg.*, 34. 3, et ce que nous avons dit tom. VI, des obligations
réelles et personnelles, noˢ. 397 et suiv.

(2) Est-ce la part virile ou la part réelle ? La question est importante.
L'art. 1216 du Code porte : « Si l'affaire pour laquelle la dette a été
contractée solidairement ne concernait que l'un des cooligés solidaires,
celui-ci serait tenu de toute la dette, *vis-à-vis des autres codébiteurs*,
qui ne seraient considérés, par rapport à lui, que comme ses cautions. »

Or, posons l'espèce suivante : Primus et Secundus ont emprunté solidairement de Titius une somme de 4,000ᶠ, employée uniquement au

La remise tacite faite à l'un des débiteurs solidaires, libère également les autres. *La remise du
titre original sous signature privée, ou de la grosse
du titre à l'un des débiteurs solidaires, a le même effet, au profit de ses codébiteurs* (1284).

Pothier, n°. 581, était d'une opinion contraire :
« S'il y a, dit-il, deux ou plusieurs débiteurs solidaires, la décharge accordée à un n'éteint pas la
dette; elle ne libère que celui à qui elle est accordée, ou son débiteur. »

En ceci Pothier s'écartait des dispositions du

---

profit de Primus, qui n'aurait pas trouvé de crédit sans la signature de
Secundus. La part réelle de Primus, dans la dette, est la totalité; sa
part virile, la moitié seulement.

Supposons donc que Titius, voulant gratifier Primus, lui fasse remise
de sa part dans la dette de 4,000^f, en réservant ses droits contre Secundus. Quelle part faut-il entendre? sa part réelle, qui est la totalité, sa
part virile, qui n'est que moitié? Il faut entendre, sans contredit, la
part dont Titius, donateur, a lui-même entendu faire remise. S'il ignorait que la somme de 4,000^f eût été employée au profit de Primus seul,
il n'a pu entendre la remise qu'il faisait que de la part virile. Cela est
évident, puisqu'à moins d'une stipulation contraire, la dette se divi-
sait de plein droit entre les deux débiteurs solidaires par portions viriles.
Cette interprétation est d'ailleurs confirmée par la réserve des droits
contre Secundus; réserve qui, s'il avait entendu faire remise de la totalité de la dette, serait inutile et sans objet, pour ne rien dire de plus,
ce qui répugne aux règles d'une saine interprétation (1157).

Au contraire, si Titius savait que la part de Primus, dans la dette,
était la totalité, et que, sous le nom de débiteur solidaire, Secundus
n'était réellement que caution, on ne pourrait douter qu'il a voulu lui
remettre le tout, s'il n'a fait aucune restriction à sa remise; mais s'il y
a ajouté qu'il réservait ses droits contre Secundus, il est alors certain
qu'il a voulu borner sa remise à la part virile de Primus; autrement,
il y aurait une contradiction palpable, qu'on ne saurait supposer, et
qui disparaît, si l'on n'entend la remise que de la part virile de Primus.
La réserve des droits ou actions contre Secundus a, dans ce cas, un

lroit romain, auxquelles, d'ordinaire, il reste
rès-religieusement attaché.

Ulpien dit positivement que la remise faite à
l'un des débiteurs solidaires libère ceux qui étaient
obligés avec lui, parce que la remise a l'effet d'un
paiement (1).

Ainsi la remise faite à l'un des débiteurs solidaires en termes généraux, libère tous ceux qu'il
est intéressé à voir libérés, et, par conséquent,
ses codébiteurs, si le créancier n'a pas réservé ses
droits contre eux; s'il les a réservés, il peut agir
solidairement contre chacun d'eux, en déduisant

---

objet réel, la remise en a également un très-important, puisque Titius
ne peut plus agir contre Secundus que pour une moitié.
Si l'on prétendait qu'il faut interpréter la clause dans le sens le plus
favorable au débiteur, nous répondrions que ce n'est pas interpréter
un acte que de le mutiler, et d'en retrancher une clause entière; que
si elle était susceptible de deux sens, on devrait plutôt l'entendre dans
celui avec lequel elle peut avoir quelque effet, que dans le sens avec
lequel elle n'en pourrait produire aucun (2157). Enfin, nous dirions
qu'il serait contre toute raison d'autoriser un donataire ingrat à soutenir, sur une prétendue équivoque, que son bienfaiteur n'avait pas le
sens commun, lorsqu'il a réservé contre Secundus des droits qu'il n'avait
plus, puisqu'il avait fait remise de la totalité de la dette. Le donateur
peut, au contraire, reprocher à Primus son ingratitude et son avidité,
et lui maintenir qu'il n'a voulu lui remettre qu'une part virile, comme
le prouve la réserve des droits contre Secundus. Nous ne pouvons donc
partager l'opinion d'un professeur célèbre, M. Delvincourt, qui pense,
tom. II, pag. 365, note 5, que, dans la disposition finale de l'art. 1285,
il faut entendre la part *réelle*, et non la part *virile* de celui à qui la remise est faite.

(1) *Si ex pluribus obligatis uni accepto feratur, non ipse solus liberatur,
sed et hi qui secum obligantur. Nam cùm ex duobus pluribusque ejusdem
obligationis participibus uni accepto fertur, cæteri quoque liberantur : non
quoniam ipsis accepto latum est, sed quoniam velut solvisse videtur is qui
acceptilatione solutus est.* Loi 16, ff de accept., 46. 4; voy. Voët, in tit.
de duob. reis, n°. 5; Vinnius, Tract. de pact., cap. 12, n°s. 13 et seq.

la part de celui à qui il a fait la remise, et même la part que celui-ci eût supportée dans la perte occasionnée par l'insolvabilité de l'un d'entre eux; car la remise est censée comprendre tout ce que celui à qui elle a été faite pouvait être obligé de payer (1).

L'art. 1285 exige que le créancier qui fait la remise réserve *expressément* ses droits vers les autres créanciers; mais il ne faut pas tirer cette expression à la rigueur.

Par exemple, si le créancier avait fait remise à l'un des débiteurs solidaires *de sa part* dans l'obligation, cette expression contiendrait une réserve suffisante de ses droits contre les autres débiteurs; car en restreignant expressément la remise *à la part* de l'un des débiteurs, il réserve assez clairement ses droits contre les autres : *Qui dicit de uno negat de altero*. C'est ainsi, suivant l'art. 1210, qu'en déchargeant un des codébiteurs de la solidarité, le créancier la conserve contre les autres.

330. La remise de la chose donnée en nantissement est une preuve de libération du gage; mais elle ne suffit pas pour faire présumer la remise de la dette (1286), parce que l'obligation principale peut subsister sans l'accessoire. (*Vid.* Vinnius. *Tract. de pactis, cap.* 12, n°. 10).

Par la même raison, la remise accordée à la caution ne libère pas le débiteur principal (1287).

Mais au contraire, parce que l'obligation ac-

---

(1) *Voy.* ce que nous avons dit tom. VI, n°. 759.

cessoire ne peut exister sans la principale, la remise ou décharge conventionnelle, accordée au débiteur principal, libère les cautions. (Art. 1287).

Il faut excepter le cas d'une remise forcée; par
exemple la remise faite par la majorité des créanciers, lors d'un atermoiement, ne libère point les
cautions, qui ne profitent point aussi des effets
de la cession judiciaire, ou des termes de grâce
accordés au débiteur. (*Voy.* Pothier, n°. 380, et
le nouveau Denisart, v°. *Atermoiement,* § 3, n°. 5).

551. La remise accordée à l'une des cautions ne
libère pas les autres (art. 1287) (1), à moins que
le cautionnement ne fût contracté solidairement
entre elles; car alors, la remise accordée à l'un des
fidéjusseurs libérerait les autres, comme, suivant
l'art. 1285, la remise au profit de l'un des débiteurs
solidaires libère tous les autres, si le créancier n'a
pas expressément réservé ses droits contre ces derniers. (*Voy.* Pothier, n°. 581, *in fine*).

552. Si la remise faite à la caution n'était pas
gratuite, ce que le créancier aurait reçu pour la
décharger de son cautionnement doit être imputé
sur la dette, et tourner à la décharge du débiteur

---

(1) Ajoutez *de leurs parts,* c'est-à-dire des parts pour lesquelles elles
n'ont point de recours contre la caution déchargée; car, d'un côté, les
cautions ont toujours le bénéfice de division, lorsqu'elles n'y ont pas
renoncé, en s'obligeant solidairement entre elles. Or, l'art. 2057 porte
que la caution est déchargée, lorsque la subrogation aux droits du
créancier ne peut plus, *par son fait,* s'opérer en faveur de la caution.
C'est ce qui arrive toujours, lorsqu'il a déchargé une des cautions : il
doit donc déduire sa part en agissant contre les autres.

principal et des autres cautions. (Art. 1288). (*Voy.*
Pothier, n°. 582).

333. La remise gratuite étant une véritable libéralité, le seul créancier capable de disposer de ses
biens ou son fondé de pouvoirs, peut seul remettre
la dette, et la remise n'est valable qu'autant qu'elle
est faite à une personne capable de recevoir.

Par exemple, la remise faite à un médecin par
un malade, dans sa dernière maladie, ne serait pas
valable.

334. Nous avons vu, tom. VI, n°. 726, qu'à la
différence du droit romain, la remise faite par l'un
des créanciers solidaires ne libère pas le débiteur
pour le total, mais seulement pour la part de ce
créancier. (Art. 1198).

335. Le Code passe sous silence beaucoup de cas
où la remise tacite est présumée suivant le droit
romain.

Ce n'est pas que le législateur ait prétendu rejeter ces présomptions, mais il n'a pas voulu leur
donner, en les rappelant, la force d'une présomption légale, de laquelle les juges ne peuvent s'écarter sans preuve du contraire. Il les a laissées dans
la classe des simples présomptions non établies par
la loi, et abandonnées aux lumières du magistrat,
qui peut, dans sa prudence, les admettre ou les
rejeter sans exiger d'autre preuve, ou sans en exiger une contraire.

On peut supposer que l'art. 1353 ne permet au
magistrat d'admettre les présomptions qui ne sont
point établies par la loi, lors même qu'elles sont

graves, précises et concordantes, que *dans les cas seulement où la loi admet la preuve testimoniale.*

La réponse est que l'art. 1347 admet la preuve testimoniale dans tous les cas où il existe un commencement de preuve par écrit, c'est-à-dire un écrit émané de celui contre lequel la demande est formée, ou de celui qui le représente, et qui rend vraisemblable le fait allégué. Or, il y a commencement de preuve par écrit dans la plupart des cas où le droit romain admet la présomption de remise ou de libération : il en existe un dans le cas de la célèbre loi *Procula*, 26, *ff de probat.*, 22. 3.

Un frère était chargé de rendre un fidéicommis à sa sœur ; elle n'en exigea point la restitution, tandis qu'il vécut, et ils avaient fait ensemble plusieurs comptes dont ils avaient compensé les résultats respectifs, sans qu'elle eût, en aucun, réservé le fidéicommis qu'il devait lui rendre.

Il mourut, et elle prétendit alors compenser ce qu'elle devait avec le fidéicommis dû par son frère : l'empereur Commode rejeta la compensation demandée, présumant qu'elle avait fait à son frère la remise tacite du fidéicommis.

Cette présomption peut encore être admise dans les principes du Code, parce que cette suite de comptes, émanés ou approuvés de celui qui forme la demande, établit un commencement de preuve par écrit qui rend vraisemblable la remise ou la libération. C'est au magistrat à examiner si les circonstances sont assez fortes pour établir un jugement raisonnable, uniquement sur cette présomption.

536. Les docteurs, et après eux Pothier, n°. 577, exigent trois circonstances, pour qu'elle soit complète : 1°. que le créancier et le débiteur soient unis par les liens du sang ou d'une amitié très-étroite; 2°. qu'il y ait eu entre les parties plusieurs comptes dans lesquels la dette n'avait pas été employée; 3°. que le créancier (1) soit mort sans l'avoir demandée.

D'autres docteurs (2) exposent d'une autre manière les trois circonstances exigées pour que cette présomption soit complète; d'autres en veulent quatre, et ajoutent que ces circonstances peuvent

_____

(1) Pothier se trompe ici. C'était le frère *débiteur* qui était mort, dans l'espèce de la loi *procula*, dont Pothier a mal rendu l'espèce dans le n°. 816. *Voy.* Cujas, sur cette loi, dans les Questions de Papinien. Il faut donc dire : 3°. *Que le créancier ne l'ait pas demandée avant sa mort ou avant celle du débiteur.* Dumoulin, Consil. 28, n°. 27, observe fort bien qu'il y a présomption de dol et de mauvaise foi contre celui qui diffère d'agir pendant que son adversaire est vivant, et qui attend à agir dans un tems où la défense des héritiers sera plus difficile.

Voici comment le judicieux Domat, section des présomptions, n°. 11, établit celle-ci : « Si deux personnes, ayant eu plusieurs affaires ensemble, ont fait souvent des comptes entre eux de ce qu'ils pouvaient se devoir réciproquement, et que *l'un d'eux, après la mort de l'autre,* demande à ses héritiers une somme qu'il prétend avoir fournie avant tous ces comptes, et dont il n'a jamais fait aucune demande, qu'il n'en ait pas même pris connaissance, ni fait aucune réserve dans ces comptes, on présumera, ou que cette somme n'a jamais été due, ou qu'elle lui a été acquittée, ou qu'il l'avait remise; car s'il avait été, ou prétendu être créancier, il aurait compté de cette somme, de même que des autres, ou il l'aurait réservée, et n'aurait pas attendu, pour la demander, la mort de cette personne, qui aurait pu faire voir qu'elle ne devait rien. »

(2) *Si concurrant hæc tria,* dit la Glose, *jus sanguinis, diuturnitas temporis, et multiplicata computatio.* Mornac veut ajouter, d'après le

être suppléées par d'autres équivalentes : *per æqui-pollentia indicia*, dit Brunnemann.

Les plus sensés, tels que Domat, ne fixent ni la qualité, ni le nombre des circonstances néces-saires pour rendre la présomption complète, parce qu'en effet, c'est un soin qu'il faut abandonner aux lumières et à la prudence des juges.

337. Brunnemann donne une espèce où la pré-somption de remise ou de libération fut appli-quée avec raison, par la Faculté de droit de Franc-fort.

Un père avait prêté de l'argent à sa fille. Non seulement il n'avait pas demandé cet argent à l'é-chéance, mais il avait lui-même, long-tems après, emprunté de sa fille une somme qu'il s'était obligé de lui rendre, sans parler du prêt qu'il avait lui-même fait à cette dernière il y avait long-tems. Il mourut; la fille demanda la somme qu'elle avait prêtée à son père.

On voulut la compenser avec celle qu'elle avait empruntée long-tems auparavant; elle répondit que son père lui en avait fait la remise. On décida que la présomption était en faveur de la remise, et on défèra à la fille le serment décisoire. (Brunnemann, *in digest., loi 26, ff de probat.*)

---

texte de la loi citée, *si videlicet in cujus intererat petere, nihil tamen moverit quandiù vixit.* Cujas, après avoir donné l'espèce de la loi, re-commande d'en observer toutes les circonstances : *Crebras solutiones, crebras variationes, crebro omissam compensationem fideicommissi, fidei-commissum magnæ quantitatis et rationes gestas inter fratres, extra has circumstantias non est decreto locus.*

Cette espèce présentait deux des circonstances exigées par les docteurs, pour admettre la présomption, *ratio sanguinis, diuturnitas temporis.* La troisième, *multiplicata computatio,* était suppléée par le silence gardé dans le billet du père, qui portait l'obligation de rendre à sa fille la somme qu'elle lui avait prêtée. Ce billet rendait très-vraisemblable la remise ou la libération de l'ancienne dette. C'était un commencement de preuve qui eût suffi, dans les principes du Code, pour faire admettre la preuve testimoniale de la remise, sans qu'on pût opposer que, suivant l'art. 931, *tous actes portant donation doivent être passés devant notaires;* car cet article ne s'applique point aux donations manuelles, ni aux cas de remise d'une dette.

358. Voici encore une espèce où la Cour de Colmar appliqua la présomption de remise : Le 26 nivôse an XII, le juif Isaac Leyser vendit plusieurs pièces de terre à Michel Klein, pour 2,123^f, dont 837^f furent payés comptant, les 1286^f restans, payables en deux termes égaux, en brumaire ans XIII et XIV.

Leyser donna, le 21 frimaire an XIII, une quittance de 400^f, puis une autre de 200^f, portant toutes les deux que ces paiemens avaient été faits sur le second terme. Elles ne contenaient aucune réserve du premier. Leyser mourut. Lui et ses héritiers étaient, pendant sept ans depuis ces quittances, restés dans l'inaction, lorsqu'ils formèrent à Klein une demande de 686^f, prétendant que c'était par erreur du rédacteur que les quittances portaient que les paiemens avaient été faits sur le second terme, sans justifier cette erreur, autrement que par l'impuissance où se trouvait Klein de rapporter la quittance du premier. Celui-ci soutenait, au contraire, qu'en recevant sur le second terme, le juif Leyser lui avait fait rendre la quittance du premier, parce qu'elle était sur papier libre, et qu'il suffisait de produire les quitttances du second terme, qui faisaient suffisamment présumer que le premier était acquitté.

C'est ce que jugea la Cour de Colmar, le 22 mai 1812, en déférant le serment *supplétoire* à Klein, par le motif que les deux quittances formaient un commencement de preuve par écrit, suffisant pour faire admettre la preuve testimoniale de la libération, et par conséquent pour autoriser les juges à se décider par la présomption (1).

En effet, si le créancier qui reçoit divisément la part de l'un des débiteurs, *sans réserver dans la quittance la solidarité ou ses droits en général,* est présumé, comme le porte l'art. 1211, renoncer à la

---

(1) Les circonstances pour et contre la présomption étaient balancées ; mais Leyser était juif, et il est possible que la réputation de ce dernier ait influé sur la détermination des juges ; car on ne peut se dissimuler qu'il est resté dans les esprits des préjugés assez forts contre la délicatesse des juifs, en matière d'intérêts pécuniaires, et ces préjugés ont souvent influé même sur la législation. Un décret, du 17 mars 1808, concernant les juifs, autres que ceux de Bordeaux et des départemens des Landes et de la Gironde, porte, entre autres dispositions, par dérogation à l'art. 1132 du Code civil : « Aucune lettre de change, aucun » billet à ordre, *aucune obligation ou promesse,* souscrite par un de nos » sujets *non commerçant,* au profit d'un juif, ne pourra être exigé sans

solidarité à l'égard de ce débiteur, on peut aussi présumer que le créancier qui donne deux quittances sur le dernier terme, a été payé, ou a fait remise du premier qu'il n'a point réservé.

339. Car il est ordinaire d'exiger les premières dettes avant les dernières. C'est sur cette observation qu'est fondée la décision de la loi 3, *Cod. de apoch. public.*, 10. 22, suivant laquelle la représentation des quittances de trois années consécutives des contributions publiques, fait présumer le paiement des années précédentes ; présomption que l'on a étendue aux arrérages de rentes foncières ou constituées, aux loyers et fermages, et autres dettes annuelles.

La loi citée exige les quittances de trois années consécutives, *si trium cohærentium annorum apochas protulerit*. La fréquence des paiemens faits sans réserve donne en effet plus de force à la présomption de libération ou de remise.

Néanmoins c'est une disposition arbitraire qui, n'étant répétée dans aucun de nos Codes, reste dans la classe des simples présomptions abandon-

---

» que le porteur prouve que la valeur en a été fournie entière et sans » fraude. »

Nous sommes loin de penser que cette disposition illégale, puisque Napoléon Bonaparte, partageant alors l'autorité législative avec le corps des représentans de la Nation, ne pouvait, par un décret, déroger au Code civil, doive servir de règles aux juges. Mais il est certain que la mauvaise réputation de l'une des parties peut ajouter beaucoup de force à la présomption de libération, et contribuer à déterminer les juges. C'est une des raisons qui ont fait abandonner les présomptions à leurs lumières et à leur prudence.

nées aux lumières et à la prudence des juges, qui
peuvent rejeter la présomption, quoiqu'il existe
trois ou quatre quittances des trois ou quatre dernières années consécutives, comme aussi ils peuvent l'admettre, quoiqu'il n'y ait que deux quittances (1) sans réserve.

Pothier, n°. 812, nous apprend même qu'il y a
des auteurs qui prétendent que les quittances d'une
seule année sans réserve, doivent faire présumer
le paiement de toutes les précédentes. Il ajoute que
ce sentiment ne paraît pas autorisé; et en effet,
s'il n'existait pas d'autres circonstances, les juges
s'exposeraient à de grandes erreurs, en admettant
une présomption (2) sur ce fait unique.

Mais, s'il existe d'autres circonstances précises
et concordantes, les juges pourraient, sans excéder leurs pouvoirs, se décider par la présomption;

---

(1) C'est le nombre exigé par le Code prussien, 2ᵉ. part., tit. 16,
sect. 2, du paiement, art. 153 et suiv., où cette présomption est érigée
en présomption légale. « Lorsqu'en fait de paiement, ou de prestation
» à terme, il peut être prouvé par quittances ou autrement, que le
» débiteur y a satisfait pour deux termes consécutifs, et que le créancier
» les a reçus sans réserve, il est présumé que les termes antérieurs sont
» aussi acquittés. »

154. « Cette présomption a lieu, quand même les deux termes se-
» raient soldés, non par paiement, mais par compensation ou par remise
» de la dette, pourvu qu'ils le soient sans réserve. »

155. « La même présomption n'est nullement affaiblie, quoique la
» somme portée dans les quittances ne s'accorde pas avec ce qui a pro-
» prement dû être payé. »

156. « Pour fonder cette présomption, en droit, il faut que les quit-
» tances aient réellement été données en différens tems. »
Il faut voir les articles suivans.

(2) Pothier, n°. 577, prétend qu'elle est rejetée par la loi 29, *ff de*

car cette quittance sans réserve, quoique seule, est une pièce émanée du créancier, qui rend vraisemblable la libération des termes précédens, et qui, en formant un commencement de preuve par écrit, autorise les juges à se déterminer par de simples présomptions (1353).

La loi ne leur prescrit point le nombre ni la qualité des circonstances qui doivent les déterminer; elle leur ordonne seulement de ne prendre de simples présomptions pour règle de leurs jugemens que dans les cas où la preuve par témoins pourrait être admise. Il en résulte que, dans les affaires dont l'objet est au-dessous de 150ᶠ, les juges peuvent toujours se déterminer par des présomptions. C'est à les bien apprécier que consiste en grande partie la science du magistrat.

340. Le droit romain mettait la cancellation du titre de créance, au nombre des présomptions légales de paiement ou de remise, sauf néanmoins la preuve du contraire (1).

_____

oblig. et act., 44. 7. « Le défaut de réserve d'une dette, dans la quittance que le créancier donne d'une autre dette, ne forme point de » présomption de la remise de la dette dont il n'y a point de réserve. *Loi 29, de oblig. et act.*

Pothier se trompe. Ce n'est point là l'espèce de la loi. La voici: il était dû à Lucius-Titus une somme, en vertu d'un jugement. Il prêta une seconde somme au même débiteur, et ne fit point insérer dans le billet que celui-ci en devait une première, *ex causâ judicati*. La question était de savoir si, malgré le silence du billet sur la première somme, Lucius-Titus pourrait les demander toutes les deux. Paul répond qu'il n'y a pas de raison d'en douter.

(1) *Loi* 24, *ff de probat.*, 22. 3. Vinnius, *Tract. de pact.*, cap. 12, nᵒ. 1. Menoch., *lib.* 3, *præsump.* 141. *Voy.* aussi ce que nous avons dit, tom. pag. 609 et suiv., sur la nature et lacération des testamens, et enf.

Domat donne à cette présomption la même force qu'à la remise du billet au pouvoir du débiteur. Il nous paraît qu'elle en a davantage ; car le titre est détruit, lorsqu'il est raturé ou déchiré ; il ne forme plus qu'un commencement de preuve par écrit, qui autorise le créancier à prouver que le titre n'a été mis en cet état que par quelque violence, quelque cas fortuit ou autre événement.

Un arrêt du 6 août 1759, rapporté par Denisart, au mot *Paiement*, n°. 35, déclara nulle, comme acquittée, une obligation qui avait été déchirée, et dont les morceaux avaient été recollés.

541. L'art. 1332 du Code veut que l'écriture mise par le créancier, à la suite, en marge ou au dos d'un titre qui est toujours resté en sa possession, fasse foi, quoique non signé ni daté par lui, lorsqu'il tend à établir la libération du débiteur. Pothier, n°. 726, pense que cette écriture ne laisserait pas de faire foi, quand elle serait barrée ou raturée, parce qu'il ne doit pas être au pouvoir du

---

Domat, titre des présomptions, n°. 12. Le Code prussien admet aussi cette présomption légale. Le tit. 14 de la 2e. part., sect. du paiement, n°. 102, porte : « Lorsque, du vivant du créancier, ou dans sa succession, le billet se trouve déchiré, coupé ou cancellé d'une façon quelconque, il y a présomption légale que la créance fondée sur ce titre a été elle-même éteinte d'une ou d'autre manière. »

Art. 105. « Cette présomption cesse, dès qu'il peut être prouvé que le dommage est un pur accident, ou qu'il vient des faits du débiteur même, ou d'un tiers, sans approbation ou participation du créancier. »

Nous citons assez souvent le Code prussien, parce que ce Code étant l'ouvrage d'un profond jurisconsulte, son autorité est toujours d'un grand poids. D'ailleurs, l'esprit s'éclaire par la comparaison de ce qu'on pense sur un point de droit chez les autres nations.

créancier, en la possession duquel est l'acte, ni moins encore au pouvoir de ses héritiers, de détruire, en barrant cette écriture, la preuve du paiement qu'elle renferme.

SECTION IV.

De la Compensation et de la Reconvention.

SOMMAIRE.

trer en compensation. Sceûs de celle qui est soumise à une condition résolutoire.

375. 4°. *Il faut que les créances et les dettes à compenser soient personnelles à celui qui oppose, ou à qui est opposée la compensation. Exemples.*

376. *Exception en faveur de la caution.* Quid, *si elle s'est obligée solidairement? A la note.*

377. *Comment le débiteur solidaire peut opposer la compensation. Imperfection dans la rédaction de l'art. 1294.*

378. *Les dettes de la société n'entrent point en compensation avec les dettes particulières de chaque associé, et vice versâ.*

379. *Comment la compensation peut être opposée à l'État.*

380. *De la compensation dans le cas du bénéfice d'inventaire. Plusieurs questions.*

381. *De la compensation en cas de faillite. Plusieurs questions.*

382. *Cas où la compensation n'est point admise.* 1°. *Demande en restitution d'une chose dont le propriétaire a été injustement dépouillé.*

383. 2°. *Restitution d'un dépôt et d'un prêt à usage. Explication de l'exception relative au prêt à usage.*

384. *Vice dans la rédaction de l'art.* 1885.

385. *Explication de l'exception relative au dépôt.*

386. 3°. *Dette pour cause d'alimens insaisissables.*

387. *Effets de la compensation. Conséquences du principe qu'elle s'opère* ipso jure. 1°. *Elle fait cesser les intérêts; ainsi, les comptes et les calculs doivent se faire année par année.*

388. 2°. *Elle peut être opposée comme une quittance, à l'exécution du jugement.*

389. 3°. *Elle arrête la prescription.*

390. 4°. *Elle donne lieu à la répétition de la somme payée par erreur.*

391. 5°. *Elle éteint les priviléges et hypothèques. Conséquences importantes de cette maxime. Art.* 1299.

392. 6°. *La créance compensée ne peut plus être cédée. Conséquences.*

demande principale, pour ne la juger qu'avec la demande reconventionnelle.

412. *Facilité d'abuser de la reconvention. Il est ordonné juges de la rejeter, quand elle entraine des involutions d procès et qu'elle retarde le paiement d'une dette non con. testée ou prouvée. En tous cas, ils doivent disjoindre et juger séparément la demande principale.*

413. *Importance de cette règle. Exemple. Difficulté de tracer, sur ce point, une règle précise aux juges.*

414. *C'est une règle générale que, si la demande principale est au nombre des matières sommaires, il ne faut pas admettre une demande reconventionnelle qui n'y est pas, mais l'instruire et la juger séparément.*

415. *Reconvention sur reconvention ne vaut.*

416. *La reconvention n'est pas recevable, si le juge est incompétent ratione materiæ, pour en connaître.*

417. *Application de cette règle aux reconventions formées devant les tribunaux de commerce et les juges de paix.*

418. *Il faut cumuler la demande principale et la reconventionnelle, pour savoir si le jugement doit être en dernier ressort.*

419. *De la reconvention entre personnes ejusdem fori. Si elle est sans connexité avec la demande principale, elle ne doit pas être admise sans essai de conciliation.*

420. *Différence de la compensation et de la rétention. Renvoi.*

542. Cette section devrait naturellement venir à la suite du paragraphe qui traite de l'*imputation*; ou plutôt ces deux matières devaient être fondues en une seule et même section; car la compensation n'est pas autre chose que l'*imputation réciproque* de ce que l'un doit à l'autre (1); ou, comme dit

(1) Compenser, *pensare rem aliquam cum aliquâ*, signifie proprement peser dans la balance une chose avec une autre; pour

le jurisconsulte Modestin, *debiti et crediti inter se contributio. Loi* 1, *ff de compens.*, 16. 2.

343. Lorsque, pour quelque cause que ce soit, je deviens le créancier de celui dont j'étais le débiteur, j'ai le droit d'imputer la somme qu'il me doit sur celle que je lui dois moi-même. Vous m'avez vendu le fonds Cornélien 3,000ᶠ, et je trouve dans la succession de mon père, dont je suis le seul héritier, un billet de 3,000ᶠ que vous lui devez; au lieu de vous payer le prix du fonds Cornélien, je l'impute sur la somme que vous deviez à mon père, et nous nous trouvons quittes. Voilà ce qu'on appelle **compensation**.

Cette opération serait toujours sensible, si chaque citoyen avait la prudence de faire ce que la loi ordonne à tous les commerçans, de tenir un livre de recettes et de dépenses, *tabulas accepti et expensi*, et d'y porter exactement tout ce qui lui est dû, et tout ce qu'il doit. J'étais votre créancier d'une somme de 10,000ᶠ dont je vous avais *débité* sur mon livre, pour employer l'expression énergique usitée

---

s'assurer si leur poids est égal, ou si l'une l'emporte sur l'autre, et de combien.

Long tems avant l'invention de la monnaie, on avait pris les métaux pour mesure commune de la valeur des choses; mais le poids et la pureté des métaux n'étant attestés par aucun signe public et authentique, on était réduit à les peser dans une balance. Cet usage ne se perdit point entièrement depuis l'invention de la monnaie. Pline et Varron (*voy.* Heinecc., Antiquit., liv. 3, tit. 15, nᵒ. 2), nous apprennent que les banquiers romains pesaient souvent l'argent au lieu de le compter; ce qui se fait encore quelquefois chez nos banquiers. Lorsqu'il s'agit de sommes considérables, on pèse les sacs au lieu de les compter.

dans le commerce. Je deviens votre débiteur d'une somme de 8,000'; je vous en *crédite* sur le même livre.

En déduisant cette somme de la première, il est évident que vous ne me devez plus que 2,000'; le surplus de ma créance est éteint par la compensation, ou par l'imputation qui en a été faite le jour même où vous êtes devenu mon débiteur. Elle a été éteinte de la même manière que si vous m'aviez réellement compté la somme de 8,000' en numéraire ; aussi dit-on que la compensation tient lieu de paiement : *Solutionis vicem obtinet.* (Voët, *de compens.*, n°. 2 ; *loi* 4, *Cod. de compens.*, 4. 31 ; *loi 4, ff qui potiores,* 20. 4).

344. La compensation est également avantageuse aux deux parties ; car il vaut mieux se payer par rétention, que de donner une somme pour la redemander ensuite. Loi 2, *ff eod.* C'est pourquoi la loi suppose toujours au créancier et au débiteur la volonté de compenser ce qu'ils se doivent réciproquement.

La loi supplée cette volonté, en faisant d'elle-même, ou en supposant fait ce qu'ils devaient l'un et l'autre faire réciproquement sur leurs livres ; en sorte qu'aussitôt que deux personnes se trouvent créancières et débitrices l'une de l'autre, quoique pour des causes différentes, il s'opère entre elles de plein droit, par la seule force de la loi, même à l'insu des débiteurs, une compensation qui éteint réciproquement les deux dettes à l'instant précis où elles se trouvent exister à la fois, et jusqu'à concurrence de leurs quotités respectives. (Art. 1289, 1290).

Il n'est donc nécessaire d'opposer la compensation que pour instruire le juge d'un fait qu'il ne peut deviner ; savoir : que les deux parties étaient réciproquement créancières et débitrices, et que, par conséquent, les deux dettes sont éteintes, comme on est obligé d'opposer et de représenter la quittance à celui qui forme la demande d'une dette acquittée.

Mais on dit que la compensation s'opère de plein droit, par la seule force de la loi, parce que l'extinction respective des deux dettes ne produit pas son effet du jour seulement où la compensation est opposée en jugement, ou déclarée par le juge ; mais du jour où les parties sont devenues réciproquement créancières et débitrices l'une de l'autre.

345. Il est néanmoins des cas où la compensation ne peut s'opérer de plein droit, par la seule force de la loi, et où, par conséquent, elle ne produit son effet que du jour où elle a été proposée par voie d'exception, ou même par voie d'action réciproque et reconventionnelle.

On doit donc distinguer d'abord deux espèces de compensations bien différentes, l'une qui produit son effet de plein droit, *ipso jure,* à l'insu des parties, et même contre leur volonté, en ce qui concerne l'intérêt des tiers ; et cela du jour où elles sont devenues réciproquement créancières et débitrices l'une de l'autre ; on peut l'appeler compensation légale.

L'autre, qui ne peut produire son effet que par

voie d'exception, *exceptionis ope*, du jour où elle a été opposée.

346. Mais elle peut l'être de deux manières: ou par *voie de simple exception*; par exemple, dans le cas d'une créance privilégiée, comme la restitution d'un dépôt que le dépositaire ne peut, comme nous le dirons bientôt plus amplement, faire entrer en compensation avec une somme égale et liquide, que lui doit le déposant (1293).

Néanmoins, comme ce privilége n'est établi qu'en faveur de ce dernier, il peut opposer la compensation, s'il le juge à propos, parce qu'on peut toujours renoncer au droit introduit en sa faveur, et elle s'opère du moment où il la propose. Vous avez déposé chez moi une somme de 3,000ᶠ; j'hérite de mon père, à qui vous deviez une somme de 3,000ᶠ, produisant des intérêts; la compensation de ces deux sommes liquides ne se fait pas *ipso jure*, du jour de la mort de mon père, époque à laquelle je suis devenu votre créancier; mais si je vous demande la somme que vous deviez à mon père, avec les intérêts, et que vous m'opposiez en compensation la somme que vous avez déposée chez moi, la compensation s'opérera *exceptionis ope*, du jour où vous me l'auriez opposée, et les intérêts cesseront de la même époque et non auparavant, parce que ce n'est qu'à cette époque que j'ai eu la liberté de disposer de vos fonds.

La compensation peut encore s'opérer par voie de reconvention (1), *per viam reconventionis*, dans

_____

(1) Les jurisconsultes romains l'appelaient demande ou action récon

c cas où l'une des dettes n'est pas liquide. Je vous mande une somme de 600ᶠ, en vertu d'un acte sous seing privé. Vous répondez que vous avez fait pour moi différens ouvrages, dont vous évaluez le prix à 600ᶠ; vous demandez, par voie de *recon-vention*, qu'ils soient constatés, et que le prix en soit liquidé, afin de le compenser avec la somme que je vous demande.

347. Ainsi trois espèces de compensations : la compensation légale ; la compensation par voie de simple exception ; la compensation par voie de *re-convention*.

348. Il faut expliquer ce mot (1), parce qu'il y a aussi plusieurs espèces de *reconventions*.

En général, la reconvention est la demande que le défendeur cité en justice forme à son tour devant le même juge contre le demandeur, soit pour cause de connexité avec la demande originaire, soit même pour une affaire différente et sans connexité :

---

proque, *mutua actio, mutua petitio.* Loi 11, § 1, *ff de jurisdict.*, 2. 1; loi 1, § *ult.*, *ff de extraordin. cognit.*, 50. 13; loi 1, *Cod. rerum amot.*, 5. 21; loi 6, *Cod. de compens.*, 4. 31. On trouve, dans les Décrétales de Grégoire IX, *lib.* 2, *tit.* 4, un titre de *mutuis petitionibus*; c'est le siége de la matière. Il faut voir les commentateurs, et sur-tout Pyrrhing. Sur ce titre, *voy.* aussi Voët, *in tit. ff de judic.*, nᵒˢ. 78 et *seq.*; Huberus, *in tit. ff de quib. reb. ad judic. eatur*, 11. 2; Perezius, *in Cod.*, *tit. de senlent. et interloc.*, 7. 45; Brunnemann et les docteurs, sur la loi 14, *Cod. eod.*

(1) Ce mot vient du latin *convenire*, citer en justice, *vocare in jus.* D. loi 45, *ff de rei vindic.*, 6. 1. De *convenire* est venu *conventio*, cita-tion en justice, *vocatio in jus.* Le réduplicatif *reconvenire* signifie donc *iterùm convenire*, et, en matière de compensation, *convenire vicissim apud eumdem judicem.*

Reconventio est petitio quâ reus vicissim quid ab ac-
tore petit ex eâdem vel diversâ causâ. (Voët, *in tit.*
de judiciis, n°. 78) (1).

349. Il y a donc plusieurs espèces de reconventions ; et d'abord il arrive presque toujours que
les deux sommes à compenser ne sont point égales.
Si c'est au demandeur qu'est due la plus forte
somme, il ne doit demander que l'excédant de sa
créance sur celle du défendeur ; autrement il demande plus qu'il ne lui est dû. (Paul, *sentent. re-*
cept., lib. 2, *tit.* 5, § 3 ; *loi* 4, *ff de compens.,* 16. 2).

Je vous dois 3,000ᶠ que vous m'aviez prêtés. J'hérite de mon père, à qui vous devez 6,000ᶠ ; je ne
puis vous demander que 3,000ᶠ ; autrement je vous
demande évidemment plus qu'il ne m'est dû, ma
créance de 6,000ᶠ étant réduite à 3,000ᶠ par la
compensation qui a éteint le surplus de plein droit.

Si c'est au défendeur que la somme la plus forte
est due, il peut non seulement opposer la compensation comme une exception légale contre la demande qui lui a été formée, mais il doit et peut
encore demander par reconvention le surplus de
sa créance.

Vous me citez en justice pour vous payer 3,000ᶠ
que je vous dois ; je réponds que je ne vous dois
plus rien, et qu'au contraire vous me devez 3,000ᶠ,

(1) Il y a toujours deux procès distincts, dans le cas de la reconvention, dit fort bien M. Henrion de Pansey, dans son excellent Traité de
l'autorité judiciaire, pag. 194 : *Duplex negotium, alterum diversum et*
altero, sunt enim in mutuis petitionibus duœ hypotheses vel causœ, du
negotia vel judicia.

parce que je suis seul héritier de mon père, à qui vous deviez une somme de 6,000ᶠ, réduite à 5,000ᶠ par la compensation, qui s'est opérée de plein droit. Je demande en conséquence que vous soyez condamné de me payer cette somme. On aperçoit dans cette défense deux choses très-distinctes :

1°. L'exception de la compensation légale qui a éteint, *ipso jure,* la moitié de ma créance ;

2°. La *reconvention* par laquelle je demande le surplus. Voilà une première espèce de reconvention, qui n'est pas autre chose que la demande de ce qui reste dû au défendeur originaire, après la compensation légale de sa créance avec celle du demandeur.

350. Il y en a une seconde que nous avons déjà indiquée, et qui n'est que l'action principale formée préparatoirement par le défendeur originaire, pour parvenir à la compensation d'une créance non encore liquide avec une dette liquide. C'est la défense qu'il oppose à l'action du demandeur originaire, comme dans le cas où je vous demande une somme liquide, tandis que vous prétendez que je vous en dois une qui n'est point liquide à la vérité, mais que vous demandez à faire liquider préalablement, afin de la compenser avec ce que vous devez.

351. Enfin, on connaît en droit une troisième espèce de reconvention, qui n'a pour objet ni de demander ce qui reste dû après la compensation de deux créances inégales, ni de parvenir à la compensation d'une créance non encore liquide avec une dette liquide ; mais uniquement de rendre le

tribunal où la première demande a été portée, compétent pour instruire et juger, en même tems s'il est possible, en tout cas séparément, toute prétention que le défendeur veut y porter à son tour, quoiqu'elle n'ait pas de connexité avec la demande originaire, et sans que le demandeur puisse opposer l'incompétence du tribunal (1).

352. Les deux premières espèces de reconventions sont fondées sur des motifs d'équité assez évidens par eux-mêmes. Cependant elles n'étaient point reçues dans l'ancien droit romain. La compensation de liquide à liquide n'y était même admise que dans les actions appelées de bonne foi (2), *in bonæ fidei judiciis.*

La force de la raison et l'autorité des jurisconsultes la firent admettre dans les actions de droit écrit, *in stricti juris judiciis.*

353. La seconde espèce de reconvention fut introduite par le célèbre Papinien, dont les opinions, toujours fondées sur la raison et l'équité, imprimaient un tel respect, qu'il fut dans la suite défendu aux juges de s'en écarter. L'admission de cette reconvention, qui a pour objet de faire liquider une créance, afin de la faire entrer en compensation avec une somme liquide, fut consacrée par les empereurs et sur-tout par Justinien, qui lui donna

_____

(1) Par exemple, Titius assigne Mévius en paiement d'un billet de 1,200ᶠ. Mévius, à son tour, assigne Titius en delaissement de la maison qu'il occupe.

(2) *Voy.* § 30, *Instit. de act.*, et Ragueau, *in leg. ult.*, *Cod. de comp.*

plus d'étendue qu'elle n'en avait avant lui. Ils la fondaient sur un double motif d'équité.

Dabord ils ne trouvaient pas juste que le demandeur pût se faire payer ce qui lui était dû, avant de répondre à la demande reconventionnelle, lorsqu'elle pouvait être promptement liquidée : *Compensationis æquitatem jure postulas, non enim priùs exsolvi quod debere te constiterit æquum est, quàm petitioni mutuæ responsum fuerit. Loi* 1, *Cod. rerum amot.,* 5. 21; *loi* 6, *Cod. de compens.,* 4. 31.

D'ailleurs, ils trouvaient également injuste que le demandeur refusât pour juge de la demande reconventionnelle celui qu'il avait choisi pour juger la demande originaire ou principale : *Cujus enim in agendo observat arbitrium, eum habere, et contra se judicem in eodem negotio non dedignetur. Loi cùm Papinianus* 14, *Cod. de sentent. et interloc.,* 7. 45.

Pour bien entendre la force de cette raison, il faut se souvenir que les grands magistrats, tels que les préteurs, les gouverneurs de province, etc., à qui le pouvoir judiciaire était confié à Rome, ne jugeaient point par eux-mêmes les procès élevés entre les particuliers, si ce n'était en certaines causes extraordinaires, que par ce motif l'on aplait *cognitiones extraordinarias* (1). Dans les autres affaires, et même dans plusieurs des causes dont la connaissance leur était réservée, ils nommaient,

---

(1) *Vid. tit. ff de extraord. cognit.,* 5o. 4, *et ibi interpretes;* Heinec., *Antiquit., lib.* 4, *tit.* 6, *etc.*

pour les instruire et les décider, des délégués qu'on appelait juges pédanées, *judices pedaneos*. Ces juges étaient nommés à la demande et du consentement des deux parties. Le demandeur, *actor*, commençait par proposer; le défendeur, *reus*, pouvait récuser arbitrairement sans autre motif que sa volonté: *Nolo eum eligere*. (*Vid.* Heinecc., *Antiquit.*, lib. 4, tit. 6, n°. 40). Lorsqu'enfin le défendeur avait accepté un des proposés par le demandeur, le préteur donnait à ce juge un mandement ou une commission pour juger le différent.

Ces juges étaient donc véritablement choisis par les parties, et sur-tout par le demandeur, qui avait l'initiative du choix. On trouva juste qu'après avoir choisi un juge pour prononcer sur sa demande, le demandeur ne pût le récuser pour juge de la demande reconventionnelle.

354. Mais Papinien eut la sagesse de n'étendre cette conséquence qu'aux actes de connexité avec la demande originaire: *in eodem negotio*, dit la loi *cùm Papinianus* (1). Cependant les interprètes, en convenant que Papinien ne permettait la reconvention que dans les cas connexes, *in eâdem causâ tantùm* (2), crurent voir que Justinien avait par cette loi étendu la reconvention à tous les cas,

---

(1) *Voy.* Coquille, quest. 307; Legrand, sur Troyes, art. 200, n°. 5, et les auteurs qu'il cite; Bacquet, des Droits de justice, chap. 8, n°. 10.

(2) *Voy.* la Glose sur la loi citée, note M et note P; Brunnemann, sur cette loi, etc.

même non connexes, *etiam pro causâ separatâ à causâ conventionis ;* qu'en tous cas, il l'avait admise par la Novelle 96, nº. 2. C'est un point assez inutile à éclaircir.

355. Car, quoi qu'il en soit, la doctrine de la reconvention, dans les cas non connexes, prévalut dans les écrits des interprètes, et passa dans le droit canonique, et presque toutes les causes étaient, comme dans le droit romain, renvoyées à des juges délégués nommés le plus souvent sur l'indication du demandeur.

On y fonda donc cette reconvention sur le même principe d'équité : *Æquum est* (1) , dit un canoniste estimé, *ut actor qui spontè sibi elegit judicem contra adversarium , vicissìm etiam patiatur ut adversarius contra ipsum eumdem sibi judicem petere et eligere possit.*

Mais la reconvention n'y était point admise, comme l'enseigne le même auteur, nº. 3 , dans les cas où les juges délégués avaient été nommés par le prince, de son propre mouvement, *proprio motu,* sans doute parce qu'alors le motif qui l'avait fait introduire n'existait plus. Le demandeur n'avait ni choisi ses juges, ni approuvé leur choix (2).

---

(1) Pyrrhing , *in tit. de mutuis petit.,* Ӿ, *lib.* 2, *tit.* 4, nº. 1.

(2) C'est sans doute par cette raison qu'on avait douté à Rome que la reconvention fût admise, lorsque le gouverneur de la province jugeait lui même une affaire. *Videamus,* dit Ulpien, *an de mutuis petitionibus possint præsides cognoscere? Et putem debere admitti.* Loi 11, § *ult., de extraord. cogn.,* 50, 13.

356. Le même motif ne pouvait exister en France, où jamais les parties n'eurent le droit de choisir leurs juges. Les procès étaient portés devant les juges royaux, qui rendaient la justice en personne, et non par délégués, chacun dans l'étendue de son territoire.

Les seigneurs étaient extrêmement jaloux du droit de juger, ou de faire juger par leurs officiers, les procès de leurs vassaux. Ce n'était pas pour eux seulement un droit honorifique, usurpé sur la couronne, c'était encore, sur-tout anciennement, une branche considérable de revenus; car, dans chaque procès, ils s'attribuaient autrefois une partie de la valeur des choses qui faisaient l'objet de la contestation (1).

Dans des tems plus rapprochés, il y avait des droits de greffe que les seigneurs affermaient; ils vendaient les offices de juges, de procureur fiscal. Ils regardèrent donc les jurisdictions comme patrimoniales, et souffraient si peu qu'on y portât atteinte, que la faculté de revendiquer le jugement des procès portés dans une autre jurisdiction, était un droit commun connu en Bretagne sous le nom de *retrait de barre* (2), et ailleurs *revendication de cause*.

Un pareil ordre de choses ne permettait pas

---

(1) En certains endroits, cette partie, attribuée au fisc du seigneur, s'élevait jusqu'au cinquième. *Voy.* l'introduction à l'histoire de Charles-Quint, par Robertson, sect. 1, note Z, et les auteurs qu'il cite.

(2) *Voy.* Bacquet, des Droits de justice, chap. 8; l'art. 26 de la Coutume de Bretagne; Normandie, art. 15; Anjou, art. 65; Poitou, art. 417, etc. etc., et les commentateurs.

d'admettre la reconvention proprement dite; c'est-à-dire la reconvention qui n'avait point de connexité avec la demande originaire, *pro causâ separatâ à causâ conventionis;* en un mot, la reconvention qui n'avait d'autre objet que de rendre le tribunal où la première demande avait été portée, compétent pour instruire et juger une demande reconventionnelle, étrangère à la demande originaire (1).

Le vain prétexte que les jurisdictions étaient patrimoniales, empêchait même d'admettre la compensation légale de liquide à liquide, quoique fondée sur une équité évidente.

On tenait pour maxime qu'*une dette n'empêche pas l'autre* (Loisel, liv. 5, tit. 2, règ. 3); c'est-à-dire que celui qui doit une somme est obligé de la payer à son créancier qui le poursuit, sauf à son tour à poursuivre son créancier qui lui doit pareille somme, mais devant les juges de ce dernier, sans

---

(1) Le défendeur n'aurait pu porter cette demande devant les mêmes juges, quand même le demandeur y eût consenti. Les juges de ce dernier auraient pu, en ce cas, exercer LE RETRAIT *de barre,* ou *la revendication* de cause; car, en France, à la différence du droit romain, c'était un principe du droit coutumier, que *la prorogation* de jurisdiction n'était point admise, parce que les justices étaient patrimoniales. *Voy.* Loiseau, des Seigneuries, chap. 14, nᵒˢ. 14 et 15; Bacquet, des Droits de justice, chap. 8, nᵒ. 8.

L'art. 10 de la Coutume de Bretagne admit la prorogation, par exception au droit général. Aussi cette exception fut vivement combattue par le baron de Vitré et autres seigneurs. *Inani prætextu jurisdictionalis emolumenti,* dit d'Argentré, dans son Aitiologie sur cet article. *Voy.* aussi le procès-verbal de réformation de l'an 1580, pag. 73 et 130, imprimée en tête du Commentaire de Duparc-Poullain, sur la Coutume de Bretagne.

pouvoir ni l'un ni l'autre user de compensation. *Compensation n'a point lieu en cour laye*, dit la Coutume de Lorris, tit. 21, art. 10, et *ibi* la Thaumassière et de l'Hoste.

· 357. Les notions de justice et d'équité naturelle, que l'étude du droit romain et du droit canonique (1) répandit en France et dans toute l'Europe, firent sentir vivement l'injustice d'une jurisprudence qui rejetait la compensation de liquide à liquide, et faisait ainsi deux procès au lieu d'un, uniquement pour ménager aux seigneurs de fiefs, ou à leurs greffiers, des droits odieux par leur nature. Les docteurs, que les tribunaux écoutaient comme des oracles, proclamèrent hautement la doctrine équitable de la compensation, qui s'était conservée dans les pays de droit écrit, où les lois romaines avaient force de loi.

· On s'efforça de la faire recevoir dans les pays de coutumes, et l'on y parvint. Les rois, dont l'au-

---

(1) Quelques lecteurs superficiels, ou imbus des préjugés du tems, trouveront étrange de voir citer le droit canonique, comme l'une des législations qui ont contribué à éclairer l'Europe et à perfectionner sa jurisprudence. Je les renvoie à la sect. 1 de l'Introduction à l'histoire de Charles-Quint, par Robertson, qui n'était pas un homme à préjugés. Les formes de procéder, dans presque toute l'Europe, ont été puisées dans le droit canonique. Au fond, ses principes se rapprochèrent de la raison et de l'équité naturelle, et beaucoup plus, en certains points, que les lois romaines, dont il corrigea plusieurs subtilités. Son étude même, encore aujourd'hui, peut répandre beaucoup de lumières sur plusieurs parties de la jurisprudence. Il est à regretter que cette étude ait été totalement bannie des écoles de droit. Elle tient à la connaissance des antiquités du moyen âge, beaucoup plus utiles pour remonter à l'origine de nos lois et de nos usages, que la connaissance des antiquités grecques ou orientales.

torité s'affermissait chaque jour, et qui ne négligeaient aucune occasion de ressaisir peu à peu les prérogatives usurpées sur la couronne, firent délivrer, par leurs chancelleries, des lettres de compensation (1), comme on y délivrait des lettres de dispense, de grâce, de restitution, etc.

Enfin, dans la réformation des coutumes, qui fut confiée à des hommes distingués par leur mérite et par leurs connaissances dans l'un et l'autre droit, la doctrine de la compensation prévalut; l'art. 74 de la Coutume de Paris, réformée en 1510, porte que « la compensation *n'a point lieu,* si ce n'est d'une dette claire et liquide à une autre pareillement claire et liquide. »

Cette rédaction présentait encore la compensation comme une exception à la règle. La nouvelle réformation, faite en 1580, art. 105, la présenta comme règle générale.

« Compensation a lieu d'une dette liquide à une autre pareillement claire et liquide, et non autrement. »

La compensation s'opéra donc, depuis ce tems, de plein droit et par la seule force de la loi, comme à Rome, sans qu'il fût nécessaire d'obtenir des lettres-royaux.

Cette disposition devint le droit commun de la France.

358. Les motifs qui empêchèrent d'admettre la compensation firent, à plus forte raison, proscrire

---

(1) *Voy.* Bouteillier, Somme rurale, tit. 27; Coquille, quest. 306, et les commentateurs de la Coutume de Paris, art. 106.

la reconvention dans les pays de coutumes. *La re-convention n'a lieu en cour layé,* disent nos ancien-nes coutumes et nos vieux praticiens (1). Cette dis-position fut conservée dans l'art. 75 de la Coutume de Paris, réformée en 1510. Ce ne fut qu'à la nou-velle réformation, en 1580, que la reconvention fut admise, mais avec une modification remar-quable. « Reconvention n'a lieu, dit l'art. 106, si elle *ne dépend de l'action,* et que la demande en re-convention soit *la défense contre l'action première-ment intentée,* » ou, comme dit Loisel, liv. 5, tit. 2, rég. 2, « reconvention n'a point de lieu, fors de la » même chose dont le plaid est. »

Cette disposition s'accorde parfaitement avec l'opinion de Papinien, qui, comme nous l'avons vu, n'admettait à reconvention que dans le cas de connexité avec la demande originaire, *in eodem negotio.* La reconvention modifiée de cette ma-nière, paraît conforme à l'équité. Je dois à un homme, peut-être insolvable et dissipateur, une somme liquide de 5,000ᶠ, qu'il me demande et qu'il veut me faire payer, quoiqu'il m'en doive une égale ou plus forte, qui peut être promptement

---

(1) Coutume de Lorris, art. 9; de Bourbonnais, art. 88, et *ibi* Aurous, etc.; Desmares, art. 187; Coutumes notoires du Châtelet, art. 111 et et 120. La Coutume de la Marche, art. 101, contient une exception qui résultait de l'esprit des coutumes. « Reconvention n'a point de lieu, sinon que les parties soient *ejusdem fori,* où elle a lieu sans nouvel ajour-nement. »

Mais l'annotateur observe fort bien que si la reconvention a lieu pour une demande distincte et séparée, qui n'ait aucune connexité avec la première demande, il les faut instruire et juger séparément, et non pas les joindre.

liquidée. Est-il juste que je sois forcé de payer, pour être ensuite réduit à répéter, peut-être inutilement, la somme qui m'était due, et que je pouvais faire entrer en compensation? Si, dans le droit rigoureux, la demande reconventionnelle devrait, en conformité de la règle *actor sequitur forum rei*, être portée devant le juge du demandeur originaire, devenu défendeur à cette nouvelle action, la loi le soumet à l'autorité qu'il a invoquée contre son adversaire, elle proroge cette autorité et l'étend jusque sur lui, dit fort bien M. Henrion-de-Pansey. (Traité de l'autorité judiciaire, pag. 195).

359. La disposition de la Coutume de Paris était donc devenue, et a continué d'être le droit commun de la France, jusqu'à la promulgation des lois nouvelles, quoique les juges se permissent quelquefois de s'en écarter (1), en admettant, sous le prétexte d'une équité imaginaire, des demandes reconventionnelles ou incidentes, *sans connexité avec la demande originaire* ou principale.

M. le Camus, lieutenant civil du Châtelet de Paris, avait même pris pour un usage ces infractions à la règle. Dans ses observations sur l'art. 106 de la Coutume de Paris, qui porte que « reconvention n'a lieu si *elle ne dépend de l'action*, et que la demande en reconvention soit *la défense de l'action premièrement intentée*, » ce savant magistrat, qui vi-

---

(1) *Voy.* Camus, sur l'art, 106 de la Coutume de Paris, et Denisart, v°. *Reconvention.*

vait au commencement du dernier siècle, dit que
« l'usage a prévalu à la disposition de cet article;
qu'on a admis enfin la reconvention en toutes sortes
de causes. »

Mais il paraît certain que M. le Camus prenait
un abus passager pour un usage; car tous les auteurs qui ont écrit depuis attestent que l'art. 106
de la Coutume de Paris continuait d'être en pleine
vigueur, et qu'il était le droit commun de la France.

M. Pigeau, l'un des plus exacts, l'un des plus
savans auteurs qui aient écrit sur la pratique, dans
son Traité de la procédure civile du Châtelet de
Paris, édition de 1779, tom. I, pag. 336 et 337, dit
qu'on peut former une demande incidente, « pour
faire anéantir l'effet de la demande principale ou la
faire restreindre. Tel est le cas où le défendeur étant
assigné pour une dette, oppose la compensation
d'une somme qui lui est due par celui qui l'assigne.

Par exemple, Pierre, assigné par Paul en condamnation d'une somme de 600^l que celui-ci lui
a prêtée, a fait pour Paul des ouvrages pour 250^l.
Il en demande la condamnation contre Paul, et
conclut en conséquence à ce que les 250^l soient
imputées sur les 600^l, à l'effet de quoi il se constitue incidemment demandeur. C'est ce que les praticiens appellent reconvention. »

Pigeau ajoute : « Suivant l'art. 106 de la Coutume
de Paris, *dont la disposition est généralement suivie,*
la reconvention n'a lieu si elle ne *dépend de l'action,* et que la demande en reconvention soit *la*

demande contre l'action premièrement intentée. Ainsi, elle est admise dans le cas ci-dessus, et dans tous ceux où l'on peut imputer l'objet demandé par l'assigné sur celui de la demande principale.

Elle a lieu aussi toutes les fois que cette seconde demande tire son principe de la même cause que la première, ou procède de la même affaire, ou de la même convention. Ainsi, supposé qu'un propriétaire demande que son locataire soit tenu de garnir les lieux, celui-ci peut se défendre en demandant que le propriétaire fasse faire auparavant les réparations nécessaires : ces deux demandes tirent leur principe de la même cause, qui est le bail. » *Ex eodem negotio,* comme dit Papinien.

« Mais, ajoute encore Pigeau, si la demande qu'a droit de former l'assigné n'a pas de relation avec celle du demandeur, *il n'y a pas lieu à reconvention;* par exemple, si Pierre demande à Paul une somme qu'il lui a prêtée, et que Pierre prétende que Paul détient une maison qui lui appartient, il ne pourra se défendre de la demande du prêt, en réclamant cette maison, parce que ces deux affaires n'ont aucun rapport. Il sera donc obligé de payer, sauf à lui à actionner Paul pour se faire rendre sa maison. »

Les auteurs qui ont écrit dans le même tems que Pigeau, attestent comme lui que l'art. 106 de la Coutume de Paris était généralement observé. Pothier (Traité de la procédure civile, tom. I, pag. 92, édition in-12), en fait l'observation, et il en donne

pour raison, d'après Coquille (1), que « celui qui
» aurait été convenu en une action d'expédition ai-
» sée, pourrait sans cela mettre en avant une action
» de grande longueur et difficulté, pour empêcher
» et retarder l'autre. »

Duparc-Poullain, dans ses Principes, tom. IX,
pag. 124, atteste, ainsi que Pigeau et Pothier, que
l'art. 106 de la Coutume de Paris était généralement suivi comme droit commun en France.

On pourrait facilement multiplier les citations
sur ce point. Celles-ci suffisent pour établir que
l'art. 106 de la Coutume de Paris était généralement observé avant la révolution.

360. Les lois nouvelles ont gardé le silence sur la
reconvention. C'est une lacune dont le Conseil d'é-
tat fut averti par les observations préliminaires (2)
que fit la Cour de cassation sur le projet du Code
de procédure.

On n'eut point d'égard à ces observations, quoiqu'elles contiennent une foule de dispositions non
seulement sages, mais même nécessaires, et auxquelles on sera contraint de revenir, si l'on veut
compléter notre législation.

Mais à l'égard de la reconvention, ces observations, par un droit absolument nouveau en France.

___

(1) *Voy.* Questions, réponses et méditations sur les articles des Coutumes, quest. 307, tom. II, pag. 19, édition de 1665.

(2) Elles sont imprimées dans le Recueil de Sirey, an IX, pag. 1 et
suiv.

au moins dans les pays de coutumes, proposaient d'admettre la reconvention, dans tous les cas où elle n'est pas défendue par la loi, et telle qu'elle était admise par le nouveau droit romain et par le droit canonique; c'est-à-dire comme un moyen de proroger la compétence d'un tribunal, et de soumettre à son jugement toutes les *contre-préten-tions* du défendeur, même non connexes à la demande originaire ou principale (1).

L'admission de cette législation nouvelle, contraire à l'opinion de Papinien, le prince des juris-consultes, entraînerait, à notre avis, de grands inconvéniens et même une véritable injustice, sans aucune utilité réelle.

On ne pourrait, sans les embrouiller toutes les deux, instruire et juger simultanément deux affaires qui n'ont entre elles nulle connexité; et si on les instruisait et jugeait séparément, comme la raison l'exige, pourquoi enlever injustement à ses juges naturels le demandeur originaire, devenu défendeur en reconvention?

Tout doit être égal entre lui et le défendeur originaire.

Il a été contraint d'assigner ce dernier devant ses juges naturels; si celui-ci veut à son tour exercer une action qui n'a pas de connexité avec la première, il doit également suivre la jurisdiction de

---

(1) La plupart de ces observations sont puisées dans Voët, sur le Pandectes, tit. *de judic,*, n°. 78.

son adversaire : *Actor sequitur forum rei* : c'est une règle de justice établie en faveur de tous.

Quoi qu'il en soit, les lois nouvelles ayant gardé le silence sur la reconvention, l'ancienne loi reste dans toute sa vigueur.

La reconvention ne peut être admise que dans les cas de connexité, comme nous l'expliquerons dans la suite, et les juges qui l'admettraient hors de ce cas, entre personnes qui ne sont pas *ejusdem fori*, excéderaient leurs pouvoirs et violeraient les dispositions du Code de procédure sur la compétence des tribunaux.

361. Après avoir expliqué la nature de la compensation, combien il y en a d'espèces, comment elle a été reçue en France, ainsi que la reconvention, qui n'est dans nos principes qu'un moyen de parvenir à la compensation, ou de se défendre contre l'action originaire, il nous reste à voir d'abord dans quels cas la compensation légale est admise et quels en sont les effets.

Nous parlerons ensuite de la compensation par voie de simple exception, et de la reconvention.

362. Pour que deux dettes puissent être compensées de plein droit et par la seule force de la loi, quatre choses sont nécessaires :

1°. Que l'objet de l'une et de l'autre soit de la même espèce ;

2°. Qu'elles soient liquides l'une et l'autre ;

3°. Qu'elles soient également exigibles ;

4°. Que la dette ou la créance à compenser soit

due par la même ou à la même personne qui en oppose la compensation ou à qui elle est opposée.

363. La compensation est un véritable paiement fait d'avance, ou au moins elle en tient lieu. Or, le créancier ne peut être contraint de recevoir une autre chose que celle qui lui est due, quoique la valeur de la chose offerte soit égale ou même plus grande (1243) : *Aliud pro alio, invito creditori, solvi non potest. Loi* 2, § 1, *ff de R. cred.,* 12. 1.

Ainsi, pour compenser une dette avec une autre, à l'insu, ou même contre le gré de l'un des débiteurs, il faut qu'il y ait identité dans les choses réciproquement dues ; c'est-à-dire qu'elles soient de la même espèce, quoique les deux dettes procèdent de causes différentes : *Compensatio debiti ex pari specie, licèt ex causâ dispari, admittitur* (1). *Paul, sent., lib.* 2, *tit.* 5, n°. 3.

364. Ainsi, le plus souvent, la compensation n'a lieu qu'entre deux dettes qui ont également pour objet une somme d'argent, ou une certaine quantité de choses fongibles (2) de la même espèce (1291).

Par exemple, une certaine quantité de blé, de vin, d'huile, etc., *in genere,* et non pas de tel vin, de telle huile, etc. Car, entre *telle* et *telle* chose, quoique l'une et l'autre fongibles de leur nature, il

---

(1) *Veluti si pecuniam tibi debeam, et tu mihi pecuniam debeas, aut frumentum, aut cætera hujusmodi, licèt ex diverso contractu, compensare, vel deducere debes. Si totum petis, plùs petendo causâ cadis.*

(2) *Quarum alia alterius vice fungitur.*

y a toujours quelque différence. Si l'une des dettes était d'une certaine quantité de vin de telle année, de tel crû, elle ne serait pas susceptible de compensation avec la dette d'une même quantité de vin, *in genere*.

Vous m'avez vendu six tonneaux de vin de tel crû de Médoc, de la récolte de telle année. Je recueille la succession de mon père, qui vous avait vendu six tonneaux de vin, *in genere*, ou de vin de Médoc, de telle année.

Les deux dettes ne peuvent se compenser de plein droit l'une avec l'autre, et vous n'en pouvez obtenir la compensation malgré moi; ce serait me forcer à recevoir une chose au lieu d'une autre, une chose qui ne peut tenir lieu de celle qui m'est due, *quæ vice rei debitæ fungi non potest*.

365. La dette d'une chose indéterminée d'une certaine espèce, quoique non fongible, est susceptible de compensation légale avec une autre dette de même nature. Par exemple, si je vous ai vendu un cheval, un bœuf, sans déterminer l'individu, et qu'ensuite vous deveniez l'unique héritier d'une personne qui m'a légué un cheval, un bœuf, aussi sans déterminer l'individu, ces deux dettes se compensent de plein droit; car aucun des deux débiteurs n'en pouvait empêcher la compensation.

366. La dette d'un corps certain et déterminé peut même être susceptible de compensation, lorsque l'objet respectif des dettes consiste dans une partie aliquote d'un corps indivis. Par exemple, vous m'avez vendu le tiers du fonds Cornélien que

ous possédiez par indivis avec Primus et Secun-
us. Primus vous vend ensuite son tiers indivis,
et meurt après m'avoir fait son légataire universel,
e tout avant le partage du fonds Cornélien.

Vous m'en devez un tiers par indivis, que vous
m'avez vendu; je vous en dois un tiers aussi par
indivis, comme légataire de Primus : il y a identité
parfaite entre ces deux dettes; ainsi elles se compensent de plein droit (1). (Pothier, n°. 588, *in fine*).

Hors ces cas, infiniment rares, peut-être sans
exemple, la dette d'un corps certain ne se compense point avec la dette d'un autre corps certain,
ni la dette d'une chose d'une certaine espèce avec
celle d'une chose d'une autre espèce; celle d'une
quantité de choses fongibles avec une somme d'argent.

567. Cependant les prestations non contestées,
en grains ou denrées, dont le prix est réglé par
les mercuriales, peuvent se compenser avec des
sommes liquides et exigibles (1291); ce qui ne
doit pas, à l'égard de la compensation légale (2),
s'entendre du capital d'une rente en grains, mais

---

(1) Mais, sans préjudice des hypothèques acquises avant la compensation, laquelle, dans l'espèce proposée, s'opère à l'instant de la mort
de Primus ; car *la compensation n'a pas lieu au préjudice des droits acquis
à un tiers* (1298). Mais aussi, par la même raison, les hypothèques
(n)ées depuis la mort de Primus seraient nulles.

(2) Car la compensation facultative du capital d'une rente en grains
peut être demandée par le débiteur, quoiqu'elle ne puisse lui être opposée, parce qu'il ne peut être contraint de la racheter, comme nous
le dirons ci-après.

seulement des arrérages échus, et même des arrérages, autres que ceux de la dernière année, laquelle étant toujours payable en nature, ne peut
jamais être compensée avec une somme d'argent.

Au contraire, les arrérages des années précédentes ne pouvant être exigées qu'en argent, comme
nous l'avons déjà vu, *suprà*, nos. 62 et 63, il se
trouve qu'il y a identité parfaite dans l'objet des
deux dettes, dont l'une consiste dans une somme
de 300ᶠ, par exemple, l'autre dans les arrérages
de deux années arriérées d'une rente de cinquante
mesures de froment.

La dernière année ne pouvant être exigée ni
payée qu'en nature, elle ne peut se compenser légalement avec la créance de 300ᶠ; mais l'avant-
dernière se compense de plein droit, parce qu'elle
n'est exigible ni payable qu'en argent, et qu'ainsi
il y a identité dans l'objet des deux dettes.

La quotité de la première, contractée originairement en argent, est déterminée et connue; c'est
une somme de 300ᶠ.

La quotité de la seconde est aussi déterminée
puisqu'elle est invariablement fixée dans des registres publics, que chacun peut consulter, et où
se trouve déterminé le prix des grains de chaque
saison de l'année.

Ainsi, pour connaître le montant de la seconde
dette, il suffit de multiplier ce prix commun par
le nombre des mesures de froment arréragées, opération qui peut être faite en un instant.

La compensation s'opère donc de plein droit

l'époque où l'année d'arrérages cesse de pouvoir être exigée et payée en grains, c'est-à-dire au moment de l'expiration du terme de la seconde année, et ainsi de suite.

368. Mais remarquez que l'art. 1291 n'admet la compensation légale des prestations en denrées avec une somme d'argent, que dans les cas où le prix de ces denrées *est réglé par les mercuriales.*

S'il ne l'était pas, s'il était nécessaire de le faire régler par des experts, la compensation ne pourrait s'opérer de plein droit.

369. Ce n'est pas assez qu'il y ait identité dans l'objet des deux dettes, il faut encore qu'elles soient liquides (1), c'est-à-dire claires et constantes, et qu'elles ne puissent être *légitimement* contestées. (*Voy.* Argou).

« Une dette contestée n'est donc pas liquide et ne peut être opposée en compensation, à moins que celui qui l'oppose n'en ait la preuve à la main, et ne soit en état de la justifier promptement et sommairement. » (Pothier, n°. 592, pag. 174).

Une dette est liquide, dit avec raison Pothier,

---

(1) Ce mot vient du verbe *liquet,* il est clair, il est constant, il est évident. *Liquidum est,* dit Donat, *in Eunuch., act. 2, scen. 3, constans et manifestum et certum...... et est* LIQUET *verbum juris, quo utebantur Judices, cùm* AMPLIUS *pronunciabant obscuritate commoti causæ, magis quam simplicitate causæ.*

Amplius pronunciare, ordonner une plus ample instruction, prononcer un jugement interlocutoire, un appointement à écrire et produire, une enquête.

n°. 591, quand il est constant qu'il est dû et combien il est dû : *Cùm certum est an et quantùm debeatur.*

Ainsi, une dette liquide est plus qu'une dette dont l'objet est déterminé. L'objet d'une dette est déterminé quand on en connaît l'espèce, la quotité et la quantité, *quid, quale, quantùmque sit.* Loi 74, *ff de V. O.,* 45. 1. (*Voy. suprà,* tom. VI, pag. 138). Mais pour qu'une dette soit liquide, il faut de plus que son existence soit certaine et évidente. Deux choses sont donc nécessaires pour rendre une dette liquide,

1°. La certitude de son existence;

2°. La détermination de sa quotité ou de la somme à laquelle elle s'élève.

Si l'une des dettes dépendait d'un compte à régler entre les parties, comme c'est du réglement que dépend, non seulement la quotité, mais encore l'existence de la dette, elle n'est pas liquide, elle ne peut être l'objet d'une compensation légale qui doit se faire de plein droit, par la seule force de la loi. Une prétention douteuse, dont l'objet est déterminé, mais qui est soumis à la décision de tribunaux, ne peut être regardée comme liquide parce que son existence n'est pas certaine; à plus forte raison une créance conditionnelle.

370. Une dette d'ailleurs certaine, mais dont la quotité dépend d'un réglement ou d'une estimation, n'est pas liquide dans le sens de la loi [1]

_____

[1] C'est ce qui résulte de l'art. 1291. *Vid. suprà.*

La quotité ou le *quantùm* n'en est ni certaine, ni counue. Par exemple, la créance d'un avoué, qui a occupé pour moi est certaine : il est constant qu'il lui est dû ; mais la quotité ou le *quantùm* de sa créance ne sera liquide que par le réglement que doit en faire le président du tribunal.

La créance des dommages et intérêts que j'ai été condamné de payer *à dire d'experts* est constante ; mais elle ne devient liquide que par l'estimation des experts : c'est alors seulement que l'on connaît à quelle somme elle s'élève, *quantùm debeatur*, et c'est aussi seulement alors que la compensation légale peut s'opérer de plein droit, entre cette dette et une autre dette certaine et liquide.

571. Mais il ne suffit pas de soutenir qu'une dette n'est pas liquide pour empêcher l'effet de la compensation ; et quand Pothier dit qu'une dette contestée n'est pas liquide, cela ne doit s'entendre que d'une contestation fondée sur des motifs raisonnables, qui rendent la dette vraiment douteuse ; autrement la chicane ne manquerait jamais d'éluder la compensation par des contestations sans fondement. C'est à la sagacité du magistrat de discerner si la dette offerte en compensation est liquide ou non, et si la compensation légale doit être admise ou rejetée (1).

(1) *Liquidi ad non liquidam an compensatio fiat, vel non fiat, officio judicis definitur*, dit la Glose, sur la loi dernière, *Cod. de compens.*, 4. 51 ; Menoch, *de arbit. judic.*, cent. 1, cas. 14.

Si la contestation élevée (1) sur le point de savoir si l'une des dettes est ou n'est pas liquide, ne se trouve ni compliquée, ni d'une longue discussion, nul doute que le juge doit la décider de suite, et si la contestation n'était pas fondée, prononcer que la compensation s'est opérée nonobstant la contestation, ou qu'elle ne s'est pas opérée, et qu'elle ne doit pas être admise.

Mais si cette contestation se trouve d'une longue discussion, *multis ambagibus innodata*, le juge doit-il retarder le jugement au préjudice du créancier dont la dette est liquide, ou bien doit-il condamner de la payer de suite, sauf à faire droit par un jugement séparé sur la compensation demandée?

Nous examinerons cette question ci-après, en parlant de la reconvention.

572. 3°. Pour que deux dettes puissent être compensées de plein droit, il faut qu'elles soient éga-

---

(1) 359. « Si la créance de l'un lui est adjugée, ou qu'autrement elle » soit claire et liquide, tandis que celle de l'autre est contestée par la » partie adverse, la compensation n'a lieu qu'autant que la créance » contestée peut, d'après les règles de la procédure, être rendue liquide » sans aucun délai. »

360. « Si cela ne peut se faire, le débiteur de la dette liquide doit la » payer, et il ne peut être admis à consigner son paiement, sous pré- » texte du peu de solvabilité de sa partie adverse, que dans les cas spé- » cifiés en la sect. 1, §4, de la consignation. »

361. « Mais si la créance contestée devient claire et liquide dans la » suite, ce qui est prescrit relativement à l'époque où la compensation » s'opère, et où la créance de l'autre partie s'éteint en conséquence, » reçoit son application. »

Code prussien, section de la compensation, tom. I, 2e. part., pag. 141.

L'application de ce dernier article peut devenir très-intéressante, re- lativement à la cessation des intérêts et à la prescription.

ment exigibles (1291) : *Quod in diem debetur, non compensabitur antequàm dies veniat. Loi 7, ff de comp.*

La compensation est un paiement réciproque. Or, le débiteur n'est point tenu de payer avant le terme fixé par la convention, suivant la maxime *qui a terme ne doit rien.*

Il ne peut donc être forcé d'admettre la compensation d'une dette à terme avec une créance naturellement exigible.

373. Mais le terme de grâce n'est point un obstacle à la compensation (1292). Si donc mon débiteur, en vertu de l'art. 1244, a obtenu un terme ou un délai de trois mois pour me payer 1,000ᶠ que je lui ai prêtés, je pourrais néanmoins lui opposer la compensation d'une pareille somme de 1,000ᶠ dont je suis devenu son débiteur, le lendemain du jugement ; car, s'il a obtenu un délai par la considération qu'il était dans l'impuissance de me payer, cette impuissance cesse au moment où je deviens son débiteur : *Aliud est diem obligationis non venisse, aliud humanitatis gratiâ tempus indulgeri solutionis. Loi 16, § 1, ff de compens.*

Ceci peut encore s'appliquer aux colons de Saint-Domingue, à qui différens décrets ont accordé des délais jusqu'à l'expiration desquels ils ne peuvent être poursuivis.

374. Celui dont la créance est soumise à une condition suspensive, ne peut compenser cette créance conditionnelle avec ses dettes pures et simples ; car, loin qu'elle soit exigible, il est incertain si elle existera ; son existence est seulement espérée, *spes debitum iri.*

Au contraire, celui dont la créance est soumise à une condition résolutoire, peut la compenser avec ses dettes non conditionnelles, puisqu'il a droit d'en exiger le paiement nonobstant la condition qui y est opposée.

375. 4°. Pour opérer la compensation légale, il faut que les créances et les dettes à compenser soient personnelles à celui qui oppose, ou à qui est opposée la compensation : *Ejus quod non ei debetur, qui convenitur, sed alii, compensatio fieri non potest; loi 9, Cod. de compens., 4. 31*; comme aussi il est nécessaire que la dette opposée en compensation soit personnelle à celui à qui on l'oppose : sans ces conditions, les deux qualités de créancier et de débiteur ne se trouvent point réunies dans les mêmes personnes; et c'est le concours de ces deux qualités qui peut seul opérer de plein droit la compensation des deux dettes, jusqu'à due concurrence.

La compensation de ce que je dois à mon créancier personnel, ne peut donc se faire de plein droit avec ce qu'il doit à mes enfans, aux mineurs dont je suis le tuteur, à ceux dont j'administre les biens, et dont je suis l'agent ou le mandataire, à ma femme, séparée de biens, ou dont les créances sont exclues de la communauté ; mais je puis opposer la compensation de ce qui était dû à celui qui m'a cédé ses droits; car, par la cession, je suis devenu propriétaire de sa créance (1).

---

(1) *Loi 18, ff de compens., 16. 2.* Papinien, dans le § 1 de cette loi.

Je ne puis aussi opposer en compensation à mon créancier personnel, ce que me doivent son père, ses enfans, ceux dont il est l'agent ou le mandataire, sa femme séparée de biens, ou dont les dettes sont exclues de la communauté, par une clause de séparation de dettes, pourvu qu'en ce dernier cas il justifie, par un inventaire, qu'il ne lui reste entre les mains aucuns deniers, aucuns meubles appartenans à sa femme; autrement il serait tenu des dettes de cette dernière, sur tous les biens de la communauté (1510), et obligé d'en souffrir la compensation.

De même si, en qualité de tuteur, d'administrateur, préposé, agent ou mandataire, Titius me demande ce que je dois aux personnes dont il exerce les droits, je ne pourrai lui opposer en compensation que ce qui m'est dû par les personnes au nom desquelles il agit, et non ce qu'il me doit personnellement.

- 376. Par exception aux principes que nous venons d'établir, la caution ou le fidéjusseur peut, indépendamment de ses droits personnels, opposer la compensation de tout ce que le créancier doit au débiteur principal (1284). Loi 5, *ff de compens.* Car, il est de la nature du cautionnement

---

decide que mon créancier n'est pas obligé d'accepter la compensation de ce qu'il doit à un autre que moi, quoique son créancier consente à la compensation. Barbeyrac, sur Puffendorf, Droit de la nature et des gens, liv. 5, chap. 11, § 5, note 3, observe avec raison que c'est pousser trop loin la subtilité; car, au fond, c'est la même chose que si le créancier avait cédé sa créance au débiteur qui l'oppose en compensation. Voy. aussi Pothier, n°. 594.

que le fidéjusseur puisse opposer au créancier toutes les exceptions qui appartiennent au débiteur principal (2036) (1).

Mais le débiteur principal ne peut opposer la compensation de ce que le créancier doit à la caution (1294).

377. Il n'est pas douteux que le débiteur solidaire, quoiqu'il ne doive de son chef qu'un tiers, par exemple, de la dette commune, peut opposer la compensation de ce qu'il doit avec la totalité de la créance, pour le paiement de laquelle il est poursuivi.

Mais il ne peut, suivant la disposition finale de l'art. 1294, opposer la compensation *de ce que le créancier doit à son codébiteur.*

Cette disposition paraît conforme à l'opinion de Papinien, dans la loi 10, *ff de duobus reis*, 45. 2, et au principe général que les exceptions personnelles à quelques-uns des coobligés solidaires, comme minorité ou changement d'état, n'empê-

_____

(1) *Quid*, si la caution s'est obligée solidairement avec le débiteur principal ? L'art. 2021 dit qu'en ce cas l'effet de son engagement se règle par les principes qui ont été établis pour les dettes solidaires.

Or, l'art. 1294 porte que *le débiteur solidaire* ne peut opposer la compensation de ce que le créancier doit à son codébiteur : d'où il semble qu'on devrait rigoureusement conclure que le fidéjusseur qui s'est obligé solidairement ne peut opposer la compensation de ce que le créancier doit au débiteur principal. Nous ne pensons pas que tel soit l'esprit du Code, et il nous paraît, au contraire, qu'il faut modifier, par l'art. 2036, qui accorde à la caution toutes les exceptions qui appartiennent au débiteur principal ; la rédaction trop générale de l'art. 2021, qu'il sera à propos de corriger, lors de la révision du Code, ou plutôt, il faudra changer la disposition finale de l'art. 1294, comme nous l'observons dans le texte, n°. 377.

chent point l'effet de la solidarité à l'égard des autres; car ces exceptions et ces changemens n'éteignent point la dette, et chaque débiteur la doit
tout entière. Mais le savant et judicieux Domat,
1ᵉ. part., liv. 3, tit. 3, sect. 1, n°. 8, a fort bien
observé que si un des débiteurs solidaires avait
une exception personnelle qui éteignît la dette
pour sa portion, cette exception servirait aux autres *pour cette portion;* qu'ainsi, par exemple, si
un des débiteurs se trouvait de son chef créancier du créancier commun, ses cobligés pourraient demander la compensation, jusqu'à la concurrence *de cette portion;* mais que, pour le surplus de ce qui serait dû par leur créancier à ce
cobligé, ils ne pourraient en demander la compensation, à moins qu'ils n'eussent d'ailleurs le
droit de ce cobligé.

Il ajoute en note que c'est en ce sens qu'il faut
entendre la loi 10, *ff de duobus reis.* Car, dit-il, il
ne serait pas juste de contraindre un des obligés
à payer la portion de celui qui a une compensation à faire avec le créancier, puisque, si cette
compensation ne se faisait point, et que le débiteur, qui pouvait la faire de son chef, se trouvât
insolvable, ceux qui auraient payé pour lui seraient sans ressources, pour avoir payé ce qu'il ne
devait pas.

- Pothier, n°. 274, quoiqu'il pense que l'opinion
de Papinien soit plus conforme à la subtilité du
droit, *apicibus juris,* se range néanmoins à l'opinion de Domat, comme plus équitable.

Or, on sait que Pothier a été le principal guide des

rédacteurs du Code. Nous pensons donc, comme nous l'avons déjà dit, tom. VI, n°. 753, que c'est dans le sens de Domat et de Pothier qu'il faut entendre la disposition finale de l'art. 1294, qui porte que « le débiteur solidaire ne peut opposer la compensation *de ce que le créancier doit à son débiteur,* et qu'il faudra dans la révision du Code, y ajouter ces mots, *si ce n'est pour la portion de ce débiteur.*

Supposons que Primus, Secundus et Tertius me doivent solidairement 3,000ᶠ; cette dette, quoique contractée solidairement envers moi, se divise de plein droit entre eux. Ils n'en sont tenus chacun que pour leur part et portion (1215). Si Primus devient mon créancier d'une somme de 1,000ᶠ, sa portion est éteinte par la seule force de la loi, dès l'instant où les deux dettes se sont trouvées exister à la fois (1290).

Je ne puis donc plus lui demander que les 2,000ᶠ; et si ma créance produisait des intérêts, ils ont cessé de courir de plein droit pour les 1,000ᶠ éteints par compensation, et du jour où elle s'est opérée. Je ne puis plus demander à Primus que le capital restant de 2,000ᶠ, avec les intérêts de ce capital. Si, pour éviter une compensation si évidemment équitable, je m'adresse à Secundus, pour lui demander la somme entière de 3,000ᶠ, je fais une injustice.

On ne peut lui refuser le droit, non pas de m'opposer la compensation de *ce que je dois à Primus,* c'est-à-dire de 1,000ᶠ, mais que ma créance est réduite à 2,000ᶠ, par l'effet de la compensation qui s'est opérée entre Primus et moi.

Si, s'attachant trop littéralement aux mots, je lui objecte que l'art. 1294 lui défend de m'opposer la compensation *de ce que je dois à Primus,* son codébiteur, il me répliquera, avec raison, qu'il ne m'oppose point la compensation des 2,000ᶠ, à laquelle est réduite ma dette envers Primus ; mais que je ne puis, moi, lui demander les 1,000ᶠ dus par Primus, puisque cette portion de la dette commune est éteinte par compensation, et qu'en persistant à la demander, je fais une injustice.

Ainsi, l'art. 1294 bien entendu n'a rien de contraire à l'opinion de Domat et de Pothier. Il en résulte seulement que Secundus ne peut m'opposer la compensation *de ce que je dois* à Primus, c'est-à-dire de la somme de 2,000ᶠ, à laquelle ma dette est réduite.

Néanmoins, pour rendre cet article plus clair, il sera bon, lors de la révision du Code, d'en corriger la rédaction, et de dire : « Le débiteur solidaire ne peut opposer la compensation de ce que le créancier doit à son codébiteur, *si ce n'est pour la portion de ce débiteur.* »

378. Une société est une personne morale, différente de la personne naturelle de chaque associé individuellement. Les créances de la société ne peuvent donc être compensées avec les dettes de chaque associé, lorsque ces dettes n'ont point été contractées pour le compte de la société, mais pour son compte particulier, *et vice versâ.*

379. La compensation peut être opposée à l'Etat, c'est-à-dire au fisc ou au trésor public, pourvu néanmoins que les deux dettes qu'il s'agit de com-

penser dépendent l'une et l'autre de la même régie, du même bureau (1). Les créances sur une caisse de l'Etat ne peuvent jamais entrer en compensation avec des paiemens dont on est comptable à une autre. Chaque caisse est comme une personne distincte.

380. L'héritier représente la personne du défunt. Il est, au moment même de l'ouverture de la succession, saisi de plein droit de tous ses droits actifs et passifs, qui se trouvent alors confondus en sa personne, pour la totalité, s'il est seul héritier, pour sa part virile, s'il y en a plusieurs.

La compensation de ce qui est dû au défunt ou par le défunt avec ce qui est dû par l'héritier ou à l'héritier, s'opère donc de plein droit à l'instant de la mort, époque à laquelle remonte toujours l'adition d'hérédité.

Mais, quoique celui qui accepte sous bénéfice d'inventaire soit aussi réellement héritier que l'héritier pur et simple, cependant, comme il ne confond point ses biens personnels avec ceux de la succession, et qu'il conserve contre elle le droit de réclamer le paiement de ses créances (802), la compensation de ses dettes ou de ses créances personnelles, avec les créances ou les dettes des créanciers ou débiteurs de la succession, ne peut

(1) *Et senatus censuit, et sœpè rescriptum est, compensationi in causâ fiscali, ità demùm locum esse, si eadem statio quid debeat quœ petit. Loi 1, Cod. de compens.*, 4. 31.

In câ, quœ reipublicœ te debere fateris, compensari ea quœ invicem ab eadem tibi debeatur, is cujus de eâ re notio est, jubebit. Loi 3, eod.

s'opérer de plein droit. Mais cette disposition, qui empêche la confusion des droits de l'héritier bénéficiaire avec ceux de la succession, n'est établie qu'en sa faveur : il peut y renoncer et demander la compensation, qui ne pourrait lui être opposée.

Ainsi, l'héritier bénéficiaire, créancier personnel d'un créancier de la succession, peut exiger son paiement de ce créancier, sauf à ce dernier à former son opposition pour la conservation de ses droits dans le bénéfice; mais l'héritier peut opposer la compensation de son crédit personnel avec ce qui est dû à son débiteur par la succession.

Cette compensation procure même un avantage à ce dernier, en lui ôtant l'embarras des poursuites qu'il serait tenu de faire, et dont l'issue est incertaine.

C'est alors une compensation facultative opposée par l'héritier, qui se trouve, à ce moyen, subrogé de plein droit dans les droits de son débiteur vers la succession (1251, n°. 4).

Je dois 3,000f à Caïus qui me les demande; il doit lui-même 3,000f à la succession de mon père, dont je suis héritier sous bénéfice d'inventaire; je puis lui opposer la compensation de cette somme, puisque je puis le contraindre à la payer; je deviens alors débiteur de la succession, comme il l'était lui-même.

Mais le débiteur d'une succession bénéficiaire peut-il compenser ce qu'il doit avec ce qui lui est dû, lorsque la compensation ne s'est point opérée avant l'ouverture de la succession? Je devais au défunt 3,000ᶠ exigibles; il me devait 3,000ᶠ payables dans un mois, ou sous une condition suspensive, accomplie seulement depuis son décès; l'héritier me demande les 3,000ᶠ que je dois à la succession : puis-je lui opposer la compensation des 3,000ᶠ qu'elle me doit?

Il faut distinguer : s'il y avait des créanciers opposans, je ne pourrais pas forcer l'héritier à la compensation : je serais obligé de payer, sauf à me faire payer moi-même de la même manière réglée par le juge (808).

S'il n'y avait point de créanciers opposans, je pourrais contraindre l'héritier à compenser ma dette avec ma créance, parce qu'il est obligé de payer les créanciers à mesure qu'ils se présentent (art. 808); et les créanciers qui se feraient connaître depuis que j'ai opposé la compensation, ne pourraient pas plus l'empêcher, qu'ils ne pourraient me faire rapporter tout ou partie du paiement que j'aurais effectivement reçu; car la compensation est un paiement. (*Voy.* ce que nous avons dit, tom. IV, n°. 583).

Si l'héritier tardait à me demander les 3,000ᶠ que je dois à la succession, comme j'ai un grand intérêt d'opposer la compensation avant que les autres créanciers se soient fait connaître, je pourrais l'assigner pour demander que la compensation fût prononcée (1).

_____

(1) Pourquoi la compensation ne se fait-elle pas de plein droit, mais seulement par voie de demande ou d'exception, et dans le cas seul

La même distinction est encore applicable à l'héritier bénéficiaire créancier et débiteur de la succession, mais à une condition qu'il est bon d'indiquer : je suis héritier bénéficiaire de mon oncle, qui me devait 3,000ᶠ exigibles, et à qui je devais aussi 3,000ᶠ, mais payables dans un mois, ou sous une condition suspensive accomplie depuis son décès.

S'il n'y a point de créanciers opposans, je puis demander la compensation de ces deux sommes; mais comme elle ne peut s'opérer de plein droit, je dois la demander, en dirigeant ma demande contre mes cohéritiers, et si je suis seul héritier, contre un curateur au bénéfice d'inventaire, nommé dans la même forme que le curateur à la succession vacante. (*Voy.* tom. IV, n°. 356).

Si je négligeais d'exercer mes droits et de faire nommer un curateur pour demander la compensation, je ne pourrais la demander aux créanciers qui se présenteraient dans la suite. Ils seraient payés en concurrence avec moi, par contribution, au marc le franc, en cas que les biens de la suc-

---

ment où il n'y a pas de créanciers opposans ? Pourquoi ? Parce que les droits de tous les créanciers sont fixés d'une manière invariable à l'instant de son ouverture. *Voy.* tom. IV, n°. 392. Ils ne peuvent plus acquérir depuis une préférence, une hypothèque, un droit quelconque qu'ils n'avaient pas à cette époque. Tous ceux qui n'avaient point à ce moment décisif le droit d'être payés avant les autres, doivent l'être au marc le franc, par voie de contribution, comme dans une faillite.

Mais s'il n'y a point d'opposans, l'héritier peut les payer, *à mesure qu'ils se présentent* (808). Il faut donc qu'ils se présentent pour demander, soit leur paiement, soit la compensation, qui est un paiement.

cession fussent insuffisans pour payer toutes les dettes.

Dans l'espèce converse, je devais à mon oncle 3,000ᶠ exigibles; il me devait 3,000ᶠ exigibles dans un mois, ou sous une condition accomplie depuis son décès. Je puis demander la compensation à mes cohéritiers, ou faire nommer un curateur pour la lui demander.

Ce que nous venons de dire sur la compensation en bénéfice d'inventaire, doit servir d'explication nécessaire à ce que nous avons dit tom. VI, n°. 394, où les principes de cette matière ne sont pas suffisamment développés.

581. Ceci nous conduit naturellement aux principes de la compensation en cas de faillite ; car, en prenant la succession sous bénéfice d'inventaire, l'héritier la déclare en quelque sorte en faillite.

La compensation opérée, même à son insu, en faveur de celui qui est en même tems créancier et débiteur du failli, conserve tout son effet après la faillite : nul doute sur ce point.

Mais la compensation n'est point admise en faveur de celui qui étant créancier ou débiteur du failli, avant l'ouverture de la faillite, est devenu depuis son débiteur ou son créancier, de quelque manière que ce soit.

Car cette compensation porterait préjudice aux droits acquis par les autres créanciers, ce que ne permettent ni l'équité, ni la loi (1298). Il doit donc payer ce qu'il doit, sauf à se faire colloquer au marc le franc, dans la contribution, avec les autres créanciers de la faillite.

Néanmoins la compensation pourrait s'opérer depuis la faillite, si, avant son ouverture, le failli était convenu, sans fraude et par un acte dont la date serait assurée, qu'une créance ou une dette exigible serait compensée avec une dette non encore exigible ou conditionnelle, au moment de son échéance ou de l'accomplissement de la condition, parce qu'alors le droit de compenser serait acquis antérieurement à la faillite.

Par exemple, il est reconnu dans un bail que le fermier ou locataire a avancé au propriétaire une somme de 3,000^f dont il aura reprise par compensation, sur le prix de la dernière année de ses fermages ou loyers : la compensation s'opérera après la faillite du propriétaire.

Bien plus : si le fermier ou locataire avait fait des réparations nécessaires ou des améliorations, la faillite du propriétaire ne l'empêcherait point d'en retenir le prix par compensation, sur ses fermages ou loyers; car la masse des créanciers n'a pas d'autres droits que ceux du failli, dont ils sont les ayant-cause; ils ne peuvent s'enrichir aux dépens de celui qui a augmenté la valeur de leur gage.

Mais le fermier, créancier du propriétaire, ne pourrait, sans une convention antérieure à la faillite, compenser sa créance, ni avec les fermages échus postérieurement à la faillite, ni avec les détériorations qu'il aurait faites.

382. Le Code, qui a voulu que la compensation ait lieu, quelles que soient les causes de l'une ou de l'autre des dettes, lorsqu'elles sont d'ailleurs également liquides et exigibles, a néanmoins excepté plusieurs cas où elle n'est point admise (1293).

Ces cas sont :

1°. La demande en restitution d'une chose fongible, dont le propriétaire a été injustement dépouillé.

Caïus me doit une somme de 1,200ᶠ. J'entre chez lui, et j'y trouve un sac de pareille somme. Je m'en saisis à son insu ou contre son gré. Il me la redemande en justice : je réponds qu'il me devait cette somme en vertu d'un billet authentique que je représente, et dont je demande la compensation.

Mon exception doit être rejetée, quand même je prouverais que la restitution de la somme m'expose à une perte évidente, par l'insolvabilité de Caïus et la saisie de tous ses biens, survenue pendant la litispendance.

Cette disposition est une juste conséquence de l'une des premières lois de l'état civil, où personne ne peut se rendre justice à soi-même; il faut, pour l'obtenir, s'adresser aux magistrats, chargés de la rendre à tous : c'est par leur autorité seule que nous devons être autorisés à nous ressaisir des choses même qui nous appartiennent, lorsque celui qui les possède refuse de nous les rendre volontairement.

585. 2°. La seconde exception est relative à la demande en restitution d'un dépôt, *et du prêt à usage.*

On s'est étonné de la disposition qui exclut de la compensation *le prêt à usage,* dont l'objet consiste presque toujours en choses qui ne se consomment point par l'usage, et qui, par leur nâture, ne sont point susceptibles de compensation.

Mais on n'a pas fait attention que les choses fongibles peuvent être et sont en effet quelquefois l'objet d'un prêt à usage, lorsque l'usage pour lequel elles sont prêtées n'en opère point la consommation. Les lois romaines le décident expressément : *Non potest commodari id quod usu consumitur, nisi forté ad pompam et ostentationem quis accipiat. Loi* 3, § 6, *ff commod.,* 13. 6.

Pothier (Traité du prêt à usage , n°. 17), en donne pour exemple ce qu'ont coutume de faire certains receveurs, qui empruntent des sacs d'argent, lorsqu'ils savent qu'on doit visiter leur caisse, afin qu'elle paraisse remplie, et qui rendent les mêmes sacs aussitôt que la visite a été faite.

On peut encore donner pour exemple le cas où un officier ministériel, chargé de faire des offres réelles qu'il sait devoir être refusées, emprunte une somme pour réaliser les offres, et la rendre après le refus.

C'est à ces cas, et autres semblables, que s'applique notre disposition.

M. Delvincourt, tom. II, pag. 367, not. 10, et pag. 714, not. 7, pense, au contraire, qu'elle ne

peut s'appliquer qu'au cas où la chose prêtée ayant
péri par la faute du commodataire ou de l'emprunteur, il est obligé d'en rendre la valeur en argent.

Cependant, cette disposition ne parle que de la
demande *en restitution du prêt à usage*, et non de
la demande en dommages et intérêts contre l'emprunteur qui a laissé périr la chose prêtée, ce qui
est tout différent.

M. Delvincourt l'a fort bien vu : aussi ne s'est-il
déterminé à faire à cette dernière demande l'application de l'art. 1293, n°. 2, que par la nécessité où il croyait être de donner un sens à cette disposition. Il pensait « *qu'en l'appliquant au cas où la
chose existe, ce serait faire dire au législateur une
absurdité, ou au moins une inutilité, puisqu'en supposant même que cet article n'existe pas, la compensation ne pourrait davantage avoir lieu à l'égard du
corps certain, qui est nécessairement l'objet du com-
modat. Cet article ne peut donc, ajoute-t-il, être entendu que du cas où la chose n'existant plus, le prix en
est dû par le commodataire.* »

Dès lors que les choses fongibles et même l'argent peuvent être, comme nous l'avons prouvé,
l'objet d'un prêt à usage, lorsque ce prêt est fait
ad pompam et ostentationem, il n'est plus nécessaire,
pour donner un sens à l'art. 1293, n°. 2, d'en forcer les termes, pour l'appliquer au cas où la chose
prêtée ayant péri, l'emprunteur est tenu d'en rendre la valeur. Dans ce cas, comme l'enseigne fort
bien Pothier, Traité du prêt, n°. 44, l'obligation

le l'emprunteur est convertie en une dette de dommages et intérêts liquidés à une somme d'argent,
t susceptibles de compensation, de même que les
autres dettes de sommes d'argent (1).

384. L'art. 1885 exclut même la compensation à
l'égard des corps certains, qui n'en sont pas susceptibles par leur nature. Il porte : *L'emprunteur
ne peut pas retenir la chose, par compensation de ce
que le prêteur lui doit.*

M. Delvincourt a fort bien observé qu'il y a ici
un vice de rédaction, puisque la compensation ne
peut avoir lieu qu'à l'égard des créances de choses
fongibles ; mais l'emprunteur, sous le prétexte que
le prêteur lui doit d'ailleurs une somme liquide,
peut-il, jusqu'à ce qu'il soit payé, se refuser à la
restitution de la chose prêtée, et la retenir comme
une sorte de gage, quoiqu'elle ne lui ait été confiée
qu'à titre de prêt ?

C'est cette question que résout négativement
l'art. 1885, dont la disposition est tirée de la loi
dernière, *Cod. commod.*, 4. 23 : *Prætextu debiti,
restituto commodati non probabiliter recusatur.* Il faudra donc corriger la rédaction et dire : L'emprunteur ne peut pas retenir la chose prêtée, *sous le
prétexte* que le prêteur lui doit, ou, en gage de ce
que le prêteur lui doit.

---

(1) C'est aussi ce que décide le Code prussien, 1re. part., tit. 16,
sect. 6, de la compensation, n°. 363. « La valeur remboursable de la
chose prêtée peut se compenser avec d'autres créances », lorsque l'emprunteur est dans l'impossibilité de la rendre en nature,

Cette retention serait contraire à la bonne foi. Elle n'est autorisée qu'à l'égard des impenses que l'emprunteur a faites pour la conservation de la chose prêtée. Loi 15, § *ult.*, et loi 59, *ff de furt.*, 47. 22; Pothier, du contrat de prêt, n°. 43 et 80; Vinnius, *Quest. select.*, *lib.* 1, *cap.* 5.

Voët (*in tit. commod.*, n°. 10) combat cette rétention, et prétend que la loi dernière, *Cod. commod.*, a dérogé aux lois contraires qu'on trouve dans le Digeste, parce qu'il a paru dur de priver le prêteur de l'usage de la chose prêtée, sous le prétexte d'impenses faites pour sa conservation.

385. L'exception relative à la restitution d'un dépôt, à laquelle on ne peut opposer aucune compensation, est aussi tirée du droit romain (1).

Le dépôt est un acte de confiance, quelquefois de nécessité. Il a paru contraire à la bonne foi d'autoriser le dépositaire à refuser ou à retarder la remise du dépôt sous le prétexte d'une compensation. Si les choses déposées étaient ou des corps certains, ou des sacs d'argent cachetés et étiquetés, il serait inutile d'en défendre la compensation, puisque les corps certains n'en sont pas susceptibles. Le célèbre Pothier en conclut que cette défense doit être entendue du dépôt irrégulier dont parlent les lois 24, 25, § 1, *ff deposit.*, 16. 5.

---

(1) *Exceptâ depositi actione, cui aliquid compensationis nomine opponi sacro iniquum esse credimus; ne sub prætextu compensationis depositarum rerum quisquis ex actione defraudetur.* § 30, *Instit. de action.*

lorsqu'on donne en garde à quelqu'un une somme d'argent pour rendre, non précisément les mêmes espèces, mais la même somme.

Vous avez remis ou déposé chez moi une somme de 5,000ᶠ, sans qu'il soit dit en quelles espèces. Je me suis obligé de vous les rendre à votre première réquisition.

Je trouve dans la succession de mon père, dont je suis seul héritier, un billet exigible par lequel vous reconnaissez lui devoir 3,000ᶠ, avec intérêt à cinq pour cent.

Six mois après la mort de mon père, vous me demandez les 3,000ᶠ que vous avez déposés chez moi. Je vous réponds que vous êtes payé d'avance, puisque vous me devez 3,000ᶠ avec les intérêts depuis la mort de mon père.

Vous me répliquez, avec l'art. 1293, que la compensation n'a pas lieu dans le cas de la demande en restitution d'un dépôt; qu'ainsi, avant d'examiner si réellement vous me devez les 3,000ᶠ du billet, je dois être condamné de vous rendre les 5,000ᶠ déposés.

Vice versâ, je vous demande les 3,000ᶠ que vous deviez à mon père, avec les intérêts depuis sa mort. Vous me répondez que vous êtes quitte envers moi, et que les intérêts ont cessé, puisque j'ai à vous une somme de 5,000ᶠ, long-tems avant la mort de mon père. Je réplique que la compensation n'a point lieu dans le cas du dépôt; qu'ainsi les intérêts n'ont cessé de courir que du jour où vous avez

déclaré vouloir compenser la somme déposée avec
celle que vous me devez (1).

Si le dépositaire s'était mis par sa faute dans l'impossibilité de rendre la chose déposée en nature,
l'action en restitution du dépôt se convertirait en
action de dommages et intérêts ; la valeur de ces
dommages et intérêts une fois fixée, pourrait être
compensée avec d'autres créances (2), comme nous
l'avons dit à l'égard du prêt à usage.

Lorsque le dépositaire a fait des impenses pour
la conservation de la chose déposée, il peut la retenir, par droit de rétention, *quasi jure pignoris*,
jusqu'à ce qu'il soit remboursé. (Pothier , n°. 589;
vid. contrà Voët, *in tit. de compens.*, n°. 15).

586. L'art. 1395 du Code fait une troisième exception à la compensation, dans le cas *d'une dette
qui a pour cause des alimens déclarés insaisissables.*

Cette exception , proposée par les docteurs, et
adoptée par Pothier, n°. 589, est fondée sur ce
que le débiteur de la pension alimentaire ne doit
pas être de meilleure condition que les autres créanciers de celui à qui la pension est due.

---

(1) Cela est conforme à la loi. Mais cette loi est-elle bien juste?

(2) Le Code prussien, section de la compensation, n°. 364, contient
une disposition contraire ; et cette disposition est fondée en raison, et
conforme à l'opinion de Brunnemann, sur la loi ult., *Cod. de compens.*,
4. 31. *Si dolo debita res perierit et ita agatur ad æstimationem, non tamen
locum habebit compensatio, tum ob fidem quæ hic exuberat, tum ne depo-
sitarius suo dolo, vel latâ culpâ, sibi vel jus compensandi acquirat.* Brunnemann, n°. 10.

Mais si le débiteur de la pension ne peut opposer la compensation, ne peut-il pas du moins alléguer pour exception que la créance qu'il oppose a été employée au soutien de la personne qui a droit aux alimens? L'affirmative n'est pas douteuse, s'il s'agit des termes arriérés de la pension; ce serait alors un à-compte qui a été payé.

Mais on peut douter (1) que cette exception fût admise, s'il s'agissait de paiemens faits d'avance, avant l'échéance des termes; car, si ces paiemens pouvaient être opposés par exception, il en résulterait qu'on pourrait faire consommer d'avance à la personne les sommes destinées à sa subsistance, pendant le tems qui s'écoule d'un terme à l'autre, et la laisser ainsi sans secours pour l'avenir. La décision pourrait dépendre des circonstances et des termes de l'acte constitutif de la pension alimentaire.

387. Après avoir examiné dans quels cas a lieu la compensation légale, il faut voir quels en sont les effets. Nous avons dit qu'elle s'opère de plein droit, à l'insu même des débiteurs, du jour où les parties sont devenues réciproquement créancières et débitrices l'une de l'autre.

Il en résulte: 1°. que si l'une des créances produisait des intérêts, ils cessent de courir de plein droit, *ipso jure*, quoique l'autre créance n'en pro-

_____

(1) Le Code prussien, section de la compensation, n°. 367, rejette cette exception.

duise point. Loi 21, *ff de compens.*, 16. 2; loi 4, *Co*
eod., 4. 31. Mais comme les intérêts doivent êt
acquittés avant le capital, on les y réunit, et o
compense le tout jusqu'à due concurrence, av
le capital dont l'autre partie est débitrice.

S'il reste quelque chose du capital qui produi
sait des intérêts, il continue d'en produire pour l
résidu.

Car la règle que le créancier ne peut être forc
de recevoir en partie le paiement d'une dette
même divisible (1244), ne s'applique point a
paiement qui se fait par compensation.

De ce que la compensation fait cesser les inté
rêts de plein droit, il s'ensuit qu'entre personne
qui se doivent réciproquement, comme entre u
tuteur et son mineur, entre cohéritiers, associé
et autres, s'il y a des sommes qui produisent de
intérêts, les comptes et les calculs doivent se fair
année par année, et de sorte qu'on fasse les com
pensations et les déductions dans les tems où le
sommes se trouvent concourir pour les compenser
afin que les intérêts courent ou cessent de courir
selon les changemens que les compensations et le
déductions peuvent y apporter. Loi 4, *Cod. de com*
pens., 4. 31; loi 7, *Cod. de solut.*, 8. 43; Domat.
titre de la compensation, n°. 5.

388. 2°. Du principe que la compensation s'o
père de plein droit, comme s'il y avait eu un paie
ment effectif et réciproque, il résulte que si l'on a
omis d'opposer la compensation, on peut néan
moins l'opposer à l'exécution du jugement même

rendu en dernier ressort, qui condamne à payer la dette compensée, comme on peut opposer une quittance oubliée ou retrouvée à l'exécution d'un jugement qui condamne à payer une dette acquittée : *Eum qui judicati convenitur compensationem sibi debitæ pecuniæ, implorare posse nemini dubium est.* loi 2, *Cod. de compens.*, 4. 31.

589. 5°. Il résulte que si, à l'époque de l'instance formée au sujet d'une dette, la créance qu'on oppose se trouve prescrite, la compensation n'en a pas moins produit son effet, pourvu qu'à l'époque où la dette était payable, la prescription ne fût pas consommée.

590. 4°. Il résulte que si, nonobstant la compensation qui a éteint de plein droit nos créances respectives, j'ai, par erreur, acquitté une dette compensée, je puis répéter, comme n'étant pas due, la somme que j'ai payée. C'est ce que décide la loi 10, § 1, *ff de compens*, 16. 2. : *Si quis compensare potens solverit, condicere poterit quasi indebito soluto;* ce qui est conforme aux principes du Code (1576).

591. 5°. La dette étant, *ipso jure*, éteinte par la compensation, les priviléges et hypothèques qui en étaient l'accessoire sont également éteints du jour de l'extinction de l'obligation principale; d'où résulte que si j'ai payé une dette éteinte par la compensation, je ne puis plus, en réclamant la créance dont je n'ai point opposé la compensation, me prévaloir, au préjudice des tiers, des priviléges ou hypothèques qui y étaient attachés (1299). Car une obligation ou une action éteinte

ne peut plus revivre : *obligatio semel extincta non reviviscit;* à moins qu'un puissant motif d'équité ne force à venir au secours du créancier, *nisi justa causa subsit ex quâ æquitas subveniat.*

Ce motif existe, si celui qui a payé une dette avait une juste cause d'ignorer la créance qui avait éteint cette dette par la compensation.

C'est aussi l'exception que fait l'art. 1299, au principe que la dette éteinte par compensation, ni les priviléges et hypothèques qui y étaient attachés, ne peuvent revivre au préjudice des tiers.

Je vous dois 10,000ᶠ que vous m'aviez prêtés.

D'un autre côté, vous deviez pareille somme à mon père, mort en Amérique, qui vous avait vendu le fonds Cornélien. Dès le moment de sa mort, cette créance s'est, *à notre insu* (1290), compensée avec les 10,000ᶠ que vous m'aviez prêtés, et dès ce moment aussi s'est éteint le privilége que j'avais sur le fonds Cornélien, comme seul héritier de mon père vendeur. Mais, ignorant son décès, je vous paie, le 1ᵉʳ. février, les 10,000ᶠ que je vous devais. J'apprends dans la suite que mon père était mort dès le 15 janvier précédent, et je vous demande les 10,000ᶠ que vous deviez; mais il se trouve que vous êtes insolvable.. et que vous avez hypothéqué le fonds Cornélien pour des sommes supérieures à sa valeur.

Je prétends ou primer les créanciers inscrits, en vertu du privilége accordé au vendeur, ou faire résoudre la vente, faute de paiement du prix. Les créanciers objectent que ce prix n'est plus dû; que ma créance s'est éteinte par compensation, de plein droit, à la mort de mon père; qu'une action éteinte ne peut plus revivre, et qu'il ne me reste que la voie de répéter, *conditione indebiti,* ce que j'ai payé mal à propos.

Je réponds que le principe est vrai, mais que je suis dans le cas de l'exception, et que la loi, d'accord avec l'équité, fait revivre mon privilége ou mon action, en faveur de l'ignorance où j'étais lorsque je vous ai payé. J'avais une juste cause d'ignorer la créance qui s'était compensée avec ma dette.

J'étais dans l'impossibilité de connaître cette créance, et la loi n'exige pas cette impossibilité; elle exige seulement que, pour faire revivre son hypothèque ou son privilége, le créancier prouve, 1°. son ignorance; 2°. que cette ignorance avait une juste cause : c'est au magistrat à juger ces deux points de fait; s'ils sont prouvés, il est juste de faire revivre l'hypothèque ou le privilége.

Car, en prononçant que les dettes respectives sont éteintes par compensation, *même à l'insu des débiteurs,* la loi a voulu les favoriser, et non leur tendre un piége que leur ignorance les empêcherait d'éviter.

Mais, hors le cas d'une ignorance prouvée et fondée sur une cause juste, la créance, éteinte par compensation, ni les priviléges et hypothèques qui y étaient attachés, ne sauraient plus revivre au préjudice des tiers.

592. 6°. Du principe que la créance est éteinte de plein droit par la compensation, il en résulte qu'elle ne peut plus être cédée, si ce n'est pour

ce qui reste après la compensation (1), et qu'on peut, nonobstant la cession, opposer au cession-naire la compensation des sommes dues par le cé-dant, pourvu néanmoins que la dette fût anté-rieure à la cession, ou plutôt à la notification de la cession de transport au débiteur, ou à son ac-ceptation; car le cessionnaire, dans les principes du Code, n'étant saisi, à l'égard des tiers, que par cette signification ou acceptation (1690), il en résulte que toute créance, acquise par le débiteur contre son créancier, avant la signification de la cession, éteint la dette de plein droit par la com-pensation, sauf le cas de fraude, de la même ma-nière que si le débiteur avait acquitté la dette cédée par un paiement effectif, avant la signification ou l'acceptation du transport (1691).

Bien plus : supposons que Primus doive à Se-cundus une somme de 10,000' exigible, et que celui-ci devienne débiteur de Primus d'une même somme de 10,000', exigible dans un an seulement, ou même suspendue par une condition, avec stipu-lation expresse que les deux sommes seront com-pensées à l'échéance du terme, ou lors de l'événe-ment de la condition.

Si Secundus, après une telle convention, trans-porte sa créance exigible à Tertius, Primus, non-obstant la cession, pourrait opposer à Tertius la même exception qu'il pouvait opposer à Secundus,

---

et lui faire attendre l'échéance du terme ou l'événement de la condition, quoique, comme nous
l'avons dit, *suprà*, une créance à terme ou sous
condition ne puisse être compensée avec une dette
exigible ; car Secundus n'a pu transporter des
droits plus étendus que ceux qu'il avait lui-même.
Loi 54, *ff de R. J.*

La créance transportée, quoiqu'exigible dans
l'origine, avait cessé de l'être ; elle était, au moment du transport, suspendue par un terme ou
par une condition.

Il n'a donc pu la transporter que soumise aux
mêmes exceptions auxquelles il l'avait lui-même af-
fectée ; car c'est une règle générale, que les exceptions que l'on peut opposer à celui avec lequel
on a contracté, peuvent l'être à ses successeurs à
titre universel ou particulier : *Quod ipsis qui contraxerunt obstat, et successoribus eorum obstabit.*
Loi 143, *ff de R. J.*

Secundus n'a pu, par un transport frauduleux,
enlever à Primus le droit acquis de compenser sa
dette de 10,000ᶠ à l'échéance du terme, ou à l'événement de la condition. (Voët, nᵒ. 5, *ubi suprà*).

7ᵒ. S'il y a plusieurs dettes susceptibles de compensation, elle se fait suivant les règles établies
pour l'imputation, par l'art. 1256 ; c'est-à-dire
sur la plus onéreuse, entre celles qui sont antérieures à la créance qu'il s'agit de compenser.
(Pothier, nᵒ. 602).

593. Quoique la compensation se fasse de plein
droit et par la seule force de la loi, le débiteur
peut renoncer à l'avantage qu'elle lui procure ;

mais il ne peut y renoncer d'avance, et avant que
le droit en soit acquis. C'est ainsi qu'on ne peut
d'avance renoncer à la prescription, quoiqu'on
puisse renoncer à une prescription acquise. J'ai
emprunté de vous une somme de 1,200', et je me
suis obligé de vous la rendre dans un an, sans
pouvoir vous opposer aucune compensation.

, Avant l'année révolue, j'hérite d'un oncle à qui
vous deviez une pareille somme; je puis, malgré
la clause insérée dans le billet que je vous ai consenti, vous opposer la compensation, parce que
je n'ai pu renoncer à un droit qui n'était pas encore acquis.

Mais lorsque le droit est acquis, on peut y renoncer et payer, par exemple, une dette éteinte
par compensation, sans qu'on soit par ce paiement exclu du droit de poursuivre la créance qui
doit entrer en compensation.

On peut même y renoncer au moment même
où le droit est acquis. Par exemple, vous me devez 10,000', pour argent prêté; vous me vendez
le fonds Cornélien pareille somme de 10,000', avec
stipulation que cette somme ne pourra entrer en
compensation avec celle de 10,000' que je vous ai
prêtée. Cette stipulation est valable, elle fait partie
du prix de la vente.

594. Cependant, la renonciation à la compensation ne saurait préjudicier aux droits acquis à
des tiers. L'art. 1299 nous en offre un exemple
dont nous avons parlé *suprà*, n°. 591.

L'art. 1298 en offre un second exemple. Celui
qui, étant débiteur, est devenu créancier depuis la

saisie-arrêt, faite par un tiers entre ses mains, ne peut, au préjudice des saisissans, opposer la compensation.

Autre exemple : ainsi, un acheteur qui a promis d'employer le prix de son acquisition au paiement de certaines dettes du vendeur, ne peut, de concert avec celui-ci, en faire compensation avec d'autres créances qu'il aurait à répéter, si les créanciers délégués ont déclaré vouloir profiter de la délégation. (*Voy.* art. 1121).

Et quand même les créanciers n'auraient pas déclaré vouloir profiter de la délégation, l'acquéreur ne pourrait, contre le gré du vendeur, opposer d'autres créances en compensation du prix de son acquêt, lorsqu'il s'est obligé d'en payer le prix aux créanciers, parce que, par cette obligation, il a renoncé tacitement à la compensation.

595. Car cette renonciation peut être tacite. Nous en trouvons un exemple dans l'art. 1295, qui porte :

Le débiteur qui a accepté purement et simplement la cession qu'un créancier a faite de ses droits à un tiers, ne peut plus opposer au cessionnaire la compensation qu'il eût pu, avant l'acceptation, opposer au cédant; » car cette acceptation contient une renonciation tacite à la compensation.

«À l'égard de la cession qui n'a point été acceptée par le débiteur, mais qui lui a été seulement signifiée, elle n'empêche que la compensation des créances postérieures à cette notification (1295).»

Ce qui précède s'applique à la compensation légale; c'est-à-dire au cas où la compensation s'o-

père de plein droit, *ipso jure,* parce qu'aucun obstacle ne s'oppose à l'action de la loi. Il nous reste à
parler de la compensation qui ne peut s'opérer
sans être demandée, soit par voie de simple exception, *exceptionis ope,* soit par voie de *reconvention.*

396. Quand l'obstacle qui s'oppose à la compensation de plein droit n'est établi qu'en faveur du
demandeur, ou de la personne qu'il représente,
il peut le faire cesser par un simple acte de sa volonté, par la déclaration qu'il ne veut point user
du droit établi en sa faveur. Il lui suffit de manifester sa volonté par voie de *simple exception.*

Dès ce moment, l'action de la loi suspendue en
sa faveur, reprend toute sa force et toute son éner-
gie; la compensation s'opère comme si l'obstacle
n'avait point existé, mais du jour seulement où il
a cessé d'exister.

A compter de ce jour, l'effet de la compensation
est irrévocablement produit, sans que celui qui
pouvait l'empêcher puisse désormais changer de
volonté, même du consentement de l'autre partie, en ce qui concerne l'intérêt des tiers.

397. J'avais déposé chez vous une somme de
3,500ᶠ; vous héritez d'un oncle à qui je dois 3,000ᶠ
cautionnés par Caïus, produisant intérêt, et hypothéqués sur le fonds Cornélien.

La compensation de ces deux sommes ne s'o-
père point de plein droit; la loi en arrête l'effet,
uniquement en faveur des déposans, et afin d'empêcher les dépositaires de mauvaise foi d'abuser du
prétexte de la compensation, pour retarder la res-

itution d'un dépôt : le déposant est donc libre de renoncer au droit établi en sa faveur. Si vous me demandez les 3,000ᶠ que je devais à votre oncle, avec les intérêts jusqu'au jour du paiement, je puis faire cesser l'effet de votre demande, en vous opposant, par voie de simple exception, la compensation (1) des 3,5ooᶠ que vous avez en dépôt, et de ce jour cesseront de courir, *ipso jure,* les intérêts de la somme de 3,000ᶠ que je devais à votre oncle; comme aussi de ce jour seront éteints, de plein droit, les hypothèques et cautionnement donnés pour sûreté de la dette.

Ces principes s'appliquent au cas des dettes privilégiées pour la restitution du prêt à usage, et pour cause d'alimens déclarés insaisissables, dont nous avons ci-devant parlé.

Ils s'appliquent au cas du bénéfice d'inventaire, qui empêche, en faveur de l'héritier, la confusion de ses droits personnels avec ceux de la succession.

Vous me devez une somme liquide de 3,000ᶠ sans intérêts; mon père, dont je suis héritier sous bénéfice d'inventaire, vous devait une somme égale, produisant des intérêts, et hypothéquée sur ses biens.

598. La compensation de ces deux sommes est

---

(1) Un célèbre professeur de Paris, M. Delvincourt, a nommé cette espèce de compensation *facultative,* nom qui lui convient parfaitement. Cependant nous avons préféré, comme plus complette, la division de la compensation en trois espèces; compensation légale, compensation par voie de simple exception, et compensation par voie de reconvention.

suspendue en ma faveur. Le bénéfice d'inventair
empêche que mes droits soient confondus dans la
succession de mon père; mais je puis renoncer à
ce bénéfice, et si vous me demandez les 3,000ᶠ que
je vous dois, je puis, par voie de simple exception, vous opposer la compensation des 3,000ᶠ que
vous me devez. Cette exception fera cesser les intérêts, et éteindra les hypothèques *ipso jure;* mais
je serai subrogé dans vos droits, comme nous l'a-
vons dit ailleurs.

399. Le débiteur d'une succession bénéficiaire
peut aussi, par voie d'exception, opposer la compensation de ce qu'il doit avec ce qui lui est dû,
lorsqu'il n'y a point de créanciers opposans. (*Vid.
suprà,* n°. 380).

400. Les mêmes principes s'appliquent encore
au cas de deux dettes, d'ailleurs compensables,
mais qui ne sont pas payables au même lieu. On
n'en peut opposer la compensation qu'en faisant
raison des frais de la remise (1296). Loi 15, *ff de
compens.,* 16. 2.

Cette compensation ne produit donc son effet
que du jour où elle est *opposée,* avec offre d'une
somme pour frais de remise. Vous me devez une
somme payable à Rennes; je vous en dois une payable à Rome.

La compensation de ces deux sommes ne se fait
pas de plein droit; mais si je vous demande les
1,000ᶠ que vous devez me payer à Rennes, vous
pouvez m'opposer la compensation des 1,000ᶠ que
je vous dois à Rome, en offrant l'escompte nécessaire pour faire passer cette somme à Rome.

401. Ils s'appliquent au cas où vous m'avez vendu six tonneaux de vin de tel crû, de telle année, et où j'hérite de mon père, qui vous avait vendu six tonneaux de vin, *in genere.*

Nous avons vu *suprà*, n°. 364, que la compensation de ces deux dettes ne peut se faire de plein droit, parce que vous ne pouvez l'obtenir malgré moi; mais je puis l'opposer : car, ne vous devant que six pièces de vin, *in genere*, je puis vous donner en paiement le vin que vous me devez. (Pothier, n°. 590).

C'est dans mon intérêt que la compensation ne pouvait se faire de plein droit; je puis lever cet obstacle, en renonçant au droit introduit en ma faveur.

402. Ces mêmes principes s'appliquent encore au cas d'une dette alternative d'un côté, et non de l'autre. Je vous dois une somme de 1,000' produisant intérêts.

Vous héritez d'un oncle qui m'a légué deux chevaux d'attelage ou une somme de 1,050', en me laissant le choix; si je choisis les 1,050', la compensation s'en fera *ipso jure*, avec la somme que je vous dois, du jour où j'aurai manifesté mon option et non auparavant. C'est de ce jour que cesseront de courir les intérêts de ma dette.

403. Ces principes s'appliquent au cas d'un tuteur ou d'un mandataire, auquel on ne peut opposer la compensation de ce qu'il doit personnellement, avec ce qui est dû à ses mineurs ou à son mandant, etc. Mais ayant qualité pour recevoir ce

qui est dû à ces derniers, ils peuvent l'opposer en compensation de ce qu'ils doivent personnellement. C'est comme s'ils consentaient une quittance.

404. Enfin, ces principes reçoivent une application qui mérite d'être développée, dans le cas d'une rente perpétuelle. Le capital n'en étant point exigible, celui à qui elle est due ne peut la faire entrer en compensation avec ce qu'il doit lui-même au débiteur de cette rente.

Mais celui-ci étant toujours libre de la rembourser, il peut en opposer le capital et les arrérages échus, en compensation d'une somme qu'il doit au créancier de cette rente.

Vous me devez 3,150ᶠ exigibles ; je vous dois une rente perpétuelle de 150ᶠ, remboursable pour un capital de 3,000ᶠ. Je vous demande les 3,150ᶠ dont vous êtes mon débiteur. Vous ne pouvez m'opposer en compensation le capital de la rente que je vous dois, parce que je ne puis être obligé de la rembourser.

Mais si vous me demandez l'année d'arrérages qui vient d'échoir, je puis vous opposer en compensation des 3,150ᶠ que vous me devez, le capital et les arrérages de la rente que je vous dois ; et du jour où je vous manifeste ma volonté, la rente est éteinte de plein droit, *ipso jure*, comme l'enseigne Dumoulin (*Contract. usur.*, *quæst.* 43, n°. 325), parce que la compensation n'a pas moins de force qu'une consignation, qui éteindrait la rente de plein droit. Elle en a même davantage, puisque le créancier a d'avance la somme en sa possession, et qu'en ne me la payant point, il m'empêche de la consigner.

405. Observez que si la somme dont le débiteur demande la compensation était inférieure aux arrérages échus et au capital de la rente, offerts en compensation, il devrait offrir réellement de payer le surplus, afin de rendre le remboursement complet, autrement la compensation pourrait être refusée par le créancier de la rente, qui ne peut être forcé d'en recevoir le remboursement partiel.

Vous me devez 3,150ᶠ exigibles; je vous dois une rente de 200ᶠ, remboursable pour un capital de 4,000ᶠ; il est échu une année d'arrérages, et vous me la demandez. Je ne puis vous contraindre d'accepter la réduction de ma rente à 50ᶠ, et compenser le surplus avec les 3,150ᶠ que vous me devez.

Je dois vous offrir en outre 1,000ᶠ, afin de compléter le remboursement du capital de la rente que je vous dois.

Inutilement voudrais-je objecter que la règle que le débiteur ne peut forcer le créancier à recevoir en partie le paiement d'une dette, ne s'applique point au cas de la compensation (*vid. suprà,* n°. 387, et loi 21, *ff de rebus cred.*, 12. 1), parce qu'en ce cas, le créancier ayant d'avance pardevers lui-même la partie compensée, ne peut plus demander que le résidu. Ce principe ne s'applique qu'à la compensation proprement dite, c'est-à-dire au cas de deux dettes mutuellement exigibles. Mais lorsque le débiteur d'une rente en offre le capital en compensation à celui à qui elle est due, et qui est en même tems son débiteur, ce n'est point la compensation proprement dite dont parlent les lois ; ce n'est point l'imputation réciproque de ce que l'un doit à l'autre, *debiti et crediti mutua contributio*, puisque le débiteur de la rente n'est pas débiteur du capital, qu'il ne peut être contraint de rembourser ; ce n'est point le paiement d'une dette, c'est une offre volontaire et de pure faculté, que le créancier ne peut être forcé d'accepter, si elle n'est pas de la totalité de la somme. (*Voy.* Dumoulin, *de contract. usur., quæst.* 43).

406. Ceci conduit à la résolution d'une autre question. C'est qu'en supposant deux individus réciproquement créancier et débiteur l'un de l'autre, d'une rente perpétuelle de même qualité et quantité, rachetable pour une même somme, la compensation ne peut s'en faire que d'un consentement mutuel.

Chacun des deux peut dire à l'autre : J'ai besoin de fonds ; je ne veux point rembourser ; je veux vendre la rente que vous me devez, pour jouir du prix de la vente ; je continuerai de vous payer celle que je vous dois.

Quant aux arrérages de rentes, à l'exception des rentes alimentaires, ils se compensent de plein droit, lorsqu'ils sont échus, avec toute espèce de dettes.

407. Lorsque l'obstacle qui s'oppose à la compensation légale n'existe pas seulement en faveur du défendeur, lorsque la créance qu'il prétend com-

penser avec la demande n'est ni claire, ni liquide; en un mot, quand elle est contestée, il est bien évident que sa volonté seule ne suffit plus pour opérer la compensation; il faut non seulement qu'il la demande, mais encore qu'il fasse préalablement juger la légitimité de sa créance, et qu'il la fasse liquider, si elle ne l'est pas. Ce n'est plus alors une simple exception; c'est une véritable action (1); c'est une demande qu'il forme à son tour : *mutua petitio, mutua actio.* On appelle cette demande *reconvention.* Nous en avons ci-dessus, n°°. 348 et suiv., expliqué la nature et recherché l'origine. Il nous reste à examiner quand la reconvention doit être admise, quand elle doit être proposée, quels en sont les effets.

408. Nous avons vu que les lois nouvelles ayant gardé le silence sur la reconvention, la Coutume de Paris, qui était devenue le droit commun de la France, est encore aujourd'hui la loi vivante en cette matière.

L'art. 106 n'admet point la reconvention « si elle ne dépend de l'action, et que la demande en reconvention soit la défense contre l'action premièrement intentée ».

Ce texte semble exiger cumulativement deux conditions pour admettre la reconvention : l'une, qu'elle *dépende de l'action*, c'est-à-dire qu'il y ait connexité entre la demande premièrement intentée, et la demande reconventionnelle.

---

(1) *Cod. Fabrianus, lib.* 2, *tit.* 2, § 1, *def.* 6.

L'autre, qu'elle soit la défense contre l'action. Or, l'une de ces conditions peut exister sans l'autre. Lorsqu'il y a connexité, la demande reconventionnelle est presque toujours la défense à l'action principale. Mais la reconvention peut être la défense à l'action principale, **quoiqu'il n'y ait pas de connexité.**

C'est ce qui arrive toujours, lorsque le défendeur allègue pour ses défenses qu'il lui est dû une somme *ex diversâ causâ*, et qu'il demande que cette somme soit préalablement liquidée, pour la compenser avec la demande.

Mais soit que les rédacteurs de la Coutume de Paris aient, par inattention, comme il arrive quelquefois (1), employé la copulative *et* au lieu de la disjonctive *ou*, soit que depuis on se soit relâché de la rigueur de cette disposition, il est certain que, dans l'usage, le défaut de connexité n'empêche point d'admettre la demande reconventionnelle, quand elle a pour objet de parvenir à une compensation : ce qui est conforme aux principes, puisque la compensation a toujours été admise *ex causâ dispari*.

(2) La reconvention ayant pour objet de parvenir à une compensation, elle doit être rejetée dans tous les cas où la demande reconventionnelle ne

---

(1) *Voy. lois* 29 *et* 53, *ff de V. S.; loi* 4, *Cod. de V. S.*, 6. 38.
(2) Le numérotage de cet alinéa a été oublié dans le sommaire. Il fallait un numéro de plus entre le 408e. et le 409e. Ce numéro devrait porter : *Elle doit être rejetée, quand elle ne peut entrer en compensation.*

peut entrer en compensation avec la demande principale.

C'est une règle fondamentale en cette matière : *Mutuæ petitionis objectio (l'objet), compensatio est, et proindè quarum rerum inter se compensatio non est, nec retentio, nec mutua petitio est* (1).

La reconvention n'est point reçue ès choses où la compensation n'a point de lieu, dit Brodeau, sur l'art. 106 de la Coutume de Paris.

Ainsi, le dépositaire, l'emprunteur, le débiteur d'une rente ou pension alimentaire insaisissable, ne peuvent former de reconvention contre la demande en restitution d'un dépôt ou d'un prêt à usage, contre la demande de la pension alimentaire.

Ainsi, lorsque le demandeur n'agit qu'au nom d'autrui, comme mandataire, par exemple, comme tuteur, etc., la reconvention pour une dette qui lui est personnelle ne saurait être admise, *et vice versâ.*

Lorsqu'il agit en son nom, la reconvention ne doit pas être admise, si elle a pour objet ce qui est dû par une personne dont il est mandataire, tuteur, etc. (*Voy.* Voët, *in tit., ff de judic.,* n°. 81).

---

(1) Godefroy, sur la loi 1, *Cod. rer. amot.,* 5. 21. Voët, *in tit. de judic.,* n°. 86, combat cette règle, parce qu'il ne considère la reconvention que comme un moyen de rendre compétent le tribunal où l'action principale a été portée. Mais en France, où cette espèce de reconvention est rejetée, si ce n'est entre personnes *ejusdem fori,* notre règle est suivie dans toute son étendue. *Voy.* les commentateurs sur l'art. 106. de la Coutume de Paris, Brodeau, Ferrière, etc.

En un mot, il faut appliquer à la reconvention ce que nous avont dit, n°s. 382 et suiv., sur les cas où la compensation est ou n'est pas admise.

409. Voyons maintenant quand la réconvention doit être proposée. L'art. 106 de la Coutume de Paris veut qu'elle le soit immédiatement après l'action principale, et par les défenses qu'on y oppose.

Après avoir dit que la reconvention n'a point de lieu, si elle ne dépend de l'action, et que la demande en reconvention soit la défense contre l'action premièrement intentée, l'art. 106 ajoute : « En » ce cas, le défendeur, *par le moyen de ses défenses,* » se peut constituer demandeur ».

On en concluait, et avec raison, ce semble, que la reconvention ne doit pas être admise après la contestation en cause (1). (*Voy.* Ferrière, n°. 12). Ce qui paraît conforme à la Novelle 96, chap. 2, § 1, où Justinien dit : *Sancimus igitur, si quis obnoxium arbitratur habere eum, qui contra se conventionem exposuit, non apud alium judicem, sed apud eum mox à principio convenire, et eumdem esse judicem in eodem negotio.*

C'est de là qu'est venue la maxime universellement enseignée par les interprètes, tant du droit romain que du droit canonique, et par les docteurs, que la reconvention ne doit pas être admise

---

(1) Le mot de contestation en cause ne se retrouve point dans le Code de procédure; mais la chose existe. *Voy.*, dans le nouveau Denisart, v°. *Contestation en cause,* ce qu'on entend par cette expression; *voy.* aussi Duparc-Poullain, tom. IX de ses Principes, pag. 129.

après la contestation en cause, ou du moins, ce qui revient à peu près au même, que la reconvention proposée depuis la contestation en cause, ne doit retarder ni l'instruction, ni le jugement de la demande principale; mais qu'elle doit être instruite et jugée séparément (1).

Le président Favre, *in Cod. Fabr., lib. 3, tit. 1, defin.* 25, enseigne qu'elle ne peut être admise après le jugement prononcé par défaut, contre le défendeur qui vient ensuite former son opposition, *ne alioquin per contumaciam melior conditio fiat, quæ deterior potiùs fieri deberet.* Il cite un arrêt de 1593, qui l'a ainsi jugé.

Cette décision nous paraît conforme à la justice et à la raison. L'un des moyens le plus fréquemment employés par la chicane, pour gagner ou pour acheter du tems, est de laisser d'abord défaut, pour venir ensuite, avant l'expiration du délai accordé par la loi, former une opposition.

L'expérience de tous les tems prouve que les

---

(1) C'est en ce point seulement que diffèrent entre eux les interprètes et les docteurs. Les uns pensent qu'il faut rejeter la reconvention, lorsqu'elle est proposée après la contestation en cause. De ce nombre est Dumoulin, sur la loi 3, *Cod. de edendo, tom. III, opp.*, et les auteurs cités par Voët, *in tit., ff de judic.*, n°. 80. Les autres pensent qu'on doit admettre la reconvention; mais qu'en ce cas, elle n'a d'autre effet que de rendre le tribunal compétent pour prononcer sur la demande reconventionnelle, qui doit alors être instruite et jugée séparément de la demande principale. De ce nombre sont Voët, *ubi supra;* Brunnemann, sur la loi 14, *Cod. de sentent. et interloc.*, 7. 45; les interprètes du droit canonique. *Voy.* Pyrrhing, n°. 17, *in tit. de mut. petit., X* ; Boehmer, sur le même titre; Huberus, *in tit., ff de quib. reb., ad eumd. jud.*, 11. 2; le président Favre, *Cod. Fabrian., lib. 3, tit. 2, defin.* 11 *et* 24.

reconventions tardives, les incidens dont on sur-
charge un procès, sont le plus souvent imaginés
par un plaideur subtil et déterminé, pour embrouiller une affaire dont le succès paraît douteux
ou désespéré, ou pour en retarder le jugement.

Mais le Code de procédure s'est écarté de l'ancienne doctrine; l'art. 464 porte : « Il ne sera formé
» en cause d'appel aucune nouvelle demande, à
» moins qu'il ne s'agisse de compensation, ou que
» la demande nouvelle *soit la défense à l'action prin-
» cipale.* »

Ces dernières expressions, empruntées de la
Coutume de Paris, prouvent bien qu'il s'agit ici
de la reconvention.

La compensation de liquide à liquide, qui se
fait de plein droit, a toujours été proposable en
cause d'appel, et même après le jugement, parce
qu'elle tient lieu de paiement, ou plutôt qu'elle
est un véritable paiement ; mais recevoir en cause
d'appel une reconvention qui est un procès nouveau, et un procès qui retardera nécessairement
le jugement définitif, ne fût-ce qu'en embrouil-
lant l'affaire, c'est une disposition non seulement
contraire à l'ancienne et sage doctrine établie sur
une longue expérience, mais encore aux principes
de la législation actuelle, puisque c'est priver le défendeur en reconvention d'un degré de jurisdiction ; enfin, c'est ouvrir la porte à un nouvel abus.
Un plaideur déterminé, repoussé en première
instance, pourra se faire céder contre l'intimé un
crédit susceptible d'une discussion étendue, puis

venir, comme subrogé, proposer sa reconvention, afin d'entraver la cause d'appel, et d'en retarder le jugement.

Quoi qu'il en soit, il faut bien observer la loi, jusqu'à ce qu'elle soit soumise à une révision; mais les juges peuvent obvier aux inconvéniens qu'entraînerait son exécution trop littérale, en disjoignant la demande reconventionnelle, si elle n'est pas prête à recevoir jugement en même tems que la cause d'appel, et en jugeant celle-ci séparément : c'est même entrer dans l'esprit du Code. C'est ainsi que si la demande en garantie est proposée après les huit jours accordés par l'art. 175, cette demande est néanmoins reçue, et le garant poursuivi; *mais,* dit l'art. 178, *sans que le jugement de la demande principale en soit retardé.* C'est en observant cette règle avec sévérité, que les magistrats empêcheront les procès de s'éterniser.

410. Si la reconvention doit être admise en cause d'appel, elle ne doit pas l'être après le jugement, lorsqu'elle est proposée au moment de l'exécution (1). Elle diffère en cela de la compensation d'une somme liquide ou qui peut être liquidée sans aucun retardement, par exemple par la délation du serment. Une telle compensation peut être proposée, même après le jugement passé en force de chose jugée : *quia vice solutionis obtinet.*

_____

(1) Ainsi l'enseignent le président Favre, dans son Code, *lib. 8, tit. 24, defin.* 2, et les canonistes. *Voy.* Pyrrhing, n°. 16, *in tit. de mut. petit.,*
X, 2, 4.

Il en est autrement de la reconvention ; c'est une véritable action, dont l'instruction retarderait le paiement d'une somme liquide, au grand préjudice du demandeur.

411. L'effet principal, et aujourd'hui presque le seul effet de la reconvention, est de faire instruire et juger en même tems la demande principale et la reconventionnelle. C'est ce que les docteurs appellent *processus simultaneus*.

En sorte que, quoique la demande principale soit juste et vérifiée, quoique la légitimité n'en soit pas contestée, le juge doit suspendre la condamnation, jusqu'au tems où la demande reconventionnelle sera instruite, pour prononcer sur le tout par un seul et même jugement. Loi 1, § *ultimus, ff quæ sentent. sine appell.*, 49. 8; *loi* 6, *Cod. de compens.*, 4. 31; *loi* 1, *Cod. rerum amot.*, 5. 21.

412. Il est donc facile d'abuser de la reconvention, pour retarder la condamnation et le paiement d'une dette légitime, par une demande en reconvention d'une discussion longue et embarrassée. Justinien, qui donna tant d'étendue à la reconvention, prévit cet inconvénient, et tâcha d'y remédier; il ne voulut point faire aux juges une loi d'admettre indifféremment la reconvention, quoiqu'elle eût pour but de parvenir à une compensation; au contraire, il leur ordonna de la rejeter, lorsque, ne pouvant pas être promptement et facilement terminée, elle entraînerait de grandes involutions de procédure, et retarderait le paiement d'une dette dont la légitimité est avouée

ou prouvée : *Ità tamen compensationes objici jube-*
mus, si causa ex quâ compensatur, liquida sit ; et
non multis ambagibus innodata, sed possit judici fa-
cilem exitum sui prestare. Loi ult., *Cod. de compens.*,
4. 31. Car il serait, dit-il, très-malheureux de voir
un plaideur retarder sa condamnation, en opposant à une dette déjà certaine et indubitable une
prétendue compensation, qui ne peut être jugée
qu'après une instruction longue et embarrassée :.
Satis enim miserabile est...... opponi compensationem
jam certo et indubitato debito, et moratoriis ambagi-
bus spem condamnationis excludi.

Il recommande donc aux juges de se rendre
très-sévères dans l'admission des reconventions :
Hoc itaque judices observent, et non procliviores ad
admittendas compensationes existant, nec molli animo
eas suscipiant; jure stricto utentes, si in venerint eas
majorem et sed ampliorem exposcere indaginem, eas
quidem alii judicio reservent : litem autem pristinam
jam penè expeditam sententiâ terminali componat.
(*Ubi suprà*).

413. Telle est la règle que les magistrats doivent
sans cesse avoir devant les yeux (1), parce que
c'est l'une de celles qui contribuent davantage à

---

(1) C'est aussi celle que donne M. Henrion de Pansey, dans son Traité
de l'autorité judiciaire, pag. 195. « Si la demande reconventionnelle
" présentait des difficultés sérieuses et de nature à entraîner des lon-
" gueurs considérables, il serait de la sagesse du tribunal de la renvoyer
" devant son juge naturel, et de statuer définitivement sur l'action ori-
" ginaire. »

simplifier les procès et à les abréger. L'expérience de tous les tems prouve que si les juges commencent par décider les chefs principaux d'un procès qu'on cherche à compliquer, il est rare que les parties ne s'arrangent pas sur les autres, qui souvent ne sont mis en avant que pour retarder le jugement des premiers.

Le judicieux Coquille, quest. 3o3, a fort bien observé « que la permission d'étendre la reconven- » tion donnerait occasion de rendre tout procès » sans fin, ou les mettrait en longueurs et diffi- » cultés, en tant que celui qui serait convenu en » une action dont l'expédition de sa nature serait » aisée, pourrait mettre en avant une action de » grandes longueurs et difficultés, et serait l'une » empêchée pour l'autre. »

Il est donc du devoir des juges, lorsqu'ils s'aperçoivent qu'une reconvention paraît formée dans le dessein de retarder malicieusement la condamnation du défendeur, et le paiement d'une dette claire et liquide, de rejeter la demande reconventionnelle, sauf au défendeur à se pourvoir; en tout cas, de disjoindre les deux affaires, et de prononcer définitivement sur la demande originaire, en renvoyant le jugement de la reconventionnelle après qu'elle sera instruite.

C'est aussi ce que les juges doivent faire toutes fois qu'ils voient que, sans qu'on puisse taxer le défendeur de malice, le concours simultané des deux instructions entraînera une grande involution de procédure. Par exemple, je vous demande une somme de 1,000', en vertu d'un billet que vous m'avez souscrit. Vous me répondez que je vous dois, du chef de mon père, une somme plus considérable, en vertu d'un ancien compte qu'il vous devait, et vous demandez que je sois préalablement condamné de vous rendre ce compte, afin d'en compenser le reliquat avec les 1,000' que vous me devez.

Les tribunaux, sans égard pour cette demande reconventionnelle, dont ils doivent renvoyer l'instruction et le jugement à un autre tems, doivent juger préalablement la demande originaire, suivant le précepte de Justinien, dans la loi 6, *Cod. de compens.*, dont nous venons de rapporter le texte énergique (1).

Il est presque impossible de tracer une règle précise, pour déterminer invariablement les cas où les magistrats doivent rejeter la reconvention, ou disjoindre la demande reconventionnelle, pour juger préalablement la demande originaire.

C'est un point que Justinien abandonne à leur prudence, en leur recommandant une juste et rigoureuse sévérité dans l'admission des reconventions : *Jure stricto utentes, nec molli animo eas suscipiant.*

414. Il est pourtant une règle généralement ad-

---

(1) Voët, *in tit. de judic.*, n°. 88, dit aussi qu'il faut disjoindre et juger de suite la demande principale, si la demande reconventionnelle entraîne des longueurs. *Putà, si judici priùs evidenter liqueat de unâ causâ, cùm altera illiquida prorsùs esset, multisque ambagibus etiam num involuta.*

mise par les interprètes et les docteurs, et qui n'est que la conséquence ou le développement des principes déjà posés. Si la demande principale est du nombre des matières sommaires, pour lesquelles on a établi une procédure particulière plus simple, et que la demande reconventionnelle n'en soit pas, il ne faut pas les joindre, mais les instruire et juger séparément : *Non habet locum in summariis reconventio processûs ordinarii, vel talis per quam summaria conventio retardaretur.* (Huberus, *n°. 7, in tit., ff de quib. rebus ad eumd. judic.,* II. 2; Voët, *in tit., ff de judic., n°. 86;* Pyrrhing, *n°. 14, in tit. de mut. petit.,* Ẍ, 2. 4; Bartholus, *ibi laud., etc.*)

Cette règle est conforme à la raison et à l'équité. Il en résulte que la reconvention ne doit pas être admise contre les demandes fondées sur un titre non contesté, à quelque somme qu'elles puissent monter, contre les demandes formées sans titre, lorsqu'elles n'excèdent pas 1,000'; contre les demandes en paiement de loyers et fermages et arrérages de rente, ni contre celles qui requièrent célérité (*voy.* le Code de procédure, art. 404), à moins que la demande reconventionnelle ne soit elle-même au nombre des matières sommaires.

415. C'est encore une règle universellement reçue par les docteurs (1) en cette matière, que re-

---

(1) *Voy.* Huberus, *n°. 4, in tit., ff quib. reb. ad eumd.*

Voët, *in tit., ff de judic., n°. 89. Illum qui mutuâ actione reconventus est, non posse rursus adversarium iteratâ infectare reconventione, rationi convenient est; ne alioquin in infinitum propè tentatis ac reciprocatis con-*

convention sur reconvention ne vaut; c'est-à-dire
que le défendeur ayant formé une demande reconventionnelle, le demandeur primitif ne peut, à
son tour, intenter une reconvention nouvelle, qui
ne serait pas tirée du titre qui sert de fondement
à l'action en reconvention du débiteur.

416. « La reconvention n'est pas recevable, si le
juge est incompétent à raison de la matière qui
fait l'objet de la reconvention. » De là,

417. 1°. Si la reconvention est formée devant
un tribunal de commerce, et que son objet ne
soit pas du ressort d'un pareil tribunal, il sera
obligé, même d'office, de se déclarer incompétent, quant à la demande reconventionnelle;

2°. Si la reconvention ayant pour objet une affaire de commerce, est formée devant un tribunal
de première instance, ce tribunal la jugera;

3°. Si la reconvention est formée devant un juge
de paix, dans une instance dont l'objet principal
n'excède pas les bornes de la jurisdiction, tandis
que l'objet de la reconvention surpasse en valeur
la somme de 300^f, le juge de paix se déclarera incompétent pour juger la reconvention, et prononcera sur la demande primitive, à moins que la reconvention ne soit fondée sur le même titre que

---

tentionum vicibus, lites immortales redderentur aut saltem varia illa litium multiplicatio inter eosdem, eodem in judicio confusionem pareret,
summamque litium finiendarum difficultatem. C'est un des articles que
la Cour de cassation proposait, dans ses Observations sur le projet du
Code de procédure.

l'action primitive, auquel cas le juge de paix se déclarera incompétent pour le tout.

418. Lorsque la reconvention est valablement proposée dans une instance que le tribunal est autorisé à juger en dernier ressort, à cause de sa modicité, tandis que la reconvention a pour objet une prétention qui n'admet qu'un jugement en premier ressort, le jugement qui sera le résultat d'une telle instance sera sujet à l'appel pour le tout.

Et en général, la valeur de l'action primitive et celle de l'action en reconvention se cumulent pour déterminer la compétence du juge en premier ou en dernier ressort, à moins qu'il n'y ait un jugement précédent qui ait disjoint les demandes respectives des parties.

Ce qui précède est tiré des observations sur le projet de Code de procédure faites par la Cour de cassation, qui proposa de remplir la lacune existante sur ce point dans notre législation. En attendant qu'elle soit comblée par le législateur, nous pensons que les magistrats ne peuvent rien faire de plus sage que de suivre les articles que nous venons de copier, et qui nous paraissent dans le véritable esprit de la législation actuelle.

419. Nous avons déjà dit que la reconvention était admise indistinctement entre personnes *ejusdem fori*, à l'effet de saisir le tribunal de la demande reconventionnelle, sauf à l'instruire et à la juger séparément, lorsque cette demande n'a pas de

connexité avec la demande principale; mais, dans l'ordre judiciaire actuel, lorsque la demande reconventionnelle doit, faute de connexité avec la principale, être instruite et jugée séparément, elle est introductive d'une nouvelle instance : elle doit donc être précédée de l'essai en conciliation, et ne peut pas conséquemment être proposée devant le tribunal civil, même avant la contestation en cause, lorsqu'elle n'a pas été proposée au bureau de paix, parce qu'alors c'est une demande principale. Au contraire, lorsqu'il y a connexité, la reconvention n'est qu'une demande incidente, qui n'est pas soumise à l'essai de conciliation, par l'art. 48 du Code de procédure.

420. Il ne faut pas confondre la rétention avec la compensation, quoiqu'il y ait entre elles quelques rapports. La première est le droit accordé à celui qui doit rendre un corps certain, de le retenir *quasi pignoris jure*, jusqu'au paiement des sommes qui lui sont dues; par exemple des sommes qu'il a dépensées pour sa conservation. Ce n'est pas ici le lieu de parler de la rétention. (*Vid.* Voët, n°. 20 et 21, *in tit. de compens.*, 16. 2; Anton. Fabrott., *Cod., lib.* 3, *tit.* 22, *défin.* 15).

SECTION V.

De la Confusion.

SOMMAIRE.

421. *Définition et différentes acceptions du mot confusion.*

biens des émigrés. Dispositions de la loi du 5 décembre 1814. Surséance leur est accordée.

421. La confusion, dans le sens que les juris-consultes donnent à ce mot, est, en général, l'union ou le mélange qui opère le changement ou l'anéantissement de plusieurs choses.

Ce terme, pris en ce sens, a trois acceptions. Il peut signifier,

1°. Le mélange de plusieurs matières apparte-nant à des personnes différentes. C'est une ma-nière de perdre et d'acquérir la propriété par droit d'*accession*. Nous en avons parlé, tom. III, pag. 78.

2°. La réunion dans la même main des différens droits que l'on peut avoir sur une chose, et qui avaient été séparés, comme lorsque l'usufruit se trouve réuni à la propriété; c'est ce qu'on appelle *consolidation*. Nous en avons aussi parlé tom. III, pag. 315 et suiv.

3°. Enfin, le concours ou la réunion dans un même sujet de deux droits ou de deux qualités, dont l'une anéantit l'autre, ou qui se détruisent mutuellement. Cette dernière espèce de confusion est la seule dont parle cette section.

422. L'effet de la confusion est donc d'éteindre et d'anéantir les droits et les obligations incompatibles, qui se trouvent réunis ou confondus dans la même personne. Elle les éteint aussi complète-ment que le paiement ou l'accomplissement réel de l'obligation l'aurai pu faire. *Confusione perindè utque genere solutionis tollitur omnis obligatio,* dit

fort bien Cujas (1). Elle les éteint en totalité, *in solidum*, si la totalité des droits et des obligations se trouve réunie dans la même personne, ou seulement pour la portion qui s'y trouve réunie. Si le créancier ne succède au débiteur ou le débiteur au créancier que pour une moitié, un quart, etc.. la confusion ne s'opère également que pour une moitié, pour un quart, etc. (2). C'est un principe général qu'il faut appliquer à tous les cas de confusion, et ce principe n'est qu'une conséquence de la maxime que les droits et les obligations se divisent de plein droit.

423. La réunion dans la même personne des droits du créancier et des obligations du débiteur. peut s'opérer de plusieurs manières qu'il faut parcourir et examiner.

1°. Le débiteur peut succéder au créancier ou le créancier au débiteur;

2°. Le débiteur au fidéjusseur ou autres accessoirement obligés, ou bien le fidéjusseur au débiteur;

3°. Le créancier au fidéjusseur, ou le fidéjusseur au créancier;

4°. Un de plusieurs débiteurs solidaires à un autre des codébiteurs, ou le créancier à l'un d'entre eux;

---

(1) *Ad leg.* 59, *ff ad senat. cons. trebell.*, in *Quæst. Pauli.*, col. 10 f et seq., *édition Fabrot.*

(2) Cujas, *ubi supra*; loi 5, *Cod. de hæred. act.*, 4. 16; loi 7, *Cod. de negot. gest.*, 2. 19.

5°. Un de plusieurs créanciers solidaires au débiteur, ou le débiteur à l'un de ces créanciers ;

6°. Le fidéjusseur, qui avait cautionné pour deux débiteurs solidaires, peut succéder à l'un d'eux, ou l'un d'eux au fidéjusseur ;

7°. Le fidéjusseur qui s'était obligé envers deux créanciers solidaires, peut succéder à l'un d'eux, ou l'un d'eux au fidéjusseur ;

8°. L'un de deux créanciers solidaires peut succéder à l'autre, ou l'un de deux débiteurs solidaires à son codébiteur ;

9°. L'un de plusieurs cofidéjusseurs à l'autre cofidéjusseur ;

10°. Enfin, le fisc peut succéder à son débiteur, ou à deux personnes dont l'une était créancière de l'autre.

424. Si le débiteur succède au créancier, le créancier au débiteur, ou un tiers à tous les deux, nul doute que l'obligation ne soit éteinte pour la totalité, s'il est seul héritier, et pour sa portion virile, s'il y a plusieurs héritiers ; car, en acceptant *purement et simplement* la succession à laquelle je suis appelé, je représente la personne du défunt, j'entre dans tous ses droits actifs et passifs.

Or, il implique contradiction que je puisse me devoir à moi-même, être en même tems débiteur et créancier de moi-même, demandeur et défendeur (1). L'obligation est donc éteinte avec tous ses

_____

(1) Cujas, d'après les lois romaines, donne encore une autre raison de la confusion. *Confusio*, dit-il, *in leg.* 59, *ad senat. cons. trebell. vid.*

accessoires, hypothèques et cautionnemens, jusqu'à concurrence de la portion pour laquelle la
confusion s'est opérée.

Si la succession était acceptée sous bénéfice d'inventaire, la confusion ne s'opérerait point; car l'effet du bénéfice d'inventaire est de faire considérer
l'héritier et la succession comme deux personnes
différentes, et d'empêcher que leurs droits respectifs ne soient confondus (802).

425. Si le débiteur succède au fidéjusseur, ou le
fidéjusseur au débiteur, ou un tiers à tous les
deux, l'obligation accessoire du cautionnement est
éteinte, pour la totalité, s'il est seul héritier, pour
sa part virile, s'il y en a plusieurs. Il ne reste plus
que l'obligation principale, qui n'a pas besoin de
l'obligation accessoire pour subsister. Loi 93, §§ 2
et 3, *ff de solut.*, 46. 3; *loi* 5, *ff de fidejuss. et mand.*,
46. 1; *loi* 24, *Cod. de fidejuss.*, 8. 41. Cette décision est fondée sur ce qu'un fidéjusseur est essentiellement celui qui s'est obligé pour un autre, et
que l'on ne peut être sa propre caution.

426. Plusieurs jurisconsultes romains en con-
cluaient que si la caution avait elle-même un fidéjusseur, qui est ce que nous appelons un *certificateur* de caution, l'obligation de la caution étant

---

Quest. Pauli., col. 1046, *confusio etiam est pro solutione, aut pro solutione cedit. Videtur enim hæreditas ipsa hæredi, vel hæres hæreditali,
quod debet solvere, in ipso articulo adeundæ hæreditatis. Loi* 33, *ff solut.
matrim.*, 24. 3; *loi* 41, § *pen.*, *ff de evict.*, 21. 2; *loi* 95, § 8, *ff de
solut.*, 46. 3.

éteinte, celle du certificateur l'était également.
L'art. 2035 du Code a rejeté cette décision. Il
porte :

« La confusion qui s'opère dans la personne du
débiteur principal et de sa caution, lorsqu'ils deviennent héritiers l'un de l'autre, n'éteint point
l'action du créancier contre celui qui s'est rendu
caution de la caution. »

L'opinion contraire n'était fondée que sur une
subtilité. On considérait mal à propos l'obligation
du certificateur de caution comme n'étant que
l'accessoire de l'obligation de la caution, tandis
que le certificateur de caution accède réellement
à l'obligation principale, quoique conditionnellement, et pour le cas seulement où la caution ne
pourrait remplir son engagement : d'où il suit que
l'obligation de la caution n'est point la principale
par rapport à celle du certificateur, mais seulement la condition sous laquelle le certificateur accède à l'obligation principale.

427. Si le fidéjusseur qui avait donné une hypothèque pour sûreté de son cautionnement succède
au débiteur, l'hypothèque continue de subsister
en faveur du créancier. Loi 38, § *ultim.*, *ff de solut.*, 46. 3.

Car si l'obligation principale et l'obligation du
fidéjusseur ne peuvent exister ensemble dans la
même personne, il en est autrement de l'obligation principale et personnelle, et de l'obligation
hypothécaire. (*Vid.* Voët, *in tit.*, *ff de solut.*, n°. 20).

428. Il faut pourtant remarquer, comme exception à ce que nous venons de dire, que si l'obli-

gation du fidéjusseur est éteinte lorsqu'il succède au débiteur, les effets de cette obligation continuent de subsister, lorsqu'ils sont plus forts que ceux de l'obligation principale.

C'est ce qui arrive lorsque le fidéjusseur a cautionné l'obligation d'une femme non autorisée de son mari ou celle d'un mineur. S'il devient leur héritier, il ne peut faire annuler ou rescinder leur obligation, comme il l'aurait pu faire, ou comme l'aurait pu faire leur héritier, s'il n'avait pas cautionné l'obligation. (*Vid.* Voët, *in tit.*, *ff de solut.* n°. 20, et ce que nous avons dit, tom. VI, n°. 393 et 394.)

429. Si le fidéjusseur succède au créancier, ou le créancier au fidéjusseur, l'obligation accessoire du fidéjusseur est évidemment éteinte; car je ne puis être la caution de ce qui m'est dû. (Voët, *ibid.*, n°. 21.)

430. Lorsqu'un des débiteurs solidaires devient héritier unique du créancier, ou lorsque le créancier devient l'unique héritier de l'un des débiteurs, la confusion n'éteint la créance solidaire que pour la part et portion du débiteur ou du créancier (1209), dans la personne de qui s'opère la confusion : elle n'a d'autre effet, en ce cas, que de soustraire une personne à l'obligation solidaire, et d'éteindre, avec ses accessoires (1), l'obligation per-

---

(1) Par exemple, Primus, Secundus et Tertius se sont obligés de payer solidairement à Caius 3,000ᶠ; Mévius a cautionné Primus, qui d'ailleurs a donné une hypothèque. Si Caius succède à Primus, ou Primus à Caius, la dette est réduite à 2,000ᶠ, le cautionnement de Mévius, et

sonnelle de cette personne. *Puto aditione hæreditatis, confusione obligationis eximi personam; sed et
accessiones ex ejus personâ liberari.* Loi 71, *ff de fidejuss.*, 46. 1.

Ainsi, l'action solidaire subsiste (1) entre les autres codébiteurs, déduction faite de la part con-
fuse; mais s'il se trouve des insolvables, le codébiteur, devenu seul héritier du créancier, doit
supporter sa part dans les insolvabilités. (Arg.
art. 1215; Pothier, n°. 276; Voët, *ubi suprà*, n°. 22,
et ce que nous avons dit, tom. VI, n°°. 738 et 739).

Il en est de même dans le cas inverse, lorsque
le créancier est devenu l'unique héritier de l'un
des débiteurs solidaires.

451. Si l'un des créanciers solidaires succède au
débiteur, ou le débiteur à l'un des créanciers solidaires, l'obligation n'est éteinte par la confusion
que pour la part de ce créancier, dont la personne
existe de moins : *cujus persona eximitur.*

Du reste, les droits et l'obligation, déduction
faite de sa part, restent dans le même état que
si jamais il n'avait existé. (Voët, *ubi suprà*).

452. Si le fidéjusseur, qui avait cautionné deux
débiteurs solidaires, succède à l'un des deux, il

---

l'hypothèque donnée par Primus sont éteints. L'action solidaire subsiste
contre Secundus et Tertius, et contre leurs cautions. Les hypothèques
qu'ils ont données subsistent.

(1) *Quid,* si l'un des codébiteurs solidaires, en payant sa part et celle
de ses codébiteurs, se fait subroger dans les actions du créancier?
Peut-il exercer l'action solidaire contre l'un des autres? *Voy. supra,*
u°. 163.

reste caution de l'autre ; comme, dans le cas converse, s'il s'est rendu caution envers deux créanciers solidaires, et qu'il vienne à succéder a l'un
d'eux, il demeure obligé envers l'autre, car, l'obligation pouvant subsister entre lui et le créancier
qui reste, elle n'a pu être éteinte pour sa part par
la confusion.

Mais la caution qui a succédé à l'un des créanciers solidaires a, du chef du défunt, une action
contre le débiteur, comme celui qui succède à un
créancier en faveur de qui il avait cautionné.

Il faut en dire autant, et par les mêmes raisons,
si l'un des débiteurs ou des créanciers solidaires
succède au fidéjusseur qui avait cautionné plusieurs débiteurs solidaires, ou qui s'était rendu
caution envers plusieurs créanciers solidaires.

433. Si l'un de deux créanciers solidaires succède à l'autre, les droits du défunt et ceux de l'héritier ne se confondent point. ⋅⋅ :

Et de même, si l'un de deux débiteurs solidaires
succède à l'autre, leurs obligations ne se confondent point, parce que quand deux obligations sont
également fortes, également principales, elles restent entières l'une et l'autre, quoiques réunies sur
la même tête. ⋅

La raison en est qu'on ne peut apercevoir laquelle doit être confondue. Il faut en dire autant
des droits de l'un des créanciers réunis sur la tête
de l'autre (1).

_____

(1) *Loi* 13, *ff de duob. reis,* 45. 2; *loi* 9, *ff de solut.*, 46. 5; *loi* 5, *ff de
fidejuss.*, 46. 1. Voici le texte d'Ulpien, dans la dernière loi : *Generalite*

De ce que les droits, dans le premier cas, et les obligations, dans le second, ne sont pas confondus, il en résulte que le créancier solidaire qui a succédé à l'autre peut choisir de former sa demande dans son nom, ou dans le nom de celui auquel il succède.

Et de même le créancier, en formant sa demande contre le débiteur solidaire qui a succédé à l'autre, peut, à son choix, la diriger contre le débiteur survivant, et du chef de celui-ci, ou du chef de celui dont il est héritier; ce qui n'est pas toujours indifférent.

Supposons qu'une femme non autorisée de son mari se soit obligée envers moi solidairement avec Titius. Ce dernier meurt, et elle en hérite.

Si je dirige mon action contre elle personnellement, elle me répondra que son obligation est nulle, par défaut d'autorisation.

Mais si je la dirige contre elle comme héritière de Titius, son exception s'anéantit, parce qu'il ne s'est point opéré en sa faveur de confusion des

---

Julianus ait : Eum qui hæres extitit ei, pro quo intervenerat, liberari eo causâ accessionis, et solum modô quasi hæredem rei teneri. Deniquê scripsit, si fidejussor hæres extiterit ei pro quo fidejussit, quasi reum esse obligatum, eo causâ fidejussionis liberari. Reum verô reo succedentem ex duabus causis esse obligatum : nec enim potest reperiri, quæ obligatio quam perimat, ut in fidejussore et reo reperitur, quia rei obligatio plenior est; nam ubi aliqua differentia est obligationum, potest constitui alterum per alterum perimi. Cum verô duæ ejusdem sint potestatis, non potest reperiri, cur altera, potius quam altera consumeretur; refert autem hæc ad speciem, in quâ vult ostendere non esse novum, ut duæ obligationes in unius personâ concurrant. Est autem species talis : si reus promittendi, reo promittendi hæres extiterit, duas obligationes sustinet. Item si reus stipulandi extiterit, hæres stipulandi, duas species obligationis sustinebit, etc.

deux obligations. L'une et l'autre demeurent entières et dans le même état, sans autre changement que celui de la personne du défunt que l'héritier représente.

Si le fidéjusseur succède à son cofidéjusseur, les obligations de l'un et de l'autre ne se confondent point encore, par la raison que nous venons d'expliquer.

Ce sont deux obligations égales, *ejusdem potestatis*; on ne peut voir pourquoi l'une serait confondue plutôt que l'autre : *Non est novum*, dit Africain, *ut fidejussor duabus obligationibus ejusdem pecuniæ nomine teneatur. Nam si in diem acceptus, mox purè accipiatur, ex utràque obligatur : et si fidejussor confidejussori hæres extiterit, idem erit. Loi* 21, § 1, *ff de fidejussor.*, 46. 1.

434. Lorsque l'État ou le fisc recueille la succession vacante de son débiteur, il ne se fait point de confusion des obligations du débiteur décédé; ses cautions ou fidéjusseurs ne sont libérés que jusqu'à concurrence de la valeur des biens recueillis par l'État.

435. Si l'État succède d'abord à Titius, qui devait 1,000ᶠ à Mévius, et qu'il succède ensuite à Mévius, il s'opère une confusion qui éteint l'obligation, et qui libère par conséquent les cautions de Titius. (*Vid.* Voët, *ubi suprà*, n°. 26; *loi* 71, *ff de mand.*, 46. 1). Tels étaient les principes du droit romain. Mais ils ne doivent pas être suivis dans notre droit français.

L'État ne succède qu'à défaut d'héritiers. Ils ont trente ans pour se présenter et former la pétition d'hérédité. Pendant ce laps de tems, nécessaire pour la prescription, l'État ne peut être assujetti aux dettes de la succession que comme détenteur des biens qui y sont affectés.

Il ne peut donc s'opérer de confusion, lorsqu'il réunit par déshérence les droits et les obligations de deux successions, dont l'une est créancière de l'autre, ou du moins cette confusion ne s'opère que jusqu'à concurrence des biens trouvés dans la succession débitrice de l'autre : les fidéjusseurs peuvent être poursuivis pour le surplus.

456. Nous avons déjà dit que l'acceptation de la succession sous bénéfice d'inventaire empêche la confusion de s'opérer.

Ce bénéfice donne à l'héritier l'avantage de ne pas confondre ses biens personnels avec ceux de la succession, et de conserver contre elle le droit de réclamer le paiement de ses créances (802).

Il en est de même si, se trouvant appelé à deux successions créancières et débitrices l'une de l'autre, il les accepte, ou seulement l'une d'elles, sous bénéfice d'inventaire.

457. Les effets de la confusion qu'opère l'adition pure et simple peuvent, en plusieurs cas, cesser avec leur cause ; c'est-à-dire que les droits et les obligations, qui étaient ou qui semblaient éteints, peuvent revivre.

Par exemple, si l'héritier mineur se faisait restituer contre une acceptation onéreuse faite par son tuteur ou par lui-même, autorisé de son conseil de famille. Loi 87, § 1, *ff de acquir. vel omitt. hared.*, 29. 2.

Car, sous l'empire du Code, l'acceptation d'une succession échue à un mineur, ne peut être valablement faite autrement que sous bénéfice d'inventaire (461).

Par exemple encore, si l'héritier majeur faisait rescinder son acceptation comme étant la suite d'un dol pratiqué envers lui, ou de l'ignorance d'un testament inconnu au moment de l'acceptation, et qui absorbe la succession, ou la diminue de plus de moitié (783); s'il est évincé de l'hérédité par un parent plus proche, ou bien parce que le testament qui l'instituait se trouve nul, ou révoqué par un postérieur; dans tous ces cas, la confusion, qui s'était ou qui semblait s'être opérée, venant à cesser, ses effets cessent avec leur cause, et l'héritier qui a cessé de l'être recouvre tous ses droits contre la succession et les cautions, comme la succession contre lui (1).

Dans le droit romain, l'héritier exclu de la succession pour cause d'indignité, n'était pas rétabli ou restitué dans les droits éteints par la confusion momentanée qu'avait opérée son acceptation pure et simple. Il s'était rendu indigne de cette restitution. *Dolus enim hæredis punitus est*, dit Papinien (2). Mais cette décision, fondée sur la différence qui existe entre l'indigne et l'incapable, a

---

(1) *Voy.* la loi 41, § *ult.*, ff de evict., 21. 2; loi 95, § 8, ff de solut. 46. 3; loi 21, § ult., ff de inoffic. test., 5. 2; loi 21, in fine, Cod. inoffic. test., 3. 28; loi 58, ff ad senat. cons. trebell., 36. 1; loi 17, ff de his quæ ut indign., 34. 9.

(2) *Voy.* la loi 21, § 1, ff ad senat. cons sylan., 29. 5; lois 8 et 17. ff de his quæ ut indign. auf., 34. 9.

paru trop rigoureuse à nos jurisconsultes français;
et quoique l'indigne soit saisi jusqu'au jugement
qui prononce son indignité, néanmoins, comme
il n'est saisi que pour être privé incontinent après,
et que son titre n'est point incommutable, il
n'est pas juste, dit Lebrun, Traité des successions, liv. 3, chap. 9, n°. 25, qu'il confonde les
droits qu'il avait sur la succession. Cet auteur tient
pour maxime (*ibid.*, chap. 4, n°. 54), qu'il n'y a
point de confusion incommutable, tandis que le
titre qui peut opérer la confusion n'est pas incommutable, pourvu que la résolution soit forcée; et
il ajoute que cela se pratique ainsi dans le retrait
lignager ou féodal, dans le cas de la révocation
d'une donation pour survenance d'enfans, d'une
restitution fondée sur la minorité et la lésion, et
d'une séparation de patrimoines, demandée par les
créanciers du défunt, lors de laquelle les créances
du défunt sur son héritier commencent à revivre, et la confusion cesse, quoique toutes ces manières de résoudre un titre d'acquisition soient différentes : car les unes se font pour le présent seulement; les autres se font dès à présent comme
dès lors; les unes se font par translation du droit
d'une personne à une autre; les autres par rescision; parce qu'il suffit que la résolution du contrat ou de l'adition d'hérédité soit forcée, pour
faire que la confusion n'ait point de lieu (1).

_____

(1) Lebrun fonde cette doctrine sur la loi 10, *ff quib. mod. pign. vel
hyp. sol.*, 20. 6, et sur l'ordonnance de 1441, touchant les rentes assises
sur les maisons de Paris. L'art. 15 porte : « Et s'il advient que les pro-

458. Les effets de la confusion cessent encore, suivant le droit romain, par une convention expresse ou tacite. Expresse, lorsqu'après la pétition d'hérédité, celui à qui elle avait été adjugée la cède à son adversaire, sous la condition d'exercer tous ses droits et toutes ses actions, de la même manière que si jamais il ne l'avait acceptée. Loi 7, *Cod. de pactis*, 2. 3. Tacite, lorsque celui à qui une succession est déférée la vend à un tiers. Loi 2, §§ 18 et 19, *ff de hæred. vend.*, 18. 4.

Il faut remarquer que les lois citées ne parlent que des droits du cédant ou du vendeur, qui, malgré la confusion, rentrent contre le cessionnaire ou l'acquéreur, dans tous les droits qu'ils auraient vers l'hérédité, et les biens qui en dépendent; ce qui est juste : mais ils n'y rentrent point envers les créanciers de la succession, qui non seulement leur seraient préférés sur les biens de la succession, mais qui auraient de plus contre lui une action personnelle dont il ne pourrait se défendre.

439. Enfin, les effets de la confusion cessent par la restitution que l'héritier ou légataire grevé de substitution est obligé de faire des biens qu'il a reçus, à la charge de les rendre.

» priétaires desdites maisons...... acquièrent rentes dont icelles mai
» sons..... seront chargées et depuis..... leur soient évincées.... , iceux
» propriétaires pourront poursuivre leursdites rentes et les arrérages
» échus sur lesdites maisons, contre toutes personnes qui prétendraient
» avoir rente, obligation ou charge depuis........ qu'elles auraient été
» évincées, et eux aider de priorité, comme eussent pu faire les ven-
» deurs d'icelles rentes, nonobstant quelconque confusion que l'on pour-
» rait arguer...., laquelle confusion nous ne voulons préjudicier à iceux
» propriétaires, en quelque manière que ce soit. »

Mon frère me devait 20,000ᶠ. Je l'institue mon héritier, à la charge de rendre mes biens à ses enfans. Il devra leur rendre cette somme de 20,000ᶠ.

Je devais à mon frère la somme de 20,000ᶠ. Je l'institue mon héritier, à la charge de rendre mes biens à ses enfans.

Le moment de l'institution étant arrivé, il pourra, ou ses créanciers pourront reprendre, sur les biens à restituer, la somme de 20,000ᶠ. (*Vid. leg.* 59, *ff ad senat. cons. Trebell.*, 36. 1, et les commentateurs).

410. Le Code barbare des émigrés offre l'exemple d'une cessation de confusion, qui fit revivre les droits en faveur de l'une des parties, et non en faveur de l'autre.

Après la confiscation des biens des émigrés, les droits actifs et passifs qu'ils avaient les uns contre les autres ou contre l'État, se trouvèrent réunis et confondus entre les mains du fisc. Bonaparte pensa qu'une amnistie pouvait être un des moyens de rétablir la tranquillité en France : il l'accorda donc, par le fameux sénatus-consulte du 6 floréal an X, aux émigrés qui voudraient rentrer dans un délai fixé, et aux conditions prescrites.

L'art. 17 leur rendit leurs biens non vendus, mais il en excepta plusieurs, et notamment *les créances qui pouvaient leur appartenir sur le trésor public, et dont l'extinction s'est opérée par confusion, au moment où la République a été saisie de leurs biens, droits et dettes actives.*

Mais cette disposition ne fut point réciproque;

les droits de l'Etat contre les émigrés rayés ou am-
nistiés ne furent point éteints, comme les droits
de ceux-ci contre l'Etat.

Un arrêté du Gouvernement, du 3 floréal an XI,
*relatif aux biens confisqués à raison d'émigration,
et aux droits des créanciers d'émigrés,* porte, article 3 : « Toutes créances de la République contre
» un rayé, éliminé ou amnistié, antérieurs à son
» amnistie, demeurent éteintes, *s'il est justifié* que
» le trésor public ait reçu, soit par le versement
» du prix de ses biens vendus, soit par l'effet de
» la confusion des créances et droits qui lui appar-
» tenaient, une somme égale au montant desdites
» créances. »

Ainsi, les créances des émigrés contre l'Etat ne
pouvaient jamais revivre, quoique les revenus et
le prix de leurs biens eussent été versés dans les
caisses du trésor public, et celles de l'Etat contre
eux revivaient toujours, à moins qu'il ne fût justifié que le trésor public avait reçu *du prix* de leurs
biens, ou par l'effet de la confusion des droits,
une somme égale au montant de ces créances. S'il
n'en avait reçu qu'une moitié, qu'un quart, le
surplus était exigé des émigrés rentrés.

Quant aux droits des émigrés les uns contre les
autres, et qui avaient été confondus dans la main
du fisc, l'effet de cette confusion cessait du moment où le Gouvernement avait rendu à deux
émigrés créanciers l'un de l'autre ce qui restait de
leurs biens respectifs.

Ainsi, le créancier qui avait émigré pouvait,

après sa radiation, son élimination, ou son brevet d'amnistie, traduire en justice son débiteur,
qui avait émigré comme lui, et qui, comme lui,
avait été réintégré dans ses droits de citoyen.

La Cour de cassation, et plusieurs décrets, l'ont
ainsi décidé, par le motif que l'extinction des
créances des émigrés, prononcée par le sénatus-
consulte du 6 floréal an X, ne pouvait avoir lieu
que dans l'intérêt de la République. (*Voy.* le nouveau Répertoire de jurisprudence, v°. *Confusion,*
§ 5).

411. En rendant définitivement aux émigrés
leurs biens non vendus, le Roi a pensé avec raison que l'intérêt des peuples, la nécessité de concilier un acte de justice avec le respect dû à des
droits acquis par des tiers, en vertu de lois existantes, avec l'engagement de maintenir les ventes
de domaines nationaux; enfin, la situation des
finances, patrimoine commun de la nombreuse
famille dont il est le père (1), lui imposaient le
devoir de ne point porter atteinte à tout ce qui a
été fait en vertu des lois précédentes, avant la loi
qu'il a sanctionnée le 5 décembre 1814. L'art. 1
porte :

« Sont maintenus, et sortiront leur plein et entier effet, soit envers l'État, soit envers les tiers,
tous jugemens et décisions rendus, tous actes passés, tous droits acquis avant la publication de la
Charte constitutionnelle, et qui seraient fondés

_____

(1) *Voy.* le préambule de la loi du 5 décembre 1814.

sur des lois ou des actes du Gouvernement relatifs à l'émigration (1). »

Ainsi, les dispositions du sénatus-consulte du 6 floréal an X, et de l'arrêté du Gouvernement du 3 floréal an XI, sur les effets de la confusion, restent en pleine vigueur; mais l'art. 14 de la loi du 5 décembre 1814, porte qu'il sera sursis, jusqu'au 1er. janvier 1816, à toutes actions de la part des créanciers d'émigrés sur les biens remis *par la présente loi;* les créanciers pourront néanmoins faire tous les actes conservatoires de leurs créances.

Cette surséance, qui ne s'étend point, comme on le voit, aux biens vendus avant cette loi, a été, par une autre loi du 16 janvier 1816, prorogée jusqu'au 1er. janvier 1818.

SECTION VI.

De la perte de la chose due, et des cas où le débiteur est dans l'impossibilité d'accomplir son obligation.

SOMMAIRE.

442. *Le débiteur est libéré par la perte du corps certain et déterminé qui était l'objet de l'obligation, et pourquoi.*
443. *Secùs, si l'objet est indéterminé, ou déterminé seulement quant à son espèce.*

---

(1) Il y a exception en faveur desf abriques, en vertu de l'art. 1 de l'arrête du 7 thermidor an XI. *Voy.* 'arrêt de la Cour de cassation, du 24 mars 1817, Sirey, 1818, 1re. part., pag. 24 et 25.

444. *A moins qu'il n'ait été déterminé par des offres valables.*

445. *S'il fait partie d'une quantité de choses déterminées, la perte de toutes ces choses éteint l'obligation, si les expressions sont limitatives et non démonstratives.*

446. *Examen de la règle que toute obligation est éteinte, si les choses en viennent au point où elle ne pouvait prendre naissance.* Obligatio quamvis initio rectè constituta extinguitur, si res inciderit in eum casum, à quo incipere non poterat.

447. *Quand l'obligation d'une des parties est ainsi éteinte, l'autre est-elle dégagée de la sienne? Règle qu'un contrat une fois parfait n'est pas dissous par les événemens posterieurs qui ont amené les choses au point où il ne pouvait prendre naissance.* Quæ semel utiliter constituta sunt durant, licèt ille casus extiterit à quo incipere non potuerunt. *Conciliation de cette règle avec la précédente.*

448. *Quand le contrat est parfait, dans les contrats translatifs de propriété, comme la vente.*

449. *Les contrats qui ne transferent que la jouissance de la chose, comme le louage, sont résolus, si les choses en viennent au point où ils ne pourraient commencer; les deux parties sont dégagées de leurs obligations respectives.*

450. *La durée du contrat de louage est conditionnelle; il est dissous, si la chose est détruite en totalité. Quid, si elle ne l'est qu'en partie?*

451. *Pour appliquer l'une ou l'autre des règles ci-dessus au contrat de société, il faut distinguer si la propriété, ou seulement la jouissance des choses, est mise en commun.*

452. *Si la propriété, la perte des choses qui forment la mise d'un associé, ne rompt pas la société.*

453. *La propriéte est apportée à la société du moment où l'obligation de mettre en commun des corps certains et déterminés est parfaite.*

454. *Si on promet seulement de réunir ces corps pour les vendre en commun, et partager le prix de la vente, la propriété n'en est pas transférée, et leur perte arrivée avant la vente rompt la société.*

442. L'OBLIGATION de donner consiste à livrer la chose, et à la conserver jusqu'à la livraison, sous peine de dommages et intérêts envers le créancier (1136). Si donc, avant la livraison, le corps *certain et déterminé,* qui était l'objet de l'obligation, vient à périr *sans la faute du débiteur,* il est dégagé de toute obligation (1302).

D'un côté, il se trouve réduit à l'impossibilité de livrer la chose : or, nul n'est tenu à l'impossible.

De l'autre côté, il n'est point tenu à des dommages et intérêts, qu'il ne peut devoir que dans le cas où l'inexécution de l'obligation vient d'un fait qui peut lui être imputé (1147). Ainsi, son obligation est entièrement éteinte.

C'était un principe reçu, même dans le droit romain, où l'obligation de donner un corps certain n'en transférait pas la propriété. Elle n'était transférée que par la tradition. Dans les principes du Code civil, la propriété pouvant s'acquérir par le seul effet des obligations, celle de livrer un corps certain et déterminé rend le créancier propriétaire, et met la chose à ses risques, encore que

la tradition n'en ait point été faite. C'est une raison de plus pour que l'obligation de la livrer soit
éteinte par la perte de la chose, sans la faute du
débiteur.

443. Mais ce principe, que l'obligation est éteinte
par la perte de la chose due, ne s'applique, suivant l'art. 1302, conforme en cela à l'ancienne jurisprudence (1) et à la raison, qu'aux obligations
dont l'objet est certain et déterminé. Il ne peut
s'appliquer aux obligations dont l'objet consiste en
choses indéterminées, ou déterminées seulement
quant à leur espèce (1129), que les docteurs appelaient *obligationes generis.*

J'ai promis de donner un cheval, une couple
de bœufs, un attelage de deux ou de quatre chevaux blancs. Il ne peut en ce cas y avoir d'extinction de choses dues, quand même celles que j'avais
en vue, lorsque j'ai promis, viendraient à périr,
parce que ce qui n'est pas déterminé ne s'éteint
point : *Genus nunquàm perit.* (*Voy.* ce que nous
avons dit tom. VI, pag. 719, n°. 689).

Il faut en dire autant d'une somme d'argent,
d'une quantité de choses fongibles ou de marchandises, de tant de mesures de froment, de tant de
tonneaux de vin ou de pièces de drap. Ainsi, quoique le débiteur ait les choses dans sa maison, dans
ses écuries, greniers ou magasins, si, avant qu'il
les ait livrées, elles viennent à périr par une force

---

(1) *Voy.* Pothier, Traité des obligations, n°. 622, et Traité de la
société, n°. 112.

majeure, par un incendie, par exemple, son obligation n'est pas éteinte : *Incendium ære alieno non
exuit debitorem. Loi* 11, *Cod. si certum pet.*, 4. 2.
Car l'argent, les chevaux, le blé, etc., qui ont péri,
ne sont pas les choses qui étaient dues; c'étaient
un attelage, un cheval, etc., lesquels étant indé-
terminés, ne peuvent périr, tandis qu'il en reste
d'autres.

444. Si cependant l'objet indéterminé d'une obligation avait été déterminé par l'offre valable d'un
corps certain, il n'est pas douteux qu'alors l'obligation s'éteindrait par la perte de ce corps, arrivée sans la faute du débiteur.

445. Si encore l'objet de l'obligation, quoiqu'indéterminé par lui-même, faisait partie d'une quantité déterminée de choses certaines, l'obligation
pourrait s'éteindre par l'extinction complète de
toutes les choses.

Je vous ai promis deux tonneaux des vins qui
sont dans telles de mes caves, ou dans ma cave,
si je n'en ai qu'une.

Tous ces vins périssent par un incendie ou autres forces majeures; mon obligation est éteinte
(*voy.* Pothier, n°. 623); comme dans les obligations alternatives, le debiteur est libéré, si les choses comprises dans l'alternative périssent toutes les
deux sans sa faute (1193).

Mais il faut pour cela que les termes de l'obligation soient *limitatifs*, c'est-à-dire qu'il en résulte
qu'en indiquant le lieu ou le nombre des choses
certaines, dont une ou plusieurs font l'objet de
l'obligation, les parties ont eu l'intention de la li-

miter ou restreindre à l'une ou plusieurs de ces choses seulement, de manière qu'elle ne puisse s'étendre à d'autres, à défaut de celles-là.

Au contraire, si les termes de l'obligation ne sont que *démonstratifs;* c'est-à-dire s'il en résulte que les parties n'ont eu d'autre intention que d'indiquer, de *montrer* le lieu et les choses où doivent être prises d'abord et de préférence celles qui sont promises; en un mot, de désigner seulement *undè solvetur,* sans prétendre qu'à défaut des choses désignées l'obligation ne puisse pas s'étendre à d'autres de la même espèce, l'obligation n'est pas éteinte par la perte de toutes les choses indiquées.

La grande difficulté consiste à discerner (1) quand les termes sont *limitatifs,* ou seulement *démonstratifs.*

Si je me suis obligé de vous donner, par exemple, un tonneau de vin *à prendre* dans ma cave, ces termes ne sont que *démonstratifs* (Pothier, n°. 623); l'obligation n'est pas limitée aux seuls tonneaux de vin qui sont dans ma cave; cette expression *à prendre* ne fait qu'indiquer *undè solvetur.*

Mais si je vous ai promis les cent louis qui sont

---

(1) Nous avons vu tom. VI, n°s. 459, 460 et 461, combien ce discernement est difficile. L'imperfection des langues, l'incurie ou l'ignorance des personnes qui rédigent les actes, empêchent qu'on ne puisse, sur ce point comme sur bien d'autres, établir des règles certaines : la décision reste donc toujours abandonnée à la sagacité du magistrat. L'habitude des affaires, la maturité de jugement que donne cette habitude, servent beaucoup à l'interprétation des actes ambigus, et à en pénétrer le véritable sens.

dans mon secrétaire, ou que j'ai déposés chez tel notaire, l'obligation est limitée, et si cette somme vient à périr par force majeure, je suis libéré de mon obligation : *Si certos nummos, putà qui in arcâ sint stipulatus sim, et hi sine culpâ promissoris perierint, nihil nobis debetur.* Loi 37, ff de V. O., 45. 1. Dans les principes du Code civil, la propriété de la somme ainsi déterminée est transférée au créancier.

S'il y a du doute, il faut décider que les termes de l'obligation ne sont que démonstratifs et non limitatifs. (*Voy.* tom. VI, pag. 554).

446. Le principe que l'obligation est éteinte par la perte de la chose qui en était l'objet, s'applique à tous les cas où le débiteur se trouve, sans sa faute, dans l'impossibilité d'accomplir son obligation; par exemple si le corps qui en était l'objet est mis hors du commerce, c'est-à-dire consacré à des usages publics (*voy.* tom. VI, n°. 163), ou perdu de manière qu'on en ignore absolument l'existence (1302); car il y a même raison de décider, dans tous les cas où le débiteur se trouve, pour quelque cause que ce soit, mais sans sa faute, dans l'impossibilité de donner le corps certain et déterminé qu'il a promis.

De là cette règle générale que nous ont transmise les jurisconsultes romains. Toute obligation, quoique valable dans son principe, est éteinte, si les choses en viennent au point où elle ne pouvait prendre naissance. *Obligatio, quamvis initio rectè constituta, extinguitur, si res inciderit in eum casum*

à quo incipere non poterat (1). Ce qui arrive toujours, lorsque quelqu'événement, qu'on ne peut
imputer au débiteur, rend impossible l'accomplissement de l'obligation.

447. Mais si l'obligation est éteinte par l'impossibilité de l'accomplir, arrivée sans la faute du débiteur, le contrat est-il dissous, de manière que
l'autre partie soit également dégagée de son obligation, quoique rien ne l'empêche de l'accomplir?

C'est une question importante, qui dépend de
l'application d'une autre règle qu'il faut examiner,
et qui paraît d'abord contraire à celle-ci (2).

C'est qu'un contrat pur et simple, une fois parfait, n'est pas dissous par les événemens postérieurs
qui ont amené les choses au point où il ne pouvait
prendre naissance : *Non est novum ut quæ semel utiliter constituta sunt durent, licèt ille casus extiterit à
quo initium capere non potuerunt* (3). *Loi* 185, § 1, *ff
de R. J.*

La première de ces deux règles, comme nous l'a-

---

(1) § 2, *vers. item contra, instit. de inut. stip.*, § 4, *inst. de legat.;
loi* 140, § 2, *ff de V. O.*, 45. 1.

(2) *Voy.* Vinnius, *in* § 14, *Instit. de legat.*; Jacques Godefroy, sur la
loi 85, § 1, *ff de R. J.*; Averani, *Interpret. jur.*, *lib.* 4, *cap.* 24 *et seq.*

(3) C'est le cas converse de la règle Catonienne : *Quod initio vitiosum est, non potest tractu temporis convalescere. Loi* 29, *ff de R. J.* Un
acte vicieux dans son principe ne peut devenir valable par les événemens postérieurs. *Vice versâ*, un acte valable dans son principe, n'est
pas détruit par les événemens postérieurs, qui amènent les choses au
point où il ne pourrait prendre naissance, *quæ semel utiliter*, etc. Le
présent ne peut pas plus rétroagir sur le passé dans un cas que dans
l'autre.

vons déjà indiqué, est fondée sur ce que, d'un côté, nul n'est tenu à l'impossible; de l'autre, sur ce
qu'on ne peut devoir de dommages et intérêts pour
l'inexécution d'une obligation, lorsqu'on n'est pas
en faute.

La seconde, sur ce que le présent ne peut rétroagir sur le passé. Les événemens postérieurs, quels
qu'ils soient, ne peuvent faire qu'une chose n'ait
pas existé. La loi, par sa toute-puissance, ou bien
le consentement des parties, peut seule dissoudre
un contrat, en dégageant chacune d'elles de leurs
obligations respectives.

C'est donc un principe d'éternelle vérité, qu'un
contrat, une fois revêtu de tout ce qui est nécessaire pour sa perfection, ne saurait être anéanti par
les événemens postérieurs, arrivés sans la volonté
des parties, quand même ces événemens auraient
amené les choses au point où il ne pourrait prendre
naissance.

Pour concilier ces deux règles, et en faire une
juste application, il faut savoir si le contrat était
parfait ou non, avant la perte de la chose qui en
était l'objet, ou avant que les choses en fussent
venues au point où il ne pourrait prendre naissance.

Si le contrat était parfait, celui des contractans
qui n'est point réduit à l'impossibilité d'accomplir
ses obligations, n'en est point dégagé par les événemens postérieurs. Nous sommes convenus d'échan-
ger tel tableau que je possède, contre telle statue
qui vous appartient.

Le contrat est parfait par notre seul consente-

ment. Si donc, avant qu'il soit exécuté, avant que
je vous aie livré le tableau, et que vous m'ayez livré la statue, le tableau périt sans ma faute, je suis
dégagé de l'obligation de vous le livrer : vous ne
l'êtes pas de celle de livrer la statue, quoique les
choses en soient venues au point où le contrat ne
pourrait prendre naissance : l'effet du contrat, qui
était parfait par notre seul consentement, vous
avait rendu propriétaire du tableau, moi de la statue. S'il a péri sans ma faute, par un accident qu'elle
n'a point éprouvé, il n'y a pas plus de raison pour
me faire supporter cette perte, que pour me faire
partager celle de mon voisin, dont la maison a
péri par le feu du ciel, qui a respecté la mienne.
En affligeant l'un de nous, la Providence a voulu
épargner l'autre.

L'accident qui dégage l'un des contractans de son
obligation, en le réduisant à l'impossibilité de l'accomplir, ne dégage donc point l'autre, que rien
n'empêche d'accomplir la sienne.

Objecterait-on que, suivant l'art. 1184, la condition résolutoire est toujours sous-entendue dans
les contrats synallagmatiques, pour le cas où l'une
des parties ne satisfera point à son obligation ? Cette
disposition n'est point applicable au cas où l'exécution de l'obligation est devenue impossible, sans
la faute du débiteur, comme le prouve la seconde
disposition du même article.

C'est donc une maxime certaine que le contrat
une fois parfait, n'est pas dissous par l'accident
qui réduit une des parties à l'impossibilité d'accomplir son obligation, et que l'autre partie n'er

doit pas moins accomplir la sienne. Le droit romain le décide expressément (1) à l'égard de la vente, qui, comme l'échange, est parfaite, par le seul consentement des parties. Si la chose vendue périt avant la tradition, l'acheteur n'en est pas moins obligé de payer le prix, parce que le contrat n'est pas dissous.

Si le contrat n'était point encore parfait, la perte du corps certain qui en était l'objet, ou bien l'événement qui réduit les choses au point où il ne pouvait commencer, en opère l'extinction, ou plutôt l'empêche de naître ; car ce qui manque à sa perfection ne peut plus exister.

448. Il faut donc s'appliquer à bien connaître l'instant précis où le contrat est parfait. Ce moment est facile à fixer dans les contrats dont la nature est de transférer la propriété, tels que la vente. Le contrat est parfait par le seul consentement des parties, dès qu'on est convenu de la chose et du prix, et dès lors aussi, si la chose périt sans la faute du vendeur, la perte est pour le compte de l'acquéreur.

Dès lors encore, le contrat n'en subsisterait pas moins, quand même les événemens postérieurs améneraient les choses au point où il n'aurait pu prendre naissance.

Par exemple, si les deux parties, ou l'une d'elles mourait, ou tombait en démence une heure après le contrat, il n'en serait pas moins irrévocable.

_____

(1) *Instit.*, § 3, *de empt. vend.*, et *ibi* Vinnius.

Il faut pourtant distinguer entre les différentes espèces de ventes; car, lorsque des marchandises sont vendues au poids, au compte ou à la mesure, la vente n'est point parfaite, *en ce sens,* que les choses vendues sont *au compte* du vendeur, jusqu'à ce qu'elles soient pesées, comptées ou mesurées (1585).

Mais il paraît qu'il ne faut pas étendre cette disposition au-delà de son cas précis, et qu'elle n'a d'autre objet que de rejeter les risques et la perte des choses vendues sur le compte du vendeur, jusqu'à ce qu'elles soient pesées ou mesurées. Si, par des événemens postérieurs, on en venait au point où le contrat n'eût pu prendre naissance; par exemple, si les deux parties ou l'une d'elles mourait ou tombait en démence, le contrat n'en subsisterait pas moins en faveur des héritiers ou contre eux.

C'est ce qui résulte de la disposition finale du même article, qui donne à l'acheteur la faculté de demander l'exécution du contrat.

Si, au contraire, les marchandises ont été vendues en bloc, la vente est parfaite, quoique les marchandises n'aient pas encore été pesées, comptées ou mesurées (1586).

A l'égard du vin, de l'huile et des autres choses que l'on est dans l'usage de goûter avant d'en faire l'achat, il n'y a point de vente, tant que l'acheteur ne les a pas goûtées et *agréées* (1587).

Une pareille vente est censée faite sous la condition, si les marchandises plaisent à l'acheteur. Il faut qu'il les *agrée.*

La vente faite à l'essai est aussi toujours présumée faite sous une condition suspensive (1588).

449. Dans les contrats dont la nature n'est pas de transférer la propriété, mais seulement la jouissance de la chose, tels que le louage, il est bien évident que la perte de la chose est toujours pour le compte du propriétaire; mais quoique ce contrat soit, comme la vente, parfait par le consentement des parties, en ce sens qu'aucune d'elles ne peut le résoudre sans le consentement de l'autre, il est néanmoins résolu, même de *plein droit*, si la chose louée est détruite en totalité par cas fortuit (1722, 1741), et le bailleur est dégagé de son obligation, sans aucun dédommagement.

Mais le preneur est également dégagé des siennes de plein droit; car la somme qu'il s'était obligé de payer annuellement étant le prix de la jouissance de chaque année, ne peut plus être due, dès qu'il est, sans sa faute, privé de cette jouissance.

Les choses en sont venues au point où le contrat ne pouvait prendre naissance, et ne peut même continuer d'exister.

450. Le louage est de sa nature un contrat dont la durée est conditionnelle. Le preneur ne s'oblige que sous la condition très-réelle, quoique tacite, qu'il jouira de la chose louée. C'est pour le prix de cette jouissance qu'il promet de donner chaque année une somme convenue. Il promet de la donner tant et si long-tems qu'il jouira. Son obligation cesse aussitôt qu'il ne peut plus jouir. S'il en est empêché par la faute du bailleur, il doit être indemnisé par ce dernier, qui lui doit des dom-

mages et intérêts : *Lucrum cessans, damnum emer-*
gens. S'il n'y a aucune faute de la part du bailleur,
il ne doit aucune indemnité ; mais le contrat est
résolu à défaut de la condition sous laquelle le preneur s'était engagé à payer le prix de sa location.

Si la chose n'est détruite qu'en partie, le preneur peut, suivant les circonstances, demander,
ou une diminution du prix, ou la résolution même
du bail, mais sans aucun dédommagement (1722).
Il n'en peut être dû, puisque le bailleur n'est point
en faute (1).

451. La société est encore un contrat parfait,
par le seul consentement des parties, qui conviennent de *mettre quelque chose en commun,* dans la
vue de partager le bénéfice qui pourra en résulter
(1832).

Mais pour savoir quand on doit faire à ce contrat l'application de l'une ou de l'autre de nos deux
règles, on doit distinguer les cas où les contractans
ont mis en commun *la propriété* des choses qu'ils
apportent à la société, des cas où ils n'y ont mis
que *la jouissance* des mêmes choses.

Il faut appliquer au premier cas ce que nous
avons dit à l'égard du contrat de vente, qui, de sa
nature, transfère la propriété des choses vendues;
et au second, ce que nous avons dit relativement

---

(1) *Voy.* l'art. 1769, dont les dispositions sont des conséquences des
principes que nous avons exposés ; *voy.* aussi Pothier, du Contrat de
louage, n°. 209; *loi* 9, § 1, et *loi* 33, *ff locati*, 19. 2.

au contrat de louage, qui, de sa nature, ne transfère que la jouissance des choses louées.

452. Si donc nous avons formé une société par
laquelle nous sommes convenus de mettre en commun nos deux corsaires, pour partager les bénéfices que leurs courses pourront procurer, la propriété de ces deux navires est, par le seul effet de
la convention, transférée à la société.

Si le mien seul périt sans ma faute, même avant
que je l'eusse remis à la disposition de la société,
elle n'est pas dissoute, elle continue de subsister,
et je reste associé pour moitié dans les bénéfices de
votre navire.

Le mien a péri pour le compte de la société, qui
en était devenue propriétaire. C'est ce que décide
la disposition finale de l'art. 1867 du Code, qui
porte : « *La société n'est pas rompue par la perte de
la chose dont la propriété a déjà été apportée à la société* (1) ».

C'est ainsi que le contrat de vente n'est point
dissous par la perte de la chose vendue, arrivée
avant la tradition, sans la faute du vendeur, qui
continue d'être créancier du prix qu'il peut exiger,
actione venditi.

453. L'art. 1867 ne dit point quand la propriété
de la chose a été apportée à la société. Le Code

---

(1) Dans la jurisprudence antérieure au Code, la perte survenue avant
la tradition du corps certain, qui formait la mise de l'un des associés,
ne rompait point non plus la société, quoique la seule obligation de le
livrer n'en transférât point la propriété à la société avant la tradition.
Pothier, *Traité du contrat de société,* nos. 110 et suiv.

l'avait déjà dit d'une manière générale dans les
art. 711 et 1138, dont le premier porte que la propriété est transférée par l'effet des obligations; le
second, que l'obligation de livrer la chose est parfaite par le seul consentement des parties; qu'elle
rend le créancier *propriétaire*, et met la chose à ses
risques, encore que la tradition n'en ait point été
faite. On pouvait se dispenser de répéter ces principes dans l'art. 1867, dont la disposition obscure,
pour ne rien dire de plus, quand elle est isolée,
peut s'éclaircir par le rapprochement des articles
cités. Ils prouvent que la propriété est transférée
ou apportée à la société, aussitôt que l'obligation de
livrer le corps certain et déterminé, qui forme l'objet de la mise, est parfaite, par le consentement
des parties, encore que la tradition n'en ait point
été faite.

454. Mais si, au lieu de convenir de *mettre en*
commun des corps certains et déterminés, pour partager les bénéfices qui pourront en résulter (1832),
les parties convenaient, non pas de transférer la
propriété de ces choses à la société, mais seulement de les réunir pour les vendre ensemble et
partager ensuite le prix, espérant qu'il sera plus
avantageux dans une vente commune que dans une
vente de chacune des choses séparément, comme
alors la propriété des choses qui doivent être vendues est demeurée à chaque associé jusqu'au moment de la vente, et n'a point été transférée à la
société, si les choses de l'un d'eux périssent avant
la vente, la perte est pour son compte, et le but
de la société ne pouvant plus être rempli, elle se

trouve nécessairement rompue : *Quia negotium re-cidit in eum casum à quo incipere non poterat.* Le droit romain nous en donne un exemple dont le déve-loppement est utile ou même nécessaire, pour bien entendre la première disposition de l'art. 1867, qu'on a trouvée obscure, et avec raison.

455. J'ai un cheval blanc. Vous en avez trois semblables. En les réunissant ils formeront un bel attelage, qui sera vendu plus avantageusement qu'en vendant ces chevaux séparément. Nous con-venons de les vendre en commun, pour en par-tager le prix des trois quarts au quart.

Cette convention est parfaite par notre seul con-sentement ; mais elle ne transfère point la pro-priété des chevaux qui doivent être vendus ; car ce n'est pas ce que nous nous sommes proposé de faire. Mon cheval meurt avant la vente. La société est rompue ; je ne pourrai prétendre aucune part dans le prix de vos trois chevaux, loi 58, *ff pro socio*, 17. 2 ; car la société n'avait d'autre objet que de vendre les chevaux en commun, pour en partager le prix, et non de mettre les chevaux eux-mêmes dans la société : *Non enim habendæ quadrigæ, sed vendendæ coïtam societatem*, dit Ulpien. Or, la vente commune devient impossible par la mort de mon cheval, dont la propriété n'avait point été trans-férée à la société. Sa perte est donc pour mon compte, et le contrat est dissous, parce qu'il n'a-vait d'autre objet qu'une vente commune devenue impossible : *Incidit in casum à quo incipere non po-terat.*

Au contraire, si nous étions convenus, non de

vendre nos chevaux, mais de les mettre en commun, pour les employer au profit de la société, la
perte de l'un d'eux, même avant la tradition, serait pour le compte de la société, qui continuerait
d'exister : *Si id actum dicatur , ut quadriga fieret,*
eaque communicaretur : tuque in eâ tres partes habe-
res , ego quartam , non dubiè adhuc socii sumus , dit
encore Ulpien.

456. C'est dans la disposition de cette loi que la
commission , chargée de rédiger le projet du Code
civil, puisa la première ébauche de l'art. 1867 du
Code. L'art. 57 du titre de la société portait, dans
ce projet : *S'il a été contracté société, pour y mettre le*
prix de la vente à faire en commun, de plusieurs choses
appartenant à chaque associé , et que la chose de l'un
d'eux périsse , la société est éteinte.

Dans l'espèce de ce projet, il s'agit, comme on
voit, de mettre en société, non pas les choses mêmes
qui doivent être vendues, mais leur prix seulement.
Cette convention ne peut donc transférer à la société la propriété de ces choses.

Ainsi, la chose de l'un des associés venant à périr avant la vente, la perte est pour son compte,
puisqu'il est demeuré propriétaire. Mais, de plus,
il devient impossible d'exécuter la convention, et
la société est dissoute ; car il est de son essence que
chaque associé apporte sa mise. Or, il est devenu
impossible que l'un d'eux l'apporte. Le contrat s'é-
vanouit donc : *Incidit in casum à quo incipere non*
poterat.

Cette rédaction fut changée, pour en rendre la

disposition plus générale, dans le projet discuté au Conseil d'état, le 14 nivôse an XII. L'art. 38 portait : *La chose que l'un des associés devait mettre dans la société, et qui a péri, opère la dissolution de la société, par rapport à tous les associés.*

On voit qu'il s'agit ici, comme dans le premier projet, d'une chose que l'un des associés *devait* mettre en société, mais qu'il n'y avait point encore mise. La disposition est seulement plus générale, et on ajoute au premier projet que la société est dissoute, *pour tous les associés,* s'il y en a plus de deux.

Enfin, cette rédaction fut encore changée, d'après les conférences tenues avec le Tribunat, sans que, dans les procès-verbaux du Tribunat, on trouve les motifs de ce changement.

Quoi qu'il en soit, elle fut, dans la séance du 5 ventôse an XII, présentée et adoptée telle qu'on la lit dans l'art. 1867 du Code.

« Lorsque l'un des associés a *promis* de mettre «en commun *la propriété* d'une chose, la perte, » survenue avant que *la mise en soit effectuée,* opère » la dissolution de la société, par rapport à tous les » associés ».

457. Ces expressions, *avant que la mise en soit effectuée,* ont paru tellement obscures et équivoques, que quelques personnes, croyant qu'elles signifient *avant que la chose soit livrée, avant que la tradition en soit faite à la société,* ont pensé que cet art. 1867 était en contradiction avec l'art. 1138, qui porte que l'obligation de livrer la chose est parfaite

par le seul consentement des parties; qu'elle rend
le créancier propriétaire, et met la chose à ses risques, *encore que la tradition n'en ait point été faite*;
d'autres, que ce même art. 1867 contient une exception au principe établi par l'art. 1138, pour le
cas de la société; d'où résulterait que si la perte
des corps certains et déterminés que l'un des associés s'est obligé de mettre en commun, périssait sans sa faute, avant qu'il les eût livrés, et qu'il
fût en demeure de les livrer, la société serait dissoute : ce qui serait contraire à l'ancienne jurisprudence, et plus encore aux principes du Code.

Pothier (Traité du contrat de société, n°. 10)
enseigne que si les corps certains et déterminés
qu'un associé s'est obligé d'apporter à la société,
pour sa mise, périssent sans sa faute, avant qu'il
ait été mis en demeure de les apporter, il est quitte
de son obligation, de même que s'il les avait apportés.

Il fonde cette proposition sur le principe général que, dans toutes les dettes de corps certains,
la chose est aux risques du créancier à qui elle est
due, et le débiteur est libéré, lorsqu'elle périt sans
sa faute, et avant qu'il ait été mis en demeure de
la livrer.

Or, il est contre toute vraisemblance que les rédacteurs du Code aient voulu s'écarter en ce point
de l'ancienne doctrine, de la doctrine de Pothier,
qu'ils ont constamment suivie pas à pas, comme
des enfans à la lisière; qu'ils s'en soient écartés
sans aucune raison, ou plutôt contre toute rai-

son ; car, après avoir établi, contre l'ancienne jurisprudence, que la tradition n'était plus nécessaire pour transférer la propriété ; qu'elle est transmise *par le seul effet de l'obligation,* qui rend *le créancier propriétaire, et met la chose à ses risques, dès l'instant où elle a dû être livrée, encore que la tradition n'en ait point été faite,* pourquoi faire, pour le cas de la société, une exception en faveur de laquelle on n'aperçoit aucune raison plausible? Il est impossible de croire que telle ait été l'intention des législateurs.

« On ne trouve aucune trace de cette intention, ni dans les procès-verbaux des conférences tenues au Conseil d'état, ni dans les exposés des motifs de la loi.

458. Mais l'art. 1867 est obscur et équivoque. Oui, sans doute, et plût à Dieu que ce fût le seul! Mais l'obscurité se dissipe en suivant la méthode prescrite par la raison et par les auteurs, d'interpréter les dispositions d'une loi les unes par les autres, et de s'attacher au sens qui s'accorde avec les principes généraux, plutôt qu'à celui qui s'en écarte sans motif.

Interprétons la première disposition de l'article 1867, qui porte que la perte de la chose, survenue *avant que la mise en soit effectuée,* opère la dissolution de la société, par la dernière disposition du même article, qui porte que la société n'est pas rompue par la perte de la chose *dont la propriété a déjà été apportée à la société.*

Il est évident que ces expressions *de mise effec-*

tuée , et de propriété apportée , employées l'une dans la première, l'autre dans la dernière disposition de l'article, ont la même signification.

Dans la première , on s'est servi de cette expression, *mise effectuée*, pour éviter la répétition choquante du même mot, si l'on avait dit , « lorsque » l'un des associés a promis de mettre en commun » *la propriété* d'une chose , la perte survenue avant » que *la propriété* en soit *apportée*, opère la dissolu- » tion de la société ».

Mais, dans la dernière disposition , où l'on n'avait point à éviter la répétition du même terme , on a rétabli le mot propre : «La société n'est pas rompue » par la perte de la chose dont *la propriété a déjà* » *été apportée* ».

On voit que , pour expliquer quand la perte de la chose dont l'un des associés a *promis* de mettre la propriété en commun, opère la dissolution de la société , le Code distingue si la perte est arrivée avant ou après la translation de la propriété.

Si elle est arrivée avant cette translation , autrement *avant la mise effectuée*, la société est dissoute.

Si elle est arrivée après que *la propriété a déjà été apportée*, la société n'est pas dissoute.

Ainsi , cette expression *de la mise effectuée* est synonyme de *propriété apportée* : il est du moins certain que l'art. 1867 les a employées l'une pour l'autre.

Mais quand la propriété est-elle transférée ou apportée? L'art. 1867 ne le dit pas. Il faut donc, pour le savoir, recourir aux art. 711 et 1138, qui portent, l'un que la propriété est transférée par *l'effet des obligations*, l'autre que l'obligation de livrer la chose *rend le créancier propriétaire, et met la chose à ses risques, dès l'instant où elle a dû être livrée, encore que la tradition n'en ait point été faite.*

L'obscurité, l'équivoque de la première disposition de l'art. 1867 s'éclaircit donc, et son véritable sens est fixé par cette explication, et par le rapprochement, tant de sa dernière disposition, que des art. 711 et 1138.

459. On remarquera peut-être que l'art. 1867 suppose qu'il y a des cas où la propriété d'une chose n'est pas transférée par la seule promesse de la mettre en commun, et rien n'est plus vrai : nous en avons déjà donné un exemple tiré de la loi 58, *ff pro socio,* dans la convention de mettre des chevaux en commun, pour les vendre plus avantageusement et partager le prix de la vente.

Nous avons vu aussi que c'est dans cette loi qu'ont été puisés la première ébauche et le fonds de l'art. 1867, qui, malgré les changemens de rédactions, qui l'ont rendu obscur en le généralisant, est rédigé dans le même sens que la loi d'où il tire son origine, et que le projet de la commission.

460. La convention de mettre des choses en commun n'en transfère point encore la propriété, lorsque ce ne sont pas des corps certains et déterminés.

Nous ferons, à ce sujet, une remarque sur laquelle nous avons glissé trop légèrement en expliquant, dans les précédens volumes, l'art. 1138; c'est qu'il existe en cet article un vice de rédaction (1) qui rend sa disposition fausse, par trop de généralité.

Il porte que l'obligation de livrer la chose rend le créancier *propriétaire,* etc., sans distinguer entre les choses certaines et déterminées et les choses incertaines et indéterminées.

Pour rendre la rédaction exacte, il fallait dire :

« L'obligation de livrer *une chose certaine et déterminée,*....... rend le créancier propriétaire, par le seul consentement des parties, encore que la tradition n'en ait pas été faite.

» Quant aux choses incertaines ou indéterminées, le créancier n'en devient propriétaire » que lorsqu'elles sont devenues certaines, ou lorsque le débiteur les a déterminées, et lui a valablement fait connaître sa détermination. »

461. Passons aux cas où la jouissance seulement, et non la propriété des choses qui forment la mise de chaque société, a été transférée à la société.

Si ces choses sont des corps certains et déterminés, qui ne se consomment point par l'usage, elles sont aux risques de l'associé, qui en est demeuré propriétaire (1851), et la société est dissoute (2) par la perte de ces corps, dont la jouis-

---

(1) Il en existe encore un autre que nous avons remarqué, d'après M. Delvincourt, tom. VI, n°. 202, note dernière.

(2) M. Maleville, sur l'art. 1867, observe avec raison qu'il faut que la chose périe soit importante ; car si l'une des choses seulement venait

sance seule avait été mise en commun (1867);
parce qu'alors l'associé se trouve dans l'impossibilité de continuer la mise, qui était le prix de la
part qu'il avait dans les bénéfices de la société.

Cette impossibilité a conduit les choses au point
où le contrat ne pouvait prendre naissance ni
continuer de subsister.

Ainsi, dans l'exemple ci-dessus proposé, si, au
lieu de mettre en commun la propriété des deux
corsaires destinés à faire la course, les associés
n'en ont mis en commun que la jouissance seulement, afin de partager les prises, si l'un des navires périt, la société est dissoute (1867); le propriétaire du navire péri n'a droit aux prises faites
par l'autre que jusqu'au jour de la perte de son
navire.

Si les corps certains et déterminés dont la jouissance a été mise en commun ne périssaient qu'en
partie, il semble qu'il faudrait suivre la disposition de l'art. 1722, relative au louage, et que les
autres associés pourraient demander, suivant les
circonstances, soit une diminution de sa part dans
les bénéfices attribués à l'associé dont la chose n'a
péri qu'en partie, soit la résolution même de la
société. Par exemple, si l'associé avait mis en commun la jouissance de deux magasins de valeur
égale, et que l'un d'eux seulement vînt à périr,

---

a périr, l'associé devrait être admis au remplacement, ou à une indemnité. Il se fonde sur la loi 63, *ff pro socio*, 17. 2, qui dit que la société
finit par la perte de la chose, *si nullæ relinquantur.*

il serait juste de réduire sa part dans la société à
la moitié de ce qu'elle était originairement, au
moins jusqu'à ce qu'il eût rétabli le magasin, ou
qu'il en eût donné un autre d'égales valeur et commodité.

Si les choses dont la jouissance seulement a été
mise dans la société, se consomment par l'usage,
comme les choses fongibles, si elles se détériorent
en les gardant, comme les meubles meublans, le
linge, etc. (589), si elles sont destinées à être vendues, ou si elles ont été mises dans la société sur
une estimation, elles sont aux risques de la société, dit l'art. 1851. La société n'est donc pas dissoute par la perte de ces choses.

Nous avons mis en commun, vous, la jouissance d'une maison, moi, celle des meubles qui
la garnissent, afin de la louer pendant neuf ans
en chambres garnies, et de partager les loyers.

A la fin de la société, je reprendrai mes meubles dans l'état où ils se trouveront, quoique détériorés par l'usage. (Arg. art. 589).

Si ces meubles périssent par cas fortuit pendant la durée de la société, elle n'est pas dissoute,
puisque l'art. 1851 dit que cette perte est à son
compte.

La société continuera de subsister avec les meubles restans et ceux qui auront été rachetés des
fonds communs; mais, comme les meubles qui
ont péri étaient aux risques de la société, j'en pré-
lèverai la valeur lors de la dissolution, à dire d'ex-

perts, ou suivant l'estimation, s'il en avait été fait inventaire. (Art. 1651, *junct.* art. 453 et 600) (1).

Mais si les meubles dont la jouissance seulement avait été mise dans la société avec estimation, existent en nature à la fin de la société, l'associé qui les avait mis en commun est tenu de les reprendre, quoique détériorés. (Arg. art. 433 et 589).

462. La règle que toute obligation, quoique valable dans son principe, est éteinte si les choses en viennent au point où elle ne pouvait prendre naissance, s'applique aux obligations de faire, aussi bien qu'aux obligations de donner, lorsque le débiteur est, sans sa faute, empêché de faire ce qu'il avait promis; par exemple, un peintre, un sculpteur, qui devient paralytique après avoir promis de faire un tableau, une statue, est dégagé de son obligation par l'impossibilité de la remplir : *Res incidit in eum casum à quo incipere non poterat.*

S'il s'agissait, non d'un fait personnel au débi-

___

(1) Voilà des cas où la société n'est pas dissoute par la perte des choses dont la jouissance seulement avait été mise en commun. Il paraîtrait donc y avoir un vice de rédaction dans l'art. 1867, qui porte que la société est « dissoute, *dans tous les cas,* par la perte de la chose, lorsque la jouissance seule en a été mise en commun. »

Mais remarquez que l'art. 1867 ne déclare la société dissoute *dans tous les cas,* que sous deux conditions : 1°. que la jouissance seule de la chose ait été mise en commun ; 2°. que *la propriété soit restée dans la main de l'associé.*

Or, on ne peut pas dire que cette propriété soit restée dans sa main, lorsqu'il a donné des choses qui se consomment par l'usage, des choses destinées à être vendues au profit de la société, ou mises dans la société sur une estimation portée par un inventaire.

teur, mais d'un fait qui peut être accompli par une autre personne, le débiteur devenu paralyti que ne serait pas dégagé de son obligation. (*Voy.* tom. VI, nᵒˢ. 404 et suivans, nᵒˢ. 592 et suivans); car les choses n'en sont pas venues au point où le contrat ne pouvait commencer.

Il y a des ouvrages qu'on peut faire faire par autrui, au lieu de les faire soi-même.

Mais si celui qui s'était chargé de faire faire ces ouvrages, ou de les faire lui-même, vient à mourir, *res incidit in casum à quo incipere non poterat* : le contrat est dissous par la mort de l'ouvrier, de l'architecte ou de l'entrepreneur (1795).

Néanmoins, le contrat n'est dissous que pour l'avenir; le propriétaire est tenu, en proportion du prix convenu, de payer à leur succession la valeur des ouvrages faits et celle des matériaux préparés, lors seulement que les travaux ou les matériaux peuvent lui être utiles (1796).

Les exemples que nous venons de donner serviront, dans la pratique, à discerner quand on doit faire l'application de l'une ou de l'autre des règles que nous expliquons.

463. A l'égard des contrats conditionnels (1), l'art. 1182 du Code porte : « Lorsque l'obligation a été contractée sous une condition suspensive, la chose qui fait la matière de la convention de-

---

(1) *Voy.* Averani, *Interpret.*, *lib.* 4, *cap.* 26, nᵒ. 6.

meure aux risques du débiteur, qui ne s'est obligé de la livrer que dans le cas de l'événement de la condition.

» Si la chose est entièrement périe sans la faute du débiteur, son obligation est éteinte. » Celle de l'autre partie l'est également, ou plutôt l'une et l'autre obligation n'ont jamais existé, quand même la condition viendrait à s'accomplir après la perte de la chose ; car il n'existe pas d'obligation avant son accomplissement ; il y a seulement espérance qu'elle existera : *tantùm spes est debitum iri.*

Il n'en peut plus exister, si la chose qui en est l'objet périt entièrement avant l'accomplissement de la condition, parce que les choses en sont venues au point où les obligations respectives des deux contractans ne peuvent prendre naissance.

Si la chose n'est pas entièrement périe, si elle s'est seulement détériorée sans la faute du débiteur, le créancier a le choix ou de résoudre l'obligation, ou d'exiger la chose dans l'état où elle se trouve, sans diminution du prix (1182).

464. La loi 126, § 1, *ff de V. O.*, 45.1, applique la règle que l'obligation est éteinte, si les choses en viennent au point où elle ne pouvait commencer, à un cas qu'il est bon d'examiner.

Vous avez promis et vous vous êtes fait fort, moyennant 500ᶠ, de me faire avoir, pour l'utilité de ma maison, un droit de passage sur le fonds voisin ; mais j'ai vendu ma maison, sans céder à l'acquéreur ma créance pour le droit de passage. Cette créance s'évanouit, dit le jurisconsulte Paul, *evanescit stipulatio*, parce que le droit de passage qui en était l'objet ne peut plus m'être dû; il ne peut l'être qu'au propriétaire de la maison, ou plutôt à la maison elle-même.

Mais cette décision doit-elle être aujourd'hui suivie? Nous ne le pensons pas; nous en avons déjà dit les raisons, tom. VI, nᵒˢ. 423 et 424. Si je n'ai pas exprimé, dans l'acte de vente de ma maison, la cession de la créance relative au droit de servitude, cette cession n'y était-elle pas tacitement comprise avec tous les accessoires de la maison, de même que les actions rescindantes et rescisoires?

La convention relative à l'établissement d'un droit de passage est une convention réelle, *pactum in rem*, puisqu'elle n'a pour objet qu'un droit inséparable de la maison, un droit qui doit appartenir à tous ceux qui la posséderont.

Or, les droits de cette nature, ainsi que la convention de les établir (1), passent de plein droit à l'acquéreur, ou autre successeur à titre singulier, même dans les principes du droit romain : *Pactum conventum cum venditore factum, si in rem constituatur, secundùm plurium sententiam et emptori prodest, et hoc jure nos uti*, Pomponius scribit. Loi 17, § 5, *ff de pactis*, 2. 14.

Si l'action que donne la convention de faire établir une servitude s'éteignait par la seule omission

---

(1) *Voy*. tom. IV, nᵒ. 60.

d'en parler dans l'acte de vente de la maison, il en résulterait une véritable injustice.

Celui qui a promis de la faire établir serait-il, par cette omission, qui ne lui est pas imputable, obligé de rendre les 300ᶜ qu'il a reçus, ou privé de les demander, s'il ne les a pas reçus?

Ce serait une injustice s'il était prêt à faire établir la servitude; car le vendeur de la maison n'a pu se dégager de son obligation en la vendant sans nécessité. Personne ne peut se dégager de son obligation par son seul fait, et sans le consentement de l'autre partie. Il ne pourra donc réclamer les 300ᶜ, s'il les a payés, et s'il ne les a pas payés, il pourra être contraint de le faire.

D'un autre côté, celui qui a reçu 300ᶜ pour faire établir la servitude, ne peut garder ou réclamer cette somme sans accomplir son obligation. Nous persistons donc à croire qu'il est plus conforme à l'équité, à la raison et même aux vrais principes du droit, de dire que, dans l'espèce proposée, l'action pour faire établir la servitude passe à l'acquéreur, quoiqu'on ait omis de l'exprimer dans le contrat.

465. De la règle que l'obligation du débiteur est éteinte lorsque les choses en sont venues au point où elle ne pouvait prendre naissance, est dérivée cette autre règle du droit romain, que deux causes lucratives ne peuvent se réunir pour la même chose, en faveur de la même personne : *Duas lucrativas causas in eumdem hominem et eamdem rem concurrere non posse. Inst. de legat.,* § 6; *loi* 17, *ff de obligat.*

et act., 44. 7. Je vous ai légué un héritage que je savais n'être pas à moi; depuis ma mort et avant l'exécution du legs, le propriétaire vous l'a donné, ou vous avez seul recueilli sa succession : mon héritier est dégagé de l'obligation de vous le livrer, ou de vous en donner la valeur, parce que cet héritage étant devenu votre propriété, les choses en sont venues au point où il ne peut plus vous être donné : *In eum casum incidit obligatio à quo incidere non potuit.*

Si vous étiez devenu propriétaire de l'héritage à titre onéreux, mon héritier ne serait pas dégagé de l'obligation de vous en donner la valeur, parce que, suivant la loi 14, *ff de V. S., cui pretium rei abest, adhùc res ipsa abesse videtur.*

· Dans les principes du Code civil, qui déclare nuls le legs et la vente de la chose d'autrui, le concours de deux titres lucratifs pour la même chose, et en faveur de la même personne, se rencontrera très-difficilement.

Ainsi, nous ne nous étendrons pas davantage sur l'explication de cette règle; ceux qui désirent une plus ample explication peuvent recourir aux traités savans composés sur cette matière (1).

---

(1) *Voy.* Puga et Féijoo, *Tract. de prohib. conc. caus. lucrativ.*, tom. I, *opp.*, *pag.* 238; Majansii, *Disput.*, *de prohib. conc. lucrativ. caus.*, *disput.* 7, *tom. I, pag.* 118; Fernand Retes, *Opusc., lib.* 7, *cap.* 6, *in* Meermanni *Thesauro*, tom. *VI*, *pag.* 373; Vinnius et les autres commentateurs, sur le § 6, *Instit. de legat.;* Pothier, des Obligations, n°s. 616 et 617.

466. La dette n'est point éteinte par la perte du corps certain et déterminé qui était l'objet de l'obligation, lorsqu'elle arrive par le fait du débiteur, quand même il aurait détruit la chose avant de savoir qu'il en était débiteur. Loi 91, § 2, *ff de V. O.*

Si la perte est arrivée, non pas précisément par *le fait* du débiteur, mais par sa faute, par sa négligence, parce qu'il n'a pas eu de la chose tout le soin qu'il en devait avoir, la dette n'est pas éteinte; elle se convertit, comme dans le cas précédent, en obligation du prix de la chose et des dommages et intérêts, s'il y a lieu.

467. Enfin, la perte de la chose n'éteint point l'obligation, lorsqu'elle arrive depuis la demeure du débiteur (1302), loi 82, § 1, *ff de V. O.*, pourvu que, 1°. la demeure n'eût pas été purgée; loi 91, § 3, *ff de V. O.*; 2°. que la chose ne fût pas également périe chez le créancier, si elle lui eût été livrée (302). Pothier, n°. 628; Cujas, sur la loi 23, *ff de V. O.*

468. Mais s'il s'agit de la restitution d'une chose volée, on ne doit pas rechercher si la chose serait également périe chez le créancier (1302); celui qui l'a soustraite est tenu d'en rendre la valeur, de quelque manière et dans quelque tems qu'elle ait péri, soit avant, soit depuis la demande; car il est toujours censé en demeure du jour de son vol. Loi 20, *ff de condict. furtiv.*, 13. 1. Cette rigueur ne s'applique, suivant le Code, qu'au voleur même,

à celui qui a soustrait la chose, et non à ses héri_
tiers.

469. Lorsque la chose due a péri par le fait, par
la faute ou depuis la demeure du débiteur, l'obligation se réduit au prix de la chose, en y ajoutant,
s'il y a lieu, les dommages et intérêts plus ou moins
considérables, suivant les circonstances. (*Voy.* ce
que nous avons dit tom. VI, sur les dommages et
intérêts).

470. Cette créance du prix et des dommages et
intérêts subsiste contre les héritiers du débiteur et
même contre ses cautions, si le cautionnement est
indéfini, et non réduit à une somme déterminée,
parce que « le cautionnement d'une obligation
principale s'étend à tous les accessoires de la dette,
même aux frais de la première demande, et à tous
ceux postérieurs à la dénonciation qui en est faite
à la caution » (2016. Pothier, n°. 404 et 629).

Le fidéjusseur, lorsqu'il n'a pas limité son cautionnement, est censé avoir cautionné tant l'obligation principale que les obligations secondaires
ou accessoires.

471. Si la chose est périe par le fait, ou par la
faute de la caution, ou depuis qu'elle a été mise
en demeure, elle reste seule obligée au prix de la
chose; le débiteur principal est libéré. Loi 32, § 5,
ff de usur., 22.1; loi 49, *ff de V. O.*, 45. 1. La raison en est que si la caution est obligée pour le débiteur principal, celui-ci n'est point obligé pour
la caution, et par conséquent il ne peut être tenu

de l'obligation que la caution a contractée par son fait, par sa faute ou par sa demeure.

472. Si la chose a péri par le fait, par la faute, ou depuis la demeure de l'un des débiteurs solidaires, ses codébiteurs ne sont point déchargés de l'obligation de payer le prix de la chose, mais ils ne sont point tenus des dommages et intérêts qui peuvent être dus.

Le créancier peut les répéter seulement, tant contre les débiteurs par la faute desquels la chose a péri, que contre ceux qui étaient en demeure (1205. Pothier, n°. 273).

473. Si la chose périt par le fait, par la faute, ou depuis la demeure de l'un des héritiers du débiteur, ses cohéritiers sont libérés, tant du prix de la chose, que des dommages et intérêts, loi 48, § 1, *ff de legat.*, 1°., parce que la perte est arrivée sans leur faute, et qu'ils ne répondent point des faits les uns des autres ; car, quoiqu'ils soient tenus hypothécairement du tout de la dette, ils ne sont personnellement débiteurs chacun que pour sa part. (Pothier, n°. 631).

Or, cette part a péri sans leur faute, par la faute d'une personne des faits de laquelle ils ne répondent point.

474. Le débiteur qui prétend être libéré par la perte de la chose, est tenu de prouver le cas fortuit qu'il allègue (1302). Car il devient demandeur par son exception : *In exceptionibus dicendum est reum partibus actoris fungi oportere, ipsumque exceptionem probare debere. Loi 19, ff de probat.*, 22, 3.

475. S'il était chargé des cas fortuits, il ne serait pas libéré par la perte du corps certain et déterminé qui était l'objet de l'obligation (1302) (1).

Si la perte n'était pas totale, s'il restait quelque partie de la chose, la dette subsisterait pour cette partie.

J'ai acheté une maison qui a péri par un incendie; le vendeur ne m'en doit pas moins livrer le fonds et les matériaux. J'ai acheté un troupeau qui a péri par une épizootie, hormis une seule bête. Cette bête me reste due : nulle difficulté sur cela.

J'ai acheté votre bœuf, qui périt ensuite par accident. La peau m'en est due si elle a été sauvée. Cependant les jurisconsultes romains en avaient douté, par la raison que la mort du bœuf étant une extinction totale de la chose qui m'était due, on ne peut pas dire que le bœuf qui m'était dû subsiste depuis sa mort pour quelque partie.

Pothier, n°. 633, a fort bien observé que ce raisonnement n'est qu'une pure subtilité, à laquelle on ne doit pas s'arrêter.

Les accessoires de la chose qui a péri demeurent dus après sa perte. J'ai acheté votre cheval avec le harnois, qui en est l'accessoire. Il périt par accident; vous n'êtes pas dispensé de me livrer le harnois.

476. Pothier enseigne, n°. 634, que si le débi-

___

(1) Sur la charge des cas fortuits, *voy.* ce que nous avons dit tom. II, n°. 226 et 227; Vinnius, *Quæst. select.*, *lib.* 2, *cap.* 1; Pothier, *des Obligations*, n°. 142 et 632, et *Traité du contrat de louage*, n°. 178.

teur de la chose perdue ou mise hors du commerce, a des droits et des actions relativement à cette chose, il doit céder ses actions à son créancier, et le subroger dans ses droits.

Par exemple, si le cheval que vous m'avez vendu était tué par un tiers, ou enlevé par violence, vous devriez me céder vos actions contre le meurtrier ou le voleur, et me subroger dans vos droits. De même, si le terrain que je vous ai vendu, et non encore livré, avait été consacré à des usages publics, par l'autorité compétente, je devrais vous subroger dans l'indemnité due.

Rien de plus exact dans les principes de l'ancienne jurisprudence, où la propriété n'était transférée que par la tradition.

Le vendeur étant demeuré propriétaire, c'était en sa personne que résidaient les actions relatives à la chose volée ou consacrée à des usages publics.

Il en est autrement dans les principes du Code, où la propriété du corps certain et déterminé est transférée par l'effet des obligations (711); où l'obligation de livrer un corps certain rend le créancier propriétaire, et met la chose à ses risques, encore que la tradition n'en ait pas été faite (1138).

Il en résulte que le débiteur de ce corps certain, le vendeur par exemple, étant dépouillé de la propriété, n'a plus d'action relativement au vol ou à la perte de la chose vendue; ces actions ne peuvent appartenir qu'à l'acquéreur devenu propriétaire de la chose, de la même manière qu'elles lui appartenaient autrefois après la tradition. Il n'a donc pas besoin de subrogation pour exercer les actions;

et s'il ne les exerçait que dans le nom du vendeur, il ne pourrait demander aucuns dommages et intérêts, puisque le vendeur n'éprouve réellement aucun préjudice de la perte d'une chose qui ne lui appartient plus.

Cependant, on a laissé subsister l'ancienne doctrine de Pothier, dans l'art. 1303, sans s'apercevoir qu'elle n'est plus en harmonie avec les nouveaux principes. Cette disparate n'existait point dans le projet de Code rédigé par la commission.

La disposition de l'art. 1303 ne s'y trouve point. Elle fut ajoutée, sans que nous sachions par qui ni pourquoi, dans la rédaction nouvelle du titre des obligations conventionnelles, proposée à la discussion du Conseil, dans les séances des 11, 18 et 25 brumaire an XII; et les esprits, encore peu familiarisés avec les nouveaux principes, n'aperçurent point l'inconséquence de cette disposition.

L'art. 1303 est donc l'un de ceux qui doivent être réformés, lors de la révision du Code.

477. Les jurisconsultes romains n'étaient pas d'accord (1) sur la question de savoir si, lorsque l'obligation avait été éteinte par la consécration de la chose à des usages publics, la dette revivait, dans le cas où la chose était rendue au commerce, et si le débiteur était alors obligé de la livrer au créancier. Celsus pensait que l'obligation n'avait pas été éteinte, mais seulement assoupie; et son

___
(1) *Voy.* Vinnius, sur le § 2, *Instit. de inut. stip.*, n°. 10.

opinion, qui pourtant n'avait pas prévalu, est d'autant moins douteuse dans les principes du Code, que le débiteur ayant été dépouillé de la propriété de la chose avant la consécration, il n'a plus aucun droit à cette chose, qui ne peut être réclamée que par le créancier devenu propriétaire. Il pourrait donc seul la réclamer, si elle était rendue au commerce avant qu'il eût reçu la juste et préalable indemnité que les lois lui accordent.

S'il l'avait reçue, ses droits seraient éteints ; la chose demeurerait unie au domaine de l'État, jusqu'à ce que le Gouvernement en eût disposé suivant les formes légales.

478. La destruction totale de l'héritage éteignait autrefois la rente foncière dont il était chargé. (*Voy.* Pothier, du Bail à rente, nº. 190). Sous l'empire du Code, toute rente créée pour prix du transport d'un héritage est meuble et essentiellement rachetable (530). Elle n'affecte plus l'héritage qu'à titre d'hypothèque.

Ainsi, la destruction même totale de l'héritage ne peut plus éteindre la rente.

Mais cette disposition doit-elle rétroagir sur les anciennes rentes foncières créées avant les nouvelles lois, et priver le débiteur d'un moyen d'extinction qui lui était acquis, éventuellement il est vrai, par la nature de son contrat ? Nous ne le pensons pas.

Nous avons dit tom. III, pag. 221, nº. 352, que le droit de déguerpir n'avait pas été enlevé aux débiteurs d'anciennes rentes foncières : c'était une condition résolutoire sous-entendue dans le con-

trat. Si l'on admet cette proposition, qui nous paraît vraie, il faut admettre aussi que l'ancienne
rente foncière est éteinte par la destruction totale
de l'héritage, pour prix duquel elle a été originairement créée. Ces principes sont la conséquence de
ceux qu'a professés la Cour de cassation, dans les
considérans d'un arrêt du 11 octobre 1814. (Sirey,
tom. XV, pag. 147). On y établit que : « Le rachat
» autorisé par l'art. 1 de la loi du 29 décembre 1790,
» n'a rien changé à la *nature* des rentes foncières,
» ni aux droits en résultans pour *le bailleur;* que....
» le pacte commissoire était de la nature du contrat
» de bail à rente foncière;....... qu'il suit de là que
» le droit qui compète au bailleur de rentrer dans
» son fonds, en vertu du pacte commissoire, à dé-
» faut de paiement de la rente foncière, est.........
» étranger aux lois sur le régime hypothécaire, et
» se conserve indépendamment des formalités éta-
» blies par ces lois, etc. »

Si les droits résultant de la nature du bail à
rente foncière n'ont point changé pour le bailleur,
ils n'ont pu changer pour le preneur.

SECTION VII.

De l'Action en nullité, ou Rescision des conventions.

SOMMAIRE.

479. *La loi annule les conventions de deux manières, immédiatement, ou par le ministère du juge.*

480. *Doutes qui naissent, lorsque la loi commande ou défend un acte, sans ajouter que l'acte fait contre la défense sera nul, ou que l'omission de la formalité prescrite entraînera la nullité.*

481. *L'intention du législateur n'est pas toujours d'annuler les actes faits contre sa prohibition, ou dans lesquels on ne s'est pas conformé à ce qu'il prescrit ; c'est à lui de manifester sa volonté sur ce point.*

482. *On ne doit pas suppléer les nullités qui ne sont pas établies par la loi.*

483. *La loi* 5, Cod. de legib., *déclare nuls les actes faits contre la prohibition des lois, quoique la nullité n'en soit pas prononcée.*

484. *Cette loi n'est pas obligatoire en France.*

485. *Elle est contraire à la règle* multa fieri prohibentur quæ si facta fuerint obtinent firmitatem. *Efforts des docteurs pour concilier ces deux règles. Examen de leurs distinctions et limitations.*

486. *Première limitation : Si la loi prononce une peine contre l'infracteur de sa défense.*

487. *Deuxième limitation : Si la cause de la prohibition est temporelle.*

488. *Troisième limitation : Si la défense porte sur l'acte en lui-même, ou sur ses circonstances, comme le tems, le lieu, etc.*

489. *Quatrième limitation : Si la nullité ne préjudicie qu'aux parties, ou si elle préjudicie à des tiers.*

490. *Cinquième limitation : Si la défense est pure et simple, ou si la loi ajoute quelque mot qui indique l'intention de laisser subsister l'acte.*

491. *Examen de la loi* 5, Cod. de legib. *Elle n'est pas fondée sur la nature des choses. La défense pure et simple ne manifeste point, sans clause irritante, la volonté d'annuler les actes faits contre la prohibition.*

492. *Réponse à une objection.*

493. *La loi* 5, Cod. de legib., *ne fut jamais adoptée par les lois françaises.*

509. *Elle n'a pas toujours eu la même idée des formalités subs-tantielles. Exemples relatifs aux inscriptions hypothé-caires.*

510. *La publicité des hypothèques est le but unique de ces ins-criptions. Ce qui est nécessaire pour remplir ce but.*

511. *La Cour de cassation alla fort au-delà de ce but; dans sa première jurisprudence.*

512. *Mais elle l'a changée d'une manière remarquable.*

513. *Ses principes sont aujourd'hui que les juges ne peuvent suppléer la peine de nullité, lorsqu'elle n'est pas prononcée par la loi, à moins que la formalité ne puisse être consi-dérée comme substantielle, c'est-à-dire comme formant la substance intrinsèque de l'acte; autrement, comme né-cessaire à son existence, et indispensable pour remplir le but de la loi.*

514. *Ces principes sont adoptés et suivis par les Cours royales.*

515. *Ils s'appliquent aux formalités des autres actes. Résumé de la discussion.*

516. *Première règle : Ne point prononcer la nullité des actes où quelque disposition de la loi n'a point été observée, lorsque cette peine n'a pas été prononcée par le législateur.*

517. *Deuxième règle : Tout acte qui ne contient pas ce qui est indispensable pour remplir le but de son institution, est imparfait et nul.*

518. *Troisième règle : Le silence de la loi sur l'effet que doit produire l'omission d'une formalité ou l'inobservation d'une disposition, annonce qu'elle s'en est reposée sur la prudence des juges.*

519. *Dans le doute, il ne faut pas prononcer la nullité.*

520. *Il y a deux espèces de nullité, l'une de plein droit, l'autre par voie d'action; cette dernière est le cas de la rescision ou restitution. Sa nature.*

521. *Elle vient des Romains, qui l'accordaient pour les vices radicaux des conventions.*

522. *Les contrats infectés de ces vices n'étaient pas nuls de plein droit. Les préteurs permirent de les rescinder, et de res-*

tituer les parties en entier, c'est-à-dire de les rétablir en l'état où elles étaient auparavant.

523. *En France, le Roi seul pouvait accorder la restitution. Pourquoi et comment.*

524. *De là l'ancienne maxime, aujourd'hui abrogée, que les* voies de nullité n'ont lieu en France.

525. *Différences des obligations nulles de droit, et des obligations sujettes à rescision.*

526. 1°. *Dans l'action en nullité, le demandeur n'est pas tenu de prouver qu'il a été lésé; l'action en rescision n'est point reçue, si la lésion n'est pas prouvée;*

527. 2°. *Le juge ne peut, sans s'exposer à la censure, rejeter la nullité prononcée par la loi. Il peut rejeter la demande en rescision;*

528. 3°. *L'acte nul de droit ne doit pas être exécuté par provision. Conséquence de ce principe, relativement à l'action possessoire.*

529. *Au contraire, l'acte sujet à rescision doit être provisoirement exécuté.*

530. *Ainsi, l'action en nullité suspend la perception du droit de mutation; l'acte sujet à rescision ne la suspend pas.*

531. *On ne peut, en cause d'appel, convertir en demande en nullité la demande en rescision formée en première instance,* et vice versâ.

532. *Si l'acte est annulé ou rescindé, le droit perçu doit-il être restitué?*

533. *Dans l'ancienne jurisprudence, le contrat rescindé pour vice radical ne produisait point de droit de mutation. Le droit perçu devait être restitué.*

534. *Pourvu que la rescision eût été prononcée par un jugement, et non pas volontairement.*

535. *Suivant la loi sur l'enregistrement, le droit perçu régulièrement n'est jamais restitué.*

536. *La rescision du contrat ne produisait pas autrefois un nouveau droit de mutation.*

537. *Même lorsqu'elle était faite par transaction, mais sans fraude.*

538. *La résolution pour vice radical ne produit point de droit de mutation, suivant la loi sur l'enregistrement*

539. *La résolution pour défaut de paiement en produit un, si l'acquéreur était entré en possession.*

540. *C'est le seul cas où la résolution, pour vice radical, produise un droit de mutation.*

541. *Jugement du tribunal de Châtillon, qui décide que le droit n'est pas dû pour rescision consentie en jugement d'un contrat fait en minorité.*

542. *Ce jugement déféré à la Cour de cassation, qu'on égare par de faux raisonnemens et de faux principes.*

543. *On lui soutint que la rescision n'a pas d'effet rétroactif. Fausseté de ce principe.*

544. *On détourna le sens de la loi, en insinuant que les mots* nullité radicale *signifient* nullité de plein droit.

545. *On soutint que la résolution d'un contrat, même pour* nullité radicale, *produit un droit de mutation, si elle n'est pas prononcée par un jugement. Fausseté de cette assertion.*

546. *Par son arrêt du 5 germinal an* XIII, *la Cour cassa le jugement, et adopta deux erreurs; l'une est que la loi soumet au droit de mutation la résolution des contrats simplement sujets à rescision; l'autre que la résolution, même pour cause de nullité, n'en est pas dispensée, si elle n'est prononcée par un jugement.*

547. *Cet arrêt ne peut fixer la jurisprudence. La première erreur a déjà été rétractée par la Cour de cassation, dans un arrêt du 8 avril 1811. C'est aux tribunaux à lui fournir l'occasion de retracter la seconde.*

548. *La rescision n'opère point de mutation, suivant le Code. Elle a son effet contre les tiers possesseurs, et anéantit les charges créées et les aliénations faites en leur faveur.*

549. *La rescision pour lésion des sept douzièmes produit les mêmes effets.*

550. *Ainsi que la résolution pour défaut de paiement, la distinction entre le cas où l'acquéreur est entré en possession,*

et celui où il n'y est pas entré, n'est relative qu'au droit de mutation.

551. *La rescision et la résolution d'un contrat ne sont point termes synonymes. Leurs différences.*

552. *Des nullités absolues et des nullités relatives.*

553. *Suivant la doctrine de Dunod, les nullités sont absolues, lorsque la loi résiste continuellement aux actes qu'elle défend : telles sont celles qui sont fondées sur l'intérêt public.*

554. *Les nullités respectives sont celles qui sont fondées sur l'intérêt des particuliers, dont eux seuls, et non les tiers, peuvent se prévaloir, comme la nullité des obligations du mineur ou de la femme non autorisée.*

555. *Toutes les nullités qui ont pour cause l'intérêt public sont absolues; mais toutes les nullités absolues n'ont pas pour cause l'intérêt public.*

556. *Les nullités absolues, celles même qui ont une cause publique, ne peuvent être opposées que par ceux qui ont un intérêt né et actuel à s'en prévaloir.*

557. *Pourquoi ceux qui n'ont point été parties dans un acte peuvent en opposer la nullité absolue.*

558. *Toute nullité est absolue, lorsqu'elle est prononcée par la loi, sans restriction.*

559. *Le simple possesseur peut opposer la nullité absolue d'un acte.*

560. *A plus forte raison, les créanciers même chirographaires du vendeur.*

561. *La nullité absolue ne peut être couverte par la ratification, si elle a pour cause l'intérêt public, à moins que l'acte n'ait cessé d'être illicite.*

562. *Les nullités absolues, qui n'ont pour cause que des intérêts privés, peuvent toujours être couvertes par la ratification, même tacite. Exemple dans la vente d'un bien de mineur faite par le tuteur, et dont le prix est employé dans le compte.*

563. *Mais la ratification n'a point d'effet rétroactif.*

564. *La ratification des actes dont la nullité n'est que respec-*

580. *Les mineurs ou les femmes, admis à la restitution, ne rendent que ce qu'on prouve avoir tourné à leur profit.*

581. *Le prêt fait au mineur en pays étranger est présumé fait en cas de nécessité.*

582. *Si l'acte est seulement sujet à rescision, le mineur doit prouver sa minorité et la lésion.*

583. *Lorsque les formalités prescrites pour les aliénations, ou pour les partages, ont été observées, les mineurs ne sont restitués que dans les cas où un majeur pourrait l'être.*

584. *Ils ne sont point restituables contre les conventions de leurs contrats de mariage.*

585. *Ni contre les obligations résultant de leur délit ou quasi-délit.*

586. *A moins que l'obligation, dégagée du délit, ne fût par elle-même sujette à rescision.*

587. *Distinction entre l'obligation qui résulte du délit et quasi-délit, et la convention qui en évalue la réparation.*

588. *Le mineur est restituable contre la reconnaissance du délit*

589. *Du cas où le mineur s'est déclaré majeur.*

590. *Quid, s'il a représenté un faux acte de naissance?*

591. *De la restitution entre deux mineurs.*

592. *Causes de restitution pour les majeurs. Renvoi.*

593. *Bornes ou étendue de la rescision, lorsqu'il y a plusieurs chefs dans un même acte.*

594. *Devant quel tribunal l'action en nullité ou en rescision doit être portée.*

595. *Contre qui elle doit être dirigée.*

596. *La demande en nullité peut être proposée par voie d'action ou par voie d'exception.*

597. *Délai dans lequel l'action doit être formée.*

598. *Dispositions des anciennes lois françaises à ce sujet.*

599. *Le Code fixe, dans tous les cas, à dix ans la durée de l'action en nullité ou rescision.*

600. *Mais l'exception est perpétuelle, tant dure la demande, tant dure l'exception. Sur quoi cette règle est fondée.*

601. *Exemple d'application de cette règle à une espèce agitée par Imbert et Henrys.*

602. *L'exception n'est perpétuelle que dans le cas où celui qui aurait droit de faire annuler ou rescinder le contrat est demeuré en possession.*

603. *C'est du jour du contrat, et non pas seulement du jour où il a été exécuté, que commence à courir le délai de la restitution.*

604. *Différence entre la prescription de l'action en restitution et la prescription de dix ou vingt ans.*

605. *Preuve nouvelle tirée des dispositions du Code. Explication de l'art. 2267.*

606. *Le domicile hors du ressort de la Cour d'appel ne fait point doubler le délai de la restitution.*

607. *Si le titre n'est pas signé, il n'est pas besoin de se pourvoir contre.*

608. *Secùs, si le notaire avait faussement référé la présence d'une des parties, et sa déclaration de ne savoir signer. L'action en faux serait prescrite par dix ans.*

609. *Si le contrat est suspendu par une condition, le délai de la restitution ne court point avant l'événement de la condition. Exemple dans une donation en cas de survie.*

610. *Le délai court pendant la vie de celui qui a fait une donation contractuelle.*

611. *Court-il pendant le terme accordé pour l'exécution du contrat ?*

612. *Quand il commence à courir, dans les cas de violence, erreur ou dol.*

613. *Et à l'égard des actes passés par des femmes mariées; distinction.*

614. *Pour les actes faits par des interdits ou par des mineurs, le tems court du jour de la levée de l'interdiction ou de la minorité.*

615. *L'action en restitution passe aux héritiers, qui peuvent l'exercer pendant le tems qui restait à leur auteur. Leur minorité ne prolonge pas le délai, à la différence du droit romain.*

616. *Court-il contre les interdits, à l'égard des actes faits avant leur interdiction ?*

617. *La fin de non-recevoir de dix ans, établie par l'art. 1304.*
ne s'appliqué point à l'action en nullité du testament.

479. L'un des effets de la loi est d'annuler les conventions et les actes contraires à ses dispositions ou à l'équité. Elle les annule de deux manières: ou immédiatement et par elle-même, en prononçant d'avance la nullité, en certains cas précis, ou par le ministère du juge, à qui elle ordonne ou permet d'en déclarer la nullité, dans certaines circonstances qu'il doit examiner. Ce dernier cas est celui de la rescision.

480. Les nullités ne peuvent être établies que par la loi; la loi seule a le pouvoir de les prononcer. Ainsi, il n'y a point de difficulté, lorsque la loi s'est clairement expliquée, lorsqu'elle a formellement ordonné aux juges de prononcer que l'acte fait contre telle disposition, ou dans lequel telle formalité aurait été omise, sera nul, non valable ou sans effet; mais lorsque la loi garde le silence sur ce point, lorsqu'elle se borne à défendre ou à commander, l'embarras a toujours paru extrême; car, d'un côté, les actes faits contre la disposition de la loi, ou qui contiennent quelque omission à ses commandemens, se trouvant d'avance en opposition avec la volonté du législateur, il semble que la volonté des particuliers qui font ces actes ne saurait prévaloir contre la puissance toujours agissante de la loi, qui s'y opposait au moment même où ils se faisaient. De là semblerait résulter que tout acte contraire à la loi, où dans lequel ses

préceptes n'ont pas été observés, doit être nul dans
son principe et ne peut produire aucun effet.

481. Mais, d'un autre côté, ce raisonnement
trop subtil et fondé sur une théorie purement abstraite, est détruit dans la pratique par l'expérience
et l'observation, qui démontrent que l'intention du
législateur n'a pas toujours été d'annuler les actes
défendus par la loi, ou dans lesquels on a omis
quelques formalités qu'elle prescrit; que ce serait
même souvent aller contre son vœu et commettre
des injustices. Le législateur, en défendant ou en
commandant un acte, peut n'avoir voulu que donner l'ordre ou le droit de s'y opposer, ou bien de
soumettre celui qui l'aurait fait ou omis aux dommages et intérêts des personnes que blesse son action ou son omission; il peut aussi avoir voulu que
ces actes soient nuls et sans effet. C'est donc à lui
de manifester sa volonté sur ces différens points,
et sur-tout de la manifester clairement; car, plus
rigoureusement encore qu'un simple citoyen, le
législateur est tenu de manifester sa volonté, de
manière que les sujets ne puissent se méprendre
sur le sens de la loi. Autrement, ses dispositions
deviendraient des piéges tendus à la simplicité.

482. Il paraît donc que la première règle en cette
matière est qu'on ne doit point suppléer arbitrairement les nullités qui ne sont point écrites dans la
loi (1); car la loi seule peut établir des nullités; et

---

(1) « Je ne saurais trop recommander...... de ne pas multiplier arbi-
» trairement les nullités, et de s'arrêter, sur ce sujet, aux dispositions.

pour annuler ou anéantir une convention ou un acte fait par des personnes naturellement capables, il faut non seulement l'action ou la volonté de la puissance souveraine ; il faut de plus que cette volonté soit manifestée, de manière que personne ne puisse la méconnaître ou l'ignorer.

483. Cependant cette règle n'était par reçue dans la législation romaine, qui distinguait entre les actes faits contre la défense de la loi, et ceux qui ne contiennent qu'une simple omission ou une simple inobservation de ses préceptes ; par exemple les actes dans lesquels sont omises des formalités qu'elle prescrit.

On aperçoit en effet de la différence entre l'action et l'omission. Celui qui viole la défense de la loi va directement contre la volonté du législateur. Celui qui n'observe pas les préceptes de la loi, ne se conforme point, il est vrai, à la volonté du législateur, mais il n'agit point directement contre. Le premier fait ce que la loi ne veut pas, le second ne fait pas ce qu'elle veut.

On a donc distingué entre les lois prohibitives et les lois préceptives ou impératives, et l'on a posé

» écrites dans les ordonnances, édits et déclarations, etc. », dit d'Aguesseau, tom. VIII, pag. 74. C'est à propos des lois criminelles qu'il fait cette recommandation ; mais la raison est la même pour toutes les lois.

Denisart, v°. *Nullité*, n°. 58, dit aussi : Il n'est pas permis de suppléer les nullités qui ne sont point établies par la loi, en des termes assez précis et assez évidens pour être entendus de chacun. Nous prouverons par la suite que ce principe est général, et doit s'étendre à toutes les lois.

en règle générale que tous les actes faits contre la prohibition de la loi sont nuls, lors même que le législateur n'y a point ajouté de clause irritante, c'est-à-dire qui prononce formellement ou équivalemment la nullité. On a prétendu que la seule défense du législateur exprime suffisamment et par elle-même la volonté d'annuler les actes faits au contraire.

Cette règle est tirée de la loi *sancimus* 5, *Cod. de legib.*, 1. 14, où Justinien veut *ut quæ lege fieri prohibentur, si fuerint facta, non solùm inutilia, sed pro infectis etiam habeantur, licèt legislator fieri prohibuerit, tantùm, nec specialiter dixerit inutile esse debere quod factum est.* Justinien veut même qu'on applique cette règle à toutes les lois anciennes et nouvelles, comme si tous les législateurs passés, présens et futurs avaient eu ou devaient perpétuellement avoir cette règle présente à l'esprit, avec l'intention de ne jamais s'en écarter dans la rédaction des lois.

484. Il est certain que cette loi ne saurait être invoquée comme obligatoire et impérative, que dans les lieux où le droit romain a force de loi. Ainsi l'enseignent les docteurs (1), et c'est une chose évidente. Or, quelle qu'ait pu être autrefois l'autorité du droit romain, il a cessé, dans toute la France, d'avoir force de loi. Il reste donc à examiner si la loi de Justinien est fondée sur la rai-

_____

(1) *Voy.* Suarez, *de legib.*, *lib.* 5, *cap.* 29 et 30.

son, la première de toutes les lois. La raison dit d'abord qu'une règle aussi générale ne saurait être admise sans distinction ; car, entre les lois prohibitives, il y en a dont les dispositions sont si importantes et d'autres si peu, soit pour la société et l'ordre public, soit pour l'intérêt des particuliers, qu'ils serait contraire à la raison et à l'équité de punir également et indifféremment l'infraction à la défense, par la nullité des actes faits au contraire. Aussi, l'on trouve qu'il y a plusieurs lois qui, en défendant certains actes, les laissent néanmoins subsister, lorsqu'ils ont été faits contre la défense.

485. C'est de là qu'est venue une règle de droit fondée sur l'observation, savoir : qu'en plusieurs cas, les actes défendus par la loi sont néanmoins valides, quoique faits contre sa prohibition (1). *Multa fieri prohibentur, quæ si facta fuerint obtinent firmitatem. Cap.* 16, *Ẍ de regular.*

Au lieu d'examiner si la première de ces règles est établie sur la raison, les interprètes ont imaginé, pour la concilier avec la seconde, beaucoup de distinctions et de limitations dont il est utile d'examiner au moins les principales ; car, sans cet examen, l'esprit ne peut acquérir ce degré de consistance, de repos et de tranquillité si nécessaires

---

(1) On en trouve des exemples dans les empêchemens prohibitifs du mariage.

pour la solidité du jugement (1). Nous examinerons ensuite si la règle de Justinien est conforme
à la raison ou à la nature des choses; autrement,
s'il est vrai que, par elle-même, la disposition prohibitive suffise pour annoncer que le législateur a
voulu annuler les actes faits contre la prohibition;
et enfin, si cette règle est reçue dans notre jurisprudence française.

486. 1°. Les docteurs exceptent de la règle que
les actes faits contre la prohibition des lois sont
nuls, les cas où la loi a prononcé une autre peine
contre l'infraction de ses dispositions, parce qu'on
ne peut supposer que le législateur ait voulu infliger deux peines à la fois: d'où ils concluent qu'il
faut regarder l'addition d'une peine à une disposition simplement prohibitive, comme un indice
que l'intention du législateur n'a pas été d'annuler
l'acte fait contre la défense de la loi.

Ce raisonnement n'est pas concluant; car d'a-
bord, la nullité de l'acte contraire aux dispositions
de la loi ne peut être, en beaucoup de cas, considérée comme une peine, et puis, il n'est pas douteux que le législateur ait le pouvoir, en déclarant
un acte nul, d'infliger en outre une peine à l'infracteur de ses préceptes. La nullité est prononcée parce que l'ordre public ou l'intérêt des tiers
l'exige, et la peine, pour châtier la désobéissance,

_____

(1) C'est la réflexion que fait, dans une occasion à peu près semblable,
le chancelier d'Aguesseau, tom. IV, pag. 621.

propter culpam. Cette double disposition, qui prononce une peine outre la nullité de l'acte, se rencontre fréquemment dans l'ordonnance civile de 1667, *sur le fait de la justice.* On y trouve souvent cette formule : *Le tout à peine de nullité, et de...... tant...... d'amende, sans qu'elle puisse être remise ou modérée.* (*Voy.* tit. 2, art. 1, 2, etc).

On trouve encore, dans la loi du 25 ventôse an XI, sur le notariat, la nullité prononcée cumulativement avec une peine infligée au notaire. (*Voy.* art. 6 et 15, *junct.* art. 68).

Cette première distinction des docteurs n'est donc point d'une exactitude rigoureuse; cependant elle est adoptée par nos auteurs français. (*Voy.* le Répertoire, v°. *Nullité,* § 1, n°. 5).

487. La seconde distinction des docteurs consiste à dire qu'il faut examiner quelle a été la cause de la prohibition de la loi. Si cette cause est temporelle, c'est un signe que l'acte n'est pas nul. *Secùs,* si elle est perpétuelle.

Pour établir la première proposition, on dit que l'effet ne peut pas s'étendre au-delà de sa cause.

Ainsi, par exemple, le mariage que l'Eglise défend de célébrer en certains tems n'est pas nul, quoique contracté *contra interdictum ecclesiæ,* parce que la cause de la défense est temporelle et passagère. On doit appliquer ceci au mariage que le Code civil défend à la femme, *propter turbationem sanguinis,* de contracter avant dix mois révolus depuis la dissolution du mariage précédent (228).

Il n'est pas nul (1), parce que la cause de la défense est temporelle et passagère.

Mais quoique cette distinction puisse répandre du jour sur la discussion, on n'en peut tirer aucune induction certaine. Le raisonnement qui lui sert d'appui manque de justesse ; car, en supposant que la loi prohibitive suffise, sans clause irritante, pour annuler les actes contraires, il ne suffirait pas que la cause de la prohibtion fût temporelle, pour en induire que la loi, en les défendant, a néanmoins voulu les laisser subsister, lorsqu'ils sont faits au mépris de sa défense. On pourrait dire, au contraire, suivant la règle de Caton, qu'un acte vicieux dans son principe ne peut être validé par le tems.

Aussi trouve-t-on qu'en beaucoup de cas, une cause temporelle et passagère suffit pour annuler des actes. Par exemple le mariage d'un impubère, les obligations du mineur, celles de la femme, sans l'autorisation de son mari, etc.

D'un autre côté, on a des exemples d'actes défendus pour une cause perpétuelle, qui ne sont pas nuls, quoique faits contre la prohibition de la loi. C'est ainsi qu'en droit canonique, l'empêchement qui résulte de l'affinité spirituelle, *cap.* 2, *de cognat. spir., in* 6°., celui qui résulte des vœux

---

(1) Ainsi l'a fort bien pensé la Cour de cassation. *Voy.* l'arrêt du 29 novembre 1811, Sirey, an 1812, pag. 46; *voy.* aussi le Répertoire, *v°. Noces,* § 2, et ce que nous avons dit tom. II.

simples, n'annulent pas le mariage, malgré qu'ils soient fondés sur une cause perpétuelle. On a pensé, avec raison, que la volonté du législateur n'avait pas été d'annuler le mariage en pareil cas, mais seulement de le défendre.

Tout dépend de la volonté du législateur. C'est cette volonté qu'il est difficile de connaître, lorsqu'elle n'est pas expressément manifestée dans le texte de la loi.

488. La troisième limitation consiste à dire qu'il faut examiner si la défense porte, non pas sur l'acte en lui-même, indépendamment des circonstances où il se fait, ou si elle porte seulement sur les circonstances comme sur le tems, le lieu où il est fait, etc.; en autres termes, si l'acte est défendu en lui-même *ratione substantiæ*, ou seulement à raison des circonstances, *ratione circumstantiarum.*

Il paraît en effet raisonnable de dire qu'un acte qui n'est défendu qu'à raison des circonstances étrangères à sa substance, n'est point nul, uniquement parce que la défense a été transgressée; car enfin, il n'était pas défendu en lui-même. Par exemple, il n'est pas défendu à une veuve de se remarier, mais seulement de le faire dans les dix mois de la dissolution de son premier mariage.

Il n'est pourtant pas douteux qu'un acte qui n'est défendu qu'à raison des circonstances, peut être nul, pourvu que la loi ait ajouté la clause irritante à la prohibition. Par exemple, l'art. 1 de la Coutume de Bretagne défendait aux juges de faire aucun acte de jurisdiction contentieuse *ès jours de fêtes,...... sur peine de nullité* de ce qui aurait été fait, etc.

Mais si la loi ne prononce point la nullité, on doit prendre pour règle qu'un acte qui n'est défendu qu'à raison des circonstances étrangères à sa substance, n'est pas censé nul.

Quant à l'autre partie de la distinction que nous examinons, et d'où il résulterait que l'acte est nul, lorsque la prohibition tombe directement sur sa substance ou sur l'acte en lui-même, cette proposition ne peut être admise comme règle générale.

Par exemple, le droit canonique défend le mariage aux personnes engagées par des vœux simples de chasteté, et cependant le mariage qu'elles contractent n'est pas nul.

489. 4°. Les docteurs distinguent et limitent la règle, en disant que l'acte fait contre la prohibition de la loi est nul, si la nullité ne préjudicie qu'aux parties contractantes ou à l'une d'elles, et qu'il n'est pas nul, lorsque la nullité préjudicie à des tiers.

Mais si l'on peut être plus facile à prononcer une nullité, lorsqu'elle ne préjudicie qu'aux parties qui sont contrevenues à la loi, la considération que cette nullité préjudicie à des tiers, n'est point un motif suffisant pour empêcher d'annuler un acte contraire à la loi; car si l'acte est nul, il n'a pu acquérir de droits à personne.

Ainsi, l'omission d'une formalité exigée pour la validité d'un testament ne le rend pas moins nul, quoique la nullité préjudicie aux légataires ou aux héritiers institués. Ainsi encore, un jugement n'en est pas moins cassé , lorsque les formes ont été violées, quoique la cassation préjudicie à la partie qui a obtenu justice.

490. On fait une cinquième limitation ou distinction, et l'on dit qu'entre les lois prohibitives, les unes ne contiennent qu'une défense pure, simple et absolue, sans ajouter aucun mot dont l'on puisse induire que l'acte contraire est néanmoins valide; celles-là annulent tous les actes contraires à la prohibition.

D'autres ajoutent à la défense quelques mots qu'il serait inutile d'ajouter, si l'acte contraire n'était pas valable; celles-ci n'annulent pas les actes faits contre leur prohibition.

Mais nous avons déjà vu qu'il n'est pas vrai, dans tous les cas, que les lois simplement et absolument prohibitives , annulent les actes contraires à leur prohibition , lorsqu'elles n'ajoutent aucun mot qui puisse les faire maintenir. On en donne pour exemple, dans le droit canonique, les mariages clandestins que les anciens canons défendent d'une manière absolue : *Clandestina matrimonia penitùs prohibimus,* dit le chap. 3, $\ddot{X}$, *de clandestinâ desponsatione.* Il ajoute : *Prohibentes etiam ne quis sacerdos talibus interesse præsumat.*

Cependant, malgré cette défense absolue, ces mariages étaient regardés comme valables, *rata et vera matrimonia,* tandis que l'Eglise n'en a point expressément prononcé la nullité.

C'est ce que dit expressément le concile deTrente,

sess. 24, cap. 1, tametsi dubitandum non est clandes-
tina matrimonia...... rata et vera esse matrimonia,
quandiù ecclesia ea irrita non fecit.... nihilominùs ex
justissimis causis, illa semper detesta est atque prohi-
buit. On peut encore donner pour exemple l'art. 228
déjà cité du Code civil : il défend aux veuves de
contracter un second mariage avant dix mois écou-
lés depuis la dissolution du premier ; et cependant
le second mariage, contracté avant les dix mois,
n'est pas nul. Il y en a beaucoup d'autres exemples.

Il y a donc des lois purement et simplement
prohibitives, qui n'annulent pas les actes faits contre la prohibition, quoiqu'elles n'ajoutent aucun
mot qui indique l'intention de les laisser subsister.

491. Que faut-il donc penser de la règle établie
par Justinien, dans la loi 5, *Cod. de legibus ?* Nous
l'avons déjà dit, et ce point n'est pas douteux,
c'est une loi positive dont l'autorité n'est pas obligatoire en France. Il reste à examiner si elle est
fondée sur la nature des choses ; c'est-à-dire s'il
résulte de la seule force des expressions, qu'en défendant purement et simplement certains actes,
le législateur a voulu, indépendamment de toute
clause irritante, annuler ceux qui seraient faits
contre la prohibition.

Dès lors qu'il est reconnu que, dans le fait, il
existe, et qu'il a existé, dans toutes les législations, des lois prohibitives qui laissent subsister
les actes faits contre la prohibition, on peut en
conclure que la simple défense, même absolue,
n'a point par elle-même, et sans clause irritante,
la force d'annuler les actes contraires.

Tout dépend de la volonté du législateur. Mais le législateur, plus encore qu'un simple citoyen, est rigoureusement obligé de s'exprimer clairement, d'employer les mots dont il se sert dans leur signification propre et naturelle (1). Or, il est certain que, pris dans son sens propre et naturel, dans celui que lui donne l'usage, le mot *défendre* ne signifie pas que l'acte fait contre la défense sera nul; car défendre un acte et l'annuler sont deux choses très-différentes. Défendre un acte, c'est ordonner de ne pas le faire, c'est ordonner ou tout au moins permettre de s'y opposer. L'annuler est quelque chose de plus : c'est agir sur ce qui a été ou sur ce qui sera fait, nonobstant la défense ou au mépris des formes prescrites, c'est, autant qu'il est possible, anéantir l'acte ou du moins ses effets, en prononçant d'avance son anéantissement, en tout ce qui est au pouvoir du législateur (2).

---

(1) Le juge, dit fort bien le Code prussien, introduction, art. 50, ne doit attribuer d'autre sens à la loi que celui qui résulte évidemment des mots qu'elle a employés, et de leur ensemble.

(2) Mais remarquez bien qu'en déclarant un acte nul pour vice de forme, la loi n'anéantit et ne peut anéantir que les effets qu'il aurait produits devant les tribunaux civils. Une convention quelconque est, aux yeux de la raison et de la loi naturelle, parfaite et obligatoire par le seul consentement des parties. Il est au-dessus du pouvoir de la loi civile de lui enlever cette force obligatoire, lorsqu'il n'existe aucun vice intrinsèque qui l'annule dans sa substance : tout ce que la loi civile peut faire, c'est de n'accorder une action pour contraindre le réfractaire à l'exécuter que sous certaines conditions, ou en observant certaines formalités. C'est ainsi que chez les Romains les simples conventions ou pactes nus, qui n'étaient point revêtus de la formalité de la stipulation, ne produisaient point d'action, mais elles conservaient néanmoins leur force obligatoire dans le for intérieur; la loi reconnaissait même qu'elles produisaient une obligation naturelle, à laquelle elle accordait même quelques effets civils.

Chez nous, l'acte reçu par un notaire seul, s'il n'a pas été fait en présence de deux témoins, est nul. La loi en anéantit les effets : il ne saurait donc servir à prouver l'existence de la convention qui s'y trouve écrite; mais cette convention est-elle pour cela anéantie? Non certes; la loi n'a pu ni voulu l'anéantir. L'acte n'était fait que pour lui servir de preuve, et si on peut la prouver d'une autre manière, par exemple par l'aveu

Défendre et annuler sont donc réellement deux effets différens de la loi, et tellement différens qu'on les trouve souvent séparés, puisqu'on ne peut nier qu'il y a des actes défendus qui ne sont pas nuls, quoique faits contre la défense; au contraire, il y a des actes déclarés nuls, quoiqu'ils ne soient pas positivement défendus. Il y a même des actes que la loi peut défendre, et que, malgré sa toute-puissance, elle ne peut annuler. Elle ne peut que punir l'infracteur et le contraindre à réparer les dommages qu'il a causés.

Si défendre et annuler sont deux effets de la loi différens, le législateur qui veut les produire l'un et l'autre est dans l'obligation rigoureuse d'exprimer sa volonté d'une manière claire et positive. S'il se borne à défendre purement et simplement, on doit en conclure qu'il n'a pas voulu annuler l'acte contraire à la prohibition. Il ne peut se plaindre

---

des parties, l'exécution peut en être exigée en justice. Il y a plus : quoique l'acte soit nul, comme acte notarié, il vaudra comme écriture privée, s'il est signé des parties. La nullité de l'acte n'annule donc pas la force obligatoire de la convention.

Il en est autrement d'un acte testamentaire : la nullité de l'acte entraîne celle de la disposition du testateur. La raison de différence est que le pouvoir de tester ne vient point du droit naturel, qui n'autorise point à disposer de son bien pour le tems où l'on n'existera plus. Voy. ce que nous avons dit tom. V, n. 545 et 446. C'est la loi civile seule qui accorde aux citoyens le pouvoir de tester; mais elle ne l'accorde qu'à la condition que celui qui en voudra user, observera certaines formalités, sans lesquelles sa volonté reste impuissante pour produire son effet. Ainsi, la nullité de l'acte entraîne la nullité de la disposition, tellement que le légataire ne peut offrir d'autres preuves pour établir que la volonté du testateur était réellement telle qu'elle est écrite dans l'acte nul; il ne pourrait même déférer le serment, sur ce point, à l'héritier du sang; car, quand celui-ci avouerait que le testateur lui avait fait connaître sa volonté, dès lors qu'il ne l'a point manifestée également, la disposition est nulle, parce qu'il ne s'est pas conformé à la condition sans laquelle la loi ne lui permettait pas de tester. L'héritier du sang n'est donc point obligé, en conscience, d'exécuter un testament nul, quoiqu'en plusieurs cas la délicatesse doive l'y porter; car on fait souvent par délicatesse, ce qu'on n'est pas obligé de faire en conscience; mais l'héritier serait en conscience obligé d'exécuter la volonté du testateur, s'il lui avait promis de le faire, et que se reposant sur la parole de l'héritier, il eût négligé de faire son testament en forme. A plus forte raison si par ruse il l'a empêché d'en faire un.

de cette interprétation. Si son intention était d'annuler, c'est sa faute de ne s'en être pas expressément expliqué : *Contra eum, qui legem dicere potuit apertiùs, est interpretatio facienda. Reg.* 5, *de R. J., in* 6°.

Disons donc avec Suarez (1) que la règle prescrite par Justinien, dans la loi 5, *Cod. de legib.*, n'est point fondée sur la raison ou sur la nature des choses, et que la maxime contraire est plus vraie : le législateur qui se borne à défendre purement et simplement, sans ajouter de clause irritante, est censé n'avoir pas voulu annuler l'acte fait contre la prohibition.

492. En vain objecterait-on (2) qu'en ce cas la loi ne serait plus un précepte obligatoire, mais un simple conseil ; ce serait alors une loi imparfaite. Il faut répondre que le législateur a d'autres moyens puissans de se faire obéir, en imposant une peine à ceux qui contreviennent à la loi. S'il n'ajoute à la loi ni clause irritante, ni peine positive contre l'infracteur, celui-ci n'en doit pas moins être condamné à la réparation du dommage qu'il a causé par son acte illicite ou irrégulier.

C'est une sorte de sanction commune à toutes les lois. Enfin, il suffit qu'un acte soit défendu pour donner à ceux qui peuvent y avoir quelque intérêt le droit de l'empêcher. Ainsi, une défense

_____

(1) *De legib.*, lib. 5, cap. 25, n°. 21 *et seq.*, l'un des plus solides ouvrages qui aient été faits sur la matière des lois, dit le président Bouhier, Observations sur la Coutume de Bourgogne, chap. 29, n°. 117.

(2) *Voy.* tom. I, n°. 90.

qui n'est accompagnée ni de clause irritante, ni de peine prononcée contre l'infracteur, n'est pas inutile pour cela.

Que si l'on voulait supposer que l'infraction de la défense ne cause aucun dommage ni au public, ni aux particuliers, il en résulterait que la défense était inutile, et que la loi qui la contient est non seulement imparfaite dans le sens d'Ulpien, *Frag.*, *tit.* 1, § 1, mais encore mauvaise, par cela même qu'elle défend un acte qui ne nuit à personne. (*Voy.* tom. I, n°. 208, pag. 174 à 176).

493. Les interprètes du droit civil, qui adoptèrent la règle établie par Justinien, quoiqu'avec des distinctions et des limitations si nombreuses, qu'elles annonçaient assez combien ils la trouvaient injuste et peu fondée, au moins dans sa généralité, furent subjugués par l'autorité d'une loi qu'ils regardaient comme obligatoire : *è vinculis sermocinabantur.* Leur autorité, jointe à celle de la loi, subjugua à son tour nos jurisconsultes français, qui suivirent aveuglément la doctrine des interprètes. On n'eut même pas la pensée de soumettre à un examen raisonné une règle établie sur l'autorité d'une loi romaine. On ne songea qu'à corriger ce qu'elle avait de faux ou d'injuste dans l'application, par de subtiles et nombreuses distinctions et limitations, sans même faire attention que leur nombre étouffait la règle et en prouvait la fausseté.

Cependant, jamais les lois françaises, anciennes et nouvelles, n'ont adopté cette règle. Leur rédaction indique même que ceux qui les ont rédigées ne pensaient pas qu'une disposition prohibitive fût suffisante par elle-même, pour annuler les actes faits contre la prohibition. C'est ce qu'on peut induire de l'attention qu'ils ont presque toujours eue d'y ajouter la clause irritante ou autre équivalente.

494. Cette observation remonte jusqu'au tems de la rédaction des Coutumes. Celle de Bretagne, par exemple, rédigée en 1580, ajoute presque toujours la clause irritante aux dispositions prohibitives. (*Voy.* art. 1, 197, 199, etc.) Dans le siècle suivant, il est rare de ne pas voir cette même clause ajoutée aux dispositions prohibitives de l'ordonnance de 1667, dont la formule ordinaire est : *Défendons sous peine de nullité, etc.* (voy. les art. 1, 2 et 3 du tit. 6, art. 16 du tit. 17, 20 du tit. 22, etc.); et lorsque la clause irritante est omise, c'est qu'alors la contravention à la défense n'emporte pas la peine de nullité. Ainsi, l'art. 21 du tit. 22 *défend* de faire entendre plus de dix témoins en matière civile. Cependant les dépositions des témoins entendus au-dessus de ce nombre ne sont pas nulles. Seulement celui qui les a fait entendre ne peut exiger le remboursement des frais.

L'art. 15 du tit. 29 défend de s'assembler en la maison du juge-commissaire de la reddition d'un compte, pour mettre, par forme d'apostilles, à côté de chaque article, les débats et soutenemens des parties ; et cependent les apostilles n'étaient pas nulles, si elles avaient été faites.

On pourrait facilement grossir le nombre de ces observations en parcourant les autres ordonnances. Il est plus utile d'examiner l'esprit de la législation actuelle.

495. L'art. 1030 du Code de procédure porte expressément qu'aucun acte de procédure ne peut être déclaré nul, si la nullité n'en est pas formellement prononcée par la loi. Ainsi ce Code ne se borne pas à rejeter la règle établie par Justinien, il en établit une diamétralement contraire. La disposition de cet article est appliquée aux procédures criminelles, par l'art. 408 du Code d'instruction criminelle.

496. On ne trouve point, à la vérité, de disposition pareille dans le Code civil ; mais on y trouve toujours, ou presque toujours, la clause irritante ajoutée aux dispositions prohibitives que le législateur a voulu faire observer sous peine de nullité Lorsqu'elle n'est pas insérée dans l'article même qui porte la prohibition, on la retrouve dans les suivans. (*Voy.* les art. 896, 943, 1001, 1097, 1098, 1099, 1596, 1597, 2063, etc. etc.)

Au contraire, on trouve dans le même Code des dispositions prohibitives qui n'annulent pas les actes faits contre la prohibition, précisément parce que la clause irritante n'y a pas été ajoutée. Nous en avons cité pour exemple l'art. 228 : on en pourrait citer plusieurs autres.

La loi du 25 ventôse an XI, sur le notariat, a suivi la même méthode, en distinguant expressément les articles qui doivent être observés sous peine de nullité.

On peut, ce nous semble, conclure de ces observations, qu'il serait facile d'étendre, que nos législateurs n'ont pas regardé les dispositions prohibitives comme suffisantes par elles-mêmes pour rendre nul l'acte fait contre la prohibition, et qu'ils ont rejeté la règle établie par Justinien (1).

D'un autre côté, nous avons prouvé que cette règle n'est pas fondée sur la nature des choses. Il faut donc l'écarter pour nous en tenir, avec Suarez, à la maxime avouée par la raison, que le législateur qui se borne à défendre purement et simplement, sans ajouter la clause irritante ou autre équivalente, est censé n'avoir pas voulu annuler l'acte fait contre la prohibition : les nullités ne doivent pas être admises arbitrairement; il faut s'arrêter à celles qui sont écrites dans la loi.

497. Enfin, nos législateurs ont si peu regardé les dispositions prohibitives comme suffisantes par elles-mêmes pour rendre nuls les actes faits contre la prohibition, qu'ils ont cru nécessaire de déclarer nulles ou sans aucun effet les conventions qui ont une cause contraire aux bonnes mœurs ou à l'ordre public, quoique la nullité de ces conventions soit fondée sur la raison ou sur le droit naturel.

498. Après avoir prouvé la fausseté de la règle établie par Justinien, concernant les lois prohibitives, il faut examiner la doctrine des interprètes du droit civil et canonique, sur les lois préceptives.

---

(1) Portalis, imbu des principes du droit romain, proposa de la faire adopter dans un livre préliminaire, mis en tête du projet de Code. L'art. 9 du tit. 4 portait : *Les lois prohibitives emportent peine de nullité, quoique cette peine n'y soit pas formellement exprimée.* Mais ce livre fut rejeté, à l'exception de quelques articles qui furent adoptés. Celui qu'on vient de citer n'est pas du nombre.

qui règlent la forme des actes, et qui prescrivent les formalités qu'on y doit observer.

Suivant certains docteurs (1), il faut dire, sans distinction ni limitation, que la loi qui prescrit quelque chose sur la forme d'un contrat, annule, même sans l'addition de la clause irritante, l'acte qui est fait dans une autre forme. Ils fondent cette assertion sur le principe abstrait que c'est la forme qui donne l'existence aux choses : *Forma dat esse rei.* Principe vrai à certains égards, car souvent le changement de forme fait que la chose n'est plus la même : *Nam mutata forma propè interimit subs tantiam rei,* dit Ulpien à une autre occasion (2). De là le brocard de droit, *ex formâ non servatâ, resultat nullitas actûs.* (Suarez, *ubi suprà*).

499. Ce n'est, comme on le voit, qu'aux formalités *essentielles* que les docteurs appliquent cette maxime. Ils distinguent les formalités *substantielles* des formalités *accidentelles* ou secondaires, dont l'omission ne saurait détruire la substance de l'acte, ni par conséquent l'annuler.

En théorie abstraite, cette doctrine séduit d'abord et peut paraître vraie; mais quand on veut l'appliquer à la pratique, on n'y trouve plus qu'incertitude et obscurité. Cependant elle a passé au barreau; elle a même été solennellement professée par la Cour de cassation, qui en a fait l'application

---

(1) Cités par Suarez , *de legib.* , *lib.* 5, *cap.* 31, nº. 1.

(2) *Loi* 9, § 3, *ff ad exhib.*, 10. 4. Il parle d'une coupe couvertie en lingot : *Si ex scypho massa facta sit.*

aux nullités des mariages et des inscriptions hypothécaires. Essayons de l'exposer et de la rendre sensible.

5oo. Toute la difficulté consiste à trouver un
moyen sûr et facile de discerner quand une formalité est *substantielle* ou *accidentelle*. La difficulté
augmente lorsque la loi cumule et confond, dans
une même disposition , des formalités substantielles et d'autres purement accidentelles. Cette difficulté a été sentie dans tous les tems; c'est pour
la vaincre que les docteurs ont imaginé plusieurs
règles qu'il nous paraît utile d'examiner, avant d'exposer la doctrine professée par la Cour de cassation.

5o1. PREMIÈRE RÈGLE. Quand la formalité prescrite est fondée sur l'équité naturelle, cette formalité est substantielle , et son omission emporte
la nullité de l'acte.

Au contraire , si la formalité n'est fondée que
sur une disposition arbitraire et variable, son omission n'emporte point la nullité de l'acte, sans l'addition d'une clause irritante.

L'équité dont parle la première partie de la règle
peut s'entendre de deux manières; l'une, de cette
équité nécessaire par elle-même pour la validité de
l'acte, et pour qu'il remplisse son but , en sorte
que son omission en emporte la nullité par la nature même de la chose : tel est le défaut de notification à personne ou domicile, d'une citation ou
assignation ; le défaut d'indication de tems où le
défendeur doit comparaître, du juge devant lequel
il est cité, etc.

Car c'est une maxime d'éternelle justice, qu'on ne peut condamner une personne sans l'entendre. Il faut donc qu'elle soit avertie du tems, du lieu où elle doit comparaître. Si l'avertissement n'a pas été donné à sa personne ou à son domicile, s'il n'indique pas le jour, le lieu, le juge, il est nul, il n'a pas réellement existé : la loi n'a pas besoin d'en prononcer la nullité.

Ainsi, les art. 1er. et 4 du Code de procédure veulent que la citation donnée pour comparaître devant un juge de paix contienne l'indication du juge, le jour de la comparution, et qu'elle soit donnée à personne ou domicile, etc. Quoique ces articles et les suivans ne prononcent point la nullité des citations où ces formalités ont été omises, l'omission n'emporte pas moins la nullité, nonobstant la disposition de l'art. 1030, qui veut qu'aucun exploit, etc., ne puisse être déclaré nul, si la nullité n'est pas prononcée par la loi, parce que ces formalités constituent tellement la substance des citations, que sans elles la citation est nulle; elle n'existe point.

Il faut en dire autant du défaut de signature des actes qui doivent être rédigés par écrit. Ils sont nuls, ou plutôt ils n'existent pas réellement, s'ils ne sont pas signés de tous ceux qui doivent les signer (1).

L'autre manière d'entendre la première partie de la règle est de l'appliquer aux formalités établies

---

(1) *Voy.* deux arrêts de la Cour de cassation, des 6 mai 1813 et ' mars 1815, rapportés par Sirey, an 1813, pag. 545; an 1815, pag. 2 7.

par la loi, non comme absolument, mais comme
moralement nécessaires pour observer l'équité,
parce que, quoique l'omission de ces formalités ne
renferme pas en elle-même et nécessairement une
injustice, néanmoins, la justice peut être plus fréquemment violée si on ne les observe pas, tandis
qu'en les observant elle le sera plus rarement. De
pareilles formalités ne sont pas substantielles de
leur nature; mais il est probable que la loi les a
voulu rendre telles, quand il est à craindre que la
fraude ou l'injustice ne se glisse non seulement
dans l'acte même, mais encore dans ses suites et
dans ses effets.

Cependant, entendue de cette seconde manière,
la règle n'est par elle-même ni infaillible ni suffisante; et quoiqu'elle puisse être un indice que de
telles formalités sont substantielles, elle ne suffit
pas seule, sans clause irritante, ou autres termes
équivalens, pour conclure que le législateur a voulu
que l'omission de ces formalités emportât la nullité
de l'acte. Car, puisque cette omission n'emporte
pas nécessairement une injustice, on ne peut pas
dire que ces formalités constituent la substance de
l'acte.

Par exemple, les actes notariés doivent, suivant
l'art. 13 de la loi du 25 ventôse an XI, être écrits
sans abréviation (1), blanc, lacune ni intervalle;

_____

(1) Cet article prononce une amende de 100ᶠ contre le notaire qui se
sert d'abréviations. Ainsi, la loi proscrit les *et cætera* des notaires, dont
on se plaignait depuis si long-tems. Il est aussi du plus grand danger
de se servir de caractères abrégés, qui, par eux-mêmes, n'ont point
de valeur déterminée.

ils doivent contenir les noms, prénoms, qualités et demeure des parties, etc.

Il est certain que toutes ces formalités sont infiniment utiles, et quelquefois moralement nécessaires, pour empêcher les méprises et les fraudes, et cependant leur omission n'emporte pas la nullité des actes, comme on peut le voir par l'art. 68 de la même loi. L'omission même du nom des parties n'emporte pas de plein droit la nullité des actes notariés, parce que cette omission, qui ne peut être qu'un oubli de plume, *lapsus calami*, peut presque toujours être réparée par la signature des parties présentes, par la procuration de celles qui ne sont pas présentes, laquelle reste annexée à la minute, par la relation des prénoms, profession et domicile, et autres circonstances tirées de la contexture même de l'acte.

Remarquons en passant que dans cette loi sur le notariat, le législateur a pris le plus grand soin de manifester clairement sa volonté, sur les formalités qu'il a jugé nécessaire de faire observer sous peine de nullité.

Par exemple encore, l'art. 2148 du Code exige qu'on insère dans les bordereaux d'inscription aux hypothèques, les noms, prénoms, domicile et profession du créancier, élection d'un domicile dans un lieu de l'arrondissement du bureau. Cependant, faute d'une clause irritante, il résulte de la jurisprudence des Cours royales et de la Cour de cassation, que ni l'omission du prénom de l'inscrivant, ni celle de sa profession, ni celle de son domicile, ni enfin celle de l'élection d'un domicile, n'emportent point la nullité de l'inscription (1).

Au contraire, l'art. 61 du Code de procédure civile veut aussi que l'exploit d'ajournement contienne les noms, profession et domicile du demandeur : mais il a soin d'ajouter la clause irritante (2), *le tout à peine de nullité.*

Quant à l'autre partie de la règle, qui consiste à dire que si les formalités ne sont fondées que sur une disposition arbitraire et variable, son omission n'emporte point la nullité de l'acte, sans clause irritante, elle est beaucoup plus sûre. En effet, lorsqu'une formalité n'est point par elle-même absolument nécessaire pour observer la justice, mais introduite seulement pour en faciliter l'observation, on ne voit pas sur quoi juger, *sans clause irritante,* que le législateur a voulu la prescrire *sous peine de nullité.*

---

(1) *Voy.*, sur le premier point, l'arrêt de la Cour de Rouen, du 14 novembre 1808, maintenu par arrêt de la Cour de cassation, du 15 février 1810, Sirey, tom. X, 1re. part., pag. 179; l'arrêt de la Cour de Bordeaux, du 8 février 1811, Sirey, tom. XI, 2e. part., pag. 252; l'arrêt de la Cour de cassation, du 2 mars 1812, Sirey, tom. XII, 1re. part., pag. 257.

Sur le second point, l'arrêt de la Cour de cassation, du 1er. octobre 1810, Sirey, tom. X, 1re. part., pag. 383; arrêt de la Cour de Bruxelles, du 20 février 1811, *ibid.*, tom. XI, 2e. part., pag. 375.

Sur le troisième, *voy.* l'arrêt de la Cour de Paris, du 29 août 1811, *ibid.*, tom. XII, 2e. part., pag. 3, et l'arrêt de la Cour de cassation, du 2 mars 1812, *ibid.*, 1re. part., pag. 257.

Sur le quatrième point, *voy.* l'arrêt de la Cour de Metz, chambres réunies, du 2 juillet 1812, *ibid.*, tom. XII, 2e. part., pag. 388.

(2) Malgré cette clause, les tribunaux se permettent, et avec raison, de ne point avoir égard à l'omission de la profession, quand cette omission n'a causé aucun préjudice au défendeur; quand d'ailleurs il est

502. SECONDE RÈGLE, établie par les docteurs. La formalité est substantielle, quand on ne peut y renoncer; elle est accidentelle, quand on peut y renoncer.

En effet, la substance ou l'essence des choses est immuable. Si donc l'acte peut être valable sans cette formalité, elle n'est pas substantielle; au contraire, quand elle est tellement nécessaire, que les parties n'y peuvent renoncer, c'est un grand argument pour en conclure qu'elle est substantielle.

D'abord cette règle est défectueuse et inutile, en ce qu'il est aussi difficile de connaître quand on ne peut pas renoncer à une formalité, que de savoir quand elle est substantielle.

Mais indépendamment de cela, cette règle ne peut être admise généralement; car, d'un côté, il y a des formalités accidentelles auxquelles il n'est pas permis de renoncer; par exemple les bannies pour

constant qu'il a connu, sans pouvoir s'y méprendre, celui qui le faisait ajourner, parce qu'en effet le but de la loi est alors rempli. *Voy.* l'arrêt de la Cour de cassation, du 19 août 1814, Sirey, tom. XV, 1re. part., pag. 43.

La même Cour, dans un autre arrêt du 5 janvier 1814, Sirey, tom. XIV, 1re, part., pag. 82, a aussi pensé que des inscriptions où s'étaient glissées des erreurs dans l'énonciation de la date de l'exigibilité, n'étaient pas nulles, quoique la loi du 4 septembre 1807 exige la date de cette exigibilité, sous peine de nullité. Le motif fut que l'erreur n'avait pu nuire au demandeur, qui n'alléguait même pas qu'elle lui eût causé aucun préjudice.

Que d'alimens à la chicane et à la mauvaise foi, que de procès ruineux on retrancherait, si les législateurs avaient le soin de ne prononcer la nullité que dans les cas où l'omission d'une formalité est, par sa nature, préjudiciable à autrui, et si les juges prenaient pour règle de ne point accueillir les demandes en nullités, lorsque l'omission n'a causé aucun préjudice.

parvenir à un mariage. La raison en est qu'une formalité, quoique accidentelle, peut avoir l'intérêt
public ou celui des tiers pour objet, plutôt que
l'intérêt privé des contractans.

D'un autre côté, il y a des formalités substantielles auxquelles on peut renoncer. Par exemple,
le défaut de notification d'une citation à personne
ou domicile peut être couvert par le consentement
même tacite d'une partie, qui se reconnaît pour
dûment avertie.

503. Troisième règle. Quand la loi prescrit les
formalités d'un acte d'institution nouvelle, que les
parties n'avaient point auparavant le pouvoir de
faire, c'est un signe que ces formalités sont substantielles, et absolument nécessaires pour sa validité.
Il en est autrement quand elle ne fait qu'ajouter
des formalités à un acte d'ancienne institution, que
les parties avaient déjà le pouvoir de faire, et auquel elle ajoute seulement de nouvelles formalités.

On peut, dans notre jurisprudence française,
donner pour exemple des actes d'institution nouvelle, dont la loi règle les formalités, l'adoption, le
divorce, aujourd'hui supprimé, l'inscription hypothécaire, telle qu'elle fut introduite par la loi
du 11 brumaire an VII, etc.

La première partie de la règle est fondée sur ce
que celui qui donne le pouvoir de faire un acte de
telle manière, est censé ne le donner que sous la
condition d'observer les formes prescrites.

L'acte dans lequel ces formes n'ont pas été observées excède donc le pouvoir donné par la loi :
Quandò à principio datur potestas sub tali formâ, defic-

tus formæ irritat actum, dit Felinus, cité par Suarez, *ubi suprà, lib.* 5, *cap.* 31, *n°.* 9.

Mais quand le législateur suppose comme pré-existant le pouvoir de faire un acte, s'il n'ôte pas expressément, s'il ne limite pas le pouvoir de le faire autrement, on peut conclure de son silence que l'acte est valable en vertu de l'ancien pouvoir, et que l'omission de la forme nouvelle ne l'annule point, faute au législateur d'avoir ajouté la clause irritante, à moins que d'autres circonstances n'indiquent qu'on la doit suppléer.

Par exemple, les hommes avaient le pouvoir de contracter avant l'existence des lois positives. C'est un des droits naturels que la loi ne peut ôter aux citoyens. Ce droit est reconnu et consacré par le Code civil. Ils peuvent contracter verbalement ou par écrit, par actes sous seings privés ou par actes authentiques.

La loi peut régler la forme de ces actes; mais si elle ne s'exprime pas aussi clairement que l'a fait la loi du 25 ventôse an XI, sur le notariat, il faut dire que les formalités qu'elle ajoute ne sont pas substantielles, puisque les contrats pouvaient exister sans ces formalités.

D'après ce principe, examinons l'art. 1326 du Code. Il veut que le billet ou promesse sous seing privé, par lequel une seule partie s'engage envers l'autre à lui payer une somme d'argent ou une chose appréciable, soit écrit en entier de la main de celui qui l'a souscrit, ou du moins qu'outre sa signature, il ait écrit de sa main un *bon* ou *approuvé,* portant *en toutes lettres* la somme ou la

quantité de la chose. On dispense de cette formalité les marchands, artisans, etc.

. Cet article n'ajoutant point de clause irritante,
il faut en conclure que l'omission de cette formalité n'emporte pas une nullité de droit. Cette
conséquence nous paraît d'autant plus juste que
la déclaration du 22 septembre 1733, où a été
puisé le fond de cette disposition, y avait ajouté
que faute de cette formalité, le billet serait de nul
effet et valeur.

En ne répétant point cette dernière disposition,
le Code l'a tacitement rejetée; et l'on ne peut suppléer à son silence par la déclaration citée; car elle
a cessé d'avoir force de loi au moment où le Code
a été promulgué (1).

Revenons à la règle que nous examinons. Quoiqu'elle puisse être très-utile, il n'en est pas moins
vrai qu'elle est défectueuse dans ses deux parties;
car, d'un côté, la loi peut cumuler, et ne cumule
que trop souvent, même en réglant les formes
d'une institution nouvelle, des formalités accidentelles avec des substantielles. Nous en avons donné
des exemples relatifs aux inscriptions hypothécaires; en voici un relatif à l'adoption :

L'art. 354 porte qu'une expédition de l'acte sera
remise dans les *dix jours,* au ministère public,
pour être soumise à l'homologation. On ne peut
croire que l'acte d'adoption fût nul, si l'expédi-

---

tion n'avait été remise que le onzième ou douzième jour, parce que cette prorogation d'un ou deux jours ne préjudicie à personne (1).

D'un autre côté, la loi peut ajouter des formalités substantielles à un acte d'ancienne institution.

Autrefois, en Bretagne et en plusieurs autres coutumes, un testament pouvait être reçu par deux notaires : le Code exige de plus la présence de deux témoins, ou d'un notaire et quatre témoins, à peine de nullité. On regarde donc ces formalités comme substantielles.

504. 4°. Les docteurs font encore, relativement aux formalités des actes, une distinction importante. Il y a des formalités qui doivent précéder l'acte, d'autres qui doivent l'accompagner, et qui doivent être observées au moment même où l'acte se passe ; *in ipsâmet effectione actûs,* disent les docteurs. (*Voy.* Suarez, *lib. 5, cap.* 32). D'autres enfin qui doivent le suivre. On peut appeler ces trois sortes de formalités antécédentes, concomitantes et subséquentes.

Pour exemples des premières, on peut citer les bannies, prescrites pour parvenir à un mariage,

---

(1) Cela nous paraît évident, et démontré par la comparaison de l'art. 354 avec l'art. 359. Ce dernier article veut que le jugement qui admet l'adoption soit inscrit sur les registres de l'état civil, *dans les trois mois* qui suivront le jugement. Il ajoute que *l'adoption restera sans effet, si elle n'a été inscrite dans ce délai.* Cette clause irritante ne se trouve point dans l'art. 354. On en doit conclure que la remise de l'acte d'adoption au ministère public, *dans les dix jours suivans,* n'est pas exigée sous peine de nullité.

et les formalités qui doivent précéder la vente des biens d'un mineur, ou les ventes par expropriations forcées.

Pour exemples des formalités concomitantes, on cite le nombre des témoins, et les autres formalités requises par l'art. 972, pour la validité des testamens, etc. etc.

Pour exemples des formalités subséquentes, on citait autrefois l'insinuation des donations ; on peut aujourd'hui citer la transcription des contrats translatifs de propriété, les formalités qui doivent suivre l'acte d'adoption, etc.

Entre les formalités antécédentes, il y en a dont l'omission n'emporte pas seule la nullité de l'acte ; telles sont les publications de mariage ordonnées par l'art. 63.

D'autres dont l'omission opère la nullité de l'acte, parce qu'elles sont considérées comme des conditions nécessaires (1) pour y parvenir : telles sont les formalités qui doivent précéder la vente des biens des mineurs.

Quant aux formalités concomitantes, qui sont les plus ordinaires, tout ce que nous avons dit précédemment leur doit être appliqué.

---

(1) Car, toutes les fois que la loi impose *la condition* d'une formalité, l'inobservation emporte la nullité de l'acte ; par exemple, lorsqu'une faculté ou un droit est accordé *à la charge* de faire telle chose. Ainsi, l'art. 2185 permet au créancier hypothécaire de faire mettre une surenchère, lorsque l'immeuble a été vendu à trop bas prix, mais *à la charge* de plusieurs formalités requises, *à peine de nullité*. Leur omission emporterait la nullité, quand même elle ne serait pas prononcée par la loi. *Voy. infrà*, la note du n°. 504.

Enfin, les formalités subséquentes supposent que l'acte a été passé sans désobéissance à la loi, sans opposition de la loi. Il est donc valable dans son principe, car sa validité ne peut dépendre d'une formalité qui ne doit survenir qu'après sa perfection. Il faut donc, pour l'annuler, que le législateur, si telle est son intention, déclare formellement, ou équivalemment, que l'omission de la formalité subséquente emportera la nullité de l'acte précédent.

C'est ainsi que l'art. 359 du Code, en ordonnant que l'acte d'adoption et le jugement qui l'admet, seront inscrits, dans les trois mois, sur le registre de l'état civil, ajoute que, si l'inscription n'a pas été faite dans le délai de la loi, l'adoption *restera sans effet.*

Quant à la transcription des actes translatifs de propriété, instituée par la loi du 11 brumaire an VII, les art. 26 et 28 de cette loi déclarèrent formellement que la transcription était nécessaire pour transférer la propriété, et que tous les actes *translatifs de biens susceptibles d'hypothèques* ne pouvaient, jusqu'à la transcription, être opposés aux tiers, mais ces dispositions sont abrogées par le Code, qui veut que la propriété soit tranférée par le seul effet des conventions. La transcription n'est plus nécessaire aujourd'hui que pour purger les priviléges antérieurs aux contrats *translatifs de la propriété* (1). (*Voy.* art. 2179 et 2181).

---

(1) La Cour de cassation, dans un arrêt du 10 avril 1815, rapporté par Sirey, tom. XV, pag. 161 et suiv., a cru qu'il faut faire une excep-

505. 5°. Enfin, les docteurs font une dernière observation. Les formalités des actes consistent souvent en plusieurs choses qu'on peut diviser.

Par exemple, les art. 971 et 972 exigent, pour la forme d'un testament authentique, deux notaires et deux témoins, ou un notaire et quatre témoins; ils exigent qu'il soit dicté par le testateur, écrit par le notaire, qu'il en soit fait lecture, etc. L'article 2148 exige que les bordereaux des inscrip-

---

tion à l'égard des donations, et que, sous l'empire du Code comme sous l'empire de la loi du 11 brumaire an VII, la donation, à l'égard des tiers intéressés à la contester, n'est parfaite et *translative de propriété que lorsqu'elle a été transcrite au bureau des hypothèques*, et qu'avant cette transcription, le donateur peut vendre à un tiers les biens qu'il a déjà donnés.

On sait qu'un seul arrêt ne suffit point pour fixer la jurisprudence. Celle que cet arrêt tend à introduire subsistera-t elle? On peut en douter. L'art. 938 dit que la donation, dûment acceptée, sera parfaite par le seul consentement des parties, et la propriété transférée au donataire, sans qu'il soit besoin de tradition. Comment donc le donateur peut-il ensuite transférer des droits qu'il n'a plus? L'art. 941 lui interdit expressément le pouvoir d'opposer le défaut de transcription: comment donc l'acquéreur, qui n'est que son ayant-cause, peut-il l'opposer? S'il s'agissait d'une donation de meubles *sans déplacement*, c'est alors que la donation, comme la vente, ne serait parfaite qu'*entre les parties*, comme le dit l'art. 1583. Les créanciers, même postérieurs, pourraient, avant la tradition, faire saisir les meubles donnés. *Voy. suprà*, n°. 36. Mais à l'égard d'une donation ou d'une vente d'immeubles, l'acquéreur et le donataire sont, quant à la transcription, mis sur la même ligne par les art. 2183 et 2184; les mêmes obligations leur sont imposées pour purger les hypothèques antérieures; seul effet pour lequel la transcription soit nécessaire. (Art. 2179 et 2181). C'est dans ce sens que son omission peut être opposée par les tiers intéressés. *Voy.* au reste ce que nous avons dit tom. V, n°. 250 et suiv. L'arrêt cité nous paraît donc avoir créé une nullité qui n'existait point dans la loi. Mais il s'agissait d'une donation universelle *de tous les biens présens et à venir*, faite par un père à sa bâtarde adultérine, reconnue telle. Le désir d'anéantir cette donation immorale contribua sans doute à déterminer l'arrêt.

tions hypothécaires contiennent les nom, prénom, domicile et profession du créancier et du débiteur, etc. etc.

On demande donc si l'omission partielle de l'une de ces formalités suffit pour annuler un acte, ou s'il faut que l'omission des formalités soit totale?

Il est certain que s'il existe une clause irritante, la moindre omission entraîne la nullité de l'acte. Ainsi, la plus légère omission dans les formalités d'un testament suffit pour le faire annuler.

Ainsi, de l'art. 61 du Code de procédure, qui prescrit les différentes formalités des exploits d'ajournement, et qui ajoute *le tout à peine de nullité*, il résulte que la plus légère des omissions emporte la nullité de l'exploit (1).

S'il n'existait point de clause irritante, les docteurs ne sont point d'accord sur l'effet des omissions partielles.

Les uns pensent que l'acte est nul si l'omission est importante, qu'il ne l'est pas, si l'omission est légère; et si on leur demande quelles sont les omissions importantes ou légères, ils répondent que c'est une question abandonnée à la prudence du magistrat : *Hoc esse arbitrio prudentis reliquendum.*

D'autres pensent que, pourvu qu'il soit constant que la forme est substantielle, l'omission partielle, même légère, emporte la nullité de l'acte, parce que, si l'on fait la moindre exception, si l'on

_____

(1) Mais *voyez* cependant *supra.*, la note du n°. 501.

abandonne la question à la prudence du magistrat, il n'y a plus de règle, on ne voit plus où s'arrêter; mais que s'il y a du doute sur la nature de formalité, il faut en revenir à examiner si l'omission cause un préjudice considérable, ou seulement léger.

5o6. Il est facile de voir, par cette analyse, combien la doctrine des interprètes et des docteurs est insuffisante.

On y cherche vainement ce qu'on désire, un moyen sûr et facile de connaître les cas où la contravention aux lois, soit prohibitives, soit préceptives, emporte la nullité de l'acte, sans l'addition d'une clause irritante.

5o7. Cependant la Cour de cassation a hautement adopté l'obscure distinction des formalités substantielles et accidentelles ou secondaires. « Considérant, disent deux arrêts des 22 avril et 7 septembre 1807, que les formalités *qui tiennent à la substance des actes* sont de rigueur, et doivent, même dans le silence de la loi, être observées à peine de nullité (1).

5o8. Mais quelles sont les formalités qui tiennent à la substance des actes? C'est ce que n'enseigne point la Cour de cassation. On peut dire en général que ce sont celles sans lesquelles l'acte ne peut exister, celles qui sont indispensables pour remplir le but pour lequel l'acte a été institué.

(1) Ces arrêts sont rapportés dans le Répertoire de jurisprudence v°. *Hypothèque*, sect. 2, § 2, art. 10.

C'est du moins l'idée que présente naturellement à l'esprit cette expression, formalité *substantielle*: En érigeant cette définition en principe, il ne s'agirait plus que d'en faire, à l'aide du raisonnement, l'application aux différentes formalités.

509. Mais en parcourant les exemples de formalités substantielles que nous présentent les décisions de la Cour de cassation, on voit qu'elle a eu des formalités *substantielles* une tout autre idée, ou plutôt qu'elle n'en a pas toujours eu la même idée. Prenons pour exemple les inscriptions hypothécaires, à l'occasion desquelles les procès se sont multipliés à un excès scandaleux.

510. Quel a été le but de cette institution? Personne ne l'ignore, c'est *la publicité des hypothèques;* c'est afin que le public soit averti des charges déjà existantes sur les biens qu'un homme obéré voudrait donner pour sûreté. Dès que cet avertissement est donné, le but de la loi est atteint.

Or, qu'est-ce qui est nécessaire pour que l'avertissement existe et qu'il remplisse son objet? Deux choses seulement : qu'il fasse connaître le montant des charges ou hypothèques, et les biens qui en sont grevés. Toutes les autres formalités sont manifestement accessoires.

Qu'importe, en effet, qu'il y ait omission ou erreur dans les nom, prénom, domicile ou profession du créancier et du débiteur? Qu'importent la date et la nature du titre constitutif de l'hypothèque? Il faudra bien que le créancier le fasse connaître, s'il veut s'en aider. Qu'importe l'époque de l'exigibilité de la somme, pourvu que le montant en soit connu? Tôt ou tard il faudra qu'elle soit payée. La loi n'a pas voulu autre chose, sinon que personne ne fût trompé; qu'un engagement ne fût pas contracté par ignorance d'un autre engagement, qui, s'il avait été connu, eût empêché le second.

Or, quand l'inscription dit : Un tel doit payer tant ; tous ses biens, ou tels de ses biens sont hypothéqués à cette somme, voilà l'avertissement donné; il suffit. Traitez-vous ensuite? Vous l'avez bien voulu. S'il y a du risque, vous avez bien voulu le courir, et s'il arrive, vous ne pouvez vous en plaindre avec justice; vous étiez averti (1).

511. Ce n'est point ainsi que la Cour de cassation raisonna lors des deux arrêts ci-dessus cités. Dans celui du 22 avril 1807, elle considéra que l'énonciation de la date du titre *est de l'essence d'une inscription;* et la raison qu'elle en donne est que, s'il importe au public de connaître les inscriptions prises sur un immeuble , *il ne lui importe pas moins de pouvoir vérifier si elles ont une cause légitime;* ce qu'il ne peut faire, s'il n'existe pas dans un registre public une indication précise, non seulement du titre de créance, mais de sa date.

Il nous paraît qu'il y a dans ce raisonnement une erreur manifeste. D'abord, la date précise du titre

---

(1) Voilà ce qu'a fort bien prononcé M. Hua, dans un Traité excellent sur la nécessité et les moyens de perfectionner la législation hypothécaire ; traité qui mérite d'être médité par les législateurs, les magistrats et les jurisconsultes.

ne mettra point le public à même de vérifier si l'hypothèque a une cause légitime, et si le titre est valable ; car il est défendu aux notaires de délivrer, sans l'ordre de la justice, une expédition des actes, ni d'*en donner connaissance à d'autres* qu'aux personnes intéressées en nom direct, à leurs héritiers ou ayant-droits (art. 23 de la loi du 25 ventôse an XI, sur le notariat) ; mais de plus, quand le public pourrait prendre connaissance de la minute des actes rapportés par les notaires, comment pourrait-on juger, avec certitude, de leur légitimité, sans avoir appelé et entendu celui au profit de qui l'acte est passé ?

On pourrait tout au plus voir s'il est susceptible d'être attaqué avec plus ou moins d'espoir de succès, et se décider à contracter, en courant la chance incertaine d'un procès.

Or, comment ériger en formalité substantielle, dans le sens naturel de ce mot, celle qui n'aurait d'autre but que de mettre un chicaneur à même de spéculer sur l'espoir et la possibilité de faire, au hasard d'un procès, rejeter l'hypothèque dont il est dûment averti ?

En déclarant que l'indication précise du titre constitutif de l'hypothèque est une formalité *substantielle* de l'inscription, la Cour de cassation n'a donc pas pris ce mot dans son sens naturel. Voyons l'espèce de l'arrêt du 7 septembre 1807. La Cour de Rennes avait déclaré nulle une inscription prise au profit des héritiers du sieur Guillaudeu, sous le nom collectif d'*héritiers Guillaudeu.* L'art. 17. nᵒ. 5, et l'art. 40 de la loi du 11 brumaire an VII le leur permettaient. Mais ils n'avaient pas désigné le défunt par ses prénoms, profession et dernier domicile. De plus, par une erreur évidente de copiste, l'inscription était prise en vertu de sentence du 13 octobre 1777, tandis que la sentence était du 13 novembre 1777. On avait écrit octobre au lieu de novembre. Suivant la loi 92, *ff de R. J.*, de pareilles erreurs ne peuvent annuler les actes (1).

Cependant la Cour de cassation confirma cet injuste arrêt, toujours en parlant du principe que les formalités qui *tiennent à la substance* des actes doivent être exécutées, à peine de nullité.

Le motif de la confirmation fut qu'*il est évidemment de l'essence* d'une inscription hypothécaire de contenir les énonciations prescrites par les art. 40 et 17 de la loi du 11 brumaire an VII, relativement aux personnes qui s'inscrivent, et à la date du titre dont elles se prévalent. (C'est-à-dire les noms, prénoms, profession et domicile du créancier, élection de domicile dans l'étendue du bureau, la date du titre, etc.) Que dans l'espèce, les énonciations étant, soit omises, soit énoncées dans l'inscription, la contravention à la loi et la nullité sont manifestes.

Ainsi, cet arrêt décide que les formalités les plus minutieuses (2) de l'inscription sont des formalités

---

(1) *Si librarius in transcribendis stipulationis verbis errasset, nihil nocere, quominus et reus, et fidejussor teneatur. Loi 92, ff de R. J.*

(2) M. Merlin a tâché de justifier cet arrêt dans son plaidoyer sur lequel fut rendu l'arrêt du 15 mai 1809, rapporté dans le Répertoire, supplément au tom. XIII, v°. *Inscription hypothécaire*, pag. 569.

substantielles ; ce qui prouve que la Cour de cassation n'entendait point le mot dans le sens qu'il présente naturellement. Elle donnait à ces formalités la qualification de substantielles, pour avoir un motif d'annuler les inscriptions où elles n'avaient pas été observées.

La loi du 25 ventôse an XI, sur l'organisation du notariat, prescrit aussi l'énonciation du nom, de l'état et de la demeure des parties (11) ; cependant elle ne veut pas que leur omission emporte la nullité de l'acte : car l'art. 68, qui spécifie tous les cas où la nullité est attachée à l'inobservation d'une disposition, n'y comprend pas celui-ci. Elle n'a donc pas jugé que ces énonciations fussent des formalités substantielles.

La Cour de Paris ne les avait pas non plus jugées telles, lorsque, dans un arrêt du 16 février 1809, elle jugea que « l'indication du domicile réel du
» créancier inscrit n'est point une des formalités
» *substantielles* de l'inscription, dont *l'inobservation*
» *viole le principe de la publicité des hypothèques, et*
» *puisse porter préjudice aux tiers et entraîner la nul-*
» *lité de l'acte,* lorsqu'il contient élection de domi-
» cile dans l'arrondissement du bureau. » (Sirey, an IX, 2e. part., pag. 208).

512. Enfin, la Cour de cassation elle-même a changé ses principes et sa jurisprudence. Dès l'an 1809, à l'occasion d'un arrêt rendu le 15 mai (1),

___

(1) Rapporté dans le nouveau Répertoire, *ad calcem* du tom, XIII, °°, *Inscription hypothécaire.*

qui décida que les héritiers avaient pu prendre,
au nom de la succession de Jean-Louis Clermont-
d'Amboise, une inscription en nom collectif, sans
indiquer leurs *noms*, *prénoms*, etc., le procureur
général avait posé en principe que l'objet de l'inscription hypothécaire n'est pas de procurer, soit
au débiteur, soit aux créanciers postérieurs, les
facilités qu'ils peuvent désirer.....; que l'inscription
n'est instituée que pour donner aux priviléges et
aux hypothèques *une publicité* propre à garantir les
tiers intéressés de toute espèce de piége.

L'objet légal de l'inscription est donc rempli,
lorsque, par la manière dont elle est conçue, elle
manifeste au public la créance privilégiée ou hypothécaire qu'elle tend à conserver.

Il ajoutait que la loi s'est bien gardée d'attacher
la peine de nullité à l'omission des formalités qu'elle
prescrit, « parce que, mettant toute sa confiance
» dans le principe général, qui veut que la peine
» de nullité soit suppléée de plein droit, dans toutes
» les dispositions qui prescrivent des formes *subs-*
» *tantielles*, et qu'elles ne le soient jamais dans celles
» qui ne prescrivent que des formes secondaires,
» elle se repose sur les juges du soin de distinguer
» quelles sont, parmi les formes qu'elle prescrit
» pour les inscriptions, celles qui tiennent ou ne
» tiennent point à la substance de ces actes, c'est-
» à-dire celles qui sont ou ne sont pas *indispensa-*
» *bles* pour faire connaître la créance, le débiteur,
» le créancier et les biens sur lesquels il s'agit d'ac-
» quérir hypothèque. »

En un mot, pour remplir le but de la loi, telle est la maxime que le procureur général donnait pour règle à suivre pour les Cours d'appel.

L'occasion d'appliquer ces principes se présenta bientôt. La Cour d'appel de Rouen, par un arrêt du 14 novembre 1808, avait jugé valable une inscription dans laquelle le créancier avait pris les prénoms de *Pierre-Barthélemy*, qu'un de ses frères avait portés, au lieu de ceux de *Jacques-François*, qu'il portait.

Le motif de décision fut que, dans l'espèce proposée, l'erreur n'avait occasionné ni incertitude ni méprise sur la personne du créancier.

La Cour de Rouen posait en principe que ce qui est véritablement *substantiel*, dans la désignation du créancier inscrivant, est qu'elle soit *évidente* et *certaine*, et non susceptible d'aucun doute; mais que la forme de cette désignation, lorsqu'elle est d'ailleurs évidente, ne peut avoir ce caractère de *substantialité*, lorsque la *volonté et le but* de la loi ont été remplis dans *leur essence*.

Cet arrêt fut attaqué; mais il fut confirmé par la Cour de cassation, le 15 février 1810 (1), sur les conclusions du procureur général, qui répéta à cette occasion les principes qu'il avait exposés en 1809, et la Cour de cassation les consacra de nou-

---

(1) Rapporté par Sirey, tom. X, pag. 179, et dans les Questions de droit de M. Merlin, avec ses conclusions, v°. *Inscription hypothécaire*, § 4.

veau dans le dispositif d'un arrêt du 1er. octobre
1810, dont voici l'espèce :

La Cour de Besançon, par un arrêt du 21 juin
1808, avait jugé, conformément aux principes
adoptés par la Cour de cassation, dans son arrêt
du 7 septembre 1807, ci-dessus référé, qu'il est
de l'essence d'une inscription hypothécaire de conte-
nir toutes les énonciations exigées par l'art. 17 *de la*
loi du 11 *brumaire an VII,* et par l'art. 2148 du
Code.

Elle avait en conséquence annulé une inscription
où se trouvait omise la profession de l'inscrivant;
mais la Cour de cassation, par arrêt du 1er. octobre 1810 (*voy.* Sirey, tom. X, pag. 583), cassa cet
arrêt, comme ayant fait une fausse application de
l'art. 17 de la loi du 11 brumaire an VII, « attendu
que la désignation de la profession du créancier
inscrivant *n'étant pas requise par la loi à peine de*
nullité, cette peine ne pouvait être suppléée par le juge,
qu'autant que cette désignation pourrait être considé-
rée comme une formalité substantielle et intrinsèque
de l'inscription; mais qu'on ne peut qualifier *de*
formalité substantielle et intrinsèque à l'acte d'inscription, la désignation de la profession de l'inscrivant, qui n'en est qu'un accessoire purement
accidentel. »

513. Ici, la Cour de cassation reconnaît deux principes importans : l'un, que les juges ne peuvent
suppléer la peine de nullité, lorsque cette peine
n'est pas prononcée par la loi, pour l'omission

d'une formalité requise (1); l'autre qui n'est qu'une exception au premier, à moins que la formalité ne puisse être considérée comme *substantielle* et *intrinsèque;* c'est-à-dire formant la substance intrinsèque de l'acte, autrement, comme nécessaire à son existence, ou comme *indispensable* pour remplir le but que la loi s'est proposé. Si ce but peut être rempli sans cette formalité, elle n'est pas *substantielle.*

514. Ces principes raisonnables paraissent aujourd'hui admis dans les Cours d'appel. Nous avons déjà vu que la Cour de Paris les avait professés dans un arrêt du 16 février 1809, auquel on peut ajouter un autre arrêt du 29 août 1811. (Sirey, tom. XII, 2e. part., pag. 3 et 4).

La Cour de Bruxelles, dont on peut encore invo-

---

(1) Il faut toujours se souvenir, comme nous l'avons déjà dit dans la note du n°. 504, que, quand la loi prescrit une formalité pour parvenir à l'acquisition d'un droit, l'omission absolue de cette formalité, ou même son omission dans le délai fixé, emporte la déchéance de plein droit. En voici un nouvel exemple : L'art. 2192 exige, pour faire courir le délai de la surenchère, non seulement que l'acquéreur fasse notifier aux créanciers son contrat et le prix de son contrat, mais encore, si le même contrat comprend, comme vendus séparément et pour un même prix, plusieurs immeubles, les uns hypothéqués, les autres non situés dans le même ou dans divers arrondissemens, que l'acquéreur déclare dans la notification de son contrat, et par *ventilation,* le prix de chaque immeuble, faute de quoi le délai de la surenchère ne court point, quoiqu'il ne soit pas dit que cette ventilation soit nécessaire, sous peine de nullité de la notification, parce que la ventilation est établie comme une condition nécessaire, et parce qu'elle est réellement *indispensable* pour remplir le but que la loi s'est proposé, c'est-à-dire de mettre le créancier à même de voir et de juger s'il est ou non dans son intérêt de surenchérir. *Voy.* l'arrêt rendu par la Cour de cassation, le 18 juin 1815, Sirey, tom. XV, pag. 214 et suiv.

quer l'autorité, quoiqu'elle ne soit plus française, parce qu'elle renferme dans son sein beaucoup de magistrats savans et infiniment éclairés ; la Cour de Bruxelles, qui avait d'abord suivi les principes de la Cour de cassation, les changea, à son exemple, dans un arrêt du 20 février 1811 (1), rapporté par Sirey, tom. XI, 2ᵉ. part., pag. 375. Elle jugea, contre sa précédente jurisprudence, une inscription valable, quoique la profession de l'inscrivant y fût omise (2), « attendu que la loi du 11 brumaire an VII ne porte pas la nullité à défaut d'énonciation, dans les bordereaux d'inscription, des formalités requises (art. 17 de ladite loi); qu'ainsi elle a laissé à l'arbitrage du juge de distinguer les

---

(1) La Cour de Bruxelles a persisté dans la même doctrine, le 14 juin 1815. Elle a déclaré valide une inscription dont le bordereau contenait une erreur dans l'énonciation du domicile du débiteur, en l'indiquant faussement. Cet arrêt est rapporté en sa Jurisprudence , an 1815 , tom. II , pag. 107.

Par un autre arrêt, du 19 juin 1820, de la troisième chambre, elle a rejeté les moyens de nullité résultant de plusieurs erreurs commises dans un bordereau d'inscription, prise par renouvellement, et particulièrement d'une fausse indication de la date du titre constitutif, par les motifs, entre autres, que l'appelant (demandeur en nullité) ne critiquait pas les titres primitifs des inscriptions , ni les inscriptions prises en vertu d'iceux; que le certificat délivré par le conservateur des hypothèques prouvait que les inscriptions prises par les intimés le 28 juillet 1806 , dont on demandait la nullité, étaient le renouvellement de celle du 17 fructidor an IV, etc.

(2) Dans un arrêt du 16 avril 1808 , elle avait jugé nulle une inscription hypothécaire où se trouvait omise la profession de l'inscrivant. Les moyens qu'on faisait valoir contre cette inscription , c'est qu'il s'agissait d'une formalité substantielle et constitutrice de l'inscription. Sirey, tom. X, deuxième partie , pag. 564.

Le chancelier d'Aguesseau ne pouvait concevoir que l'omission d'une qualité pût annuler un acte. « L'examen des nullités, dit-il tom. VIII , pag. 516, doit être fait avec une » grande attention , pour ne pas tomber dans l'inconvénient d'aller trop loin en cette ma-
» tière.

» Je n'entends pas bien , par exemple , ce que vous voulez dire , quand vous remarquez » que , dans l'écrou du nommé...., il n'est pas fait mention de sa qualité : d'où vous » concluez que tout le procès est nul , parce que l'écrou en est la base et le fondement.

» Il faudrait savoir , premièrement , ce que c'est que cette qualité , dont on a omis de » faire mention , et je ne conçois pas que cette omission, telle qu'elle soit, puisse être » d'une si grande conséquence , n'y ayant point d'erreur, ni de doute même sur la per-
» sonne ».

formes *essentielles, sans lesquelles il ne peut y avoir d'inscription,* de celles qui ne sont qu'accidentelles, à défaut desquelles *le but de la loi* peut néanmoins être atteint. »

Nous avons déjà vu que la Cour de Rouen a été l'une des premières à professer ces principes.

Celle de Metz les professa également dans un arrêt du 2 juillet 1812, rapporté par Sirey, an 1812, 2e. part., pag. 388, en jugeant qu'une inscription n'était pas nulle faute d'élection de domicile de la part de l'inscrivant dans un lieu de l'arrondissement, « attendu que les seules formalités dont l'inobservation entraîne la nullité dans les actes conservatoires, de même que *dans tous les autres dont la nullité n'est pas littéralement prescrite par la loi,* sont les formes viscérales, *intrinsèques et essentielles,* etc. »

515. On doit penser que les autres Cours s'attacheront désormais à ces principes, ou qu'en tous cas la censure les y fera rentrer. Ainsi l'on verra cesser ces controverses interminables, et cette lutte scandaleuse de la cupidité et de la mauvaise foi, qui spéculent froidement sur l'abus des formes, pour anéantir les droits les plus légitimes. Il faut le dire, s'il s'est élevé tant de plaintes contre les dispositions du Code, relativement aux hypothèques, c'est moins la faute de la loi que celle des tribunaux et des Cours, qui, en prononçant arbitrairement des nullités où il n'en existe point, introduisaient, dans l'observation des formalités les plus minutieuses, une rigueur injuste et déraisonnable, contraire à l'esprit et au texte de la loi.

516. Tout ce que nous venons de dire concernant les formes de l'inscription hypothécaire, que nous avons prises pour exemple, s'applique aux formalités de tous les autres actes dont l'observation n'est pas expressément prescrite sous peine de nullité (1). Et il nous semble résulter en résumé, de la discussion longue et pénible à laquelle nous nous sommes livré par nécessité, qu'on doit s'attacher à la maxime ancienne et raisonnable,

---

(1) La Cour de cassation en a fait l'application aux formalités prescrites pour le plus important de tous les contrats dans la société civile, du contrat de mariage, par deux arrêts rapportés dans les Questions de droit, troisième édition, verbo Mariage, §§ 5 et 6.

Dans le premier, il s'agissait de savoir si un mariage, contracté sous l'empire de la loi du 20 septembre 1792, était nul pour avoir été célébré hors de la maison commune. La Cour de Paris l'avait déclaré valable, par arrêt du 22 pluviôse an IX. Cet arrêt fut confirmé par la Cour de cassation, le 13 fructidor an X, par les considérations suivantes :

« Attendu que les art. 1 et 3 de la sect. 4 de la loi du 20 septembre 1792, en désignant » le lieu où le mariage sera célébré, n'ont joint à cette désignation aucune clause irritante » ou prohibitive de le célébrer ailleurs ;

» Attendu que la formalité introduite par cette désignation est étrangère à la substance » de l'acte, et que la loi n'en prescrit pas l'observation à peine de nullité ;

» Attendu que.... le tit. 2 de la loi du 20 septembre 1792, ni aucune loi postérieure, n'a » assujetti les registres de mariage, naissance et sépulture, à la formalité du timbre, sous » peine de nullité des actes qui seraient inscrits sur des registres non timbrés, etc. etc.

» Par ces motifs, le tribunal rejette, etc. etc. »

Dans le second, il s'agissait de savoir si un mariage contracté entre majeurs, sous l'empire de la loi du 20 septembre 1792, dans une commune où l'un et l'autre époux n'étaient domiciliés que depuis un mois, et sans publications préalables était valable. Voici comment prononça la Cour de cassation, par son arrêt du 12 prairial an XI : « Considérant que le » législateur a distingué les conditions absolues et nécessaires à la validité du mariage, et » les formalités accidentelles ou relatives ; qu'il a voulu que la violation des règles déter- » minées par la sect. 1 du tit. 4 de la loi du 20 septembre 1792 emportât nullité, mais qu'il » n'a point attaché cette peine à l'inobservation des formalités prescrites par les sect. 2 et 4 » du même titre.... ;

» Considérant que la disposition de la loi du 20 septembre 1792, qui veut que l'acte de » mariage soit reçu par l'officier public du lieu du domicile de l'une des parties, n'est ni » prohibitive ni irritante, et que la formalité qu'elle prescrit est étrangère à la substance » de l'acte ;

» Considérant que le tribunal d'appel séant à Caen a pu et dû considérer l'acte du 24 bru- » maire an II comme un nouvel acte de mariage qui n'a point réparé la nullité absolue du » mariage contracté en Suisse en 1788 ; mais qu'en annulant ce nouvel acte de mariage, » sous prétexte qu'aucun des époux ne résidant pas depuis six mois dans la commune » d'Ampuis, où il a été reçu par l'officier public, ce tribunal a fait une fausse application » des articles cités de la loi du 20 septembre 1792, créé une nullité, et, sous ce rapport, » excédé ses pouvoirs ;

» Par ces motifs, le tribunal casse et annule, etc. »

si énergiquement recommandée par d'Aguesseau, tom. VIII, pag. 74, qu'il ne faut point arbitrairement multiplier les nullités; qu'elles sont de droit étroit; que le juge ne peut ni les créer, ni les suppléer, ni les étendre d'un cas à un autre, et qu'il faut s'arrêter sur ce point aux dispositions écrites dans la loi. Ainsi donc :

517. PREMIÈRE RÈGLE GÉNÉRALE. Il ne faut point prononcer la nullité des actes où quelque disposition de la loi n'a pas été observée, à moins que cette peine n'ait été expressément ou équivalemment prononcée par la loi (1).

518. SECONDE RÈGLE, qui n'est qu'une exception de la précédente. Tout acte qui ne contient pas les formalités indispensables pour remplir le but de son institution, le but que la loi s'est proposé, est imparfait et nul; il doit être considéré comme s'il n'avait pas existé.

Ce sont ces formalités qu'on appele *intrinsèques* ou substantielles, parce qu'elles sont nécessaires à l'existence ou à la perfection de l'acte, et que sans elles il ne peut remplir le but de la loi.

519. TROISIÈME RÈGLE. Le silence du législateur sur l'effet que doit produire l'omission d'une formalité ou l'inobservation d'une disposition, annonce qu'il a voulu s'en reposer sur la prudence du juge, qui n'est point lié et qui peut prononcer

---

(1) Cette règle et les suivantes ont été consacrées par le Code prussien, 1re. part., tit. 3, n°. 40. « La négligence à remplir la forme légale » d'un acte en entraîne la nullité, *seulement lorsque la loi exige expres-* » *sément l'observation de cette forme pour la validité de l'acte.* » N°. 41. « Dans un cas douteux, on présume que la forme d'un acte n'est or- » donnée que pour le rendre plus sûr et plus authentique. »

la nullité d'un acte, lorsqu'il trouve qu'à défaut
d'observation d'une formalité prescrite l'acte est
imparfait, ne remplit pas le but de la loi, et sur-
tout qu'il blesse les droits d'un tiers; mais qui ne
doit jamais la prononcer, lorsque par ailleurs l'acte
peut remplir le but de la loi et qu'il ne porte préjudice à personne; car alors personne n'a le droit
de l'attaquer.

On doit alors placer la formalité omise au nombre de celles qui ne sont prescrites que pour rendre l'acte plus sûr et plus authentique, ou comme
une indication des moyens propres à remplir le
but de la loi, lequel peut être rempli par des équivalens; car il ne faut pas confondre le mode avec
l'essence.

520. Enfin, dans le doute, le juge doit s'abstenir
de prononcer la nullité, l'acte doit subsister, sauf
à celui qui a fait la faute à réparer le dommage, s'il
en a causé.

521. Nous avons dit en commençant que la loi
annule les conventions de deux manières, ou en
prononçant immédiatement la nullité, ou en la
prononçant par le ministère du juge, à qui elle
ordonne de la prononcer en connaissance de cause:
ce dernier cas est ce qu'on appelle proprement *rescision.* Il y a deux espèces de nullités: 1°. celles qui
sont prononcées immédiatement par la loi elle-
même, *ipso jure;* on les appelle nullités de droit
ou de *plein droit;* 2°. celles qui ne sont prononcées que par le ministère du juge, dans le cas de
la rescision. C'est ce que nous apprend l'art. 1117,
qui porte que « la convention consentie par erreur,

» violence ou dol, n'est pas nulle *de plein droit;*
» elle donne seulement lieu à une action en nul-
» lité ou rescision. »

Remarquez ces expressions que la loi met en
opposition, la convention *nulle de plein droit,* celle
qui donne lieu *à une action en nullité ou en rescision.* La loi reconnaît donc deux espèces de nullités, l'une *de plein droit,* l'autre par *voie d'action,*
ou par le ministère du juge. Cette distinction est
prise dans la nature des choses.

La nullité de droit ou de plein droit est prononcée par la loi, dans le cas d'un vice extrin-
sèque et apparent, dont la visibilité empêche le
contrat de se former, parce que la loi s'y oppose
d'avance. Par exemple, si la personne qui a contracté en était déclarée incapable par la loi, comme
les mineurs, les interdits, les femmes mariées, les
individus morts civilement; par exemple encore,
si l'on n'a point observé dans l'acte une formalité
prescrite par la loi, sous peine de nullité.

Au premier cas, il suffit, pour démontrer la
nullité, de présenter l'acte de naissance, le jugement d'interdiction, l'acte de célébration du mariage, le jugement qui condamne à la mort civile.

Au second cas, il suffit de présenter l'acte lui-
même dans lequel se trouve omise la formalité
prescrite sous peine de nullité.

La seule présentation de ces pièces démontre la
nullité de l'acte; elles détruisent jusqu'à l'apparence du contrat, qui n'a pu se former contre
l'opposition toujours existante de la loi. Si l'on
s'adresse au juge, ce n'est pas pour qu'il prononce

une nullité prononcée d'avance par la loi même ; c'est uniquement parce que, dans l'état civil, personne ne peut se rendre justice à soi-même, et qu'il faut, pour l'obtenir, s'adresser au magistrat chargé de faire exécuter la loi.

Au contraire, si le contrat renferme un vice intrinsèque et caché ; si, par exemple, il a été extorqué par erreur, violence ou dol, etc., il est essentiellement et radicalement nul ; car il n'y a point eu de consentement valable. Mais cette nullité, quoique radicale, n'est pas visible ; elle ne peut être aperçue qu'après une instruction souvent longue et difficile, qui peut seule mettre à découvert le vice latent qui a empêché la convention de se former. Jusqu'à ce que ce vice soit découvert, il existe au moins l'apparence d'un contrat ; et cette apparence a l'effet de la réalité, tant qu'elle n'est pas détruite par un jugement rendu en connaissance de cause, qui déclare que le contrat est réellement nul, et qui remet les parties au même état où elles étaient auparavant. Voilà ce qu'on appelle rescision ou restitution.

522. La rescision ou restitution nous vient des lois romaines, qui l'accordaient principalement pour les vices radicaux des conventions, la violence ou la crainte, l'erreur, le dol, etc. Les Romains ne pensaient pas que la convention où ces vices se rencontrent fût nulle par elle-même, parce qu'outre que l'on n'aperçoit pas les vices qui l'ont empêchée de se former, ces vices ne sont pas toujours portés à un degré suffisant pour anéantir le consentement. D'ailleurs, les lois n'avaient rien

statué sur les contrats qui en sont infectés. Ils étaient donc regardés comme valables dans la rigueur du droit.

523. Mais comme ces mêmes vices sont de nature à détruire le consentement, lorsqu'ils sont portés à un certain point, les préteurs, qui exerçaient à Rome la puissance judiciaire dans toute son étendue, et même la puissance législative, au moyen des édits qu'ils publiaient en entrant dans les fonctions de leur magistrature, usèrent de ce moyen pour suppléer au silence des lois sur le point qui nous occupe, et sur bien d'autres. Ils introduisirent *la restitution en entier* (1), c'est-à-dire qu'ils accordèrent aux personnes, soit mineures, soit majeures, qui se prétendaient lésées et surprises, par dol, crainte ou erreur, etc., une action pour porter leurs plaintes en justice, et être, en connaissance de cause, contradictoirement *restituées* en entier, ou rétablies dans le même état où elles étaient avant l'acte qui les blessait. Cet

_____

(1) La restitution en entier s'étendait à beaucoup d'autres cas que ceux de la rescision des contrats ; c'est pourquoi d'Argentré ne veut pas que l'on confonde la matière *des rescisions* et celle de la restitution en entier. *Vid. in art.* 283 de la Coutume de Bretagne, glos. 11, nᵒˢ. 1 et suiv. Au contraire, Domat, au titre des rescisions et restitutions en entier, dans le préambule, dit que « ces mots de rescision et de restitution en entier, ne signifient proprement que la même chose, qui est le bénéfice que les lois accordent à ceux qui se plaignent de quelque dol, de quelque surprise, de quelque erreur dans les actes où ils ont été parties, pour les remettre au même état où ils étaient avant ces actes. Il lui paraît cependant que la restitution se rapporte particulièrement aux personnes, et la rescision à l'acte *qui est rescindé et annulé.* » Nous croyons qu'on peut ajouter que *la restitution* est l'effet de *la rescision.* C'est lorsque l'acte est rescindé ou annulé, que les parties sont restituées ou rétablies au même état où elles étaient auparavant.

acte était rescindé, c'est-à-dire annulé ou considéré comme nul et non avenu.

Ce furent d'abord les préteurs qui pouvaient seuls à Rome accorder la restitution en entier et rescinder les actes; mais Justinien donna ce pouvoir à tous les juges revêtus de la puissance publique, *quibus aliqua juridictio est, loi 8, Cod. ubi et apud quem, etc.,*, 2. 47, et même aux juges délégués.

524. En France, par un usage ancien, qui cependant n'était pas général, le roi seul avait autrefois le droit d'accorder la restitution en entier; il était considéré comme le magistrat par excellence, comme le seul magistrat, parce que toute justice émane de lui. Ici, comme autrefois à Rome, se retrouvait la différence entre le magistrat et le juge. Renfermé dans les bornes de son ministère, le juge n'y trouve que la règle étroite de l'exécution de l'acte, si le magistrat, par une autorisation spéciale, ne donnait à ce ministère une plus grande étendue de pouvoir (1), en lui permettant de suppléer au silence de la loi, et de rescinder un acte dont elle n'avait pas prononcé la nullité.

Dans les affaires ordinaires, il fallait autrefois, pour traduire une personne en justice, en obtenir la permission du juge (2), qui mandait et ordon-

_____

(1) *Voy.* Lorry, dans ses notes sur le Traité des domaines de Le Febvre de la Planche, tom. III, liv. 2, chap. 7, pag. 315. C'est ce qu'on pouvait dire de mieux en faveur d'un usage qui, dans la vérité, était purement bursal.

(2) *Voy.* Mazuer, *Pratica forensis,* tit. 1, n°. 1, Imbert, et nos vieux praticiens. Dans la suite, il ne fut plus besoin de prendre permission du juge pour faire citer le défendeur devant lui, si ce n'était en certains cas

naît aux huissiers ou sergens de faire citer le défendeur à comparaître devant son tribunal. Mais s'il
s'agissait de restitution en entier ou de rescision,
il fallait commencer par présenter une requête aux
officiers des chancelleries établies auprès des Cours.
Ces officiers, sans examiner le fait, en renvoyaient
la connaissance aux juges qui devaient en connaître, par des lettres expédiées et scellées au nom
du roi, et par lesquelles il leur était ordonné d'accorder la demande de l'impétrant, si les faits se
trouvaient véritables.

525. De là, l'ancienne maxime introduite par
nos praticiens, que *les voies de nullité n'ont lieu en
France.* (Loisel, Instit. cout., liv. 5, tit. 2, reg. 5,
et ibi de Laurière). Ce qui ne signifie pas autre
chose, si ce n'est que le droit romain n'avait point
en France la force d'opérer la nullité des actes qu'il
proscrivait. Aussi, cette maxime ne s'appliquait
point aux nullités prononcées par les ordonnances
et par les coutumes : on pouvait les faire valoir devant les juges, soit par voie d'action, soit par voie
d'exception, sans obtenir des lettres du prince.

Au reste, cette maxime, si on peut l'appeler
ainsi, se trouve abrogée par l'art. 20 de la loi du 7
septembre 1790, qui supprima les chancelleries et
abolit l'usage des lettres-royaux qui s'y expédiaient.
L'action en rescision s'intente aujourd'hui de la
même manière que celle en nullité proprement
dite. (Art. 21 de la même loi). Le ministère du juge
est devenu un ministère d'équité. Non seulement
il peut suppléer au silence des lois, mais il ne peut
refuser de juger sous prétexte du silence de la loi,

sans s'exposer à être poursuivi comme coupable de déni de justice. (Art. 4 du Code civil).

526. Le changement arrivé dans la manière d'exercer l'action en rescision, a induit quelques auteurs à penser que la distinction des obligations nulles de droit, et des obligations sujettes à rescision, n'est plus nécessaire aujourd'hui. C'est une inexactitude que nous avons déjà remarquée, tom. VI, n°. 106, à la note. La différence des obligations nulles de droit et des obligations seulement sujettes à rescision est au fond la même qu'elle a toujours été et qu'elle sera toujours. Car, encore une fois, elle est prise dans la nature des choses: la rescision suppose que l'acte est valable en apparence, mais qu'il peut être annulé pour quelque vice intrinsèque et caché qu'il faut prouver, et qui ne peut être découvert que par une instruction approfondie suivie d'un jugement. Au contraire, dans les obligations nulles de droit, la nullité du contrat est apparente; la seule représentation de l'acte suffit pour la rendre visible; il n'y a pas même l'apparence d'un contrat, la loi en ayant d'avance prononcé la nullité.

527. De là, trois différences remarquables entre l'action en nullité et l'action en rescision. La première a pour fondement immédiat la loi et l'acte lui-même, dont la seule inscription fait voir que la loi a été violée, et que le contrat n'a pu se former contre son opposition toute-puissante, et toujours agissante. Celui qui oppose la nullité, soit par voie d'action, soit par voie d'exception, n'a donc rien de plus à prouver; il n'a pas besoin de

faire voir qu'il a été lésé, en quoi ni comment il
l'a été : la loi prononce la nullité de l'acte, cela suffit. Il n'a pu produire aucun effet.

Au contraire, dans l'action en rescision, l'acte
est en apparence valable aux yeux de la loi. Il est
réputé tel jusqu'à la preuve du contraire, jusqu'à
ce que les vices intrinsèques qui en opèrent la nullité soient découverts, prouvés, appréciés et reconnus par la justice ; en un mot, jusqu'au jugement qui le déclare nul. Celui qui l'attaque doit
donc prouver qu'il a été surpris, ou qu'il n'a pas
été libre, qu'il était dans l'erreur, qu'il n'avait pas
l'esprit sain, et par dessus tout cela qu'il est lésé ;
car s'il ne l'était pas, en vain prouverait-il tout le
reste, il serait repoussé. L'intérêt est la mesure des
actions. Le mineur lui-même n'est point restitué
sans prouver la lésion ; *non restituitur tanquàm minor, sed tanquàm læsus,* à moins que l'obligation ne
fût nulle de droit, par défaut de forme ou d'autorisation. (*Voy.* tom. VI, n°. 106).

528. Une seconde différence consiste en ce que
le juge ne peut, sans s'exposer à la censure, rejeter la nullité lorsqu'elle est prononcée par la loi.
Au contraire, dans le cas d'une action en rescision,
comme il s'agit d'apprécier des faits, de voir s'ils
sont prouvés, et s'ils sont de nature à opérer la
nullité de l'acte attaqué, le juge peut, dans sa prudence, admettre ou rejeter la demande, selon la nature des preuves et des faits prouvés. Et de quelque manière qu'il prononce, il est difficile que son
jugement soit avec succès déféré à la censure de la

Cour de cassation, qui ne peut prononcer que sur
les cas où la loi a été violée.

La troisième différence concerne l'exécution
provisoire de l'acte. C'est une maxime ancienne en
jurisprudence, que ce qui est nul ne produit aucun effet. Les actes *nuls* sont, suivant la force du
mot, considérés de même que s'ils n'avaient point
existé, ou comme non avenus : *Pro infectis habentur,* dit Justinien, loi 5 *Cod. de leg.*, 1, 14. La loi,
qui en a d'avance prononcé la nullité, les réduit,
dit Dunod, Traité des prescriptions, pag. 47, à
un pur fait, qui ne produit aucun droit, aucune
action, aucune exception. *Actus merifacti, sine ullo
juris effectu, ne nomine quidem contractûs digni,* dit
d'Argentré, pag. 1368, n°. 9. Un pareil acte ne peut
transférer la propriété. Ainsi, lorsqu'il paraît, on
n'a aucun égard à la possession qui l'a suivi (Dunod, *ibid*). C'est le cas de la maxime *meliùs est non
ostendere titulum quàm ostendere vitiosum.* Dévelop-
pons les conséquences de ces principes.

Si l'acte nul est considéré comme non avenu,
s'il ne peut produire aucun droit, aucune action,
il en résulte d'abord qu'il ne doit pas être exécuté
provisoirement. Supposons donc que j'aie vendu
la Ville-Marie à Caïus, pour une somme de.......
qu'il m'a payée comptant. Mais cet acte est nul dans
la forme. Le notaire n'était accompagné que d'un
témoin au lieu de deux. Je n'ai point souscrit l'acte.
Il est référé que je ne sais pas signer. Caïus veut se
mettre en possession de fait. Je l'en empêche ; je
forme contre lui l'action de complainte; je le cite
devant la justice de paix, pour être maintenu dans

ma possession, et pour lui faire défendre de m'y
troubler. Il répond qu'il n'use que de son droit,
et qu'il ne me trouble point, puisque je lui ai vendu
la Ville-Marie par le contrat qu'il représente. Je réplique que le contrat est nul, et que la justice ne
peut le reconnaître, puisque la loi le proscrit.

Le juge de paix ne peut ni avoir égard à un pareil acte, ni en prononcer la nullité. Il doit l'écarter, et prononcer que sans y avoir égard, comme
aussi sans préjudicier aux droits de Caïus, je serai
maintenu dans ma possession, avec défense de m'y
troubler, sauf à lui à se pourvoir comme il l'enten-
dra, pour faire valoir son titre. C'est ainsi que le
juge doit prononcer toutes les fois que l'acte renferme la preuve directe et positive de sa nullité.

Si Caïus s'était mis *de fait* en possession, en me
chassant de la Ville-Marie, j'exercerais l'action en
réintégrande, au lieu de l'action en complainte, et
le juge de paix ordonnerait ma réintégration, sauf
à Caïus à se pourvoir au pétitoire. Dans ces cas, le
juge de paix ne prononce point sur la validité ou
l'invalidité de l'acte : c'est un point qui n'est pas de
sa compétence, et qu'il ne peut juger. Il se borne à
ce que son devoir lui prescrit, à ne pas prendre en
considération un acte qui ne présente pas les caractères indiqués par la loi pour le faire reconnaître.

Supposons que j'aie laissé Caïus en possession
pendant plus d'un an, et qu'après ce tems je me
sois de fait remis en possession. Caïus pourra-t-il
avec succès former contre moi l'action en réintégrande ? Il faut distinguer : s'il ne fonde sa demande que sur sa possession annale, sans que le

titre en vertu duquel il possède, et qui prouve le vice de sa possession, soit représenté, il doit être réintégré, parce que la possession annale fait réputer le possesseur propriétaire, jusqu'à la preuve du contraire.

Mais s'il ajoute qu'il possède en vertu du contrat que je lui ai consenti, et qu'il représente, sa demande doit être rejetée, malgré sa possession annale, parce que la présomption de propriété qui en résulte, dans les cas ordinaires, est ici détruite par la représentation du titre qui a servi de fondement à la possession : *Meliùs est non ostendere titulum quàm ostendere vitiosum.* Ce titre, évidemment nul, n'a pu lui transférer la propriété; sa possession ne peut donc le faire réputer propriétaire : elle est vicieuse. Il en résulte que c'est moi qui avais été dépossédé illégalement. Ainsi je dois être maintenu; car, d'un côté, le juge ne peut avoir égard à un titre qui manque des caractères sans lesquels la loi défend de le reconnaître, et de lui donner aucun effet. D'un autre côté, il ne peut fonder son jugement sur une possession dont l'origine est démontrée vicieuse, et qui ne peut faire réputer Caïus propriétaire, puisqu'elle a pour principe un titre qu'il prétend émané de moi, un titre dont la nullité est visible, et qui n'a pu lui transférer la propriété.

Le juge ne prononce point encore ici sur la validité ou sur l'invalidité du titre; il s'en sert uniquement pour caractériser la possession à laquelle les parties conviennent qu'il sert de fondement.

Si, dans l'espèce proposée, Caïus ne représentait pas le titre, et fondait sa réintégrande uniquement sur la possession annale, ne pourrais-je pas représenter ce titre, afin de prouver le vice de sa possession? Pourquoi non? Puisque je ne m'en sers que pour démontrer le vice de la possession de Caïus, pour faire voir qu'elle est fondée sur un titre auquel la provision ne peut être accordée, et qui cependant a servi de prétexte pour me déposséder, il m'est permis de prouver par tous les genres de preuves le vice de la possession que m'oppose mon adversaire, et de montrer qu'elle ne peut le faire présumer propriétaire, et par conséquent que sa réintégrande ne peut être admise.

C'est ainsi que si mon ancien fermier, qui s'était indûment perpétué sur la détention de mon héritage, dans lequel je suis rentré, prétendait exercer contre moi la réintégrande, je le repousserais en présentant le bail que je lui avais consenti, et qui prouve que sa possession n'était point *pro suo,* et à titre de propriétaire.

Dans ces cas, et autres semblables, le juge de paix ne prononce point sur la validité du titre; il s'en sert pour caractériser la possession, et prouver qu'elle est vicieuse.

529. Les questions que nous venons d'examiner doivent être résolues d'une manière tout opposée, si le titre n'est pas nul de droit, mais seulement susceptible de rescision, ou si la nullité n'en est pas apparente.

En ce cas, il présente l'apparence d'un titre légal qui doit être respecté, qui doit être exécuté provisoirement jusqu'au moment où la justice en aura prononcé la nullité. Il fait foi jusqu'à ce moment, et la provision lui est due : c'est un point de droit très-ancien en France. Il est attesté par d'Argentré, sur l'art. 383 de l'ancienne Coutume de Bretagne, glos. 1, n°. 25. Loisel l'établit comme une maxime reçue dans le cas le moins favorable, celui de la rescision pour cause de violence.

« Quand le vendeur reconnaît la vente, mais dit » que ce fut par force, garnir lui convient; et puis » plaider de la force, s'il lui plaît ». (Instit. coutum., liv. 3, tit. 5, n°. 9).

Ainsi le vendeur ne peut, en formant l'action en rescision, se dispenser de délivrer la chose vendue, en alléguant que la vente lui a été extorquée par violence.

Duparc-Poullain, Principes du droit, tom. VIII, pag. 75, atteste la même maxime. « La provision » est pour le titre ; il doit avoir son exécution, jus- » qu'à ce que la rescision ait été jugée par sentence » aquiescée ou confirmée par arrêt. L'équité et le » point de droit se réunissent, dit-il, au soutien de » cette vérité.... Tout acte qui n'est pas *radicale- » ment nul, suivant les lois du royaume* (c'est-à-dire » dont la nullité n'est pas prononcée par les lois), » subsiste nonobstant l'action rescisoire, jusqu'à ce » qu'elle soit jugée définitivement et sans appel ».

Bourjon enseigne la même doctrine, dans son livre du Droit commun de la France. « L'exécution » de l'acte attaqué, dit-il, n'est point pour ce en » suspens... Il peut donc toujours s'exécuter. De là

» il s'ensuit que celui contre lequel les lettres ont
» été obtenues, peut toujours agir en conséquence
» de l'acte, et même par saisie-exécution, lorsqu'il
» a exécution parée ».

En Allemagne et en Hollande, on peut exiger
une caution de celui qui veut faire exécuter un
contrat, nonobstant l'action en rescision. (*Vid.*
Voët, *in tit., ff de restit. in integ., n°.* 25; Huberus,
in eumdem tit., et les auteurs qu'ils citent). Dans
notre législation actuelle, l'art. 135 du Code de
procédure porte que l'exécution provisoire *sans
caution* sera ordonnée, s'il y a titre authentique ou
promesse reconnue. Il paraît donc qu'il faut distinguer.

L'exécution provisoire du titre dont on demande
la rescision doit être ordonnée sans caution, si
l'acte est authentique, ou si les signatures en sont
reconnues.

Dans les autres cas, le juge doit ordonner l'exécution provisoire, avec caution.

Ce que nous venons de dire sur l'exécution provisoire des actes sujets à rescision doit s'appliquer
aux actes nuls, lorsque la nullité n'en est pas apparente et visible; car il y a des nullités, même
absolues, qui ne peuvent, comme les rescisions,
être prononcées qu'en connaissance de cause, après
une instruction souvent longue et difficile, qui
peut seule mettre à découvert le vice qui rend le
contrat nul dans son principe, d'une nullité tellement absolue, qu'elle ne peut être couverte par le
consentement des parties. Tels sont les contrats qui

ont une cause illicite, non exprimée dans l'acte, et qu'il faut par conséquent prouver; par exemple, une convention qui aurait pour objet de corrompre un juge : *Quod judici à litigatore promittitur litis judicandæ causâ.* (D'Argentré, art. 283, glos. 1, n°. 9). De tels actes présentent l'apparence d'un contrat en forme, d'un contrat légal, jusqu'à ce que le vice en soit découvert. Ils doivent donc être exécutés provisoirement. Quoique nuls, d'une nullité absolue, ils ne sont pas nuls de plein droit; ils ne sont nuls que par voie d'action : c'est une véritable action rescisoire.

530. Puisque l'action en nullité et l'action en rescision sont des actions différentes, dont les effets sont différens, il en résulte qu'on ne peut, en cause d'appel, convertir en demande en nullité la demande en rescision formée devant le tribunal de première instance, ni réciproquement, en demande en rescision, la demande en nullité. Ce serait priver l'autre partie d'un degré de juridiction.

On peut voir sur cela deux arrêts de la Cour de cassation, des 8 pluviôse an XIII et 5 novembre 1807, rapportés dans le nouveau Répertoire de jurisprudence, v°. *Nullité,* § 9.

531. Une conséquence de la troisième différence que nous venons d'exposer, relativement à l'exécution des actes nuls ou sujets à rescision, est que l'action en nullité doit suspendre la perception du droit de mutation, si elle est formée avant qu'il soit perçu.

J'ai vendu à Caïus le fonds Cornélien, pour 20.000^f, par un contrat notarié, mais dont la loi sur le notariat prononce la nullité, sans qu'il puisse valoir comme acte sous signatures privées. Huit jours après, mais avant que le notaire ait fait enregistrer le contrat, je forme contre Caïus l'action en nullité.

Le préposé de la régie ne peut contraindre ni Caïus, ni le notaire à payer provisoirement le droit de mutation : ce serait donner la provision à un acte dont la loi défend aux juges de reconnaître l'existence ; car lorsque la loi prononce la nullité d'un acte, elle défend implicitement aux juges de lui donner aucun effet.

Au contraire, si je ne demandais que la rescision de l'acte pour violence, erreur, surprise, etc., le droit de mutation n'en doit pas moins être payé, sans attendre l'issue du jugement.

532. Mais si le jugement qui intervient dans la suite rescinde ou annule l'acte, le droit perçu devra-t-il être restitué? Et en cas que le droit ne soit pas restitué, sera-t-il dû un nouveau droit de mutation, pour la rescision ou résolution du contrat?

Ce sont deux questions qui méritent d'autant mieux d'être examinées, qu'elles nous fourniront l'occasion de développer et d'approfondir les effets et la nature de la rescision. On avait beaucoup agité ces questions sous l'ancienne législation, où la vente des immeubles produisait, au profit des seigneurs féodaux, un droit de mutation appelé *lods et ventes.*

On demandait donc, 1°. si le seigneur qui avait perçu les lods et ventes, pour un contrat annulé ou rescindé, était obligé de les rendre; 2°. si la ré-

solution du contrat de vente produisait un nouveau droit de mutation ou des lods et ventes.

533. Sur la première question, on tenait pour
maxime que le contrat annulé pour un vice inhé-
rent et remontant à son origine, comme pour dol,
lésion d'outre moitié ou minorité, ne produit aucun droit de mutation, et que le seigneur était tenu
de le rendre s'il l'avait perçu. *La jurisprudence était
certaine sur ce point,* dit Bretonnier sur Henrys,
liv. 4, quest. 167.

La raison qu'en donne Henrys est que la cause
ancienne, antérieure ou inhérente au contrat, la
nullité *viscérale* ou *radicale,* empêche que jamais
il n'y ait eu vente; que ce qui est nul ne peut produire aucun effet, et qu'il répugne qu'un acte entièrement détruit laisse quelques suites, et qu'ainsi
on peut répéter les lods et ventes payés *condictione
indebiti* (1).

534. Mais pour obliger le seigneur à les restituer, ou pour repousser la demande qu'il en faisait, en cas qu'il ne les eût pas encore perçus, il
ne suffisait pas d'une rescision ou résolution volontaire convenue entre les parties : une pareille
convention ne prouvait rien contre le seigneur. Il
fallait donc un jugement qui annulât ou rescindât
le contrat. Jusque là, *le seigneur peut exiger les lods*

(1) *Voy.* Bourjon, Droit commun de la France, au titre des censives,
tom. I, pag. 189, édition de 1770; pag. 247, édition de 1747; *voy.* aussi
Guyot, Traité des fiefs, tom. III, chap. 12. Il y discute avec érudition
les opinions de Dumoulin, de d'Argentré, etc.

et ventes, dit Duparc-Poullain, dans ses Principes du droit, tom. II, pag. 254. « Mais, ajoute-t-il, » quand même ils auraient été payés volontaire- » ment, le rapport est dû par le seigneur, lorsque » la nullité du contrat ou *sa rescision* est jugée. »

C'est aussi ce qu'enseigne, après d'Argentré, l'annotateur de Boutaric, Traité des droits seigneu-riaux, pag. 202, n°. 27.

Coquille (1) exigeait même que l'acheteur eût appelé le seigneur pour défendre le contrat, si bon lui semblait, afin que le jugement qui intervien-drait eût contre lui la force de la chose jugée, pour répéter les lods et ventes. Mais Bretonnier sur Hen-rys, *ubi suprà,* n°. 6, atteste que cela ne se pratique point, sauf au seigneur, s'il le prétend, à se pour-voir contre le jugement.

L'annotateur de Boutaric, *ubi suprà,* pag. 206, n°. 36, enseigne aussi qu'il n'est pas nécessaire d'appeler le seigneur dans l'instance en rescision; mais suivant lui, le jugement doit être contradic-toire et rendu en connaissance de cause, sans quoi il ne prouve rien contre le seigneur, parce qu'un jugement rendu par défaut et sans défense, n'a d'autorité que contre ceux avec lesquels il a été rendu, et qu'un jugement volontaire ou d'expé-dient est un accord revêtu du sceau de l'autorité judiciaire.

535. La loi sur l'enregistrement, du 22 frimaire

---

(1) Sur la Coutume de Nivernois, chap. 5, art. 5, tom. II, pag. 105.

an VII, n'a point admis les principes et les distinctions de l'ancienne jurisprudence, et de quelque manière que la rescision ou même la nullité du contrat ait été prononcée, ou pour quelque cause qu'elle l'ait été, la restitution du droit perçu ne peut être exigée. L'art. 60 porte que « tout droit » d'enregistrement perçu *régulièrement,* en confor- » mité de la présente, ne pourra être restitué, *quels* » *que soient les événemens ultérieurs,* sauf les cas pré- » vus par la présente. »

Lorsque l'action en nullité n'a point encore été intentée, le droit est perçu *régulièrement.* Il en est de même s'il est perçu depuis l'action en rescision d'un contrat dont l'exécution est provisoire. La loi n'a pas voulu que les événemens ultérieurs pussent entraîner la restitution du droit perçu (1).

Le législateur a pensé, sans doute, que celui qui souffre de cette décision rigoureuse doit s'imputer d'avoir fait des contrats nuls, ou susceptibles d'être annulés par la rescision.

La perte de la somme qu'il a payée pour le droit acquitté est la peine d'un fait qui lui est personnel. et qu'on est toujours plus ou moins fondé à lui reprocher.

536. Quant à la seconde question, qui consiste à savoir si la rescision ou résolution d'un contrat doit produire un nouveau droit de mutation, on

---

(1) Ainsi l'a pensé la Cour de cassation, dans un arrêt du 2 février 1809. *Voy.* le Répertoire de jurisprudence, v°. *Restitution de droits indûment perçus.*

tenait pour maxime qu'elle n'en produisait point, lorsqu'elle se fait pour une cause ancienne et inhérente au contrat. Tel est le principe général, dit Bourjon, *ubi suprà,* édition de 1770, n°. 97 et 107; il en donne différens exemples, et notamment, au n°. 101, le cas de la restitution en entier contre la vente.

C'est une cause ancienne, et en tel cas la vente est censée n'avoir pas été faite, l'effet de la restitution étant de remettre le restitué au même état où il était avant la vente; ce qui l'anéantit jusque dans sa racine : *Potiùs est distractus quàm contractus.* C'était une maxime ancienne et élémentaire (1)

537. Il n'était même pas nécessaire que la résolution du contrat fût prononcée par un jugement, pour n'être point assujettie à un droit de mutation : il suffisait qu'elle fût opérée par une transaction, pourvu que ce fût pour une cause ancienne et sans fraude. C'était au seigneur à prouver la fraude.

Néanmoins, elle était présumée, lorsque celui qui était auparavant en possession de l'immeuble, l'abandonnait à l'autre partie par la transaction. Mais cette présomption cédait aux preuves contraires, dit Duparc-Poullain, *ubi suprà,* pag. 259, n°. 243.

538. Les lois nouvelles ont suivi les principes

---

(1) *Voy.* Duparc-Poullain, Principes du droit, tom. II, pag. 254, n°. 361; Argou, Institution au droit français, liv. 2, chap. 4. Cette maxime est sur-tout développée par Boutaric, Traité des droits seigneuriaux, chap. 5, § 13, et par son annotateur La Sudre.

de l'ancienne jurisprudence, en n'assujettissant pas à un nouveau droit de mutation la résolution des contrats, qui se fait pour une cause ancienne, remontant à leur origine ou à leur racine. La loi sur l'enregistrement, du 22 frimaire an VII, article 68, § 3, n°. 7, ordonne qu'il ne sera perçu qu'un droit fixe de 3ᶠ, et non pas un droit de mutation, pour les expéditions de jugemens portant *résolution de contrat ou de clause de contrat, pour cause de nullité radicale.*

Cette disposition est générale. Ainsi, quelle que soit la *cause* de la résolution, pourvu qu'elle soit *radicale,* c'est-à-dire qu'elle remonte à l'origine ou à la racine du contrat, il n'est pas dû de droit de mutation.

539. Il y a cependant une résolution dont la cause paraît remonter à l'origine du contrat, et qui, dans l'ancienne jurisprudence, n'était pas toujours exempte du droit de mutation, lorsmême qu'elle était prononcée par un jugement. C'est la résolution faute de paiement du prix d'un contrat de vente.

D'un côté, il est certain que cette cause remonte à l'origine du contrat, qui est toujours fait sous la condition expresse ou sous-entendue que le prix sera payé. Aussi Bourjon, *ubi suprà,* et les auteurs qu'il cite, n°. 99, pensaient que c'était une résolution forcée, qui n'était point assujettie à un nouveau droit de mutation.

D'un autre côté, comme la vente suivie de tradition transférait la propriété, dans l'ancienne législation, il paraissait que le droit de mutation était dû par la résolution du premier contrat, puisque la propriété, qui avait été tranférée à l'acquéreur, retournait au vendeur qui faisait résoudre le contrat; mais comme, suivant le § 41, *Inst. de rerum divisione*, la propriété n'était point transférée à l'acquéreur par la vente, même suivie de tradition, s'il n'avait pas payé le prix ou satisfait le vendeur d'une autre manière, *venditæ verò res et traditæ non aliter emptori acquiruntur, quàm si is venditori pretium solverit, vel alio modo ei satisfecerit,* on faisait une distinction.

Si le vendeur avait donné à l'acquéreur un terme pour payer, *si fidem ejus secutus fuerat,* la résolution de la vente, pour défaut de paiement du prix, donnait ouverture au droit de mutation. Elle n'y donnait point ouverture, si le vendeur n'avait point donné de terme. (Bourjon, *ubi suprà,* n°. 99, à la note; Duparc-Poullain, *ubi suprà,* pag. 256, n°. 563).

La loi sur l'enregistrement, du 22 frimaire an VII, n'avait point excepté de la disposition que nous venons de rapporter la résolution du contrat pour défaut de paiement du prix : on pouvait donc croire qu'elle y était comprise, et que cette résolution était toujours exempte du droit de mutation, et assujettie seulement au droit fixe de 3f.

La loi interprétative, du 27 ventôse an IX, répara cet oubli, et trancha la question par une distinction. L'art. 12 porte :

« Les jugemens portant résolution de contrats

» de vente, pour défaut de paiement quelconque
» sur le prix de l'acquisition, lorsque l'acquéreur
» *ne sera point entré en jouissance*, ne seront assu-
» jettis qu'au droit fixe d'enregistrement, tel qu'il
» est réglé par l'art. 67 de la loi du 22 frimaire
» an VII, § 3, n°. 7, pour les jugemens portant ré-
» solution de contrats *pour cause de nullité radi-
» cale.* »

Ainsi, au lieu de distinguer si, dans le cas de la résolution pour défaut de paiement, le vendeur a ou non fait crédit à l'acquéreur, en lui donnant un terme, la loi applique à cette espèce la distinction employée autrefois pour en induire une présomption de fraude, si le contrat était résolu volontairement, après l'entrée de l'acquéreur en possession.

Mais la loi nouvelle emploie cette distinction, non pas comme un indice de fraude, mais d'une manière absolue.

En sorte que le vendeur, qui rentre dans son immeuble faute de paiement, ne serait pas reçu à prouver que la résolution n'est pas frauduleuse, mais nécessaire et forcée.

540. Remarquez, au reste, que la résolution pour défaut de paiement du prix, lorsque l'acquéreur est entré en jouissance, est le seul cas où la résolution, pour une cause ancienne et inhérente au contrat, soit soumise au droit de mutation ; tous les autres cas restent compris dans la disposition générale de la loi, qui en dispense les résolutions pour *cause de nullité radicale.* Car on ne

doit pas suppléer des exceptions qui ne sont pas dans la loi, sur-tout après qu'une loi interprétative a fait les exceptions qui ont été jugées nécessaires : *Statutum explanatorium claudit rivos statuti prioris, nec recipitur posteà extensio in alterutro statuto.* (Bacon, aphor. 18).

541. En conformité de ces principes, le tribunal de Châtillon jugea, dans l'espèce suivante, qu'il n'était pas dû de droit de mutation pour la rescision consentie en jugement d'un contrat d'acquêt fait en minorité.

François Michaud et Marie-Anne Tridon, sa femme, mineurs, avaient acquis en l'an VIII, de Gabriel Bourbon, une tannerie, pour 9,300^l. Ils entrèrent en jouissance; mais l'année suivante, ils demandèrent en justice la rescision de la vente, dans laquelle ils se trouvaient lésés.

Bourbon répondit qu'il y consentait, pourvu que les choses lui fussent rendues dans l'état où elles étaient lors de la vente; que les loyers de sa tannerie lui fussent payés à dire d'experts, et qu'enfin les acquéreurs payassent les frais.

Michaud et sa femme y consentirent par leurs répliques.

La somme qu'ils devaient fut fixée par experts à 725^l, qu'ils furent condamnés de payer à Bourbon.

Le receveur de l'enregistrement considéra ce résiliement comme une rétrocession, et demanda 390^f pour le droit de mutation. Le tribunal de Châtillon l'en débouta le 3 brumaire an XI, par le motif que la résolution d'un contrat pour cause de

nullité radicale n'est sujette qu'à un droit fixe ;
qu'il est constant que les Michaud étaient mineurs
lors de la vente, et que c'était leur minorité qui
avait donné lieu à la résolution, qu'on ne pouvait
considérer comme une rétrocession.

542. Ce jugement était conforme aux anciens
principes universellement reconnus. Néanmoins
la régie se pourvut en cassation.

Les fonctions du ministère public furent remplies en cette affaire par un magistrat d'une érudition profonde et d'une expérience consommée,
mais trop enclin à étendre les droits du fisc. Il établit d'abord que le contrat d'acquêt fait par les Michaud n'était pas *radicalement nul,* mais seulement
susceptible de rescision à raison de leur minorité,
en prouvant la lésion. Pour rendre cette proposition parfaitement exacte, il fallait dire que le contrat était susceptible d'être annulé ou rescindé pour
un vice radical, la minorité lésée.

543. Le ministère public ajouta que *rescinder* un
contrat ce n'est pas le déclarer radicalement nul,
c'est au contraire *juger qu'il a existé légalement,*
et qu'il doit cesser à l'avenir d'avoir son exécution.

Cette dernière proposition est une véritable hé-
résie en jurisprudence. Rescinder un acte, ce n'est
point juger qu'il a existé légalement, c'est au contraire juger qu'il n'y avait que l'apparence d'un
contrat, dont la loi chargeait le magistrat de prononcer la nullité, lorsqu'il aurait découvert et constaté le vice intrinsèque qui rendait la convention
nulle dans son principe ou dans sa racine. S'il n'y

avait pas nullité *de plein droit*, il y avait *nullité par voie d'action*, comme nous l'avons dit, n°. 520.

L'art. 1117 regarde les mots de *nullité* et de *rescision* comme synonymes, ou comme ayant la même force en cette matière ; parce qu'en effet, lorsque le juge a prononcé la rescision de l'acte nul pour un vice intrinsèque, qui s'opposait à la perfection du contrat, la rescision a les mêmes effets que la nullité prononcée par la loi. Elle se reporte à l'époque où l'acte a été passé (1).

Tout ce qui a été fait depuis est effacé, les deux parties sont remises dans l'état où elles se trouveraient si l'acte n'avait point existé. Aussi les jurisconsultes romains définissent la restitution *redintegrandæ rei seu causæ actio.* (Paul, *recept. sent.*, *lib.* 1, *tit.* 7).

Redintegrandæ, disent les interprètes, *quoniam impetratâ restitutione in integrum, omnia in pristinum statum reducuntur.* Les fruits perçus sont restitués. Loi 24, § 4, *ff de minorib.*, 4. 4. Les droits créés sur l'immeuble, par celui qui le possédait

---

(1) « Les conventions qui sont nulles dans leur origine, *sont en effet* » *telles*, soit que la nullité puisse d'abord être reconnue, ou que la convention paraisse subsister et avoir quelque effet. Ainsi, lorsqu'un insensé vend son héritage, la vente est d'abord *nulle dans son origine,* » quoique l'acheteur possède et jouisse, et qu'au tems de la vente, cet » état du vendeur ne fût pas connu. Il en est de même, si l'un des contractans a été forcé. » *Voy.* Domat, liv. 1, tit. 1, sect. 5, n°. 2. L'annotateur de Bontaric, *ubi suprâ,* pag. 200, n°. 20, dit aussi que, quoiqu'il y ait de la différence entre les ventes *nulles* et celles qui sont *rescindées,* l'effet est pourtant le même, parce que la rescision attaque le contrat dans son *principe.*

en vertu du contrat annulé ou rescindé, sont anéantis (2185).

En un mot, s'il est une maxime élémentaire en jurisprudence, c'est que la rescision ou restitution en entier a un effet rétroactif, lorsqu'elle est prononcée pour un vice intrinsèque, pour un vice qui remonte à l'origine ou à la racine du contrat.

C'est peut-être la première fois que l'on a osé soutenir que la rescision n'a pas d'effet rétroactif, et que son effet est borné à faire *cesser pour l'avenir* l'exécution du contrat.

544. On convenait, à la vérité, que, sous le régime féodal, la jurisprudence ne mettait pas de différence entre la rescision prononcée pour cause de minorité lésée, ou pour cause de nullité radicale; mais on soutenait que la loi du 22 frimaire an VII était plus favorable au fisc que le droit féodal aux seigneurs, et qu'elle considère comme mutation ou rétrocession toute résolution du contrat qui n'est point motivée sur *une nullité radicale proprement dite.*

Cette assertion erronée n'est fondée que sur une équivoque et sur un paralogisme. L'art. 68 de la loi citée, § 3, n°. 7, ne soumet qu'à un droit fixe de 3ᶠ les jugemens portant résolution du contrat pour une cause *de nullité radicale.*

On commence par insinuer que cette expression signifie *nullité de plein droit.*

On ne le dit pas ouvertement; on l'insinue seulement par l'addition des mots *proprement dite,* qui ne se trouvent point dans la loi, et l'on en conclut que la loi considère comme mutation toute réso-

lution qui n'est pas motivée sur une nullité *radicale*
PROPREMENT DITE.

Mais d'abord il est certain que, dans tous les
tems, avant et depuis la loi sur l'enregistrement,
on a toujours compris sous l'expression de *nullité
radicale* tous les vices qui infectent les contrats dans
leur *racine*, qui les font annuler ou rescinder pour
une cause remontant à leur origine. Or, où trouve-
t-on que la loi sur l'enregistrement ait changé la signification de ces mots, et qu'elle leur ait donné
l'acception de *nullité de plein droit?*

Le législateur ne tend point de piéges aux sujets.
Il emploie les mots dans leur sens naturel, dans
l'acception reçue et usitée par ceux à qui les lois
s'adressent. Il est, à cet égard, soumis lui-même
à l'empire de l'usage. Il n'est pas permis aux gens
du fisc, pour en étendre les droits, de détourner
le sens des mots de la loi hors de leur signification usitée.

Dans la vérité, la loi sur l'enregistrement ne regarde comme *mutations* soumises au droit proportionnel, que « les adjudications, ventes, *reventes,*
» cessions, *rétrocessions,* et tous actes civils et ju-
» diciaires, translatifs de propriété ou d'usufruit ».
(*Voy.* art. 68, § 7).

Mais quand y a-t-il *revente* ou *rétrocession?* Quels
sont les actes qui ont ce caractère?

C'est ce que n'explique point et ce que ne devait
pas expliquer la loi sur l'enregistrement; elle s'en
est rapportée sur ce point aux principes anciennement reçus, sans leur porter la moindre atteinte.

Or, on ne trouvera pas un seul auteur qui ne donne pour maxime constante que la rescision d'un contrat, pour cause de minorité lésée, de même que pour cause de violence, erreurs et autres moyens pareils de rescision, n'a point et ne peut avoir le caractère d'une revente ou d'une rétrocession.

545. Pour éluder l'application de ces principes incontestables, on soutint, et on posa en principe, que la loi sur l'enregistrement exige que les résolutions de contrats, même pour cause de *nullité radicale*, soient prononcées par un jugement, sans quoi elles sont soumises au droit de mutation.

Pour faire passer cette proposition, on ajouta qu'il *était de règle*, « sous le régime féodal, que les » seigneurs perçussent leurs droits de lods et ventes » sur les *résolutions de contrats* qui n'étaient pas pro- » noncées par les tribunaux en connaissance de » cause ».

Au soutien de cette proposition, on citait l'annotateur de Boutaric et Fonmaur, qui ont dit que pour obliger le seigneur à rendre les lods et ventes du contrat annulé ou rescindé, ou pour l'empêcher de les demander, s'il ne les avait pas encore perçus, il fallait que la *nullité ou la cassation* eût été prononcée par un jugement. Mais ils n'ont point dit que, pour dispenser la résolution du contrat d'un second droit de lods ou de mutation, il fallait qu'elle eût été prononcée par un jugement (1). Ce

_____

(1) Boutaric, chap. 3, § 13, n°. 1, pag. 193, édition de 1767; poste

sont deux questions différentes que l'on confondait, et que l'on ne devait pas confondre; car leur objet est tout différent. La première a pour objet le droit de mutation ou de lods du contrat rescindé ou annulé; la seconde, le droit de mutation de la résolution du contrat.

Si le contrat était résolu par un jugement contradictoire, le seigneur ne pouvait en demander les lods et ventes, s'il ne les avait pas perçus, et s'il les avait perçus, il était obligé de les rendre.

Si le contrat était annulé par un jugement d'expédient ou par une transaction, le seigneur n'était

---

en principe que les lods et ventes ne sont dus ni d'une vente nulle de plein droit, ni d'une vente rescindée pour cause inhérente au contrat, *ex causâ primœvâ et antiquâ.*

La Sudre, son annotateur, développe cette maxime dans ses Additions, et dit, nos. 27 et suiv., qu'il est de maxime que tant que le contrat n'est point cassé, le seigneur est reçu à exiger le paiement des lods, mais qu'il est obligé de les rendre, si le contrat est annulé ou rescindé. Puis il dit, n°. 36 : « J'observe, en finissant, que pour *exclure* le sei-» gneur de *la demande des lods,* et plus encore pour *l'obliger de rendre* » ceux qui lui ont été payés, il faut que l'annulation ou la cassation ait » été prononcée par un jugement contradictoire. Une nullité déclarée » par simple convention ou par jugement volontaire, ne ferait pas foi » contre le seigneur, et il en faut revenir à prouver avec lui que le con-» trat fût réellement nul ou cassable. Il n'est pourtant pas nécessaire, » comme l'a prétendu Coquille, que le seigneur ait été appelé dans » l'instance. »

Tel est le texte que l'on présentait à la Cour de cassation, pour lui persuader qu'il était de règle, sous le régime féodal, que les seigneurs perçussent les lods et ventes sur *les résolutions* des contrats qui n'étaient pas prononcées par un jugement.

Il est néanmoins bien évident que si l'auteur exige que la résolution soit prononcée par un jugement, ce n'est que pour exclure les seigneurs de la demande des lods et ventes *du contrat rescindé,* et pour les obliger de les rendre, s'ils les avaient reçus.

point obligé de restituer les lods, et il pouvait les demander, s'il ne les avait pas perçus.

Mais pouvait-il exiger un second droit de lods ou de mutation sur la résolution? C'est une autre question, sur laquelle Boutaric et son annotateur la Sudre, ainsi que tous les auteurs, distinguent entre les résolutions volontaires, et les résolutions qui ont une cause nécessaire. Leur doctrine est que les résolutions volontaires produisent ordinairement un second droit de lods, sauf les cas d'exception.

Quant aux résolutions pour cause nécessaire, au nombre desquelles sont la rescision pour minorité lésée, et tous les cas où l'un des contractans est en droit de faire rescinder le contrat, même la lésion d'outre moitié, les auteurs enseignent qu'elles ne produisent point de droit de lods, même lorsqu'elles n'étaient pas prononcées par un jugement contradictoire, à moins qu'elles ne fussent frauduleuses, et c'était au seigneur à prouver la fraude. (*Voy.* l'annotateur de Boutaric, pag. 164 et 165, n°. 20).

Mais, dit-on, la loi du 22 frimaire an VII, plus favorable au fisc que le droit féodal aux seigneurs, exige que la résolution d'un contrat, même *pour cause de nullité radicale*, soit prononcée par un jugement, sans quoi elle est soumise au droit de mutation. On cite, pour le prouver, l'art. 68, § 5, n°. 7, qui, dit-on, *n'accorde l'exemption du droit proportionnel qu'aux jugemens portant résolution.*

Raisonner ainsi, c'est dénaturer la disposition

de la loi, pour lui faire dire ce qu'elle ne dit point.
L'art. 68 contient le tarif des droits fixes d'enregistrement, et l'énumération des actes soumis à chacun de ces droits. Le texte porte : «Les actes com-
» pris sous cet article seront enregistrés, et les droits
» payés ainsi qu'il suit, savoir, etc.......

» § 3. *Actes sujets à un droit fixe de 3ᶠ :*

» 1°. Les contrats de mariage, etc.;

» 2°. Les partages, etc.......

» 3°. Les expéditions de jugemens des tribunaux
» civils, portant acquiescement, acte d'affirmation,
» etc....., *résolution de contrat, ou de clause de con-*
» *trat pour cause de nullité radicale,* reconnaissance
» d'écriture, etc. »

Nous le demandons à tout homme de bonne foi,
peut-on conclure de ce texte que la loi *n'accorde
l'exemption du droit proportionnel qu'aux jugemens
portant résolution?*

Pour faire sentir le vice de ce raisonnement, il
suffit de rapprocher la conséquence des prémisses.

La loi soumet à un droit fixe de 3ᶠ les expéditions de jugemens portant résolution de contrats
pour cause de nullité radicale : donc elle n'accorde
l'exemption du droit proportionnel ou de mutation qu'aux résolutions prononcées par un jugement.

La fausseté de ce raisonnement eût été trop palpable; il a fallu de l'art pour la rendre plausible.
On a dissimulé ou retranché l'antécédent, puis
dénaturant le texte de la loi, on a présenté la con-

séquence comme un principe incontestable reçu dans l'ancienne jurisprudence, et consacré par la loi sur l'enregistrement. C'était précisément mettre en principe ce qui était en question.

Voici donc dans quels termes le raisonnement fut présenté à la Cour de cassation : « Non seule-
» ment la loi du 22 frimaire an VII, art. 68, § 3,
» n'accorde l'exemption du droit proportionnel
» qu'*aux jugemens portant résolution;* mais il était
» même *de règle*, sous le régime féodal, que les sei-
» gneurs perçussent leurs droits de lods et ventes
» sur *les résolutions* de contrats qui n'étaient pas
» prononcées par les tribunaux, en connaissance
» de cause. »

Nous avons prouvé que cette prétendue règle, invoquée pour masquer la fausseté de la première proposition, n'a jamais existé, et que les auteurs enseignaient une doctrine contraire. Ainsi, le raisonnement sur lequel le ministère public fonda ses conclusions contenait deux erreurs démontrées.

546. Cependant la Cour de cassation, égarée par celui qui, dans d'autres occasions, l'avait si souvent et si sûrement guidée, adopta ses conclu-sions dans tous les points et sans examen. Elle cassa le jugement du tribunal de Châtillon, par son arrêt du 5 germinal an XIII, rapporté avec les conclusions qui le déterminèrent, dans le nouveau Répertoire de jurisprudence, v°. *Enregistrement,* § 2.

Nous croyons avoir démontré que ces conclusions, et l'arrêt qui les a suivies, renferment deux erreurs.

L'une, en ce qu'on y pose en principe que la loi sur l'enregistrement soumet au droit proportionnel la résolution des contrats sujets à rescision, et qu'elle n'en dispense que la résolution pour *nullité proprement dite*, ou nullité de droit.

L'autre, que la résolution des contrats, même pour cause de nullité radicale *proprement dite*, est aussi soumise à un second droit de mutation, à moins que la nullité n'ait été prononcée par un jugement.

547. Heureusement, un seul arrêt ne suffit pas pour fixer la jurisprudence, et pour déterminer le sens d'une loi ; il faut que la puissance royale le détermine par une ordonnance interprétative.

Nous osons donc inviter les tribunaux à ne pas prendre pour règle de leurs décisions un arrêt qui nous semble manifestement aussi contraire aux anciens principes qu'à la loi du 22 frimaire an VII.

C'est même pour eux un devoir (1) d'avertir la Cour de cassation des erreurs qui peuvent lui échapper, malgré sa sagesse infinie ; car enfin le sage est homme, et par conséquent sujet à l'erreur.

Déjà l'une des erreurs, trop facilement adoptées par la Cour de cassation, dans son arrêt du 5 germinal an XIII, a été rétractée, dans les considé-

---

(1) *Voy.* ce que nous avons dit *suprà*, n°s 51 et suiv.

-rans d'un arrêt rendu, après délibéré, le 8 avril 1811. En voici l'espèce :

Les créanciers du sieur Codde firent vendre les biens de sa succession vacante.

L'adjudication fut faite le 16 mars 1807, pour 9,850ᶠ. Les acquéreurs ayant découvert que l'étendue réelle de l'immeuble vendu était moindre de moitié que celle annoncée dans les placards et au cahier des charges, demandèrent, au mois de novembre 1807, la réduction de la vente à 6,000ᶠ, et subsidiairement la résolution.

Les créanciers s'en rapportèrent à la justice sur la demande en résolution, qu'ils pressentaient ne pouvoir pas éviter, et refusèrent la réduction, qu'ils ne pouvaient pas consentir.

Par jugement du 20 août 1808, le tribunal de Draguignan, considérant qu'il n'avait pas été désavoué que la propriété vendue avait moitié moins de l'étendue énoncée dans le cahier des charges ; que dès lors ce point de fait devait demeurer pour constant, et qu'il entraînait la résolution de l'adjudication, *remit les parties au même état qu'elles étaient avant.*

Le greffier ne regardant point le jugement comme *translatif de propriété,* ne le fit point enregistrer sur la minute. La régie décerna contre lui une contrainte pour le paiement de l'amende et du droit *proportionnel* ou de mutation.

Elle prétendait que le jugement devait être considéré comme translatif de propriété, et par conséquent enregistré sur la minute.

Par jugement du 14 mars 1809, le tribunal décida que par son précédent jugement il avait prononcé la résolution de la vente du 16 mars 1807,
par suite des dispositions du Code; que cette résolution n'était pas translative de propriété, et ne
pouvait être considérée comme volontaire, puisque les créanciers n'avaient pas la faculté d'y consentir : en conséquence, il mit le greffier hors procès avec dépens.

La régie se pourvut en cassation, prétendit qu'il
ne fallait pas résoudre le contrat, mais réduire le
prix. Elle se fonda sur la jurisprudence constante
en de pareils débats, et sur la loi du 22 frimaire
an VII. Au total, le défendeur se fondait sur ce
que la résolution avait été ordonnée par une *cause
antérieure.*

Ce moyen, conforme aux vrais principes, prévalut enfin ; et par arrêt du 8 avril 1811, rendu
après délibéré, la Cour rejeta le pourvoi, par le
motif « que le jugement du 20 août 1808 ordonne
» la résiliation de l'adjudication, *pour cause anté-*
» *rieure et existante lors de cette même adjudication,*
» et *remet les parties au même état qu'elles étaient*
» *auparavant, etc.....* » L'arrêt est rapporté par Sirey, an 1812, pag. 279 et suivantes.

Ainsi, voilà les anciens principes, les vrais principes reconnus et professés, après une mûre dé-
libération, par la Cour de cassation.

Il n'y a point de mutation, il n'est point dû de
droit de mutation, lorsque la résolution est faite
pour une cause ancienne et inhérente au contrat,

ex causâ primœvâ et antiquâ. Il n'est donc pas vrai
que la loi sur l'enregistrement considère comme
mutation ou rétrocession, toute résolution de contrat qui n'est pas motivée sur une *nullité radicale
proprement dite;* c'est-à-dire sur une nullité de *plein
droit,* ou prononcée immédiatement par la loi.

C'est une des erreurs que nous avons signalées
et qu'on fit adopter si légèrement par la Cour de
cassation, dans son précédent arrêt du 5 germinal an XII. Croyons qu'elle n'attend qu'une occasion pour rétracter la seconde.

548. On peut d'autant moins douter aujour-
d'hui que les rescisions, et même les résolutions
de contrats pour une cause ancienne, remontant
à l'origine de la convention, ne sont pas considérées comme des mutations proprement dites, mais
plutôt comme la rentrée dans une propriété ancienne, qui n'avait pas cessé d'exister, ou qui n'était
que suspendue, que le Code civil a, dans toutes
ses dispositions, conservé énergiquement les conséquences qui dérivent de ce principe.

Ainsi l'art. 2125 dit « que ceux qui n'ont sur
» l'immeuble qu'un droit suspendu par une con-
» dition, ou résoluble dans certains cas, ou *sujet*
» *à rescision,* ne peuvent consentir qu'une hypothè-
» que soumise aux mêmes conditions, ou *à la même*
» *rescision.* » L'art. 2182 ajoute que « le vendeur ne
» transmet à l'acquéreur que la propriété et les
» droits qu'il avait lui-même sur la chose vendue. »

Il les transmet soumis aux mêmes charges, aux
mêmes résolutions, aux mêmes conditions, aux
mêmes rescisions.

549. Ainsi, *la rescision* fait évanouir toutes les charges créées, toutes les aliénations (1) faites par celui dont le contrat est *rescindé*.

Il faut même remarquer que la disposition des articles cités est générale. Elle s'applique à toutes les rescisions, pourvu qu'elles aient une cause ancienne, inhérente au contrat.

Ainsi, la rescision, même pour cause de lésion au-delà des sept douzièmes, produit le même effet; et si l'acquéreur refuse de fournir le supplément du juste prix, comme il en a la faculté, s'il préfère rendre l'immeuble et recevoir le prix qu'il avait payé, cet immeuble rentre dans les mains du vendeur libre de toutes les charges que l'acquéreur pouvait avoir créées.

On en avait beaucoup douté autrefois. C'était l'objet d'une grande controverse entre les écoles de Bartole et de Balde. (*Vid.* Fachincus, *Controv. jur.*,

---

(1) « Lorsqu'il y a lieu de rescision, dit Domat, titre des rescisions et restitutions en général, n°. 6, elle a son effet, non seulement contre les personnes de qui le fait y a donné lieu, mais aussi contre les tiers qui les représentent et les tiers possesseurs. Ainsi, par exemple, si celui qui avait acheté un héritage d'un mineur le vend à un tiers, la restitution pourra être exercée contre ce tiers et contre tout autre possesseur, et il n'aura que son recours contre son vendeur. Ainsi, un propriétaire dépouillé de son héritage par une vente, ou autre titre consenti par l'effet d'une violence, pourra agir contre tout possesseur de cet héritage, et l'évincera, quoique la violence ne fût pas de son fait. » Il cite la loi 13, *ff de minor.*, 4. 4; la loi 14, § 3, *ff quod metus causâ*, 4. 2.

Cependant le droit romain n'étendait pas, dans tous les cas, l'effet de la rescision contre les tiers possesseurs. *Voy.* Voët, *ff de in integ. restit.*, n°. 10.

lib. 2, *cap.* 25). Mais les chefs de l'école française
avaient suivi l'opinion de Balde, sur la loi 2, *Cod.
de rescind. vend.*, qui pensait que le droit de l'acheteur ne subsistant plus, celui du créancier cesse
entièrement, quoique l'acheteur eût la faculté de
payer le supplément du juste prix, parce qu'il faut
plutôt considérer *id quod est in naturâ actionis re-
vocatoriæ, quæ competit ad rem, quàm id quod est in
nudâ facultate solvendi pretium.*

Dumoulin, sur l'art. 55 de la Coutume de Paris,
glos. 1, n°. 44, dit aussi : *Quoniam venditio cum se-
cutis ex eâ annulatur, et ad non causam reducitur,
idque ex causâ antiquâ, et existenti à principio venditionis, et necessariâ, si non præcisè, saltem cau-
sativè, nisi malit emptor pretium supplere : quod sufficit, maximè cùm sola rescisio et restitutio sit in
*OBLIGATIONE, supplatio autem pretii, in facultate,
quæ non est inconsideratione.*

Loiseau, du Déguerpissement, liv. 6, chap. 5,
dit qu'on ne doute plus aujourd'hui que les hypothèques imposées par l'acheteur ne soient entièrement éteintes par la restitution pour lésion d'outre
moitié. Basnage, Traité des hypothèques, n°. 17,
enseigne la même doctrine, ainsi que Bourjon,
Droit commun de la France, tom. II, pag. 490,
édition de 1747, et après eux Pothier, Traité du
contrat de rente, n°. 571.

En vertu de cette restitution, dit ce dernier auteur, « le vendeur rentre dans l'héritage, tel qu'il
» était lors de la vente qu'il en a faite, sans aucune
» charge des hypothèques, droits de servitude et

» autres droits réels, que l'acheteur ou ses succes-
» seurs, soit universels, soit particuliers, y auraient
» imposés ; car ils n'ont pu donner plus de droits
» qu'ils n'en avaient eux-mêmes à ceux à qui ils ont
» donné ces droits : par conséquent, de même que
» le droit qu'avaient l'acheteur et ses successeurs
» était sujet à être rescindé par la restitution ob-
» tenue par le vendeur, ces droits qu'ils ont accor-
» dés doivent être pareillement sujets à cette res-
» cision; c'est le vrai sens de la maxime *soluto jure*
» *dantis, solvitur jus accipientis* » (1).

550. Ce sont ces principes que le Code a consacrés dans les art. 2125 et 2182. Ils s'appliquent
également au cas de la résolution de la vente pour
défaut de paiement du prix.

Ce n'est que pour la dispense du droit de mutation qu'on fait la distinction ordonnée par la loi
du 27 ventôse an IX, entre le cas où l'acquéreur
était entré en possession et le cas où il n'y était pas
entré. On ne distingue pas non plus si le vendeur

---

(1) Quoique la révocation des aliénations faites par l'acquereur, lorsque son contrat est rescindé pour lésion d'outre moitié, dérive du même
principe que la révocation des charges qu'il avait créées, elle souffrait
neanmoins plus de difficultés dans l'esprit de plusieurs docteurs. *Voy.*
Fachineus, *Controv. jur., lib. 2, cap. 18*; Voët, *in ff de rescind. vendit.*,
n°. 6. Mais Pothier enseigne fort bien que l'action en rescision, pour
lésion ultramédiaire, peut être, comme les autres rescisions, intentée
contre le tiers détenteur de l'héritage. « Il n'est pas douteux, dit-il,
» *Traité du contrat de vente, n°. 370*, que le tiers détenteur doit res-
» tituer l'héritage au vendeur; car il n'y a de droit que celui qui vient
» de l'acheteur aux droits duquel il est, et ce droit est détruit par l'ac-
» tion rescisoire. » *Voy.* aussi n°. 556.

avait ou non suivi la foi de l'acquéreur, en lui
donnant un terme. La résolution de la vente entraîne la révocation des aliénations consenties et
des charges créées par l'acquéreur. Ses créanciers
ou ses acquéreurs ont à se reprocher, comme l'observent fort bien Basnage et Pothier, de n'être pas
intervenus dans l'instance, pour demander à payer
au vendeur, au premier cas, le supplément du
juste prix, au second, le prix entier, ou ce qui
en reste à payer. Ils n'y pourraient plus être admis
après que l'action rescisoire a été exécutée par la
restitution de l'héritage.

551. Observons qu'il ne faut pas confondre la
rescision avec la résolution des contrats. Ces deux
expressions ne sont pas synonymes. La résolution
est un terme général qui comprend toutes les manières de résoudre les contrats ; la rescision est particulière à ceux qui renferment un vice intrinsèque
qui s'est opposé à leur perfection.

La résolution suppose que le contrat a existé valablement : on ne délie point ce qui n'a pas été lié.

La rescision suppose au contraire qu'il n'a existé
que l'apparence d'un contrat ; mais qu'il n'a jamais eu d'existence réelle, parce que les vices qui
l'ont accompagné se sont opposés à sa perfection.

On rescinde donc les contrats nuls pour une
cause intrinsèque qui remonte à leur naissance,
comme les contrats infectés de dol, erreur, violence, etc.; on résout les contrats intrinsèque-
ment valables dans leur origine, mais que des
causes postérieures anéantissent. La rescision ne
peut s'opérer de plein droit ; il faut que la cause

en soit reconnue par les parties intéressées, ou par le juge. Au contraire, la résolution peut s'opérer et s'opère souvent de plein droit et par la disposition de la loi ; par exemple, dans le cas d'accomplissement d'une condition résolutoire exprimée dans le contrat ; dans le cas de révocation des donations pour survenance d'enfans, etc.

Elle peut aussi ne s'opérer que par le ministère du juge, comme dans le cas du défaut d'accomplissement des conditions résolutoires sous-entendues dans les contrats synallagmatiques, pour le cas où l'une des parties ne satisfera point à ses engagemens (1184).

Dans ces cas, la résolution produit le même effet que la rescision, puisqu'elle remet les choses au même état que si l'obligation n'avait point existé (1183).

La résolution peut encore se faire par le consentement mutuel des parties ; mais alors, comme elle n'a point de cause nécessaire, c'est moins une résolution proprement dite, qu'une convention nouvelle, qui ne peut porter aucun préjudice aux droits acquis à des tiers, et qui opère une véritable mutation, dans le cas sur-tout où la chose vendue revient à l'ancien propriétaire ou vendeur, par l'effet de la revente ou rétrocession. Nous ne pousserons pas plus loin ce parallèle.

552. Après avoir examiné les différences qui existent entre les nullités et les rescisions, il faut examiner les différentes nullités. On en distingue ordinairement deux espèces, les nullités absolues et les nullités relatives.

Cette distinction est extrêmement importante; car elle sert ordinairement à résoudre les questions de savoir par quelles personnes les nullités peuvent être opposées, et si elles peuvent être couvertes par la ratification, soit expresse, soit tacite.

Cependant la doctrine des auteurs sur ce point nous a semblé manquer d'exactitude.

553. La nullité, dit fort bien Dunod (1), vient de la prohibition de la loi, qui défend de faire certaines choses, et qui déclare nul ce qui sera fait au contraire.

Pour juger de l'effet de cette nullité, il faut examiner la cause de la prohibition, et si elle est fondée sur l'intérêt public, ou sur celui des particuliers.

La prohibition est censée faite par rapport à l'intérêt public, lorsque son premier et principal objet est le bien de la société, la conservation des choses et droits qui appartiennent au public, et qu'elle statue sur ce qui concerne les bonnes mœurs, ou ce qui est hors du commerce, par les droits naturels des gens ou civil.

Telles sont les dispositions des lois, au sujet des actes qui emportent quelque délit, ou quelque turpitude, ou qui contiennent l'aliénation de ce dont le commerce est interdit, pour une cause publique et perpétuelle, comme les choses sacrées et le domaine.

___

(1) Traité des prescriptions, 1re. part., chap. 8, pag. 4»

La nullité, dit toujours Dunod, qui résulte de la prohibition en ce cas est absolue, parce que la loi résiste continuellement et par elle-même à l'acte qu'elle défend; elle le réduit à un pur fait, qui ne peut être ni confirmé ni autorisé, et qui ne produit aucun droit, aucune action ni exception. Cette nullité peut être objectée, non seulement par la partie publique, mais encore par toutes sortes de personnes, sans qu'on puisse leur opposer qu'elles se prévalent du droit d'un tiers, et le juge peut y prendre égard d'office, quand personne ne la proposerait (1).

Remarquons ici que Dunod ne dit pas que les nullités sont absolues, parce qu'elles ont pour cause une prohibition fondée sur l'intérêt public; mais que les nullités qui ont pour cause l'intérêt public sont absolues, parce que la loi résiste continuellement et par elle-même à l'acte qu'elle défend, etc., ce qui est fort différent.

La nullité est donc absolue, suivant la doctrine de Dunod, lorsque la loi résiste continuellement aux actes qu'elle défend.

554. Les nullités respectives, suivant le même auteur, sont celles que la loi prononce dans l'intérêt des particuliers.

Quoique la fin de la loi, dit-il, pag. 48, soit toujours l'intérêt du public et de la société, la vue de cet intérêt est souvent éloignée, et la loi considère

_____

(1) Ce qui est conforme à la doctrine de d'Argentré, art. 266 de l'ancienne Coutume de Bretagne, chap. 2, n°. 11, col. 1008, et art. 285.

en premier lieu, dans sa prohibition et dans les nullités qu'elle prononce, l'intérêt des particuliers : *Primariò spectat utilitatem privatam, et secundariò publicam.*

Ce sont les particuliers qui profitent de sa disposition, et sa prohibition, en ce cas, produit une nullité qu'on appelle *respective*, parce que cette nullité n'est censée intéresser que celui en faveur de qui elle est prononcée. C'est pourquoi il peut seul s'en prévaloir et la proposer, et si d'autres le faisaient, on leur opposerait avec raison qu'ils se fondent sur le droit d'autrui.

Telles sont, continue Dunod, les défenses d'aliéner les fonds dotaux et les biens des mineurs, de contracter sans l'autorité du père, du curateur, du mari, et autres semblables. Elles concernent principalement l'intérêt des particuliers; elles n'annulent pas pleinement et absolument les actes qui sont faits au contraire; ces actes subsistent à l'égard des tiers, et ne sont déclarés nuls que quand les personnes que la loi a voulu favoriser le demandent. Ils peuvent être confirmés et ratifiés.

Les tiers s'obligent valablement pour leur exécution; car celui, par exemple, qui a cautionné la vente du bien d'un mineur, et le mari qui a vendu le fonds dotal de sa femme, sont tenus à la garantie.

La loi ne résiste pas expressément et toujours à ces sortes d'actes, comme dans les cas auxquels elle produit une nullité absolue; elle se contente de ne pas les avouer et autoriser à l'égard de certaines personnes : *Non assistit nec corroborat quod actum est, respectu in ejus cujus favorem prohibitio facta est; sed non resistit absolutè et semper* (1).

555. Les auteurs qui ont écrit depuis Dunod ont suivi la même doctrine (2), dont les conséquences seraient,

1°. Que toutes les nullités qui ont pour cause première l'intérêt public, sont *absolues*. Cette proposition est rigoureusement exacte et vraie;

2°. Que toutes les nullités qui ont pour cause l'intérêt des particuliers sont *respectives*. Cette seconde proposition manque d'exactitude; elle pèche par trop de généralité : car il peut y avoir, et il y a en effet, des nullités prononcées principalement, *primariò*, pour l'intérêt des particuliers, et qui sont néanmoins absolues, dans ce sens qu'elles anéantissent essentiellement et radicalement l'acte, et le font regarder comme non fait et non avenu, dit fort bien Bouhier, même dans l'intérêt des tiers.

Ainsi, s'il est vrai que toutes les nullités qui ont l'intérêt public pour cause première sont ab-

---

(1) Dunod ajoute : « Les actes dont la nullité n'est que respective » produisent une obligation naturelle, et ne sont pas même toujours » nuls de plein droit à l'égard de la partie intéressée ; car il faut sou- » vent qu'elle les fasse rescinder, comme il arrive dans les contrats faits » par crainte. Ces actes sont translatifs du domaine, lorsqu'ils ont été » accompagnés de la tradition, et ils forment du moins un titre putatif » et coloré, à l'ombre duquel l'acquéreur peut se croire le maître et » posséder de bonne foi. »

(2) *Voy.* Bouhier, Observations sur la Coutume de Bourgogne, chap. 19, nᵒˢ. 12 et suiv. ; le nouveau Répertoire de jurisprudence, vᵒ. *Nullité*, §§ 2 et 3.

solues, il n'est pas vrai de dire que toutes les nullités absolues ont pour cause l'intérêt public.

556. Il n'est point également vrai de dire que
les nullités *absolues ,* celles même qui ont pour
cause l'intérêt public ou celui de la société, peuvent être objectées, non seulement par la partie publique, mais encore par *toutes sortes de personnes,
sans qu'on puisse leur opposer qu'elles se prévalent
du droit d'autrui.*

Cette doctrine ; que Dunod avait empruntée de
d'Argentré, et celui-ci du droit romain, ne peut
convenir à la jurisprudence française.

Les Romains n'avaient point ce que nous appelons en France le ministère public ; c'est-à-dire
qu'ils n'avaient point de magistrats chargés d'exercer les actions publiques, celles qui ont pour objet
l'intérêt du public et de la société.

Ces actions, que nous appelons *actions publiques,* étaient nommées chez eux *actions populaires,*
parce qu'elles pouvaient être exercées par tous les
citoyens indifféremment.

Si plusieurs se présentaient à la fois pour agir,
le préteur choisissait le plus capable, *idoniorem ;*
mais on donnait toujours la préférence à celui qui
avait un intérêt particulier dans l'exercice de l'action. Loi 2, liv. 3, § 1, *ff de popul. act.*

Mais il y a long-tems que les dispositions du
droit romain sur les actions populaires sont abrogées en France, ainsi que l'enseignent Mornac,
Automne, etc. ; elles le sont également en Hollande,
ainsi que l'atteste Voët, *in tit., ff de popularibus
act. Moribus interim nostris nullus privatus actione*

populari, quâ tali, experiri potest; sed, omninò ad privatum interesse.

Nous pensons donc qu'on peut poser en principe que les nullités absolues, celles même qui ont pour motif le bon ordre et l'intérêt public, ne peuvent être opposées que par les personnes qui ont un intérêt né et actuel à les faire valoir. Ce principe est consacré par les art. 184 et 191 du Code, à l'occasion des nullités de mariage, de celles même qui ont pour cause le maintien du bon ordre dans la société, tels que la bigamie et l'inceste.

On peut donc, *ab effectu*, définir les nullités absolues, celles que peuvent invoquer toutes les personnes qui ont un intérêt né et actuel à les faire valoir.

557. Si l'on demande pourquoi des personnes qui n'ont point été parties dans un acte peuvent en invoquer la nullité, voici la réponse : La loi, qui prononce sans restriction la nullité d'un acte, l'anéantit moralement et absolument, autant qu'il est possible.

Si elle ne peut empêcher que le fait n'ait point existé , elle peut anéantir ou empêcher les effets qu'il aurait dû produire, et le réduire ainsi, comme le dit Dunod d'après d'Argentré (1), *à un pur fait,* en ordonnant qu'il n'aura pas plus de force que si

_____

(1) *In totum nihil est quod fit actus ; pro non factis nec dictis habentur, sine ullo juris effectu, ne nomine quidem aut appellatione contractus digni, sed actus tantùm* MERI FACTI, *propter legis prohibitionem.* D'Argentré, sur l'art. 283 de l'ancienne Coutume de Bretagne, col. 1368, n°. 9, édition de 1681.

jamais il n'avait existé. Tel est l'effet de la nullité
prononcée par la loi, *ut ea quœ lege fieri prohibentur
si fuerint facta, non solùm inutilia, sed pro infectis
etiam habeantur. Loi 5, Cod. de leg., 1. 14.*

· L'acte nul étant, aux yeux de la loi, comme s'il
n'avait point existé, ne peut produire aucun effet
légal ; il ne peut être opposé à personne ; celui à
qui on l'opposerait pourrait dire, avec d'Argentré :
Ce titre que vous m'opposez n'existe point réellement ; la loi ne le connaît que pour le réprouver et
l'anéantir : *hic tuus titulus reverà titulus non est*, dit
d'Argentré, col. 1368.

558. Ce qui rend une nullité *absolue* n'est donc
point la cause ou le motif qui a porté le législateur
à la prononcer ; c'est sa volonté, c'est la toute-puissance de la loi, qui anéantit l'acte, qui déclare n'en
pas reconnaître l'existence, et qui le prive de tout
effet légal.

D'après cela, si l'on demande comment on peut
connaître les nullités *absolues*, et les distinguer des
nullités *respectives*, la réponse est facile, c'est par
la disposition de la loi.

Toute disposition qui déclare positivement et
sans restriction la nullité d'un acte, autrement la
simple déclaration de nullité, quel qu'ait été le
motif du législateur, soit pour cause d'intérêt public, soit pour l'intérêt des particuliers, soit pour
vice de forme, opère une nullité absolue, par cela
même qu'elle n'est pas limitée à certaines personnes.

Elle peut donc être invoquée non seulement par
chacune des parties contractantes, par leurs hé-

ritiers ou ayant-cause, mais encore par toute personne intéressée à ne pas reconnaître l'acte nul, dont on voudrait argumenter contre elle, fût-ce même un simple possesseur.

559. Supposons que vous ayez acquis le fonds Cornélien par un contrat que la loi sur le notariat déclare nul pour vice de forme, de manière que l'acte ne puisse valoir même comme acte sous seings privés.

Néanmoins, la délivrance ou la tradition vous a été faite. Mais par votre négligence, Caïus usurpe la possession du fonds Cornélien, et vous l'y avez laissé pendant plus d'un an. Vous ne pouvez agir contre lui qu'au pétitoire, et vous produisez votre contrat pour prouver votre propriété. Caïus peut vous répondre : Le titre que vous m'opposez n'est point un titre; *hic tuus titulus reverà titulus non est;* il n'existe point aux yeux de la loi : il n'a donc pu vous transférer la propriété, quand même elle eût appartenu à votre prétendu vendeur; et si elle lui appartenait, vous ne pourriez argumenter du droit d'autrui.

Quant à moi, ce n'est point sur le droit d'autrui que je fonde ma défense, mais sur mon droit personnel, sur mon droit de possession, qui me dispense de toute autre preuve. *Possideo quia possideo.*

Bien plus : on peut regarder comme très-douteux que vous puissiez, en ce cas, faire, en vertu de votre contrat, expulser Caïus, quand même il n'aurait pas encore la possession annale. Car enfin le jugement ne peut avoir aucun égard à un pareil titre.

Ceci peut paraître dur ; mais la dureté n'est qu'apparente : car au moyen d'une ratification ou d'une procuration de votre vendeur, vous ferez évanouir la défense de Caïus, et en attendant vous pourrez demander à la justice un délai pour représenter cette ratification.

560. Si le simple possesseur, même de mauvaise foi, peut opposer la nullité de l'acte, qui n'a point d'existence aux yeux de la loi, cette nullité peut à plus forte raison être invoquée par les créanciers du vendeur, puisqu'ils peuvent exercer tous les droits et actions de leur débiteur (1166).

Ainsi, les créanciers, même chirographaires, pourraient opposer la nullité du titre constitutif d'une hypothèque, et les créanciers hypothécaires postérieurs en date, pourraient opposer la nullité des titres antérieurs, en vertu desquels d'autres créanciers prétendraient les primer.

561. Mais si la nullité *absolue* peut être opposée par tous ceux qui ont intérêt à la faire valoir, peut-elle être couverte par la ratification ?

Il faut distinguer d'abord entre les nullités fondées sur des motifs d'ordre public, sur l'intérêt général de la société, ou qui prennent leur source dans le respect dû aux mœurs, et les nullités établies pour le seul intérêt des particuliers.

Au premier cas, la nullité ne peut être couverte par aucune espèce de ratification, soit par l'un, soit par l'autre des contractans, soit par les deux de concert.

La ratification serait elle-même infectée des mêmes vices que l'acte ratifié.

Cependant, si les choses en étaient venues au point où la convention cesserait d'être illicite, et pourrait prendre naissance, elle pourrait alors être ratifiée, soit expressément, soit tacitement.

Par exemple, on regarde la nullité des conventions faites sur une succession future, comme prenant sa source dans le respect dû aux bonnes mœurs et à la morale publique. Loi 50, *Cod. de pactis*, 2. 3.

Le partage anticipé d'une succession, fait avant son ouverture, est nul, et d'une nullité absolue (1).

Mais aussitôt que la succession est ouverte, les choses se trouvant venues au point où la convention pouvait prendre naissance, elle peut être ratifiée, soit expressément, soit tacitement, de la manière que nous expliquerons, tom. VIII, tit. 5 du Code, chap. 6, sect. 5.

562. Quant aux nullités absolues qui sont établies pour le seul intérêt des particuliers, ils peuvent y renoncer, quand le droit de les proposer leur est acquis, suivant la règle qu'on peut toujours renoncer au droit établi en sa faveur : *Regula est juris antiqui omnes licentiam habere his quæ pro se introducta sunt, renunciare. Loi* 29, *Cod. de pactis*, 2. 3.

C'est donc un principe que tout homme en fa-

---

(1) *Voy.*, sur cela, l'arrêté du 9 nivôse an IX, rapporté dans les Questions de droit de M. Merlin, v°. *Partage*, § 2; un autre arrêt du 50 messidor an XI, rapporté *ibid.*, v°. *Succession future*, § 1.

Les lois romaines ne regardaient pas les conventions sur la succession d'une personne vivante comme contraires aux bonnes mœurs, lorsqu'elles étaient faites de son consentement. *Voy.* tom. VI, n°. 115.

veur duquel est ouvert le droit d'attaquer un acte dont la loi prononce la nullité pour son intérêt privé, valide cet acte, et le rend à son égard pleinement obligatoire par la ratification expresse ou même tacite.

Les lois romaines nous offrent sur ce point une foule de décisions claires et positives, d'autant plus respectables qu'elles sont confirmées par les articles 1338 et 1340 du Code civil. En voici un exemple :

La vente sans formalités, faite par le tuteur, des immeubles de son pupille, est absolument nulle. Cependant, si dans le compte rendu au mineur devenu majeur, le prix de la vente a été employé et payé, l'approbation du compte est une ratification de la vente, et l'acquéreur de l'immeuble vendu ne peut plus être inquiété : *Illicite post senatusconsultum pupilli vel adolescentis prædio venundato, si eo nomine apud judicem tutelæ, vel utilis curæ actionis, æstimatio facta est, eaque soluta, vindicatio prædii ex æquitate inhibetur. Loi* 10, *ff de reb. eorum,* 27. 9.

Cette décision est d'autant plus remarquable, que dans l'espèce proposée, l'acte qui contient la ratification est par sa nature étranger à l'acquéreur (1). (*Voy.* d'autres exemples dans la loi 1, *Cod. si major factus ratum habuerit,* 2. 46; dans la loi 16, § 1, *Cod. de testam.,* 6. 25.)

563. Mais si les nullités absolues peuvent être ra-

---

tifiées, leur ratification n'a point d'effet rétroactif. Elle ne tire sa force que de l'acte même de ratification, et ne produit aucun effet que du jour
de cet acte.

Elle est considérée comme un nouveau titre qui
doit avoir son exécution indépendamment du premier.

Ainsi, les droits acquis à des tiers depuis l'acte
nul, mais avant la ratification, continuent d'exister tels qu'ils étaient auparavant. Cela résulte de
la nature même des nullités absolues.

Par exemple, vous avez vendu le fonds Cornélien par un contrat nul dans la forme, et qui ne
peut valoir même comme acte sous seings privés.

J'obtiens ensuite contre vous un jugement qui
vous condamne de me payer une somme de 10,000ᶠ.
J'acquiers par ce jugement un droit d'hypothèque
judiciaire sur tous vos biens, et même sur le fonds
Cornélien, qui n'a pas cessé de vous appartenir.

Mais avant que j'aie fait inscrire ma créance au
bureau de la conservation des hypothèques, vous
ratifiez le contrat : je n'en conserverai pas moins
le droit de prendre inscription sur le fonds Cornélien, pendant quinze jours depuis la transcription de l'acte de ratification (1).

564. Au contraire, la ratification des actes dont
la nullité n'est que respective, a un effet rétroactif, qui remonte au jour de l'acte. C'est ce qui ré-

---

(1) Par argument de l'art. 854 du Code de procédure.

sulte de la nature même des nullités respectives et de la ratification.

La nullité qu'on appelle *relative*, est celle qui ne peut être opposée que par ceux en faveur de qui elle est prononcée. Elle n'est donc point nullité à l'égard des autres personnes. C'est plutôt une faculté donnée à l'une des parties de revenir contre un contrat par sa seule volonté, et sans prouver aucune lésion.

Prenons pour exemple les contrats faits par un mineur : la nullité n'en est que relative; mais peut-on dire que ces contrats soient nuls? Non certes, suivant le droit romain, qui pose en principe général que le mineur peut faire toute espèce de contrat : *Pupillus omne negotium rectè gerit.* § 9, *Inst. de inut. stip.*

Quant à la force et à l'effet du contrat, il distinguait : si le mineur était autorisé de son tuteur, le contrat était obligatoire de part et d'autre. Ainsi que l'autre partie, le mineur était obligé, sauf la restitution, s'il avait été lésé.

Si le mineur n'avait pas été autorisé, le contrat n'était obligatoire que pour l'autre partie, qui ne pouvait plus se dégager sans le consentement du mineur.

Au contraire, le mineur n'était engagé qu'autant qu'il lui plaisait; il pouvait se dégager par sa seule volonté, sans donner aucun motif de son changement, sans prouver aucune lésion. Le lien était imparfait de son côté; le contrat était soumis à la condition résolutoire, *si minori displicuerit.*

C'est ainsi que les lois permettent de contracter

une vente, sous la condition qu'elle sera résolue, si sous tel tems elle déplaît à l'acquéreur, *si emptori displicuerit.* C'est précisément le cas où la loi place celui qui contracte avec un pupille, sans l'autorité du tuteur, comme nous l'avons observé ailleurs, tom. VI, n°. 100.

Le Code n'a point porté d'atteinte à ces principes, quoiqu'il se soit exprimé d'une manière moins exacte. Il a déclaré les mineurs *incapables* de contracter (1124); mais il a voulu que cette incapacité ne pût être opposée que par eux seuls. Ainsi, cette prétendue incapacité n'est ni réelle, ni absolue : elle dépend uniquement de leur volonté.

Les personnes avec lesquelles ils ont contracté sont obligées, et le contrat subsiste s'ils le veulent; il s'évanouit s'ils changent de volonté. Si donc parvenus à leur majorité, ils déclarent persister dans la même volonté qu'ils ont manifestée pendant leur minorité, ou même s'ils gardent le silence, le contrat reste le même : il devient irréfragable par l'approbation de la seule personne qui eût le droit de l'attaquer.

Ainsi, la ratification, qui n'est pas autre chose que cette approbation, ou si l'on veut, que la renonciation à changer de volonté, se reporte naturellement au tems où le contrat a été passé.

565. Il suit de là que l'hypothèque, constituée comme un accessoire de l'acte passé en minorité, mais ratifié en majorité, prend date du jour du contrat, aujourd'hui du jour de l'inscription de ce contrat sur les registres publics, et non du jour de la ratification. C'était une maxime constante et très-

ancienne dans la jurisprudence du Parlement de
Paris. On la trouve confirmée par un arrêt du 25
juillet 1667, rapporté dans le Journal du Palais,
et conforme à des arrêts plus anciens. Dans le siècle suivant, par un arrêt du 19 août 1784, rapporté dans la Gazette des tribunaux et dans le nouveau Denisart, v°. *Hypothèque*, § 5, sect. 7, cette
maxime était tellement constante à Paris, que l'on
regardait comme inutile de l'appuyer par des autorités.

Les auteurs se bornaient à l'énoncer comme une
maxime désormais reçue. « On juge, dit Denisart,
v°. *Ratification*, que si un mineur ratifie en majorité un acte qu'il avait passé en minorité, l'hypothèque qui en résulte en faveur du créancier a lieu
du jour du premier acte, parce que cet acte n'était
pas nul (c'est-à-dire d'une nullité absolue), et qu'il
pouvait seulement être annulé, si le mineur avait
réclamé contre.

La ratification ne faisant que confirmer une obligation déjà subsistante, confirme en même tems
l'hypothèque qui était l'accessoire de l'obligation
personnelle. » Ferrière, v°. *Ratification en majorité*,
et le Répertoire de jurisprudence, v°. *Ratification*,
tiennent le même langage.

Mais en Normandie et en Bretagne, la question
était moins douteuse. Basnage, Traité des hypothèques, chap. 5, pag. 4, la regarde comme très-
problématique. La principale raison de douter,
suivant lui, est que, cessant la ratification, quand
le mineur ne voudrait pas se faire restituer, ses
créanciers pourraient exercer *ses actions, et deman-*

der de leur chef la rescision du contrat. Il rapporte un arrêt rendu par le Parlement de Rouen, le 6 février 1668, qui jugea, contre la jurisprudence de Paris, que l'hypothèque n'a lieu que du jour de la ratification. (*Voy.* un arrêt du Parlement de Pau, dans la 4ᵉ. édition du Répertoire, vᵒ. *Ratification*, nᵒ. 5. L'hypothèque ratifiée avait été consentie par le curateur et non par le mineur).

Pour concilier ces deux jurisprudences opposées, Basnage propose de distinguer, et de faire remonter l'hypothèque au jour du contrat, si le mineur n'était pas lésé, et de la fixer au jour de la ratification, s'il y avait eu lésion ou dol dans le contrat passé en minorité.

En Bretagne, Duparc-Poullain, Principes du droit, tom. VII, pag. 194, après avoir rendu compte de la jurisprudence de Paris, cite, d'après Hevin, un arrêt contraire du Parlement de Bretagne, du 15 novembre 1652, et l'arrêt du Parlement de Rouen, rapporté par Basnage.

Raisonnant ensuite sur ces deux jurisprudences opposées, il convient que les contrats des mineurs ne sont pas nuls ; que si le mineur et ses créanciers laissent passer dix ans sans attaquer le contrat, *l'hypothèque est irrévocablement acquise* au préjudice de ceux qui ont contracté depuis la majorité.

Il ajoute que la ratification est aussi puissante que la fin de non-recevoir de dix ans, et même plus favorable, parce que le débiteur est réputé, en ratifiant, avoir eu pour *seul objet de satisfaire son honneur et sa conscience.*

Mais il pense qu'on ne peut appliquer cela aux

créanciers intermédiaires, entre la majorité et la ratification, parce que les créanciers légitimes ont le droit d'exercer, *malgré leur débiteur,* toutes les actions qui peuvent lui compéter; et il ne peut pas *les abandonner à leur préjudice.* Si, dit-il, mon débiteur majeur a pris des lettres de restitution contre un contrat passé en minorité, ou contre un acte frauduleux, il peut se désister, mais il ne m'empêchera pas d'exercer mon action *révocatoire,* ou l'action *rescisoire* qui lui compétait, et qu'il a abandonnée......

Le débiteur ne peut, par son fait, dépouiller son créancier du droit acquis sur une action rescisoire, qui était entière lors de la ratification, comme il ne peut renoncer à une succession. Pourquoi donc le créancier serait-il exclu du droit de proposer tous ses moyens de révocation, et tous les moyens de rescision que son débiteur aurait eus?

La conclusion de l'auteur est que si le créancier, du tems de la majorité, et antérieur à la ratification, a formé l'action *révocatoire,* ou l'action *rescisoire,* ses droits sont conservés, malgré la ratification faite en majorité.

En résumant cette doctrine et celle de Basnage, il résulte, 1°. que le contrat passé en minorité subsiste, s'il n'est pas attaqué dans les dix ans, depuis la majorité, et que l'hypothèque constituée par ce contrat est irrévocablement acquise, de préférence aux créanciers qui ont contracté pendant la majorité;

2°. Que les créanciers qui ont contracté depuis la majorité peuvent, dans le nom de leur débiteur, former l'action en rescision contre les contrats qu'il a passés en minorité, s'il néglige de la former lui-même;

3°. Que s'il a ratifié en majorité, les créanciers intermédiaires peuvent former l'*action revocatoire* contre la ratification, et l'*action rescisoire* contre le contrat passé en minorité.

566. La première proposition est incontestable; la seconde et la troisième méritent un sérieux examen (1).

Le droit romain ne donnait pas aux créanciers le droit d'exercer les actions de leur débiteur qui négligeait d'acquérir et d'augmenter ses biens, ou qui même renonçait à une succession ou à un legs. (*Voy.* tom. VI, n°. 569). Ainsi, sous cette législation, les créanciers ne pouvaient, malgré leur débiteur, exercer dans son nom une action rescisoire quelle qu'elle fût, lorsqu'il ne voulait pas la former, à plus forte raison lorsqu'il y renonçait.

Les auteurs français que nous avons consultés n'ont point traité la question *ex professo*. Ceux en petit nombre qui en ont parlé ne l'ont fait qu'en passant, comme notre savant maître Duparc-Poullain, qui dit, tom. VII, pag. 190, n°. 147, que « les créanciers ont droit de réclamer, non seulement comme le débiteur aurait pu le faire, contre les actes susceptibles de rescision, pour lésion d'outre moitié, fraude, erreur de fait, etc.; mais d'exercer même les droits auxquels il a renoncé. »

---

(1) *Voy. infrà,* la note du n°. 569.

L'auteur ne donne aucune preuve de cette assertion, qui cependant méritait bien d'être prouvée;
car la raison nous semble dire qu'elle est fausse,
au moins par trop de généralité, sur-tout dans
les principes du Code. J'ai souscrit devant notaires
une obligation de 10,000ᶠ en faveur de Caïus, avec
hypothèque sur le fonds Cornélien. Trois mois
après, j'ai souscrit une autre obligation de 5,000ᶠ,
en faveur de Seïus, et j'ai en outre beaucoup de
créanciers chirographaires. Le fonds Cornélien est
saisi et vendu. Le prix se trouve insuffisant pour
payer tous les créanciers. Seïus et les chirographaires prétendent faire rescinder l'obligation que
j'ai consentie à Caïus, en alléguant qu'elle m'a été
extorquée par violence, et que mon consentement
n'a pas été libre. Caïus soutient que leur demande
n'est pas recevable, parce que je me tais, et que
je suis le seul à savoir si réellement ma volonté a
été libre ou forcée. Il en conclut qu'une pareille
exception ne peut être que personnelle. Il le prouve
par la disposition de l'art. 180 du Code, qui porte
que celui des deux contractans dont le consentement n'a pas été libre, est seul recevable à attaquer le contrat. A la vérité, il s'agit du contrat de
mariage, mais la raison qui a dicté cette disposition, cette raison, qui est *l'âme de la loi*, s'applique
également à tous les contrats, parce qu'en effet,
celui qui a consenti peut seul dire si son consentement a été libre ou forcé, s'il a cédé à l'impression
de la crainte, ou à la détermination d'une volonté
réfléchie. Il est donc dans la nature des choses que
l'exception fondée sur la violence soit purement

personnelle à celui qui l'a éprouvée; car enfin supposons, dans l'espèce proposée, que je sois mis en cause par mes créanciers. Quelle que soit ma déclaration, tous mes biens leur seront distribués, soit aux uns, soit aux autres. Je déclare que j'ai consenti librement l'obligation que j'ai souscrite en faveur de Caïus, et qu'elle est légitime. Quel juge oserait, contre mon témoignage, prononcer que ma volonté a été contrainte?

Ce que nous disons du moyen fondé sur la violence et la crainte, s'applique au moyen fondé sur l'erreur, que l'art. 180 déclare également personnel à celui des époux qui a été induit en erreur; car enfin, celui qui a contracté peut seul savoir s'il a ignoré tel ou tel fait déterminant, et même s'il n'eût pas contracté nonobstant la connaissance de ce fait.

Il faut en dire autant du moyen de dol. Quels que soient les artifices employés pour me porter à consentir, je puis seul savoir si ce sont ces artifices qui m'ont déterminé : *An causam dederent contractui.*

Quant au moyen de lésion, le vendeur peut seul savoir s'il n'a pas reçu des valeurs supérieures à ce qui est exprimé dans le contrat; et en le faisant, il ne fraude ni ses créanciers postérieurs, puisqu'ils n'existaient pas au tems du contrat, ni ses créanciers antérieurs, parce que, s'ils sont hypothécaires, ils ont le droit de surenchérir; s'ils ne le sont pas, ils n'avaient pas le droit d'empêcher leur débiteur de vendre au comptant un héritage qui ne leur était point affecté, et d'en recevoir le prix en entier et même d'avance. C'est leur faute d'avoir suivi sa foi, et de n'avoir pas exigé de sûreté.

Passons au moyen fondé sur le défaut d'autorisation du mineur ou de la femme, et prenons celleci pour exemple, parce que sa capacité naturelle n'est pas douteuse.

Une femme emprunte de **Primus** une somme de 3,000ᶠ, sans autorisation de son mari, avec hypothèque sur le fonds Cornélien. Devenue veuve, elle emprunte de **Secundus** une somme de 3,000ᶠ, aussi avec hypothèque sur le fonds Conélien. Secundus voyant qu'elle n'attaque point son premier emprunt, et sachant que le fonds Cornélien ne vaut que 4,000ᶠ, pourra-t-il former l'action en nullité contre **Primus**, sans le concours et contre le gré de la débitrice commune? **Primus** lui répondra que l'art. 225 du Code veut que la nullité fondée sur le défaut d'autorisation, ne puisse être opposée que par la femme, par le mari ou par leurs héritiers.

Le Code n'a point ajouté par *ses créanciers,* et avec beaucoup de raison. C'eût été favoriser les créanciers postérieurs à la viduité, au grand préjudice des antérieurs, et consacrer souvent, par cette disposition imprudente, de grandes injustices, si leur créance est légitime, si la femme a réellement reçu les 3,000ᶠ prêtés par **Primus**, et sur-tout si elle les a employés utilement. Le Code la laisse donc juge de la légitimité de la dette. Si elle se tait, **Secundus** a d'autant moins de raison de s'en plaindre, dans la législation nouvelle, qu'en acceptant le fonds Cornélien pour hypothèque, il

savait ou devait savoir que ce fonds était déjà affecté à une créance antérieure. Or, quelle faveur
peut-il mériter, s'il a spéculé sur une action en
nullité que la femme ne veut pas exercer, parce
qu'elle sait que sa première dette est légitime?

Les auteurs qui accordent si libéralement aux
créanciers de leur débiteur le droit d'exercer malgré lui ses actions rescisoires, n'ont considéré que
l'intérêt des créanciers postérieurs; mais la loi doit
considérer l'intérêt de tous. Elle doit encore considérer qu'il importe à la société de ne pas multiplier les procès, en armant les créanciers postérieurs contre les antérieurs, tandis que le débiteur
commun, qui sait si sa première dette est légitime, se tait pour obéir à sa conscience.

Ce que nous venons de dire de l'obligation consentie par la femme s'applique à l'obligation du
mineur.

567. Opposera-t-on que l'art. 1166 permet aux
créanciers d'exercer tous les droits et actions de
leur débiteur? La réponse est que le même article
en excepte les droits *exclusivement attachés à la personne.* Or, les actions contre les obligations de la
femme ou du mineur, contractées sans autorisation, nous paraissent rangées dans ce nombre par
l'art. 225 déjà cité, et par l'art. 2012, qui porte
« que le cautionnement ne peut exister que sur
une obligation valable. »

Il ajoute : « On peut néanmoins cautionner une
obligation, encore qu'elle pût être annulée par
une exception *purement personnelle* à l'obligé, par
exemple, *dans le cas de minorité,* » ou dans le cas

de la femme non autorisée. (*Voy.* tom. VI, n°. 393 et 394). Donc l'exception de non autorisation du mineur et de la femme mariée étant une exception qui leur est *purement personnelle,* ne peut être opposée par leurs créanciers. (Art. 225 et 1166).

Dirai-t-on que les droits *exclusivement attachés à la personne* et les droits *purement personnels* sont différens?

On peut le dire; car que ne peut-on pas dire, quand on veut abuser des mots? Mais ne serait-ce pas une subtilité qui n'est pas dans l'esprit de la loi? Au reste, quels en seraient le but et l'effet? De favoriser des créanciers postérieurs aux dépens des antérieurs? d'allumer entre eux une guerre perpétuelle? de troubler la paix des familles? de consacrer le plus souvent des injustices? Si l'on pèse ces raisons, on sera peut-être convaincu qu'il est conforme à la raison, à l'esprit et à la lettre du Code, de refuser aux créanciers, comme le leur refusaient les lois romaines, le droit d'exercer, dans le nom de leur débiteur, les actions rescisoires qu'il ne veut pas exercer.

Si les créanciers ne peuvent exercer les actions rescisoires de leur débiteur, sans son concours, ils ne peuvent se plaindre que le mineur devenu majeur, et la femme devenue veuve, renoncent à une action qu'ils ne pouvaient eux-mêmes exercer, et ratifient des actes faits pendant la minorité ou le mariage : c'est la règle générale.

568. Cependant, s'il était prouvé que cette renonciation ou ratification a été faite pour frauder les droits des créanciers postérieurs, alors,

sans doute, ils pourraient exercer l'action révocatoire. Voici l'exemple qu'en donne Dupar-Poullain, *ubi suprà :* Si le mineur devenu majeur a formé l'action rescisoire contre un contrat frauduleux, ou dans lequel il était lésé, et qu'après les preuves acquises, au lieu d'attendre le jugement qui doit le rétablir dans ses droits, et prononcer la nullité du contrat, il se prête à un arrangement ou désistement collusoire, moyennant une somme qu'il veut dérober à ses créanciers légitimes, ils pourront sans doute faire révoquer cet arrangement ou désistement frauduleux ; mais de même que dans toute action révocatoire, il leur faudra prouver que leur débiteur a eu le dessein de les frauder, et que celui qui a transigé ou reçu le désistement a été complice de la fraude, de plus, celui-ci pourra exiger qu'avant de faire juger leur action révocatoire, les demandeurs discutent préalablement les autres biens du débiteur. (*Voy.* ce que nous avons dit, tom. VI, n°. 345 et suivans).

569. Des principes que nous avons établis et développés, il résulte que conformément à la jurisprudence constante du Parlement de Paris, la ratification faite par le mineur devenu majeur doit avoir un effet rétroactif, et que l'hypothèque accessoire de l'acte passé en minorité remonte au jour de cet acte, et non pas seulement au jour de la ratification.

Cependant M. Merlin (1), dans ses Questions de

---

(1) Dans la troisième édition de ses Questions de droit, verbo Hypothèque, § 4, n° et suiv., M. Merlin a soumis à un nouvel examen ses propres opinions et les miennes. Il faut absolument y recourir. On y trouvera un modèle de discussion vraiment admirable.

droit, v°. *Hypothèque*, § 4, a non seulement com-
battu la maxime reçue au Parlement de Paris,
mais il a prétendu que la maxime contraire n'est
susceptible d'aucune difficulté, dans le nouveau
régime hypothécaire. La raison qu'il en donne est
que, suivant les dispositions du Code, art. 2124
et 2126, les hypothèques conventionnelles *ne peuvent être* consenties que par ceux qui ont la capacité d'aliéner, et que les biens des mineurs *ne peuvent être* hypothéqués que pour les causes et dans
les formes établies par la loi, etc. Il pense que ces
dispositions frappent d'une nullité *absolue* les hypothèques constituées par un mineur, comme un

---

Profondeur de doctrine, solidité dans les raisonnemens, clarté dans le style, rien n'y
manque; on y reconnaît l'homme supérieur. En tête de sa dissertation, il pose les quatre
questions suivantes, sur lesquelles nous étions divisés d'opinion :

« 1°. De quel jour part l'hypothèque d'un créancier sur les biens de son débiteur, pour
» une obligation que celui-ci a souscrite en minorité, et ratifiée en majorité?

» 2°. Les créanciers d'un mineur qui a consenti une hypothèque par un contrat dans
» lequel il a été lésé, peuvent-ils exercer en son nom le droit qu'il a de faire rescinder le
» contrat?

» 3°. Les créanciers d'une femme mariée qui a consenti une hypothèque par un contrat
» auquel son mari n'a pas concouru par son autorisation, peuvent-ils exercer en son nom
» le droit qu'elle a de faire annuler le contrat?

» 4°. Si la femme renonce à ce droit avant qu'ils l'aient exercé eux-mêmes, quel est, à
» leur égard, l'effet de sa renonciation »?

M. Merlin abandonne franchement sa première opinion, sur la première et la quatrième.
Ainsi, nous pensons également l'un et l'autre que l'hypothèque d'un créancier sur les biens
de son débiteur, pour une obligation que celui-ci a souscrite en minorité et ratifiée en majorité, ou sur les biens d'une femme pour une obligation souscrite sans autorisation de son
mari, et ratifiée depuis sa viduité, remonte au jour du contrat, et non pas seulement au
jour de la ratification.

Sur les questions de savoir si les créanciers d'un mineur, devenu majeur, ou d'une femme
devenue veuve, peuvent exercer en leur nom le droit de faire rescinder ou annuler les
contrats consentis en minorité ou sans autorisation, j'adopte avec une entière conviction la
distinction si bien établie par M. Merlin.

Si les créanciers agissent avant que le mineur devenu majeur, ou la veuve, aient ratifié
ou renoncé à l'action en rescision, ils peuvent l'exercer en leur lieu et place.

Mais ils ne le peuvent plus après que leurs débiteurs ont ratifié ou ont été déboutés de
leur action en nullité par un jugement en dernier ressort.

Les créanciers n'ont plus alors que la ressource de l'action révocatoire contre la ratification, en prouvant qu'elle a été faite en fraude de leurs droits, CONSILIO ET EVENTU.

M. Merlin a fort bien prouvé la différence des droits purement personnels et des droits
exclusivement attachés à la personne, que j'avais confondus.

accessoire de l'obligation consentie en minorité. Il fonde cette nullité sur ces termes de la loi, *ne peuvent*, et sur la doctrine de Dumoulin, *negativa præposita verbo potest, tollit potentiam juris et facti, et inducit necessitatem præcisam, designans actum impossibilem.* (Dumoulin, sur la loi 1, ff *de V. O.*, n°. 2).

Il nous est impossible de partager cette opinion. Toute règle est dangereuse en droit. Celle-ci est inexacte; elle n'est due qu'à la subtilité des interprètes, et Dumoulin lui-même avertit qu'elle doit être appliquée *secundùm subjectam materiam.* Pour en faire l'application à l'interprétation des lois nouvelles, il faudrait supposer que les rédacteurs ont eu perpétuellement cette règle présente à l'esprit, avec l'intention de s'y conformer toujours dans leur rédaction. Or, c'est ce qui est démontré faux par l'art. 228 du Code, qui porte que la femme *ne peut* contracter un nouveau mariage qu'après dix mois révolus depuis la dissolution du mariage précédent. Il est aujourd'hui reconnu, et M. Merlin l'enseigne lui-même, que ces mots, la femme *ne peut contracter,* n'entraînent point la nullité du mariage contracté contre cette disposition (1). On pourrait citer beaucoup d'autres exemples semblables.

La constitution d'hypothèque sur les biens du mineur, lorsqu'elle n'a pas été faite pour les causes et dans les formes légales, était nulle dans l'an—

---

(1) *Voy.* ce que nous avons dit tom. II, n°. 664; l'arrêt de la Cour de cassation, du 29 octobre 1811, rapporté par Sirey, an 1812, pag. 46; le nouveau Répertoire de jurisprudence, v°. *Noces (secondes)*, § 2, n°. 1.

cienne jurisprudence, comme dans la nouvelle. On
ne peut donc pas dire que la question qui nous occupe ne souffre point de difficulté dans le nouveau
régime hypothécaire, uniquement parce que le
mineur ne peut hypothéquer ses biens, car il ne
le pouvait pas plus autrefois qu'aujourd'hui, et
cependant on pensait à Paris, et dans toute la
France, que la ratification du mineur devenu majeur avait un effet rétroactif, même à l'égard de
l'hypothèque.

M. Merlin convient que l'obligation du mineur
est valable, et qu'elle peut seulement être annulée
ou rescindée; mais il ne s'ensuit pas, prétend-il,
qu'elle ait conféré une hypothèque au créancier,
parce que le mineur n'en pouvait consentir aucune.

Ainsi, suivant ce raisonnement, l'obligation principale du mineur serait validée par la ratification
faite en majorité, et la constitution d'hypothèque,
qui n'en est que l'accessoire, ne le serait pas.

Le savant auteur du Journal du palais, et Basnage, *ubi suprà*, disent que cette doctrine serait
absurde, et que cette absurdité fut l'une des raisons qui servirent de fondement à l'arrêt du 23
juin 1667, qui fixa la jurisprudence du Parlement
de Paris. Cette doctrine égara la Cour de Nanci,
qui, par un arrêt du 1er. mai 1812 (Sirey, an 1815,
2e. part., pag. 50), jugea que l'hypothèque consentie par un mineur est frappée d'une nullité *absolue* par les art. 2124 et 2126, et que la ratification
du mineur devenu majeur ne valide que l'obligation souscrite en minorité; mais qu'elle ne peut
valider l'hypothèque.

La Cour de Paris, au contraire, dans un arrêt du 14 prairial an X, est restée, avec raison, attachée aux anciens principes. Elle a jugé que la ratification d'une obligation consentie par un prodigue, pendant son interdiction, mais par lui ratifiée depuis qu'il en avait été relevé, avait un effet rétroactif même à l'égard de l'hypothèque, parce que son incapacité, et la nullité qui en résulte, ne sont que relatives. (*Voy.* Sirey, tom. II, 2ᵉ. partie, pag. 293).

570. On a voulu insinuer que les derniers mots de l'art. 1338 s'opposent à l'effet rétroactif de la ratification des actes passés en minorité, ou par la femme non autorisée ; mais c'est à tort. La disposition finale de cet article porte que la ratification ou exécution volontaire d'un acte emporte la renonciation aux moyens et exceptions que l'on pouvait opposer contre cet acte, *sans préjudice néanmoins du droit des tiers.* Cette disposition est une suite de la disposition précédente, qui parle en général de la ratification des obligations, contre lesquelles la loi admet l'action *en nullité* ou *en rescision,* pour quelque cause que ce soit, soit qu'elles aient été passées en majorité, en minorité ou pendant le mariage. Or, nous avons vu que la ratification des actes dont la nullité est *absolue,* différente en cela de la ratification des actes dont la nullité n'est que *relative,* ou qui sont seulement susceptibles de rescision, n'a point d'effet rétroactif, et qu'elle ne peut valoir que comme un nouveau contrat, qui ne peut préjudicier aux droits des tiers. Il était donc nécessaire de réserver leur droit, afin

que l'on n'abusât pas de l'omission de cette réserve, dans un article dont la disposition est générale.

571. Dans l'ancienne jurisprudence, et même à Paris, où l'on tenait pour maxime que la ratification du mineur devenu majeur avait un effet rétroactif, et faisait remonter l'hypothèque au jour du contrat, on pensait assez généralement que la ratification de la femme devenue veuve n'avait point le même effet. C'est qu'on regardait alors comme absolue la nullité des actes faits par la femme non autorisée. Elle ne pouvait ni s'obliger envers les autres, ni *obliger les autres envers elle* (1). On en concluait que la nullité pouvait être opposée par tous ceux qui étaient intéressés à la faire valoir; que par conséquent cette nullité ne pouvait être purgée, ni couverte par la ratification, qui ne pouvait valoir que comme un nouveau contrat, lequel n'avait d'effet que du jour où elle était intervenue. (*Voy.* Pothier, Traité de la puissance maritale, n°. 5 et 74, et les auteurs qu'il cite).

Entraîné par des autorités aussi imposantes, nous avons dit, tom. II, n°. 648, que le contrat de la femme non autorisée ne serait pas validé par la ratification ou autorisation postérieure du mari, à moins que la femme ne l'eût ratifié, en vertu de l'autorisation. Cette proposition est encore aujourd'hui rigoureusement vraie; car le mari ne peut,

_____

(1) Pothier, des Obligations, n°. 50; *voy.* aussi le nouveau Denisart, v°. *Autorisation*; Bouhier, sur la Coutume de Bourgogne, tom. I, observ. 18, n°s. 19 et suiv., pag. 528 et suiv.; le nouveau Répertoire, v°. *Autorisation maritale.*

sans le consentement de sa femme, renoncer à une nullité établie en faveur de celle-ci.

Nous avons ajouté qu'alors « ce serait du jour » de la ratification que le contrat aurait sa force et » produirait son effet; ce qu'il faut bien remarquer » *relativement aux droits des tiers.* » Cette seconde proposition est, dans les principes du Code, une erreur que nous nous hâtons de rétracter. « La nul- » lité fondée sur le défaut d'autorisation ne peut, » suivant l'art. 225, être opposée que par la femme, » par le mari, ou leurs héritiers. »

Si la nullité ne peut être opposée par les tiers, il en résulte qu'à leur égard, comme à l'égard de la femme et du mari, l'obligation nulle peut être *ratifiée* ou *confirmée*, et la nullité couverte, comme l'enseigne fort bien Dunod, *ubi suprà*, et que la ratification remonte au jour du contrat, qui n'était point absolument nul.

Supposons qu'une femme non autorisée ait hypothéqué des immeubles valant 4,000ᶠ, pour sûreté d'une somme de 4,000ᶠ qu'elle empruntait de Primus. Devenue veuve, elle emprunte une autre somme de 4,000ᶠ de Secundus, sur l'hypothèque des mêmes immeubles. Postérieurement à ce nouvel emprunt, fait en viduité, elle ratifie le contrat fait pendant son mariage, mais sans autorisation. Secundus ne peut prétendre l'antériorité d'hypothèque sur Primus, parce qu'il ne peut lui opposer la nullité du contrat fait par la femme non autorisée pendant son mariage.

572. Les principes que nous venons d'établir sur l'effet rétroactif de la ratification des actes d'une

nullité respective, s'appliquent à plus forte raison
à la ratification des contrats, qui sont seulement
susceptibles de rescision, soit qu'ils aient été passés
par un majeur, soit qu'ils l'aient été par un mineur.
« Le mineur, dit l'art. 1311, n'est plus recevable
» à revenir contre l'engagement qu'il avait souscrit
» en minorité, lorsqu'il l'a ratifié en majorité, soit
» que cet engagement fût nul en sa forme, soit qu'il
» fût seulement sujet à restitution. »

573. Il résulte de cet article, comme nous l'avons
déjà remarqué ailleurs (1), que les engagemens du
mineur sont nuls, lorsque la forme prescrite n'y a
pas été observée, ou lorsqu'il n'a pas été autorisé
par son tuteur ou curateur; et, qu'au contraire, si
ces formes ont été observées ou s'il a été autorisé,
les engagemens sont seulement sujets à restitution,
non seulement dans le cas où les majeurs peuvent
être restitués, tels que les cas d'erreur, de violence
ou de dol, etc., mais dans le cas même de simple
lésion.

La lésion, dit l'art. 1118, ne vicie les conventions
que dans certains contrats, *ou à l'égard de certaines
personnes.* Ces personnes sont les mineurs. « *La simple lésion,* dit l'art. 1305, donne lieu à la rescision,
en faveur du mineur non émancipé, contre *toutes
sortes de conventions,* et en faveur du mineur émancipé, contre toutes conventions qui excèdent les
bornes de sa capacité, telle qu'elle est déterminée
au titre de la minorité. »

_____

(1) Tom. VI, n°ˢ. 106 et suiv., où nous renvoyons pour éviter les
répétitions.

574. La règle générale, en ce qui concerne les majeurs, est donc qu'ils ne sont restitués, pour cause de lésion, que dans les cas, et sous les conditions spécialement exprimés par le Code (1313). Ces cas sont :

1°. Celui des partages qui peuvent être rescindés, lorsqu'un des cohéritiers établit à son préjudice une lésion de plus du quart (887). Nous en avons parlé, tom. IV, pag. 567 et suiv.

2°: Celui où *le vendeur*, et non l'acquéreur, a été lésé de plus des sept douzièmes dans le prix d'un immeuble (1671), comme il est dit dans le chapitre de la nullité ou de la résolution de la vente, sect. 2.

La rescision pour cause de lésion n'est point admise en faveur des majeurs dans les autres contrats, pas même dans le contrat d'échange (1707), qui a tant d'affinité avec le contrat de vente.

575. A l'égard des mineurs, il faut distinguer les mineurs émancipés de ceux qui ne le sont pas ; et quant aux premiers, il faut encore distinguer : s'il s'agit d'actes de pure administration, tels que les baux dont la durée n'excède pas neuf ans, ils ne sont restituables que dans les cas où le majeur le serait lui-même (481-1305). (*Voy.* ce que nous avons dit tom. II, pag. 429 et suiv.)

576. S'il s'agit d'actes qui excèdent les bornes de l'administration, ils sont, en ce qui concerne la restitution, rangés dans la classe des mineurs non émancipés, et restituables contre toutes sortes de conventions, contre tous les actes où ils souffrent de la lésion, quelle que soit la nature de cette lésion, soit qu'ils aient perdu ce qui déjà leur était

acquis, manqué à acquérir, ou à faire un profit, ou qu'ils se soient soumis à une charge qu'ils pouvaient éviter : *Vel ab aliis circumventi, vel suâ facilitate decepti, aut quod habuerunt amiserunt, aut quod acquirere emolumentum potuerunt omiserunt, aut se oneri, quod non suscipère licuit obligaverunt. Loi 44, ff de minor., 4. 4.*

Ainsi, quoique l'acquéreur majeur ne puisse faire rescinder son contrat d'acquêt pour lésion, même au-dessus des sept douzièmes, le mineur qui a acquis à trop haut prix, peut être restitué pour seule cause de lésion, quoiqu'elle ne soit pas des sept douzièmes (1).

Le mineur peut être restitué pour lésion dans les contrats d'échange, dans les contrats de vente ou d'acquisition de choses mobilières (2), lorsque les acquisitions excèdent les bornes de l'administration. Il doit être restitué, lorsqu'il s'est rendu caution, puisque les engagemens de cette nature ne peuvent jamais lui procurer d'utilité; en un mot, la minorité ne souffre point de lésion; c'est-à-dire que le mineur doit être restitué dans tous les cas non exceptés par la loi.

577. On peut demander quelle lésion suffit pour faire restituer le mineur lésé, et si la moindre,

---

(1) Duparc-Poullain, Principes du droit, tom. I, pag. 524, n°. 199; Meslé, Traité des minorités, chap. 14, n°. 82; *loi 27, § 1, ff de minor.*, 4. 4. Le vendeur rend le prix ou les intérêts; le mineur rend le fonds, avec les fruits dont il a profité.

(2) *Voy.* Duparc-Poullain, sur l'art. 493 de la Coutume de Bretagne, à la note.

minima, est suffisante? La Coutume de Berri, tit. 1, art. 4, voulait que la lésion fût notable : « Et si (les mineurs), en autres contrats, étaient déçus et circonvenus par leur facilité *notablement,* pourront demander restitution en entier ». Cette décision est conforme à la loi 49, *ff de minor.,* 4. 4, qui dit : « *Si grande damnum pupilli vel adolescentis versatur, etc.* »

Mais la question de savoir quand est suffisante la lésion dont se plaint le mineur, est nécessairement, et par la nature des choses, abandonnée à la prudence du magistrat.

La moindre lésion suffirait, ou plutôt ce serait, sans autre preuve de lésion, un motif de rescision suffisant, si l'engagement pris par imprudence ou facilité pouvait avoir l'effet d'affecter les immeubles du mineur, et de le contraindre à les vendre. (*Voy.* Duparc-Poullain, sur la Coutume de Bretagne, art. 493, not. 1.)

578. Il suffirait encore, sans prouver de lésion, que l'engagement dont il se plaint exposât le mineur à des procès et à des frais : *Minoribus viginti quinque annis subvenitur per integram restitutionem non solùm cùm de bonis eorum aliquid minuitur, sed etiam cùm intersit ipsorum, litibus et sumptibus, non vexari. Loi* 6, *ff de minor.,* 4. 4.

579. Nous avons déjà dit, *suprà,* n°. 527, qu'il n'est pas nécessaire de prouver la lésion, lorsque l'engagement est nul dans la forme. C'était par cette raison que le droit romain, lorsque l'acte était nul par lui-même, n'accordait point la res-

titution en entier (1), qui est un secours extraordinaire institué pour les cas seulement où il n'existe
point d'autre action ordinaire, telle que l'action
en nullité.

Il ne faut donc pas oublier cette distinction importante : si l'acte est nul, le mineur n'est point
tenu à prouver la lésion pour en faire prononcer
la nullité.

Il en est de même de la femme qui demande la
nullité des actes qu'elle a faits pendant le mariage,
sans autorisation.

580. Bien plus : lorsque les mineurs, les interdits ou les femmes mariées, sont admis, en ces
qualités, à se faire restituer contre leurs engagemens ou à les faire annuler, le remboursement de
ce qui, en conséquence de ces engagemens, aurait
été payé pendant la minorité, l'interdiction ou le
mariage, ne peut être exigé, à moins qu'il ne soit
prouvé que ce qui a été payé a tourné à leur profit (1312).

C'était aussi l'ancienne jurisprudence établie par
plusieurs anciens arrêts rapportés par Louet et
Brodeau, lettre M, som. 19; par Boniface, tom. 1,
1re. part., liv. 4, tit. 6, chap. 1. (*Voy.* aussi Meslé,
Traité des minorités, chap. 14, n°. 25, pag. 503).

581. On faisait néanmoins une distinction fon-

___

(1) *Cùm alia actio possit competere citrà in integram restitutionem. Nam
si communi auxilio et* MERO JURE *munitus sit (minor), non debet ei tribui
extraordinarium auxilium : ut putà cum pupillo contractum est sine tutoris auctoritate, nec locupletior factus. Loi 16, ff de minor., 4.4. Voy.* aussi
Argou, liv. 4, chap. 14.

déc sur la raison et l'équité. Deux arrêts du Parlement de Provence, l'un du 14 février 1644, l'autre du 10 février 1661, rapportés par Boniface, *ibid.*, tit. 7, chap. 3, jugèrent que le prêt fait à un mineur en pays étranger, est présumé fait en cas de nécessité, et condamnèrent les mineurs à rendre et restituer ce qui leur avait été prêté.

582. Au contraire, si l'acte attaqué n'est pas nul, mais seulement sujet à rescision, c'est au mineur de prouver d'abord sa minorité; car si elle est contestée, c'est toujours à lui de la prouver (1); ensuite la lésion qu'il éprouve.

583. Dans plusieurs provinces (2), l'ancienne jurisprudence, d'accord avec le droit romain, accordait même la restitution en entier au mineur, contre les aliénations et les partages où il éprouvait de la lésion, quoique les formalités prescrites eussent été observées (*Voy.* Poquet de Livonière, Règles du droit français, chapitre de la rescision, n°. 10; Legrand sur Troyes, art. 139, glos. 6, n°. 10; glos. 7, n°. 1 et 2). Il en résultait que les biens de mineurs ne pouvaient être avantageusement vendus, parce que ces acquisitions étaient toujours peu sûres, et que les partages faits avec les mineurs ou avec leurs tuteurs, ne pouvaient guère être regardés que comme provisoires.

Le Code a remédié aux inconvéniens très-réels

(1) Voët, *in tit. de minor.*, n°. 12.
(2) *Secùs* en Normandie, art. 56 de l'arrêté du Parlement de Rouen, pour les tutelles.

de cette jurisprudence, par la disposition de l'article 1514, qui porte :

« Lorsque les formalités requises à l'égard des mineurs ou des interdits, soit par aliénation d'immeubles, soit dans un partage de succession, ont été remplies, ils sont, relativement à ces actes, considérés comme s'ils les avaient faits en majorité, ou avant l'interdiction ».

Ils ne peuvent alors être restitués que dans les cas où le majeur pourrait l'être. Ainsi, ils ne peuvent faire rescinder les ventes régulièrement faites pour lésion, même des sept douzièmes, parce que cette rescision n'a pas lieu en toutes les ventes, qui, d'après la loi, ne peuvent être faites que d'autorité de justice (1684).

Quant aux partages régulièrement faits, les mineurs ns peuvent, comme les majeurs, les faire rescinder qu'en prouvant une lésion du quart (887). Mais le délai de dix ans, accordé pour demander la rescision, ne court que du jour de leur majorité (1304).

584. Il y a plusieurs autres cas où la restitution en entier n'est point accordée au mineur.

« Il n'est point restituable contre les conventions portées en son contrat de mariage, lorsqu'elles ont été faites avec le consentement et l'assistance de ceux dont le consentement est requis pour la validité de son mariage » (1309).

Autrefois, la jurisprudence n'était pas uniforme sur ce point. En Bretagne, on ne permettait pas

au mineur de donner *des immeubles* à l'autre con-
joint par son contrat de mariage (1).

A Paris, le mineur pouvait donner des immeubles, ou les ameublir par contrat de mariage,
pourvu qu'il n'y eût pas d'excès dans l'ameublis-
sement ou la donation.

La disposition n'était pas nulle, mais elle pouvait être réduite, eu égard à l'avantage que l'on
faisait au mineur, à la qualité des parties, et à ce
qu'on a coutume d'observer en pareil cas.

La disposition du Code est générale. Elle laisse
la quotité de la donation, soit en meubles, soit
en immeubles, à l'arbitrage du mineur et à la prudence des parens qui doivent l'assister. Il peut donc
donner, s'ils le jugent à propos, tout ce que la loi
permet au majeur de donner. Il ne faut point appliquer ici la disposition de l'art. 904.

585. Le mineur n'est point encore « restituable
contre les obligations résultant de son délit ou
quasi-délit (1310). » C'est une règle ancienne que
nous ont transmise les jurisconsultes romains, qui
l'étendaient au cas du dol commis par le mineur :
Nunc videndum, dit Ulpien, *minoribus utrum in con-
tractibus captis duntaxat subveniatur, an etiam de-
linquentibus : ut putà dolo aliquid minor fecit in re
depositâ, vel commodatâ, vel aliàs in contractu, an
ei subveniatur, si nihil ad eum pervenit? Et placet
in delictis minoribus non subveniri, nec hic itaque subvenietur. Nam etsi furtum fecit, vel damnum injuriâ*

_____

(1) *Voy.* Duparc-Poullain, Principes du droit, tom. 1, pag. 324,
n°. 198; Mesle, Traite des minorités, chap. 14, n°. 42.

dedit, non ei subvenietur. Loi 9, § 2, *ff de minoribus,*
4. 4. Loi 1, *Cod. si adversùs delict.,* 2. 35. Ainsi,
quand le mineur commet un dol dans un contrat, comme quand il abuse d'un meuble déposé
ou prêté, il n'est pas restituable, quoiqu'il n'en
profite pas.

586. Mais si le dol ou le délit du mineur n'avait
causé par lui-même aucun préjudice à celui qui
s'en plaint, son action pourrait-elle être reçue?
Supposons que le mineur ait sciemment vendu
ou hypothéqué, sans formalités, l'héritage d'autrui.

Celui qui, dans l'ignorance du droit d'autrui,
a acquis cet héritage, ou qui l'a reçu pour hypothèque, et qui s'en voit évincé, aura-t-il l'action
contre le mineur, pour le contraindre à rendre
l'argent et à payer une indemnité?

Nous ne le pensons pas; car si l'héritage vendu,
ou donné pour hypothèque, avait appartenu au
mineur, le contrat n'en serait pas moins nul, et
le mineur serait reçu à en faire prononcer la nullité, sans rendre l'argent dont l'emploi utile ne serait pas prouvé.

Si l'acquéreur ou le prêteur pouvait ignorer que
l'héritage n'appartenait pas au mineur, il devait
savoir que le mineur ne pouvait vendre ni hypothéquer sans les formalités prescrites. Il doit donc
imputer à sa propre faute la perte que lui fait éprouver la minorité de celui avec lequel il a eu l'imprudence de traiter. Cette perte ne résulte point du
délit ou du quasi-délit du mineur, comme l'exige
l'art. 1310.

587. Il faut bien peser les expressions de cet article, qui refuse au mineur la restitution contre *les obligations résultant* de son délit ou quasi-délit.

S'il est vrai que la minorité ne souffre point de lésion, il est également certain, dit notre savant maître Duparc-Poullain (1), que le mineur n'a pas de privilége pour commettre la fraude. Il doit donc réparer tout le préjudice qu'il a causé par sa faute ou par son dol. Il est presque toujours inexcusable, lorsqu'il y a de sa part une faute caractérisée, ou quelques faits condamnés par la loi.

Par exemple, si le mineur a trompé la partie avec laquelle il contracte, sur un fait qu'elle ignorait, et qu'elle n'était pas obligée d'approfondir, ou qu'elle ne pouvait pas vérifier; ou bien si le mineur a commis, je ne dis pas seulement un délit, mais un simple quasi-délit; par exemple, s'il s'est sciemment, et sans formalités, emparé des biens d'une succession qui ne lui appartenait pas, ou dans laquelle il n'était que portionnaire, tous ces faits sont obligatoires contre lui; il ne peut être restitué contre les obligations qui en résultent. Il est obligé *ex delicto vel quasi delicto.*

Mais si, après la faute commise, au lieu de s'en rapporter à des experts, il transigeait sur le *quantum* des dommages et intérêts, et qu'il fût lésé de cette évaluation, il pourrait être restitué, et faire rescinder la transaction, ou, si l'on veut, la faire

(1) Principes du droit, tom. I, pag. 351.

réduire à la juste évaluation du dommage qu'il a causé. On distingue alors l'obligation qu'il avait contractée par son fait, de celle à laquelle il s'est soumis par le contrat de transaction.

588. Si le mineur avait reconnu le délit avant que la preuve en eût été faite, il pourrait être restitué contre sa reconnaissance, qui ne formerait point contre lui une preuve suffisante, parce qu'elle peut avoir pour principe la faiblesse ou la surprise. Il faut donc distinguer le délit de la preuve du délit.

La minorité ne peut être ni une excuse du délit, ni une cause de restitution contre le délit ; mais c'en est une contre l'aveu ou la reconnaissance du délit.

C'est ce que jugea un arrêt du 3 septembre 1706, rapporté dans le Journal des audiences. Bichier, mineur, avait reconnu, dans une compromission, les faits d'insultes et d'outrages contenus dans une plainte mise contre lui par les demoiselles Rasteau, qui n'avaient point encore fait d'information.

L'intendant du Poitou, choisi pour arbitre, avait condamné Bichier à une réparation d'honneur, à 1,200^f de dommages et intérêts, et à 120^f d'aumône.

Bichier ayant pris, suivant la jurisprudence du tems, des lettres de restitution contre sa reconnaissance, et contre l'acquiescement qu'il avait donné à la sentence arbitrale, s'en rendit appelant.

L'avocat général Joly-de-Fleury fut d'avis,

avant autrement faire droit, de permettre aux demoiselles Rasteau de poursuivre leur plainte ; mais l'arrêt du 3 septembre 1706 entérina les lettres de restitution, et déchargea Bichier des condamnations, *tous dépens, dommages et intérêts réservés.*

Ainsi l'avocat général et le Parlement de Paris pensèrent également que la reconnaissance du mineur n'était pas une preuve suffisante du délit, et que la minorité était une cause de restitution contre l'aveu du délit; mais l'avocat général pensait qu'il fallait, avant d'admettre la restitution, permettre aux plaignantes de continuer leurs poursuites, afin de prononcer ensuite sur la restitution en pleine connaissance de cause.

Le Parlement, au contraire, jugea qu'il fallait d'abord admettre la restitution, en réservant les dépens et dommages et intérêts, sauf aux plaignantes à continuer leurs poursuites. Cette marche nous semble plus conforme à la règle.

S'il y avait déjà quelques preuves du délit acquises contre le mineur, sa reconnaissance y ajouterait une nouvelle force, et sa restitution contre la reconnaissance ne pourrait réussir que par la destruction des preuves, c'est-à-dire par une pleine justification contre l'accusation (1).

589. Si le dol que le mineur commet le rend indigne du bénéfice de la restitution, il devrait en être déchu, lorsque, pour tromper, il s'est dé-

---

(1) Duparc-Poullain, *ubi supra*, pag. 328.

claré majeur. C'est aussi ce que veut le droit romain, qui fait à cet égard une distinction très-ju-
dicieuse entre celui qui s'est déclaré majeur par
erreur, et celui qui l'a fait par malice. Dans ce dernier cas la restitution lui est refusée : *Cum erran-
tibus, non etiam fallentibus minoribus publica jura
subveniunt. Loi 2, Cod. si minor se majorem dixerit, 2. 43. Cùm malitia suppleat ætatem. Loi 3, eod.*

Si c'était par erreur que le mineur s'était déclaré majeur, sa déclaration ne faisait point d'obstacle à la restitution. Loi 1, liv. 5, *eod.*

Il paraît par les anciens arrêts que cette distinction raisonnable et juste fut autrefois suivie en
France. Mais l'expérience fit connaître que les déclarations de majorité, dans les contrats, et les
représentations de faux actes de naissance que l'on
y insérait, étaient les piéges ordinaires dont on
se servait habituellement pour surprendre la jeu-
nesse, pour assurer le fruit des usures, et que cela
était même tourné en style de notaires.

Pour déraciner cet abus, un arrêt de réglement
du Parlement de Paris, du 6 mars 1620, défendit
aux notaires de ne plus insérer dans les contrats
et obligations *conçues pour prêts,* les déclarations
de majorité et extraits baptistaires, sur peine de
nullité.

Par un autre arrêt de réglement, rendu chambres assemblées, la Cour, en ordonnant l'exécution des arrêts précédens, fit défenses à toutes personnes de prêter argent aux enfans de famille, encore qu'ils se disent majeurs et en majorité, et
qu'ils mettent l'extrait de leur baptistaire entre

les mains de ceux qui leur prêtent, à peine de nullité des promesses, etc.

Celui qui prête ses deniers n'est jamais présumé ignorer la condition, l'âge et la qualité de celui avec lequel il traite; s'il n'en est pas certain, il doit s'en informer autrement que par de pareilles déclarations et représentations d'extraits baptistaires : *Qui cum alio contrahit, vel est, vel debet esse non ignarus conditionis ejus. Loi* 19, *ff de R. J. (Voy.* Brodeau sur Louet, lettre M., som. 7, nᵒˢ. 4 et 5; un arrêt du 26 avril 1629; autre du 6 février 1691; autre du 18 février 1716, dans le Journal des audiences; Meslé, Traité des minorités, chap. 14, nᵒ. 55).

Telle était la jurisprudence antérieure à la nouvelle législation. On voit que sa rigueur était principalement dirigée contre les artifices, trop ordinaires, employés par les prêteurs pour s'assurer le remboursement des prêts usuraires, qui opèrent trop souvent la ruine des jeunes gens.

Le Code s'est borné à une disposition générale, applicable à tous les engagemens, de quelque nature qu'ils soient.

« *La simple déclaration de majorité,* faite par le mineur, dit l'art. 1307, ne fait point obstacle à sa restitution. » Si donc le contrat porte uniquement, ou que Pierre est majeur, ou que Pierre a déclaré être majeur, cette déclaration n'empêchera point qu'il ne soit restitué (1). La même faiblesse qui l'aurait

____

(1) Exposé des motifs, discours de M. Jaubert, pag. 167, édition de Didot.

fait souscrire un engagement ruineux, lui ferait
souscrire avec la même facilité une déclaration de
majorité : *Per injuriam aut circumventionem adver-
sari. Loi 5, Cod. si minor se majorem dixerit.* La loi
n'aurait donc rien fait pour le mineur, si on pouvait l'éluder par une *simple déclaration de majorité.*

590. Mais si le mineur ne s'était pas borné à une
simple déclaration de majorité; s'il avait employé
des manœuvres pour persuader à l'autre partie
qu'il était majeur; s'il avait produit un faux acte
de naissance, pourrait-il, malgré cela, se prévaloir de sa minorité?

En se bornant à dire que *la simple déclaration
de majorité* ne fait point obstacle à la restitution,
le Code fait entendre que, lorsqu'il y a plus que
la simple déclaration de majorité, il peut y avoir
obstacle.

Mais quand et dans quel cas? C'est ce que le
Code n'a point voulu décider. Il a laissé aux juges
le soin d'appliquer le principe suivant les circonstances.

Le mineur qui, dans le dessein de tromper, emploie des manœuvres pour persuader qu'il est majeur, est certainement indigne de la restitution :
il l'est davantage, s'il va jusqu'à représenter un
faux acte de naissance, puisque c'est un délit qui
peut l'exposer à des poursuites criminelles.

Mais la simple énonciation d'un acte de naissance, de telle date, a-t-elle plus de force qu'une
simple déclaration de majorité? La précaution extraordinaire, prise par l'autre partie, de se faire ressaisir d'un acte de naissance qui se trouve faux.

n'élève-t-elle pas un soupçon de complicité, qui peut s'accroître et se tourner en preuve par les circonstances, par le physique du mineur, qui souvent décèle son âge? Le Code s'en est donc sagement rapporté à la prudence des juges.

591. Lorsque deux mineurs traitent ensemble, si l'un des deux se trouve lésé par le dol de l'autre, il ne peut se faire restituer, comme il le ferait contre un majeur.

Et si celui qui a trompé l'autre a reçu de l'argent, il est tenu de le rendre, quand même il ne l'aurait pas employé utilement. Il doit même les dommages et intérêts que son dol a pu causer; il en est tenu, même envers un majeur (1).

Si un mineur se trouve lésé par un engagement pris avec un autre mineur, sans qu'il y ait dol de la part de celui-ci, celui-là peut néanmoins être restitué comme il le serait contre un majeur. La restitution est indépendante de la qualité de la personne contre qui elle est demandée.

Si les deux mineurs se trouvent lésés, sans qu'il y ait dol de part ni d'autre, celui qui se trouve dans les liens de l'engagement peut le faire rescinder.

Par exemple le mineur qui, ayant emprunté de l'argent d'un autre mineur, ne l'a pas employé utilement, peut se dispenser de le rendre, en faisant rescinder son engagement. La perte qu'en éprou-

---

(1) *Malitia supplet ætatem. Loi 3, Cod. si minor. se maj. dixerit,* 2. 47; Dumat, section de la restitution des mineurs, n°. 18.

vera l'autre mineur ne valide point l'obligation.
C'est une règle générale. Quand deux mineurs ont
traité ensemble, et que tous les deux, ou seulement l'un d'eux, est lésé, sans qu'il soit possible
de remettre l'un et l'autre dans l'état où ils étaient
auparavant, celui qui est encore dans les liens
d'un engagement dont l'exécution lui causerait du
préjudice, est préféré à l'autre, et restitué contre
cet engagement (1).

592. A l'égard des majeurs, ils ne sont restitués
que dans le cas où les contrats qu'ils ont passés
sont infectés de vices qui en détruisent la substance, comme dans les cas d'erreur, de violence,
de dol ou de fraude, de défaut de cause, de cause
fausse ou illicite, etc., lorsque ces vices sont tels,
qu'ils sont suffisans pour fonder la rescision; sur
quoi nous renvoyons à ce que nous avons dit,
tom. VI.

593. Lorsqu'un acte contient plusieurs chefs in-
dépendans, ou qui n'ont pas de liaison entre eux,
la rescision peut être bornée à l'un des chefs, sans
s'étendre aux autres; mais si, quoique différentes,
les parties de l'acte sont dépendantes, ou même
seulement relatives les unes aux autres, le défen-

---

(1) *Item quæritur, si minor adversùs minorem restitui desiderat, an sit audiendus? Et Pomponius simpliciter scribit, non restituendum. Puto au- tem inspiciendum quis caput sit. Proindè si ambo capti sunt, verbi gratiâ, minor minori pecuniam dedit, et ille perdidit, melior est causa ejus qui accepit, vel dilapidavit, vel perdidit.* Loi 11, § 6, ff de minor., 4. 4.

Melior est causa consumentis, nisi locupletior ex hoc inveniatur. Loi 34, *cod.*

deur en rescision peut demander qu'elle s'étende à tous les chefs.

Par exemple, un tuteur ayant vendu un fonds indivis entre lui et son mineur, si celui-ci fait annuler le contrat en ce qui le regarde, l'acquéreur n'étant pas tenu de diviser le contrat pour conserver une portion qu'il n'eût pas voulu acheter seule, peut obliger le tuteur vendeur à reprendre sa portion (1).

594. Après avoir examiné les nullités, leurs différentes espèces et leurs effets, les différences qui existent entre les nullités et les rescisions ; enfin, les cas dans lesquels on peut être restitué, il faut examiner dans quel tribunal, comment et dans quel tems les actions en nullité ou en rescision peuvent et doivent être intentées, et quand le délai commence à courir.

La loi 2, *Cod. ubi et apud quem cognitio in integrum restitutionis agitanda sit*, 2. 47, décide que la demande en restitution doit être formée devant le juge du domicile du défendeur ; mais les interprètes limitent cette disposition au cas où la resti-

_____

(1) Ces deux décisions sont fondées sur les lois 29, § 1, et 47, § 1, ff *de minor.*, 4. 4, dont la première porte : *Modestinus respondit : Si species in quâ pupilla in integrum restitui desiderat, cæteris speciebus non cohæret, nihil proponi cur à totâ sententiâ actor postulans audiendus sit.* La seconde porte : *Curator adolescentium prædia communia sibi, et his, quorum curam administrabat vendidit. Quæro, si decreto prætoris adolescentes in integrum restitui fuerint, an eatenus venditio rescindenda sit, quatenus adolescentium pro parte fundus communis fuit? Respondit, eatenus rescindi : nisi si emptor à toto contractu velit discedi, quod partem empturus non esset.*

tution n'a qu'un objet purement personnel et mobilier. Ils pensent que si l'action rescisoire tend à recouvrer un immeuble ou un droit réel, le demandeur a le choix de se pourvoir devant le juge du domicile du défendeur, ou devant celui de la situation des biens. (*Voy.* Voët, *in tit., ff de integ. rest.*, 4. 1.)

Cette opinion était suivie par l'art. 9 de la nouvelle Coutume de Bretagne, qui portait que, « quant » aux actions de retrait lignager, *et autres sem-* » *blables*, appelées en droit *écrites in rem*, elles se- » ront poursuivies pardevant les juges du domicile » ou de l'héritage, à l'option du demandeur ».

On appelait écrites *in rem* les actions personnelles de leur nature, mais qui pouvaient être dirigées contre le tiers possesseur de la chose litigieuse, comme les actions rescisoires. (*Voy.* Hevin sur l'article cité).

L'art. 59 du Code de procédure a confirmé la disposition de la Coutume de Bretagne, en statuant qu'en matière mixte, le défendeur sera assigné devant le juge de son domicile, ou devant le juge de la situation de l'objet litigieux.

595. L'action doit être dirigée contre ceux avec qui le demandeur en rescision a contracté, ou contre leurs héritiers.

Mais on peut et on doit citer en cause les tiers détenteurs, afin que le jugement à intervenir leur soit commun, et exécutoire contre eux.

596. La demande en nullité ou en rescision

peut être proposée par voie d'action ou par voie d'exception. Par voie d'action, lorsque celui qui demande la rescision n'ayant plus la possession de la chose litigieuse, est obligé d'agir en justice pour se la faire rendre.

Par voie d'exception, lorsqu'il en est demeuré possesseur, et que pour s'y maintenir contre celui qui demande l'exécution du contrat, il en propose par exception la nullité ou la rescision. Il faut bien remarquer ces deux manières de proposer la nullité ou la rescision; car l'action est temporaire et l'exception perpétuelle.

597. Le tems dans lequel l'action devait être formée n'était point autrefois le même pour l'action en nullité et pour l'action en rescision. La plupart des docteurs (1) tenaient pour maxime que les nullités absolues ne pouvaient être couvertes par aucune prescription, pas même par la prescription de cent ans, lorsque le titre paraissait, parce qu'il détruisait, avec tous ses avantages, la présomption de propriété, qui résulte d'une possession aussi longue, en découvrant le vice de son origine.

Or, comme personne ne peut changer ni la cause et le titre, ni la qualité et les vices de sa possession, comme elle continue toujours telle qu'elle a commencé, même dans la personne des héritiers de ses héritiers, *in infinitum,* quelque bonne foi qu'ils

_____

(1) *Voy.* Dunod, Traité des prescriptions, pag. 47 et suiv., et les auteurs qu'il cite.

aient eux-mêmes (1), on en concluait qu'ils ne pouvaient jamais prescrire tant que le titre paraissait : *Meliùs est non ostendere titulum quàm ostendere vitiosum.*

' C'était abuser étrangement d'un principe abstrait, vrai en lui-même, mais dont les conséquences, aussi éloignées, porteraient le trouble dans la société, et rendraient les propriétés incertaines. Aussi n'appliquait-on cette rigueur de principes qu'aux nullités absolues.

On ne révoquait point en doute que les nullités relatives peuvent se prescrire par le laps de trente ans.

On pensait que les actes frappés d'une nullité seulement relative, étaient translatifs de propriété, lorsqu'ils avaient été suivis de tradition. Ils formaient un titre putatif ou coloré, à l'ombre duquel l'acquéreur pouvait se croire propriétaire et posséder de bonne foi. (Dunod, pag. 48).

Le Code a voulu remédier aux inconvéniens de l'ancienne jurisprudence, et assurer autant qu'il est possible la paix des familles, le sort des contractans et la tranquillité de leurs héritiers, en limitant à dix ans la durée de l'action en nullité.

C'était le tems fixé dans l'ancienne jurisprudence française pour la durée de l'action en rescision. A Rome elle ne durait qu'un an, suivant le droit du préteur, dont la magistrature n'était qu'annuelle.

_____

(1) Pothier, Traité de la possession, nᵒˢ, 51 et suiv., et les auteurs qu'il cite.

Justinien en étendit la durée à quatre ans. Loi 7, *Cod. de temporibus in integ. restit.*, 2. 53.

598. Il paraît qu'en France la durée de l'action en rescision était autrefois de trente ans, puisque Louis XII, dans une ordonnance donnée à Lyon au mois de juin 1510, art. 46, la limita à dix ans, « afin que les domaines et propriétés des choses ne » soient incertaines et sans sûreté ès mains des pos- » sesseurs d'icelles, *si longuement qu'ils l'ont été ci-* » *devant.* »

François 1er., dans son ordonnance du mois d'octobre 1535, chap. 8, art. 30, répéta cette disposition, toujours par les mêmes motifs. Malgré ces deux ordonnances, les opinions se divisèrent encore.

On prétendit que l'action durait trente ans, si elle était intentée *par voie de nullité ;* on voulait aussi accorder trente ans aux mineurs depuis leur majorité, lorsqu'ils fondaient leur action en même tems sur la nullité et sur la lésion. François 1er. trancha ces difficultés par l'art. 134 de l'ordonnance de Villers-Cotterets, du mois d'août 1539, par laquelle il ordonna qu'après l'âge de trente-cinq ans parfait et accompli, le majeur ne pourrait plus déduire ni poursuivre la cassation des contrats faits en minorité, *en demandant ou en défendant,* soit par voie de restitution, ou autrement, *soit par voie de nullité.* (*Voy.* les notes de Dumoulin, et la paraphrase de Bourdin sur cet article).

599. Le Code a consacré les dispositions de l'ancienne législation, en ce qui concerne le délai de dix ans, qu'il a étendu à toutes les actions en nul-

lité sans distinction. « *Dans tous les cas*, dit l'ar-
» ticle 1304, *où l'action* en nullité ou en rescision
» d'une convention n'est pas limitée à un moindre
» tems par une loi particulière, cette action dure
» dix ans. »

Remarquez ces expressions , *dans tous les cas*.
Ainsi , le Code ne distingue point si la nullité est
absolue ou relative, si elle provient de telle ou telle
cause. Il en fixe pour tous les cas la durée à dix ans,
afin d'assurer la stabilité des transactions et la paix
des familles.

Aux termes de l'art. 637 du Code d'instruction
criminelle, l'action publique et l'action civile, résultant d'un crime , même de nature à entraîner
la peine de mort, sont prescrites par le laps de dix
années : à plus forte raison l'action en nullité d'une
obligation qui a une cause illicite doit être prescrite
par le même délai.

600. Mais le Code a rejeté , et avec raison , la disposition de l'ordonnance de 1539 , qui paraissait
borner à dix années *l'exception,* de même que *l'action* en nullité ou rescision. Il faut bien remarquer
que ce n'est que *l'action* dont la durée est limitée à
dix ans.

L'exception est perpétuelle. Supposons que j'aie
consenti à Caïus un billet de 3,000ᶠ, par violence
ou dol. Il laisse écouler douze ans sans former sa
demande. Je suis fondé à lui opposer l'exception
de dol ou de crainte, et à conclure que le billet soit
rescindé ou annulé.

Supposons encore qu'une femme ait vendu son
bien sans autorisation. Si l'acquéreur a possédé

pendant dix ans , depuis la mort du mari , la
femme est irrévocablement déchue de l'action en
nullité ; mais si elle est demeurée en possession , si
le contrat n'a point eu d'exécution, elle pourra perpétuellement se prévaloir de la nullité de l'acte
pour conserver la chose aliénée.

Aucun laps de tems ne peut empêcher celui
contre qui l'on forme une demande fondée sur un
titre, de soutenir qu'il est nul, et de conclure à
ce qu'il soit annulé ou rescindé. Ceci s'applique à
tous les cas de rescision pour quelque cause que
ce soit.

Il paraît même que la disposition de l'ordonnance de 1539, qui limitait à dix ans après la majorité la durée de l'exception, aussi bien que la
durée de l'action en nullité ou en rescision du mineur devenu majeur, n'a jamais été suivie en ce
point. Dumoulin l'avait sévèrement, mais justement censurée. *In hoc iniqua est constitutio,* dit-il.

La maxime constante et reçue depuis long-tems
est donc que, si l'action en nullité ou en rescision
est temporaire, l'exception est perpétuelle. C'est
le sens de la règle, qui dit : *Quæ temporalia sunt
ad agendum, sunt perpetua ad excipiendum.* Ou,
comme disent quelques autres : *Tant dure la demande, tant dure l'exception.* Cette règle, dit Bretonnier (1), est triviale au palais.

Elle est tirée de la loi 5, § 6, *ff de doli mali ex-*

_____

(1) Sur Henrys, tom. II, liv. 4, quest. 64. Cette même règle est
expliquée par Imbert, dans son Enchiridion, v°. *Exception,* par Papon,
2°. not. , liv. 9.

ceptione, 44. 4, où le jurisconsulte Paul dit : *Non sicut de dolo actio certo tempore finitur, ità etiam exceptio eodem tempore danda est : nam hæc perpetuò competit* (1). Il en donne cette raison : *Cùm actor in suâ potestate habeat, quandò utatur suo jure, is autem cum quo agitur non habeat potestatem, quandò conveniatur.* Le demandeur a la faculté d'intenter son action, et d'appeler son adversaire en justice quand il lui plaît; mais il n'est pas au pouvoir de l'autre partie d'être appelée quand elle le veut.

D'un côté, on ne peut obliger personne d'agir en justice. C'est une maxime fondée en raison, et consacrée par les lois romaines : *Nemo invitus agere cogatur.* Loi unique, *Cod., lib.* 4, *tit.* 7.

ı. Le débiteur ne peut priver son créancier du droit d'agir quand il lui plaît (2). Les tribunaux

---

(1) La loi 5, *Cod. de except.,* 8. 16, dit aussi : *Licet interdictum undè vi intrà annum locum habeat, tamen exceptione perpetuâ succurri ei qui per vim expulsus est.*

(2) Les interprètes font une exception à ce principe, dans le cas où, pour diffamer un citoyen, pour nuire à sa réputation ou à son crédit, une personne se vante d'avoir contre lui des actions à exercer. Ils fondent cette exception sur la loi *diffamari 5, Cod. de ingen. et manum.,* sur laquelle *voy.* Voët, *in tit., ff de judic.,* nᵒˢ. 20, 21 et suiv. On pouvait faire fixer un délai dans lequel le diffamateur était tenu d'exercer ses actions sous peine d'en être déchu, et d'être condamné au silence. Dans nos usages, il faut conclure aux dommages et intérêts résultant de la diffamation. C'est au défendeur à exercer ses actions, s'il croit l'avoir à faire. Ce n'est donc point pour le contraindre à exercer ses actions, mais pour le faire condamner aux dommages et intérêts résultant du fait de la diffamation, qu'il faut l'appeler. Il n'est pas douteux aussi que celui contre lequel une violence aurait été exercée pour lui extorquer un billet, aurait le droit d'agir pour s'en plaindre, et pour se faire rendre le billet qu'il a donné, *cautionem vel obligationem condicere. Voy.* loi 1, *ff de condict. sine causâ,* 12. 7; *loi* 3, *Cod. de postul.,* 2. 6. Il en est de même dans plusieurs autres cas.

n'ont point été institués pour ordonner aux citoyens de plaider, mais pour prévenir les procès, s'il est possible, sinon pour les juger. La retenue de celui qui redoute les procès est louable, dit Ulpien, loi 4, § 1, *ff de alienat. judicii mutandi causâ factis*, 4. 7.

D'un autre côté, celui qui possède n'a rien à demander, tandis qu'il n'est pas troublé dans sa possession. Son exception ne peut donc se prescrire; car c'est une règle générale, que la prescription ne peut courir contre celui qui ne peut agir.

Ainsi, la prescription ne commence contre l'exception que du jour où l'action a été intentée. Ce qui s'applique à toutes les exceptions que Henrys, *ubi suprà*, appelle *viscérales*, c'est-à-dire qui sont inhérentes au contrat.

Aussitôt que l'action est formée, l'exception commence à naître, mais non auparavant. C'est donc une maxime fondée sur la raison, sur la nature même des choses, que l'exception doit durer aussi long-tems que l'action : *Tamdiù durat exceptio, quamdiù actio*, dit Domat, *Delectus legum, lib.* 44, *tit.* 4, *n°.* 11.

· 601. Une espèce agitée par Imbert et par Henrys peut répandre de la lumière sur cette maxime. Un frère et une sœur partagent la succession de leur père. La sœur était mineure. Elle meurt sans s'être plainte du partage. Mais sa fille, son unique héritière, en demande la rescision pour cause de minorité lésée. Il s'était écoulé plus de dix ans depuis le partage, mais non depuis que la défunte avait atteint sa majorité.

L'oncle répond que la mère de sa nièce avait eu plus qu'elle ne devait avoir , à cause d'une posthume à laquelle les parties n'avaient pas songé.

En conséquence, il prend, suivant la jurisprudence du tems, des lettres à la chancellerie, et demande à être restitué contre le partage , afin de faire réduire la portion de sa nièce.

Celle-ci répond qu'il avait contracté en majorité, et que, n'ayant pas agi dans les dix ans, son action n'était pas recevable. Il réplique qu'il ne demande la rescision que par voie d'exception, et qu'ainsi son action est recevable.

Imbert et Henrys pensent qu'en effet l'action était recevable. Voici comme ce dernier développe son opinion : D'abord, la demande de l'oncle était formée par voie d'exception ; cette exception était *viscérale*, et tendait directement à sapper le fondement de l'action de la nièce ; car elle la fondait sur ce que sa mère avait été lésée.

Or, l'oncle ne pouvait mieux répondre à la lésion, qu'en faisant voir qu'elle avait eu une portion plus considérable que celle qui lui compétait.

Ainsi, quand il n'eût pu revenir contre le partage, il n'en était pas moins fondé à prouver le fait qu'il avançait, puisque c'était détruire la lésion.

En second lieu, Henrys soutient que, de quelque manière qu'on envisage la demande incidente de l'oncle, il n'y avait point de fin de non-recevoir parce que la nièce ne pouvait faire casser le partage sans que les parties ne fussent remises au premier état. C'est une conséquence de la restitution en entier. Le tems intermédiaire n'est point à compter. Tout a dormi pendant cet intervalle.

Il était donc impossible que l'oncle ne fût pas remis au même état qu'avant le partage, et qu'il ne pût pas faire aujourd'hui ce qu'il pouvait faire avant le partage.

Mais la nièce avait, suivant Henrys, un moyen pour écarter les suites de son imprudente demande. C'était de renoncer à sa rescision avant le jugement. Elle aurait, par cette renonciation, arrêté son oncle; elle l'aurait réduit aux termes purement de demandeur; et, en ce cas, elle aurait pu lui opposer la fin de non-recevoir de dix ans.

602. Au reste, si l'exception est perpétuelle, quoique l'action soit temporaire, c'est lorsque le défendeur en rescision est demeuré en possession ou en état de liberté; en un mot, quand le contrat n'a pas été exécuté.

Si, par exemple, un vendeur, après avoir laissé l'acquéreur en possession paisible de l'immeuble vendu pendant plus de dix ans, sans avoir formé contre lui l'action rescisoire ou en nullité, exerçait contre lui l'action de revendication, afin de le contraindre à représenter son contrat, sans lequel il opposerait ensuite l'exception de nullité, cette exception serait repoussée par la fin de non-recevoir de dix ans, parce que cette marche extraordinaire n'est manifestement imaginée que pour éluder la loi. Cette exception n'est point la défense à l'action de l'acquéreur, qui n'en a formé aucune.

6o3. Il nous reste à examiner quand commence
à courir le délai de dix ans, fixé par le Code. C'est
ce que ne nous dit point l'art. 13o4. Il se borne à
dire que l'action dure dix ans, et à indiquer le cas
où ce délai ne court point, sans indiquer le moment précis où il commence à courir dans les autres cas. Cependant on peut élever des doutes sur
ce point. On peut demander si c'est du jour du
contrat ou du jour où le contrat a été exécuté; par
exemple, du jour où l'acquéreur est entré en possession, que court le délai de la restitution, comme
celui de la prescription ; car il est certain que la
prescription de dix ans commence à courir, non
pas du jour où le contrat qui sert de titre a été
passé, mais du jour où l'acquéreur est entré en
possession (1). Caïus m'a vendu la maison de Séïus,

---

(1) Nous disons que la prescription de dix ou vingt ans, que l'art. 2265
a rendue générale en France, commence à courir *du jour où l'acquéreur
est entré en possession*. On peut cependant objecter l'art. 2180, qui porte
que « dans le cas où la prescription suppose un titre, elle ne commence
» à courir que du jour où il a été transcrit sur les registres du conserva-
» teur. »

Mais il ne s'agit là que de la prescription du droit d'hypothèque ou de
privilége. L'article cité porte que les hypothèques et priviléges *s'éteignent* par prescription. Mais quand la prescription est-elle acquise?
L'article distingue.

Si les biens hypothéqués sont dans les mains du débiteur, le droit
d'hypothèque n'est prescrit que par le laps de tems fixé pour la prescription des actions qui donnent l'hypothèque ou le privilége.

Si les biens sont dans la main d'un tiers détenteur, la prescription de
l'hypothèque ou du privilége est acquise en faveur de ce tiers par le
tems réglé pour la prescription à son profit; par trente ans, s'il possède
sans titre.

Si, au contraire, la prescription *suppose un titre*, c'est-à-dire s'il s'agit
de la prescription de dix ou vingt ans, *elle* (la prescription de l'hypo-

que j'ai achetée de bonne foi le 1er. janvier 1814 ;
mais je ne suis entré en possession que le 1er. janvier 1816. C'est de cette dernière époque que commencera à courir le délai de dix années nécessaire
pour la prescription. Or, le délai de dix ans, accordé pour exercer l'action en nullité ou en rescision, n'est-il pas une véritable prescription?

Ajoutez à cela que celui qui a vendu, par un
contrat nul ou sujet à rescision, n'a pas intérêt
d'agir pendant que l'acquéreur le laisse en possession.

---

thèque ou du privilége) *ne commence à courir que du jour où il a été
transcrit sur les registres du conservateur.*

J'ai vendu à Paul le domaine de la Ville-Marie, hypothéqué à Caïus.
Le droit d'hypothèque de Caïus ne sera point éteint par dix ou vingt
ans, si Paul n'a point fait transcrire son contrat. Pourquoi cela? Parce
que c'est par la transcription seule que Caïus peut être légalement
averti de la mutation ; c'est la transcription qui est le moyen légal de
purger les priviléges et hypothèques.

La disposition de l'art. 2180 ne peut donc s'appliquer à la prescription de la propriété du fonds contre le propriétaire dépossédé. Pierre
vend à Paul, acquéreur de bonne foi, le domaine de la Ville-Marie,
dont je suis propriétaire, et Paul entre de suite en possession. Il néglige de faire transcrire son contrat ; il n'en prescrira pas moins contre
moi la propriété de la Ville-Marie par dix ans, si je suis présent ; par
vingt, si je suis absent. Je ne pourrai pas lui opposer le défaut de transcription de son contrat ; car cette formalité n'étant point nécessaire
pour avertir le propriétaire qu'il est dépossédé, la loi ne l'a point ordonnée pour faire courir la prescription contre lui. Il serait même absurde de faire commencer contre le propriétaire le cours de la prescription au jour de la transcription du contrat, lorsque, ce qui n'est
pas rare, l'entrée en possession de l'acquéreur est fixée à un tems postérieur à la transcription du contrat. Pierre vend à Paul le domaine de
la Ville-Marie, par contrat du 1er. janvier 1819, transcrit le lendemain.
Cependant l'entrée en possession est fixée au 1er. janvier 1820. Il serait
certainement absurde de dire que le cours de la prescription a commencé en faveur de l'acquéreur de bonne foi, un an avant qu'il possédât, puisque la possession est le fondement de la prescription. Ce n'est
pas ici le lieu de nous étendre davantage sur les art. 2180 et 2265.

604. Néanmoins, il faut dire que le délai de dix années accordé pour la restitution commence à courir *du jour du contrat*, sauf les cas d'exception, et non pas seulement du jour où le contrat a été exécuté.

- L'art. 1676 le dit positivement, en parlant de la rescision pour cause de lésion. « La demande n'est » plus favorable, dit-il, après l'expiration de deux » années, à compter du jour de la vente. » C'est donc, par identité de raison, *du jour du contrat* que le délai commence à courir à l'égard des autres rescisions. Si le délai fixé pour exercer l'action en restitution est une prescription, c'est une prescription d'une nature particulière, essentiellement différente de la prescription par dix et vingt ans, dont parlent le droit romain et les art. 2265 et suivans du Code civil.

Dans celle-ci, le titre qui sert de fondement à la prescription est émané *à non domino*. Ce n'est point un titre, relativement au véritable propriétaire, c'est, à son égard, une chose passée entre des tiers, dont le plus ordinairement il ne peut avoir aucune connaissance : il n'a donc pas besoin d'attaquer ce titre, ni de le faire annuler. Au contraire, dans l'action en nullité ou en rescision, le titre est émané du véritable propriétaire, qui, par conséquent, n'en peut raisonnablement ignorer l'existence. Si ce titre est nul, s'il est infecté d'un vice qui le soumette à la rescision, celui qui y était partie ne peut encore raisonnablement l'ignorer. Cette ignorance du moins ne saurait être supposée; en un mot, il est dans la nécessité d'attaquer ce titre et de le détruire. En lui accordant dix ans pour exercer son action, et le droit d'opposer perpétuellement, par exception, le vice de l'acte à celui qui voudrait s'en servir pour agir contre lui, la loi a fait tout ce qu'elle devait faire en sa faveur. Du reste, elle a dû mettre un terme à la durée des actions, pour ne pas laisser les transactions dans une incertitude trop longue.

605. La prescription de l'action en restitution est donc essentiellement différente de la prescription par dix ou vingt ans. C'est une prescription qui a *un objet particulier,* et à laquelle il ne faut pas appliquer les règles établies pour les prescriptions ordinaires. Le Code a pris soin de nous en avertir dans l'art. 2264, qui porte que « les règles de la » prescription, sur d'autres objets que ceux men- » tionnés dans le présent titre (celui des prescrip- » tions), sont expliquées dans les titres qui leur » sont propres. »

En effet, en parcourant les règles établies pour la prescription ordinaire, on en trouve qui ne peu- vent manifestement s'appliquer à la prescription de l'action en nullité ou en rescision. Tel est l'art. 2267, qui porte que, « le titre nul par défaut de forme » ne peut servir de base à la prescription de dix et » vingt ans. »

Si l'on appliquait cette disposition à la prescrip- tion de l'action en nullité, il s'ensuivrait que cette action est perpétuelle, c'est-à-dire qu'elle dure trente ans, lorsqu'il s'agit d'une nullité de forme ; ce qui est absolument faux sous l'empire du Code, qui, comme nous l'avons dit, ne distingue point entre les différentes nullités, et qui soumet, *dans tous les cas*, l'action en nullité à la prescription de dix ans.

La maxime que le titre nul ne peut servir de base à la prescription de dix et vingt ans, s'étendait autrefois à toutes les espèces de nullités. Le Code l'a bornée aux nullités de forme, parce que, d'un côté, les nullités qui proviennent, par exemple, de la cause illicite du contrat, sont aujourd'hui soumises à la prescription de dix années, de même que l'action résultant d'un crime (art. 637 du Code d'instruction criminelle), et parce que, d'un autre côté, les nullités relatives ne peuvent être opposées que par ceux en faveur desquels elles sont établies. Supposons, par exemple, qu'une femme non autorisée de son mari ait vendu le bien d'autrui à un acquéreur de bonne foi, qui a possédé pendant dix ans, le véritable propriétaire ne peut, pour se défendre de la prescription, opposer à l'acquéreur la nullité de son contrat, qui n'est établie qu'en faveur de la femme (1).

Au contraire, comme les nullités de forme sont des nullités absolues qui peuvent être opposées par tous ceux qui ont intérêt de s'en prévaloir, le propriétaire peut opposer à l'acquéreur, qui invoque la prescription, la nullité de son contrat, et lui dire avec d'Argentré, *hic tuus titulus verè titulus non est.* Vous avez pu croire de bonne foi que celle qui vous

---

(1) Mais il pourrait poursuivre la femme comme stellionataire, et la faire condamner, même par corps, à rendre le prix de la vente, avec les dommages et intérêts. (Art. 2066).

a vendu était propriétaire; mais vous n'avez pas dû ignorer que votre contrat était nul.

606. Il ne faut pas non plus appliquer à la prescription de l'action en nullité ou en rescision, la disposition de l'art. 2268, qui augmente le délai de dix ans, et qui l'étend jusqu'à vingt, lorsque le véritable propriétaire est domicilié hors du ressort de la Cour d'appel. La raison de différence est sensible, lorsque le titre est émané *à non domino;* le véritable propriétaire, qui demeure dans un autre ressort, en a plus difficilement connaissance. Au contraire, lorsqu'il a été partie dans un acte, il n'en peut ignorer l'existence.

607. Si le titre, au lieu d'être infecté d'un défaut de forme ou d'un vice qui en opère la nullité, était imparfait faute de signature, celui qui ne l'a point signé n'est pas obligé de détruire ou de faire annuler un acte qui réellement n'a jamais eu aucune existence. Ainsi, le possesseur muni d'un tel titre ne pourrait prescrire que par trente ans (1).

608. Il en serait autrement, si le notaire avait rapporté la présence du vendeur et sa déclaration de ne savoir signer. Si ce titre avait été suivi de possession, le vendeur devrait l'attaquer dans les dix ans du jour de sa date, par voie d'action en faux : après ce délai, il n'y serait plus recevable, puisque l'action civile, résultant même d'un crime capital, est éteinte par le laps de dix ans, à compter

_____

(1) Mais la Cour de cassation a décidé que l'exécution volontaire d'un titre non signé en couvre la nullité. *Voy.* l'arrêt du 19 décembre 1820, Sirey, an 1822, pag. 198.

du jour où le crime a été commis. (Art. 637 du Code d'instruction criminelle).

Si le titre n'avait pas été suivi de possession, à quelque époque qu'on voulût former l'action pour le faire exécuter, le vendeur pourrait, par voie d'exception, l'arguer de faux, sommer l'adversaire de déclarer s'il veut s'en servir, et, en cas de réponse affirmative, suivre l'instruction sur le faux incident.

609. Si le titre nul ou sujet à rescision était suspendu par une condition, le délai de la restitution ne commencerait à courir que du jour où l'événement de la condition serait arrivé; parce que, jusqu'à ce moment, il n'existe point de contrat, il y a seulement espérance qu'il existera : *Spes est tantùm debitum iri.*

Ainsi, dans le cas d'un contrat soumis à la condition de survie, l'action des héritiers du prédécédé, pour faire annuler ou rescinder le contrat, ne commencera à courir qu'à la mort du prédécédé. Par exemple, j'ai été, par force ou par artifice, induit à donner entre vifs le domaine de la Ville-Marie à Caïus, en cas qu'il me survive. Le tems de dix années, accordé par la loi pour intenter l'action en rescision, ne court point pendant ma vie, parce que l'obligation n'existe point encore; le délai commence à courir contre mes héritiers du jour de ma mort.

610. Mais faut-il appliquer cette décision au cas de l'institution contractuelle? Le cas n'est point entièrement le même. Je puis, suivant l'article 1082, donner tout ou partie des biens que je

laisserai au jour de mon décès à l'un des deux
époux, ou aux deux et à leurs enfans, pourvu
que cette donation soit faite par leur contrat de
mariage. C'est cette donation qu'on appelle institution contractuelle. Elle est irrévocable, en ce
sens seulement que je ne puis disposer à titre gratuit des objets compris dans la donation. Je puis
donc la révoquer en les vendant, ou en disposant
à titre onéreux de quelque manière que ce soit.

Supposons maintenant que la donation soit
nulle ou soumise à rescision, pour un vice intrinsèque. Par exemple, elle a été faite par une femme
non autorisée; mais le mari est mort plus de dix
ans avant la femme, qui n'a formé aucune plainte
contre la donation, et qui ne l'a point révoquée,
en disposant à titre onéreux, comme elle le pouvait faire. Ses héritiers peuvent-ils prétendre que
les dix ans n'ont point couru pendant sa vie, et
en conséquence exercer l'action en nullité ? Ou
bien, si l'institution a été faite par un mineur de
vingt-un ans, qui a vécu jusqu'à soixante ans
sans se plaindre et sans disposer des biens donnés,
ses héritiers pourront-ils demander la nullité de
l'institution ? Cette dernière espèce s'est présentée
à la Cour de cassation, qui, dans un arrêt du 31
novembre 1814, rapporté par Sirey, tom. XIII,
pag. 53, a décidé la négative, et avec beaucoup
de raison, ce nous semble.

En ne se plaignant point pendant un si long
tems, en ne révoquant point la donation par des
dispositions contraires qu'ils pouvaient faire à titre onéreux, le mineur devenu majeur, la femme

devenue veuve, ont tacitement ratifié l'institution
qu'ils avaient faite. Ce cas est tout différent d'une
donation entre vifs, faite sous la condition de survie, que le donateur ne peut directement ni indirectement révoquer, si ce n'est par des moyens
tirés de la nullité de l'acte, moyens qu'il serait
prématuré de faire valoir avant que la donation
soit parfaite, par l'événement de la condition.

611. Si, au lieu d'être suspendu par une condition, le contrat fixait un terme pour son exécution, il paraîtrait que le délai de la restitution
doit courir pendant la durée du terme, puisque
ce n'est pas du jour de l'exécution, mais du jour
du contrat, qu'il commence à courir.

Cependant il y a une différence réelle entre le
cas où le contrat n'était point encore exécuté,
quoiqu'il pût l'être, et le cas où non seulement
il n'est pas encore exécuté, mais où de plus il ne
doit pas l'être. La suspension du délai pendant le
terme paraît donc favorable.

612. Le tems ne court, dans les cas de violence,
que du jour où elle a cessé, et dans les cas d'erreur ou de dol, « du jour où ils ont été découverts » (1304).

613. A l'égard des actes passés par des femmes
mariées, il faut distinguer : si elles n'ont pas été
autorisées, le tems ne court point pendant le mariage, et ne commence à courir que du jour de
sa dissolution (1304), même en faveur du mari,
qui peut, après la mort de sa femme, avoir intérêt à faire annuler les actes qu'elle a faits. La loi ne
le force point à intenter pendant le mariage un

procès qui scrait nécessairement désagréable pour sa femme.

Si elles ont été autorisées, le tems de la restitution court contre elles aussi bien que contre leurs maris (1676), et sauf leur recours contre eux. (Arg., art. 2254).

Il faut excepter les cas où l'action de la femme réfléchirait contre le mari (2256) : par exemple, s'il l'avait contrainte par violence à souscrire un acte.

614. « Le tems ne court, à l'égard *des actes faits » par les interdits,* que du jour où l'interdiction est » levée, et à l'égard de ceux *faits par les mineurs,* que » du jour de la majorité » (1304).

615. Si les personnes qui avaient une action en nullité ou rescision meurent sans l'avoir exercée, mais encore dans les délais de l'exercer, elle passe à leurs héritiers. Le père même, héritier de son fils mineur, peut demander la restitution du chef de son fils. Loi 3, § 9; loi 18, § 5, *ff de minoriribus,* 4. 4.

Les héritiers ont, pour intenter leur action, le même tems qui restait au défunt au moment de son décès. S'il décède avant que le délai ait commencé de courir, ils ont dix ans à compter du jour de la mort.

Mais ce tems est-il suspendu, si les héritiers sont mineurs ou interdits au moment où le défunt est décédé? Les dix ans, ou ce qui en reste, ne commenceront-ils à courir que du jour de leur majorité, ou de la levée de leur interdiction? Dans le droit romain, le cours du délai était suspendu

pendant la minorité. La raison qu'en donne Ulpien
est que le mineur est lésé en cela même, qu'il n'a
pas formé en tems utile l'action que le défunt lui
avait transmise : *Hoc enim ipso deceptus videtur,*
quod cùm posset restitui intra tempus statutum ex
personâ defuncti hoc non fecit. Loi 19, *ff de minori-*
bus, 4. 4.

On donnait donc au mineur, pour demander
la restitution après sa majorité, le même tems qui
restait au défunt au moment de sa mort, *tempus*
quod habuit is cui hæres extitit.

Le Code a suivi d'autres principes, afin de ne
pas prolonger l'incertitude des transactions. Ce
n'est qu'à l'égard des actes *faits par les mineurs,*
ou par les interdits, et non à l'égard des actes
faits par ceux auxquels ils succèdent, que l'article 1304 ordonne que le tems ne courra que du
jour de la majorité, ou de la levée d'interdiction :
et de plus, l'art. 1676 porte expressément que le
délai donné pour la rescision court contre les absens, *les interdits et les mineurs venant du chef d'un*
majeur.

Cet article est relatif à la rescision pour lésion
de plus des sept douzièmes, dont l'action ne dure
que deux ans. Il y a donc non seulement identité
de raison, mais une raison de plus pour appliquer
cette disposition aux autres actions en rescision
ou nullité, dont la durée est de dix ans.

D'ailleurs, sa disposition est dans une parfaite
harmonie avec le texte même de l'art. 1304. Il faut
donc tenir pour principe général que le tems accordé pour demander la restitution continue de

courir contre les mineurs et les interdits, lorsqu'il a commencé à courir contre leur auteur. Cette disposition paraît préférable à celle du droit romain. Ce n'est pas seulement l'intérêt des mineurs que la loi doit considérer; c'est encore la paix et la tranquillité de la société en général, et des mineurs eux-mêmes, lorsqu'ils se trouveraient exposés à une action en rescision de la part d'un autre mineur.

Or, cette paix tient à la stabilité des transactions. Il est effrayant de songer que la mort de celui avec lequel on a traité peut laisser notre famille, pendant vingt ans et plus, exposée à un procès ruineux, d'autant plus difficile, que l'éloignement des faits les rend plus incertains, et peut détruire les moyens de défense.

616. Par les mêmes raisons, le délai court contre les interdits, à l'égard des actes faits avant leur interdiction.

L'art. 1676 en a une disposition formelle, et ce n'est qu'à l'égard des actes faits depuis leur interdiction, ou, comme porte le texte, à l'égard des actes *faits par les interdits,* que l'art. 1304 suspend le cours du délai pendant leur interdiction. Il serait effrayant pour la société de laisser incertain, pendant toute la vie de l'interdit, le sort des conventions faites de bonne foi avec lui, dans un tems où son interdiction n'était pas prévue.

617. Avant de terminer ce chapitre long et difficile, mais bien important, il nous reste à remarquer que la fin de non-recevoir de dix ans, dont parle l'art. 1304, ne s'applique point à la demande

en nullité des testamens. La disposition de cet article est formellement limitée à la demande en nullité ou en rescision *d'une convention*. La raison de différence est sensible. Celui qui demande la nullité d'un testament n'a point concouru à cet acte. Au contraire, celui qui demande la nullité d'une convention y a concouru ; et c'est le concours à l'acte qui empêche qu'on ne puisse comparer ce cas avec celui de la prescription de l'action en nullité d'un testament.

FIN DU SEPTIÈME VOLUME.

TABLE

DES TITRE ET CHAPITRE.

SUITE DU LIVRE TROISIÈME.

Des différentes manières dont on acquiert la propriété.

TITRE III.

Des contrats et obligations conventionnelles.

CHAPITRE V.

www.ingramcontent.com/pod-product-compliance
Lightning Source LLC
Chambersburg PA
CBHW031538210326

41599CB00015B/1943